L. Radlkofer

**Paullinia : sapindacearum genus monographice descriptum**

Monographie der Sapindaceengattung Paullinia

L. Radlkofer

**Paullinia : sapindacearum genus monographice descriptum**
*Monographie der Sapindaceengattung Paullinia*

ISBN/EAN: 9783743675124

Hergestellt in Europa, USA, Kanada, Australien, Japan

Cover: Foto ©ninafisch / pixelio.de

Weitere Bücher finden Sie auf **www.hansebooks.com**

# PAULLINIA
## SAPINDACEARUM GENUS MONOGRAPHICE DESCRIPTUM.

# MONOGRAPHIE
### DER
# SAPINDACEEN-GATTUNG
# PAULLINIA.

Von

**L. Radlkofer.**

Aus den Abhandlungen der k. bayer. Akademie der Wiss. II. Cl. XIX. Bd. I. Abth.

München 1895.
Verlag der k. Akademie
in Commission des G. Franz'schen Verlags (J. Roth).

## Vorwort.

Neben der artenreichsten Gattung der Sapindaceen, der Gattung Serjania, welche mir durch ihre eigenthümlichen anatomischen Verhältnisse zum Ausgangspunkte für die Einführung der anatomischen Methode in die Systematik geworden ist, verdient noch die ihr nächstverwandte und an Artenreichthum die nächste Stelle in der Familie einnehmende Gattung Paullinia, bei welcher auch ähnliche anatomische Eigenthümlichkeiten sich finden, eine eingehendere monographische Darlegung.

Es ist mir endlich — viel später als ich ursprünglich gehofft — gegönnt, die Monographie dieser Gattung dem botanischen Publicum zu übergeben.

Dieselbe schliesst sich auf's engste der Monographie von Serjania und deren Supplement an, so dass weitere einleitende Bemerkungen überflüssig erscheinen.

München im November 1895.

L. Radlkofer.

# Paullinia Linn., emend. Schum.

(Quoad literaturam Paulliniae species potius quam genus spectantem ante Plumierii Nov. Gen. editam conferatur P. pinnata — „Cururu-ape" Piso 1648, „Leguminosa" etc. Raj. 1688, „Clematis" etc. Plum. 1693 — nec non P. jamaicensis et barbadensis — „Pisum" etc. Sloane 1696.)

Cururu Plumier Nov. Gen. (1703) p. 34, tab. 35; cfr. Paull. Cururu, pinnata, Plumierii nec non Hist. generis Paulliniae in Radlk. Monogr. Serjaniae (1875) p. 12 etc. (v. indic.) et infra observ. n. 4.
— Miller, Ph., Gardn. Dict. Ed. abbrev. (1741) Suppl.; Ed. germ. sec. Ed. V. elab. (1751) p. 255; Ed. VI (1752); cf. P. species sub Plum. enum. nec non Hist. gen. in Radlk. Serj. p. 34 sqq.

Serjania, partim, (non Plum., Schum.) Linn. Syst. Nat. Ed. I (1735) sub Lit. H. Octandria. Trigynia, nempe quoad synon. Cururu (sphalmate „Ururu") Plum.; Ed. I reimpressa, cur. Fée (1830) p. 38; cf. Hist. gen. in Radlk. Serj. p. 13 et infra obs. n. 4.

Paullinia, partim, Linn. Gen. Pl. Ed. I (1737) p. 116, n. 331, praesertim quoad syn. Cururu Plum. (sphalmate „Serjania Pl.") in obs., nec non opera Linnaeana seriora characterem genericum exhibentia (cf. Richter, Codex Linnaean., 1835, p. 380, n. 542), ex. gr. Linn. Gen. Ed. VI (1764) p. 196, n. 497; Syst. Nat. Ed. X, 2 (1759) p. 997 et 1007, n. 446; Syst. Nat. Ed. XII, 2 (1767) p. 261, n. 497 et p. 277, n. 492; Syst. Veg. Ed. XIII (cur. Murray, 1774) p. 294 et 314, n. 497; cfr. Paull. Cururu. fuscescens. Plumierii, pinnata, nec non P. barbadensis, jamaicensis, tomentosa et (ut ad autores sequentes) Hist. gen. in Radlk. Serj. p. 12—34.
— — Ludwig Definit. Gen. Pl. (1747) p. 136, n. 441.
— — Loefling Iter Hisp. (1758) p. 217. Ed. germ. (1766) p. 282, n. 98, quoad species „capsula magis carnosa", exclusis vero aliis („capsula fere membranacea, vacua, ut in Cardiospermo, sed semper angustiore") ad genus Urvilleam referendis, praesertim illa in p. 234, resp. 303, n. 61 (verbis „foliis ternis, fructu inflato Cardiospermo aequali") indicata; cf. spec. excl. et Hist. gen. in Radlk. Serj. p. 13, 59, 69 n. 12, nec non infra obs. n. 4.
— — Gleditsch Syst. Pl. a stam. situ (1764) p. 84, n. 351.
— — Crantz Institut. rei herb. II (1766) p. 436; cfr. P. Cururu, Plumierii. pinnata.
— — Miller, Ph., Gardn. Dict. Ed. VIII (1768); Ed. germ. sec. Ed. VIII elab. III (1776) p. 445; cf. P. species sub Linn. supra enumerat., nec non Hist. gen. in Radlk. Serj. p. 34 sqq.
— — Raeuschel Nomencl. bot. Ed. I (1772) p. 99 & 100; cfr. P. Cururu. Plumierii. barbad., pinn., toment.
— — Houttuyn Natuurl. Historie II, 4 (1775) p. 557; Ed. germ. III (1778) p. 488 sqq.; cf. P. species sub Linn. supra enum.
— — Scopoli Introd. (1777) p. 290, n. 1326, e. cit. „Loefl.- ex parte; cf. supra.

Paullinia, partim, Reichard Gen. Pl. (1778) p. 200, n. 539.
— — Reichard Syst. Pl. II (1779) p. 142 et 216, n. 539; cf. P. species sub Linn. supra enum.
— — Buchoz Hist. univ. du Règne végét. XIII (1780) p. 180 sqq. (excl. syn. plurib. et nom. vulg. „Tête de Moine" ad Cardiospermum referendo); cf. P. species sub Raeuschel supra enum. et obs. n. 6 ad P. pinnat. (de nom. vulg.).
— — Murray Syst. Veg. (Linn. S. V. Ed. XIV, 1784) p. 356 et 379, n. 497; cf. P. species sub Raeuschel supra enum.
— — Gärtner de Fruct. et Sem. Pl. I (1788) p. 331 (non 371, uti Pfeiffer in Nomencl. refert.), n. 498, tab. 79, f. 3; cfr. P. barbad. et pinnat., nec non Hist. gen. in Radlk. Serj. p. 37.
— — Aiton Hort. Kew. II (1789) p. 34; cfr. P. Plumierii.
— — Jussieu, A. L., Gen. Pl. (1789) p. 247.
— — Schreber Gen. Pl. I (1789) p. 265, n. 679.
— — Necker Elem. bot. III (1790) p. 386, n. 1829.
— — Haenke Gen. Pl. (1791) p. 361, n. 825.
— — Gmelin, Jo. Fr., Syst. Nat. II (Linn. S. N. Ed. XIII, 1791) p. 603 et 641, n. 497; cf. P. species sub Raeuschel supra enum., nec non P. Vespertil. et tetrag.
— — Gieseke Caroli a Linné Praelect. in Ord. nat. Pl. (1792) p. 370 (non 357, uti Pfeiffer in Nomencl. refert).
— — Lamarck Illustr. Gen. II (1793) p. 418 et 446, n. 807, tab. 318, f. 4, 5 (nec f. 2—5, uti Baillon refert. cum fig. 2 et 3 Serj. sinuat. exhib.); cfr. P. barbad. et pinn., nec non Hist. gen. in Radlk. Serj. p. 37 et obs. ibid. p. 176, n. 3.
— — Persoon Syst. Veg. (Linn. S. V. Ed. XV, 1797) p. 380 et 406, n. 497; cf. P. species sub Raeuschel supra enum.
— — Raeuschel Nomencl. bot. Ed. III (1797) p. 114; cf. P. species sub Gmelin supra indicat.
— — Ventenat Tableau du Règne végét. III (1799) p. 127; cf. Hist. gen. in Radlk. Serj. p. 38.
— — Du Mont de Courset le Botaniste cultivateur II (1802) p. 767 sq.; Ed. II, IV (1811) p. 548 sq.; cfr. P. Cururu, pinn., toment., barbad., nec non Hist. spec. cult. in Radlk. Serj. p. 63, 64, 67.
— — Poiret in Lam. Encycl. V (1804) p. 95 sqq.; cf. P. species sub Gmelin supra indicat. et P. caulifl., thalictrifol. et meliaefol., nec non Hist. gen. in Radlk. Serj. p. 42; Suppl. IV (1816) p. 333 sq. e. syn. Semarillaria R. et P. (sphalmate „Semillaria" p. 334), excl. vero Lam. Illustr. Gen. tab. 318, f. 1, 2, 3; cf. Radlk. Serj. p. 176, obs. n. 3.
— — Aiton Hort. Kew. Ed. II, II (1811) p. 422; cfr. P. fuscesc., Plumierii, barbad, thalictrif., pinn.
— — Lunan Hort. Jamaic. II (1814) p. 215; cfr. P. pinn., jamaic., Plumierii.
— — Vellozo (Arrabida) Flor. Fluminens. I (1825) p. 159 sq.; Icon. IV (1827) tab. 27, 30, 32, 33, 36, 37; cfr. P. coriac., trigon., carpopod., seminud., meliaefol. et thalictrif., nec non Hist. gen. in Radlk. Serj. p. 47.
— — Descourtilz Flore médic. des Antilles III (1827) p. 139; cfr. P. Cururu et pinn. nec non Hist. gen. in Radlk. Serj. p. 38.
Serjania Plum., ex errore, apud Linn. Gen. Pl. Ed. I (1737) p. 116; Ed. VI (1764) p. 196.
— — „ „ „ aut. plur. Linnaei errorem exscribentes; cf. Radlk. Serj. p. 4 sub „Cururu Plum. ex errore" et obs. ibid. p. 13, nec non p. 250.
Cururu spec. Rand Hort. Chelsean. (1739) p. 65, n. 2; cfr. P. Cururu.

Corindum, partim, (non Tournef. etc.) Adanson Familles des Plantes II (1763) p. 388 (inter Gerania) et 543, nempe p. 388 quoad citat. „Cururu Maregr. 22ᵃ" et „Clematis Plum. Am. t. 91ᵃ", p. 543 quoad „Cururu Brasil.". „Paullinia Lin." partim et „Pois à enivrer Gall.", exclus. reliquis partim Serjanium, partim Cardiospermum spectantibus; cfr. infra Paull. pinn. obs. n. 6.
Enourea Aublet Pl. Guian. I (1775) p. 587, tab. 235; cfr. Paull. capreol. et Hist. gen. in Radlk. Serj. p. 14 etc. (v. indic.), nec non infra obs. n. 4.
— Scopoli Introd. (1777) p. 291, n. 1328.
— Buchoz Hist. univ. du Règne végét. VIII (1777) p. 73.
— Jussieu, A. L., Gen. Pl. (1789) p. 249.
— Lamarck Encycl. II (1790) p. 357.
— („Enurea") Gmelin, Jo. Fr., Syst. Nat. II (Linn. S. N. Ed. XIII, 1791) p. 741 et 748.
— Raeuschel Nomencl. Ed. III (1797) p. 137, n. 981.
— Sprengel Anleit. z. Kenntn. d. Gewächse Ed. II, II, 2 (1818) p. 697.
— Poiret in Dict. Scienc. nat. XIV (1819, ed. Levrault) p. 514.
— Steudel Nomencl. Ed. I (1821) p. 298.
— Poiret in Lam. Illustr. Gen. III (1823) p. 9 et 32, n. 1063, tab. 484.
— De Cand. Prodr. I (1824) p. 618, n. 29.
— Richard, A., in Dict. class. d'Hist. nat. VI (1824, ed. Bory de St. Vinc.) p. 175.
— Cambessed. in Mém. Mus. d'Hist. nat. XVIII (1829) p. 36.
— Don General Syst. I (1831) p. 655 et 662, n. 5.
— Meisner Gen. Pl. (1836—43) I, p. 52; II. Comment., p. 37, n. 6.
— Endlich. Gen. Pl. (1836—40) p. 1069, n. 5604; Suppl. IV, Pars III (1847) p. 78.
— Steudel Nomencl. Ed. II, I (1840) p. 555.
— („Encurea" sphalm.) Walpers Rep. I (1842) p. 414, n. 5604; Ann. VII (1868—71) p. 621.
— Lemaire in Dict. univ. d'Hist. nat. V (1844, ed. d'Orbigny, non 1849, uti Pfeiffer in Nomencl. refert) p. 329.
— Triana et Planchon Prodr. Flor. Novo-Granat., Ann. Scienc. nat., IV. Sér., XVIII (1862) p. 379, n. XV c. obs. de generis affinitate c. Paullinia; cfr. P. faginea et obs. n. 1 ad P. capreolat.
— Benth. et Hooker Gen. Pl. I, 1 (1862) p. 394, n. „8?".
— Pfeiffer Synonymia Gen. (1870) p. 302, n. 10648. („Enourea Aubl., Enurea Gmel., Encurea Walp., Geeria Neck.")
— Pfeiffer Nomencl. I (1874) p. 1206 (c. synon. Encurea Walp. p. 1200, Enurea Gmel. p. 1210, Geeria Neck. p. 1421).
Coccoloba spec.? Schilling de Lepra Commentationes, recens. Hahn (1778) p. 199; cfr. P. pinnata, praesert. obs. n. 5.
Geeria (non Blume) Necker Elem. bot. II (1790) p. 241, n. 990. Nomen loco Enoureae Aubl. a Neck. propositum.
Tondin Vitman Summa Plant. II (1789) p. 447; cfr. P. pinnat., praesert. obs. n. 5.
— Gmelin, Jo. Fr., Syst. Nat. II (Linn. S. N. Ed. XIII, 1791) p. 602 et 635, cfr. P. pinn.
— Steudel Nomencl. Ed. II, II (1841) p. 691 („Tondin Schilling, Vitm.").
— Pfeiffer Synonymia Gen. (1870) p. 358, n. 12779 („Tondin Schill., Gmel.").
— Pfeiffer Nomencl. II (1874) p. 1426 („Tondin »Schilling de Lepra t. 1« Gmel.").
Paullinia L. emend. Schumacher in Skrivter of Naturhistorie Selskabet III, 2 (1794, Dissert. lect. m. Oct. 1792) p. 119 (non 122 uti Endl. et Baillon, nec 219 uti Pfeiff. in Nomencl. referunt), tab. 9, 10 et 11, exclusis excludendis, praesertim Paull. nodosa, mexicana, cartagenensis, caribaea, triternata, japonica, diversifolia; cf. spec. excl., nec non Hist. generis in Radlk. Serj. p. 38, 39 etc. (v. indic.).
— — Willden. Spec. Pl. II, 1 (1799) p. 296 et 460, n. 787, exclus. excludend., praesertim P. nod., cart., carib., jap., diversifol.; cf. spec. excl., nec non Hist. gen. in Radlk. Serj. p. 40.

Paullinia L. emend. Jussieu, A. L. Ann. Mus. d'Hist. nat. IV (1804) p. 342 etc., tab. 66O,
excl. exclud.. praesertim P. nod., cart., diversif., jap., carib.; cf. spec.
excl., nec non Hist. gen. in Radlk. Serj. p. 40, 41 et Addend. ad p. 41.
— — Persoon Synops. I (1805) p. 442, n. 980, excl. exclud.. praesertim P. nod.,
cart., carib., jap., diversif.; cf. spec. excl.
— — Dietrich. Fr. G., Gartenlexikon VI (1806) p. 709; Nachtrag V (1819) p. 645;
XXVI (Neuer Nachtrag VI, 1837) p.430, excl. exclud., praesertim P. carib.,
cart., diversif., jap., nod., molli; cf. spec. excl.
— — Willden. Enum. Pl. Hort. Berol. (1809) p. 132, n. 486.
— — Smith in Rees Cyclopaed. XXVI (ca. 1814, t. Jackson in Journ. Bot. XV,
1877, p. 108) Artic. Paullinia, excl. exclud., praesertim P. nod., cart.,
carib., polyph., jap., diversif.; cf. spec. excl., nec non Hist. gen. in
Radlk. Serj. p. 41. 42.
— — Meyer, G., Primit. Flor. Essequeb. (1818) p. 159, excl. exclud.
— — Sprengel Anleit. z. Kenntn. d. Gewächse Ed. II, II, 2 (1818) p. 696 c. syn.
Semarillaria (sphalmate „Semillaria") R. et P.
— — Steudel Nomencl. Ed. I (1821) p. 597, excl. exclud., praesertim ex parte
syn. „Corindum Adans." (v. supra) et P. carib. (sphalmate „canibaea"),
cart., diversif., jap., laciniata, nod., polyph.; cf. spec. excl.
— — Kunth in Humb. Bonpl. et K. Nov. Gen. et Sp. V (1821) p. 88 (Ed. in 4°
p. 114), excl. exclud., praesertim P. carib., molli, triternata; cf. spec.
excl., nec non Hist. gen. in Radlk. Serj. p. 42, 43.
— — Kunth Synops. Pl. Aequinoct. Orb. Nov. III (1824) p. 156, excl. exclud.
ut in anteced.
— — De Cand. Prodr. I (1824) p. 604, excl. exclud., praesertim P. nod., cart.,
carib., moll., tritern. K., diversif., jap.; cf. spec. excl., nec non Hist.
gen. in Radlk. Serj. p. 43—45.
— — Sprengel Syst. Veg. II (1825) p. 175 et 248, n. 1503, excl. exclud.,
praesertim P. nod., cart., carib., jap.; cf. spec. excl., nec non Hist. gen.
in Radlk. Serj. p. 45.
— — Cambessed. in St. Hilaire Fl. Bras. I (1825) p. 369, tab. 77, 78, excl.
P. grandiflora; cf. spec. excl., nec non Hist. gen. in Radlk. Serj. p. 46.
— — Poiret in Dict. Scienc. nat. XXXVIII (1825, ed. Levrault) p. 148, excl.
exclud., cfr. P. Plumierii, P. thalictrif., P. toment.
— — Richard, A., in Dict. class. d'Hist. nat. XIII (m. Jan. 1828, ed. Bory de
St. Vinc.) p. 112, excl. exclud., praesertim P. jap.; cf. spec. excl.
— — Cambessed. in Mém. Mus. d'Hist. nat. XVIII (1829) p. 22, excl. P. grandi-
flora, nod., cart., carib., moll., tritern. K., diversif.; cf. spec. excl., nec
non Hist. gen. in Radlk. Serj. p. 47—49.
— — Sprengel Gen. Pl. I (1830) p. 321, n. 1639, c. syn. Semarillaria R. & P.
— — Guillemin, Perrottet A. Richard Flor. Senegamb. Tentam. (1830—33) p. 116.
— — Link Grundriss d. Kräuterkunde III (Handbuch z. Erkennung d. Gewächse II),
1831, p. 221.
— — Don General Syst. I (1831) p. 655 et 660, n. 4, c. syn. Cururu (sphalm.
Caruru) Plum. et Semarillaria R. & P., excl. exclud., praesertim P. nod.,
grandifl., jap., cart., carib., moll., tritern. K., diversif.; cf. spec. excl.,
nec non Hist. gen. in Radlk. Serj. p. 49.
— — Spach Hist. nat. des Végét., Phanérog. III (1834) p. 47, excl. exclud.
— — Meisner Gen. Pl. (1836—43) I, p. 52; II. Comment., p. 37 et 346, c. syn.
Cururu Plum. et Semarillaria (sphalm. Semarillavia) R. & P., excl.
exclud.
— — Endlich. Gen. Pl. (1836—40) p. 1068, n. 5603; Suppl. III (1843) p. 96;
Suppl. IV, Pars III (1847) p. 78; excl. exclud.

Paullinia L. emend. Dietrich. Dav.. Synops. Pl. II (1840) p. 1231 et 1311. n. 1791. excl. exclud., praesertim P. nod., cart., carib., grandifl., jap.; cf. spec. excl., nec non Hist. gen. in Radlk. Serj. p. 51.
— — Steudel Nomencl. Ed. II, II (1841) p. 277. excl. exclud., praesertim ex parte syn. „Corindum Adans." (v. supra) et P. carib., cart., caudat., dentat., diversif., grandifl., jap., lacin., moll., nod., obtus., racem., Tamuya, tritern. K.; cf. sp. excl., nec non Hist. gen. in Radlk. Serj. p. 51, 52. ubi Cambessedesii species a Steudel omissae enumerantur (P. affin., carpopod., micranth., rubigin., seric.), quibus accedit P. sorbilis Mart.
— — Jussieu, Adr., in Dict. univ. d'Hist. nat. IX (1847, ed. d'Orbigny), p. 512. excl. exclud.
— — Griseb. Flor. Brit. West. Ind. Isl. (1859—64) p. 123, emend. emendand., cf. lit. specier.
— — Benth. et Hook. Gen. Pl. I, 1 (1862) p. 394. n. 6. excl. exclud. et char. emend., cf. obs. n. 5, C, D.
— — Payer Leçons sur l. Fam. nat. (1865) p. 317.
— — Baker in Oliver Flor. trop. Africa I (1868) p. 419, n. 2.
— — Pfeiffer Synonymia Gen. (1870) p. 302, n. 10647 („Paullinia Linn., Paulinia Gled., Semarillaria Rz. et P., Cururu Plum.").
— — Pfeiffer Nomencl. II (1874) p. 605, c. syn. ut in anteced., excl. exclud.
— — Baillon Hist. d. Pl. V (1874) p. 416, u. 50, c. syn. Enourea Aubl., excl. exclud. et char. emend., cf. obs. n. 5, C.
— — Radlkofer in Monogr. Serjaniae (1871—75) p. 12 etc. (v. indic.), quoad Hist. gen. etc.; Supplem. (1886) p. 48 etc. (v. indic.).
— — Baillon Dict. encycl. d. Scienc. médic., sér. 2. XXI (1885) p. 654.
— — Radlkofer in Sitz.-Ber. K. bayer. Akad. XX (1890, „Ueb. d. Gliederung d. Fam. d. Sapindac.") p. 226 etc.
— — Baillon Dict. d. Bot. III (1891) p. 519.
— — Jackson Index Kewens. III (1894) p. 438, c. syn. Enourea Aubl. et Semarillaria R. & P., exclus. exclud. et emend. emendand., cf. obs. n. 3.
— — Radlkofer in Engler & Pr. nat. Pflanzenfam. III, 5 (Lief. 117. 1895) p. 305, Fig. 156, 157, c. syn. Cururu Plum., Corindum Adans. part., Semarillaria R. & P., Enourea Aubl., Castanella Spruce.
Paullinia spec. autor. plur. (v. Walpers Rep. I. 1842, p. 413; II. 1843. p. 814; V, 1845—46. p. 360; Ann. IV. 1857, p. 377; VII, 1868—71, p. 620, excl. exclud.). cf. spec. hic receptas, nec non infra obs. n. 4 de Hist. gen. cum Tab. chronolog. I et II A.
Semarillaria Ruiz et Pavon Flor. Peruv. et Chil. Prodr. (1794) p. 54, tab. 9; Ed. II (1797) p. 43, tab. 9, c. syn. Cururu Plum.; cfr. P. subrotund., acutangul., obovat., nec non Hist. gen. in Radlk. Serj. p. 14 etc. (v. indic.) et infra obs. n. 4.
— Ruiz et Pavon Syst. Veg. Flor. Peruv. et Chil. I (1798) p. 92; cf. spec. in l. antec. enum.
— Poiret in Dict. Scienc. nat. XLVIII (1827, ed. Levrault) p. 417, 418; cf. ll. anteced.
Semarillaria spec. Ruiz et Pavon Flora Peruv. et Chil. IV (1802, nec III, ut in Syst. Veg. Fl. Per. ab ipsis auct. indicatur) tab. 336—341; cf. spec. supra enum. et P. neglect. Radlk., alut. Don, enneaphyll. Don, nec non infra obs. n. 4.
Ornitrophe spec. (O. macrophylla) Poiret in Lam. Encycl. VIII (1808) p. 263, n. 1; cfr. P. Cambessedesii Tr. & Planch.
Cupania? spec. (C.? macrophylla) Kunth in Humb. Bonpl. et K. Nov. Gen. et Spec. V (1821) p. 94 (Ed. in 4° p. 121) in annot. 1; cfr. P. Cambessedesii Tr. & Planch.
Cupania? spec. (C.? nitida) De Cand. Prodr. I (1824) p. 613, n. 8 et alior.; cfr. P. tricornis Radlk.
Schmidelia? spec. (S.? macrophylla) De Cand. Prodr. I (1824) p. 610. n. 1 et alior.; cfr. P. Cambessedesii Tr. & Planch.

Schmidelia spec. Klotzsch ed. Schomburgk, Rich., Reisen in Brit. Guiana III (1848) p. 1180; cfr. P. conduplicata Radlk.
Schmidelia spec. Griseb. in scheda Plant. Surinamens. coll. Kappler (ed. Hohenacker n. 1843?) n. 2131; cfr. P. venosa Radlk.
Hayeeka, partim. Pohl mss. ed. Welden in Flora s. Regensb. Bot. Zeit. VIII, 1 (1825) p. 183 (partim Urvillea sp.); cf. Hist. gen. in Radlk. Serj. p. 14, 15 et infra Paull. coriac. Casar., weinmanniaef. Mart., micranth. Camb.
— — Pfeiffer Synonymia Gen. (1870) p. 359, n. 12860.
— — Pfeiffer Nomencl. I (1874) p. 1366 („Nomen").
— — Jackson Index Kewens. II (1893) p. 1696 („Nomen; incertae sedis").
Serjania spec. Martius Hb. Flor. Bras. Pars III (Catalog. autograph., 1842) n. 1244, 1270; cfr. P. pinnata L. cm., P. revoluta Radlk.
— — Hoffmannsegg ed. Schlechtend. in Linnaea XVIII (1844) p. 39 (sphalm. 55); cfr. P. monogyna Radlk.
— — W. Hook. et W.-Arnott Bot. Beechey's Voy. (1841) p. 281, n. 1; cfr. P. fuscescens Kunth.
— — Benth. Bot. Voy. Sulphur IV (1844) p. 76, n. 111; cfr. P. fuscescens Kunth.
— — Seemann Bot. Voy. Herald (1852—57) p. 92. n. 143; cfr. P. fuscescens Kunth.
— — Hemsley in Salvin & Godman Biol. Centr.-Am., Bot. I (1879—81) p. 206 etc.; cfr. P. fuscescens Kunth, costaricensis Radlk., tomentosa Jacq.
— — Britton in Bull. Torrey Bot. Club XVI (1889) p. 191; cfr. P. monogyna Radlk.
— — Rusby in sched. typis expr. ad coll. Bang (1890) n. 879; cfr. P. boliviana Radlk.
Koernickea Klotzsch ed. Schomburgk, Rich., Reisen in Brit. Guiana III (1848) p. 1181; cfr. P. anisoptera Turcz.
— Jackson Index Kewens. III (1894) p. 11 („Nomen").
Castanella Spruce mss. (1852) ed. Benth. et Hook. in Gen. Plant. I, 1 (1862) p. 394, n. 7 (non 397, uti Tr. & Planch. referunt); cf. Hist. gen. in Radlk. Serj. p. 14 etc. (v. indic.) et infra P. paullinioid. Radlk.
— Baillon Hist. d. Pl. V (1874) p. 416, „n. 51?" c. obs.: „Genus verisimiliter . . . ad Paulliniam olim referendum".
— Baillon. resp. Tixon. Dict. de Bot. II (1876) p. 659.
— Jackson Index Kewens. I (1893) p. 456.
Castanella spec. Spruce in scheda (1855); cfr. P. riparia Radlk. (non Kunth).
— — Planch. et Linden mss. ed. Triana et Planch. in Prodr. Flor. Novo-Granat., Ann. Scienc. nat., IV. Sér. XVIII (1862) p. 365; cfr. P. granatensis Radlk.
Enourea spec. Triana et Planch., Prodr. Flor. Novo-Granat., Ann. Scienc. nat., IV. Sér., XVIII (1862) p. 379; cfr. P. faginea Radlk.
Nomina vulgaria ab hoc genere vel potius a quibusdam speciebus udita v. sub speciebus sequentibus: P. alata, Cururu, pinnata, elegans, spicata, subrotunda, costata, jamaicensis, Cupana, capreolata. neuroptera, Vespertilio, fibulata. microsepala, tetragona, meliaefolia, fuscescens, barbadensis, trigonia; accedunt nomina quoad speciem dubia „Mona" teste Gonzalez in La Naturaleza III (1874—76) p. 149 et „Monilla" t. Herrera ibid. V (1880—81) p. 297.
Non Paullinia Ruiz et Pavon in schedis, nec non in obs. 1 ad genus Semarillaria in Flor. Peruv. et Chil. Prodr. (1794) p. 54; Ed. II (1797) p. 44; cf. Radlk. Serj. p. 4 et Hist. gen. ibid. p. 14, nec non infra obs. n. 4.
Non Paullinia spec. autor. plur.; cf. spec. excl., nec non quoad spec. partim exclus. Literat. specier.
Non Cururu spec. Rand Hort. Chelsean. (1739) p. 65, n. 1; cfr. Serj. curass. Radlk. in Radlk. Serj. p. 312.

Plantae fruticosae, cirris scandentes, habitu et structura *Serjaniarum* (cf. Radlk. Serj. p. 5 etc., Suppl. p. 2 etc.), attamen plerumque in omnibus partibus robustiores (haud raro frutices erecti, attamen cirris praediti), succo lacteo foetae. Radix lignosa, ramosa. Caulis et rami apice herbacei, teretiusculi vel obtusanguli, rarius acutanguli, laeves vel costati et sulcati, corpore lignoso plerumque simplici normali, rarius (in speciebus 12 sectionis I, in 4 sectionis XII) composito e corpore centrali majore et periphericis minoribus 1—3 (—5) triangulariter dispositis. Rami ex axillis foliorum plerumque gemini, dimorphi, ut in *Serjania*: unus cirrum vel thyrsum efficiens, alter ramulum paterno plus minus consimilem vel thyrsis approximatis onustum paniculiformem efformans. Phyllades ad basin ramorum foliatorum paucae, squamiformes, ut in *Serjania*. Folia et foliola ut in *Serjania*, attamen saepius ampliora et crassiora, folia plerumque 5-foliolato-pinnata (imparipinnata bijuga), interdum plurijuga tumque saepius basi aucta, transeuntia in 2—3-pinnata, rarius ternata, rarissime biternata (cf. obs. n. 6), petiolata, petiolo saepius alato (fasciculis vasorum in circulum dispositis instructo, adjectis saepissime fasciculis corticalibus marginalibus, rarius medullaribus quoque, cf. obs. n. 5, B, a), stipulata, stipulis interdum insignioribus (praesertim in *P. stipulari*, *hispida* et affinibus); foliola glabra vel pilosa glandulisque microscopicis capitatis breviter stipitatis inclinatis vel varie curvatis geniculativse, interdum malleoliformibus, flabelliformibus vel subscutatis, saepius plus minus immersis praesertim subtus adspersa (cf. obs. n. 5, B, b), haud raro (cellulis laticiferis paginae superiori approximatis) pellucide punctata vel lineolata, reti utriculorum laticiferorum interrupto subpellucido vel fusco sub epidermide paginae inferioris vel inter cellularum strata interiora instructa, epidermide in speciebus pluribus partim vel tota mucigera, paginae superioris raro stomata (cellulis accessoriis ut in pagina inferiore destituta) gerente, paginae inferioris in quibusdam (cf. sect. I) crystallophora. Folia floralia (thyrsos fulcientia), ut in *Serjania*, reliquis conformia, sed minora, interdum depauperata vel abortiva. Phyllides, i. e. bracteae (cincinnos fulcientes) bracteolaeque (florum prophylla α, hic sterilia, et β dicta exhibentes), squamiformes, sat parvae, attamen illis *Serjaniarum* plerumque insigniores. Inflorescentiae thyrsi cincinniferi, ut in *Serjania*, sed saepius ecirrosae eaedemque in nonnullis speciebus (praesertim sectionis I et XII, nec non in *P. Cambessedesii*) fasciculatim vel glomeratim aggregatae in truncis vel ramis adultioribus ad foliorum cicatrices erumpentes.

Flores, ut in *Serjania*, spurie polygami (feminei, hermaphroditorum speciem praebentes et masculi in eadem stirpe), oblique symmetrici, ab illis *Serjaniae* non nisi omnium partium statura plerumque robustiore germinisque forma fructus indolem diversam indicante discrepantes. Calyx pentamerus, sepali tertii et quinti coalitione plus minus alta saepius spurie tetramerus, imbricatus, sepalis duobus exterioribus minoribus. Petala 4, infimi sede vacua, supra unguem squama cucullata cristata aucta, squamis petalorum superiorum apice in appendicem deflexam linguiformem barbatam productis. Discus unilateralis, supra petalorum insertionem in glandulas tumens. Stamina 8, circa pistillum vel pistilli rudimentum ad floris partem anteriorem rejectum inserta, paullum exserta. Germen triloculare, subglobosum vel ad medium tumidum, basi et apice angustatum, interdum trigonum vel triquetrum; stylus subulatus vel filiformis, apice in stigmata 3 excurrens; gemmulae in loculis solitariae, adscendentes, micropyle prope hilum extraria. (Florum masculorum pistillum rudimentarium.) Fructus capsularis, septifrage trivalvis, saepius a basi ad apicem dehiscens, subdrupaceus vel fibroso-lignosus tumque interdum ad dissepimentorum ortum spongiose incrassatus (sect. I), obovatus vel subglobosus, sessilis vel in stipitem attenuatus, valvis haud raro apice, vel supra medium, vel per totam longitudinem dorso alatis, interdum processibus spinosis (sect. VI) vel verrucosis (sect. IX) vel aluliformibus (*P. weinmanniaefolia*) instructis, basi calycis residuis suffultus, apice interdum apiculatus et styli reliquiis coronatus, extus et intus nunc glaber nunc pilosus, rubicundus, siccus fuscescens, 3-, vel abortu 2—1-spermus (praesertim in sect. VI—XIII), dissepimentis loculorum sterilium ad parietem periphericum rejectis (cf. Fig. III, e, f): epicarpium plerumque tenue, rarius sclerenchymatico-incrassatum (sect. V); mesocarpium parenchymaticum, cellulis resiniferis (latice sicco resinoso repletis), rarius et cellulis nonnullis sclerenchymaticis foetum, nunc fasciculis vasorum (nervis et venis) paucis reticulatim anastomosantibus percursum et plus minus carnosum, nunc nervis et venis numerosissimis subparallelis e valvarum marginibus ad lineam medianam oblique adscendentibus instructum et lignoso-fibrosum (sect. I, VII, VIII); endocarpium enervium parenchymaticum vel praeter stratum intimum tenerum e cellulis sclerenchymaticis elongatis in stratis successivis parallelis vel vario modo cruciatis exstructum et chartaceum vel sublignosum, sclerenchymate alas, ubi sunt, plerumque ingrediente (sect. XII, XIII) tumque haud raro seminum incremento, ut loculorum spatium augetur, in lamellas binas fisso, alis inde plus minus evanescentibus et ad loculorum parietes dorsales augendos consumtis (sect. XIII). Semina exalbuminosa, adscendentia, ellipsoidea et subtrigona, rarius depresse subglobosa, testa crustacea spadicea laevi glabra vel rarius pilis obsita (*P. eriocarpa* et species sectionis VII, nec non plures sect. XII), basi usque ad tertiam partem inferiorem, raro altius vel fere tota (sect. IV, V) strato arilloso, si mavis arillo adnato (inde „epispermatico" appellando) margine tantum libero induta: arillus carnosus, subfuscus, basi micropylen excipiens, plerumque dorso, interdum ventre quoque plus minus depressus, inde emarginato-bilobus vel profunde bifidus, interdum fere clausus nec nisi medio dorso ostiolo parvo (sectio IV) vel imo dorso rima obsoleta micropylen spectante (sectio V) pervius; arilli cellulae aliae amyligerae, aliae vel omnes materia quadam tannino affini sicca fuscescente, amyli vero granulis paucis tantum vel omnino nullis (sect. I) foetae. Embryo homotrope curvatus (neque „interdum rectus" uti in Benth. Hook. Gen. dicitur), notorrhizus, oleosus vel oleo et amylo nec non aleuro, insuper in nonnullis speciebus materia fusca quadam (tannino affini?) foetus: plumula minima; cotyledones carnosae, crassiusculae, incumbentes, exterior (superior) incurva, interior (inferior) transverse biplicata, vel si crassiores evadunt vix nisi basi curvatae tumque subhemisphaericae et rima horizontali oblique adscendente superpositae, interdum magis inaequales et torsione quadam peracta oblique incumbentes vel fere accumbentes; radicula brevis, conica, compressiuscula, plica testae supra micropylen transversali excepta, hilo plerumque proxima, extrorsum infera.

  Affinitas. Genus inter Sapindaceas cirriferas floris et caulis indole nec non habitu maxime affine generi *Serjaniae* eidemque specierum multitudine proximum, fructus fabrica distinctissimum, ante fructus antem evolutionem incipientem vix tuto ab illius speciebus discernendum, nisi flores robustiores et certi structurae et habitus characteres peritiorem adjuvant. Alia est, sed levior affinitas mediantibus speciebus quibusdam fructu per totam longitudinem late trialato praeditis (*P. monogyna* et affin.) cum *Urvilleae* genere. Ad genus *Cardiospermum* appropinquat statura humiliore et semine vix arilloso *Paullinia Sonorensis*.

  Distributio geographica. Species 122 (primum hic distinctae 43 inter 57 ab auctore generi additas) per Americam calidiorem inter cancrum et capricornum praesertim divulgatae tricesimum latitudinis gradum borealis et meridionalis hemisphaerae vix transgrediuntur;

una (*P. pinnata*) non solum per totam generis ditionem americanam divulgata est, sed ex America aufuga Africae quoque tropicae oras et insulas occidentales et orientales, Madagascaria non exclusa, ingressa est; aliae duae (*P. sessiliflora* et *tomentosa*) in hortos insularum Sandwicensium (Hawai) e Mexico provectae sunt. Ad boream in America patria maxime accedit *Paullinia Sonorensis*, ad austrum *P. pinnata, elegans, meliaefolia* et *australis*.

Zusatz 1. Ueber den Namen. Der Name *Paullinia* wurde so, wie er hier geschrieben ist, von Linné in den Gen. Plant. Ed. I, 1737, p. 116 aufgestellt, angeblich zu Ehren von Simon Paulli, geboren zu Rostock im Jahre 1603, später Professor in Kopenhagen, woselbst er eine Flora von Dänemark und das Quadripartitum botanicum schrieb, gestorben 1680. Auf diesen Mann, dessen Namen er übrigens „Pauli" schreibt, bezieht wenigstens Schumacher, der erste Monograph der Gattung, den Namen (Skrivt. Nat. Selsk. III, 2, 1794, p. 116), und ihm folgten darin die meisten späteren Autoren, wie Ventenat (1799), Poiret (1804), Lunan (1814), Don (1831), u. s. w. Pritzel dagegen bezieht in der zweiten Ausgabe seines Thesaurus Lit. bot. (1872) p. 242 den Namen auf Christian Franz Paullini, Arzt zu Eisenach, geb. daselbst 1643, gest. 1712, welchen schon Wittstein in seinem etymologisch-botanischen Wörterbuche unter *Paullinia* nebenher erwähnt hatte. Ebenso Salomon in seinem Autorenverzeichniss (in Regel's Gartenflora, 1870, Sep.-Abdr. p. 70) und in seinem Wörterbuche der botanischen Gattungsnamen, 1887. Ob diese Annahme auch auf andere als etymologische Gründe basirt sei, ist nicht ersichtlich, und ob sie wirklich die der Namengebung selbst der Zeit nach viel näher stehende Angabe Schumacher's zu ersetzen habe, wird wohl dahingestellt bleiben müssen, da Linné selbst meines Wissens sich über seine Intention nirgends näher ausgesprochen hat. Es möchte daraus, dass er in seiner Bibliotheca botanica und zwar schon in deren erster Ausgabe (Amsterdam 1736) Paullini nur unter den Monographen, Simon Paulli aber ausserdem auch unter den Ichniographi usitatissimi, unter den Adonistae publici galli, angli, belgi, dani und poloni, unter den Floristae dani, belgi und poloni, sowie endlich unter den Medici observatores aufführt und der letzterer Beziehung ihn auch in der Philosophia botanica Ed. I, 1751, p. 16, in welcher Paullini keine Erwähnung findet, namhaft macht, geschlossen werden dürfen, dass er Paulli, als den gewichtigeren Mann, bei der Aufstellung des Namens *Paullinia* im Sinne gehabt habe. Wenn die Form des Namens dem entgegen zu stehen scheint, so bleibt zu bedenken, dass Linné es damit kaum genauer genommen haben dürfte als mit der Orthographie der Personennamen und den dazu gehörigen Beinamen. So gibt er Paullini in der Bibl. bot. den Beinamen Christoph, statt Christian, und Paullini wie Pauli schreibt er an verschiedenen Stellen (das Inhaltsverzeichniss inbegriffen) bald mit einem, bald mit zwei „l", und selbst der Gattungsname *Paullinia* findet sich bei Linné gelegentlich (im Register der Classes s. Systemata Plantarum, 1747) mit nur einem „l" geschrieben.*)

Für diejenigen, welche bezüglich der Gattungsnamen über Linné zurückgreifen wollen, würde statt *Paullinia* der Name *Cururu* Plum. wieder aufzunehmen sein, welchen Plumier aus „Cururu-ape" bei Piso, das ist *Paullinia pinnata* (s. diese) entnommen hat und welchen Linné zur Bezeichnung einer der drei Arten Plumier's, jedoch nicht der bei Piso in Rede stehenden, als *Paullinia Cururu* L. verwendet hat. Wie unzweckmässig ein derartiges Zurückgreifen auf den Plumier'schen Gattungsnamen wäre, bedarf keiner weiteren Erörterung.

Zusatz 2. Ueber die Autoritätsfrage. Was die Autoritätsangabe betrifft, so bin ich dabei der Anweisung von A. de Candolle (in den Lois de la Nomenclature botanique Art. 49) gefolgt, welcher auch bei grösseren Veränderungen in dem Inhalte eines Namens doch die ursprüngliche Autorität beibehalten wissen will, jedoch unter Beifügung eines auf die Ver-

---

*) So auch bei Gleditsch 1749, Adanson 1763, Hill 1769, Thunberg 1784, Swartz Prodr. 1788, Gmelin Syst. Nat. 1791, Gisecke 1792, Dryander 1794 (s. unt. *P. pinn.*), Raeuschel Nomencl. Ed. III, 1797, Ruiz & Pav. Prodr. 1797, Cham. & Schlechtend. 1830 und wohl noch Anderen mehr. Ebenso der französisirte Name „Paulinie" bei Poiret, 1804.

änderung hindeutenden Zusatzes, hier also unter Hervorhebung des emendirenden Autors Schumacher, welcher von manchen, wie Kunth, P. de Candolle, Saint-Hilaire, allein als Autor genannt wird, während z. B. in den Genera von Endlicher und von Bentham & Hooker Linné allein angeführt wird. Es sei dabei daran erinnert, dass Linné, wie aus der Literatur der Gattung und ihrer gemeinsam mit der von *Serjania* in meiner Monographie von *Serjania* behandelten Geschichte zu ersehen, unter dem von ihm 1737 (in Gen. Pl. Ed. I) aufgestellten Namen *Paullinia* die Plumier'schen Gattungen *Serjania* und *Cururu* beide verstanden hat (wie früher — 1735, in Syst. Nat. Ed. I — unter „*Serjania*" mit beigefügtem Synonyme *Cururu* Plum., oder wie es in Folge eines Druckfehlers heisst: „*Ururu*" Plum.). Erst Schumacher trennte (1792, resp. 1794) die beiden Gattungen wieder, für *Serjania* den ursprünglichen Plumier'schen Namen wieder herstellend, für *Cururu* Plum. aber den Linné'schen Namen *Paullinia* in Anwendung bringend.

Zusatz 3. Zur Literatur der Gattung. Hinsichtlich des an seiner Stelle erwähnten Index Kewensis, III (1895) und der darin p. 438, 439 von Jackson gegebenen Uebersicht der bis zum Jahre 1885 aufgestellten Arten von *Paullinia* ist die Bemerkung nicht zu umgehen, dass diese Uebersicht einige missliche Verstösse aufweist, welche sich durch eine genauer, als es geschehen ist, durchgeführte Berücksichtigung der chronologischen Tabelle und anderer Theile meiner Monographie von *Serjania* leicht hätten vermeiden lassen.

So ist in der eben erwähnten chronologischen Tabelle (p. 68) *Paullinia pinnata* L. em. als älteste giltige Art von *Paullinia* unter n. 1 aufgeführt nebst den Synonymen *Paullinia africana* Don, *diversiflora* Miq., *Hostmanni* Steud., *nitida* Steud., *senegalensis* Juss. und *ovata* Schum. & Thonn., welche Jackson alle, wie die *Paullinia pinnata* selbst auf *Serjania curassavica* Radlk. bezieht, offenbar in Folge einer fast unbegreiflich irrigen Auffassung des dieser *Serjania*-Art auf der gleichen Seite (68) unter n. 4 und ebenso auf p. 313 beigefügten Synonymes „*Paullinia pinnata* L. partim", welchem an letzterer Stelle hinsichtlich dieses „partim" die genaue und wohl kaum deutlicher ausdrückbare Erklärung beigefügt ist: Solummodo nempe quoad plantam Horti vivi et sicci Cliffortiani in syn. „Hort. Cliff. p. 152" (n. 3) comprehensam!, unter Hinweis auf dieses im Vorausgehenden (p. 311) näher angeführte Synonym „*Paullinia foliis pennatis* etc." Und bei diesem ist (p. 311) abermals die von Linné im Auge gehabte Pflanze des Cliffort'schen Gartens hervorgehoben unter Verweisung auf die in der Geschichte der Gattung p. 19 und 20 und in einem besonderen Zusatze (p. 316 etc.) gegebene, noch nähere Auseinandersetzung über den von Linné damit begangenen Missgriff, dass er diese zu *Serjania curassavica* Radlk. gehörige Pflanze mit der Grundlage der *Paullinia pinnata* vermengte.

Ganz ähnlich verhält es sich mit Jackson's Beziehung von *Paullinia Cururu* L. em. und ihres Synonymes *Paullinia riparia* Kunth (s. die erwähnte chronologische Tabelle p. 69 n. 7) auf *Serjania nodosa* Radlk.

Ferner mit der von Jackson ausgeführten Unterordnung von *Paullinia australis* St. Hil. (einer p. 72 n. 53 der mehrerwähnten chronologischen Tabelle als giltig angeführten Art) unter *Serjania peralacca* Radlk., welche Unterordnung nur für eine von Grisebach irriger Weise für *Paullinia australis* angesehene Pflanze aus Paraguay in der Sammlung von Balansa, n. 2480, Geltung besitzt, wie ich in dem Supplement zur Monographie von *Serjania*, 1886, p. 119 auf's deutlichste ausgesprochen zu haben glaube.

Weiter sind von Jackson zu *Serjania* und anderen Gattungen gehörige Arten von Vellozo, Cambessedes und Anderen noch aufrecht erhalten worden; ebenso in die Synonymie anderer Arten zu verweisende.

Bei diesem Sachverhalte erschien es mir angemessen, in der Speciesliteratur von der Anführung des Index Kewensis Abstand zu nehmen, um den mannigfachen Berichtigungen aus dem Wege zu gehen, welche dabei nothwendig geworden wären und welche aus dem über die verschiedenen Arten hier Mitgetheilten sich von selbst ergeben.

Nur Folgendes mag noch erwähnt sein.

*Paullinia bactadensis* Gray ist nur ein Druckfehler, statt *P. barbadensis*.

Ebenso *P. diversifolia* Miq., statt *diversiflora*.

Weiter *P. erianthra* Benth., statt *eriantha*.

Für *P. fuscescens* Kunth ist der spätere Name *P. celatina* DC. gebraucht.

*P. jamaicensis* Macf. wird vergeblich mit *P. curassavica* Jacq., d. i. *P. Plumierii* Tr. & Pl. als übereinstimmend bezeichnet.

*P. macrophylla* Camb., d. i. *P. Cambessedesii* Tr. & Pl., wird unter der früheren Bezeichnung *Schmidelia macrophylla* DC. vergeblich aus der Gattung *Paullinia* entfernt.

*P. pubescens* DC. ist eine ungenaue Angabe statt „*P. pubescens* HBK." apud DC. (Prodr. 606), welche Bezeichnung „*P. pubescens* HBK." sich bei DC. fehlerhafter Weise für *P. fuscescens* HBK. eingeschlichen hat, wie in meiner Monographie von *Serjania* an nicht weniger als sieben Stellen und ausserdem auch ausdrücklich noch im Register (s. dieses) angegeben ist, und wie ferner zufolge meiner mündlichen Mittheilung darüber an Alph. de Candolle von diesem auch im Prodr. XVII, p. 317 unter den Erratis hervorgehoben worden ist.

In dem jüngst erschienenen IV. Fascikel des Index Kewensis haben in den „Addenda et Emendanda" einige der hier erwähnten Verstösse meiner Anregung entsprechend eine Verbesserung erfahren, jedoch nicht all die, auf welche sich meine Anregung erstreckte, und auf alles zu Verbessernde konnte sich dieselbe überhaupt nicht erstrecken. Dabei hat sich ein neuer misslicher Verstoss eingeschlichen, indem nämlich *P. diversifolia* Jacq. statt der, wie eben erwähnt, unrichtig als *P. diversifolia* Miq., statt als *P. diversiflora* Miq., aufgeführten Art von Miquel auf *P. pinnata* bezogen erscheint.

Zusatz 4. Geschichte der Gattung. Die Geschichte der Gattung *Paullinia* hat bereits in der Monographie von *Serjania* (1874—75) wegen des innigen Zusammenhanges, in welchem die Geschichte dieser beiden Gattungen steht, ihre Darlegung gefunden, sowohl mit Rücksicht auf den formellen als auf den materiellen Inhalt der Gattung (s. dort p. 12—67).

Es mag hier, was in Zusatz 1 und 2 schon zu berühren war, nur kurz daran erinnert werden, dass die Gattung von Plumier unter dem nach ausdrücklicher Angabe desselben aus „Cururu-apé" bei Piso entnommenen Namen *Cururu* im Jahre 1703 neben der Gattung *Serjania* aufgestellt worden ist, und dass diese beiden Gattungen von Linné im Jahre 1737 unter dem Namen *Paullinia* (wie früher — 1735, im Syst. Nat. Ed. 1 — unter „*Serjania*", s. Zusatz 2) in eine Gattung vereinigt wurden und erst durch Schumacher im Jahre 1792 (resp. 1794) wieder eine Sonderung erfuhren, unter Aufrechterhaltung der Linné'schen Bezeichnung *Paullinia* für *Cururu* Plum. und Wiederherstellung der Plumier'schen für *Serjania* (s. Serj. Monogr. p. 13, 14).

Bestimmend für diese Aufrechterhaltung von „*Paullinia*" war wohl der Umstand, dass von Linné der Name *Cururu* für eine der drei Arten Plumier's, aber nicht für die bei Piso unter „Cururu-apé" gemeinte Art (*P. pinnata* L. em.), sondern für die auch heute noch so genannte *P. Cururu* als Speciesepitheton verwendet worden war.

Eine analoge Trennung haben in demselben Jahre, in welchem die Abhandlung von Schumacher zur Publication gelangte, 1794, im Prodr. Fl. Peruv. et Chil. (p. 54) Ruiz und Pavon vorgenommen, wobei sie aber den Namen *Paullinia* auf die Arten von Plumier's *Serjania* anwendeten und für *Cururu* Plum. die neue Bezeichnung *Semarillaria* schufen (s. Serj. Monogr. p. 14, 42). Sie stellten anfänglich (a. a. O.) drei Arten auf, zu welchen sie in ihrem Syst. Veg. I (1798) den Band III ihrer Flora peruviana citirten, übrigens wohl nur nach einem in Vorbereitung begriffenen Manuscripte, denn dieser Band III ist erst im Jahre 1802 erschienen, und die in Rede stehenden Arten sind gar nicht in ihm, sondern in dem textlosen Bande IV (vom gleichen Jahre 1802) enthalten (Tafel 336 *Semarillaria subrotunda*, T. 337 *S. acutangula*, T. 338 *S. obovata*), und hier folgen denselben noch weitere drei Arten (T. 339 *S. nitida*, T. 340 *S. alata* und T. 341 *S. enneaphylla*). Die ersteren drei sind schon von Persoon (1805) als selbständige Arten von *Paullinia* bezeichnet worden, von den letzteren drei nur die zwei letzten durch Don (1831), während der *S. nitida* von ihm nur ein Platz in der Synonymie von *P. nitida* Kunth angewiesen wurde. Seitdem ist sie unbeachtet geblieben und erst in der Monographie von *Serjania*, 1875, p. 42 und p. 71 n. 29 als *P. neglecta* Radlk.

(wegen *P. nitida* Kunth musste der Speciesname geändert werden) in entsprechender Weise hervorgehoben worden.

Eine noch weiter gehende Vereinigung als von Linné ist 1763 von Adanson vorgenommen worden, welcher unter dem von Tournefort entlehnten Namen *Corindum* in seiner Familie der „Gerania" die drei Gattungen *Cardiospermum*, *Serjania* und *Paullinia* zusammenfasste, wie aus den von ihm p. 388 und 543 der Familles des Plantes II (1763) angeführten Synonymen und Vulgärnamen hervorgeht. Es sind das, abgesehen von den schon in der Literatur angeführten, auf *Paullinia* bezüglichen, für die Gattung *Cardiospermum*: p. 388 *Corindum* Tourn. 1. 246 und p. 543 weiter *Caput monachi* Gesn., *Cardiospermum* L., *Tête de moine* Gall., *Pois de merveille* Gall.; für die Gattung *Serjania* ferner: p. 388 *Cordis indi folio* Pluk. t. 168 f. 5, 6 und p. 543: *Serjania* Plum. und *Paullinia* L. zum Theile.

Die Vereinigung von Adanson ist ohne weitere Folgen geblieben. Die von Linné vorgenommene hat dagegen auch nach ihrer Lösung durch Schumacher noch längere Zeit nachgewirkt und ist namentlich von Poiret 1804 und 1816 wieder aufgenommen und bei der Aufstellung neuer Arten in Anwendung gebracht worden, wie auch von Vellozo 1825 (s. Serj. Monogr. p. 14).

Auch bei Linné hat eigentlich in die Gattung *Paullinia*, und zwar schon im Jahre 1737, ausser *Serjania* und *Paullinia* em. noch eine mit diesen nahe verwandte dritte Gattung, die erst von Kunth im Jahre 1821 aufgestellte Gattung *Urvillea* mit dessen *U. ulmacea* hereingespielt, wie ich in der Monographie von *Serjania* p. 13, 20, 22 dargelegt habe, und eine ähnliche Einbeziehung derselben *Urvillea* unter *Paullinia* findet sich, wie in der Monographie von *Serjania* p. 13 ebenfalls schon hervorgehoben ist, auch bei Loefling, in der 1758 von Linné herausgegebenen Reise desselben. Eigentliche Arten von *Paullinia* führt Loefling neben der zu *U. ulmacea* K. gehörigen Pflanze nicht auf. Dass aber der Gattungscharakter von *Paullinia* bei Loefling sich zum Theile auf wirkliche Paullinien bezieht, unterliegt keinem Zweifel und ist schon aus den oben in der betreffenden Literaturstelle angeführten Worten ersichtlich. Auf *Serjania* dagegen deutet kein Theil bei Loefling direct hin. Von einer unrichtigen Auffassung der Blüthe von Seiten Loefling's (bezüglich einer angeblichen Verwachsung der vier Blumenblattschuppen) wird in Zusatz 5 (unter C, „Ueber den Bau der Blüthe") die Rede sein.

Dass auf Arten von *Paullinia* gelegentlich besondere Gattungen begründet wurden, wie *Enourea* Aubl. 1775, für welche Necker 1790 den Namen *Geeria* vorgeschlagen hat, *Toulin* Gmelin 1791 (resp. Vitman 1789), *Hayecka* Pohl 1825, *Koernickea* Klotzsch 1848, *Castanella* Spruce 1852 (resp. 1862), ist aus der Literatur der Gattung zu ersehen, welche mit der Aufstellung der Gattung durch Plumier beginnt, während einige ältere Literaturstellen, die weniger die Gattung als einige der ältesten, von Linné in der Literatur vorgefundene und gleich namhaft zu machende Arten betreffen, bei diesen ihren Platz gefunden haben (s. *P. pinnata*, *jamaicensis*, *barbadensis*). Entsprechende Erläuterungen über die eben genannten, mit *Paullinia* ganz oder, wie *Hayecka*, theilweise zusammenfallenden Gattungen sind in der Monographie von *Serjania* p. 14 und 15, sowie für *Koernickea* (d. i. *P. anisoptera* Turcz., s. diese) im Supplement von *Serjania*, 1886, p. 100, 101 und 102 enthalten.

Dass zur Zeit, als Linné die Gattung *Paullinia* in seinem Sinne aufstellte, erst fünf wirkliche *Paullinia*-Arten in der Literatur aufgetaucht waren, nämlich eine bei Piso, zwei weitere bei Plumier und zwei bei Sloane mit einander vermengte, die heutigen *P. pinnata*, *Cururu*, *Plumierii*, *jamaicensis* und *barbadensis*, deren älteste, von den genannten Autoren herrührende Bezeichnungen in der Literatur dieser Arten nachgesehen werden mögen, welche Auffassung dieselben bei Linné fanden und in welcher Reihenfolge die übrigen bis zum Erscheinen der Monographie von *Serjania* im Jahre 1875 und in dieser selbst der Gattung zugeführten Arten sich anschlossen, ist in der oben genannten Monographie dargelegt und in der chronologischen Tabelle I dortselbst p. 68—76 ersichtlich gemacht. Dass auch gänzlich fremdartige, nicht einmal zu den Sapindaceen gehörige Pflanzen von Linné wie von Anderen gelegentlich in die Gattung hereingezogen worden sind, darüber gibt das Verzeichniss der Species exclusae am Ende der gegenwärtigen Monographie Aufschluss.

Eine Veränderung der in der eben erwähnten chronologischen Tabelle I der Monographie von *Serjania* aufgeführten Zahl von Arten ergibt sich nur insofern, als beim näheren Studium des inzwischen erweiterten Materiales sich drei Arten von Cambessedes, deren Artwerth theilweise schon früher bezweifelt worden war (s. Radlk. Serj. p. 46), als unhaltbar erwiesen haben und nunmehr bloss als Varietäten oder Formen anderer Arten aufgeführt werden können. Es sind das die damals in der chronologischen Tabelle unter *Paullinia* n. 36, 38 und 39 aufgeführten *P. sericea* Camb., *P. affinis* Camb. und *P. multiflora* Camb., von welchen die erstgenannte in den Formenkreis von *Paullinia* n. 20, *P. melinefolia* St. Hil. zurücktritt, während die beiden anderen unter den Formen von *Paullinia* n. 37, *P. carpopodea* Camb., naturgemäss ihren Platz finden. Dadurch vermindert sich die in der bezeichneten chronologischen Tabelle aufgeführte Zahl von 73 *Paullinia*-Arten auf 70 giltige Arten.

Diese 70 Arten bilden den Bestand der Gattung *Paullinia* bis zum Jahre 1875.

Sie theilen sich in 62 ältere Arten und in 8 solche, welche erst in der Monographie von *Serjania* selbst aus anderer Stellung der Gattung *Paullinia* zugeführt wurden. Es sind das 2 Arten aus der ganz in *Paullinia* aufgehenden Gattung *Enourea* Aubl. (*P. capreolata* Radlk. und *P. faginea* Radlk.), 3 Arten aus der ebenfalls einzuziehenden Gattung *Castanella* Spruce (*P. paullinioides* Radlk., *P. granatensis* Radlk. und *P. riparia* Radlk.), 1 aus *Serjania monogyna* Schlecht. hervorgegangene *P. m.* Radlk., 1 aus *Semarillaria nitida* R. & P. gebildete *P. neglecta* Radlk. und 1 aus *Cupania? nitida* DC. entstandene Art, *P. trivornis* Radlk., für welche letztere 2 Arten (wegen *P. nitida* Kunth) andere Speciesepitheta zu wählen waren.

Es mögen diese 70 giltigen Arten in derselben Reihenfolge wie früher, nämlich nach den ältesten Publicationsstellen geordnet, und unter Voranstellung dieser, in der folgenden, den bisherigen Bestand der Gattung *Paullinia* bis zum Jahre 1895 überhaupt darlegenden chronologischen Tabelle I unter A nochmal kurz aufgeführt werden, sammt den wichtigsten Synonymen, unter Hinzufügung von *P. podocarpa* Klotzsch (1848) zu *P. pinnata*, *Koernickea guianensis* Klotzsch (1848) zu *P. anisoptera*, *P. bipinnata* Klotzsch (1848, non Poir.) zu *P. leiocarpa*, *P. weinmanniaefolia* Gray (1854, non Mart.) zu *P. trigonia*, ? *P. quassiaefolia* Lind. (1862) zu *P. Cururu*, *P. brevispica* Fournier (1882) zu *P. tomentosa*.

## Chronologische Tabelle I.

Verzeichniss der bisherigen (bis zum Jahre 1895 aufgestellten) giltigen Arten von *Paullinia*.

### A. Verzeichniss der bis zum Jahre 1875 unterschiedenen Arten.

(Unter Beifügung der wichtigsten Synonyme nach den ältesten Publicationsstellen geordnet.)

| Laufende Nummer | Bezeichnungen nach den ältesten Literaturstellen oder Collectionsetiquetten | | Gegenwärtige Bezeichnung und wichtigste Synonyme (bis zurück auf Linné Sp. Pl. Ed. I, 1753, mit Ausschluss der in vorstehender Rubrik enthaltenen) | |
|---|---|---|---|---|
| 1 | Cururu-ape Maregr. & Piso | 1648 | P. pinnata L. em. | 1753 |
|   | Leguminosa brasiliens. etc. Rajus | 1688 | | |
|   | Clematis pentaphylla etc. Plumier | 1693 | | |
|   | Cururu scandens pentaphylla Plumier | 1703 | | |
|   | | | P. senegalensis Juss. | 1804 |
|   | | | P. ovata Schum. & Th. | 1828 |
|   | | | P. africana Don | 1831 |
|   | | | P. diversiflora Miq. | 1842 |
|   | | | P. nitida Steudel (non Ruiz & Pav., nec Kunth) | 1843 |
|   | | | P. Hostmanni Steudel | 1844 |
|   | | | P. podocarpa Klotzsch | 1848 |
| 2 | Pisum cordat., non vesicar. Sloane Catal. (quoad stirp. foliat.) | 1696 | P. jamaicensis Macfad. | 1837 |
| 3 | Pisum cordat., non vesicar. Sloane Catal. (quoad fruct., excl. sem.) | 1696 | P. barbadensis Jacq. | 1760 |

| Laufende Nummer | Bezeichnungen nach den ältesten Literaturstellen oder Collectionsetiquetten | | Gegenwärtige Bezeichnung und wichtigste Synonyme (bis zurück auf Linné Sp. Pl. Ed. I, 1753, mit Ausschluss der in vorstehender Rubrik enthaltenen) | |
|---|---|---|---|---|
| 4 | Cururu scandens triphylla Plum. | 1703 | P. Cururu L. em. | 1753 |
| | | | P. riparia Kunth | 1821 |
| | | | ? P. quassiaefolia Lind. | 1862 |
| 5 | Cururu scandens enneaphylla etc. Plum. | 1703 | P. curassavica L. quoad syn. Plum. | 1753 |
| | | | P. curassavica „L." apud Jacq. | 1763 |
| | | | P. Plumierii Tr. & Pl. | 1862 |
| 6 | Paullinia n. 5 Hort. Cliff., resp. Hb. Cliff. | 1737 | P. curassavica L. part. | 1753 |
| | | | P. fuscescens Kunth | 1821 |
| | | | P. velutina DC. | 1824 |
| | | | P. micropterygia Miq. | 1842 |
| | | | P. fusca Griseb. | 1858 |
| 7 | P. tomentosa Jacq. | | | 1760 |
| | P. pteropoda DC. | | | 1824 |
| | P. brevispica Fourn. | | | 1882 |
| 8 | P. tetragona Aubl. | | | 1775 |
| 9 | Enourea capreolata Aubl. | 1775 | P. connarifolia Rich. ed. Juss. | 1804 |
| | | | P. capreolata Radlk. | 1875 |
| 10 | P. Vespertilio Sw. | | | 1788 |
| 11 | P. cauliflora Jacq. | | | 1790 |
| 12 | P. polyphylla Schum. (non L.) | 1794 | P. thalictrifolia Juss. | 1804 |
| | | | P. bipinnata Poir. | 1804 |
| | | | P. fluminensis Vellozo | 1825 |
| 13 | P. hispida Jacq. | | | 1798 |
| 14 | Semarillaria acutangula Ruiz & Pav. | 1797—1802 | P. acutangula Pers. | 1805 |
| | | | P. lactescens Poepp. | 1844 |
| 15 | Semarillaria obovata Ruiz & Pav. | 1797—1802 | P. obovata Pers. | 1805 |
| 16 | Semarillaria subrotunda Ruiz & Pav. | 1797—1802 | P. subrotunda Pers. | 1805 |
| 17 | Semarillaria alata Ruiz & Pav. | 1802 | P. alata Don | 1831 |
| 18 | Semarillaria enneaphylla Ruiz & Pav. | 1802 | P. enneaphylla Don | 1831 |
| 19 | Semarillaria nitida Ruiz & Pav. | 1802 | P. neglecta Radlk. | 1875 |
| 20 | P. meliaefolia Juss. | | | 1804 |
| | P. maritima Vellozo | | | 1825 |
| | P. sericea Camb. | | | 1825 |
| | P. falcata Gardner | | | 1843 |
| 21 | P. sphaerocarpa Rich. ed. Juss. | | | 1804 |
| | P. cupaniaefolia Rich. ed. Juss. | | | 1804 |
| 22 | P. fibulata Rich. ed. Juss. | | | 1804 |
| 23 | P. rufescens Rich. ed. Juss. | | | 1804 |
| 24 | P. ingaefolia Rich. ed. Juss. | | | 1804 |
| 25 | Ornitrophe macrophylla Poir. | 1808 | Cupania sp.? Kunth | 1821 |
| | | | P. macrophylla Camb. | 1829 |
| | | | P. Cambessedesii Tr. & Pl. | 1862 |
| 26 | P. densiflora Smith | | | ca. 1814 |

| Laufende Nummer | Bezeichnungen nach den ältesten Literaturstellen oder Collectionsetiqueten | | Gegenwärtige Bezeichnung und wichtigste Synonyme (bis zurück auf Linné Sp. Pl. Ed. I, 1753, mit Ausschluss der in vorstehender Rubrik enthaltenen) | |
|---|---|---|---|---|
| 27 | | P. turbacensis Kunth . . . | 1821 | |
| 28 | | P. nitida Kunth . . . . . . . | 1821 | |
| 29 | | P. macrophylla Kunth . . . . | 1821 | |
| 30 | | P. Cupana Kunth . . . . . . | 1821 | |
| | | P. sorbilis Mart. . . . . . . | 1826 | |
| 31 | Cupania nitida DC. | 1824 | „P. nitida Camb." (1829) apud Tr. & Pl. | 1862 |
| | | | P. tricornis Radlk. . . . . . . | 1875 |
| 32 | | P. australis St. Hil. . . . . . | 1824 | |
| 33 | | P. elegans Camb. . . . . . . | 1825 | |
| 34 | | P. rubiginosa Camb. . . . . . | 1825 | |
| 35 | | P. micrantha Camb. . . . . . | 1825 | |
| 36 | | P. carpopodea Camb. . . . . | 1825 | |
| | | P. affinis Camb. . . . . . . | 1825 | |
| | | P. multiflora Camb. . . . . . | 1825 | |
| | | P. Timbo Vellozo . . . . . . | 1825 | |
| 37 | | P. trigonia Vellozo . . . . . | 1825 | |
| | | P. discolor Gardn. . . . . . | 1843 | |
| 38 | P. Seriana (non L.) Vellozo . . . 1825 | P. coriacea Casar. . . . . . . | 1842 | |
| 39 | | P. costata Schlecht. & Cham. . . . | 1830 | |
| 40 | | P. clavigera Schlecht. . . . . | 1836 | |
| 41 | | P. weinmanniaefolia Mart. . . | 1837 | |
| | | P. erythrocarpa Casar. . . . . | 1842 | |
| 42 | | P. marginata Casar. . . . . . | 1842 | |
| 43 | | P. ferruginea Casar. . . . . . | 1842 | |
| 44 | Serjania monogyna Hoffmsgg. ed. Schl. 1844 | P. monogyna Radlk. . . . . . | 1875 | |
| 45 | | P. rhizantha Poepp. . . . . . | 1844 | |
| 46 | | P. tenera Poepp. . . . . . . | 1844 | |
| 47 | | P. gigantea Poepp. . . . . . | 1844 | |
| 48 | | P. spicata Benth. . . . . . . | 1851 | |
| 49 | | P. interrupta Benth. . . . . . | 1851 | |
| 50 | | P. pachycarpa Benth. . . . . | 1851 | |
| 51 | | P. grandifolia Benth. . . . . | 1851 | |
| 52 | | P. subcordata Benth. . . . . | 1851—52 | |
| 53 | | P. rugosa Benth. . . . . . . | 1851—52 | |
| 54 | | P. latifolia Benth. . . . . . | 1851—52 | |
| 55 | | P. scabra Benth. . . . . . . | 1851—52 | |
| 56 | | P. stipularis Benth. . . | 1851—52 | |

| Laufende Nummer | Bezeichnungen nach den ältesten Literaturstellen oder Collectionsetiquetten | Gegenwärtige Bezeichnung und wichtigste Synonyme (bis zurück auf Linné Sp. Pl. Ed. 1, 1753, mit Ausschluss der in vorstehender Rubrik enthaltenen) | |
|---|---|---|---|
| 57 | Castanella paullinioides Spruce in schedis . . 1852 | P. paullinioides Radlk. . . . . | 1875 |
| 58 | Castanella riparia Spruce in schedis . . . 1855 | P. riparia (non Kunth) Radlk. . . . | 1875 |
| 59 | | P. eriantha Benth. . . . . . . 1855—56 P. eriocarpa Tr. & Pl. . . . . . 1862 | |
| 60 | | P. lachnocarpa Benth. . . . . 1857—59 | |
| 61 | Koernickea guianensis Klotzsch 1848 (Nomen nudum) | P. anisoptera Turcz. . . . . . . | 1858 |
| 62 | | P. leiocarpa Griseb. . . . . 1859 (—64) P. capitata Benth. ed. Tr. & Pl. . 1862 | |
| 63 | | P. pterophylla Tr. & Pl. . . . . 1862 | |
| 64 | | P. connaracea Tr. & Pl. . . . . 1862 | |
| 65 | | P. pterocarpa Tr. & Pl. . . . . 1862 | |
| 66 | | P. triptera Tr. & Pl. . . . . . 1862 | |
| 67 | | P. serjaniaefolia Tr. & Pl. . . . . 1862 | |
| 68 | | P. fraxinifolia Tr. & Pl. . . . . 1862 | |
| 69 | Castanella granatensis Pl. & Lind. . . . . 1862 | P. granatensis Radlk. . . . . . | 1875 |
| 70 | Enourea faginea Tr. & Pl. . . . . . 1862 | P. faginea Radlk. . . . . . . | 1875 |

An diese 70 Arten schliessen sich als seit dem Jahre 1875 weiter veröffentlichte, giltige Arten folgende 9 an, welche ich unter Nr. 71—79 den eben angeführten zur Ergänzung der chronologischen Tabelle I, d. i. der Uebersicht der bisher unterschiedenen Arten, unter B hier anreihe.

### B. Verzeichniss der seit 1875 (—1895) unterschiedenen Arten.

| Laufende Nummer | |
|---|---|
| 71 | P. seminuda Radlk. in Serj. Monogr., 1875, p. 47, aus P. Cururu (non L.) Vellozo, 1825 (sphalmate P. Cururu in Vol. IV, tab. 35) gebildet nach der Abbildung von Vellozo und nach Materialien von Martius, Burchell und Anderen. Der Tabelle I seinerzeit (1875) noch nicht eingefügt, da sie vorher noch nicht als selbständige Art unterschieden, wenn auch in dem Index method. zur Flora Fluminensis als verschieden von P. Cururu L. bezeichnet war. |
| 72 | P. racemosa Wawra (non alior.) in Oesterreich. Bot. Zeitschr. XXIX, 1879, Nr. 7, p. 215, nach von Schwarz in Brasilien (Pará) gelegentlich der Novara-Expedition (1857—59) gesammelten Materialien. In Folge des Abseitsliegens dieser Veröffentlichung nach Materialien von Sello, Miers, Riedel und Warming als P. pseudota Radlk. in Warming Symb., Partic. XXXVII, 1890, p. 242 (993) aufgeführt. |
| 73 | P. stenopetala Sagot in Ann. Scienc. nat., VI. Sér., XII, 1882, p. 194, nach i. J. 1861—62 von Mélinon in Guiana gesammelten Materialien. |
| 74 | P. rhomboidea Radlk. in Serj. Suppl., 1886, p. 23 annot., nach 1868 von Correa de Mello in Brasilien gesammelten Materialien, nachdem die Pflanze bereits in Serj. Monogr., 1875, p. 287 etc. nach 1856—69 gesammelten Materialien von Regnell: III, 350 partim und III, 351 partim als P. spec. bezeichnet und so von der unter III, 350 zugleich enthaltenen Serj. glabrata K. und Serj. meridionalis Camb., sowie von der unter III, 351 mitenthaltenen Serj. orbicularis Radlk. unterschieden worden war. |

| Laufende Nummer | | |
|---|---|---|
| 75 | P. conduplicata Radlk. in Serj. Suppl., 1886, p. 100 annot., nach 1843 in Britisch Guiana gesammelten Materialien von Rich. Schomburgk, n. 1291, welche von Klotzsch im Berliner Herbare mit dem von Schomburgk in seinem Reisewerke 1848 veröffentlichten Namen Schmidelia? conduplicata bezeichnet worden waren. | |
| 76 | P. costaricensis Radlk. in Serj. Suppl., 1886, p. 157 unter n. 138, nach Materialien von Oersted (1847) und Hoffmann (1857) aus Costarica, sowie von Tate, n. 53, aus Nicaragua (1867—68), welch letztere von Hemsley in der Biol. Centr.-Am., Bot. I, 1879‑81, p. 207 n. 23 irrthümlich auf Serj. rhombea Radlk. bezogen worden sind. | |
| 77 | P. Sonorensis Watson in Proceed. Amer. Acad. XXIV, 1889, p. 45, nach Materialien von Palmer, n. 238, aus Mexiko, 1887 bei Guaymas gesammelt. | |
| 78 | P. scarlatina Radlk. in Bot. Gaz., Juli 1891, p. 193, nach Materialien aus Guatemala, von J. Donnell Smith 1889 gesammelt. | |
| 79 | P. sessiliflora Radlk. in Contrib. from the U. S. Nat. Herb. Vol. I No. 9, 1895, p. 317, nach Materialien von Palmer, n. 1066, von Colima und Manzanillo in Mexiko aus den Jahren 1890 und 1891, sowie nach älteren Materialien, welche Wawra gelegentlich der Erdumsegelung der Fregatte „Donau", 1868—71, in Gärten um Honolulu angetroffen hatte. | |

Alles was sonst seit 1875 oder schon vorher, ohne dass es, wie die Aufstellungen von Klotzsch, seinerzeit in der Gattungsgeschichte von *Paullinia* (Monographie von *Serjania*, 1875) seine Erledigung gefunden hätte, in der Form neuer *Paullinia*-Arten veröffentlicht und mir bekannt worden ist, hat entweder aus der Gattung auszuscheiden (s. die Species exclusae) oder tritt in die Synonymie bestimmter Arten zurück (s. die der Tabelle I A unmittelbar vorausgeschickten und in ihr wiederholten Angaben).

An die bisher verzeichneten 70 + 9 = 79 giltigen Arten von *Paullinia*, welche bis zum Jahre 1895 bekannt geworden sind, reiht sich nun eine Anzahl von 43 neuen Arten als Rest an. Von diesen sind 12 in der Literatur bereits in dieser oder jener Weise berührt worden, ohne dass sie eine gesicherte Stelle und eine klare Auffassung als gesonderte *Paullinia*-Arten dabei gefunden hätten. Die übrigen 31 sind in der Literatur bisher überhaupt noch nicht aufgetaucht. Ich führe die einen und die anderen im Folgenden in einer der chronologischen Tabelle II von *Serjania* (Monographie p. 77) entsprechenden Uebersicht unter A und B auf.

## Chronologische Tabelle II.

Verzeichniss der neuen Arten von *Paullinia*.

### A. Neue, aber in der Literatur bereits berührte Arten von Paullinia.

(Nach der Zeitfolge der ältesten Literaturstellen geordnet, unter Angabe der bezüglichen Materialien, welchen, wenn sie nicht zugleich die ältesten Materialien oder Sammler der betreffenden Art in Klammern vorangestellt sind.)

| Laufende Nummer | Aelteste Materialien oder Sammler | Bezeichnungen in der Literatur | Art-Name | |
|---|---|---|---|---|
| 80 | Riedel n. 341, a. 1821 | Serjania spec. Mart. in Hb. Flor. bras. Catal. autogr. n. 1270 . 1842 | P. revoluta Radlk. | 1895 |
| 81 | Kappler n. 2131, a. 1844 | Schmidelia spec. Griseb. in sched. 1844? | P. venosa | " |
| 82 | Spruce n. 1488, a. 1851 | Paulliniae acutangulae affinis Benth. in schedis . . . . 1851? | P. caloptera | " |
| 83 | (Märter a. 1784—85?) Imray a. 1840? | P. sphaerocarpa, non „Rich.", Gris. in Fl. Brit. W. Ind. Isl. . . 1859 | P. microsepala | " |
| 84 | Goudot n. 2, a. 1844 Triana n. 5603, a. 1854 | P. hispida, non „Jacq.", Tr. & Pl. in Ann. Scienc. nat. . . . . 1862 | P. apoda | " |

| Laufende Nummer | Aelteste Materialien oder Sammler | Bezeichnungen in der Literatur | Art-Name |
|---|---|---|---|
| 85 | Tate n. 59, a. 1867—68 | P. spec. n. 17, Hemsley in Biol. Centr.-Am., Bot. I . . 1879—81 | P. hymenobractea Radlk. 1895 |
| 86 | (Haencke a. 1789—94, etc.) Sutton Hayes n. 391, a. 1861 | P. spec. n. 20, Hemsley in Biol. Centr.-Am., Bot. I . . 1879—81 | P. glomerulosa Radlk. |
| 87 | (Martius a. 1819) Mélinon n. 59, a. 1845 | P. macrophylla, non „Kunth", Sagot in Ann. Scienc. nat. . 1882 | P. imberbis Radlk. |
| 88 | Mélinon n. 47, a. 1842 | P. fibulata, non „Rich.", Sagot in Ann. Scienc. nat. . . . . 1882 | P. stellata |
| 89 | (Poiteau a. 1819—21) Sagot n. 881, a. 1858 | P. ingaefolia, non „Rich.", Sagot in Ann. Scienc. nat. . . . . 1882 | P. dasygonia |
| 90 | (Ruiz & Pav. 1799) Rusby n. 531, a. 1886 | P. acutangula, non „Pers.", Britton in Bull. Torr. Bot. Cl. . . 1889 | P. dasystachya Radlk. |
| 91 | (D'Orbigny n. 563, a. 1826-33) Rusby n. 529, a. 1886 | P. spec. Britton in Bull. Torr. B. Cl. 1889 Serj. spec. Rusby in Mem. Torr. Bot. Cl. . . . . . 1890 | P. boliviana Radlk. |

**B. Neue, in der Literatur noch nicht berührte Arten von Paullinia.**

(Nach der Zeitfolge der ältesten Materialien und innerhalb desselben Zeitraumes nach der systematischen Stellung geordnet.)

| Laufende Nummer | Aeltester Sammler | Art-Name | Laufende Nummer | Aeltester Sammler | Art-Name |
|---|---|---|---|---|---|
| 92 | Haencke 1789—94 / Martius 1819 | P. subnuda Radlk. 1895 | 108 | Oersted 1847 | P. mallophylla Radlk. 1895 |
| 93 | Pavon 1794 | P. elongata | 109 | F. de Castelnau 1847 | P. fistulosa |
| 94 | Sello 1816 | P. livescens | 110 | Linden 1849 | P. venezuelana |
| 95 | Martius 1817—20 | P. anomophylla | 111 | Spruce 1853 | P. firma |
| 96 | „ 1819—20 | P. parvibractea | 112 | Lechler 1854 | P. curvicuspis |
| 97 | „ 1819—20 | P. clathrata | 113 | Spruce 1860 | P. Quitensis |
| 98 | „ 1819 | P. trilatera | 114 | Appun 1863 | P. verrucosa |
| 99 | Poiteau 1819—21 | P. fasciculata | 115 | Hahn 1870 | P. neuroptera |
| 100 | Lund 1825 | P. castaneifolia | 116 | Glaziou 1873 | P. fusiformis |
| 101 | Burchell 1829 | P. platymisca | 117 | C. de Jelski 1878 | P. bidentata |
| 102 | Poeppig 1830 | P. nobilis | 118 | 1878 | P. subauriculata |
| 103 | „ 1831 | P. linearis | 119 | Glaziou 1880 | P. ternata |
| 104 | „ 1831 | P. selenoptera | 120 | 1882 | P. urvilleoides |
| 105 | Gaudichaud 1832 | P. cristata | 121 | Eggers 1889 | P. excisa |
| 106 | Claussen 1838—42 | P. uloptera | 122 | Schwacke, resp. Filgueiras 1894 | P. xestophylla |
| 107 | Matthews 1846 | P. laeta | | | |

Was die Geschichte der cultivirten Arten betrifft, so ist das in den Literaturangaben, in den Standorts- und Materialienverzeichnissen und in besonderen Zusätzen hierüber Beigebrachte nachzusehen. Die betreffenden Arten sind: *P. Cururu, pinnata, cauliflora, hispida, barbadensis, thalictrifolia,* welche schon früher, in der Monographie von *Serjania* p. 63 etc., in nähere Betrachtung gezogen worden sind; ferner *P. venosa, meliaefolia, fuscescens, Plumierii, micrantha,* und mit Rücksicht auf ihr Vorkommen in Gärten auf Honolulu *P. sessiliflora* und *P. tomentosa.* Für mancherlei andere in Gartenkatalogen aufgeführte Arten, von denen Exemplare sogar in den Herbarien verhältnissmässig selten anzutreffen sind, erscheinen die betreffenden

Angaben als sehr unzuverlässige; so namentlich für *P. Cupana, sphaerocarpa, Vespertilio* und *tetragona*, wie schon früher (a. a. O. p. 67) hervorgehoben worden ist und wie in betreffenden Zusätzen auf's neue erwähnt werden soll.

Zusatz 5. Zur Charakteristik der Gattung erscheint es angemessen, folgendes Nähere, besonders hinsichtlich der anatomischen Verhältnisse, hinzuzufügen.

### A. Ueber die Zweig- und Stammstructur.

Bei 16 von den 122 *Paullinia*-Arten findet sich ein zusammengesetzter Holzkörper, wie bei viel zahlreicheren Arten von *Serjania*, übrigens nur der einfacheren Form (s. Serj. Suppl. p. 6), nämlich bestehend aus einem centralen Holz-, resp. Gefässbündelringe und 1 bis 3 peripherischen Holzringen, welche zwei oder mehrere, seltener nur ein Gefässbündel enthalten (wie z. B. bei *Paullinia pinnata*, s. Radlkofer im Berichte über die Münchener Naturforscherversammlung, 1877, p. 196, Anmerk. 2, und Schenck, Beiträge zur Biologie und Anatomie der Lianen, II, 1893, p. 109, sowie auch Nägeli, Dickenwachsthum b. d. Sapindac., 1864, p. 5, 6 u. 9, 11), abrollbare Gefässe in der Umgebung ihres Markes besitzen und rings von einer ihre Verdickung vermittelnden Cambiumschicht, sowie von Bast umgeben sind. Diese peripherischen Holzkörper, resp. Holzringe, pflegen, was ihre Anordnung auf dem Querschnitte des Stammes betrifft, nach den Ecken eines gleichseitigen Dreieckes vertheilt zu sein. Der eine oder andere davon kann gelegentlich auch durch je ein Paar kleinerer vertreten, resp. in diese getheilt erscheinen (vgl. Serj. Suppl. Taf. I, Fig. 3, 1 oder Engl. u. Pr. nat. Pfl.-Fam. III, 5, Fig. 152, 1 A, B).

Von den in Rede stehenden 16 Arten gehören 12 der Section I an (n. 1—12, *P. densiflora* — *P. anomophylla*, s. d. Conspect. Specier.), die übrigen 4 der Section XII (n. 81 *P. trilatera* und n. 82 *P. mallophylla*, den Anfang der Section bildend, n. 104 *P. monogyna*, zu den Arten mit gleich breit von oben bis unten geflügelten Fruchtklappen gehörend, und n. 105, *P. hymenobractea*, welche wegen Mangels von Früchten nur provisorisch an diesen Platz gestellt erscheint).

Bei älteren Stämmen von diesen Arten können sich ausserdem noch secundäre Holzkörper (ohne abrollbare Gefässe) einstellen, wie bei den analogen Stämmen von *Serjania* (s. Serj. Suppl. p. 16—18, Taf. I, Fig. 11 oder Engl. u. Pr. nat. Pfl.-Fam. III, 5, Fig. 152, 1 C). Direct beobachtet ist das nach den Abbildungen von Crüger (in Bot. Zeit. IX, 1851, p. 481, Taf. VIII, Fig. 1—6) und Schacht (Lehrb. d. Anat. u. Physiol. d. Gewächse, II, 1859, Fig. 113) bei *P. pinnata* und *P. Cururu*, vorausgesetzt, dass die Beziehung jener Abbildungen auf diese Arten eine zutreffende ist (s. Serj. Suppl. p. 27, 28).

Auch ein derartiges Auftreten von secundären Holzkörpern allein, ähnlich wie bei dem umstrickten Holzkörper von *Thinouia* (s. Serj. Suppl. p. 19—22, Taf. II, Fig. 14, 15) stellt sich bei gewissen Arten an dem bis dahin regelmässig entwickelten Stamme von ungefähr 2 cm Querdurchmesser ein, jedoch in gleich zu erwähnender modificirter Weise. Es ist dieses Verhalten, das wohl weiter verbreitet sein dürfte, bisher nur bei 2 Arten der Section XIII zur Beobachtung gelangt, nämlich bei *P. racemosa* Wawra (*P. pseudota* Radlk.) und bei *P. trigonia* Vell. (s. die Darstellung jüngerer und älterer Stämme der erstgenannten Art bei Schenck, Beitr. z. Biol. u. Anat. d. Lianen, II, 1893, p. 106—108, Taf. V, Fig. 56 a—d). Die secundären Holzkörper sind von denen bei *Thinouia* dadurch verschieden, dass sie nicht eigentlich ringförmig sind, sondern plattenartig, in tangentialer Richtung meist stark verbreitert und auf dem Querschnitte des Stammes gürtelartig nebeneinander geordnet, eine Zone nach aussen von der anderen entstehend. Nur einzelne dieser secundären Holzkörper zeigen in ihrem Inneren, ähnlich wie bei *Thinouia* oder noch mehr wie bei *Serjania*, einen tangential gedehnten Streifen markartigen Gewebes und Dickenzunahme nach aussen von demselben und zwar, wenn auch hier in verhältnissmässig sehr geringem Grade (s. in Schenck's Fig. 56, c den untersten secundären Holzkörper zur Linken). Meist entwickeln sich dieselben nur einseitig von ihrem Entstehungsherde nach der Peripherie zu, den secundären Holzkörpern der Leguminosen und anderer Familien sich nähernd, während an ihrer Innenseite nur Gruppen sklerenchymatischen

Gewebes sich finden, ein die Fortbildung vermittelndes Cambium aber hier fehlt (s. Schenck a. a. O.). Der umstrickte Holzkörper zeigt also hier Uebergänge zum beschienten oder umkleideten Holzkörper (corpus lignosum vestitum), wie ich ihn in Serj. Suppl. p. 4 genannt habe und wie er besonders bei gewissen Leguminosen sich findet.

Manche Arten neigen zur Bildung eines gelappten Holzkörpers mit scharf abgestuften, einspringenden Bastpartien an schmalen, zwischen je zwei stärkeren Markstrahlen gelegenen Sectoren, ähnlich wie auch gewisse *Serjania*-Arten (*S. reticulata, brevipes, tristis*, s. Serj. Suppl. p. 24, 25). Auch die Holzringe des zusammengesetzten Holzkörpers können Aehnliches zeigen. z. B. bei *P. pinnata* (s. Schenck a. a. O. Taf. V, Fig. 57, b, c, d).

Hinsichtlich des Auftretens eines continuirlichen gemischten Sklerenchymringes in der Rinde und hinsichtlich der histologischen Verhältnisse entspricht die Zweig- und Stammstructur von *Paullinia* ganz der von *Serjania* (s. Serj. Suppl. p. 15 etc.). Markständiger Bast findet sich hier so wenig wie dort, vielmehr nur Gruppen dünnwandiger Zellen an der Innenseite der Gefässbündel (Serj. Suppl. p. 16, Taf. V, d), sogenanntes intraxyläres Cambiform (s. Raimann in Sitzungsber. d. Wiener Akad., Sitz. v. 20. Dec. 1888, Bd. XCVIII, Abth. I, Jan. 1889, p. 19).

Durch beträchtliche Weite der Gefässe, welche bis zu 0,5 mm geht, zeichnet sich das spätere, nach Verdickung des Stammes bis auf 1,5 cm zur Bildung kommende Holz von *P. curpopoden* aus, welches auch durch deutlich hervortretendes, auf dem Querschnitte in feinen, tangentialen Wellenlinien angeordnetes Holzparenchym auffällt.

## B. Ueber die Blattstructur.

### a) Ueber die Gefässbündelanordnung im Blattstiele.

Auch bei *Paullinia* wurde, wie für *Serjania* (s. Suppl. p. 34—36) die anatomische Beschaffenheit des Blattstieles einer vergleichenden Untersuchung unterworfen mit Rücksicht auf die Frage, ob sich daraus Anhaltspunkte für die Unterscheidung und verwandtschaftliche Gruppirung der Arten entnehmen lassen. Nur wenige Arten wurden dabei um der nöthigen Schonung des Materials willen oder wegen Mangels desselben übergangen.

Das Resultat war ein ähnliches wie bei *Serjania*. Auch hier treten bei den meisten Arten ausser einem geschlossenen Hauptsystem von (ungleich grossen) Gefässbündeln — einem (oberseits mehrfach abgeflachten) Gefässbündelringe mit continuirlichem Sklerenchymringe — rindenständige oder markständige Gefässbündel oder bei bestimmten Arten beide zugleich an der Basis des Blattstieles auf. Doch finden sich, je nachdem die Untersuchung eine etwas höher oder etwas tiefer gelegene Stelle betrifft, mancherlei Modificationen und Uebergangsverhältnisse, wodurch der immerhin nicht unerhebliche Werth der Blattstielstructur für die Systematik einigermassen beeinträchtigt wird, wie auch durch den Umstand, dass die Integrität des Herbarmaterials durch die Constatirung der einschlägigen Verhältnisse zu sehr leidet.

Rindenständige Gefässbündel, theils vollständig frei liegende, von mehr oder weniger concentrischem Baue, mit centralem Holztheile, und an den Rändern der abgeflachten Oberseite des Blattstieles beiderseits in Einzahl oder zu zweit und mehreren (besonders in Sect. V) auftretend, theils nur in Form von Ausbuchtungen (Falten) des Hauptsystemes hervortretende, welche erst im Scheidentheile des Blattes kurz vor dem Uebertritte der Gefässbündel in die Achse frei werden, bilden eigentlich das gewöhnliche Vorkommniss. Die zahlreichen Arten, bei welchen sie sich finden, sind aus der folgenden Tabelle zu entnehmen. Es sind deren 107 von 116 untersuchten Arten, und zwar 96, bei welchen ausschliesslich solche rindenständige Gefässbündel auftreten, während bei 11 zugleich markständige Gefässbündel vorkommen. Mitunter tritt statt eines Gefässbündels eine kleine ringförmige Gruppe von 2—3 Gefässbündeln auf.

Markständige Gefässbündel, ebenfalls von annähernd concentrischem Baue, aber mit centralem Basttheile (also wie durch Einbuchtung des Cambiumringes nach innen entstanden), oder aus zwei oder mehr Gefässbündeln gebildete, analog gestaltete Gefässbündelgruppen treten verhältnissmässig selten auf, wie aus der folgenden Tabelle zu entnehmen ist, nämlich nur bei 11 von den untersuchten 116 Arten (5 aus Sect. II, 3 aus Sect. III, 2 aus Sect. IV, 1 aus Sect. XI), und zwar gleichzeitig neben rindenständigen Gefässbündeln, nur bei einer

Form von einer dieser Arten (*P. carpopodea* C. subf. *chrysophylla*) für sich allein. Sie durchziehen gelegentlich das ganze Blattstielgerüst bis hinein in den Mittelnerv des Endblättchens.

Zu erwähnen ist noch, dass die Gefässbündel des Hauptsystems bei vielen Arten an der dem Centrum zugekehrten Seite dünnwandige, weichbastähnliche Elemente (sogenanntes intraxyläres Cambiform) zeigen, unter denen jedoch wirkliche Siebröhren, wie sie bei bicollateralen Gefässbündeln sich finden, nicht nachgewiesen werden konnten, so wenig wie in den analogen Zellgruppen der Zweige, von welchen im Vorhergehenden schon die Rede war.

| Section | Zahl der Arten | Zahl der untersuchten Arten | Namen der nicht untersuchten Arten | Arten mit rindenständigen und markständigen Gefässbündeln | Arten mit rindenständigen Gefässbündeln, ohne markständige Gefässbündel | Arten ohne rindenständige Gefässbündel mit markständigen Gefässbündeln | Arten ohne rindenständige und ohne markständige Gefässbündel |
|---|---|---|---|---|---|---|---|
| I | 20 | 20 | — | — | 20 | — | — |
| II | 6 | 6 | — | P. rubiginosa, stipularis, semiuuda, castaneifolia interrupta | 1 | — | — |
| III | 21 | 19 | P. bidentata, subauriculata | P. scabra, latifolia, stellata | 13 | — | P. urvilleoides connaracea, Cupana |
| IV | 10 | 9 | P. xestophylla | P. carpopodea, ingaefolia | 5 | (P. carpopodea subf. β. chrysophylla) | P. pterophylla grandifolia |
| V | 8 | 8 | — | — | 8 | — | — |
| VI | 3 | 3 | — | — | 3 | — | — |
| VII | 3 | 3 | — | — | 3 | — | — |
| VIII | 2 | 2 | — | — | 2 | — | — |
| IX | 1 | 0 | P. verrucosa | — | — | — | — |
| X | 3 | 3 | — | — | 3 | — | — |
| XI | 3 | 3 | — | P. rufescens | 2 | — | — |
| XII | 30 | 28 | P. fistulosa, excisa | — | 25 | — | (P. dasyphylla f. 2. hirta) P. ternata, hispida, glomerulosa, selenoptera |
| XIII | 12 | 12 | — | — | 12 | — | — |
| Summe | 122 | 116 | 6 | 11 | 96 | (1) | 9 (+ 1) |

### b) Ueber die Structur der Blattspreite.

Die anatomischen Verhältnisse der Blattspreite bei der Gattung *Paullinia* nähern sich sehr denen bei der Gattung *Serjania*, auf deren Darstellung (in Serj. Suppl., 1886, p. 37 ff.) hiemit verwiesen sei, gleichwie für die einzelnen hier in Betracht kommenden Arten auf die am Schlusse folgenden Zusammenstellungen nach den besonderen anatomischen Verhältnissen.

Die Blätter aller Arten sind bifacial gebaut, nur das Blatt von *P. Sonorensis* besitzt annähernd concentrischen Bau.

Die Oberseite ist nur bei *P. Sonorensis* mit zerstreuten Spaltöffnungen versehen. Ausserdem sind höchstens in der Nähe der grösseren Nerven einzelne Spaltöffnungen vorhanden; so bei *P. alata, imberbis, cauliflora*.

Die Epidermiszellen der oberen Blattseite sind bei bestimmten Arten von beträchtlicher, bei anderen von geringer Flächenausdehnung und theils mit geradlinigen Rändern gegen einander abgegrenzt, theils mit einfach gekrümmten oder buchtig hin und her gebogenen Rändern versehen, und gelegentlich in beträchtlichem Masse das, so dass die Zellen den Steinen eines sogenannten Geduldspieles ähnlich werden, wie namentlich bei *P. ferruginea*. Mitunter ist die buchtige Beschaffenheit auf die Oberfläche beschränkt und in der Tiefe durch geradlinige Begrenzung ersetzt. Die Aussenfläche springt gelegentlich bogig oder papillenartig vor, in welchem Falle die Blattfläche, wie bei *P. densiflora*, ein eigenthümlich mattes Aussehen erhält. (S. hinsichtlich dieser Verhältnisse die unten folgende Zusammenstellung.)

Die Cuticula ist häufig mit mehr oder minder deutlicher Sculptur in Form geschlängelter Linien versehen. Tüpfel in der äusseren Wandung fehlen, ausser je einem in den Randbuchten, wo letztere mit stärkerer Verdickung der Aussenwand vergesellschaftet sind.

Die nach dem Blattinneren gekehrte Wandung ist bei etwas über einem Drittel der Arten (bei 43 von 122) verschleimt,*) in derselben Weise wie bei *Serjania* (s. die Monographie von *Serjania*, 1875, p. 100 etc. und das Supplement dazu, 1886, p. 39, 40, Taf. VI Fig. 2 u. 3, Taf. VII Fig. 1, 2, 3 oder Engl. u. Pr. nat. Pfl.-Fam. III, 5, p. 285, Fig. 153), und zwar bei gewissen Arten über die ganze Blattfläche hin, abgesehen von den Nerven, bei anderen nur an Gruppen von Zellen oder vereinzelten Zellen, welch letztere dann gelegentlich am trockenen Blatte als durchscheinende Punkte sich darstellen. Eine Uebersicht über die Vertheilung der Arten mit verschleimter Epidermis auf die einzelnen Sectionen ist die folgende: Sect. I mit 20 Arten: 0; Sect. II mit 6 Arten: 0; Sect. III mit 21 Arten: 12; Sect. IV mit 10 Arten: 0; Sect. V mit 8 Arten: 8; Sect. VI mit 3 Arten: 3; Sect. VII mit 3 Arten: 0; Sect. VIII mit 2 Arten: 2; Sect. IX mit 1 Art: 1; Sect. X mit 3 Arten: 3; Sect. XI mit 3 Arten: 0; Sect. XII mit 30 Arten: 5; Sect. XIII mit 12 Arten: 9.

Die Epidermiszellen der unteren Blattseite, welche ebenfalls bei bestimmten Arten eine Verschleimung ihrer Innenwandungen zeigen, sind im allgemeinen durch geringere Grösse von denen der Oberseite verschieden. Ihre Kleinheit ist namentlich bei den Arten der ersten Section hervortretend und unter diesen wieder bei *P. obovata*, bei welcher auch die Epidermiszellen der Oberseite von verhältnissmässig geringer Grösse sind. Zugleich ist die erste Section durch Vorkommen von Krystallen oxalsauren Kalkes in Gruppen von Epidermiszellen der

---

*) Es ist merkwürdig, dass dieses Verhältniss, welches vor meiner Mittheilung darüber in der Monographie von *Serjania*, 1875, p. 100 etc., ganz übersehen oder missdeutet war, noch immer falsch aufgefasst wird, und die damals von mir schon berichtigte Meinung, welche in den verschleimten Membranen eine besondere Zellschicht sehen wollte, immer wieder auftaucht. So bei Schimoyama (1888) für *Barosma*, wovon schon in meiner Abhandlung über die Gliederung der Familie der Sapindaceen (Sitzungsb. d. k. bayer. Akad., 1890, p. 314) die Rede war, bei Dumont für die Malvaceen, Sterculiaceen etc. (Ann. Sc. nat., VII. S., VI, 1887, p. 215, Pl. VII, Fig. 31, *Cheirolaena*, etc.), bei Thouvenin für die Canoniaen (Ann. Sc. nat., VII. S., XII, 1890, p. 81, Pl. XIII, Fig. 5, 11), bei Arthur Meyer für *Cassia* (Wissenschaftl. Droguenkunde, II, 1892, p. 233, 234, Fig. 119) und ebenso bei Vogl (Anatomischer Atlas zur Pharmakognosie, 1887, Taf. 20 und Pharmakognosie, 1892, p. 95) und darnach in Pharm. Journ., Oct. 1894, p. 335, Fig. 31, ferner bei Guiraud für die Malvaceen nach Bot. Centralbl. LXI, No. 10, p. 378 (1895) u. s. w.

Bei meiner ersten Mittheilung über dieses Vorkommniss habe ich auch schon erwähnt, dass bei Vorkommen von Hypoderm, resp. Verdoppelung der Epidermis, die Verschleimung an der inneren Zellschicht auftritt, wie bei *Alnus glutinosa* und *incana* (während *A. viridis* hypodermlos ist). Aber das hinderte besser wissen Wollende nicht, sich gerade in diesem Punkte zu täuschen und im Gegensatze zu dem eben berührten Fehler derjenigen, welche zu viel sahen und verschleimte Wände für eine ganze Zellschicht nahmen, zu wenig zu sehen und eine ganze Zellschicht zu übersehen, sei es nun, dass die äussere Zellschicht lediglich für verdickte Aussenwände, oder die innere Zellschicht lediglich für verschleimte Innenwände genommen wurde. So erging es gerade bezüglich *Alnus glutinosa*, für welche er die Richtigkeit meiner Angaben in Frage stellen möchte, Walliczek in seiner Abhandlung über die Entstehung von Schleimmembranen (in Pringsheim's Jahrbüchern XXV. 2, 1893, p. 236), auf dessen Anschauungen über die Entstehung solcher Membranen ich hier nicht näher eingehen will.

unteren Blattfläche ausgezeichnet, welche nur bei drei dieser Arten fehlen, nämlich bei *P. spicata*, *subrotunda* und *leiocarpa* (gelegentlich auch bei *P. Cururu*). Von den Arten der übrigen Sectionen zeigt nur *P. fusiformis* aus der dritten Section Krystalle in der unterseitigen Epidermis. (S. die unten folgende Zusammenstellung über das Vorkommen von Krystallen.)

Die Spaltöffnungen, welche wie bei *Serjania* von gewöhnlichen Epidermiszellen (vier und mehreren) umstellt und nicht mit besonderen Nebenzellen versehen sind, erscheinen meist von geringer Grösse, und besonders so in der ersten Section, hier kaum grösser als eine der kleinen Epidermiszellen selbst. Gross sind sie dem gegenüber zu nennen in der IV., VI., VIII., IX. und XI. Section, wie auch bei einer Anzahl Arten aus anderen Sectionen (s. unten). Bei einigen Arten treten sie mit ihren Schliesszellen über die Blattfläche hervor, so bei *P. subcordata* in Sect. III bei gleichzeitig kreisrunder Gestalt des sonst elliptischen Umrisses, bei *P. carpopodea* und anderen (s. unten). Gelegentlich schieben sich zwei Nachbarzellen mit der ihnen gemeinschaftlichen Wand so unter die Schliesszellen ein, dass diese (bei tiefer Einstellung) wie der Quere nach getheilt erscheinen. Von dem sehr seltenen Vorkommen der Spaltöffnungen auch auf der Oberseite des Blattes war schon die Rede.

Als charakteristische Anhangsorgane der Epidermis finden sich, abgesehen von gelegentlich, und bald spärlicher, bald reichlicher auftretenden einzelligen oder durch ein paar Querwände gefächerten, mässig dickwandigen, spitzigen Haaren, bei welchen mitunter auch eine Neigung zweiarmig zu werden zu bemerken ist (s. unten), auf beiden Blattseiten ganz allgemein, wie bei *Serjania*, kleine, wenigzellige, kurz gestielte Drüsen, deren wechselvolle Gestaltung nähere Beachtung verdient, da sie im allgemeinen für die betreffenden Arten auszeichnend ist, obwohl Schwankungen und Uebergänge namentlich zwischen den leichteren Modificationen derselben nicht ausgeschlossen sind.

Die in Rede stehenden kleinen Aussendrüsen besitzen gewöhnlich einen aus drei bis vier Zellen in einfacher Reihe gebildeten, geraden oder etwas gekrümmten Stiel, dessen unterste Zelle zwischen die Epidermiszellen eingeschoben ist, und ein zwei- bis vierzelliges Köpfchen, welches durch Schiefstellung des Stieles und damit der ganzen Drüse über ihrem Ursprungspunkte oder durch sachte Krümmung seitwärts gekehrt erscheint (glandulae capitatae inclinatae vel curvatae). Eine wenig erhebliche Modification dieses Verhaltens ergibt sich daraus, dass die scharfe Grenze zwischen Stiel und Köpfchen durch Längstheilung und Verbreiterung der obersten Stielglieder verwischt wird (glandulae subelavatae), und was die Stellung der Drüse zur Blattfläche und ihrer Theile zu einander betrifft, dadurch, dass der mehr aufgerichtete Stiel das einemal sich rechtwinkelig abbiegt (glandulae geniculatae) oder in seinem oberen Theile bogig zur Seite wendet (glandulae cernuae), ja selbst mit der das Köpfchen tragenden Spitze sich im Bogen wieder gegen die Blattfläche kehrt (glandulae nutantes). Die Krümmung kann aber noch weiter gehen bis zur schneckenförmigen Einrollung, wobei sich dann die Drüse gewöhnlich mit einer Seite dicht dem Blatte anschmiegt, so dass die Krümmungsebene parallel zur Blattoberfläche zu liegen kommt (glandulae helicoideae accumbentes). Zu einer wesentlicheren Formveränderung führt es, wenn sich an knieförmig gebogenen Drüsen durch Erweiterung der das Knie bildenden Zellen und durch Theilung derselben eine dem Köpfchen gleichsam als Gegengewicht dienende Anschwellung bildet, welche mit dem eigentlichen Köpfchen verschmilzt, so dass nun das hiedurch vergrösserte Köpfchen wagrecht auf dem kurzen Stiele sitzend erscheint und das Ganze einem kurzen Hammer gleich sieht. Der wagrechte Theil nimmt dabei, von oben gesehen, häufig biscuitförmige Gestalt an, und die Ansatzstelle des Stieles erscheint bald noch etwas nach dem angeschwollenen Kniestücke hin, bald fast ganz in die Mitte hinein gerückt (glandulae malleoliformes inaequilaterae vel aequilaterae). Aus dieser hammerförmigen Gestalt der Drüsen geht eine fächerförmige hervor, wenn bei Ungleichseitigkeit des Köpfchens dasselbe sich nach dem oberen Ende zu verbreitert und unter fächerförmig divergirender Anordnung der von der Basis nach dem oberen Rande hin verlaufenden Zellwände (glandulae flabelliformes). Andererseits gehen aus den hammerförmigen, aber mehr gleichseitigen Drüsen annähernd schildförmig gestaltete hervor durch allseitige Flächenausdehnung und Zellvermehrung an dem Köpfchen (glandulae subscutatae). Namentlich diese letzteren Formen erscheinen für bestimmte

Arten als charakteristisch (s. unten) und sind desshalb auch in der Charakteristik derselben hervorgehoben worden. Endlich ist noch des Falles zu gedenken, der namentlich *P. obovata* auszeichnet, dass die Drüsen paarweise von derselben Stelle aus unter Divergenz sich erheben und wie eine gabelförmig getheilte Drüse sich ausnehmen (glandulae bifurcato-geminatae). Etwas Aehnliches findet sich bei einer erst in neuerer Zeit bekannt gewordenen *Serjania*, welche ich darnach *S. didymadenia* genannt habe (Bull. Herb. Boiss. I, No. 9, 1893, p. 464). Paarweise Näherung der Drüsen findet sich bei *Paullinia* noch mehrfach, ziemlich häufig z. B. bei *P. castaneifolia, interrupta, barbadensis*. Gelegentlich kommt auch ein Heranrücken der Drüsen dicht neben die Haare vor, einzelner, wie bei *P. seminuda, fuscescens* u. a., oder zweier, welche das Haar in die Mitte nehmen, wie bei *P. stenopetala*.

Hypoderm ist bei keiner Art beobachtet worden, so wenig wie bei *Serjania*.

Das Palissadengewebe ist bei fast allen Arten, wie bei *Serjania*, einschichtig, doch sind seine Zellen mitunter durch eine zarte Querwand gefächert (*P. clavigera, subrotunda, Sonorensis*); deutlich zweischichtig ist es bei *P. tetragona* und *pterocarpa*.

Das Schwammgewebe ist stets mehrschichtig.

In den beiderlei Geweben des Mesophylles finden sich vielfach Krystalle von oxalsauerem Kalke, bald Drusen, bald Einzelkrystalle, welchen hier auch die weniggliedrigen Krystallverbindungen (im Gegensatze zu den unter „Drusen" gewöhnlich verstandenen reichgliedrigen) angereiht sein mögen, bald beiderlei Formen. Die Einzelkrystalle besitzen in den Palissadenzellen nicht selten die Gestalt von geraden oder etwas geknickten Stäbchen. Die Drusen treten in denselben bald einzeln, bald zu mehreren in eine Reihe geordnet auf (*P. urvilleoides, scarlatina*). Nicht immer ist das Auftreten der Krystalle ein vollkommen gleichförmiges für die einzelnen Arten, und scheinen darin namentlich Altersunterschiede der Blätter Verschiedenheiten zu bedingen. (S. die unten folgende Zusammenstellung).

Secretorgane finden sich bei der Gattung *Paullinia* im allgemeinen, wie bei *Serjania*, zweierlei im Blatte: Secretzellen, ohne wesentliche Streckung, an der oberen Blattfläche, häufig als durchsichtige Punkte hervortretend, übrigens nicht allen Arten zukommend, und gestreckte Secretschläuche oder Milchsaftschläuche, an der unteren Blattfläche, welche regelmässig vorhanden sind und je nach ihrer Ausbildung und bei nicht zu grosser Dicke des Blattes als durchscheinendes Netzwerk sich darstellen. Beide zeigen im allgemeinen ein ähnliches Verhalten wie bei der Gattung *Serjania* (s. Serj. Suppl., 1886, p. 37, 42). Doch sind die einen und die anderen nicht selten von der Oberfläche des Blattes nach dessen Innerem abgerückt (auch so gelegentlich noch als durchsichtige Elemente bemerkbar), und dann nähern sich beide auch hinsichtlich ihrer Gestaltung, so dass ein Auseinanderhalten derselben auf Schwierigkeiten stösst. Bei manchen Arten sind überhaupt auch die an der oberen Blattseite, im Palissadengewebe auftretenden Secretzellen parallel der Blattfläche schlauchartig gestreckt und öfters zu zweit und dritt ihrer Länge nach an einander gereiht (s. unten). Von den beiden mit doppelschichtigem Palissadengewebe versehenen Arten führt die eine, *P. pterocarpa*, Secretzellen in der unteren Schichte, die andere, *P. tetragona*, überhaupt keine im Palissadengewebe. Durch sehr zahlreiche und grosse, entsprechend den langen Palissadenzellen bis unter die Blattmitte ausgedehnte, eiförmige Secretzellen ist *P. Sonorensis* ausgezeichnet. Das Secret ist (im getrockneten Blatte) gewöhnlich gelblich; von brauner Farbe ist es bei *P. urvilleoides* und *venezuelana*; sehr hell bei *P. hymenobractea*.

Die Gefässbündel, welche die stärkeren Nerven, besonders die Seitennerven des Blattes bilden, sind, ausser bei *P. urvilleoides, Sonorensis* und *uloptera*, stets mit Hartbast versehen. Gewöhnlich sind es mehrere Gefässbündel, welche an der Bildung eines Seitennerven theilnehmen, wenigstens ein stärkerer unterer und ein schmälerer oberer, meist aber ausserdem abermals schmälere seitliche, alle mit ihrem Bastkörper nach aussen, d. h. gegen die Peripherie des Nerven gewendet. Durch sklerenchymatisches Verstärkungsgewebe, in welchem bald nur unterseits, bald auch oberseits Secretschläuche verlaufen, stehen die grösseren Nerven mit den beiderseitigen Epidermisplatten in Verbindung; die kleineren, nur aus einzelnen Gefässbündeln gebildeten Nerven sind in das Mesophyll eingebettet oder schliessen sich nur nach oben durch Verstärkungsgewebe an die Epidermis an, nur selten auch unterseits, wie z. B. bei *P. microsepala* zum Theile.

Die Hartbastfasern zweigen nicht selten von den Gefässbündeln ab und durchziehen das Blattfleisch, namentlich an der Grenze von Palissaden- und Schwammgewebe, in grösserer oder geringerer Zahl (am reichlichsten wohl bei *P. stenopetala* und *interrupta*, ferner bei *P. Cupana* und deren Verwandten), vielfach mit ihren Spitzen zwischen die Palissadenzellen und gegen die Epidermis sich vorschiebend und auch unter dieser sich ausbreitend (s. unten).

Die Endtracheiden der Gefässbündel sind bei manchen Arten etwas erweitert (s. unten).

Fast stets sind die Gefässbündel von krystallführenden Zellen begleitet, in welchen vorherrschend Einzelkrystalle und armgliedrige Krystallverbindungen auftreten, bei manchen Arten aber auch Drusen. Ein Fehlen der Krystalle in der Nähe der Gefässbündel wurde nur bei sechs Arten beobachtet, von welchen fünf überhaupt keine Krystalle im Blatte zu besitzen scheinen (s. unten). Ueber das weitere Vorkommen von Krystallen, einerseits im Mesophylle, andererseits in der Epidermis, ist das Entsprechende schon bei der Betrachtung dieser Theile angeführt worden.

Eine Zusammenstellung der Arten nach den besonderen Verhältnissen der Blattstructur ist die folgende:

### Zusammenstellung der Paullinia-Arten nach den verschiedenen Verhältnissen der Blattstructur.

I. **Zusammenstellung nach der Beschaffenheit der Epidermiszellen.** — Die Verschleimung der Epidermiszellen an ihren inneren, den Palissadenzellen anliegenden Wandungen ist überall in den Artcharakteristiken berücksichtigt und desshalb hier übergangen. Bezüglich des Auftretens von Krystallen in der Epidermis der Blattunterseite ist die Zusammenstellung unter VI, 5 nachzusehen.

1. Epidermiszellen der Blattoberseite gewölbt oder papillös vorspringend: Sect. I: *P. densiflora* 1.*) *macrophylla* 7; Sect. XII: *P. boliviana* 97 (in geringerem Masse); Sect. XIII: *P. revoluta* 113.

2. Epidermiszellen der oberen Blattseite von beträchtlicher Flächenausdehnung: Sect. I: *P. macrophylla* 7; Sect. III: *P. bidentata* 33, *rugosa* 44, *ferruginea* 46; Sect. VI: *P. riparia* 68; Sect. VIII: *P. Vespertilio* 73; Sect. XII: *P. ternata* 83; Sect. XIII: *P. dasygonia* 121.

3. Epidermiszellen der Blattoberseite mit stark buchtigem Rande: Sect. I: *P. Cururu* 5; Sect. II: Alle Arten, ausser *P. stenopetala* 25; Sect. III: *P. bidentata* 33, *Cupana* 39, *scabra* 40, *latifolia* 41, *ferruginea* 46; Sect. IV: *P. ingaefolia* 53, *platymisca* 55, *xestophylla* 56; Sect. VII: Alle Arten; Sect. XII: *P. mallophylla* 82, *ternata* 83, *meliaefolia* var. *hirsuta* 91; Sect. XIII: *P. rhomboidea* 116.

4. Epidermiszellen der Blattoberseite nur an der Oberfläche buchtig, in der Tiefe polygonal: Sect. I: *P. macrophylla* 7, *nitida* 11, *fraxinifolia* 14; Sect. III: *P. scarlatina* 31, *costaricensis* 37, *parvibracteata* 42; Sect. IV: *P. grandifolia* 52, *pachycarpa* 54, *venosa* 57; Sect. V: *P. sphaerocarpa* 58, *conduplicata* 59; Sect. VI: Alle Arten; Sect. VIII: Alle Arten; Sect. IX: *P. verrucosa* 74; Sect. XI: *P. Cambessedesii* 78; Sect. XIII: *P. Plumierii* 111, *thalictrifolia* 112, *coriacea* 114, *racemosa* 115, *weinmanniaefolia* 117, *uloptera* 118, *micrantha* 120, *dasygonia* 121, *trigonia* 122.

5. Epidermiszellen der Blattunterseite gross: Sect. II: *P. stenopetala* 25; Sect. III: *P. bidentata* 33, *Cupana* 39, *rugosa* 44; Sect. IV: *P. carpopodea* 51, *venosa* 57; Sect. V: *P. sphaerocarpa* 58; Sect. VI: *P. paullinioides* 66, *riparia* 68; Sect. VIII: *P. Vespertilio* 73; Sect. XI: *microsepala* 80; Sect. XIII: *P. racemosa* 115.

6. Epidermiszellen der Blattunterseite stark buchtig: Sect. II: *P. seminuda* 23, *castaneifolia* 24, *interrupta* 26; Sect. III: *P. scarlatina* 31, *bidentata* 33, *scabra* 40, *parvi-*

---

*) Die den Artnamen beigefügten Nummern sind die ihrer Reihenfolge im Systeme.

bracteta 42, stellata 43, subcordata 45; Sect. IV: P. marginata 50, platymisca 55; Sect. V: sphaerocarpa 58; Sect. VI: P. paullinioides 66; Sect. VII: Alle Arten; Sect. XI: P. Cambessedesii 78; Sect. XII: P. pterocarpa 106, selenoptera 108, serjaniaefolia 109.

7. Epidermiszellen der Blattunterseite nur an der Oberfläche buchtig, in der Tiefe polygonal: Sect. IV: P. grandifolia 52, ingaefolia 53, pachycarpa 54; Sect. V: P. conduplicata 59; Sect. VI: P. riparia 68; Sect. VIII: P. neuroptera 72; Sect. XIII: P. coriacea 114, racemosa 115, weinmanniaefolia 117, micrantha 120, dasygonia 121, trigonia 122.

8. Epidermiszellen der Blattunterseite (statt buchtig) winkelig-zackig: Sect. I: P. anomophylla 12; Sect. III: P. costata 30, connaracea 35, costaricensis 37, Cupana 39, latifolia 41, rugosa 44; Sect. IV: P. carpopodea 51; Sect. VIII: P. Vespertilio 73.

II. Zusammenstellung nach der Beschaffenheit der Spaltöffnungen.

1. Spaltöffnungen auch an der oberen Blattseite, und zwar über die ganze Fläche vertheilt: Sect. III: P. Sonorensis 38, oder nur in der Nähe der grösseren Nerven: Sect. I: P. alata 3, imberbis 18; Sect. XII: P. cauliflora 84.

2. Spaltöffnungen über die Blattfläche hervorragend: Sect. III: P. subcordata 45; Sect. IV: P. carpopodea 51; Sect. V: P. firma 60, faginea 62, elongata 65; Sect. VII: P. turbacensis 69; Sect. XII: P. dasystachya 95.

3. Spaltöffnungen von geringer Grösse: Sect. I: Alle Arten, ausser P. fraxinifolia 14; Sect. II: Alle Arten; Sect. III: P. tomentosa 27, lachnocarpa 28, urvilleoides 29, costata 30, scarlatina 31, jamaicensis 36, costaricensis 37, scabra 40, subcordata 45, ferruginea 46, fusiformis 47; Sect. V: P. sphaerocarpa 58, firma 60, capreolata 61, faginea 62, curvicuspis 63, clathrata 64, elongata 65; Sect. VII: Alle Arten; Sect. X: Alle Arten; Sect. XII: Alle Arten, ausser P. barbadensis 103 und P. pterocarpa 106; Sect. XIII: Alle Arten.

4. Spaltöffnungen von beträchtlicher Grösse: Sect. I: P. fraxinifolia 14; Sect. III: P. bidentata 33, subauriculata 34, connaracea 35, Sonorensis 38, Cupana 39, latifolia 41, parvibractea 42, stellata 43, rugosa 44; Sect. IV: Alle Arten; Sect. VIII: Alle Arten; Sect. IX: P. verrucosa 74; Sect. XI: Alle Arten; Sect. XII: P. barbadensis 103, pterocarpa 106.

5. Spaltöffnungen kreisrund oder annähernd so: Sect. III: P. laeta 32, subcordata 45; Sect. IV: P. pterophylla 48, marginata 50, carpopodea 51, grandifolia 52, venosa 57; Sect. V: P. conduplicata 59, curvicuspis 63; Sect. VI: P. granatensis 67; Sect. IX: P. verrucosa 74; Sect. XII: P. barbadensis 103, monogyna 104, triptera 107; Sect. XIII: P. coriacea 114.

III. Zusammenstellung mit Rücksicht auf das Verhalten der Aussen-Drüsen. (Dass Schwankungen in dem Auftreten derselben nicht ausgeschlossen sind, namentlich was die Unterabtheilungen a) bis e) betrifft, ist schon oben bemerkt worden.)

1. Drüsen mit rundlichem oder nach unten etwas verschmälertem Köpfchen (glandulae capitatae vel subclavatae):

a) Schief zur Seite geneigt, gerade oder etwas gekrümmt (glandulae inclinatae, rectae vel subcurvatae): Sect. I: P. densiflora 1, fasciculata 2, alata 3, rhizantha 4, Cururu 5, macrophylla 7, obovata! 13*) (hier oft in gabelförmigen Zwillingspaaren beisammen stehend, s. unter 5), fraxinifolia 14, subrotunda 15, eriantha 20 (hier das Köpfchen vom Stiele besonders deutlich abgesetzt); Sect. III: P. jamaicensis 36, costaricensis 37, Sonorensis 38; Sect. V: P. sphaerocarpa 58, firma 60, capreolata 61, faginea 62, curvicuspis 63, clathrata 64, elongata 65; Sect. VII: P. turbacensis 69, tricornis 71;

---

*) Ein Rufzeichen ist denjenigen Arten beigesetzt, bei welchen die Drüschen mehr oder weniger in Vertiefungen der Epidermis eingesenkt sind.

Sect. XI: P. Cambessedesii 78, rufescens 79, microsepala 80; Sect. XII: P. trilatera 81, mallophylla 82, fistulosa 88, Quitensis 91, dasystachya 95, nobilis 96, boliviana 97, excisa 98, enneaphylla 101, barbadensis 103 (hier oft paarweise beisammen stehend).

    b) Fast rechtwinklig gebogen (glandulae geniculatae): Sect. II: P. rubiginosa 21, stipularis 22, seminuda 23 (hier oft unmittelbar neben einem kurzen Haare stehend), stenopetala 25 (hier oft beiderseits neben einem kurzen Haare stehend); Sect. III: P. lachnocarpa 28, urvilleoides 29, costata 30, scarlatina 31, ferruginea 46, fusiformis 47; Sect. XII: P. ternata 83, cauliflora 84, glomerulosa! 85, apoda 87, tetragona 89, hispida 90, meliaefolia f. subglabra, sericea u. hirsuta 91, acutangula 93, subnuda! 99, fuscescens 102 (hier meist neben einem Haare stehend), monogyna 104, hymenobractea 105, selenoptera! 108, serjaniaefolia 109, australis! 110.

    c) Bogig zur Seite geneigt, dabei deutlicher keulenförmig (glandulae cornuae, clavatae): Sect. I: P. leiocarpa 19; Sect. III: P. scabra 40, latifolia 41; Sect. XII: P. tenera 86, meliaefolia f. genuina 91, gigantea 92, caloptera! 100, pterocarpa! 106, triptera 107.

    d) Nickend (glandulae nutantes): Sect. III: P. tomentosa 27, Cupana 39, parvibractea 42, stellata 43, rugosa 44, subcordata 45.

    e) Schneckenförmig eingerollt und niederliegend (glandulae helicoideae, accumbentes): Sect. I: P. imberbis 18; Sect. X: P. livescens 75, anisoptera 76, fibulata 77.

2. Drüsen hammerförmig, und zwar meist ungleichseitig, von oben gesehen am weiter vom Stiele abgerückten (ursprünglich oberen) Ende breiter, verkehrt eiförmig, seltener gleichseitig und dann schwach biscuitförmig (glandulae malleoliformes, inaequilaterae vel subaequilaterae): Sect. I: P. pinnata 6, neglecta! 8, elegans! 9, spicata! 10, nitida! 11, anomophylla! 12 (hier fast schildförmig), clavigera! 16, sessiliflora 17; Sect. II: P. castaneifolia 24, interrupta 26 (bei beiden fast stets zu 2—3 beisammen stehend); Sect. IV: P. pterophylla! 48, linearis 49, marginata! 50, carpopodea! 51; Sect. V: P. conduplicata 59; Sect. VII: P. venezuelana 70; Sect. VIII: P. neuroptera 72, P. Vespertilio 73; Sect. IX: P. verrucosa 74; Sect. XIII: Alle Arten 111—122 (theilweise mit Einsenkung, theilweise mit Uebergängen zu 1, b).

3. Drüsen fächerförmig, zugleich eingesenkt (glandulae flabelliformes): Sect. III: P. laeta! 32 (besonders an der Oberseite des Blattes), bidentata! 33, subauriculata! 34; Sect. VI: P. paullinioides! 66, granatensis! 67, riparia! 68.

4. Drüsen schildförmig, zugleich eingesenkt (glandulae subscutatae): (Sect. I: P. anomophylla 12 — s. unter 2) Sect. III: P. connaracea! 35; Sect. IV: P. grandifolia! 52, ingaefolia! 53, pachycarpa! 54, platymisca! 55, xestophylla! 56, venosa! 57.

5. Drüsen zu zweit von einen Punkte gabelförmig sich erhebend (glandulae bifurcatogeminatae): Sect. I: P. obovata! 13 (s. oben unter a). Zu zweit genäherte Drüsen finden sich besonders auch in Sect. II: P. castaneifolia 24 und interrupta 26 (s. oben unter 2) und in Sect. XII: P. barbadensis 103 (s. oben unter 1, a).

IV. Zusammenstellung mit Rücksicht auf die Beschaffenheit der Haare.

  1. Haare mehrzellig, wenigstens zum Theile:

    a) Glatt: Sect. II: P. rubiginosa 21; Sect. III: P. latifolia 41, subcordata 45; Sect. VII: P. venezuelana 70; Sect. X: P. fibulata 77 (die kleineren Haare, vergl. 2, c); Sect. XII: P. hymenobractea 105.

    b) Mit Knötchen versehen: Sect. II: P. stipularis 22, seminuda 23; Sect. III P. tomentosa 27, ferruginea 46, fusiformis 47; Sect. XII: P. monogyna 104.

  2. Haare unvollständig zweiarmig, mit Ersetzung des einen (unteren) Armes durch eine sackartige Ausbuchtung, über dieser seitlich befestigt:

    a) Einzellig und glatt: Sect. I: P. obovata 13, subrotunda 15.

b) Einzellig, mit Knötchen versehen: Sect. IV: P. carpopodea 51; Sect. XI: P. Cambessedesii 78, rufescens 79, microsepala 80.

c) Mehrzellig, mit Knötchen versehen: Sect. X: P. fibulata 77 (die grösseren Haare, s. oben 1, a).

V. Zusammenstellung nach dem Verhalten der Secretelemente, der gestreckten („Secretschläuche") und der nicht gestreckten („Secretzellen"). Dabei ist von den bei allen Arten in der Nähe der Gefässbündel und besonders auf deren Bastseite vorkommenden, zu Zügen aneinandergereihten Secretschläuchen abgesehen. Weiter ist zu bemerken, dass die hervorzuhebenden Verhältnisse neben einander auftreten können, woraus sich die Anführung gewisser Arten in mehr als einer Rubrik ergibt.

1. Secretzellen (zum Theile quer gestreckte, schlauchartige, hier durch „—" angedeutet) im Palissadengewebe (theilweise, aber keineswegs immer, wie schon oben unter „Secretorgane" bemerkt, durchsichtige Punkte bildend, während solche gelegentlich auch von tiefer gelegenen Secretorganen hervorgerufen werden können): Sect. I: P. densiflora 1, Cururu 5, pinnata 6, neglecta 8, elegans 9, spicata 10, nitida 11, fraxinifolia 14, leiocarpa 19; Sect. II: P. rubiginosa 21 (forma genuina, forma setosa), stipularis 22, stenopetala 25; Sect. III: P. lachnocarpa 28, scarlatina 31, laeta 32, jamaicensis 36, costaricensis 37 (partim), Sonorensis 38; Sect. IV: P. carpopodea, forma chrysophylla — 51; Sect. VII: P. turbacensis 69, tricornis 71; Sect. XII: P. mallophylla — 82, ternata 83, glomerulosa — 85, fistulosa — 88. hispida 90, acutangula 93, dasystachya — 95, nobilis — 96, boliviana — 97, caloptera 100. enneaphylla 101. monogyna 104, hymenobractea 105, pterocarpa — 106. triptera — 107, selenoptera — 108, serjaniaefolia — 109; Sect. XIII: P. Plumierii 111. revoluta 113, coriacea 114, racemosa 115, rhomboidea 116, cristata 119, trigonia 122 (gelegentlich, s. unter 2).

2. Secretschläuche (längere oder kürzere) dicht unter den Palissadenzellen: Sect. II: P. seminuda 23, castaneifolia 24, stenopetala 25, interrupta 26; Sect. III: P. parvibractea 42, stellata 43, rugosa 44, subcordata 45, ferruginea 46, fusiformis 47; Sect. IV: P. pterophylla 48, marginata 50, carpopodea 51, grandifolia 52. ingaefolia 53, pachycarpa 54, platymisea 55, xestophylla 56, venosa 57; Sect. V: P. firma 60, capreolata 61, faginea 62, curvicuspis 63, elongata 65; Sect. VII: P. venezuelana 70; Sect. VIII: P. neuroptera 72, Vespertilio 73; Sect. X: P. livescens 75, anisoptera 76, fibulata 77; Sect. XI: P. Cambessedesii 78, rufescens 79. microsepala 80; Sect. XIII: P. thalictrifolia 112, weinmanniaefolia 117, uloptera 118, micrantha 120, dasygonia 121, trigonia 122 (in der Regel, s. unter 1).

3. Secretschläuche ungefähr in der Mitte des Schwammgewebes: Sect. I: P. fasciculata 2, alata 3, rhizantha 4, subrotunda 15, sessiliflora 17; Sect. III: P. costata 30, scarlatina 31, laeta 32, bidentata 33, subauriculata 34, connaracea 35, jamaicensis 36. costaricensis 37, Cupana 38; Sect. IV: (P. pterophylla 48),*) (ingaefolia 53), (pachycarpa 54); Sect. V: (P. sphaerocarpa 58), conduplicata 59, (firma 60), (capreolata 61), (faginea 62), (curvicuspis 63), clathrata 64, (elongata 65); Sect. VI: P. paullinioides 66, granatensis 67, riparia 68; Sect. VII: P. turbacensis 69, (venezuelana 70), (tricornis 71); Sect. VIII: (P. neuroptera 72), (Vespertilio 73); Sect. IX: P. verrucosa 74; Sect. X: (P. livescens 75), (anisoptera 76), (fibulata 77); Sect. XI: P. Cambessedesii 78, rufescens 79; Sect. XII: (P. hispida 90), gigantea 92, Quitensis 94, dasystachya 95. nobilis 96, (boliviana 97), (caloptera 100), (enneaphylla 101), hymenobractea 105; Sect. XIII: (P. coriacea 114), (racemosa 115), (cristata 119), (micrantha 120), (dasygonia 121).

4. Secretschläuche (in den Venenmaschen) dicht an der unteren Epidermis: Sect. I: P. densiflora 1, Cururu 5, pinnata 6, macrophylla 7, neglecta 8, elegans 9, spicata 10,

---

*) Die eingeklammerten Arten sind auch in der vorausgehenden oder der folgenden Rubrik aufgeführt.

nitida 11, anomophylla 12, obovata 13, fraxinifolia 14, clavigera 16, leiocarpa 19; Sect. II: P. rubiginosa 21, stipularis 22; Sect. III: P. tomentosa 27, lachnocarpa 28, urvilleoides 29, scabra 40, latifolia 41; Sect. IV: P. linearis 49; Sect. V: P. sphaerocarpa 58; Sect. VII: P. tricornis 71; Sect. XII: P. trilatera 81, mallophylla 82, ternata 83, cauliflora 84, glomerulosa 85, tenera 86, apoda 87, fistulosa 88, tetragona 89, hispida 90, meliaefolia 91, acutangula 93, boliviana 97, excisa 98, subnuda 99, caloptera 100, enneaphylla 101, fuscescens 102, barbadensis 103, monogyna 104, pterocarpa 106, triptera 107, selenoptera 108, serjaniaefolia 109, australis 110; Sect. XIII: P. Plumierii 111, coriacea 114, racemosa 115, cristata 119.

5. Secretbehälter reichlich entwickelt: Sect. I: P. subrotunda 15, leiocarpa 19; Sect. III: P. urvilleoides 29, connaracea 35, Sonorensis 38, scabra 40, parvibractea 42, stellata 43, rugosa 44, subcordata 45, ferruginea 46, fusiformis 47; Sect. IV: P. pterophylla 48, marginata 50, carpopodea 51; Sect. V: P. sphaerocarpa 58, capreolata 61, faginea 62, curvicuspis 63, clathrata 64, elongata 65; Sect. VII: P. tricornis 71; Sect. VIII: P. neuroptera 72, Vespertilio 73; Sect. X: P. livescens 75, anisoptera 76, fibulata 77; Sect. XI: P. Cambessedesii 78, rufescens 79, microsepala 80; Sect. XII: P. hispida 90, acutangula 93, nobilis 96, boliviana 97, enneaphylla 101, australis 110; Sect. XIII: P. coriacea 114.

6. Secretbehälter spärlich: Sect. I: P. imberbis 18, eriantha 20; Sect. III: P. costaricensis 37; Sect. XII: P. meliaefolia f. subglabra 91, fuscescens 102, barbadensis 103.

7. Secret durch braune Farbe ausgezeichnet: Sect. III: P. urvilleoides 29; Sect. VII: P. venezuelana 70.

8. Secret sehr hell, blassgelb: Sect. XII: P. hymenobractea 105.

VI. Zusammenstellung mit Rücksicht auf das Verhalten der Krystalle. Es sollen hier zunächst jene Verhältnisse hervorgehoben werden, welche für die betreffenden Arten charakteristisch zu sein scheinen, wobei übrigens immer in Berücksichtigung zu ziehen ist, dass Schwankungen in dem Verhalten des Blattes je nach seinem Alter nicht ausgeschlossen sind. Daran mag sich eine vergleichende Betrachtung auch der übrigen Verhältnisse nach Sectionen schliessen, welche Betrachtung vor einer kaum ausreichend übersichtlichen Zusammenstellung nach den Vorkommnissen untergeordneten Werthes den Vorzug zu verdienen scheint, übrigens stets auch als Grundlage für eine solche Zusammenstellung dienlich sein kann.

1. Keine Krystalle im Blatte: Sect. III: P. scabra 40; Sect. V: P. capreolata 61, curvicuspis 63; Sect. VI: P. paullinioides 66; Sect. X: P. fibulata 77.
2. Keine Krystalle in der Nähe der Gefässbündel, vielmehr nur im Mesophylle, und zwar Einzelkrystalle im Palissadengewebe: Sect. XI: P. rufescens 79.
3. Keine Krystalle im Mesophylle, vielmehr nur in der Nähe der Gefässbündel, und zwar, wo nicht anderes bemerkt ist, in Form von Einzelkrystallen oder armgliedrigen Krystallverbindungen: Sect. I: P. pinnata 6, nitida 11; Sect. III: P. subauriculata 34, Cupana 39; Sect. IV: P. linearis 49, marginata 50, xestophylla 56, venosa 57; Sect. V: P. sphaerocarpa 58, conduplicata 59, firma 60, faginea 62, clathrata 64; Sect. VII: P. venezuelana 69; Sect. VIII: P. neuroptera 72, Vespertilio 73; Sect. X: P. livescens 75 (hier auch Drusen); Sect. XI: P. microsepala 80 (hier auch Drusen); Sect. XII: P. cauliflora 84, tenera 86, fistulosa 88, tetragona 89, meliaefolia 91, subnuda 99, barbadensis 103 (hier auch Drusen), triptera 107 (hier auch Drusen).
4. Krystalle des Palissadengewebes stäbchen- oder kurz säulenförmig: Sect. I: P. anomophylla 12, fraxinifolia 14, clavigera 16; Sect. II: P. rubiginosa 21; Sect. III: P. rugosa 44, subcordata 45, fusiformis 47 (bei letzteren beiden nicht immer); Sect. VII: P. tricornis 71; Sect. XI: P. Cambessedesii 78; Sect. XII: P. mallophylla 82, ternata 83, hispida 90, gigantea 92, acutangula 93, Quitensis 94, dasystachya 95, nobilis 96, boliviana 97, caloptera 100 (nicht immer), pterocarpa 106 (nicht immer), selenoptera 108, serjaniaefolia 109; Sect. XIII:

P. racemosa 115 (nicht immer). Bei den gesperrt gedruckten Arten führt das Mesophyll Krystalle überhaupt nur im Palissadengewebe.

5. Krystalle in Gruppen von Epidermiszellen an der Blattunterseite: Sect. I: Alle Arten ausser P. spicata 10, subrotunda 15 und leiocarpa 19 (gelegentlich auch P. Cururu 5); Sect. III: P. fusiformis 47.

Was das Verhalten der Krystalle innerhalb der einzelnen Sectionen betrifft, so ist Folgendes anzuführen.

Sect. I. Ausgezeichnet ist die Section durch das Auftreten von Krystallen in der unteren Epidermis, ausser bei 3 Arten (s. ob. unter 5). Weiter kommen Krystalle bei allen 20 Arten in der Nähe der Gefässbündel vor als Einzelkrystalle oder armgliedrige Krystallverbindungen und nur hier bei 2 Arten (6 und 11, s. oben unter 3); bei den übrigen 18 Arten kommen Krystalle auch im Mesophylle vor, nur Einzelkrystalle bei P. anomophylla 12, clavigera 16, sessiliflora 17, imberbis 18, nur Drusen bei P. densiflora 1, alata 3, rhizantha 4, neglecta 8, elegans 9, eriantha 20, beiderlei Formen bei den übrigen 8 Arten, nämlich P. fasciculata 2, Cururu 5, macrophylla 7, spicata 10, obovata 13, fraxinifolia 14, subrotunda 15, leiocarpa 19. Drusen finden sich also bei 14 unter 20 Arten.

Sect. II. Die 6 Arten dieser Section (n. 21—26) führen alle Einzelkrystalle in der Nähe der Gefässbündel, 4 auch im Palissadengewebe, 2 weitere, nämlich P. seminuda 23 und castaneifolia 24, hier ausserdem auch Drusen, während das Schwammgewebe bei allen krystallfrei ist. Drusen finden sich also überhaupt bei 2 Arten.

Sect. III. Nur bei 1 Art, P. scabra 40, finden sich keine Krystalle (s. ob. unter 1). Bei den übrigen 20 von 21 Arten (n. 27—47) finden sich Krystalle; bei 2 davon, P. subauriculata 34 und Capana 39 übrigens nur in der Nähe der Gefässbündel (s. ob. unter 3), und zwar als Einzelkrystalle; bei P. connaracea 35 und den unter 41—47 sich folgenden auch im Mesophylle (und zwar gewöhnlich im Palissaden- und Schwammgewebe), ebenfalls als Einzelkrystalle, bei den übrigen 10 (27—33 und 36—38) wenigstens gelegentlich auch in Form von Drusen (und zwar auch in der Nähe der Gefässbündel) oder im Mesophylle nur in Drusen bei den unmittelbar sich nahe stehenden P. jamaicensis 36 und P. costaricensis 37, endlich überall nur in Drusen bei der weiter an diese sich anschliessenden P. Sonorensis 38. Drusen finden sich also überhaupt bei 10 Arten unter 21. Wegen der krystallführenden Epidermis der P. fusiformis sei auf 5 zurückverwiesen.

Sect. IV. Bei allen 10 Arten (n. 48—57) kommen Krystalle vor, wenigstens in der Nähe der Gefässbündel, und zwar hier immer als Einzelkrystalle; nur hier bei P. linearis 49, marginata 50, xestophylla 56 und venosa 56 (s. ob. unter 3); bei den übrigen wenigstens gelegentlich auch im Mesophylle, und zwar bei 3 (P. pterophylla 48, carpopodea 51, ingaefolia 53) Einzelkrystalle und Drusen, bei den übrigen 3 (P. grandifolia 52, pachycarpa 54, platymisca 55) nur Einzelkrystalle. Drusen finden sich also bei 3 zwischen andere eingeschobenen Arten.

Sect. V. Diese Section mit 8 Arten (n. 58—65) erscheint als sehr krystallarm. Bei 2 Arten (P. capreolata 61, curvicuspis 63) fehlen Krystalle ganz (s. unter 1). Bei den übrigen kommen sie meist nur in der Nähe der Gefässbündel als Einzelkrystalle vor (s. unter 3), nur bei P. elongata 65 in gleicher Form auch im Schwammgewebe. Drusen fehlen somit.

Sect. VI. Die 3 Arten der sechsten Section (n. 66—68) sind ebenfalls, bis auf P. riparia, krystallarm. Bei P. paulinioides 66 fehlen Krystalle vollständig (s. unter 1), bei P. granatensis 67 kommen nur Einzelkrystalle in der Nähe der Gefässbündel und im Schwammgewebe vor; nur P. riparia 68 zeigt Einzelkrystalle und Drusen in der Nähe der Gefässbündel, im Palissaden- und Schwammgewebe, und zwar in letzterem reichlich.

Sect. VII. Von den 3 Arten dieser Section (n. 69—71) besitzen alle Einzelkrystalle in der Nähe der Gefässbündel, P. tricornis 71 ebensolche auch im Mesophylle, P. turbacensis 69 daneben ebenda auch Drusen.

Sect. VIII. Die beiden hierher gehörigen Arten (n. 72 und 73) besitzen Krystalle in der Nähe der Gefässbündel, und zwar Einzelkrystalle (s. unter 3).

Sect. IX. Die einzige Art, P. verrucosa 74, zeigt Einzelkrystalle in der Nähe der Gefässbündel, Drusen im Schwammgewebe.

Sect. X. Von den 3 Arten dieser Section (n. 75—77) ist die eine krystallfrei (P. fibulata 77, s. unter 1); P. livescens 75 besitzt Einzelkrystalle und Drusen neben den Gefässbündeln, P. anisoptera 76 ausserdem beide Formen auch im Schwammgewebe.

Sect. XI. Von den 3 Arten (n. 78—80) besitzen 2 Krystalle in der Nähe der Gefässbündel, die eine (P. Cambessedesii 78) nur Einzelkrystalle, die andere (P. microsepala 80) auch Drusen; jene führt Einzelkrystalle auch im Mesophylle, und nur hier die sonst krystallfreie P. rufescens 79 (s. unter 2).

Sect. XII. Bei allen 30 Arten (n. 81—110) kommen Krystalle vor, und zwar fast immer Einzelkrystalle (oder armgliedrige Krystallverbindungen), namentlich in der Nähe der Gefässbündel. Nur bei 7 Arten finden sich in der Nähe der Gefässbündel neben den Einzelkrystallen auch Drusen (P. enneaphylla 101, fuscescens 102, barbadensis 103, monogyna 104, hymenobractea 105, triptera 107, gelegentlich auch bei P. acutangula 93). Das Mesophyll ist bei einigen krystallfrei (s. unter 3), bei der Mehrzahl führt es Einzelkrystalle im Palissadengewebe (hier meist stäbchenförmige, s. unter 4) oder im Schwammgewebe oder in beiden Theilen; daneben auch Drusen in beiden Geweben bei den schon genannten P. enneaphylla 101, monogyna 104, hymenobractea 105, oder im Schwammgewebe bei P. excisa 98; nur Drusen führt in beiden Geweben die ebenfalls schon genannte P. fuscescens 102. Drusen finden sich also überhaupt bei 8 Arten.

Sect. XIII. Bei fast allen Arten, nämlich bei 10 von 12 (n. 111—122) kommen Drusen und Einzelkrystalle neben einander vor, und zwar gelegentlich dies ebensowohl im Bastbelege als im Mesophylle, oder es fallen, wenn in einem dieser Theile oder in beiden, wie bei P. thalictrifolia 112, eine Beschränkung auf eine Form stattfindet, im Bastbelege die Drusen, im Mesophylle die Einzelkrystalle weg. Bei 2 Arten, P. micrantha 120 und dasygonia 121, sind in beiden Theilen nur Einzelkrystalle beobachtet worden. Gelegentlich (und vielleicht öfters diess in jüngeren Blättern) erscheint das Mesophyll auch krystallfrei.

In Drusen finden sich die Krystalle dem Gesagten gemäss überhaupt bei 53 Arten, also fast der Hälfte der Arten, nämlich in Sect. I bei 14 Arten, Sect. II 2, Sect. III 10, Sect. IV 3, Sect. VI 1, Sect. VII 1, Sect. IX 1, Sect. X 2, Sect. XI 1, Sect. XII 8, Sect. XIII 10 Arten.

Nur Drusen in allen Theilen, sowohl in der Nähe der Gefässbündel als im Mesophylle, zeigt P. Sonorensis 38.

Sehr reichlich treten Krystalldrusen auf, nämlich in einer fast continuirlichen Schichte nahe der unteren Blattseite bei P. obovata 13 und unter Einmengung von Einzelkrystallen in ähnlicher Weise rings um die Lücken des Schwammgewebes bei P. riparia 68.

Dass nahe verwandte Arten nicht selten auch hinsichtlich der Krystallablagerung Uebereinstimmung zeigen, lässt sich aus dem Angeführten unschwer ersehen.

VII. Zusammenstellung nach besonderen Verhältnissen der Gefässbündel.

1. Hartbast an den Gefässbündeln der Seitennerven fehlend: Sect. III: P. urvilleoides 29, Sonorensis 38; Sect. XIII: P. uloptera 118.
2. Endtracheiden etwas erweitert: Sect. I: P. rhizantha 4, pinnata 5; Sect. III: P. lachnocarpa 28, bidentata 33, costaricensis 37, scabra 40; Sect. V: P. elathrata 64; Sect. VI: P. granatensis 67, riparia 68; Sect. VIII: P. neuroptera 72; Sect. XI: P. rufescens 79, microsepala 80; Sect. XII: P. triptera 107.
3. Sklerenchymfasern von den Gefässbündeln abzweigend, gewöhnlich theilweise mit den Spitzen zwischen die Palissadenzellen und gegen die obere Blattfläche vordringend (bei den mit † bezeichneten Arten tritt das Verhältniss in beträchtlichem Masse auf, bei den eingeklammerten in sehr geringem): Sect. II: P. rubiginosa 21, stipularis 22, seminuda 23, castaneifolia 24, stenopetala† 25, interrupta† 26; Sect. III: P. bidentata 33, subauriculata 34, connaruaea 35, Cupana† 39, scabra† 40, latifolia† 41, parvibractea 42, stellata 43, rugosa 44, subcordata 45, ferruginea 46, fusiformis 47;

Sect. IV: P. grandifolia 52, ingaefolia† 53, pachycarpa 54, platymisca 55, (xestophylla 56, venosa 57); Sect. VI: P. paullinioides† 66, granatensis 67, (riparia 68); Sect. XI: P. Cambessedesii 78.

### C. Ueber den Bau der Blüthe.

Hinsichtlich des Baues der Blüthe ist hier kaum etwas anderes hervorzuheben als die grosse Uebereinstimmung desselben mit dem bei *Serjania* (s. Serj. Suppl. p. 44, Taf. VIII oder Engl. u. Pr. nat. Pfl.-Fam. III. 5, p. 190, Fig. 154), welche soweit geht, dass aus der Blüthe allein meist ein sicheres Urtheil über die Zugehörigkeit einer Pflanze zu der einen oder der anderen dieser beiden Gattungen sich nicht gewinnen lässt. Selbst die Gestaltung des voll ausgebildeten Pistilles in der weiblichen Blüthe gibt häufig noch nicht, vielmehr erst bei beginnender Weiterbildung desselben nach der Befruchtung ausreichende Anhaltspunkte zu solchem Urtheile, und selbst auch dann oft noch nicht, wenn die betreffende Art zu den mit Flügeln an den Früchten versehenen gehört.\*) Im übrigen mag bemerkt sein, dass im allgemeinen die Blüthen von *Paullinia* gegenüber jenen von *Serjania* (wie auch jenen von *Urvillea* und *Cardiospermum*) durch beträchtlichere Grösse und eine gewisse Derbheit aller Theile sich auszeichnen.

Dem sei noch die Berichtigung von ein paar irrthümlichen Angaben angeschlossen.

Die eine derselben betrifft die Blumenblattschuppen. Diese sind durch den Haarfilz ihrer Ränder gleichsam zu einer die Fortpflanzungsorgane umgebenden und den vom Discus abgesonderten Nektar umschliessenden Röhre so innig vereinigt, dass sie Loefling seinerzeit irrthümlich für verwachsen ansah: „Nectarium tetraphyllum: foliolis apice crassiusculis . . . latere versus foliolum dorsale calycis omnibus connatis . . ." (Loefling Iter hisp. 1758, p. 217; Ed. germ. 1766, p. 282). Diese vermeintliche Verwachsung betrachtete er zugleich als einen Unterschied gegenüber der Gattung *Cardiospermum*.

Eine zweite irrige Angabe ist der Staubgefässzahl auf 13 für die eine *Paullinia* darstellende *Enourea* bei Aublet und darnach auch noch in Bentham & Hooker Gen. und selbst auf 15 (vielleicht durch Druckfehler) bei Baillon Hist. d. Pl. („stamina 8. v. rarius 9—15", p. 416). Dieselbe ist wohl aus einer irrthümlichen Miteinrechnung der gelben Kämme der vier Blumenblattschuppen und eines Griffelrudimentes entstanden, worauf ich bei der betreffenden Art (*P. capreolata*) zurückkommen werde.

Eine dritte irrthümliche Angabe bezieht sich auf die Zahl der Samenknospen in den Fruchtknotenfächern. Es findet sich in jedem Fruchtknotenfache stets nur eine Samenknospe, und es ist irrig, wenn es in Bentham & Hooker Gen. heisst: „Ovula in loculis solitaria (v. rarissime 2)", welche Angabe mit der für die Frucht, resp. die Samen, sich deckt: „Capsula 1—3-locularis, 1—3-sperma . . (loculis rarissime 2-spermis)". Vielleicht ist daran eine zum Theil wohl als Lapsus calami anzusehende, verworrene Angabe über *P. meliaefolia* in W. Hooker Exotic Flora II (1825) n. 110 Schuld, in welcher jedem Fache sogar drei Samenknospen zugeschrieben werden, und von welcher bei der genannten Art (in Zusatz 2) des näheren die Rede sein wird.

### D. Ueber die Beschaffenheit der Früchte.

Das allgemeine Verhalten der Frucht von *Paullinia* als einer etwas drupösen, der Anlage nach 3-fächerigen, 3-samigen, 3-klappigen Kapsel ist in der Gattungscharakteristik genügend hervorgehoben.

Die verschiedenen Fruchtformen, welche in Verbindung mit der deutlichen 5-Gliedrigkeit oder durch mehr oder minder weit gehende Verwachsung von Kelchblatt 3 und 5 bewerkstelligte scheinbare 4-Gliedrigkeit des Kelches vorzugsweise die Grundlage für die

---

\*) Es ist desshalb keineswegs auffallend, wenn Jacquin, für welchen *Paullinia*, wie für Linné, auch die Arten von *Serjania* umschloss, bei Aufstellung seiner *P. hispida* nach bloss mit Blüthen versehenem, einen „germen triquetrum" zeigendem Materiale sagt: „Ex germine inspecto verosimile est, ad *Serjanias* Plumieri pertinere".

Unterscheidung der XIII Sectionen bilden, sind auf der beigegebenen Tafel dargestellt (s. die Figurenerklärung).

Sie unterscheiden sich zumeist durch das Fehlen oder das Vorhandensein von Flügelbildung, ersteres in Section I—VI, letzteres in Section VII—XIII. Weiter sind einige ausgezeichnet durch das Auftreten von Dorn- oder Warzenfortsätzen. Section VI und IX.

In dem Baue der Fruchtwand zeigt die Reihe (A) der Sectionen mit ungeflügelten Früchten (s. den Conspectus Sectionum) und die Reihe (B) der Sectionen mit geflügelten Früchten einen gewissen Parallelismus.

In Section I, *Neurotoechus*, und VII, *Xyloptilon*, sind die Fruchtwandungen und die daraus hervorgehenden Klappen durch zahlreiche, sie in schief aufsteigender Richtung annähernd parallel durchziehende Nerven und die daraus resultirende Festigkeit der Wandungen ausgezeichnet; ähnlich auch, was wenigstens die Flügel betrifft, in Section VIII, *Neuroptilon*, wie für die Section als Ganzes und weiter für die eine Art derselben, *P. neuroptera*, in dem Namen zum Ausdruck gebracht ist. Bei der Section II ist dagegen eine netzartige Beschaffenheit der Nervatur der Klappen, verbunden mit geringerer, nur pergamentartiger Festigkeit zu bemerken. Aehnlich ist das auch bei der III. und IV. Section und, namentlich was die Klappenwände betrifft, bei den an Section VIII sich anschliessenden übrigen Sectionen mit geflügelten Früchten. In Section III und IV sind die Früchte grossentheils deutlich gestielt; die beiden Sectionen unterscheiden sich besonders durch die Verschiedenartigkeit des Kelches, mit 5 freien Blättern in Section III, mit mehr oder minder weit verwachsenem 3. und 5. Kelchblatte bei Section IV, und dazu kommt bei Section IV eine stärkere Bedeckung des Samens durch den Arillus. Das letztere ist auch bei den ungestielten und ziemlich derbwandigen Früchten der Section V mit gleichfalls und zwar in vollständigerem Masse scheinbar 4-gliedrigem Kelche der Fall. Section VI mit ebenso 4-gliedrigem Kelche zeichnet sich durch die Dornfortsätze der Kapselwand aus, in welche, wie sonst in die Flügel, auch Gefässbündel eintreten. Von Section VII und VIII war im Vergleiche mit Section I schon die Rede. Bei VIII ist der Kelch wieder viergliedrig und ebenso bei IX und X, von welch beiden Sectionen die erstere an die Dornfortsätze von Section VI erinnernde warzige Emergenzen besitzt, zwischen denen die Flügel gleichsam verborgen bleiben, während die Section X durch ungleich entwickelte Flügel sich auszeichnet. Section XI zeigt eine mehr gleichheitliche Flügelbildung und 5 freie Kelchblätter, wie auch die Section XII. Diese und die letzte der Sectionen, Section XIII, zeichnet sich dadurch aus, dass das sklerenchymatische Endocarp sich in die Fruchtflügel hinein fortsetzt. Die dadurch gebildete Festigungsplatte wird in der Section XIII während der Entwicklung des Samens zur Vergrösserung des Fachraumes in 2 auseinander weichende Lamellen gespalten und so der Flügel selbst wieder mehr oder weniger zum Schwinden gebracht; zugleich ist hier wieder eine meist sehr weit gehende Verwachsung von Kelchblatt 3 und 5 vorhanden. Bei einigen Arten dieser Section kommen neben dem Rückenflügel der Klappen noch kleine, seitliche, hornartige Flügelchen vor.

Die Ausbildung der Frucht ist verhältnissmässig nur selten eine gleichmässige für alle 3 Fruchtfächer und die einzeln in ihnen befindlichen Samenanlagen. Das Zurückbleiben in der Entwicklung betrifft jedoch hier nie, wie bei anderen Sapindaceen- (z. B. *Sapindus*), das ganze Fach, sondern nur den Fachraum und die ihn begrenzenden Scheidewände, während die Aussenwände aller Fächer sich gleichmässig zu den später von einander und von den Scheidewänden sich trennenden 3 Fruchtklappen ausbilden, gleichgiltig ob dann der Innenraum der Frucht von 3, von 2 oder nur von 1 Samen unter zur Seite Drängung der Scheidewände in den letzteren Fällen erfüllt erscheint.

Mit solcher Verdrängung ist auch eine verschiedenartige Ungleichmässigkeit in der Ausbildung der Scheidewände verknüpft. Wenn 2 Samen, resp. Fruchtfächer sich nicht entwickeln, so bleibt die zwischen ihnen gelegene Scheidewand — ich will sie die „mittlere" nennen — sehr schmal (s. Fig. II u. XII, sowie Fig. III, f), während da, wo 2 Fächer mit ihren Samen sich voll entwickeln, die zwischen ihnen gelegene „mittlere" Scheidewand entsprechende Ausdehnung in radiärer Richtung gewinnt, und zwar in einem über jenes Mass hinausgehenden Grade, welches ihr bei ebenmässiger Entwicklung aller 3 Fächer zukommen würde (s. Fig. III, e). Die an solche „mittlere" Wände der einen oder anderen Art sich seitlich anschliessenden Scheidewände, welche mit der Fruchtaxe zur Seite gedrängt werden, müssen, da die Fruchtklappen ziemlich gleichmässigen Antheil an der Bildung des Fruchtumfanges nehmen, in jedem Falle eine entsprechende Ausbildung erhalten, im ersteren Falle nämlich je von der Breite der sterilen Klappen, resp. Fächer, im zweiten Falle von der halben Breite des sterilen Faches und der ihm entsprechenden Fruchtklappe (s. die etwas schematisch gehaltenen Darstellungen f und e in Fig. III).

Der anatomische Bau der Fruchtwand zeigt, von innen nach aussen betrachtet, ein von gewöhnlich dünnwandigen Epithelialzellen in einfacher Lage überzogenes, meist aus sklerenchymatischen Faserzellen in einfacher oder in mehreren schief sich kreuzenden Lagen gebildetes, selten dünnwandiges (Sect. VI) Endocarp, ein parenchymatisches, mitunter trocken schwammiges Sarcocarp, welchem Secretzellen mit vorwiegend harzartigem, in der lebenden Pflanze wahrscheinlich milchsaftartigem Inhalte eingebettet sind, und ein nur selten (in Sect. V) durch eine oder mehrere Lagen von sklerosirten Parenchymzellen verstärktes, meist nur aus der Epidermis und ihr sich anschliessenden kleinen Parenchymzellen gebildetes Epicarp. Die das Sarcocarp durchziehenden Gefässbündel treten, wie bei den geflügelten Früchten in die Flügel, so bei den mit Dorn- oder Warzenfortsätzen versehenen auch in diese ein. Die äussere wie die innere Oberfläche ist häufig mit Haaren besetzt, wie auch die dünnen Scheidewände, welche nur in der I. Section gegen die Peripherie zu eine schwammige Verdickung zeigen.

Bei dem Aufspringen der Frucht bilden sich, wie schon erwähnt, 3 Klappen, durch Trennung der peripherischen Wände der Fächer von einander und von den Scheidewänden, deren Reste sammt den Samen an der Fruchtaxe befestigt bleiben. Da wo diese selbst zur Seite gedrängt erscheint, bleibt das innere Fachwerk wohl auch an einer Klappe, an die es angedrückt ist, theilweise hängen, namentlich wenn durch Verfilzung einer inneren Haarbekleidung der Zusammenhalt unterstützt wird. Immer aber ist die Dehiscenz eine sogenannte septifrage, nicht eine septicide, wie sie mehrfach, und so auch in Bentham und Hooker Genera genannt wird. Uebrigens mag der letzteren Bezeichnung mehr ein ungenauer Sprachgebrauch als eine unrichtige Auffassung der Sache zu Grunde liegen, wie ich schon an anderem Orte (Ueber die Gliederung der Familie der Sapindaceen, in den Sitzungsber. d. k. bayer. Akad. 1890, p. 226) bemerkt habe. Doch ist der Ausdruck „septifrag" den genannten Autoren keineswegs fremd, da sie ihn z. B. für *Cedrela* in entsprechender Weise gebrauchen, wie andererseits der Ausdruck „septicid" unter *Greyia* z. B. in seiner eigentlichen Bedeutung sich angewendet findet. Eine unrichtige Auffassung der Sache findet sich dagegen sicherlich in den bildlichen Darstellungen von Gärtner (Carpolog., 1788, tab. 79) und dem ihm folgenden Lamarck (Ill. Gen. II, 1793, tab. 318), sowie in Gattungscharakter bei Ventenat (Tableau etc. III. 1799, p. 127) und bei Descourtilz (Fl. méd. d. Antilles III, 1827, p. 142, tab. 181) in der Abbildung und Figurenerklärung unter *P. pinnata*, wie ich schon in der Monographie von *Serjania* (p. 37, 38) erwähnt habe, welche Darstellung der Kapsel als loculicid erscheinen lässt mit von den in der Fruchtaxe verbunden bleibenden Scheidewänden sich ablösenden Klappen. Die Scheidewände sind darin unrichtiger Weise als nicht den Nähten der Frucht, sondern der Mitte der Klappen entsprechend dargestellt, wornach die Klappen aus Theilen zweier Fruchtblätter, statt aus einem gebildet wären.

Die Samen, deren dünn krustenartige Schale derber ist als bei der Gattung *Serjania* und aus einer Schichte bald mehr, bald weniger gestreckter, buchtig-randiger, dickwandiger Stabzellen, sowie mehreren nach innen sich anschliessenden Lagen flacher, zusammengedrückter Zellen besteht (s. die Darstellung von Zoehlenhofer in Arch. d. Pharm. CCXX, 1882, p. 642, Fig. 2 u. 3), zeigen in Ansehung der Ausbildung des Arillus, wie hinsichtlich der Beschaffenheit des Keimlings erhebliche Verschiedenheiten, ersteres namentlich innerhalb der Sectionen mit ungeflügelten Früchten.

Stets ist der Arillus ein sogenannter angewachsener („arillodium" Planchon), nur an seinem Rande etwas frei. Bald erstreckt sich derselbe nur auf das untere Drittel des Samens, bald reicht er bis über dessen Mitte oder bis zur Spitze, nur am Samenrücken weniger weit entwickelt und so gleichsam gespalten; ja in manchen Fällen überzieht er, besonders in Section IV und V, von der Bauchseite her auch die Spitze des Samens und lässt nur ein kleines glattes, glänzendes Rückenfeld frei, welches dann gelegentlich in irriger Auffassung, wie von Bentham bei *P. pachycarpa* (s. Hook. Journ. Bot. & Kew Gard. Misc. III, 1851, p. 196) für den Nabel angesehen wurde.

Bei manchen Arten zeigt der nicht in die Arillusbildung einbezogene Theil der Samenschale eine **Haarbekleidung**. So bei *P. eriantha, turbacensis, tricornis* und bei mehreren Arten der XII. Section (s. d. Conspectus der Arten).

Die Zellen des Arillus unterscheiden sich in solche, welche vorwiegend Amylum neben etwas Oel und Gerbstoff führen, und in solche, welche ausschliesslich einen im trockenen Zustande braun gefärbten Gerbstoff enthalten. Ueberwiegen die letzteren, so erscheint der ganze Arillus dunkel rothbraun bis schwarzbraun, im anderen Falle nur rothbraun punktirt oder gleichmässig schmutzig gelbbraun und ursprünglich wohl weiss, wie aus den Angaben der Sammler zu entnehmen ist.

Was den **Embryo** betrifft, so erscheint derselbe bald ausschliesslich oder doch vorwiegend ölhaltig, und dann sind die Cotyledonen ziemlich dünn und in ähnlicher Weise gelagert wie gewöhnlich bei *Serjania*, der äussere dem Samenrücken entsprechend gekrümmt, der innere doppelt quergefaltet und in seiner Spitzenfalte den Rand des äusseren aufnehmend; bald ist derselbe reich an Amylum, und dann sind die Cotyledonen dicker fleischig und mit annähernd quer gerichteter Berührungsfläche über einander gelagert. Das Würzelchen ist stets kurz, am Samenrücken gegen die Mikropyle herabsteigend und in einer taschenförmigen Querfalte der Samenschale geborgen.

**Zusatz 6.** Ueber die Unterscheidung nicht fructificirter Paullinien von den Arten der nächstverwandten Gattungen.

So leicht es ist, eine mit Früchten versehene *Paullinia* als solche zu erkennen, so schwer ist es, beim Fehlen von Früchten, und wenn das betreffende Material nicht einer wohl bekannten Art angehört, über die Zugehörigkeit desselben zu *Paullinia* oder zu einer der anderen mit Ranken versehenen Sapindaceen-Gattungen und namentlich der ebenfalls mit derberen, holzigen Zweigen und Stämmen (gegenüber *Cardiospermum*) versehenen Gattungen *Serjania* und *Urvillea* ausreichende Sicherheit zu gewinnen.

Als Anhaltspunkte für die Entscheidung in derartigen fraglichen Fällen können folgende hervorgehoben werden.

Besondere Derbheit des Wuchses lässt stets auf eine Art von *Paullinia* schliessen. Ebenso stärkere Ausbildung der Nebenblättchen und beträchtliche Grösse der Blüthen. Weiter auch Derbheit der Behaarung. Dagegen fehlt hier die Bildung von Stacheln, durch welche 3 Arten von *Serjania* ausgezeichnet sind (*S. aculeata, mexicana* und *hamuligera*).

Am meisten nähert sich durch zarteren Wuchs der Gattung *Urvillea* die *P. urvilleoides*, dann der Gattung *Cardiospermum* und den kleinwüchsigen, *Cardiospermum*-artigen *Serjanien* (s. im Folgenden) die *P. Sonorensis* und *australis*.

Belangreich ist der Umstand, dass die meisten Arten von *Paullinia* einfachen Holzkörper besitzen oder im Falle der Zusammensetzung, welcher nur in Section I und XII auftritt (dort bei 12, hier bei 4 Arten), den einfachsten Typus mit meist 3 nach den Ecken eines Dreieckes geordneten peripherischen Holzkörpern, welche alle oder theilweise durch je ein Paar unmittelbar benachbarte ersetzt werden können.

Ferner ist bemerkenswerth, dass bei *Paullinia* das unpaar gefiederte, 2-jochige, oder wie es der Kürze halber genannt werden kann, das 5-foliolat-pinnate Blatt das vorherrschende ist, während dasselbe bei *Serjania* verhältnissmässig selten vorkommt, normal (und abgesehen von verarmten oder abnorm bereicherten Blättern) eigentlich nur bei *Serjania erecta, dilatrya* (Sect. V), *pinnatifolia* (Sect. VIII), *scopulifera* (Sect. IX), *californica* (Sect. XI) und *Schiedeana* (Sect. XII), ausser *californica* lauter Arten mit zugleich zusammengesetztem Holzkörper. In Folge von Verarmung findet es sich noch bei *S. alutigera* (Sect. II), *comata, depauperata* (Sect. III), *caracasana* (Sect. IV), *marginata* (Sect. V), *perulacea, lamprophylla, ichthyoctona* (Sect. IX), *triquetra* (Sect. XII) und in Folge von Bereicherung bei *S. emarginata* (Sect. XI). Bei *Serjania* herrscht dagegen das doppelt gedreite Blatt vor, das bei *Paullinia* nur elf Arten (5 cis- und 6 transäquatorialen, von welchen die ersteren im Folgenden mit einem * bezeichnet sein mögen) zukommt, nämlich *Paullinia lachnocarpa, jamaicensis\**, *costaricensis\** (Sect. III), *cuneaphylla, fuscescens\**, *barbadensis\**, *selenoptera* (Sect. XII), *Planierii\**, *revoluta, cristata* und *trigonia* (Sect. XIII). Auch das gedreite Blatt, welches bei *Serjania* öfters, bei *Urvillea* (und *Thinouia*) ausschliesslich auftritt, ist nicht häufig (*P. densiflora, Cururu, neglecta, nitida, urvilleoides, paullinioides, granatensis, riparia, turbacensis, neuroptera, verrucosa, Cambessedesii, ternata, monogyna, coriacea*). Bei reichgliedrigerer Zusammensetzung stellt sich bei *Paullinia* gewöhnlich eine Vermehrung der Joche des gefiederten Blattes ein unter Neigung der unteren Jochtheile, selbst wieder gefiedert zu werden, während bei *Serjania*, ohne dass das Gleiche gänzlich ausgeschlossen wäre (namentlich bei einigen der kleinwüchsigen Arten, wie *S. cuneolata, incisa, rutaefolia, Palmeri, sphenocarpa, cystocarpa, oxyphylla, striata, parvifolia* und *orbicularis* zum Theile), mehr ein Uebergehen von dem doppelt gedreiten zum dreifach gedreiten Blatte zu bemerken ist. Die reichst zusammengesetzten Blätter finden sich, was die Gattung *Paullinia* betrifft, bei *P. australis* (Sect. XII) und *thalictrifolia* (Sect. XIII).

Flügelung des Blattstieles, resp. der Blattspindel tritt häufiger bei *Paullinia* als bei *Serjania* auf.

Die fasciculirten und knäuelartig gehäuften Inflorescenzen finden sich nur bei *Paullinia*, nämlich bei *P. densiflora, fasciculata, alata, rhizantha* (Sect. I), *Cambessedesii* (Sect. XI), *trilatera, mallophylla, ternata, cauliflora, glomerulosa, tenera, apoda, fistulosa, tetragona, hispida, meliaefolia* zum Theile, *pterocarpa* (Sect. XII).

In anatomischer Hinsicht sind es, abgesehen von der schon erwähnten Beschaffenheit des Holzkörpers, namentlich die derber ausgebildeten kleinen Aussendrüsen, welche die *Paullinia*-Arten vor den Arten von *Serjania* etc. auszeichnen, besonders in den Formen der geknieten, hammerförmigen, schildförmigen und fächerförmigen Drüsen. Weiter kommt auch die häufig tiefer in das Innere des Blattes gerückte Lagerung der Secretzellen und damit verbundene, minder abgerundete Form derselben in Betracht.

Doch reichen all diese Merkmale zusammen nicht immer aus, um über die Zugehörigkeit einer nicht fructificirten Pflanze zur Gattung *Paullinia* mit Sicherheit zu entscheiden, und so bleibt denn immerhin für einige Arten, deren Frucht unbekannt ist, die Zuweisung zu der einen oder der anderen der in Rede stehenden Gattungen eine mehr oder minder fragliche.

## Conspectus sectionum.

A. Capsula exalata
    a. Mesocarpium nervorum multitudine oblique fibrosum, capsula sicca inde sublignosa, extus oblique multistriata; sepala 5 libera (inflorescentiae interdum fasciculatim aggregatae — cf. Sect. XI et praesertim Sect. XII; corpus lignosum saepius compositum — cf. Sect. XII; foliorum epidermis non mucigera, paginae inferioris in plerisque crystallophora) . . . . Sectio I. Neurotoechus.
    b. Mesocarpium parenchymaticum, paucinerve, capsula sicca inde plus minus crustacea, fragilis (inflorescentiae nunquam fasciculatae; corpus lignosum simplex)
        aa. Capsula inermis
            α. Capsula triquetra vel triangularis, obovata vel lanceolata, sicca chartaceo-coriacea; sepala 5 libera (epidermis non mucigera)
                Sectio II. Diphtherotoechus.
            β. Capsula globosa, ellipsoidea vel ovoidea, saepius stipitata, sicca crustacea
                αα. Epicarpium tenue, epidermidis tantum cellulis parenchymaticis efformatum; capsula longitudinaliter 3- vel 6-costata
                    * Pericarpium parum crassum; sepala 5 libera, rarissime 3. et 5. infra medium connata (epidermis in pluribus [12] mucigera, in reliquis 9 non mucigera)
                      Sectio III. Pleurotoechus.
                    ** Pericarpium sat crassum; sepalum 3. et 5. usque ad medium vel ultra connata, sepala inde quasi 4 (epidermis non mucigera) Sectio IV. Pachytoechus.
                ββ. Epicarpium sat crassum, cellularum brevium sclerenchymaticarum strata plura exhibens; capsula ecostata, subglobosa, subsessilis; sepala (3. et 5. connatis) 4 (epidermis mucigera)
                    Sectio V. Enourea.
        bb. Capsula echinata; sepala (3. et 5. connatis) 4 (epidermis mucigera)
                Sectio VI. Castanella.

B. Capsula alata (alis in sectionis VII speciebus 2 angustis, carinas tantum exhibentibus, in sect. XIII denique plus minus evanescentibus)
    a. Mesocarpium nervorum multitudine fibrosum (endocarpium alas non ingrediens; inflorescentiae non fasciculatae; corpus lignosum simplex)
        aa. Sepala 5 liberae (capsularum siccarum alae lignosae, rigidae; epidermis non mucigera) . . . . . . . . . . Sectio VII. Xyloptilon.
        bb. Sepala (3. et 5. connatis) 4 (capsularum siccarum alae cartilagineae, flexiles; epidermis mucigera) . . . . Sectio VIII. Neuroptilon.
    b. Mesocarpium parenchymaticum, paucinerve
        aa. Endocarpium alas non ingrediens (corpus lignosum simplex)

  *a.* Capsula verrucosa; sepala (3. et 5. connatis) 4 (inflorescentiae non fasciculatae; epidermis mucigera) . . Sectio IX. **Cryptoptilon**.
 *β.* Capsula laevis
  *aa.* Sepala (3. et 5. connatis) 4 (inflorescentiae non fasciculatae; epidermis mucigera) . . . . Sectio X. **Anisoptilon**.
  *ββ.* Sepala 5 libera (inflorescentiae in 1 specie — *P. Cambessedesii* — binae ternaeve aggregatae; epidermis non mucigera) Sectio XI. **Isoptilon**.
bb. Endocarpium (sclerenchymaticum) alas ingrediens
 *a.* Endocarpium alarum non vel vix bipartibile, alae persistentes; sepala 5 libera (inflorescentiae saepius fasciculatim aggregatae, cf. Sect. I et XI; testa seminis in pluribus pilosa; corpus lignosum in nonnullis compositum, cf. Sect. I; epidermis in nonnullis [4] mucigera, in plurimis [26] non mucigera) . . Sectio XII. **Caloptilon**.
 *β.* Endocarpium alarum denique plus minus bipartitum, alae inde subevanidae; sepala (3. et 5. connatis) 4 (inflorescentiae non fasciculatae; corpus lignosum simplex; epidermis in plurimis [9] mucigera, in 3 non mucigera) . . . . . . Sectio XIII. **Phygoptilon**.

## Conspectus specierum.

(Species nonnullae ob fructus ignotos quoad sedem quodammodo dubiae restant, uti suo loco indicatur.)

**Sectio I. Neurotoechus** Radlk. in Durand Ind. Gen., 1887, p. 72 et in Engl. & Pr. Pfl.-Fam., 1895, p. 305. Capsula exalata, plerumque longius breviusve stipitata — pyriformis vel clavata —, rarius estipitata — ellipsoidea vel ovoidea —, glabra vel hirsuta, mesocarpio nervorum multitudine oblique fibroso (unde sectionis nomen: νεῦρον nervus, τοῖχος paries), capsula sicca inde sublignosa, extus multistriata, striis (nervisque cum striis alternantibus) e valvarum marginibus oblique adscendentibus, intus laevigata saepiusque ad septorum ortum, praesertim apice, spongioso-incrassata (cf. Fig. I); semina e subtrigono vel compressiusculo (elongate) ellipsoidea, rarius obovoidea, in 1 tantum specie (*P. eriantha*) stupposo-pilosa, arillo plerumque dorso et ventre profunde fisso fere usque ad apicem, rarius usque ad medium tantum obtecta; embryo oleoso-farinosus, cotyledonibus aut valde incrassatis, parum curvatis et rima transversali vel oblique adscendente superpositis, aut tenuioribus et ut illae *Serjaniarum* plicato-curvatis (*P. leiocarpa, eriantha*); flores plerumque parvi, sat teneri, sepalis interioribus petaloideis, omnibus liberis; inflorescentiae (thyrsi) in nonnullis (4) fasciculatim aggregati; corpus lignosum saepius compositum e centrali majore et periphericis minoribus 2—3 (spec. n. 1—10, 19 et 20); folia plerumque 5-folioluto-pinnata, rarius ternata, petiolo vel rhachi certe saepius alata, stipulis plerumque parvis; foliola glandulis plerumque curvatis vel malleoliformibus ornata; epidermis non mucigera, paginae inferioris in plerisque crystallophora (excepta sp. n. 10, 15, 19 et interdum n. 5).[*]) (Species per totam generis ditionem dispersae.)

---

[*]) In reliquis sectionibus epidermis crystallophora non invenitur nisi in *P. fusiformi* sectionis III.

**A.** Capsula pyriformis vel clavata, basi cuneata vel in stipitem longiorem brevioremve attenuata vel abruptius contracta; flores minores vel mediocres
    a. Corpus lignosum compositum (rarius usque ad medios ramulos, vix altius simplex; cfr. *P. Cururu, pinnata*)
        aa. Inflorescentiae (thyrsi) abbreviatae, in fasciculos vel glomerulos aggregatae (petiolus rhachisque foliorum alata)
            α. Thyrsorum fasciculi in ramis junioribus e foliorum axillis enascentes (alabastra hirtella, germen hirsutum; folia ternata, foliola breviter elliptica, supra opaca, subtus nitidula; species novogranatensis)
                      1. P. densiflora Smith.
            β. Thyrsorum fasciculi in caulibus vel ramis adultioribus ad foliorum delapsorum cicatrices orientes (alabastra subglabra, germen adpresse pilosum; folia 5-foliolato-pinnata, rarius transeuntia in ternata in *P. fasciculata*)
                αα. Rami 3-angulares
                    * Foliola elliptica, repando-dentata, sicca quoque viridia, supra subtusque nitida; sp. guianensi-antillana
                        2. P. fasciculata Radlk.
                    ** Foliola lanceolata, remote serrato-dentata vel dentibus obsoletis subintegerrima, sicca fuscescentia, nitidula (sp. peruviano-brasiliensis) . . . . . . . 3. P. alata Don.
                ββ. Rami 6-costati, 6-sulcati (foliola elliptico-ovata, apice anguloso-dentata, sicca fusca, nitidula; sp. peruviano-brasiliensis)
                      4. P. rhizantha Poepp.
        bb. Inflorescentiae (thyrsi) solitariae vel paniculatim congestae
            α. Petiolus vel certe rhachis foliorum alata
                αα. Folia ternata (foliola subimpunctata, epidermide inferiore interdum non crystallophora); sepala sicca striato-costata (sp. antillano-continentalis cisaequatorialis) . . . 5. P. Cururu L. em.
                ββ. Folia 5-foliolato-pinnata (rarissime depauperata)
                    * Foliola serrato-dentata, sparsim pellucide punctata et lineolata; sepala non vel vix costata (sp. americano-africana)
                        6. P. pinnata L. em.
                    ** Foliola grosse crenato- vel repando-dentata, impunctata (sp. novogranatensis) . . . 7. P. macrophylla Kunth.
            β. Petiolus rhachisque foliorum nuda (rarissime marginata in *P. spicata*)
                αα. Folia ternata, in ramulis ultimis interdum 5-foliolato-pinnata (foliola subcoriacea, subtransversim venosa, obscure pellucido-punctata; sp. peruviano-boliviensis) . 8. P. neglecta Radlk.
                ββ. Folia 5-foliolato-pinnata (rarissime superiora depauperatione ternata)
                    * Foliola membranacea, obtuse dentata, subimpunctata; thyrsi laxiflori (sp. brasiliensis) . . . 9. P. elegans Camb.
                    ** Foliola chartacea, subrepando-dentata, pellucide punctata et lineolata (epidermide inferiore non crystallophora); thyrsi densiflori spiciformes (sp. guianensi-brasiliensi-novogranatensis) . . . . . . . . . 10. P. spicata Benth.
    b. Corpus lignosum simplex
        aa. Petiolus rhachisque foliorum nuda
            α. Folia ternata; rami teretes (sp. venezuelano-novogranatensis)
                      11. P. nitida Kunth.

β. Folia 5-foliolato-pinnata (vel superiora depauperata in *P. anomophylla*); rami e trigono 5—6-costati, 5—6-sulcati
  aa. Foliola reticulato-venosa, elliptico-oblonga, glaberrima (sp. brasiliensis) . . . . . . . . . 12. P. anomophylla Radlk.
  ββ. Foliola clathrato-venosa
   ° Foliola subglabra
    † Foliola impunctata, glandulis microscopicis furcatogeminatis insignia, oblongo-lanceolata, terminalia e subobovato cuneata (sp. peruviana)
     13. P. obovata Pers.
    †† Foliola pellucide punctata, elliptica, terminalia elliptico-lanceolata (sp. novogranatensis)
     14. P. fraxinifolia Tr. & Pl.
   °° Foliola subtus subtomentosa, pellucide punctata (epidermide inferiore non crystallophora), inferiora breviter ovata vel subrotunda, superiora obovata (sp. peruviana)
    15. P. subrotunda Pers.
bb. Petiolus rhachisque foliorum alata; folia 5-foliolato-pinnata (vel superiora depauperata in *P. imberbi*); rami e teretiusculo vel trigono 5—6-costati, 5—6-sulcati
 α. Capsula longius breviusve stipitata; foliola subtus in nervorum axillis barbata
  aa. Flores minores, pedicellati; petiolus rhachisque anguste alata (sp. mexicana) . . . . . . 16. P. clavigera Schlecht.
  ββ. Flores majusculi, sessiles; petiolus rhachisque late alata (sp. mexicana) . . . . . . . . 17. P. sessiliflora Radlk.
 β. Capsula breviter stipitata; foliola subtus in nervorum axillis non barbata (sp. guianensi-brasiliensis) . . 18. P. imberbis Radlk.
B. Capsula ovoidea vel ellipsoidea, sessilis; flores majores, immo maximi (thyrsi densiflori, parte florigera breviuscula, interdum capituliformi; corpus lignosum compositum; folia 5-foliolato-pinnata, petiolo rhachique alata)
 a. Bracteae bracteolaeque subulatae (foliorum epidermis inferior non crystallophora; sp. guianensi-novogranatensis) . . . . . . 19. P. leiocarpa Griseb.
 b. Bracteae bracteolaeque late ovatae; flores maximi (sp. novogranatensi-peruviana)
  20. P. eriantha Benth.

**Sectio II. Diphtherotocchus** Radlk. ll. cc. Capsula exalata, acute triangularis vel triquetra, lanceolata vel obovata, estipitata, varie vestita, saepius setoso-hirsuta, mesocarpio parenchymatico paucinervi, endocarpio tenaci e cellulis sclerenchymaticis elongatis exstructo, capsula sicca inde chartaceo-coriacea (unde nomen: διφθέρα, corium) vel subcrustacea, reticulato-nervosa (cf. Fig. II); semina breviter ellipsoidea, subtrigona, glabra, arillo dorso fisso usque ad medium obtecta; embryo oleoso-farinosus, cotyledonibus crassis oblique superpositis; flores sat parvi, teneri, sepalis interioribus petaloideis, omnibus liberis; thyrsi solitarii vel paniculatim congesti; corpus lignosum simplex; folia 5-foliolato-pinnata, petiolo nudo, rhachi saepius alata, stipulis interdum magnis dilatatis lacerato- vel fimbriato-dentatis scariosis; foliola interdum subspinuloso-dentata, in omnibus speciebus fibris sclerenchymaticis brevibus (in *P. stenopetala* et *interrupta* crebrioribus) prope paginam superiorem instructa, glandulis geniculatis vel malleoliformibus ornata; epidermis non mucigera. (Species brasilienses, 1 guianensis.)

A. Capsula triquetra, e lanceolato obovata, densius laxiusve setoso-hirsuta; stipulae scariosae, magnae, ovato-lanceolatae vel suborbiculares, saepe lacerato-dentatae; foliorum rhachis alata vel nuda, foliola mucronulato- vel subspinuloso-dentata
  a. Rami undique hirto-tomentosi vel setosi; foliola fibris sclerenchymaticis sat raris instructa; stipulae ovato-lanceolatae . . . . . 21. P. rubiginosa Camb.
  b. Rami in costis tantum setis robustioribus criniti, sulcis glabris; foliola fibris sclerenchymaticis vix ullis instructa; stipulae suborbiculares vel ovatae, fimbriato-dentatae . . . . . . . . . . . . 22. P. stipularis Benth.
B. Capsula trigona, ellipsoidea vel subglobosa, tomento brevi longioreve adpresso induta; stipulae minores, lanceolato-subulatae
  a. Rami thyrsigeri pluri-costati; foliola argute serrata, chartacea, fibris sclerenchymaticis raris instructa; capsula tomento subvilloso rufo adpresso induta
    aa. Foliorum rhachis alata . . . . . . 23. P. seminuda Radlk.
    bb. Foliorum rhachis nuda . . . . . . 24. P. castaneifolia Radlk.
  b. Rami thyrsigeri teretiusculi; foliola remote obtuso-dentata vel subintegerrima, coriacea, fibris sclerenchymaticis crebrioribus instructa
    aa. Foliola praesertim apice paucidentata, in acumen obtusum protracta; thyrsi dense cincinnigeri; capsula lanceolata, adpresse canescenti-tomentella (sp. guianensis) . . . . . . . . 25. P. stenopetala Sagot.
    bb. Foliola subintegerrima, acuta; thyrsi interrupte cincinnigeri; capsula depresse trigona, ferrugineo-tomentosa . . . . . 26. P. interrupta Benth.

**Sectio III. Pleurotoechus** Radlk. II. cc. Capsula exalata, globosa, ellipsoidea vel ovoidea, saepius stipitata, pube varie induta vel glabra, mesocarpio parenchymatico paucinervi, endocarpio minus tenaci, capsula sicca inde crustacea, fragilis, reticulato-venosa et nervis valvarum marginalibus vel medianis quoque magis prosilientibus longitudinaliter tri—sex-costata (unde sectionis nomen; cf. Fig. III); semina e subtrigono ovoidea, obovoidea, vel subglobosa, glabra, arillo dorso plus minus fisso basi tantum (*P. Cupana*) vel usque ad medium, rarius altius (*P. parvibractea*, *rugosa*, *subcordata*, *ferruginea*) vel vix ullo (*P. Sonorensis*) obtecta; embryo nunc oleosus tumque cotyledonibus (interiore certe) tenuioribus et ut illae *Serjaniarum* plicato-curvatis (*P. tomentosa* etc., cf. conspectum sub A et B, a), nunc oleoso-farinosus, cotyledonibus crassis parum curvatis et oblique superpositis (*P. connaracea* et illae in conspectu sub B, b enumeratae); flores minores vel robustiores, sepalis teneris vel subcoriaceis tumque (praesertim interioribus) tomentellis, omnibus liberis vel 3. et 5. basi vel infra medium connatis (*P. connaracea*); thyrsi solitarii vel paniculatim congesti; corpus lignosum simplex; folia in una (*P. urvilleoides*) ternata, in plurimis 5-foliolato-pinnata, in paucis biternata (*P. lachnocarpa*, *jamaicensis*, *costaricensis*), petiolo raro, rhachi interdum alata, stipulis in nonnullis insignioribus; foliola plerumque glandulis curvatis vel geniculatis, in nonnullis (*P. laeta*, *bidentata*, *subauriculata*) glandulis depressis flabelliformibus vel (in *P. connaracea*) subscutatis subimmersis ornata, in pluribus fibris sclerenchymaticis brevibus prope paginam superiorem (partim inter staurenchymatis cellulas protrusis) instructa (cfr. sp. n. 33—35: *P. bidentata*, *subauriculata*, *connaracea* et sp. n. 39—47 in conspectu sub B, b enumeratae); epidermis in aliis mucigera (cf. conspectum sub A et B, a), in aliis non mucigera (cf. conspectum sub B, b), paginae inferioris in sola *P. fusiformi* crystallophora. (Species plurimae brasilienses vel certe Americae meridionalis continentalis incolae, una antillana, paucae centroamericanae vel mexicanae.)

A. Capsula sessilis vel subsessilis (tomentosa; foliorum epidermis mucigera)
    a. Folia 5-foliolato-pinnata, tomentosa (foliola dentata, rhachis alata; flores minores; embryo oleosus cotyledone interiore transversim plicata; species mexicana)
                                        27. P. tomentosa Jacq.
    b. Folia biternata, glabra (foliola subintegerrima, rhachis nuda; flores majores; sp. ecuadorensis) . . . . . . . . . . . 28. P. lachnocarpa Benth.

B. Capsula stipitata
    a. Cotyledones (interior certe, excepta *P. connaracea*) plicato-curvatae, oleo, vix amylo (nisi in *P. connaracea*) foetae; capsula subglabrata, excepta *P. costata* et *Sonorensi* (in *P. urvilleoidi* et *P. laeta* e germine aucto tantum, in *P. bidentata* et *P. subauriculata* omnino non nota); flores minores, excepta *P. laeta* et *P. subauriculata*; rami subteretes, lenticelloso-striati; folia glabra vel pube tenera induta (epidermide mucigera)
        aa. Folia ternata (illa *Urvilleae glabrae* in mentem revocantia, sed impunctata et reti utriculorum laticiferorum fusco subtus notata, stipulis majoribus falcatis instructa; flores flavidi; sepala petaloidea petalaque utriculis laticiferis fuscis striata; species brasiliensis)     29. P. urvilleoides Radlk.
        bb. Folia 5-foliolato-pinnata (interdum depauperata, ternata — in *P. costata*)
            α. Foliola nervis lateralibus arcuato-adscendentibus
                aa. Petiolus nudus, rhachis nuda vel marginata
                    * Foliola oblique clathrato-venosa; capsula breviter tomentosa, sexcostata (sp. mexicana)
                                30. P. costata Schlecht. & Ch.
                  ** Foliola transversim venosa; capsula glabra, valvarum costa mediana evanida tricostata (sp. guatemalensis)
                                31. P. scarlatina Radlk.
              ββ. Petiolus marginatus vel uti rhachis alatus; foliola reticulato-venosa, glandulis deflexo-adpressis complanatis apice plerumque flabellato-4-cellularibus ornata (sp. peruvianae)
                  ° Petiolus alatus, foliola pellucido-punctata, subintegerrima
                              32. P. laeta Radlk.
                  °° Petiolus marginatus, foliola impunctata, fibris sclerenchymaticis brevibus instructa
                  † Foliola lanceolata, inferiora basi bidentata
                              33. P. bidentata Radlk.
                  †† Foliola elliptica, inferiora basi subauriculato-bidentata
                            34. P. subauriculata Radlk.
            β. Foliola nervis lateralibus patentissimis, glandulis subscutatis subimmersis instructa; petiolus rhachisque marginata (sp. novogranatensis)
                          35. P. connaracea Tr. & Pl.
    cc. Folia biternata, rarius depauperata (rhachi marginato-alata)
        α. Foliola serrato-dentata, subtus glabra, punctis lineolisque pellucidis conspicuis sat crebris; filamenta glabra (sp. antillana)
                        36. P. jamaicensis Macf.
        β. Foliola subincise lobato-dentata, subtus (saepius dense) pubescentia, punctis pellucidis nullis vel parvis tantum; filamenta pilosa (sp. centroamericana) . . . . . . 37. P. costaricensis Radlk.
    dd. Folia (foliolis parvis subcentimetralibus) varie composita, inferiora ternata vel trisecta tantum, superiora 5-foliolato-pinnata, summa transeuntia in biternata vel interdum plane biternata; rami leviter sulcato-costati, praesertim in costis cano-puberuli (sp. mexicana, fruticulum parvum squarrosum cirris subscandentem tantum exhibens) . . 38. P. Sonorensis Wats.

b. Cotyledones parum curvatae, amyligerae; capsula tomentosa, excepta *P. Cupana*
(in *P. scabra* et *latifolia* ignota); flores plerumque majores; rami angulati vel
costati (in *P. ferruginea* subteretes); folia 5-foliolato-pinnata, petiolo rhachique
nudis, plerumque scabriuscula vel hirtella, fibris sclerenchymaticis (in *P. fusiformi* raris) prope paginam superiorem instructa (epidermis non mucigera, paginae
inferioris in *P. fusiformi* crystallophora; sp. brasilienses, una — *P. stellata* —
guianensis)

 aa. Folia subglabra, subtus glandulis scabriuscula; stipulae parvae subulatae;
  bracteae parvae; flores majores; capsula glabra   39. P. Cupana Kunth.
 bb. Folia subtus puberula; stipulae majores, oblongae; bracteae parvae; flores
  mediocres; capsula — ?
   α. Foliola supra medium grosse dentata; cincinni stipitati, elongati
              40. P. scabra Benth.
   β. Foliola inferiora subintegerrima, superiora apice obsolete dentata,
    acuminata; cincinni subsessiles, contracti   41. P. latifolia Benth.
 cc. Folia subtus hirtello-tomentella; capsula tomento brevi interdum hirtello
  induta
   α. Flores majores; capsula breviter stipitata, stipite quam pars seminifera breviore; semina subglobosa, testa spadicea, arillo cupulari
    dorso depresso, vix fisso; foliola clathrato-venosa
    aa. Bracteae parvae, subulatae
     * Stipulae parvae, deltoideae, subintegrae (cincinni sessiles
      contracti) . . . . . 42. P. parvibractea Radlk.
     ** Stipulae mediocres, suborbiculares, stellato-incisae (cincinni substipitati, elongati; sp. guianensis)
             43. P. stellata Radlk.
    ββ. Bracteae majores, oblongae, concavae, sepalis conformes
     * Stipulae conspicuae, suborbiculares, stellato-incisae (cincinni sessiles, contracti; foliola ovata)
             44. P. rugosa Benth.
     ** Stipulae majores, obovato-ellipticae, apicem versus lacerato-incisae (cincinni sessiles, contracti; foliola elliptica)
             45. P. subcordata Benth.
   β. Flores minores; capsula plerumque longius stipitata, stipite partem
    seminiferam subaequante; semina subglobosa vel ellipsoidea, testa
    atro-fusca, arillo dorso fisso subbilobo; bracteae minimae; foliola
    reticulato-venosa, subtus dense sufferugineo-pubescentia; stipulae
    parvae, subulatae
    aa. Capsulae pars seminifera ellipsoideo-globosa; arillus semen
     aequans; rami teretiusculi; foliola supra sublaevigata, intus
     fibris crebris instructa . . . 46. P. ferruginea Casar.
    ββ. Capsulae pars seminifera fusiformis; arillus quam semen dimidio
     brevior; rami costati; foliola supra quoque reticulata, intus
     fibris raris instructa, epidermide inferiore crystallophora
             47. P. fusiformis Radlk.

**Sectio IV. Pachytoechus** Radlk. ll. cc. Capsula exalata, ovata vel subglobosa, longe
stipitata, glabra vel tomento brevissimo adpresso induta, mesocarpio parenchymatico crasso
paucinervi, endocarpio sat crasso sed minus tenaci, capsula sicca inde plerumque crassius
crustacea (unde sectionis nomen), attamen sat fragilis, reticulato-venosa, longitudinaliter
leviuscule 6-costata (in 2 speciebus — *P. linearis* et *platymisca* — ignota); semina ovoidea
vel e trigono depresse globosa vel hemisphaerica, fere tota arillosa, arilli marginibus dorso

valde approximatis (*P. pterophylla, marginata, grandifolia, ingaefolia, pachycarpa, xestophylla, venosa*) vel supra testae areolam et ipsam strato arilloso tenui obtectam plicatim couniventibus et contiguis (*P. carpopodea*); embryo oleosus vel oleoso-farinosus, cotyledonibus crassis, parum curvatis, superpositis (cf. Fig. IV); flores sat robusti, sepalis subcoriaceis, 3. et 5. usque ad medium vel altius (in *P. pterophylla* interdum — forsan in *P. xestophylla* quoque — basi tantum) connatis; thyrsi solitarii vel paniculatim congesti; corpus lignosum simplex; folia imparipinnata, raro bijuga (*P. platymisca, xestophylla, venosa*), plerumque 3-(4-)juga, tumque jugo infimo plerumque (excepta *P. pterophylla*) utrinque ternato, rarissime depauperato (*P. marginata, carpopodea*), petiolo rhachique saepius insigniter alatis, stipulis plerumque conspicuis; foliola nunc (in sp. 48—51) glandulis malleoliformibus, nunc glandulis subscutatis immersis tumque prope paginam superiorem fibris sclerenchymaticis instructa (sp. 52—56); epidermis non mucigera. (Species plures brasilienses, 2 guianensi-brasilienses — *P. ingaefolia, venosa* —, 1 peruviana — *P. linearis* — 1 a Peruvia per Novo-Granatam usque ad Nicaraguam divulgata — *P. pterophylla*).

A. Foliola glandulis stipitatis malleoliformibus obsita, fibris sclerenchymaticis prope paginam superiorem nullis
  a. Folia pinnatim composita, 3—4-juga, rarius bijuga, foliola dentata; capsula tomentella; sp. nicaraguensi-novogranatensi-peruviana) 48. P. pterophylla Tr. & Pl.
  b. Folia pinnatim decomposita (subbipinnata), 3—6-juga, jugo infimo utrinque ternato (in *P. marginata* haud raro depauperato simplici), foliola integerrima
    aa. Folia 5—6-juga, foliola anguste linearia, impunctata (fructus ignotus; sp. peruviana) . . . . . . . . . . . . 49. P. linearis Radlk.
    bb. Folia 3—4-juga, pellucide punctata et lineolata; capsula glabra
      α. Foliola lanceolata vel lineari-lanceolata, nervis lateralibus patentissimis numerosis instructa, petiolis rhacheosque segmentis alato-marginatis . . . . . 50. P. marginata Casar.
      β. Foliola elliptico-lanceolata, nervis lateralibus curvatis paucis instructa, glabra vel varie tecta, petiolis rhacheosque segmentis nunc alato-marginatis, nunc petiolis, nunc segmentis inferioribus vel omnibus nudis 51. P. carpopodea Camb.

B. Foliola glandulis immersis scutatis ornata, fibris sclerenchymaticis prope paginam superiorem (in *P. xestophylla* et *venosa* raris) instructa
  a. Folia 3-juga, jugo infimo utrinque ternato; capsula tomentella
    aa. Rhachis foliorum nuda vel vix apice marginata; cincinni stipitati 52. P. grandifolia Benth.
    bb. Rhachis foliorum alata; cincinni sessiles (sp. guianensi-brasiliensis) 53. P. ingaefolia Rich. ed Juss.
    cc. Rhachis foliorum petiolusque alatus . . . 54. P. pachycarpa Benth.
  b. Folia 2-juga
    aa. Rhachis foliorum petiolusque late, immo latissime alatus (fructus ignotus) 55. P. platymisca Radlk.
    bb. Rhachis foliorum petiolusque nudus
      α. Capsula tomentosa; foliola reticulato-venosa, integerrima 56. P. xestophylla Radlk.
      β. Capsula glabra; foliola arcte reticulato-venosa, basi lateralia plerumque dente uno alterove obsoleto calloso notata (sp. guianensi-brasiliensis) . . . . . . . . . . . . . 57. P. venosa Radlk.

**Sectio V. Enourea** Radlk. ll. cc. (Genus E. Aubl., cf. Lit. generis). Capsula exalata, ex obovato globosa vel depresso globosa, subsessilis, pube vel tomento brevi adpresso induta, denique plus minus glabrata, epicarpio crasso, e cellularum sclerenchymaticarum stratis pluribus exstructo, mesocarpio et endocarpio ut in sectione III, capsula sicca firmius crustacea, superficie laevigata enervi et ecostata (in speciebus 4 — *P. conduplicata, faginea, curvicuspis, elongata* — capsula ignota); semina globosa, quasi tota arillosa, arillo non nisi imo dorso rima obscura micropylen spectante fisso (cf. Fig. V); embryo oleoso-farinosus; flores sat robusti, sepalis subcoriaceis cano-tomentellis, 3. et 5. fere usque ad extimum apicem connatis; thyrsi solitarii vel paniculatim congesti; corpus lignosum simplex; folia 5-foliolato-pinnata, petiolo nunquam, rhachi vix unquam alata, stipulis plerumque parvis; foliola transversim vel oblique clathrato-venosa, glandulis curvatis (in *P. conduplicata* partim malleoliformibus) ornata; epidermis mucigera. (Species praeter 2 peruvianas omnes Americae meridionalis cisaequatorialis continentalis incolae.)

  A. Foliorum rhachis alata vel marginata (spec. venezuelano-guianensis)
                                                  58. P. sphaerocarpa Rich. ed. Juss.
  B. Foliorum rhachis nuda
     a. Foliola utrinque glabra
        aa. Rami flavescenti-hirtelli, foliola coriacea (sp. guianensis)
                                          59. P. conduplicata Radlk.
        bb. Rami ferrugineo-tomentelli
           α. Foliola rigide coriacea, oblonga, subintegerrima, anguste transversim venosa; flores majores (sp. brasiliensis) . . 60. P. firma Radlk.
           β. Foliola chartacea, (inferiora) ovata, laxius transversim venosa; flores mediocres (sp. venezuelano-guianensi-brasiliensis)
                                          61. P. capreolata Radlk.
           γ. Foliola submembranacea, ovalia, supra medium crenato-dentata, oblique clathrato-venosa; flores minores (sp. novogranatensis)
                                       62. P. faginea Tr. & Pl.
        cc. Rami sordide pulverulento-puberuli; foliola subchartacea, lanceolata, cuspidato-acuminata, transversim venosa; flores mediocres (sp. peruviana)
                                        63. P. curvicuspis Radlk.
     b. Foliola subtus pubescentia (oblique clathrato-venosa)
        aa. Rami sordide velutino-tomentelli; foliola elliptica, subintegerrima; flores mediocres (sp. brasiliensis) . . . . . . . 64. P. clathrata Radlk.
        bb. Rami tomento sufferrugineo hirtello induti; foliola lanceolata, serrato-dentata; flores majores (sp. peruviana) . . . . . . 65. P. elongata Radlk.

**Sectio VI. Castanella** Radlk. ll. cc. (Genus C. Spruce; cf. Lit. generis). Capsula exalata, subglobosa, stipitata vel subsessilis, spinis sat longis flexibilibus vel rigidiusculis echinata (cf. Fig. VI), glabra, mesocarpio (et endocarpio) parenchymatico paucinervi, nervis spinas ingredientibus (cf. sect. IX), capsula sicca crustacea; semina e trigono tumide ellipsoidea, glabra, arillo dorso fisso usque ad medium vel ultra obtecta; embryo oleoso-farinosus, cotyledonibus crassis, parum curvatis, rima subtransversali superpositis; flores sat teneri, sepalis vix coriaceis tomentellis, 3. et 5. omnino connatis; thyrsi solitarii vel paniculatim congesti; corpus lignosum simplex; folia ternata, petiolo nudo, stipulis minimis triangularibus; foliola arcte reticulato- vel subclathrato-venosa, praeter dentem unum alterumve basilarem callosum integerrima, impunctata, glandulis microscopicis flabelliformibus subimmersis ornata, prope paginam superiorem fibris sclerenchymaticis (in *P. riparia* parcis) instructa; epidermis mucigera. (Species in Americae subaequatorialis parte occidentali indigenae.)

  A. Capsula spinis longis (capsulae diametrum subaequantibus) dense echinata, mesocarpio compacto
    a. Capsula conspicue stipitata; foliola longius acuminata, reticulato-venosa (sp. brasiliensis) . . . . . . . . . . . . . 66. P. paullinioides Radlk.
    b. Capsula subsessilis; foliola breviter acuminata, subclathrato-venosa (sp. novogranatensis) . . . . . . . . . . . . . 67. P. granatensis Radlk.
  B. Capsula spinis brevioribus laxe echinata, mesocarpio spongioso; foliola (ut in P. granatensi) breviter acuminata, subclathrato-venosa (sp. peruviana) 68. P. riparia Radlk.

**Sectio VII. Xyloptilon** Radlk. ll. cc. Capsula tricarinato-alata vel apice divaricato-trialata, longius breviusve cuneata vel clavata, basi in stipitem breviorem attenuata (cf. Fig. VII), pube brevi induta, mesocarpio (alisque) nervorum multitudine fibroso, capsula sicca inde sublignosa alaeque crassae lignoso-rigidae, endocarpii sclerenchymate alas non ingrediente; semina e trigono obovata, pilosa vel glabra, arillo dorso fisso usque ad medium obtecta; embryo (junior) oleosus; flores sat robusti, sepalis subcoriaceis, omnibus liberis vel 3. et 5. (in *P. venezuelana*) basi vel fere usque ad medium connatis; thyrsi solitarii vel paniculatim congesti; corpus lignosum simplex; folia ternata vel 5-foliolato-pinnata, petiolo rhachique nudis; foliola glandulis curvatis, in 1 specie (*P. venezuelana*) malleoliformibus ornata; epidermis non mucigera. (Species Americae meridionalis continentalis cisaequatorialis incolae.)

  A. Fructus carinatus
    a. Folia ternata (capsula ex oblongo cuneata, alis angustis vel carinis potius per totam fere capsulae longitudinem decurrentibus; sp. novogranatensis)
      . . . . . . . . . . . . . 69. P. turbacensis Kunth.
    b. Folia 5-foliolato-pinnata (capsula per totam longitudinem tricarinata; sp. venezuelana) . . . . . . . . . . . . . 70. P. venezuelana Radlk.
  B. Fructus alatus; folia 5-foliolato-pinnata (capsula ex obovato breviter clavata vel pyriformis, alis e superiore capsulae parte emergentibus, late patentibus, corniformibus; sp. guianensis) . . . . . . . . . . . . . 71. P. tricornis Radlk.

**Sectio VIII. Neuroptilon** Radlk. ll. cc. Capsula apice trialata, ellipsoidea vel pyriformis, brevius longiusve stipitata (cf. Fig. VIII), glabrata, mesocarpio (alisque) nervorum multitudine fibroso, capsula sicca inde sublignosa, alis crassiusculis striato-nervosis cartilagineo-flexibilibus divaricatis, endocarpii sclerenchymate alas non ingrediente; semina ovoidea, glabra, arillo dorso fisso usque ad medium obtecta; embryo oleoso-farinosus, cotyledonibus crassis oblique superpositis; flores sat robusti, sepalis subcoriaceis, 3. et 5. fere usque ad apicem connatis; thyrsi solitarii vel paniculatim congesti; corpus lignosum simplex; folia ternata vel 5-foliolato-pinnata, petiolo rhachique nudis, stipulis insignibus subulatis; foliola prominule reticulato-venosa, glandulis malleoliformibus ornata; epidermis mucigera. (Species antillanae.)

  A. Folia ternata . . . . . . . . . . . . . 72. P. neuroptera Radlk.
  B. Folia 5-foliolato-pinnata . . . . . . . . . . . . . 73. P. Vespertilio Sw.

**Sectio IX. Cryptoptilon** Radlk. ll. cc. Capsula anguste trialata, subglobosa, estipitata, inter alas undique plicato-verrucosa, verrucis altitudine alas subaequantibus indeque occultantibus (cf. Fig. IX), mesocarpio parenchymatico paucinervi, nervis verrucas ingredientibus (cf. sect. VI), endocarpio alas non ingrediente; semina —?; flores robusti, sepalis coriaceis, 3. et 5. fere usque ad apicem connatis; thyrsi solitarii; corpus lignosum simplex; folia ternata, petiolo nudo; foliola glandulis malleoliformibus ornata; epidermis mucigera. (Species guianensis.)

 Species sola                  74. P. verrucosa Radlk.

**Sectio X. Anisoptilon** Radlk. ll. cc. Capsula inaequaliter trialata, obcordata, longius breviusve stipitata (cf. Fig. X), laevis, rufo-tomentosa, mesocarpio parenchymatico, endocarpio alas (in 2 certe speciebus — tertiae fructus ignotus) inaequales (una reliquis majore) non ingrediente; semina —?; flores sat robusti, sepalis subcoriaceis, 3. et 5. usque ad apicem connatis; thyrsi solitarii vel paniculatim congesti; corpus lignosum simplex; folia 5-foliolato-pinnata, petiolo rhachique nudis, stipulis parvis subulatis; foliola glandulis helicoideis accumbentibus ornata; epidermis mucigera. (Species 1 brasiliensis — *P. livescens* —, reliquae guianenses.)

 A. Foliola lanceolata, serrato- vel repando-dentata
  a. Foliola discoloria, supra livida, subtus ferruginea, margine revoluta, serrato-dentata (sp. brasiliensis) . . . . . . . . . . 75. P. livescens Radlk.
  b. Foliola concoloria, rufo-fusca, margine plana, repando-dentata
                76. P. anisoptera Turcz.
 B. Foliola ex elliptico late ovata, dentibus obsoletis subintegerrima (concoloria, rufo-fusca. margine plana; fructus ignotus) . . . . . . 77 (?) P. fibulata Rich. ed. Juss.

**Sectio XI. Isoptilon** Radlk. ll. cc. Capsula trialata, pyriformis, longius breviusve stipitata (cf. Fig. XI), laevis, glabra vel tomentosa, mesocarpio parenchymatico, endocarpio alas non ingrediente; semina ovoidea, glabra, arillo dorso emarginato-fisso basi vel usque ad medium obtecta; embryo oleoso-farinosus, cotyledonibus crassis, parum curvatis, rima subhorizontali vel obliqua superpositis; flores in 1 specie (*P. Cambessedesii*) robusti, in reliquis parvi et teneri, sepalis 5 liberis; thyrsi in 1 specie (*P. Cambessedesii*) saepius bini ternive aggregati, in reliquis solitarii vel paniculatim congesti; corpus lignosum simplex; folia ternata vel 5-foliolato-pinnata, petiolo rhachique nudis; foliola pilis basi lateraliter affixis subsaccatis induta, glandulis curvatis obsita, in 1 specie (*P. Cambessedesii*) fibris sclerenchymaticis prope paginam superiorem instructa; epidermis non mucigera. (Species 1 antillana, reliquae guianenses.)

 A. Folia ternata (thyrsi bini ternive aggregati; flores robusti; capsula apice anguste trialata. tomentosa) . . . . . . . . . . . . . . . 78. P. Cambessedesii Tr. & Pl.
 B. Folia 5-foliolato-pinnata (thyrsi solitarii; flores parvi, teneri; capsula infra apicem trialata, glabra.
  a. Folia subtus (ramique et sepala) subsericeo-tomentosa, denique decalvata; capsula breviter stipitata, alis per totam valvarum dorsum decurrentibus
            79. P. rufescens Rich. ed. Juss.
  b. Folia glabriuscula (rami et sepala pube brevissima adspersa); capsula sat longe stipitata, alis e medio valvarum dorso emergentibus, nec apicem nec basin attingentibus (sp. antillana) . . . . . . . 80. P. microsepala Radlk.

**Sectio XII. Caloptilon** Radlk. ll. cc. Capsula insigniter, interdum latissime trialata, ex obovato vel obcordato attenuata, rarius ovalis, suborbicularis vel transversim elliptica, stipitata vel estipitata (cf. Fig. XII A, B), glabra vel tomentosa. mesocarpio parenchymatico, endocarpii sclerenchymate alas plus minus ingrediente, sed non vel vix paullulum bipartibili, alis igitur nunquam evanescentibus; semina e trigono ellipsoidea, haud raro pilosiuscula, arillo dorso fisso usque ad medium obtecta; embryo oleoso-farinosus, cotyledonibus crassis, plerumque parum curvatis, rima subtransversali superpositis; flores teneri, sepalis membranaceis, interioribus petaloideis, omnibus liberis; thyrsi haud raro glomeratim vel fasciculatim aggregati; corpus lignosum in nonnullis compositum e centrali majore et periphericis plerumque 3 (*P. trilatera*, *monogyna*, *hymenobractea*) rarius 1 (*P. mallophylla*); folia raro ternata (*P. ternata*, *monogyna*), in nonnullis biternata (*P. enneaphylla*, *fuscescens*, *barbadensis*, *selenoptera*), plerumque 5-foliolato-pinnata vel subbipinnata, in 1 tantum specie (*P. australis*, dubitanter huc relata) supradecomposita, petiolo nudo, rhachi in nonnullis subalata, stipulis interdum magnis dilatatis scariosis vel foliaceis; foliola glandulis plerumque curvatis vel geniculatis ornata; epidermis in paucis (quae sunt *P. fuscescens*, *barbadensis*, *monogyna*, *hymenobractea*, *triptera*) mucigera, in plurimis non mucigera. (Species per totam generis ditionem dispersae. Nonnullae — *P. mallophylla*, *hymenobractea* et *australis* — ob fructum ignotum non nisi plus minus dubitanter hic insertae; *P. giganteae* et *P. tenerae* fructus e descriptione incompleta tantum noti.)

A. Capsulae alae angustiores, basi angustatae
    a. Corpus lignosum compositum; thyrsi ad foliorum axillas glomeratim congesti; foliorum rhachis submarginata
        aa. Folia 5-foliolato-pinnata (caulis exacte et acute triangularis, ad angulos breviter jubato-pilosus; capsula longius stipitata; semen pilosum; sp. brasiliensis) . . . . . . . . . . . . . . . 81. P. trilatera Radlk.
        bb. Folia trijuga, jugo infimo ternato (fructus ignotus; sp. centroamericana)
                82. P. mallophylla Radlk.
    b. Corpus lignosum simplex
        aa. Thyrsi glomeratim vel (pauciores) fasciculatim congesti
            α. Capsula estipitata vel subestipitata
                αα. Folia ternata (thyrsi ad nodos vetustos mediocres, capsula subestipitata; semen glabrum; sp. brasiliensis)
                      83. P. ternata Radlk.
                ββ. Folia subbipinnata, 3—5-juga, jugo infimo 5-foliolato-pinnato vel ternato (in *P. apoda* partim depauperato simplici; thyrsi perbreves ad nodos vetustos vel ad foliorum axillas quoque)
                  * Stipulae parvulae; foliorum rhachis superne marginato-alata; capsula ellipsoidea vel breviter obovoidea
                    † Glabra; foliola ovata, subintegerrima (semen pilosum; sp. venezuelana) . 84. P. cauliflora Jacq.
                    †† Hirtella; foliola lanceolata, acuminata, serrato-dentata (semen pilosum; sp. venezuelano-panamensi-mexicana) . . . 85. P. glomerulosa Radlk.
                    ††† Setosa; foliola lineari-lanceolata (semen glabrum? sp. peruviana) . . . . 86. P. tenera Poepp.
                ** Stipulae maximae, scariosae; foliorum rhachis nuda; capsula cuneata (foliola oblonga vel elliptica; semen glabrum; sp. novogranatensis) . 87. P. apoda Radlk.
            β. Capsula stipitata; folia subbipinnata, rhachi superne marginato-alata
              αα. Thyrsi breves, ad nodos defoliatos glomerati (glabra; stipulae falcatae, reflexae; folia 3—5-juga, jugo infimo ternato; semen pilosum; sp. peruviana) . . . 88. P. fistulosa Radlk.

ββ. Thyrsi longiores, subterni ad foliorum axillas fasciculati
* Glabra; stipulae majusculae, elliptico-lanceolatae, scariosae; folia 3-juga, jugo infimo ternato; semen pilosum (sp. guianensi-caribaea) . . . . . 89. P. tetragona Aubl.
** Hispida; stipulae maximae, ex ovato lanceolatae, scariosae; folia 4—6-juga, jugo infimo pinnato; semen glabrum (?) (sp. venezuelano-novogranatensis)
90. P. hispida Jacq.

bb. Thyrsi axillares solitarii et in caule vetustiore bini ternive fasciculatim congesti; folia subbipinnata, 3—4-juga, rhachi alata; capsula stipitata; semen glabrum (subglabra vel varie vestita; sp. brasiliensi-argentina)
91. P. meliaefolia Juss.

cc. Thyrsi axillares solitarii
*a*. Folia 5-foliolato-pinnata
*aa*. Foliorum rhachis nuda
* Hirsutae
† Foliola maxima, inferiora late ovata, impunctata (semen ignotum; sp. peruviana)
92. P. gigantea Poepp.
†† Foliola elliptico-lanceolata, pellucide punctata (capsula hirsuta, breviter stipitata; semen glabrum (?); sp. peruviano-boliviana) 93. P. acutangula Pers.
** Hirto-tomentosae
† Foliola ovata, remote acute dentata, impunctata; capsula tomentosa, truncata, longius stipitata (semen pilosum; sp. ecuadorensis) 94. P. Quitensis Radlk.
†† Foliola oblonga, grosse obtuse dentata, sat punctata; capsula tomentosa, emarginata, breviter stipitata (semen pilosum; sp. peruviano-boliviana)
95. P. dasystachya Radlk.
*** Pubescentes vel glabrescentes; foliola punctis pellucidis lineolisque ramificatis instructa
† Rami rubro-fusci; capsula major, pubescens, longius stipitata (semen pilosum vel subglabrum; sp. peruviano-brasiliensis) . . . 96. P. nobilis Radlk.
†† Rami viridescentes; capsula minor, glabrata, brevius stipitata (semen glabrum; sp. boliviana)
97. P. boliviana Radlk.
ββ. Foliorum rhachis plus minus marginata vel alata; capsulae minores, glabrae; rami foliaque (fere semper) glabra
* Capsula apice excisa, subobcordata; rhachis foliorum sat alata, foliola impunctata, stipulae subulatae (semen pilosum; rami juniores in costis hirtelli; sp. antillana)
98. P. excisa Radlk.
** Capsula apice (alis connexis) integra, obovata
† Rhachis foliorum anguste marginata vel subnuda, foliola impunctata, stipulae subulatae (semen pilosum vel subglabrum; sp. guianensi-brasiliensi-panamensis)
99. P. subnuda Radlk.
†† Rhachis foliorum alata, foliola punctis pellucidis crebris notata, stipulae lanceolatae (semen pilosum; sp. brasiliensis) . . 100. P. caloptera Radlk.

β. Folia biternata (semen glabrum)
    aα. Foliorum rhachis nuda vel vix marginata; foliola serrato-dentata, acuta, epidermide non mucigera; capsula estipitata (sp. peruviana) . . . . . 101. **P. enneaphylla** Don.
    ββ. Foliorum rhachis marginata vel subalata; capsula breviter stipitata
       \* Foliola dentata, acuta, epidermide mucigera (sp. mexicano-ecuadorensi-surinamensis)    102. **P. fuscescens** Kunth.
       \*\* Foliola integerrima vel subcrenata, obtusa, laevigata, epidermide mucigera; (sp. jamaicensis)
                             103. **P. barbadensis** Jacq.

B. Capsulae alae latae (quam pars seminifera plerumque latiores, vix unquam, nisi in *P. triptera*, angustiores), apice et basi subaequilatae
  a. Corpus lignosum compositum (thyrsi solitarii; epidermis mucigera)
    aa. Folia ternata (sp. brasiliensis) . . . . . 104. **P. monogyna** Radlk.
    bb. Folia 5-foliolato-pinnata (fructus ignotus; sp. guatemalensi-nicaraguensis) 105? **P. hymenobractea** Radlk.
  b. Corpus lignosum simplex (semen pilosum)
    aa. Thyrsi ad foliorum axillas glomeratim congesti; folia 5-foliolato-pinnata, rhachi nuda, superiora ternata (epidermis non mucigera; sp. novogranatensis) . . . . . . 106. **P. pterocarpa** Tr. & Pl.
    bb. Thyrsi axillares solitarii
      α. Folia 5-foliolato-pinnata, rhachi nuda (epidermis mucigera; sp. novogranatensis) . . . . . . . . . 107. **P. triptera** Tr. & Pl.
      β. Folia biternata, rhachi subalata (epidermis non mucigera; sp. peruviana) . . . . . . . . . 108. **P. selenoptera** Radlk.
      γ. Folia trijuga, jugo infimo ternato, rhachi alata (epidermis non mucigera; sp. novogranatensis) . . 109. **P. serjaniaefolia** Tr. & Pl.
      Hic inserenda? foliis supradecompositis (subtripinnatis, eleganter pellucide lineatis et punctatis, rhachi submarginata, epidermide non mucigera, fructu non nisi e germine aucto noto; sp. brasiliensi-uruguayensis) . . . . . 110? **P. australis** St. Hil.

**Sectio XIII. Phygoptilon** Radlk. ll. cc. Capsula, junior certe, trialata, denique interdum alis evanidis trigona, elliptico-lanceolata, obovata vel suborbicularis, vix brevissime stipitata (cf. Fig. XIII), glabra vel tomentosa, valvis interdum juxta margines tuberculatis, cristatis, vel in alulas corniformes productis, mesocarpio parenchymatico, endocarpii sclerenchymate alas ingrediente et fere usque ad marginem percurrente, denique (seminum incremento) plus minus bipartito, alis inde plus minus evanescentibus et ad loculorum parietes dorsales augendas consumtis, valvis in hac parte epithelio destitutis, juxta margines septisque tomentellis; semina e trigono breviter ellipsoidea, glabra, arillo dorso fisso usque ad medium obtecta; embryo oleosus, rarissime oleoso-farinosus, cotyledonibus plerumque minus crassis et (ut illae *Serjaniarum*) plicato-curvatis; flores plerumque parvi, alabastris saepius trigonis, sepalis subcoriaceis, saepius margine tantum puberulis, 3. et 5. fere usque ad apicem connatis; thyrsi solitarii vel paniculatim congesti; corpus lignosum simplex; folia in 1 specie (*P. coriacea*) ternata, in paucis biternata (*P. Plumierii*, *revoluta*, *cristata*, *trigonia*), in pluribus pinnata vel subbipinnata, in 1 tandem (*P. thalictrifolia*) supradecomposita, petiolo nudo, rhachi saepius subalata; stipulae plerumque minutae; foliola glandulis malleoliformibus ornata; epidermis in plurimis mucigera, in 3 (*P. revoluta*, *rhomboidea*, *uloptera*) non mucigera. (Species 1 — *P. Plumierii* — antillana, 1 — *P. dasygonia* — guianensis, reliquae brasilienses.)

- A. Flores majusculi; alabastra ellipsoidea; sepala omnia dense adpresse tomentosa; capsula pubescens; folia membranacea
  - a. Capsula medio latissima, suborbicularis; folia biternata, foliola remote dentata, glabra (sp. antillana) . . . . . . . . . 111. P. Plumierii Tr. & Pl.
  - b. Capsula apice latissima, ex obovato cuneata
    - aa. Folia supradecomposita, subtripinnata . . . 112. P. thalictrifolia Juss.
    - bb. Folia biternata; foliola subintegerrima, margine revoluta, e membranaceo subchartacea, subtus pubescentia (epidermide non mucigera)
      113. P. revoluta Radlk.
- B. Flores parvuli; alabastra (plerumque) trigona; sepala glabra vel (praesertim ad margines) minutim puberula; capsula glabra (in *P. cristata* tantum laxe pilosa); folia coriacea vel chartacea, discoloria
  - a. Capsula apice latissima, obovata vel cuneata
    - aa. Folia ternata . . . . . . . . . . . 114. P. coriacea Casar.
    - bb. Folia 5-foliolato-pinnata, pinnis inferioribus basi saepissime pinnulis auriculiformibus auctis; foliola integerrima . . . 115. P. racemosa Wawra.
    - cc. Folia 4—6-juga, jugo infimo ternato; foliola rhomboidea, serrato-dentata (epidermide non mucigera) . . . . . 116. P. rhomboidea Radlk.
  - b. Capsula medio latissima, lanceolata, elliptica vel suborbicularis
    - aa. Capsulae valvae prope margines alulis accessoriis vel cristis longitudinalibus auctae
      - α. Valvae alulis auctae; folia subcoriacea, glabra
        - αα. Folia plerumque 5-foliolato-pinnata, rarius transeuntia in decomposita, glabra; germen glabrum
          117. P. weinmanniaefolia Mart.
        - ββ. Folia 2—3-juga, jugo infimo ternato, subtus puberula (epidermide non mucigera); germen tomentellum, capsulae alae margine crispatae . . . . 118. P. uloptera Radlk.
      - β. Valvae cristis longitudinalibus auctae; folia biternata, membranaceochartacea, subtus pubescentia; germen pubescens
        119. P. cristata Radlk.
    - bb. Capsulae valvae ad margines nudae (nec alulis accessoriis nec cristis auctae)
      - α. Ramorum cortex cinereus; germen glabriusculum; folia plerumque 3-juga, jugo infimo ternato; foliola subtus in axillis nervorum minutim barbata . . . . . . . . . . 120. P. micrantha Camb.
      - β. Ramorum cortex rubro-fuscus
        - αα. Germen in angulis densius hirsutum; folia 3—4-juga, jugo infimo ternato; foliola subtus in axillis nervorum vix barbata (sp. guianensis) . . . . . 121. P. dasygonia Radlk.
        - ββ. Germen glabriusculum; capsula denique alis evanescentibus tricarinato-trigona; folia plerumque biternata (raro 3—4-juga); foliola subtus in axillis nervorum conspicue barbata
          122. P. trigonia Vell.

## Sectio 1. Neurotoechus.

### 1. Paullinia densiflora Smith.

Paullinia densiflora Smith in Rees Cyclopaed. XXVI (ca. 1814, cf. lit. gen.) n. 3; „coll. Mutis in Herb. Linné"!
— — De Cand. Prodr. I (1824) p. 606, n. 24.
— — Sprengel Syst. Veg. II (1825) p. 248, n. 6.
— — Cambessed. in Mém. Mus. d'Hist. nat. XVIII (1829) p. 23.
— — Don General Syst. I (1831) p. 660, n. 6.
— — Dietrich. Fr. G., Gartenlexicon XXVI (s. Neuer Nachtrag VI, 1837) p. 432, n. 4.
— — Dietrich, Dav., Synops. Pl. II (1840) p. 1314, n. 6.
— — Steudel Nomencl. Ed. II, II (1841) p. 277.
— — Triana & Planch. Prodr. Flor. Novo-Granat., Ann. Scienc. nat., IV. Sér., XVIII (1862) p. 353. n. 6; „coll. Mutis"!, „Triana"!
— — Radlkofer in Monogr. Serj. (1874—75) p. 71 n. 38 etc. (v. indic.).

Scandens, fruticosa, glabra; rami triangulares, juxta angulos utrinque sulco levi (linea impressa) notati, lateribus planis vel in costam obtusam productis (rami inde interdum plus minus „sexcostati", uti a Triana & Planch. dicuntur); corpus lignosum compositum e centrali majore et periphericis 3 minoribus angulis subjectis; folia ternata; foliola breviter elliptica, apice basique acutiuscula, supra medium remote crenato- vel subrepando-dentata, brevissime petiolata, membranacea, sicca vix fuscescentia, supra opaca (epidermidis cellulis in papillas late conicas evolutis), subtus nitidula et in axillis nervorum seriebus pilorum ornata, insuper supra subtusque glandulis microscopicis breviter stipitatis curvatis adspersa, reti utriculorum laticiferorum subpellucido interrupto (ad paginam inferiorem) instructa, epidermide non mucigera; petiolus alatus; thyrsi abbreviati, in axillis foliorum ramorum juniorum in glomerulos sat densos aggregati; alabastra hirtella; flores minores, germine hirsuto-tomentoso; fructus sectionis ex obovato clavatus, breviter stipitatus, apice apiculatus, ex hirsuto glabrescens; semen (immaturum) ellipsoideum, arillo dorso profundius quam ventre fisso ad duas tertias obtectum.

Rami thyrsigeri diametro 2,5 mm. Folia 12—15 cm longa, fere totidem lata; foliola terminalia circa 9 cm longa, 5—6 cm lata, lateralia minora; petiolus 4—6 cm longus; petioluli 1—2 mm longi; stipulae parvae, triangulari-subulatae. Thyrsi 1,5—2 cm longi, pilis brevibus e cinereo flavescentibus adpresse tomentosi, dense cincinniferi; cincinni sessiles, inferiores longiusculi, superiores contracti. 5—8-flori; pedicelli 4 mm longi, ad tertiam inferiorem partem articulati; bracteae bracteolaeque parvulae, e triangulari breviter subulatae. Flores 2,5 mm longi: Sepala duo exteriora interioribus plus dimidio minora, rotundato-ovata, pubescentia, interiora subglabra. Petala superiora obovato-oblonga, in unguem longiorem attenuata, inferiora oblonga, in unguem breviorem contracta; squamae (cristis exclusis) petala dimidia vix superantes, margine villosae, superiores crista tertiam squamae partem aequante obovata vel obcordata margine crenulata appendiceque deflexa cristam aequante truncata sericeo-barbata, inferiores crista aliformi oblique patente instructae. Tori glandulae superiores late ovatae, glabrae. inferiores obsoletae. Stamina: filamenta complanata. extus pilis teneris albis laxe villosiuscula; antherae glabrae. Germen subglobosum. pilis patulis flavidis hirsuto-tomentosum; stylus glaber. germen aequans. basi vix incrassatus. Capsula (semimatura) pilis flavidis adpressis laxe adspersa. Semen „largum. laeve. spadiceum" (Smith l. c.).

In Novo-Granata: Mutis! (a. 1760—78; Herb. Linn.); Triana n. 3150! („Rio Seco, prov. de Tequendoma. alt. 400 mètres" a. 1851—57; Hb. DC.. Hook.. Martius. Paris.. Florentin.); Holton n. 814! („Flora Neogranad.-Magdalena. Nare, m. Sept. 1852" fruct. jun.; Hb. Hook.).

Zusatz 1. Bezüglich des Originalexemplares zur Publication von Smith im Herb. Linné, von Mutis, ist schon bei der Darlegung der Gattungsgeschichte in der Monographie von Serjania, p. 23 u. 42 bemerkt worden. dass dasselbe erst nach dem Erscheinen der 2. Ausgabe der Spec. Plant. (1762) an Linné gekommen sein kann und an dem der Paull. Cururu entsprechenden Platze von Linné selbst wohl in dem Herbare eingereiht worden ist.

Zusatz 2. Das Exemplar von Mutis besitzt keine Ranken, wie schon Smith hervorgehoben hat („we perceive no tendrils"). An den Exemplaren von Triana zeigen sich gelegentlich die gewöhnlichen (an der Spitze 2-ästigen) Rankenzweige, deren auch in der Beschreibung von Triana und Planchon Erwähnung geschieht, bald als alleiniges Achselproduct der Blätter, bald neben den axillären Inflorescenzbüscheln. Diese Verschiedenheiten sind für die Arten von *Paullinia* ebensowenig von charakteristischem Werthe, wie für die von *Serjania*.

Mehr Werth scheint die hier und bei anderen Arten von *Paullinia* (nicht aber bei *Serjania*) vorkommende Knäuel-Form der Inflorescenzen zu besitzen, über deren Verhältniss zu der gewöhnlichen Form einige Worte hier Platz finden mögen, da es gerade Exemplare der *P. densiflora* (aus der Sammlung von Triana im Hb. DC. und Martius) sind, welche darüber durch Auftreten von Uebergangsformen näheren Aufschluss geben. Diesen gemäss ist ein solcher Knäuel nichts anderes, als ein in allen seinen Internodien stark verkürzter Seitenzweig jener Art, wie er sich als Träger rispenartig vereinigter Inflorescenzen („thyrsi in racemum paniculiformem congesti" oder kürzer „thyrsi paniculatim congesti" nach der von mir gebrauchten Ausdrucksweise) bei vielen *Paullinia*- und *Serjania*-Arten meist neben einem (gelegentlich selbst auch als Inflorescenz ausgebildeten) Rankenzweige findet — mit ganz oder theilweise unterdrückten Laubblättern und lauter zu gewöhnlich rankenlosen und bis zur Basis mit Wickeln besetzten Inflorescenzen („thyrsi", welche Bezeichnung auch Triana und Planchon gewöhnlich gebrauchen, während sie bei *P. densiflora* dafür „racemi" setzen) umgewandelten Seitenzweigen, zwischen deren oberen sich sein Scheitel, ohne selbst einen Thyrsus zu bilden oder von einer Blüthe geschlossen zu sein, erschöpft (vergl. das darüber in der Monographie von *Serjania* im Gattungscharakter und in den Zusätzen zu *S. dibotrya*, p. 163, *S. scalees*. p. 215 und *S. mexicana*, p. 245 Gesagte). Wie an dem Träger, so erscheinen dann auch an den Blüthensträussen („thyrsi") selbst die Internodien zwischen den einzelnen Wickeln beträchtlich verkürzt, und von dem Grade dieser Verkürzung hängt die mehr oder minder gedrungene Gestalt des Ganzen ab. Unterbleibt die Verkürzung zwischen den Wickeln, in welchem Falle meist auch die Zahl der Blüthensträusse (bis auf 3 oder selbst 2) verringert erscheint, so stellt sich (wie bei *P. Cambessedesii, tetragona, hispida* und gelegentlich auch bei *P. meliaefolia*) das Ganze nicht als Knäuel, sondern als mehr oder minder lockerer Inflorescenz-Büschel dar.

Bei den an älteren Aesten und Stämmchen (wie z. B. bei den folgenden drei Arten) auftretenden Knäueln scheint aber noch ein weiteres Moment der Zusammensetzung hinzuzukommen. Hier verbleibt es nämlich meist nicht bei der Bildung je eines solchen Knäuels, wie er bei *P. densiflora* in den einzelnen Blattachseln der jungen, beblätterten Zweige auftritt, sondern es bilden sich hier mehrere solche Knäuel dicht neben einander, über und neben der Narbe eines abgefallenen Blattes, wahrscheinlich aus Adventivknospen und insgesammt nun einen zusammengesetzten, mehrfachen Knäuel darstellend.

Die beiderlei im Vorigen geschilderten Knäuel, die einfachen der jungen, beblätterten und die mehrfachen der älteren, entblätterten Zweige und Stämmchen scheinen, so viel wenigstens die vorliegenden Materialien erkennen lassen, nur selten nebeneinander bei der gleichen Art vorzukommen. So namentlich bei *Paullinia cauliflora*, wo ausserdem in den obersten Blattachseln, während die zur Knäuelbildung befähigte (Innovations-) Knospe unentwickelt bleibt, der daneben stehende Rankenzweig sich gelegentlich zu einem normalen, doppelrankigen Thyrsus ausgebildet zeigt. Neben den Knäueln habe ich die Rankenzweige wohl häufig als solche, nie aber als Inflorescenzen ausgebildet gefunden. Uebrigens mag nach Analogie von *Serjania dilotrya* etc. auch das vorkommen.

Zusatz 3. Triana und Planchon sprechen, ich weiss nicht ob auf directeren Grund hin, als den, dass sich bei manchen Arten in der That solche Schwankungen nicht selten finden, die Vermuthung aus, dass die Pflanze auch mit höher zusammengesetzten, gefiederten Blättern vorkommen möge („folia in speciminibus nostris ternata, forsan interdum pinnata"). Ich habe eine Zeit lang geglaubt, in den Exemplaren der folgenden Art diese vermuthete Form vor mir zu haben. Eine eingehendere Untersuchung hat mich aber schliesslich doch dazu geführt, in diesen Materialien von so weit abliegenden Fundorten eine besondere Art zu erblicken, theils mit Rücksicht auf die länger gestielte Frucht und die im vorigen Zusatze näher erörterte Verschiedenheit der hier und dort vorkommenden Blüthenknäuel, theils mit Rücksicht auf die doch merklich verschiedene Gestalt der Blättchen und besonders die erheblich abweichende (in der Charakteristik hervorgehobene) Beschaffenheit ihrer Epidermiszellen, welche in der Oberflächenbeschaffenheit der Blättchen zum Ausdrucke gelangt, und endlich weil bei den mir bekannt gewordenen Exemplaren von *P. densiflora* aus Neu-Granada nirgends auch nur die leiseste Andeutung eines Ueberganges der gedreiten in gefiederte Blätter aufzufinden war. Es bleibt in dieser Hinsicht denn doch immer zu bemerken, dass bei aller Geneigtheit der *Paullinia*- und *Serjania*-Arten zu Formschwankungen des Blattes, viele Arten wieder, und gerade die mit gedreiten Blättern, eine grosse Beständigkeit der Blattform zeigen.

## 2. Paullinia fasciculata Radlk.

Scandens, fruticosa, glabra; rami juniores triangulares (ut in *P. densiflora*), adultiores lateribus concavis trisulcati; corpus lignosum compositum e centrali majore et periphericis 3 minoribus angulis subjectis; folia 5-foliolato-pinnata vel coadunatione foliolorum superiorum transeuntia in ternata; foliola elliptica, supra medium repando-dentata, longiuscule petiolulata, membranacea, (sicca quoque) viridia, supra subtusque nitida (epidermidis cellulis planis), non nisi glandulis microscopicis subsessilibus curvatis adspersa et in axillis nervorum subtus pilis obsita, reti subpellucido interrupto (ad paginam inferiorem) instructa, epidermide non mucigera; petiolus rhachisque foliorum alata; thyrsi abbreviati in caulibus vel ramis adultioribus fasciculatim glomeratimve aggregati; alabastra subglabra; flores (ex alabastris) minores; fructus sectionis ex obovato pyriformis, longe stipitatus, subglaber; semen —

Rami thyrsigeri diametro 1 cm. Folia 20—32 cm longa, 16—20 cm lata; foliola terminalia 16 cm longa, 8 cm lata, lateralia minora; petiolus 6—12 cm longus; petioluli 4—6 mm longi; stipulae parvae, triangulari-ovatae. Thyrsi 1,5 cm vix excedentes, dense cincinniferi; cincinni sessiles vel stipitati, contracti; pedicelli fructiferi circ. 5 mm longi, supra medium articulati. Capsula stipite 8 mm longo adjecto 2 cm longa, circ. 6 mm lata.

In Guiana gallica et in insula Tobago: Poiteau! (Guiana, a. 1819—21, fruct.; fol. part. ternata; IIb. Deless., Petrop., Kew. ex IIb. Gay c. indic.: Poiteau ded. VII, 1824); Eggers n. 5805! (Tobago juxta „Great Dog River" in sylva montis „Putney Hill", alt. 900 m, m. Nov. 1889, alabastr.; fol. ternata).

Zusatz. Ueber das Verhältniss dieser Art zur vorhergehenden vergleiche den dortigen Zusatz n. 3. Von der folgenden Art unterscheidet sie vorzugsweise die Gestalt und sonstige Beschaffenheit der Blättchen. Ob vollständigere Materialien weitere Unterschiede aufdecken oder etwa einer innigeren Annäherung an *P. alata* das Wort reden werden, muss dahingestellt bleiben. Vor der Hand erschien ein Auseinanderhalten auch mit Rücksicht auf die entlegenen Fundorte am Platze.

### 3. Paullinia alata Don.

Semarillaria alata Ruiz et Pavon Flor. Peruv. et Chil. IV (1802) tab. 310! (Icon bona, structuram caulis optime exhibens.) Cf. Radlk. Serj. p. 42 etc. (v. indic.).
Paullinia alata (aut. excl. v. ad. calc.) Don General Syst. I (1831) p. 660. n. 9.
— — Walpers Repert. I (1842) p. 413. n. 4.
— — Radlkofer in Monogr. Serj. (1874—75) p. 70 n. 27 etc. (v. indic.), e. syn. anteced.
Non Paullinia alata („Don") Miquel in schedis Plant. Lechler. chilens. n. 433 ed. Hohenacker, quae Ampelidea, ut jam Turczanin. in Bull. Mosc. XXXI (1858) P. 1. p. 398 recte indicavit (Adenopetalum palmatum Turcz. ibid. p. 417. i. e. Cissus striata Ruiz & Pav. ex Planch. in Monogr. Ampel., 1887, p. 555).
Non — — („G. Don") Naegeli Dickenwachsthum etc. bei den Sapindaceen (1864) p. 56. T. 7. F. 1—8. „Hort. Paris." Cfr. P. pinnata.
Nomen vulgare: Vejuco de tres esquinas (i. e. Liana triangularis) t. Eggers.
— — Urari-rana (i. e. Urari spurium) s. Cofferana t. Mart. in Hb. Monac., an recte? Cf. obs. n. 3.

Scandens, fruticosa, glabrescens; rami juniores triangulares (ut in *P. densiflora*), adultiores lateribus concavis trisulcati; corpus lignosum compositum e centrali majore et periphericis 3 minoribus angulis subjectis; folia 5-foliolato-pinnata; foliola lanceolata, remote serrato-dentata (in speciminibus peruvianis) vel dentibus obsoletis subintegerrima (in specimine ecuadorensi et brasiliensi), breviter petiolulata, membranacea, sicca fuscescentia, supra subtusque nitidula, supra ad nervos, subtus undique pube laxa ad-spersa et juxta axillas nervorum pilosa, denique glabrescentia et non nisi glandulis microscopicis subsessilibus curvatis obsita, reti subpellucido interrupto (ad paginam inferiorem) lineolisque brevibus instructa, epidermide non mucigera; petiolus rhachisque foliorum alata; stipulae insigniores, lanceolato-subulatae; thyrsi abbreviati in caulibus vel ramis adultioribus fasciculato-glomeratim aggregati; alabastra subglabra; flores mediocres, germine adpresse piloso; capsula — (subglobosa, seminibus usque ad medium arillo obtectis — fid. icon. supra cit.).*)

In Peruvia, Ecuador et Brasilia: Pavon! („in Peruvia ad Chicoplaya, ad Andium nemora, a. 1797", nec in Mexico, ut in Hb. Deless. ex errore in scheda typis expressa, minime originaria indicatur, de qua re conf. Radlk. Monogr. Serj. p. 273. obs. n. 2 ad *S. sordid.* et infra obs. n. 2; Hb. Boiss., Deless. sub „n. 645" a Pavon scripto, Berol., sub nomine „Semarillaria alata" et sub aliis nominibus a caule trigono et a foliolis lanceolatis derivatis, quae edere nolo et ad quorum ulterius conf. Monogr. Serj. p. 256, obs. n. 2 ad *S. caticant.*); Martius! (Brasilia); Eggers n. 14384! (Ecuador, Balao, in sylvis, m. Jan. 1892. flor.; „vulgo Vejuco de tres esquinas").

---

*) Descriptiones fusiores specierum in Brasilia observatarum, nec non plerumque locorum indicationes accuratiores in Martii Flora Brasiliensi prodibunt.

**Zusatz 1.** Ueber die anscheinend nahe Verwandtschaft der Art mit der vorausgehenden und nachfolgenden, so weit sie sich nach den gegenwärtig vorliegenden unvollständigen Materialien beurtheilen lässt, siehe die Zusätze zu diesen beiden Arten.

**Zusatz 2.** Zu der falschen Vaterlandsangabe „Mexique" auf gedruckter Etiquette bei der Pflanze von Pavon im Herb. Delessert, wovon schon an der oben angeführten Stelle der Monographie von *Serjania* (p. 273, Zusatz 2 zu *Serj. sordida*) die Rede war, bemerke ich, dass dieselbe auch bei *Paull. neglecta* Radlk. und *Paull. obovata* Pers. (siehe diese) sich wiederholt, während bei *Paull. elongata* Radlk. und *Paull. acutangula* Pers. jede Vaterlandsangabe im Herb. Delessert fehlt. Im Herb. Boissier findet sich für alle diese Arten (und die im Hb. Deless. fehlenden *Paull. subrotunda* Pers. und *Paull. enneaphylla* Don.) bei den aus dem Herb. Pavon's stammenden Materialien als Vaterlandsangabe richtig „Peru" auf gedruckten Etiquetten, welchen entsprechende und ausser bei *Paull. obovata* noch speciellere Angaben von der Hand Pavon's zur Seite stehen. Dagegen finden sich den Namen von Pavon's Hand zugleich Nummern von derselben Hand (644—648) nur im Hb. Delessert beigefügt. Es ist fast überflüssig hinzuzufügen, dass die gedruckten Etiquetten sowohl im Hb. Delessert als im Hb. Boissier den Originaletiquetten von Pavon's Hand zweifellos erst nach dem Uebergange der Pavon'schen Pflanzen in die genannten Herbarien beigefügt worden sind.

**Zusatz 3.** Der Name Urari-rana s. Cofferana (oder wie Martius gelegentlich schrieb Coffea-rana) findet sich ausser für *Paull. alata* im Herb. Monacense von Martius auch bei den von ihm in den Wäldern am Japurá gesammelten Exemplaren von *Picrolemma Sprucei* Hook. f. angegeben, welche in Engler's Bearbeitung der brasilianischen Simarubaceen neben denen von Spruce in (Flor. brasil. XII, 2, 1874, p. 226) keine Erwähnung gefunden haben, da sie erst im Jahre 1877 von mir bestimmt wurden, als ich sie zum Theile mit den von Martius gesammelten Exemplaren von *Pseudima frutescens* Radlk. (*Sapindus f.* Aubl., *Cupania f.* Mart., Uarana incol., s. Radlk. üb. *Cupania* in Sitzungsber. k. bayer. Akad., 1879, p. 656) vermengt fand.

Cofferana oder Raiz de Jacaré-arú heisst ferner nach Martius Reise III, p. 1129 die Wurzel der *Tachia guianensis* Aubl. (Gentian.), welche nach Martius als „amarum" in Gebrauch ist, und deren hohle Zweige nach Aublet (Pl. guian. I, p. 77) den Ameisen als Wohnung dienen.

Dabei ist nicht unbemerkt zu lassen, dass zwischen den von Martius gesammelten Exemplaren dieser 3 als „Cofferana" bezeichneten Pflanzen (und ihren Etiquetten) offenbar Verwechselungen stattgefunden haben, wohl durch den Umstand herbeigeführt wurden, dass die Blätter, resp. Blättchen der in Rede stehenden Pflanzen in Grösse, Form und Färbung einander ziemlich nahe kommen. So fand sich im Herb. Monacense namentlich ein Exemplar von *Picrolemma* mit nach oben angeschwollenen, ausgehöhlten Internodien, wie sie als Ameisen-Wohnungen bekannt sind[*]), bei *Tachia* eingereiht, und dabei die von Martius herrührende Angabe „Cofferana, radix amarissima", welche nach dem Obigen eigentlich zu *Tachia* zu gehören scheint. Die von Martius geschriebene Etiquette von *Tachia guianensis* trägt ausser dieser Bestimmung selbst die Angabe „Raiz Jacuaruarú v. de Anvery". Eine Etiquette bei *Picrolemma*, welche Pflanze von Martius handschriftlich als „amarum eximium" bezeichnet wird, weist ausser den schon angegebenen Namen („Cofferana vel Urari-rana") die Frage auf „An Raiz de Anvery?", was wieder auf eine Confundirung mit *Tachia* hinweist, und die Etiquette bei *Paullinia alata* trägt, was ebenso aussieht, ausser dem Namen „Cofferana" die Bemerkung „Raiz valde amargoza, an Jacuaruarú?" — alles von der Hand von Martius.

---

[*]) Auch bei anderen Exemplaren von *Picrolemma Sprucei* Hook. f. fanden sich derartige veränderte Internodien, zum Theile mit einer längselliptischen, an den Rändern wulstigen Oeffnung nahe dem oberen Ende, so dass diese Pflanze wohl sicherlich den sogenannten Ameisenpflanzen beizuzählen ist. Reste von Ameisen waren übrigens in dem vorliegenden Materiale nicht vorhanden. Ein ganz ähnliches Verhalten findet sich bei *Lonchocarpus spiciflorus* Mart.

Es muss nach all dem fraglich erscheinen, ob diese letztere Etiquette, und damit ob die angegebenen Vulgärnamen wirklich zu Paull. alata gehören. Doch ist das nach dem Folgenden nicht unbedingt ausgeschlossen.

Der Name Urari-rana wird nämlich von Martius in der Flor. bras. VI, 1 (1868) p. 297 auch auf *Strychnos rondeletioides* Spruce bezogen, mit der Deutung „venenifera spuria". Da Urari, wie unter *Paull. pinnata* zu erwähnen sein wird, so viel ist als Curaré, so scheint sich diese Bezeichnung Urari spurium auf eine Pflanze zu beziehen, welche leicht mit einer von den zur Curare-Bereitung dienenden verwechselt werden kann. Das mag für *Strychnos rondeletioides* zutreffen, welche Art wenigstens unter den 17 bisher als zur Curaré-Bereitung dienlich aufgezählten *Strychnos*-Arten (s. Flückiger im Archiv d. Pharm., Bd. 228, 1890, p. 78) nicht enthalten ist.

Wenn nun *Paull. pinnata* ebenfalls, wie Manche annehmen und wie aus deren Namen *Curara-ape* geschlossen wurde (s. unter *P. pinn.*, im Zusatz 6), zur Curaré-Bereitung wenigstens nebenbei gelegentlich Verwendung findet, so hätte für *Paull. alata* der Name Urari-rana allerdings einen ähnlichen Sinn, indem dadurch eben auf ihre Verschiedenheit von der ihr ähnlichen *Paull. pinnata* hingewiesen würde.

Mit Rücksicht darauf schienen mir die in Rede stehenden Vulgärnamen immerhin erwähnenswerth.

### 4. Paullinia rhizantha Poeppig.

Paullinia rhizantha Poeppig et Endlich. Nov. Gen. et Spec. Plant. III (Decemb. 1844) p. 36 n. 1, tab. 243 f. 1—6!, fructu excluso?
— — Walpers Repert. II (1843!!) p. 814 n. 2.
— — Radlkofer in Monogr. Serj. (1874—75) p. 74 n. 98 etc. (v. indic.).

Scandens, fruticosa, puberula; rami juniores profundius 6-sulcati, 6-costati, costis hirtellis, adultiores „angulosi, anguste alati" (Poepp. l. c.); corpus lignosum compositum e centrali majore et periphericis 3 minoribus costis magis prosilientibus subjectis; folia 5-foliolato-pinnata; foliola elliptico-ovata vel superiora elliptico-obovata, foliorum superiorum angustiora et sublanceolata, superne anguloso- vel subrepando-dentata vel dentibus obsoletioribus subintegerrima, longiuscule petiolulata, subcoriacea, atroviridia (Poepp. l. c.), sicca rufofusca, supra subtusque nitidula et glandulis microscopicis subsessilibus curvatis adspersa, insuper supra ad nervos crispato-pubescentia, subtus juxta axillas nervorum pilosa, reti subpellucido interrupto (aegrius perspiciendo) ad paginam inferiorem instructa, epidermide non mucigera; petiolus rhachisque foliorum alata; stipulae insigniores, lanceolato-subulatae; thyrsi abbreviati „ad infimum caulem" (Poepp. in scheda) glomerato-fasciculatim aggregati „radicesque longe repentes dense obtegentes" (Poepp. in Nov. Gen.); alabastra subglabra; flores mediocres, germine adpresse piloso; fructus — („capsula subglobosa, muricata" ?? Poepp. in Nov. Gen.; cf. infra obs. n. 2.).

In Peruviae provincia Maynas, nec non in Brasiliae prov. Alto Amazonas: Poeppig n. 2239! et Addenda n. 50! („in sylvis primaevis provinciae Maynas ad Yurimaguas locis paludosis lecta m. Januar. 1831", flor.; Hb. Vindob.); Spruce n. 3851!

Zusatz 1. Die Unterschiede dieser Art von *Paullinia alata* Don sind nicht so erheblicher Art, dass nicht die Frage eine offene bliebe, ob sie nicht mit der letzteren zu vereinigen sein möchte. Eine sichere Beantwortung derselben wird sich erst auf Grund vollständigeren und reichlicheren Materiales erzielen lassen. Der sofortigen Vereinigung standen namentlich die im nächsten Zusatze zu berührenden Verhältnisse entgegen.

Zusatz 2. Den mir zugänglich gewordenen Materialien Poeppig's liegt eine Frucht nicht bei. Die Beschreibung, welche Poeppig davon gibt, steht nicht im Einklange mit seiner Zeichnung, und weder die eine noch die andere mit dem, was sich nach den kaum zweifelhaften Verwandtschaftsverhältnissen der Pflanze rücksichtlich ihrer Frucht erwarten lässt. Das macht den Verdacht rege, dass hier ein ähnlicher Missgriff bei der Beschreibung stattgefunden habe als wie bei *Cardiospermum altissimum Poeppig*, d. i. *Serjania altissima Radlk.* (sieh Monogr. Serj. p. 125, Zus.). Die Beschreibung der Frucht („capsula subglobosa, dense muricata" etc.) möchte am ehesten auf eine Art der Section *Castanella* zu beziehen sein. Die Zeichnung entspricht dem jedoch nicht; sie sieht der gleich daneben stehenden Darstellung der Frucht von *P. tenera Poepp.* („capsula obovato-subglobosa, apice trialata, glabra") so ähnlich, dass sie nur ein jüngeres Entwicklungsstadium dieser zu illustriren und nur aus Versehen in der Figurenerklärung auf *P. rhizantha* bezogen worden zu sein scheint. Bei der Unbeholfenheit der sämmtlichen analytischen Darstellungen dieser Tafel lässt sich übrigens auch denken, dass die Figur nur zu scharfkantig (fast dreiflügelig) ausgefallen ist. Wäre sie wider Erwarten ein getreues Bild der jungen Frucht von *P. rhizantha*, so müsste die Verwandtschaft dieser bei *P. trilatera Radlk.* statt bei *P. alata Don* gesucht werden, was aber nach den übrigen Verhältnissen nicht eben wahrscheinlich ist.

### 5. Paullinia Cururu Linn. emend.

Cururu scandens triphylla pediculis alatis Plumier Mss. in Biblioth. Mus. Paris, serv. Vol. II. tab. 138! (Vidi specimina in Herb. Surian „n. 556, fruct. n. 234" et ex hoc translata in Hb. Juss. n. 11352.) Cf. Hist. gen. in Radlk. Serj. p. 16, c. p. 34 et in Serj. Suppl. p. 48, nec non infra obs. n. 1.

Cururu scandens triphylla Plumier Nov. Gen. (1703) p. 341 Cf. anteced.

— — — Miller, Ph., Gardn. Dict. Ed. abbrev. (1741) Suppl.; Ed. germ. sec. Ed. V elab. I, (1750) p. 255 n. 3; Ed. VI (1752) n. 3! (Vidi specimen — ab Houston verisimiliter lectum — in Hb. Miller, resp. Banks.) Cf. Hist. gen. in Radlk. Serj. p. 34, 35.

Paullinia foliis ternatis, foliolis obtusis vix denticulatis glabris, desinentibus in petiolum proprium Linn. Hort. Cliffort. (1737) p. 151, n. 1, partim, nempe quoad syn. Plumier., exclusa vero descriptione stirpis in Herbario Cliffortiano (Mus. Brit.) asservatae; cfr. *Serjania nodosa* Radlk. in Radlk. Serj. p. 341 et Hist. gen. ibid. p. 15—22 et p. 25—28, nec non infra obs. n. 1.

Cururu no. 2. Rand Hort. Chelsean. (1739) p. 65, incl. syn. Plum. Cf. Hist. gen. in Radlk. Serj. p. 36 et 63.

Paullinia Cururu (aut. excl. v. ad calc.) Linn. Spec. Pl. Ed. I (1753) p. 365, n. 3, partim, nempe quoad syn. Plumier., excl. vero ex parte syn. Hort. Cliff. n. 1, ut supra.

Paullinia foliis ternis, foliolis ovatis, subdentatis, petiolis marginatis Burman, Jo., Plumier. Icon. Fasc. V (1757) p. 102, tab. 111, f. 2, excl. ex parte syn. Hort. Cliff. n. 1 et Linn. Sp. Pl. n. 3, ut supra. Cfr. *Serj. nodosa* Radlk. in Radlk. Serj. p. 311.

Paullinia Cururu (cf. supra) Linn. Syst. Nat. Ed. X, II (1759) p. 1007 n. 3, partim, ut supra; certe quoad fig. cit.: „Plum. Ic. tab. 111, f. 2."

— — Linn. Sp. Pl. Ed. II (1762) p. 524, n. 3, partim, ut supra in Ed. I et in Syst. Nat. Ed. X; certe quoad characterem „petiolis marginatis" e Burm. huc allatum.

— — Crantz Institut. rei herb. II (1766) p. 436, n. 3, incl. syn. Plum.

Paullinia Cururu Linn. Syst. Nat. Ed. XII, II (1767) p. 277, n. 3, partim; certe quoad characterem „petiolis marginatis"; v. supra Sp. Pl. Ed. II.

— — Miller, Ph., Gardn. Dict. Ed. VIII (1768) n. 3; Ed. germ. sec. Ed. VIII elab. III (1776) p. 446, n. 3, partim, nempe quoad syn. Plum. et cit.: „Linn. Sp. Pl. 365" (sphalmate 315 in Ed. germ.) partim huc referend. ut supra. Specimen huc referendum, ab Houston verisimiliter lectum, a Millero ipso optime synonymis Plumier. et Burman. insignitum, exstat in Hb. Miller (resp. Banks)! Cf. Hist. gen. in Radlk. Serj. p. 35.

— — Jacquin Observ. III (1768) p. 11, tab. 61, f. 4. Cf. Hist. gen. in Radlk. Serj. p. 32 etc.

— — Hill Hort. Kew. (1769) p. 449. Cf. Hist. spec. cult. in Radlk. Serj. p. 63.

— — Linn. Mantiss. alt. (1771) p. 236, n. 3. (Sequitur hic ut et in libris suis serioribus Jacquinium Linnaeus.)

— — Raeuschel Nomencl. Ed. I (1772) p. 100. (Nititur in Linn. Mant.)

— — Linn. Syst. Veg. Ed. XIII (cur. Murray, 1774) p. 314, n. 3.

— — Houttuyn Natuurl. Historie II, 4 (1775) p. 559, n. 1; Ed. germ. „Linné's Pflanzensystem" III (1778) p. 490, n. 4, excl. ex parte cit.: „Hort. Cliff. 151", „L. Sp. Pl. 524" et „Mill. Dict. n. 3", ut supra.

— — Reichard Syst. Pl. II (1779) p. 217, n. 4, excl. ex parte cit.: „Hort. Cliff." (n. 1), „L. Sp. Pl. 524" (n. 3) et „Mill. Dict. n. 3", ut supra.

— — Buchoz Hist. univ. du Règne végét. XIII (1780) p. 183, n. 4. (Sequitur Jacquinium.)

— — Murray Syst. Veg. (Linn. S. V. Ed. XIV, 1784) p. 380, n. 4. (Sequitur Jacquinium.)

— — Gmelin Syst. Nat. II (Linn. S. N. Ed. XIII, 1791) p. 641, n. 2. (Sequitur Jacquinium.)

— — Schumacher in Skrivter af Naturhistorie Selskabet III, 2 (1794, Dissert. lect. m. Oct. 1792) p. 121, tab. 10, f. 1 (fructus). „Herb. Banks"!

— — Persoon Syst. Veg. (Linn. S. V. Ed. XV, 1797) p. 406, n. 4. (Sequitur Jacquinium.)

— — Raeuschel Nomencl. Ed. III (1797) p. 114.

— — Willden. Sp. Pl. II, 1 (1799) p. 460, n. 2, excl. ex parte cit.: „L. Hort. Cliff. p. 151" (n. 1), „L. Sp. Pl. Ed. II, p. 524" (n. 3), „Mill. Dict. n. 3", „Houttuyn Linn. Pfl. Syst. III, p. 490" (n. 4), ut supra. Herb. Willd. n. 7712, plag. 1, 2 et 3!

— — Du Mont de Courset le Botaniste cultivateur II (1802) p. 768, n. 3 (sphalmate „P. curata"); Ed. II, IV (1811) p. 549, n. 3. Cf. Hist. gen. et spec. cult. in Radlk. Serj. p. 35 et 63.

— — Juss. in Ann. Mus. d'Hist. nat. IV (1804) p. 346, n. 1, excl. ex parte cit.: „L. Sp. Pl. Ed. I" et „Willd. Sp. Pl." ut supra. „Caracter ex sicca"! (Herb. Juss. n. 11352; cf. supra sub Plum. Mss.)

— — Poiret in Lamarck Encycl. V (1804) p. 96, n. 1, excl. ex parte cit.: „L. Hort. Cliff. p. 151, n. 1", „L. Sp. Pl. Ed. II", „Mill. Dict.", „Willd. Sp. Pl.", ut supra. „V. sicc. in Hb. Juss."! (Cf. anteced.)

— — Persoon Synops. I (1805) p. 442, n. 1, excl. ex parte cit.: „Willd. Sp. Pl.", ut supra.

— — Dietrich, Fr. G., Gartenlexicon VI (1806) p. 710, n. 6.

— — Smith in Rees Cyclopaed. XXVI (ca. 1814, cf. lit. gen.) n. 2.

— — Steudel Nomencl. Ed. I (1821) p. 597 (ubi delendum syn. ficticium: „Semarillaria Cururu R. et P."; cf. obs. n. 4) excl. ex parte cit.: „Willd. n. 2" et „Pers. n. 1", ut supra.

Paullinia Cururu Kunth in Humb. Bonpl. K. Nov. Gen. et Sp. V (1821) p. 89 (Ed. in 4⁰ p. 115) n. 3. excl. ex parte cit.: „Willd. Sp. Pl. II, p. 460", ut supra; Vol. VII (1825) Distrib. geograph., Flora Venezuelae, p. 238 (Ed. in 4⁰, p. 305)!

— — Kunth Synops. Pl. Aequinoct. Orb. Nov. III (1824) p. 156 n. 3, excl. excludend. ut in anteced.; IV (1825) Distrib. geogr., Flora Venez., p. 301.

— — De Cand. Prodr. I (1824) p. 604 n. 2. excl. ex parte cit.: „L. Sp. Ed. I. p. 365", ut supra.

— — Sprengel Syst. Veg. II (1825) p. 248 n. 1.

— — Poiret in Dict. Scienc. nat. XXXVIII (ed. Levrault, 1825) p. 149.

— — Descourtilz Flore médic. des Antilles III (1827) p. 139, excl. ex parte cit.: „L. Sp. Pl. Ed. II, p. 524", „Mill. Dict. n. 3", „Hort. Cliff. 151". „Willd. Sp. Pl. II, p. 460"; excl. tab. 181 et nom vulg. „Liane à scie" et „Cururu-ape" (omnib. ad P. pinnat. referendis), nec non nom. „Kaka-Toddaly" (ad Toddaleam asiat. referend.), „Espino do Ladrao" et probabiliter quoque illo „Liane à empoisonner les flèches" (forsan orto e confusione quadam cum Serjania polyphylla Radlk., de qua cf. obs. n. 8 in Radlk. Serj. p. 198. vel cum P. pinnata, quae efda.. praesert. obs. n. 6). Cf. infra nom. vulg., nec non obs. n. 3.

— — Cambess. in Mém. Mus. d'Hist. nat. XVIII (1829) p. 23.

— — Maycock Flora barbadens. (1830) p. 159. Quoad nom. vulg. „Bread and Cheese or Suking-Bottle, Hughes 139" et „Supple Jack" cf. infra.

— — Loudon Hort. Britann. (1830) p. 159. „Cult. 1824." Cf. Hist. spec. cult. in Radlk. Serj. p. 63.

— — Don General Syst. I (1831) p. 660 n. 2, excl. ex parte cit.: „L. Sp. Pl. Ed. I. p. 365", ut supra. „Cult. 1824." Cf. anteced.

— — Link Grundriss d. Kräuterkunde III (Handb. z. Erkenn. d. Gewächse II, 1831) p. 221. Cf. obs. n. 2.

— — Martius Reise in Brasilien III (1831) p. 1065, 1098; cf. obs. n. 3.

— — Spach Hist. nat. des Végét., Phanérog. III (1834) p. 47.

— — Dietrich. Dav., Synops. Pl. II (1840) p. 1314, n. 1.

— — Heynhold Nomencl. bot. hortens. I (1840) p. 591. Cf. Hist. spec. cult. in Radlk. Serj. p. 63.

— — Steudel Nomencl. Ed. II, II (1841) p. 277. ubi delendum syn. ficticium: „Semarillaria Cururu R. et P."; cf. obs. n. 1.

— — Endlicher Enchiridion bot. (1841) p. 563.

— — Duchesne Répertoire des Plantes utiles et des Pl. vénéneuses du Globe, Nouv. Ed. (1846) p. 194. Cf. obs. n. 2.

— — Schomburgk, Rich.. Reisen in Britisch-Guiana III (1848) p. 847. Quoad nom. vulg. „Supple Jack" et „Sucking Bottle" ut apud Maycock l. c. cf. obs. n. 3. (Specimina nulla obvia; vix observata, solummodo, ut videtur, ex Maycock huc relata; cf. Radlk. Serj. Suppl., 1886, p. 97.)

— — Grisebach Novit. Flor. Panamens. in Bonplandia VI (1858) p. 3; „ins. Taboga pr. Panamam", coll. Duchassaing! Cf. Radlk. Serj. Suppl. (1886) p. 132 n. 6.

— — Grisebach Flor. Brit. West Ind. Isl. (1859—64) p. 125, obs. ad calc.

— — Triana & Planch. Prodr. Flor. Novo-Granat., Ann. Scienc. nat., IV. Sér.. XVIII (1862) p. 351, n. 2, c. syn. „P. riparia Kunth", excl. vero ex parte cit.: „DC. Prodr. I, 604", ut supra. „Coll. Goudot"!, „Humb. & Bonpl."!, „Purdie"!, „Sutton Hayes n. 653"!

— — Radlkofer in Monogr. Serj. (1874—75) p. 69 n. 7 etc, (v. indic.) c. synon.

Paullinia Cururu Villafranca les pl. utiles du Brésil. Extrait du Bull. d. Thérap. médic. et
        chirurg. 1879 p. 39, c. nom. vulg. „Cururu", nisi hic potius Paull.
        pinnata intelligenda est; cf. hanc. obs. n. 6.
—   — Caminhoa Catal. d. pl. toxiques du Brésil, traduit du Portugais par Rey,
        Extrait du Journal de Thérapeutique (Paris 1880) p. 21.
—   — Hemsley in Godmann & Salvin Biol. Centr.-Am., Bot. I (1879—81) p. 210,
        n. 4. „Sutton Hayes n. 95"!, „653"!
—   — Baillon in Dict. encycl. d. Scienc. médic. XXI (1885) p. 651. Cf. obs. n. 2.
—   — Radlkofer in Serj. Suppl. (1886) p. 27 etc. (v. indic.).
—   — Radlkofer über fischvergiftende Pflanzen. Sitzungsber. d. k. bayer. Akad.
        1886, p. 403.
—   — Anales del Museo Nacional, Republica de Costa Rica, I (1888). Pars 2
        p. 20 (secundum Biolog. Centr.-Americ. enumerata c. indicat. „Panamá").
—   — Greshoff de plant. ad pisc. capiend. adhib., Mededeelingen uit s'Lands
        Plantentuin X (1893) p. 38.
Paullinia riparia (aut. excl. v. ad calc.) Kunth in Humb. Bonpl. K. Nov. Gen. et Sp. V
        (1821) p. 90 (Ed. in 4° p. 116), n. 4!; Vol. VII (1825) Distrib.
        geograph., Flora Novo-Granatens. p. 287 (Ed. in 4° p. 366).
—   — Kunth Synops. Pl. Aequinoct. Orb. Nov. III (1824) p. 158, n. 4; IV
        (1825) Distrib. geogr., Flor. N.-Granat. p. 383.
—   — De Cand. Prodr. I (1824) p. 604, n. 4.
—   — Sprengel Syst. Veg. (1825) p. 248, n. 2.
—   — Cambessed. in Mém. Mus. d'Hist. nat. XVIII (1829) p. 23.
—   — Don General Syst. I (1831) p. 660, n. 4.
—   — Dietrich, Fr. G., Gartenlexicon XXVI (Neuer Nachtrag VI, 1837) p. 431, n. 1.
—   — Dietrich, Dav., Synops. Pl. II (1840) p. 1314, n. 2.
—   — Steudel Nomencl. Ed. II, II (1841) p. 278.
—   — Bentham in Hooker Journ. Bot. & Kew Gard. Misc. III (1851) p. 193;
        „coll. Spruce"!
? Paullinia quassiaefolia Linden Catal. n. 17 (1862) p. 8. „Introducta e Novo-Granata."
Semarillaria Cururu Ruiz & Pav. ex Steudel Nomencl. Ed. II, II (1841) p. 277, 556.
        Nomen ficticium, delendum. Cf. obs. n. 4.
Nomen vulgare: ? Bread and Cheese s.
—   — ? Sucking-Bottle Hughes Natural History of Barbados (1750) Book V.
        p. 139; huc referenda sec. Maycock l. c.. cf. obs. n. 3, nec non P. pinn.
        et P. subrotund.; eadem nomina refert Halliday, The West Indies (1837),
        Append. II. p. 391, nec non Schomburgk l. c. (1848).
—   — Paulinie ternée Poiret in Lam. Encycl. V (1804) p. 96: Descourtilz l. c.
        (1827).
—   — Azucarito incolis Cumanae, Humboldt & Bonpl. in sched., Kunth l. c. (1821);
        Endlicher Enchirid. bot. (1841) p. 563.
—   — ?? Liane à scie,
—   — ?? Liane à empoisonner les flèches Descourtilz l. c. (1827) et Duchesne,
        Repertoire des plantes utiles et des pl. vénéneuses du globe (Nouv. Ed.
        1846) p. 194; cf. obs. n. 3.
—   — ? Supple Jack Maycock l. c. (1830); Halliday l. c. (1837) p. 105; Schom-
        burgk l. c. (1848). Cfr. Serj. polyphylla R. in Radlk. Serj. p. 185, 198
        et infra obs. n. 3, nec non P. jamaic. et P. barbadens.
—   — Timbó Martius Reise in Brasilien III (1831) p. 1065; Riedel in Taunay & R.
        Manual do agricultor brasileiro (Rio de Jan. 1839) ex Guillemin Tableau
        synonymique des plantes les plus usitées dans l'économie et la médecine
        domestique du Brésil, Ann. Scienc. nat., II. Sér., XII (1839) p. 220;
        cf. obs. n. 3 et Paull. pin., praesert. obs. n. 6.

Nomen vulgare: Vejuco (s. Bejuco) mulato Gollmer in scheda (1853). cfr. P. fuscesc. et obs. n. 3.
— — Liana de sierra Grosourdy El médico criollo III (1861) p. 349 (adjectis nominibus a Kunth et Descourt. relatis).
— — Cururu Villafranca Pl. utiles du Brésil (1879) p. 39, nisi hic potius Paull. pinnata intelligenda est; cf. ibid. obs. n. 6.
— — Liane persil incolis insulae Martinicae ex Duss in Hb. Krug et Urban (1890). Vix huc, nec ad Paull. pinnat.; cfr. Serj. polyphylla in Radlk. Serj. p. 185 et 198, nec non infra obs. n. 3.

Non Paullinia Cururu Linn. Sp. partim; v. supra sub Linn. et Spec. excl.
— — — (sphalmate „Caruru" in tab. 33) Vellozo (Arrabida) Flor. Flumin. I (1825) p. 160, n. 7; Icon. IV (1827) tab. 33; cfr. P. seminuda Radlk.

Non Paullinia riparia Britton in Bull. Torr. Bot. Cl. XVI (1889) p. 190, coll. Rusby n. 626!, quae Paull. neglecta Radlk.

Minime — — Radlk., v. Sect. VI, n. 67.

Scandens, fruticosa, glabra; rami juniores inaequaliter 6-costati vel subtrigoni, adultiores teretiusculi; corpus lignosum compositum e centrali majore et periphericis 1—3, (saepissime 2) minoribus (haud raro usque ad medios ramos simplex); folia ternata; foliola elliptica vel elliptico-lanceolata, obtusa vel acuminata, subsessilia vel terminale basi abruptius attenuatum et quasi in petiolulum contractum, remote serrato-dentata, membranacea, viridia, nitida, glandulis microscopicis subsessilibus curvatis adspersa et in axillis nervorum subtus barbata, caeterum glabra, punctis pellucidis nullis vel raris perparvis subtusque reti subpellucido laxiore instructa, epidermide non mucigera (paginae inferioris — contra sectionis rationem — interdum non crystallophora); petiolus alatus, vix unquam subnudus idemque abbreviatus (in specimine a Haencke in Mexico lecto); stipulae ovato-lanceolatae; thyrsi solitarii, interdum paniculatim congesti, laxe cincinniferi, racemiformes; cincinni breves, sessiles; flores minores, sat longe pedicellati, sepalis exterioribus (nervis validis siccitate prominulis) striato-costatis; fructus sectionis pyriformis vel clavatus (vel sterilis corniformis ut in *P. pinnata*), subtrigonus, glaber; semen e trigono ellipsoideum, arillo dorso et ventre profunde fisso ad duas tertias obtectum.

In insulis antillanis frequens, in Mexico, Guatemala, Novo-Granata, Venezuela et Surinam, nec non in Brasiliae provincia Pará: In Antillis: Plumier („frequenter apud insulam Sandominicanam perque ipsius varia loca hanc plantam observavi" Plum. Mss.); Surian 234! (Hb. Surian in Mus. Paris. et ex hoc translat. in Hb. Juss. n. 11352! S. Domingo. a. 1690, fruct.), n. 556! (Hb. Surian et ex hoc translat. in Hb. Juss. n. 11352! sine flor. et fruct.); Houston? (loco non indicato, in Hb. Mill., resp. Banks!); Dr. W. Wright! (Barbadoes; Hb. Martius); Anderson! (Barbadoes; Hb. Mertens, nunc Petrop.); Richard! (Antill.; Hb. Franquev.); West! (Hb. Puerari, nunc DC.); Martfelt! (Barbadoes; Hb. Vahl); Crudy! (S. Lucia; Hb. Schreb., nunc Monac.); Plée! („Martinique", m. Apr. & Jun. 1820. fruct.); Sieber Flor. martinic. n. 126!.(a. 1821; Hb. plurima); Belanger n. 381 („Martinique, Bois des Pitons de fort de France", m. Maj. 1853, flor.; Hb. Webb, Franquev.); Hahn n. 137 part.! (cfr. P. pinn.; „Martinique" m. Aug. 1870, fruct.; Hb. DC. etc.), n. 137 a! (in Hb. Bruxell.), n. 1118 (Hb. Boiss.); Duss n. 1485! („Martinique in litoralibus paludosis" a. 1890; „Liane persil" incol.; Hb. Krug & Urb.); Herb. Hort. Trinit. n. 2142! (Herb. Krug & Urb.); — in Mexico: Née (?)! („Nueva Espagna" Hb. Pavon, nunc Boiss.); Haencke (Hb. Prag.); — in Guatemala: Friedrichsthal n. 1632! (ex Hb. Vindobonensi communicat. c. Hb. DC.); — in Novo-Granata: Humboldt & Bonpland n. 1475! („prope Mompox, in ripa fluminis Magdalenae. m. Apr. 1801", flor.; „P. riparia Kunth" Hb. Par., Berol., Willd. u. 7707); Purdie! (S. Martha, m. Maj. 1844, flor.; Hb. Benth., Hook., Par.); Goudot n. 2! („Nouvelle Grénade, La Mesa m. Jun. 1844, flor.); Duchassing! (Taboga, 1850; Hb. Griseb.); Sutton

Hayes n. 95! (Panama. m. Jun 1861, fruct. jun.; Hb. Hook.). n. 653! (Tabogs. m. Oct. 1862, fruct. [steril., corniform.]; Hb. Hook., Mart., Boiss., Vindob.): — in Venezuela: Humboldt & Bonpland n. 1183! (Cumana: „Azucarito" incolar.: Hb. Ber., Willd. n. 7712. plag. 1. 2. 3); Otto n. 442! („Columbia. Mayquetea". Hb. Vindob.: „La Guayra. m. Dec. 1-35", fruct., Hb. Ber.). n. 849! („Palmas de S. Mateo. Valle de Aragua. m. Jun. 1840", flor. et fruct.; Hb. Ber.); Karsten! (Puerto Cabello: Hb. Vindob.); Funk n. 251!. 251 bis! Cumana. m. Aug. 1843; flor.; Hb. Par., Deless.; Gollmer! Caracas. prope Carabellera. m. Dec. 1853. flor.; m. Apr. fruct. jun.; Hb. Ber.; Fendler n. 162! Venezuela. Tovar. a. 1854—55. Hb. Hook., „a few miles South of La Guayra. 2000', Aug. 1855", fruct., Hb. Griseb., n. 1937! Venez., Tovar. a. 1856—57. Hb. Hook.); Eggers n. 19520! m. Aug. 1891. fruct.; Hb. Havn.: — in Surinam: Plée n. 79! Maracaybo. a. 1825; Hb. Par. : — in Brasilia: Spruce n. 578*! prov. Pará. ad cataractas fluminis Aripecurú, m. Dec. 1849; „P. riparia Kunth" Benth. l. c.: Hb. Benth. .

Culta olim in Horto Chelseano? et Kewensi? testibus Rand et Hill , cf. Hist. spec. cult. in Radlk. Serj. p. 63; a. 1877 cultam juveni in Horto Parisiensi. Huc verosimillime recensenda planta e Mauritio a. 1835 a Telfair c. Hook. comm., in Hb., Benth. servat., nec non Paullinia quassiaefolia Lind. „foliis juvenilibus trifoliolatis pulchre roseis; introducta e Novo-Granata" Lind. l. c..

Zusatz 1. Was die Geschichte dieser Art betrifft, so ist hier nur kurz daran zu erinnern, dass Linné in dem Bestreben die von Plumier (1703) aufgestellten Arten in den bei Bearbeitung des Hortus Cliffortianus (1737) ihm vorliegenden Materialien wiederzufinden, die Plumier'sche *Cururu scandens triphylla*, die eigentliche Grundlage der **Paullinia Cururu** mit einem Exemplare der (1760) von Jacquin als *Paullinia nodosa* veröffentlichten Pflanze, d. i. mit *Serjania nodosa* Radlk. confundirt hat. Dieser Fehler zieht sich von da ab durch die späteren Schriften Linné's und der auf ihm fussenden Autoren fort, ohne aber, obwohl die Beschreibung Linné's im Hort. Cliff. auf einen solchen Fehler nicht undeutlich hinweist, von irgend einem Autor bisher erkannt worden zu sein. Der Grund hiervon ist wohl hauptsächlich der, dass sowohl durch den von Linné (1753) gewählten Speciesnamen „Cururu", als auch durch seine ausdrückliche Beziehung auf die von Burman (1757) edirte Plumier'sche Abbildung der Pflanze in der 10. Ausgabe seines Systema Naturae (1759) und in seinen späteren Schriften die Aufmerksamkeit gänzlich der Plumier'schen Pflanze zugelenkt worden war. Die oben angeführte Synonymie und Literatur, sowie die dort schon angezogenen Stellen meiner Monographie der hier in Mitleidenschaft gezogenen Gattung *Serjania* (Gattungsgeschichte p. 15—22. 25—28 und Darstellung der *Serjania nodosa* p. 341 ff.), an welchen meine Aufstellung in Zusammenhange mit der Kritik der übrigen Linné'schen Arten näher begründet ist, lassen es überflüssig erscheinen, hier Weiteres darüber zu sagen.

Zusatz 2. Der Name „Cururu", welchen Linné auf diese Species (1753) übertrug, nachdem er die Plumier'schen Gattungsnamen „Cururu" und „Serjania" — den ersteren als barbarischen Namen, den letzteren als dem Andenken eines der Botanik nicht nahe genug stehenden Mannes gewidmet (s. Linné. Critica botanica. 1737. p. 32 u. 72) — eingezogen und unter Verschmelzung beider Gattungen durch **Paullinia** (1737) ersetzt hatte (vergl. die Gattungsgeschichte in d. Monogr. v. Serj. p. 13 u. 27), wäre wohl richtiger der *Paullinia pinnata* beizulegen gewesen, da ihn Plumier von dem bei Piso (1648) angeführten brasilianischen Namen dieser Pflanze „Cururu-ape" entlehnt hatte („Cururu est nomen Americanum: G. Piso. lib. 4. cap. 88" Plum. Nov. Gen. 1703. p. 34). Aus der Aehnlichkeit dieses Namens mit dem des Giftes Curaré darf demnach nicht allein schon, wie von Link („Gibt das Cururugift" s. ob. a. O.), Duchesne und anderen Autoren (in Uebereinstimmung mit der Bemerkung von Baillon a. ob. a. O.: „Man glaubte seiner Zeit, dass das Curare zum Theile daraus bestehe") geschehen zu sein scheint, ein Zusammenhang der **Paullinia Cururu** mit dem Curaré und seinen Eigenschaften gefolgert werden, der mit einigem Anscheine von Recht vielleicht höchstens für *Paull. pinnata* in Anspruch genommen werden könnte. Weiteres hierüber mag bei *Paull. pinnata* (Zus. n. 6) seinen Platz finden.

Zusatz 3. Was die oben angeführten, der *P. Cururu* zugeschriebenen Vulgärnamen betrifft, so werden dieselben zum Theile — und mancher vielleicht mit mehr Recht als für *P. Cururu* — auch für andere Pflanzen angegeben. So — ausser dem Namen „Cururu", von welchem eben in Zus. n. 2 die Rede war und welcher erst in neuester Zeit wieder und wohl ungenau, wie bei Linné, von Villafranca auf *Paull. Cururu* bezogen wird — der Name Bread and Cheese, Liane à scie, resp. à dents de scie und Liane à empoisonner les flèches, für *P. pinnata*; der Name Supple Jack für *P. jamaicensis*, (s. diese, Zus. 2), *P. barbadensis* und *Serj. polyphylla* (s. die Monographie von *Serjania*, p. 198, Zus. 8); Vejuco mulato für *P. fuscescens* (s. dort Zus. n. 6), und Timbó nicht nur für *P. pinnata, P. elegans, P. spicata, P. carpopodea, P. trigonia* und für verschiedene Arten von *Serjania* (s. dort das Register der Vulgärnamen), sondern auch für Pflanzen aus anderen Familien (s. *P. pinn.* Zus. n. 6). Es ist hiezu das bei den genannten Pflanzen und namentlich bei *P. pinnata* (in Zus. n. 6) Gesagte zu vergleichen. Liane persil kommt wohl eigentlich weder der *P. Cururu*, noch der *P. pinnata* (s. dort), noch der gleichfalls so von Duss genannten *P. Vespertilio* und *P. microsepala* (s. diese) oder der *P. neuroptera* (nach Hahn, s. dort) zu, sondern der *Serj. polyphylla*, namentlich den Formen mit höher zusammengesetzten Blättern (s. d. Monographie von *Serjania*, p. 185 u. 198, Zus. 8), und mag allenfalls auch, wie der englische Name „Wild parsley" bei Sloane (Hist. Jam. I, 1707, p. 23), Hughes (Hist. of Barbad., 1750, p. 212) und Halliday (The West Indies, 1837, p. 407) auf *Cardiospermum Halicacabum* L. bezogen werden, für welches in Miller Gartenlexic., Nürnberg, 1769, I p. 540 auch die entsprechende Bezeichnung „Wilder Peterlein" vorkommt und für dessen Var. *microcarpum* von Grisebach (Veg. d. Caraib., 1857, p. 187, Sep.-Abdr. p. 39) auch die Bezeichnung „Persil bâtard" erwähnt wird.

Der erste dieser Namen deutet wohl auf den essbaren Samenmantel hin, den diese Art nach Hughes besitzt, ähnlich wie *P. pinnata* nach Rodschied und *P. subrotunda* nach Ruiz und Pavon. Es ist übrigens keineswegs ausgemacht, dass die Stelle von Hughes, zugleich mit dem weiteren Vulgärnamen Sucking-Bottle, wie das von Maycock und vermuthlich auf dessen Autorität hin von Halliday und Schomburgk geschehen, hieher zu beziehen ist und nicht vielmehr zu *P. pinnata*, da einerseits von den die Art kennzeichnenden gedreiten Blättern keine Erwähnung geschieht und andererseits die Pflanze (d. h. ihre Wurzel) als Wundmittel bezeichnet wird, wie das nach Piso wohl häufig für *P. pinnata*, nirgends aber sonst für *P. Cururu* angegeben wird, und da endlich bei Rodschied neben der Essbarkeit des Samenmantels auch der Name Bread and Cheese für *P. pinnata* erwähnt wird. Die Samen selbst (Descourtilz a. a. O.) und nach Anderen (Martius, Reise III, 1831, p. 1065) die zerquetschten Blätter und Zweige sollen zum Betäuben der Fische dienen, und der Saft zum Vergiften der Pfeile (Descourt.). Wie weit diese letzteren Angaben richtig sind, wie weit etwa auch sie aus einer durch den Beinamen *Cururu* veranlassten Verwechselung der Pflanze mit *P. pinnata* oder selbst mit *Serj. polyphylla* (bei Descourt.) sich ergeben haben, oder ob mehreren dieser Pflanzen die gleichen Eigenschaften und Namen zukommen, ist nach den vorhandenen Angaben kaum sicher festzustellen. Es wird davon bei *P. pinnata* (in Zus. n. 6) weiter die Rede sein.

Zusatz 4. Ueber den von Steudel (Ed. I u. II) als Synonym zu *P. Cururu* angeführten Namen „*Semarillaria Cururu* Ruiz & Pav.", ist zu bemerken, dass er ebenso eine Erfindung Steudel's ist, wie „*Paullinia polyphylla* Aublet" und „*Serjania polyphylla* Poiret" (s. Monogr. v. Serj. p. 52, 53, 186), wahrscheinlich entstanden aus allzuflüchtiger Auffassung der Gattungsüberschrift „*Semarillaria*" mit beigefügtem Gattungs-Synonym „*Cururu*" in Ruiz und Pavon's Prodromus.

Zusatz 5. Von Exemplaren der *P. pinnata* mit verarmten, nur gedreiten Blättern, wie solche in seltenen Fällen an den oberen Zweigenden auftreten, lässt sich *P. Cururu* durch den gerippten Kelch unterscheiden, auf welchen schon Triana und Planchon aufmerksam gemacht haben; ferner durch das sehr spärliche Auftreten nur sehr kleiner durchsichtiger Punkte und durch das hier mehr zusammenhängende Netzwerk von Milchsaftschläuchen an der Unterseite der Blättchen.

Was weiter die Unterscheidung von sterilem Materiale der *P. densiflora* betrifft, so genügt es, an die dieser letzteren eigene papillöse Beschaffenheit der Epidermiszellen an der Oberseite der Blättchen zu erinnern.

### 6. Paullinia pinnata Linn. emend.

Cururu-ape Piso de medicina brasiliensi (in Piso et Marcgrav Historia natural. Brasiliae, 1648) lib. IV. cap. 88. p. 114. c. icon.; cf. infra nom. vulg. et Hist. gen. in Radlk. Serj. p. 15, a etc. (v. indic.).

— — Marcgrav Hist. rerum naturalium Brasiliae (in Piso et Marcgr. Hist. natural. Brasiliae. 1648) lib. I. cap. 11. p. 22.

— — Piso Hist. natural. et medica Indiae occident. (in Piso. Marcgrav & Bontius de Intiae utriusque re naturali et medica, 1658) lib. IV. cap. 61. p. 250. c. icon.

— — Lib. Princ. (i. e. Collect. Icon. a Pisone e Bras. advecta et in Bibl. reg. Berolin. asservata) 283, ex Mart. Mat. med. Bras. infra cit.

Leguminosa brasiliensis fructu ovato, costa folii appendicibus aucta Rajus Hist. Plant. II (1688) lib. 23. sect. 1. cap. 13. p. 1347; cf. Hist. gen. in Radlk. Serj. p. 17, 20.

Clematis pentaphylla, pediculis alatis, fructu racemoso tricocco et coccineo Plumier Description des plantes de l'Amérique (1693) p. 76, tab. 91 (non tab. 76, uti Schum. l. infra c. refert; ramus floribus fructibusque ornatus et fructus analysis) c. syn. "Cururu-ape Pis. et Marcgr."; cf. Hist. gen. in Radlk. Serj. p. 16. e. 34 etc. (v. indic.).

Cururu scandens pentaphylla pediculis alatis Plumier Mss. in Biblioth. Mus. Paris. serv. Vol. II. tab. 139 (c. analysi floris et fructus in Plum. Nov. Gen. tab. 35 reddita)! (Vidi specimen fructif. in Hb. Surian „n. 227" et ex hoc translat. in Hb. Juss. n. 11353. B.) Cf. Hist. gen. in Radlk. Serj. p. 16. e et 34 etc. (v. indic.) et in Serj. Suppl. p. 18. nec non infra obs. n. 4.

Cururu scandens pentaphylla Plumier Nov. Gen. (1703) p. 34. atque tab. 35. Cf. loc. anteced.

— — Miller, Ph., Gardn. Dict. Ed. abbrev. (1741) Suppl.; Ed. germ. sec. Ed. V elab. I (1750) p. 255 n. 2; Ed. VI (1752) n. 2! Cf. Hist. gen. in Radlk. Serj. p. 34. 35 et Hist. spec. cult. ibid. p. 63, nec non infra obs. n. 4.

— — Barrère Essai sur l'Hist. nat. de la France équinoxiale (1741. reimpr. 1749) p. 15, c. syn. perperam ad alteram „Cururu" („C. scand. enneaphyll. etc. Plum.") adjectis: „Cururu-apel'iso. Liane à empoisonner les flèches". cf. infra nom. vulg. et obs. n. 6.

Paullinia foliis pennatis, foliolis saepius quinis incisis, petiolis communibus membranaceis Linn. Hort. Cliffort. (1737) p. 152. n. 3. partim, nempe quoad syn. Pis., Marcgr., Raj. et Plum., excl. vero syn. „Pisum cordatum, non vesicarium Sloane Cat. Pl. Jam. 111" (cfr. P. jamaic. et barbad.) et ex parte patriae indicatione („Jamaica" scil., cf. obs. n. 1), nec non descriptione secundum specimen Serjaniae curassav. Radlk. (quae efda.) ex Horto Cliff. proveniens et in Herb. Cliff. (Mus. Brit.) asservatum conflata. Cf. Hist. gen. in Radlk. Serj. p. 15—22. 25—28 et infra obs. n. 1.

Paullinia n. 1 van Royen Flor. Leydens. Prodr. (1740) p. 461!. partim, nempe quoad syn. Plum., excl. vero ex parte cit.: „Linn. Hort. Cliff. 152" (n. 3) ut supra. (Vidi specimen verosimillime ex horto Leyd. proveniens in Hb. v. Royen, nunc Lugd.-Batav.) Cf. Radlk. Serj. p. 312 et infra obs. n. 7.

? — — Wachendorff Hort. Ultrajeet. Index (1747) p. 71, quoad cit.: „Hort. Cliff." (n. 3) ex parte huc referenda, ut supra. (Specimen non vidi.) Cf. Radlk. Serj. p. 312.

Paullinia pinnata (aut. excl. v. ad calc.) Linn. Spec. Pl. Ed. I (1753) p. 366, n. 7, partim, nempe excl. syn. Sloan. (cfr. P. jamaic. et barbad.) et ex parte cit.: „Hort. Cliff. p. 152" (n. 3), ut supra. (Non Linn. Herb., quae Weinmannia hirta Sw.; cf. infra aut. et spec. excl. et obs. n. 2.)

Paulliniae altera species a Plumierio observata, pentaphylla Burman, Jo., in Plumier Icon. Fasc. V (1757) p. 102 in obs. (sine icone) incl. syn.: „Clematis pentaphylla etc. Plum.", excl. vero ex parte cit.: „L. Sp. Pl. p. 366, n. 7". ut supra. Huc et referenda est, nisi ad P. Cururu. analysis floris et fructus in tab. 111 perperam figurae 1 (P. Plumierii Tr. & Pl. repraesentanti) a Burm. adjecta. Cf. obs. n. 1 ad P. Plumierii.

Paullinia pinnata (cf. supra) Linn. Syst. Nat. Ed. X, II (1759) p. 1007, n. 7. partim, quia eodem modo interpretanda est ac supra in Linn. Sp. Ed. I.

— — Linn. Sp. Pl. Ed. II (1762) p. 525, n. 7. partim, ut supra in Ed. I.

— — Crantz Institut. rei herb. II (1766) p. 436, n. 7, incl. syn.: „Clematis pentaph. etc. Plum."

— — Linn. Syst. Nat. Ed. XII, II (1767) p. 277. n. 7. partim, ut supra in Ed. X.

— — Miller, Ph., Gardn. Dict. Ed. VIII (1768) n. 5; Ed. germ. sec. Ed. VIII elab. III (1776) p. 446, n. 5, partim, nempe excl. ex parte cit.: „Linn. Hort. Cliff. 152" (n. 3), ut supra. Specimen a Jussieu (ex Hb. Surian?) anno 1727 communicatum, ab Houstonio et Millero optime huc relatum exstat in Hb. Banks! Cf. Hist. gen. in Radlk. Serj. p. (22. 34) 35. nec non infra obs. n. 4.

— — Jacquin Observ. III (1768) p. 11, tab. 62. f. 12! (Hb. Banks.) Cf. Hist. gen. in Radlk. Serj. p. 33 (ubi sphalmate fig. 10, loco f. 12 legitur).

— — Linn. Mantiss. alt. (1771) p. 236, n. 7. (Sequitur hic ut et in libris suis serioribus Jacquinium Linnaeus.)

— — Raeuschel Nomencl. Ed. I (1772) p. 100. (Nititur in Linn. Mant.)

— — Linn. Syst. Veg. Ed. XIII (cur. Murray. 1774) p. 314, n. 7.

— — Houttuyn Natuurl. Historie II. 4 (1775) p. 563, n. 12; Ed. germ. „Linné's Pflanzensystem" III (1778) p. 492, n. 12, excl. syn. Sloan. et ex parte cit.: „Lin. Sp. Pl. 525" (n. 7), „Hort. Cliff. 152" (n. 3), „Royen Fl. Leyd. 464" (n. 1) et „Mill. Dict. n. 5"; cf. supra Lin. Hort. Cliff. etc.

— — Aublet Pl. Guian. I (1775) p. 354, n. 2, excl. syn. Sloan. (cf. supra Linn. Hort. Cliff.) et ex parte cit.: „Linn. Sp. 525" (n. 7), ut supra. Cf. infra nom. vulg. Coll. Aublet, Herb. Banks!

— — Hahn in Schilling de Lepra Commentationes, recens. Hahn (1778) p. 199, annot., incl. syn. „Clematis pentaph. etc. Plum." et „Cururu scand. pentaph. Plum." Cf. obs. n. 5.

— — Reichard Syst. Pl. II (1779) p. 219, n. 12, excl. syn. Sloan. et ex parte cit.: „Hort. Cliff. 152" (n. 3), „Royen Fl. Leyd. 464" (n. 1) et „Mill. Dict. n. 5"; cf. supra Linn. Hort. Cliff. etc.

— — Buchoz Hist. univ. du Règne végét. XIII (1780) p. 183, n. 12. (Sequitur Jacquinium.)

— — Murray Syst. Veg. (Linn. S. V. Ed. XIV, 1784) p. 380, n. 13. (Sequitur Jacquinium.)

— — Linn. Amoenit. acad. VIII (1785) p. 255, n. 42 (Jac. Alm Plant. surinam., Jun. 1775).

Paullinia pinnata Gaertner de Fruct. et Sem. Pl. I (1788) p. 382. tab. 79, f. 3, i—m. correctis corrigend.; cf. Hist. gen. in Radlk. Serj. p. 37. nec non infra obs. n. 8.
— — Gmelin Syst. Nat. II (Linn. S. N. Ed. XIII. 1791) p. 642, n. 15.
— — Richard, Cl., Catal. Plant. a Le Blond e Cayenna missarum, in Actes de la Soc. d'Hist. nat. de Paris I (1792) p. 108!
— — Lamarck Illustr. Gen. II (1793) p. 447, tab. 318, f. 5 (non f. 2, uti Persoon l. infra c. refert); cf. Hist. gen. in Radlk. Serj. p. 37 et obs. ibid. p. 176. 177. nec non infra obs. n. 8.
— — Dryander on Gmelin's Syst. Nat., in Transact. Linn. Soc. II (1791 read 1792) p. 235, c. syn. Tondin Gmelin Syst. p. 635; cfr. infra Tondin surinamensium et obs. n. 5.
— — Schumacher in Skrivter af Naturhistorie Selskabet III. 2 (1794. Dissert. lect. m. Oct. 1792) p. 121, n. 2. tab. IX f. 1, a—n (analysis floris et fructus) et tab. 10. f. 2 (fructus). „Herb. Banks"!
— — Rodschied Bemerkungen über d. Colonie Essequebo (1796) p. 78, n. 96; cf. infra nom. vulg.
— — Persoon Syst. Veg. (Linn. S. V. Ed. XV. 1797) p. 406, n. 13.
— — Raeuschel Nomencl. Ed. III (1797) p. 114.
— — Willden. Sp. Pl. II. 1 (1799) p. 462, n. 10. excl. syn. Sloan. et ex parte cit.: „Hort. Cliff. 152" (n. 3). „Royen Fl. Leyd. 464" (n. 1). „Mill. Dict. n. 5" et „Houttuyn Linn. Pfl. Syst. III (non VI, uti Willd. refert) p. 492"; cf. supra Linn. Hort. Cliff. etc. Hb. Willd. n. 7719. plagula 1 & 3!
— — Du Mont de Courset le Botaniste cultivateur II (1802) p. 768, n. 4; Ed. II. IV (1811) p. 549 n. 4. Cf. Hist. spec. cult. in Radlk. Serj. p. 63.
— — Jussieu. A. L.. Ann. Mus. d'Hist. nat. IV (1804) p. 347, n. 2. excl. ex parte cit.: „Linn. Sp. Ed. I, p. 366" (n. 7) et „Willd. II. 462" (n. 10). ut supra. „Caracter ex sicca". Hb. Juss. n. 11353 et 11353 A. B. C. D! Cf. obs. n. 4.
— — Poiret in Lamarck Encycl. V (1804) p. 98, n. 9, excl. syn. Sloan. et ex parte cit.: „Linn. Sp. Ed. II, p. 525" (n. 7). „Hort. Cliff. 152" (n. 3), „Royen Fl. Leyd. 464" (n. 1), „Mill. Dict. n. 5", „Willd. Sp. Pl. II. p. 462" (n. 10); cf. supra Linn. Hort. Cliff. etc.; — Suppl. IV (1816) p. 333: „Ill. Gen. tab. 318, f. 5."
— — Desfontaines Tableau de l'École de Botanique etc. (Paris 1804) p. 135! Cf. Hist. spec. cult. in Radlk. Serj. p. 63 et infra obs. n. 7.
— — Persoon Synops. I (1805) p. 442. n. 2. Hb. Persoon, nunc. Lugd.-Bat.!
— — Dietrich. Fr. G., Gartenlexicon VI (1806) p. 711, n. 10.
— — Aiton Hort. Kew. Ed. II. II (1811) p. 423, n. 4, excl. ex parte cit.: „Willd. Sp. Pl. II. p. 462" (n. 10), ut supra. „Cult. 1752 by Ph. Miller". Cf. Hist. spec. cult. in Radlk. Serj. p. 63.
— — Gmelin, C. C., Hortus Magni Ducis Badensis Carlsruhanus (1811) p. 197. Cf. Hist. spec. cult. in Radlk. Serj. p. 63.
— — Lunan Hort. Jamaic. II (1814) p. 216. n. 2. solummodo quoad diagnosin ex Linn. Mant., resp. Jacq. Obs., exscript. et quoad obs. de viribus e Pis. (ut in Sloane Hist. Jam.) huc allat., reliquis vero, quae omnia ex Sloane Hist. Jam. exscripta sunt, exclusis; cfr. P. jamaic. et barbad.
— — Smith in Rees Cyclopaed. XXVI (ca. 1814, cf. lit. gen.) n. 13, c. obs. de excl. stirpe Herb. Linné, resp. P. Browne, ad genus „Weinmannia" (cf. loc. exclus. ad calc. Lit. et obs. n. 2) recte, minus recte ad W. pinnat. L. recensita, excl. ex parte cit.: „Willd. Sp. Pl. n. 10" ut supra. Hb. Smith!

Paullinia pinnata Desfontaines Tableau de l'École de Botanique etc., Ed. II (Paris 1815) p. 158! Cf. supra Ed. 1 (1804).
— — Cels Catalogue des arbres etc. cultivés dans l'établissement de F. Cels à Paris (1817). p. 27; id. 1828, p. 40; id. 1830, p. 42. Cf. Hist. spec. cult. in Radlk. Serj. p. 63.
— — Meyer, G., Primitiae Flor. Essequeboëns. (1818) p. 159, n. 1!, excl. ex parte cit.: „Willd. Sp. Pl. II, p. 462", ut supra.
— — Zeyher Verzeichniss d. sämmtl. Gewächse in d. grossh. bad. Garten zu Schwezingen (1818). p. 132. Cf. Hist. spec. cult. in Radlk. Serj. p. 63.
— — Sweet Hort. suburb. Londin. (1818) p. 88. „Cult. 1752". Cf. Hist. spec. cult. in Radlk. Serj. p. 63.
— — Steudel Nomencl. Ed. I (1821) p. 597, excl. ex parte cit.: „Willd. n. 10", ut supra.
— — Kunth in Humb. Bonpl. K. Nov. Gen. et Sp. V (1821) p. 91 (Ed. in 4° p. 117) n. 6, excl. ex parte cit.: „Willd. Sp. Pl. II, p. 462" (n. 10), ut supra; „Mexico"!; Vol. VII (1825) Distrib. geograph., Flora Mexic., p. 362 (Ed. in 4° p. 460).
— — Kunth Synops. Pl. Aequinoct. Orb. Nov. III (1824) p. 158, n. 6, excl. excludend. ut in anteced.; IV (1825) Distrib. geogr., Flor. Mexic., p. 501.
— — De Cand. Prodr. I (1824) p. 604, n. 5, excl. ex parte cit.: „Linn. Sp. Ed. I, p. 366" (n. 7), ut supra. IIb. Prodromi! (coll. Perrottet, Beauvois etc.).
— — Spreng. Syst. Veg. II (1825) p. 249, n. 16, excl. syn. „P. macrophylla Kunth", quae cfda. IIb. Sprengel!
— — Poiret in Dict. Scienc. nat. XXXVIII (ed. Levrault, 1825) p. 151.
— — Hartweg Hort. Carlsruhan. (1825) p. 204. Cf. Hist. spec. cult. in Radlk. Serj. p. 63.
— — Descourtilz (1827); cf. infra „Paullinie ailée".
— — Martius Reise in Brasilien II (1828) p. 543, n. 4; III (1831) p. 1065, 1098; cf. infra „Timbó", et obs. n. 6. Coll. Mart. in Hb. Monac.!
— — Schrank & Martius Hort. reg. Monacens. (1829) p. 161. Cf. Hist. spec. cult. in Radlk. Serj. p. 63
— — Desfontaines Catal. Plant. Hort. reg. Paris. Ed. III (1829) p. 230! Cf. supra Ed. I (Tableau etc. 1804).
— — Cambessed. in Mém. Mus. d'Hist. nat. XVIII (1829) p. 23.
— — Sweet Hort. Britann. (1830) p. 84. „Cult. 1752". Cf. Hist. spec. cult. in Radlk. Serj. p. 63.
— — Loudon Hort. Britann. (1830) p. 159. „Cult. 1752". Cf. Hist. spec. cult. in Radlk. Serj. p. 63.
— — Don General Syst. I (1831) p. 660, n. 7, excl. ex parte cit.: „Linn. Sp. Pl. Ed. I. p. 366" (n. 7), ut supra. „Cult. 1752". Cf. Hist. spec. cult. in Radlk. Serj. p. 63.
— — Spach Hist. nat. des Végét., Phanérog. III (1834) p. 49.
— — Dietrich, Fr. G., Gartenlex. XXVI (s. Neuer Nachtrag VI, 1837) p. 435, excl. syn. „P. macrophylla Kunth", quae cfda.
— — Dietrich. Dav., Synops. Pl. II (1840) p. 1314, n. 16, excl. syn. „P. macrophylla Kunth", quae cfda.
— — Heynhold Nomencl. bot. hortens. I (1840) p. 591. Cf. Hist. spec. cult. in Radlk. Serj. p. 63.
— — Steudel Nomencl. Ed. II. II (1841) p. 278, excludend. obs.: „Cfr. P. macrophylla Kunth".
— — Endlicher Enchiridion bot. (1841) p. 563.
— — Martius Syst. Mat. med. Brasiliens. (1843) p. 73; cf. infra nom. vulg. et obs. n. 6.

Paullinia pinnata Donn Hort. Cantabrig. Ed. XIII (1845) p. 265. „Cult. 1752." Cf. Hist. spec. cult. in Radlk. Serj. p. 63.
— — Duchesne Répertoire des Plantes utiles et des Pl. vénéneuses du Globe, Nouv. Ed. (1846) p. 194. Cf. obs. n. 6.
— — Treviranus „über anomalische Holzbildung bei Dicotyledonen" in Mohl & Schlechtend. Bot. Zeitung V (1847) No. 23, p. 393; translat. ab Henfrey in Ann. & Magaz. Nat. Hist., II. Ser., 1 (1848) p. 127. 128; citat. ab Oliver „On the stem of Dicotyledons" in Nat. Hist. Review II. No. VII (July 1862) p. 307 (seorsum impr. p. 10).
— — Hooker, W., Niger Flora (1849) p. 247, n. 1, incl. syn.: „P. senegalens. Juss., uvata Schum. & Thonn., africana Don." „Coll. Sieber!. Christ. Smith!, Vogel!, Don, etc."
— — Bentham in Hook. Journ. Bot. & Kew. Gard. Misc. III (1851) p. 193. incl. syn. „P. diversiflora Miqu. et Hostmanni Steud." „Coll. Spruce. Rio Aripecuru".
— — Oliveira, Henrique Velloso de. Syst. de Mat. med. vegetal Brasileira (Rio de Jan. 1854) p. 144; cf. infra nom. vulg.
— — Grisebach Flor. Brit. West Ind. Isl. (1859—64) p. 124, n. 13, incl. syn.: „P. diversiflora (sphalmate „diversifolia") Miq., nitida Steud.. Hostmanni Steud." „Coll. Finlay!, Anderson, Crüger".
— — Grisebach Plant. Wright. in Mem. Amer. Acad., N. Ser. VIII (Decemb. 1860) p. 168; „coll. n. 104!. 1171!"
— — Triana & Planch. Prodr. Flor. Novo-Granat., Ann. Scienc. nat., IV. Sér. (1862) p. 350, n. 1, incl. syn.: „P. Hostmanni Steud., nitida Steud., diversiflora (sphalmate „diversifolia") Miqu., senegalens. Juss., uvata (sphalmate „ovata") „Thonn. et Schum.", excl. vero ex parte cit.: „DC. Prodr. I, 604" (n. 5), ut supra. „Coll. Fendler n. 455! (Panama)".
— — Grisebach Catal. Pl. Cubens. (1866) p. 45, n. 9; „coll. Wright n. 101!, 1171!"
— — Baker in Oliver Flora trop. Africa I (1868) p. 419, n. 1, incl. syn.: P. senegalens. Juss., uvata Schum. et Thonn., africana Don., excl. vero ex parte. cit.: „DC. Prodr. I, 604" (n. 5), ut supra. „Coll. Sieber!. Hendelot!, Skues, Vogel!, Barter, Don, Moller, Kirk".
— — Martius in Flor. Brasil. VI, 1 (Fasc. XLV, 1868) p. 300; cf. infra nom. vulg. Cururu-apé.
— — Sauvalle et Wright Flora Cubana (1873) p. 24 n. 427.
— — Baillon Hist. d. Pl. V (1874) p. 389 (de usu).
— — Radlkofer in Monogr. Serj. (1874—75) p. 68 n. 1 etc. (v. indic.), c. synon.
— — Hemsley in Biol. Centr.-Am., Bot. I (1879—81), p. 210 n. 6. „Coll. Humb. & Bonpl.!, Fendler n. 455!"
— — Villafranca Pl. utiles du Brésil, Extrait du Bull. de Thérap. médic. et chirurg. (1879) p. 37. 40.
— — Caminhoa Catal. d. pl. toxiques du Brésil, traduit du Portougais par Rey. Extrait du Journal de Thérapeutique (Paris 1880) p. 24. Refertur in Jahresb. d. Pharmakogn. XL, 1880, p. 34.
— — Bello Flor. Portoric. in Anal. Hist. Nat. (Madrid 1881) p. 246, n. 110.
— — Hoffmann, Otto, Sertum plantar. madagascar. a cl. J. M. Hildebrandt lectar. (aus der Festschrift zur Feier des 200-jährigen Bestehens des Friedrich Werder'schen Gymnasiums, Berlin 1881) p. 13; coll. n. 3300!, 3300 a!, 3302 c (Nossi-bé).
— — Hoffmann, Otto, Plantae Mechowianae, in Linnaea XLIII, 2 (1881) p. 124; coll. n. 14.

Paullinia pinnata Sagot Catal. des Pl. de la Guyane franc. in Ann. Scienc. nat., IV. Sér.,
XII (1882) p. 190!
— — Baillon in Dict. encycl. d. Scienc. medic. XXI (1885) p. 652 c. syn.
P. afric. Dou, uvata Schum. & Th., senegalens. Juss. (Sequitur p. 654
obs. de usu, autore E. Labbée; cf. obs. n. 6.)
— — Radlkofer Serj. Suppl. (1886) p. 21 etc. (v. indic.).
— — Radlkofer über fischvergiftende Pflanzen, Sitzungsber. d. k. bayer. Akad.
(1886) p. 403.
— — Anales del Museo Nacional, Republica de Costa Rica, I (1888), Pars 2,
p. 20 (secundum Biolog. Centr.-Americ. enumerata c. indicat. „Méjico
y Panamá“).
(?) — — Britton Enum. Plant. a Rusby collect., Bull. Torr. Bot. Cl. XVI, 1889,
p. 190; coll. n. 519, 520 (Brasil.); 522 (Boliv.)? Specimina non vidi.
— — Morong & Britton, Enum. Plant. a Morong in Paraguay 1888—90 collect.,
Ann. New-York Acad. VII (1893) p. 74; coll. n. 373, 892 (mihi
non visa).
— — Greshoff de plant. ad pisc. capiend. adhib., Mededeelingen uit s'Lands
Plantentuin X (1893) p. 38.
— — Schenck Beiträge zur Anat. d. Lian. (1893) p. 108, tab. V, fig. 57!
— — Engler Veg. v. Usambara (1894) p. 49, 53.
— — Engler Pflanzenwelt Ost-Africas, A (Pflanzenverbreitung) p. 70, 86, 89,
115 (1895).
— — Taubert in Engler Pflanzenwelt Ost-Africas, C (Pflanzenverzeichniss)
p. 249 (1895).
Corindum spec. Adanson Familles des Plantes II (1763) p. 387; cf. obs. n. 6.
Coccoloba spec.? Schilling de Lepra Commentationes, recens. Hahn (1778) p. 199; cf. obs. n. 5.
Tondin surinamensium Vitman Summa Plant. II (1789) p. 447, n. 1 („T. surin. Schilling
de Lepra tab. 1"), c. syn. „Clematis 5-phylla" Plum. Amer.
tab. 91. Cf. infra nom. vulg. et obs. n. 5.
— — Gmelin, Jo. Fr., Syst. Nat. II. (Linn. S. N. Ed. XIII, 1791) p. 635,
n. 1 („T. surinamensium Schilling de Lepra t. 1"; „T. surina-
mense" Gmelin in indice p. 1637.) Cf. Radlk. Serj. p. 14, 15,
nec non infra obs. n. 5.
— — Steudel Nomenclat. Ed. II, II (1841) p. 691 („T. surin. Schilling"),
c. syn. „Clematis pentaphylla Plum. tab. 91" (sphalmate quin-
quephylla).
Paullinia tomentosa (non Jacq. etc.) Jussieu Herb. n. 11359, coll. Ledru, Porto-Rico, ed.
Poiret in Lam. Encycl. V (1804) p. 98 sub n. 7 (P. toment.)!
Cf. obs. n. 3.
— — Jussieu, A. L., in Ann. Mus. d'Hist. nat. IV (1804) p. 317, n. 7, ex
parte; cf. l. anteced. et obs. n. 3.
— — Poiret in Lamarck Encycl. V (1804) p. 98, n. 7, ex parte; cf. anteced.
et obs. n. 3.
— — Poiret in Dict. Scienc. nat. XXXVIII (ed. Levrault, 1825) p. 150, ex
parte; cf. anteced. et obs. n. 3.
Paullinia senegalensis Jussieu, A. L., in Ann. Mus. d'Hist. nat. IV. (1804) p. 348 (non
448, uti Poiret in Lam. Encycl. refert.), n. 8. „In Senegal ab
Adansonio lecta"! (Hb. Juss. n. 11354 „Adanson n. 51 A".)
Cf. Radlk. Serj. (v. indic.) et infra obs. n. 4.
— — Persoon Synops. I (1805) p. 443, n. 13.
— — Poiret in Lamarck Encycl. Suppl. IV (1816) p. 333, n. 24.
— — Dietrich, Fr. G., Gartenlexicon, Nachtrag V (1819) p. 647, n. 5.
— — Steudel Nomencl. Ed. I (1821) p. 597.

Paullinia senegalensis De Cand. Prodr. I (1824) p. 605, n. 15.
— — Poiret in Dict. Scienc. nat. XXXVIII (ed. Levrault, 1825) p. 152.
— — Sprengel Syst. Veg. II (1825) p. 249, n. 22.
— — Richard, A., in Dict. class. d'Hist. nat. XIII (m. Jan. 1828) p. 112.
— — Cambessed. in Mém. Mus. d'Hist. nat. XVIII (1829) p. 23.
— — Guillemin, Perrottet et A. Richard Flor. Senegamb. Tentam. I (1830—33) p. 116, incl. syn.: „P. uvata Schum"!
— — Loudon Hort. Britann. (1830) p. 159. „Cult. 1822". Cf. Hist. spec. cult. in Radlk. Serj. p. 63, 64.
— — Don General Syst. I (1831) p. 661, n. 25. „Cult. 1822". Cf. Hist. spec. cult. in Radlk. Serj. p. 64.
— — Dietrich, Dav., Synops. Pl. II (1840) p. 1315, n. 22.
— — Heynhold Nomenclat. bot. hortens. I (1840) p. 591. Cf. Hist. spec. cult. in Radlk. Serj. p. 64.
— — Steudel Nomencl. Ed. II, II (1841) p. 278.
— — Schweinfurth Beitrag zur Flora Aethiopiens (1867) p. 12, n. 238; coll. Cienkowsky!
Paullinia spec. „pinnatae similis" Brown, Rob., Narrative of an Expedition to explore the river Congo (1818) Appendix; vermischte Schriften übersetzt v. Nees v. Esenbeck I (1825) p. 188. „Coll. Smith (Congo)!, Brass (Cap Coast). Park (Gambia)." Cf. obs. n. 1.
— — Hemsley in Salvin & Godm. Biol. Centr.-Amer., Bot. I (1879—91) p. 210 n. 12. „Haba, Mexico merid."!
Paullinia uvata Schum. et Thonning Beskriv. af guineisk. Plant. in kgl. Danske Vidensk. Selsk. Afhandl. III (1828) p. 215! Cf. Radlk. Serj. (v. indic.).
— — Walpers Repert. I (1842) p. 413.
— — Guillemin in Ferussac Bulletin des Scienc. nat. et de Géologie XXIII (Oct. 1830) p. 86.
Paullinia africana Don General Syst. I (1831) p. 661, n. 16. „Sierra Leone". Cf. Radlk. Serj. (v. indic.).
— — Dietrich, Dav., Synops. Pl. II (1840) p. 1315, n. 33.
— — („R. Br." sphalmate) Duchesne Répertoire des Plantes utiles et des Pl. vénéneuses du Globe, Nouv. Ed. (1846) p. 194. Cf. obs. n. 6.
Serjania spec. Martius Hb. Flor. Bras. Pars III (Catalogus autographicus, 1842) n. 1244! Cf. Radlk. Serj. Suppl. (1886) p. 162.
Paullinia diversiflora Miquel Animadvers. in Herb. Surinam. a Focke collect. (Nov. 1812) in Hoeven & Friese Tijdschrift voor natuurl. Gesch. X (1843) p. 87, n. 25. (Seorsum. impr. p. 13)! Cf. Radlk. Serj. Monogr. (1875) p. 53, 68 et Serj. Suppl. (1886) p. 98.
— — Walpers Repert. II (1843) p. 814, n. 8.
— — Miquel Symbol. ad Flor. Surinam. in Linnaea XVIII (1844) p. 362, n. 2, incl. syn. „P. nitida Steud.", „P. Hostmanni Steud."
— — Walpers Repert. V (1845—46) p. 361, n. 7.
— — Schomburgk, Rich., Reisen in Brit. Guiana III (1818) p. 1004 c. syn. „P. nitida Steud., P. Hostmanni Steud." Cf. Radlk. Serj. Suppl. (1886) p. 98.
Paullinia nitida (non alior.) Steudel in Flora s. Regensb. bot. Zeitung XXVI, 2 (1843) p. 756; coll. Hostmann & Kappler n. 1211! Cf. Radlk. Serj. et Serj. Suppl. (v. indic.).
Paullinia Hostmanni Steudel in Flora s. Regensb. bot. Zeitung XXVII, 2 (1844) p. 725; coll. Hostmann & Kappler n. 1211! Cf. Radlk. Serj. et Serj. Suppl. (v. indic.).

Paullinia alata (non Don) Naegeli Dickenwachsthum etc. bei den Sapindaceen (1864) p. 56,
t. 7, f. 1—8. „Hort. Paris." Cf. Hist. spec. cult. in Radlk. Serj. p. 63,
Serj. Suppl. p. 29, 122 et infra obs. n. 7.
Paullinia podocarpa Klotzsch ed. Rich. Schomburgk, Reisen in Britisch-Guiana III (1848)
p. 1180. Coll. Schomb. n. 30! Cf. Radlk. Serj. Suppl. (1886)
p. 100, 101, 102 et infra obs. n. 1.
Paullinia angusta N. E. Brown in Kerr, J. Graham, Bot. Pilcomayo Exped., Transact. and
Proceed. Bot. Soc. Edinb. XX. 1 (1894) p. 49; coll. Balansa n. 2479!
etc., cf. infra specim. enumer. et obs. n. 1.

—   —    Moore, Spencer Le March., Phan. Bot. Matto Grosso Exped. 1891—92,
Transact. Linn. Soc., II. Ser., IV, 3 (Dec. 1895) p. 340; coll. n. 1063.

Nomen vulgare: Cururu-ape (s. Cururu Ape) Brasiliensibus ex Piso et Marcgrav ll. cc.;
cfr. supra Lit. et Martius Mat. med. l. c. (1843), Oliveira l. c. (1854),
Martius über Pflanzennamen in der Tupi-Sprache, in Gelehrte Anzeigen
der kgl. bayer. Akademie (1858) p. 31 et in Glossar. (1867) p. 393,
Martius Flora Brasil. VI, 1 (Fasc. XLV, 1868) p. 300. Cf. obs. n. 6.

—   —    Liane à dent de scie (Martinicensibus ex Plumier Descript. des Pl. de
l'Amérique (1693) p. 77 et Mss. in Bibl. Mus. Par. serv. l. c. Cf. obs. n. 6.

—   —    Herbe aux contusions Herb. Vaillant, nunc Herb. Paris. generale. Cf. obs. n. 6.

—   —    Lianne de Persil (Martinicensibus) Labat Nouveau voyage aux Isles de
l'Amerique I (1724) 3, p. 191, c. fig.; Plée in Hb. Paris. (1820, „Liane
persil" incolis insulae Martinicae); Duss in Hb. Krug & Urban (1890).
Non recte huc, ut jam Labat indicavit, nec ad Paull. Cururu, cf. ibid.
obs. n. 3 et infra obs. n. 6 nec non Serj. polyphyll. R. in Radlk. Serj.
p. 185, 198.

—   —    (?) Liane à empoisonner les flèches Barrère Essai sur l'Histoire nat. de
la France équinoxiale (1741) p. 45; Descourtilz Flore médic. des Antilles
III (1827) p. 139; cf. obs. n. 6.

—   —    (?) Pois à enivrer Adanson Familles des Plantes II (1763) p. 543 sub „Corindum"; Buchoz l. c. V (1777) p. 36 sub „Cardiospermum"; cf. obs. n. 6.

—   —    Liane quarrée (Cayennensibus) Aublet Pl. Guian. I (1775) p. 355; cfr.
Serjania polyphylla Radlk. et Serjania paucidentata DC. in Radlk. Serj.
p. 182, 185, 198 et 230, nec non P. tetragona Aubl. et infra obs. n. 6.

—   —    Tondin Surinamensibus ex Schilling de Lepra Commentationes, recens. Hahn
(1778) p. 59 et 198, t. 1; cfr. supra Tondin surinamensium Vitm., Gmel.
etc., Coccoloba sp. Schill., P. pinn. Hahn et infra obs. n. 5 & 6.

—   —    Paullinie ailée Lamarck Illustr. gen. II (1793) p. 417; Poiret ll. cc. (1804
& 1825), Descourtilz Flore médic. des Antilles III (1827) tab. 181, c. syn.
Cururu Ape, Liane à scie (?) et Liane à empoisonner les flèches (?) ibid.
p. 139, reliquis vero omnibus, quae non descript. (ad P. Cururu referend.)
excl.; cf. obs. n. 6 et ob fructus figuram incorrectam Hist. gen. in Radlk.
Serj. p. 38 et infra obs. n. 8.

—   —    Bread and Cheese anglice ex Rodschied l. c. (1796); cfr. P. Cururu et infra
obs. n. 6.

—   —    Wing'd-leaved Paullinia Aiton l. c. (1811).

—   —    (?) Liane à scie Descourtilz Flore médic. des Antilles III (1827) p. 139;
cf. obs. n. 6; Duchesne Repert. d. Pl. utiles etc. (1846) p. 194.

—   —    Timbó Martius Reise in Brasilien II (1828) p. 513, n. 1; III (1831) p. 1065;
cf. obs. n. 6.

—   —    „    Riedel in Taunay & R. Manual do agricultor brasileiro (Rio d. Jan.,
1839) ex Guillemin Tableau synonymique des plantes les plus
usitées dans l'économie et la médecine domestique du Brésil, Ann.
Scienc. nat., II. Sér., XII (1839) p. 220; cf. obs. n. 6.

Nomen vulgare: Timbó Bates, The Naturalist on the river Amazons II (1863) p. 82.
— — „ Villafranca Pl. utiles du Brésil (1879) p. 10; cf. obs. n. 6.
— — „ Caminhoa Catal. d. pl. toxiques du Brésil etc. (1880) p. 24; cf. obs. n. 6.
— — Timbó-Sipó (s. Cipó). Tupin., Martius Mat. med. l. c. (1843). Oliveira l. c. (1854). Martius üb. Pflanzennamen in der Tupisprache in Münchener gelehrte Anzeigen (1858) p. 44. 45. Giossar. (1867) p. 406. Cf. Radlk. Serj. p. 162 etc. (v. indic. sub Timbó et Cipó) et infra obs. n. 6.
— — Sipó (s. Cipó) Timbó Martius üb. Pflanzennamen i. d. Tupisprache, cf. l. anteced.
— — Basket-Wood incolis insulae S. Thomas t. Oersted in Herb. Hafn. (1846?). Cfr. Serj. polyphylla R. in Radlk. Serj. p. 185 et infra obs. n. 6.
— — Bejuco de costilla Grosourdy El médico botanico, III (1864) p. 349; idem nomen indicatur p. 227 sub Serj. triternata W., i. e. Serj. polyphylla Radlk. Cf. obs. n. 6.
— — „ Stahl in scheda speciminis Portoricensis, Hb. Griseb. Cfr. infra „Costilla de vaca" et obs. n. 6.
— — Mafome Glaziou in Hb. Eichler, n. 10415. Cf obs. n. 6.
— — Bange leaf Kamerunensibus t. Angerer in scheda (Hb. Monac. 1886) c. obs. „suibus noxia".
— — Barbasco t. Revirosa, Fl. mexic. exsicc. Cf. Radlk. über fischvergiftende Pflanzen, Sitz.-Ber. d. k. bayer. Akad., 1886, p. 379. 400. Cf. obs. n. 6.
— — Barbasco s. Costilla de vaca (negra) Christy, New Commercial Plants IX, p. 66 ex Greshoff l. c. (1893) p. 39. Cfr. Serj. goniocarpa Radlk. in Radlk. Serj. p. 156 et infra obs. n. 6, nec non supra „Bejuco de costilla".
— — Massepéle t. Stuhlmann, in Massongo (ex Taubert in Engl. O-tafr. 1895, p. 249).
Non Paullinia pinnata Linn. Sp. partim; cf. supra sub Linn. et infra Spec. excl.
— — — Linn. Amoenit. acad. V (1760) p. 378 n. 1 (Sandmark Flor. Jamaic., Dec. 1759)!, fide stirpis Hb. Linn. ex Hb. P. Browne allatae, quae Weinmannia hirta Sw. (non W. pinnata L., uti Smith l. supra c. indic.), excl. cit. abbrev.: „P. Browne Hist. Jam. p. 212. n. 1". Cf. Hist. gen. in Radlk. Serj. p. 21, 24. Serj. Suppl., 1886, p. 48, 126, nec non infra obs. n. 2.
— — — Linn. Herb.!, cf. l. anteced.
— — — Pasquale Catal. del Real orto bot. di Napoli (1867) p. 76!, quae Serj. confertiflora Radlk. Cf. Radlk. Serj. Suppl. (1886) p. 53. 89 et infra obs. n. 7.
— — — Lorentz & Hieron. Flor. Argent. exsicc., specim. m. Jan. 1873 ad Lules prov. Tucuman lect.!, quae Serj. marginata Casar., cf. Radlk. Serj. Suppl. (1886) p. 53, 105.
— — — Griseb. Symb. ad Flor. Argent. (1879) p. 80, n. 153, coll. Lorentz & Hieron. „Tucuman" (n. 1002 in Hb. Griseb., specim. m. Jan. ad Lules prov. Tucuman lect.!), quae Serj. marginata Casar. foliis partim depaup.; cf. Radlk. Serj. Suppl. (1886) p. 53, 105.
— — — Hieron. Pl. diaphor. Flor. Argent. (1882) p. 67, „prov. Tucuman". Cf. l. anteced. et Serj. marginat. Casar. in Radlk. Serj. Suppl. (1886) p. 105.
Perperam citatur Cururu-ape Piso (Ed. 1648) p. 114, (Ed. 1658) p. 250, Marcgr. p. 22 ad Pisum cord. non vesic. in Sloane Catal. Pl. Jamaic. (1696) p. 111 et ad Paull. sarment. etc. in P. Browne Hist. Jam. (1756) p. 212 n. 1 (cfr. Paull. jamaic. et barbad.), nec non ad Cururu scand. enneaph. (non Plum.) Barr. in Barrère Essai etc. (1711) p. 45 (cfr. Paull. fascese.).

Perperam citatur Leguminosa brasiliensis fructu ovato, costa folii appendicibus aucta Rajus Hist. II (1688) p. 1347 ad Pisum cord. non vesic. in Sloane Hist. Jam. I (1707) p. 239; cfr. P. jamaic. et barbad.

— — Clematis pentaphylla etc. Plum. Amer. (1693) p. 76, t. 91 ad Pisum cordat. non vesic. in Sloane Catal. Pl. Jam. (1696) p. 111; cfr. P. jamaic. et barbad.

— — Paullinia pinnata Linn. Spec. Ed. I et II sine ulla exclusione ad Paull. pinnat. emend. ab auctoribus plurimis.

Scandens, fruticosa, subglabra; rami e trigono inaequaliter 5—6-costati; corpus lignosum compositum e centrali majore et periphericis 1—3 minoribus (raro usque ad medios circiter ramos simplex, cf. obs. n. 9); folia 5-foliolato-pinnata (rarissime superiora depauperata, ternata, cf. obs. n. 10); foliola ex ovato oblonga vel lanceolata, apice basique obtusa vel acuta, breviter petiolulata, remote serrato-dentata, subcoriacea, e viridi fuscescentia, nitida, glandulis microscopicis subsessilibus malleoliformibus subtusque interdum (nec non supra in nervis et circa articulationes) pilis laxius densiusve adspersa et in axillis nervorum barbata, punctis lineolisque pellucidis sparsis (rarius vix ullis) subtusque reti subpellucido interrupto laxiore instructa, epidermide non mucigera, vix crystallophora; petiolus rhachisque plerumque late, rarius anguste alata, rarissime petiolus in uno vel in utroque latere nudus (cf. obs. n. 3); stipulae parvae, lineari-subulatae, rarius majores, lanceolatae; thyrsi solitarii, laxius densiusve cinciuniferi, racemiformes vel rarius fere spiciformes; cincinni vix elongati, subsessiles; flores minores vel mediocres, longius breviusve pedicellati, sepalis non vel vix costatis; fructus sectionis cuneato-clavatus vel pyriformis, interdum apice trigibbosus (cf. Schumach. tab. IX, fig. 1, l), vel sterilis corniformis (cf. Schum. tab. X, fig. 2, b), subtrigonus, glaber; semen compresse et longius ellipsoideum, arillo dorso et ventre profunde fisso fere usque ad apicem obtectum.

In America tropica, capricornum in Paraguay transgrediens (frequens in Brasilia, in Guiana et in Antillarum insulis S. Domingo, Porto-Rico, S. Thomas, rarior ut videtur in Cuba, Crabbeneiland, Dominica, Martinica, S. Lucia et Trinidad, in Paragay et Argentina, in Bolivia (?), Peruvia, Ecuador, Panama, Nicaragua Honduras, Guatemala et Mexico), nec non ad oras et insulas Africae tropicae occidentalis (Guinea etc.) et orientalis (Zanzibar, Mayotte, Madagascar et Mohilla) et in Africa centrali: In Brasilia: Marcgrav et Piso; Pohl n. 251 (Hb. Vindob.); Martius! („in sylvis ad Pará, prov. Pará, m. Maj.", fruct.; Hb. Monac.); Burchell n. 6717! (Goyaz; Hb. Kew), 9916! (prope Pará); Patricio da Silva Manso n. 35! (province. Mato Grosso „prope Cujaba, m. Oct. 1832", flor.; Hb. Martius) = Mart. Herb. Fl. bras. n. 1244! („Serj. spec.; Cujaba" Cat. autogr.); Gaudichaud n. 145! (prov. Mato-Grosso, a. 1833; Hb. Par.); Spruce (prov. Pará, ad flum. Aripecurú, a. 1849, ex Benth. l. c.); Wallis! (a. 1861—64; Hb. Berol.); Glaziou n. 9698! = Schwacke Hb. n. 38! (leg. Schwacke; Pará ad Larangeiras, Ilha de Marajó, a. 1877), id. 9703! = Schwacke Hb. n. 42! (leg. Schwacke; Piauhy a. 1878), id. 10413! 10415! (Hb. Eichler, Hb. Warming); H. Schenck n. 4057! 4128! (Berberibe prope Pernambuco, m. Jun. 1887, fruct.; coll. lign. n. 639, 646); Rusby n. 519. 520 („Falls of the Madeira. Brazil", ex Britton l. c.); O. Kuntze! (Mato Grosso, m. Jul. 1892, fruct.; specimen anomalum foliis superioribus ternatis et corpore lignoso simplici, cf. obs. n. 9. n. 10); Spencer Le M. Moore n. 1063 (Mato Grosso, ad Puerto Pacheco, m. Febr. 1892, fruct.; „P. angusta N. E. Browne"); Lindman n. A, 3513! (Mato Grosso, Cujabá, in fruticetis densis ruderalibus „Charravasco" dictis, m. Febr. 1894; fruct. inanes, cuneiformes, apice trigibbosi; Hb. Holm.); — in Guiana gallica: Aublet! (Cayenne, a. 1762—64; Hb. Banks); Richard! („in sylvis et lucis arbores et dumos scandens", a. 1781—85, m. Jul., flor.; m.

Jun. et Jan., fruct.; Hb. Franquev.); Leblond n. 56! n. 346! (a. 1786—91; Hb. Deless., Par., Lugd.-Bat.); Martin (ex Sagot in literis); Gabriel! (a. 1802; Hb. Deless.); Brocheton! (a. 1797; Hb. Juss. n. 11353, C.); Perrottet n. 239! (Cayenne, a. 1819—20; Hb. Deless., Hb. Prodromi); Leprieur! (Cayenne, a. 1838—39; Hb. Par., Lugd.-Bat.); Melinon! (a. 1842; Hb. Lugd.-Bat.); Deplanche n. 12! (Hb. Lénormand); Sagot n. 78! („Karouany a. 1855, Mana a. 1858"; Hb. Vindob., Franquev.); — in Surinam: Schilling (ante a. 1776); Leschenault! (a. 1823—24; Hb. Par.); Splitgerber! („in fruticetis, m. Nov. 1837", flor.; Hb. Deless., Vindob.); Focke! („ad fl. Commewyne sup., ad plantat. Bergendaal, m. Oct." 1841?, fruct. mat.; „P. diversiflora" Miq. l. c.; Hb. Lugd.-Bat., Par.); Hostmann & Kappler n. 1211! ed. Hohenacker („Surinam, in sylvis umbrosis distr. Pará, m. Aug. 1842", flor. „P. nitida" Steud. l. c., „P. Hostmanni" Steud. l. c.; Hb. plurim.); Wullschlaegel n. 59! (Hb. Griseb.; „Warappa-Kreek" ca. 1849, Hb. Martius); Weigelt! (Paramaribo; Hb. Reichenb. nunc Vindob.); — in Guiana anglica: Rodschied (Essequebo, ca. 1793); id.? n. 19! (Essequebo in sylvis; ex Hb. Meyer in Hb. Griseb. translat.); Parker! (Demarari; Hb. DC.; Rich. Schomburgk n. 30! („Paull. podocarpa Klotzsch" ed. Rich. Schomb. in Reisen etc. III, 1848, p. 1180; Hb. Ber.); Rob. Schomburgk n. 91! (a. 1841; Hb. Deless., Par.); Jenman n. 5340! 5150! Berbice, m. Jun. 1889, flor. et fr. immat.; Hb. Kew., Berol.); — in S. Domingo: Plumier (ex sequ. et obs.: „planta satis frequens reperitur apud omnes insulas Americanas" Plum. Mss.); Surian n. 227! (S. Domingo, a. 1690; Hb. Surian in Mus. Paris. et ex hoc translat. in Hb. Juss. n. 11353. B et? in Hb. Banks specimen a Juss. e. Houston a. 1727 comm.; cf. Monogr. Serj. p. 22, 31); Mademoiselle de Roquefeuil! (S. Domingo, a. 1787; Hb. Juss., n. 11353, D); Richard! (a. 1786—87; Hb. Franquev.); Poiteau! (a. 1802; Hb. Juss. n. 11353, A.; Hb. Deless., Mertens, Florent.); Mayerhoff! (S. Domingo, a. 1859; Hb. Berol.); L. A. Prenteloup n. 90! (S. Domingo in sylvis, m. Nov. 1862, flor. et fruct.; Hb. Boiss., Hb. Krug et Urban); C. Wright, CC. Parry, H. Brummel Fl. Domingens. n. 154! (m. Jan. 1871, fruct.; Hb. U. S. Depart. Agric.); Eggers n. 2165! (in fruticetis ad Rio Muñoz, alt. 150 m, m. Jun. 1887, flor.); — in Porto-Rico: Ledru n. 199! (a. 1797—98; c. Hb. Webb. comm. ex Hb. Desfont.; specimen petiolis nudis pro „P. tomentosa Jacq." a Juss. habita exstat in Hb. Juss. n. 11359 et specimen conforme in Porto-Rico ab eodem verosimillime lectore collectum in Hb. Willden. n. 7719 phg. 3; cf. obs. n. 3); Bertero! (a. 1819; Hb. Spreng., Taur.); Wydler n. 145! (a. 1827; Hb. plur.); Blauner n. 61! („Porto-Rico, Aquas claras"; Hb. Boiss., DC.); Stahl, sine n.! (in ruderatis, m. Sept. 1873, flor., e. nom. vulg. „Bejuco de costilla"; Hb. Griseb.), n. 507! (prope Bayamon in fruticetis, m. Jun. 1886, flor., e. eod. nom. vulg.; Hb. Krug et Urban); L. Krug n. 158! (prope Coamo, a. 1871, flor. et fr.); Eggers Fl. exsicc. Ind. occ. ed. Ad. Toepffer n. 466! („Rio Blanco prope Naguabo, m. Jun. 1881", flor.; Hb. Boiss. etc.), sine n.! („prope Humacao in litoralibus, m. Jun. 1881", flor.; Hb. Krug et Urban); P. Sintenis n. 188! („prope Maricao ad ripam fluminis ad Hacienda Victoria versus, m. Dec. 1884", fruct.), 188ᵇ! („Mayagüez ad rivulum Quebrada de Oro, m. Dec. 1884", fruct.), 188ᶜ! („prope Fajardo in sylvis montanis, m. April. 1885", alab.), 1532! („Sierra de Luquillo in sylvis montis *Jimenes*, m. Jun. 1885" flor.), 1927! („prope Juncos in arboribus elatis montis *Gogo* scandens, m. Aug. 1885" fruct.), 3385ᵇ! („prope Guanica in sylvis ad La Plata, m. Febr. 1886", steril.), 4788ᵇ! („prope Adjuntas in sylva montis Cienega, m. April. 1886", fruct.), 5973! („prope Lares in sylvula Coffeae arabicae ad Percha, m. Januar. 1887", fruct.); — in S. Thomas: Riedlé! („S. Thomas et Porto-Rico", a. 1797—98; Hb Par.); Finlay n. 114! („S. Thomas, a. 1811"; Hb. Par.); Krebs! (Hb. Havn.); Örsted! (Hb. Havn.); — in Cuba: Wright n. 1011 (a. 1856—57; Hb. Boiss.), n. 1171! („Cuba orient. prope villam Monte Verde dictam, m. Jan.—Jul. 1859", flor. et fruct.; Hb. plur.); Eggers n. 4967! (ad Jacquey in sylvestribus, alt. 500 m, m. Mart. 1889, fruct.); — in Crabbeneiland: Collector ignotus! (Hb. Ledeb., nunc Petrop., Hb. Webb.); — in Dominica: Finlay (teste Griseb. in Fl. Brit. W. Ind. Isl.); — in Martinique: Plumier („cette plante est assez frequente dans nos Isles, particulièrement à la Martinique" Deser. des Pl. de l'Am. p. 77.); Plée (a. 1820; Hb. Par., Berol.); Belanger n. 1007! (Herb. des Antilles, Martinique 1857; Hb. Deless.); Hahn n. 137 part.! (cfr. P. Cururu L.; „Plantes de la Martinique; Lamentin. marais. Février 1868". fruct.; Hb. DC., Deless., etc.); Duss n. 1484! (locis humidis litoralibus, haud frequens; a. 1890; Hb. Krug et Urb.); — in Grenada: Eggers n. 6377! (inter S. George et Grand Etang usque ad altit. 1800 ped.; m. Dec. 1889, fruct.); — in S. Lucia: Anderson (ca. 1786; teste Griseb. in Fl. Brit. W. Ind. Isl.); Plée! (m. Jan. 1821. fruct. jun.; Hb. Par.); — in Trinidad: Crüger (teste Griseb. in Fl. Brit. W. Ind. Isl.); Fendler n. 278! partim (partim Paull. fuscesc. K.; a. 1877—80, Hb. Kew.); Herb. Hort. Trinit. n. 2142. b! (Hb. Krug & Urb.); — in Paraguay et Argentina: Weddell n. 3199! (m. Apr.— Maj. 1845. fruct.; Hb. Par.); Gibert, arbres n. 68! (Assomption 1858; Hb. Hook.); Fleischer! (Hb. Steudel, nunc Franquev.); Balansa n. 2479! (Villa-Occidental, m. Maj. 1874. fruct., foliolis angustis subinciso-dentatis; Hb. DC., Boiss., Griseb., a Griseb. vero in Symb. ad Flor. argent. praeterita; „Paull. angusta N. E. Brown" l. c.), 2479, a! (Paraguari, a. 1877, sine flor. et fruct., foliolis angustis subinciso-dentatis; Hb. DC.); Lorentz n. 31! n. 120! (Villa-Occidental, m. Jan. et Febr. 1879. fruct. et alab., foliolis angustis subinciso-dentatis; Hb. Berol.); Rengger! (Hb. Polytechn. helvet.); Morong n. 373 („Asuncion"), 892 („Pilcomayo River", m. Jan. 1888—90, ex Morong & Britton l. c.; specimina non vidi); Stewart (ex N. E. Brown sub „P. angusta" l. c.); Kerr („Rio Pilcomayo" 1890—91 ex N. E. Brown sub „P. angusta" l. c.); Moore n. 1063 („Porto Pachico" ex N. E. Brown sub „P. angusta" l. c.; specimina non vidi); — in Bolivia: Rusby n. 522 (ex Britton l. c., prope Reis); — in Peruvia: Pavon! (Hb. Boiss.); — in Ecuador: Spruce n. 6261! („ad fluvium Daule prope Guayaquil"; Hb. Boiss., Par.); — in Panama: Fendler n. 455! (Chagres, isthmus of Panama, 1850; Hb. Kew.); — in Nicaragua: Oersted! (ad Granada in Nicaragua, m. Jun. 1846, flor.; Hb. Havn.); Lévy n. 125! („Plantae nicaraguenses: Environs de Grenade, bois, alt. 40 m, Juill. 1869", flor.; Hb. DC.); — in Honduras: Barlee! (circa 1878; Hb. Kew.); — in Guatemala: Friedrichsthal n. 401! („Guatemala, S. Tomas, 1841"; Hb. Vindob.); — in Mexico: Humboldt & Bonpl. n. 3893! („crescit locis exustis inter La Venta del Exido et Acapulco, regno Mexicano"; Hb. Ber.); Galeotti n. 4314! „Pinotepa, prov. de Oaxaca, alt. 2000'", Hb. Deless., Hb. Bruxell.; cf. obs. n. 9); Jürgensen n. 175! („Pinotepa nacional, Oaxaca, Apr. 1845", fruct.; Hb. Deless.); Hahn! („Commiss. scientif. 1865—66"; „Paull. spec., South Mexico" Hemsley l. c.; Hb. Kew.); Rovirosa n. 190! (Tabasco, m. Jun. 1888, flor.; Hb. Kew., Hb. Berol.); — in Africa occidentali: Adanson n. 51, A! (Senegal, a. 1749—54; „P. senegalensis" Juss. l. c.; Hb. Juss. n. 11354); Isert! (ca. 1783; Hb. Willd. n. 7719, plag. 1); Beauvois! („Oware" ca. 1786—88; Hb. Prodromi DC.); Afzelius! (Sierra Leone, ca. 1792; Hb. Ber.); Thonning n. 156! (Guinea; „P. uvata" Schum. et Thonn. l. c.; Hb. Schum., nunc Havn.; Hb. Puerari, nunc DC.); Christ. Smith! (in Ins. Angelsay ad Congo; Hb. Hornem., Schum.; Brown, nunc Berol.); „Brass („Cap Coast" teste R. Brown l. c.); Park („Gambia"; teste R. Brown l. c.); Sieber, Plantae senegalenses n. 26! (legit Kohaut ca. 1823; Senegal; Hb. plurim.); Don (Sierra Leone ca. 1822—23; „P. africana" Don l. c.); Perrottet! (Sénégal, 20. Janv. 1825", flor.; Hb. Franquev., Par.); Leprieur! („Sénégambie, 1829—30"; Hb. Franquev., Deless., Par., Lugd.-Bat.); Heudelot n. 18! (Sénégambie, fréquent dans le Kombo, embouchure de la Gambie; commune aux environs d'Albrida; fl. en mai et juin; 1835"; Hb. Franquev., Webb., Par.); Vogel n. 244! (Fernando Po, ca. 1841; Hb. Benth.); Barter („Guinea proper" ex Baker l. c.); Kirk („Sierra Leone" ex Baker l. c.); Skues („Senegambia" ex Baker l. c.); Mann n. 214! („Western tropical Africa, 1859—63"; Hb. Ber., Vindob.); Lécard n. 61! (Senegambia, „forêt de Bafoulabé, Soudan", a. 1882, flor., o. obs. „grande Liane prenant les dimensions d'un arbre"); Mechow (Dondo in Angola, m. Jan., ex Hoffmann l. c.); Welwitsch n. 1700!, 1701! (Angola; Hb. DC.); Soyaux n. 212! (in sylvis pr. Zala in ora Loango, m. Febr. 1876. flor.; Hb. Ber.); Molmey! (Lagos, Guinea, circa 1883; Hb. Kew.; specimen gallis echinatis ad foliorum insertiones instructum); Angerer! (Kamerun, a. 1886; Hb. Monac.); — in Africa centrali: Schweinfurth n. 1429! (in terra Djur, Seriba Guattas, m. Apr. 1869, flor.; Hb. Ber.), n. 2806! (in terra Mittu ad flum. Uohko, m. Dec. 1869, flor. et fruct.; Hb. Ber.); — in Africa orientali: Bernier, 2ᵐᵉ envoie, n. 136! („Nord de Madagascar, 1835"; Hb. Del.); Richard n. 180! („île Madagascar, île Mohilla"; Hb. Webb), n. 231! (Hb. Franquev.); Pervillé n. 786"! („N.O. de Madagascar, 1841"; Hb. Lugd.-Bat.); J. M.

Hildebrandt n. 3300! 3300a! 3302c (Nossi-bé, in sylva primaeva ad Lokobé, m. Dec. 1879 flor., m. Mart. & Maj. fruct., ex O. Hoffmann l. c.; vidi in Hb. Boiss. et Hb. Monac.); Boivin! („Voyage de 1847—52; Côte orientale d'Afrique, Zanzibar, Oct. 1847. Avr., Mai*; flor. et fruct.; Hb. Par.); idem n. 3355! (Mayotte, 1846—52; Hb. Deless., Lénorm.); Cienkowsky, n. 115! („ad Benischangol in Fesoghlu, m. Mart. 1848, flor.* cf. Schweinfurth l. c.; Hb. Vindob.); Kirk! (Livingston's Zambesi Expedition, Rovuma Bay 10° lat. merid., m. Mart. 1861. fruct.; Hb. Vindob.); Meller („Zambesi-land" ex Baker l. c.); J. M. Hildebrandt n. 1170! (Zanzibar, Sept. — Nov. 1873, flor. et fruct.; Hb. Vindob.); Joblousky! (Zanzibar 1876; Hb. Paris.); Holst n. 2832! Ostafrica, Amboni*, m. Jun. 1893, flor.); — locis non indicatis: Jacquin! (Hb. Banks); Sieber, Flora mixta n. 125! (Hb. Deless.).

Culta olim in Horto Leydensi, Ultrajectino (cf. supra Literat.), Kewensi, Carlsruhano, Schwetzingensi, Celseano et Monacensi, si fides habenda Catalogis Hortor. (cf. Hist. spec. cultar. in Monogr. Serj. p. 63); specimina sicca vidi ex Horto Parisiensi (a. 1818 a Perrottet comm. c. Hb. Deless.), Berolinensi (1837) et Gottingensi (Hb. Schrader, nunc Petrop.) et alterum verosimiliter ex Horto Leydensi proveniens (in Hb. v. Royen, nunc Lugd.-Bat.); vivam vidi a. 1868 et 1877 in Horto Parisiensi, a. 1868 in Horto Leydensi et Kewensi (cf. infra obs. n. 7).

Zusatz 1. Rücksichtlich der Geschichte der Art kann ich mich, wie bei *Paullinia Cururu*, unter Verweisung des Lesers auf die Synonymie und Literatur und die darin schon gegebenen Hinweisungen auf andere hier in Betracht kommende Arten der Gattung *Paullinia* und *Serjania*, sowie auf die Gattungsgeschichte in der Monographie von *Serjania*, fast ganz darauf beschränken, in diesem und dem folgenden Zusatze die Verwechselungen hervorzuheben, welche sich bei Linné finden, während sich die Art bei den Autoren vor und nach ihm ziemlich unvermischt erhalten hat.

Eine doppelte solche Verwechselung findet sich schon im Hortus Cliffortianus (1737), indem das dort unter n. 3 beschriebene, im Garten von Cliffort cultivirte Exemplar der *Serjania curassavica* Radlk. für die Pflanze von Piso (1648) und Plumier (1693, 1703), d. i. für *P. pinnata* gehalten wurde, und indem noch weiter auch das Sloane'sche *Pisum cordatum, non vesicarium* (d. i. *P. jamaic.* und *barbad.*, wenn wir von dem in der Beschreibung des Samens gleichfalls enthaltenen *Cardiospermum grandiflorum* absehen wollen) damit vereiniget wurde. Die letztere Verwechselung, auf welcher auch die meines Wissens bis jetzt noch unbestätigte Aufführung Jamaica's unter den Standorten im Hort. Cliff. und in den Spec. Plant. beruht, war durch die unrichtige Synonymie von Sloane veranlasst worden; die erstere durch die mangelhafte Entwickelung der betreffenden Culturexemplare, welche auch bedingte, dass die Verwechselung in der Beschreibung nicht einmal recht fühlbar wurde und erst bei Untersuchung des betreffenden Exemplares selbst klar hervortrat. Auch hier veranlasste, wie bei *P. Cururu*, das Gewicht der vorhandenen Abbildungen (von Piso und Plumier), dass die richtige Auffassung der *P. pinnata* bei den späteren Autoren durch diese und die im folgenden Zusatze zu erwähnende Verwechselung nicht weiter berührt wurde.

Dass die Pflanze noch mehrfach als neue Art betrachtet wurde (von Jussieu 1804, von Rob. Brown 1818, von Schumacher & Thonning 1828, von Don 1834, von Miquel 1842, von Steudel 1843, von Klotzsch 1848, von N. E. Brown 1894, wie aus der Synonymie zu ersehen), und dass von Jussieu Exemplare von ihr für *P. tomentosa* Jacq. angesehen werden konnten, wie im Zusatz n. 3 näher erörtert werden soll, daran war einerseits wohl nur die ausnahmsweise weite Verbreitung dieser Art bis über die Grenzen von America hinaus (Rob. Brown bezeichnete z. B. die Exemplare vom Congo geradezu als die einzige Art, welche dem tropischen America fehle), andererseits der übertriebene Werth Schuld, welchen man gewissen Schwankungen in der Gestalt der Blätter, den Inflorescenzen und auch der Früchte beilegte, wie sie auch bei den einheitlichsten Arten von *Paullinia* nicht minder als bei denen von *Serjania* vorkommen können, und über welche, was namentlich die Inflorescenzen betrifft, schon in der Monographie von *Serjania*, im Gattungscharakter und an anderen geeigneten Stellen, das Entsprechende mitgetheilt worden ist. Um die Zurückführung der vermeintlich neuen Arten auf ihren wahren Werth haben sich Hooker (1849) und Bentham

(1851) verdient gemacht, wie aus den entsprechenden Stellen des obigen Literaturverzeichnisses zu ersehen. Bezüglich *P. podocarpa* Klotzsch ed. Schomb. fasse ich das in der Literatur und im Materialienverzeichnisse schon Angeführte nochmal dahin zusammen, dass ich die von Schomburgk gesammelte, mit der Originaletiquette von Klotzsch versehene Pflanze im Berliner Herbare vorgefunden und darnach mit den übrigen von Klotzsch bestimmten und in dem Reisewerke von Schomburgk erwähnten Pflanzen im Supplemente zur Monographie von *Serjania* (1886) im Zusatze zu *Serjania caracasana* p. 95 etc. der Berichtigung unterzogen habe. Dass die Pflanze nichts mit der nach gleichen Gesichtspunkten benannten *Paull. carpopodea* Camb. zu thun hat, ist kaum nöthig hinzuzufügen. *P. angusta* N. E. Brown ist sicherlich, obwohl die betreffenden Exemplare auf den ersten Blick durch ihre schmalen Blättchen etc. auffallen, nichts anderes als eine derartige Modification, wie sie bei weit verbreiteten Arten nicht selten an den Grenzen des Verbreitungsbezirkes auftreten, und verdient, wie anderes dergleichen, unter den eben erwähnten Namen Verstandenes oder sonst in einem reichen Materiale zu Beobachtendes, kaum als besondere Form, geschweige denn als besondere Art hervorgehoben zu werden. Früchte, wie sie N. E. Brown als etwas Besonderes hervorhebt, von spindelförmiger Gestalt und am oberen Ende spitz, finden sich, wenn dieselben taub bleiben, nicht selten, und ist eine solche schon von Schumacher abgebildet worden (l. c. T. X, F. 2, b).

Zusatz 2. Eine weitere Verwechselung durch Linné findet sich in den Amoenitates academicae und in directem Zusammenhange damit im Herbarium Linné.

In der von Sandmark, resp. Linné, im V. Bande der Amoenit. acad. veröffentlichten Uebersicht der Flora Jamaica's vom Decemb. 1759 werden (p. 378) zwei Arten von *Paullinia* aufgeführt. *P. pinnata* und *P. curassavica*, beide nach Exemplaren von P. Browne, wie aus dem Ende der dortigen Einleitung (p. 374 u. 375) hervorgeht. Der wahrscheinlich in demselben Jahre (1759) erfolgte Uebergang des Browne'schen Herbars in den Besitz von Linné (vergl. das darüber in der Monographie von *Serjania*, p. 24, bei *P. barbadensis* Bemerkte) scheint überhaupt die Veranlassung zu dieser Uebersicht der „Flora jamaicensis" gewesen zu sein.

Der Verfasser hebt in der Einleitung dazu drei Dinge hervor, welche hier von Belang sind, nämlich 1) dass er sehr viele der von Browne in seiner History of Jamaica (1756) aufgeführten Pflanzen übergangen habe, von denen er nicht selbst Einsicht hatte erlangen können; 2) dass er die von ihm aufgeführten (resp. eingesehenen) auf das Werk von Browne durch Angabe der Seitenzahl und der Nummern bezogen habe, und 3) dass er ohne Nummern eine hinzugefügt habe, welche er in dem Browne'schen Herbarium in Linné's Besitz gesehen habe — ohne sie, wie nach dem vorigen zu ergänzen, mit den von Browne aufgeführten Arten identificiren zu können.

Aus „1)" geht hervor, dass, wie schon erwähnt, für die beiden hier aufgeführten Arten dem Verfasser Pflanzen von Browne vorgelegen haben. Für die eine dieser Arten, „*P. pinnata*", gibt der Verfasser einen Hinweis auf Browne's Werk, entsprechend der Bemerkung unter „2)"; bei der anderen, „*P. curassavica*", fehlt ein solcher Hinweis und auf sie ist desshalb das unter „3)" Gesagte zu beziehen.

Die bei *P. pinnata* angezogene Stelle von Browne ist die zu *P. jamaicensis* (s. diese) gehörige Phrase p. 212, n. 1: „*P. sarmentosa, foliis ternato-ternatis*" etc. Dass sie von Sandmark, resp. Linné auf *P. pinnata* bezogen wird, hat wohl seinen Grund zum Theile darin, dass Browne dieser Stelle unrichtige Synonyme beigefügt hat, wie das zu *P. pinnata* gehörige *Cururu-ape* Piso. Der Hauptgrund ist aber offenbar darin zu suchen, dass Linné selbst, und mit ihm Sandmark, in einer Pflanze des Herb. Browne die *P. pinnata* (für deren Vorkommen auf Jamaica meines Wissens bisher, wie schon im vorigen Zusatze bemerkt worden ist, sichere Belege noch nicht beigebracht worden sind) erkannt zu haben glaubten — in einer Pflanze aber, welche, wie das Herb. Linné, resp. Browne, aufweist, gar nicht zur Gattung *Paullinia* gehört, sondern zur Gattung *Weinmannia*, und welche mit *P. pinnata* nichts als die gefiederten Blätter mit geflügelter Blattspindel gemein hat. War diese Pflanze einmal für *P. pinnata* genommen, so war es ein Geringes, nun auch die einzige Stelle, welche bei Browne sich auf eine *Paullinia* bezieht, und welcher Browne selbst das wirklich zu *P. pinnata* gehörige, schon erwähnte Synonym von Piso beigefügt hatte, trotz deutlicher Widersprüche in seinen Angaben (wie „folia ternato-ternata") mit dieser vermeintlichen *P. pinnata* in Verbindung zu bringen.

Die Folge ist, dass nunmehr „*Paullinia pinnata* L. Amoen. acad. V. 1760, p. 378 (non aliorum locorum) excl. citat. Browneana" zu einem Synonyme eben dieser *Weinmannia* wird, welche schon Smith im Herb. Linné als solche (unter gleichzeitiger Hinweisung auf das Herb. Banks, d. h. auf eine dort ebenfalls und wohl nach vorausgegangener Vergleichung mit dem Herb. Linné von Solander (?) als *P. pinnata* benannte Pflanze gleicher Art von „P. Browne aus Jamaica") bezeichnet und in Rees Cyclopaedia XXVI (circa 1814) unter *Paullinia pinnata* noch näher „als vielleicht zu *Weinmannia pinnata* L. gehörig" erklärt hat.*)

Diese letztere Angabe von Smith bedarf jedoch einer Berichtigung.

*Weinmannia pinnata* L. ist nämlich eine dem Herb. Browne entstammende, im Herb. Linné an der rechten Stelle eingereihte, von Linné und Sandmark in der Flora Jamaic., 1759, auf der gleichen Seite mit der vermeintlichen *P. pinnata*, und zwar unter Hinweisung auf die einzige Art P. Browne's mit ähnlichem (wenigstens der englischen Aussprache nach ähnlichem) Gattungsnamen — d. i. „*Windmannia fruticosa foliis subrotundis*" etc. P. Browne p. 212 n. 1 — aufgeführte Pflanze, welche, wie ich nach Autopsie berichten kann, rundliche, kaum $1/4$ Zoll messende, auch unterseits fast vollkommen kahle Blättchen besitzt, während die als *Paullinia pinnata* im Herb. Linné figurirende *Weinmannia* nahezu 1 Zoll grosse, elliptischlängliche und unterseits rauhhaarige Blättchen zeigt. Diese Unterschiede entsprechen denen, welche Grisebach in der Flor. Brit. W. Ind. Isl. für *Weinmannia pinnata L.* und *Weinmannia hirta* Sw., die einzigen von ihm für Westindien und besonders für Jamaica aufgeführten Arten, hervorhebt, und darnach wäre, wenn diese Unterschiede überhaupt ausreichen, um die aus Jamaica bekannten und speciell die hier in Rede stehenden Materialien von *Weinmannia* für zwei Arten anzusehen, die von Linné so benannte Pflanze natürlich als *W. pinnata*, dagegen die von Linné für *Paullinia pinnata* genommene Pflanze, abweichend von Smith, als *W. hirta* Sw. (Prodr. 1788, p. 63, mit dem Gattungssynonyme „*Windmannia* Browne") zu bezeichnen.

Die *W. pinnata* L. ist zwar im Herb. Linné nicht direct, wie das bei der anderen Art der Fall ist, als von P. Browne herrührend bezeichnet, und Linné hat derselben von den Fundorten bei P. Browne („Top of the blue Mountains", „Coldspring", „Montserrat") nicht erwähnte Standortsangabe „S. Cruce" handschriftlich beigefügt. Aber aus der Hinweisung auf P. Browne in den Amoen. acad. geht nach den oben erwähnten Bemerkungen der Einleitung dazu doch unzweifelhaft hervor, dass die hier (und gleichzeitig im Syst. X, 1759, p. 1005) unter geringer Veränderung des Gattungsnamens**) aufgeführte Pflanze eine dem Herb. Browne entstammende sei, und das wird durch die Uebereinstimmung der von Browne gegebenen Beschreibung mit der *W. pinnata* des Herb. Linné bestätigt, während der von Linné angegebene Standort dem nicht widerspricht, da darunter wohl S. Cruce auf Jamaica und nicht die Insel gleichen Namens zu verstehen ist, welche letztere wohl nur irriger Weise, wenn auch wahrscheinlich durch Linné selbst noch, der erst im Syst. XIII, 1774, p. 310 gegebenen näheren Darlegung der daselbst ausdrücklich als von P. Browne herrührend bezeichneten Pflanze als Standort beigefügt worden ist.***) Diese Angabe ist auch in das Syst. XIV, 1784, p. 375

---

*) Die betreffende Stelle lautet: „For want of fructification, the genus is doubtful, but we take the plant to be a *Weinmannia*; perhaps a luxuriant branch of *W. pinnata*."

**) Pfeiffer bemerkt im Nomencl. II, 1874, p. 1609 über *Weinmannia*: „Nomen Browneanum, a Linnaeo parum mutatum, cum nullus in botanica clarus sit Windmannus", und in Rees Cyclopaedia XXXVIII (1818) heisst es in dem Artikel *Weinmannia* (welcher von J. E. Smith herzurühren scheint, obwohl er nicht mit „S." signirt ist): „A name which seems to have originated with Dr. Patrick Browne, who, without due attention, called it *Windmannia*. The person whom he designed to commemorate was John William Weinmann, an apothecary of Ratisbon, author of a huge botanical German work, entitled Phytanthozaiconographia" etc.

***) Die betreffende Angabe am Ende der Beschreibung von *Weinmannia pinnata* lautet: „Copiose in Insula S. Crucis. A. D. Browne". In den Sp. Pl. Ed. II (1762) p. 515 war noch richtig Jamaica als Standort angegeben worden.

übergegangen, in welchem übrigens der Name *W. pinnata* durch den von Linné fil. in Suppl., 1781. p. 228 dafür gewählten und offenbar nur im Gegensatze zu der von ihm gleichzeitig nach dem von Mutis aus Neu-Granada herrührenden Materiale des Herb. Linné aufgestellten *W. tomentosa* vorgezogenen, zugleich auch durch die Hinweisung auf „*W. pinnata* Syst. XIII, p. 310" deutlich nur als synonymische Bezeichnung gekennzeichneten Namen *W. glabra* ersetzt ist.

Mit Recht hat Grisebach diesen Namen, *W. glabra* L. fil., der von Smith unter Hinweisung auf das Herb. Banks bei der *W. pinnata* im Herb. Linné (mit Bleistift) eingetragen worden ist, der ferner von Swartz in den Observat. bot., 1791, p. 151 (nicht aber auch in der Flor. Ind. occ. II, 1800, p. 692, woselbst wieder auf den ursprünglichen Namen zurückgegriffen ist), weiter in Rees Cyclop. XXXVIII, sowie von DC. im Prodr. IV, 1830, p. 10 und selbst noch von Engler in Linnaea XXXVI, 1869—70, p. 613 u. in der Flor. Bras. XIV, 2, 1871, p. 167 gebraucht wird, in die Synonymie von *W. pinnata* L. zurückgestellt.

Die von Linné fil. beliebte Veränderung des Namens hat offenbar zu manchen Missnahmen bei den späteren Autoren geführt. So wohl schon bei Smith, wenn derselbe die *W. pinnata* im Herb. Linné als *W. glabra* und die unter *Paullinia pinnata* dort befindliche *W. hirta* Sw. als *W. pinnata* L. (in Rees Cyclop. XXVI) bezeichnet. Ferner bei Swartz, Obs. 1791, p. 151, wenn er „die Pflanze Browne's" als verschieden von der *W. glabra* des Syst. Veg. XIV, 375, deren Beschreibung er als gut bezeichnet, betrachtet und sie zu seiner *W. hirta* zieht, was zu der Annahme führt, dass Swartz über dem Namen *W. glabra* vergessen habe, es sei das dieselbe Pflanze, welche Linné als *W. pinnata* gerade nach einer Pflanze von Browne aufgestellt hat, und dass er (Swartz) als von Browne herrührend nur die im Herb. Linné als *Paullinia pinnata* bezeichnete Pflanze, mag er sie dort, oder im Herb. Banks, oder an beiden Orten (wie die Vorrede zu seinem Prodromus p. VIII als wahrscheinlich erscheinen lässt) gesehen haben, im Gedächtniss hatte. Weiter bei Engler, der die *W. pinnata* L. a. d. a. OO. nur theilweise zu *W. glabra* L. fil. bringt (s. Linnaea XXXVI, p. 613), theilweise aber (s. ebd. p. 618) zu *W. hirta* Sw. unter gleichzeitiger Anführung einer *Windmannia pinnata* Browne Jam. 212, welcher Name sich bei Browne ebenso wenig findet, wie irgend ein Fingerzeig, dass Browne unter seiner *Windmannia fruticosa foliis subrotundis* etc. auch die *W. hirta* Sw. und nicht bloss die *W. pinnata* L. im Auge gehabt habe, da die Erwähnung des gleichen Standortes „Coldspring" bei Browne, wie Swartz (Fl. Ind. occ. II, 1800, p. 691), als ein solcher Fingerzeig wohl nicht gelten kann, zumal Browne seine Pflanze als höchstens 6—7' hohen, zierlichen Strauch („elegant little shrub; it ... shoots frequently to the height of six or seven feet"), Swartz die seinige dagegen als 20—30' hohe, baumartige Pflanze bezeichnet.

Näher auf diese verschiedenen Auffassungen einzugehen, muss ich unterlassen, da mir nicht alle dabei in Betracht zu ziehenden Materialien bekannt sind.

Uebrigens mag mir die Bemerkung noch gestattet sein, dass es mir nach allem, was ich davon gesehen und gelesen habe, nicht als unwahrscheinlich erscheint, dass in den beiden bisher als Arten betrachteten und in diesem Falle durch die Namen *W. pinnata* L. und *W. hirta* Sw. zu bezeichnenden Pflanzen vielleicht nur eine Berg- und eine Thalform einer und derselben Art vorliege, für welche die Zonengrenzen sich gelegentlich berühren und welche auch von den Einwohnern schon, wenn wir die betreffenden Angaben von Swartz, Fl. Ind. unter *W. hirta*, und von Grisebach, Fl. Brit. W. Ind. Isl. p. 782 für *W. pinnata*, mit einander combiniren dürfen, mit demselben Namen „Bastard-Brasiletto" bezeichnet werden. Dieselben würden bei Bestätigung dieser Ansicht als *W. pinnata* L. var. *glabra* (*Windmannia fruticosa foliis subrotundis* etc. P. Browne p. 212 n. 1, *Weinmannia pinnata* L. Amoen. acad. V, p. 378, Sp. Pl. Ed. II. p. 515 c. cit. P. Browne\*), *W. glabra* L. fil., *W. alpestris* Macf.) und *W. pinnata* L. var. *hirta* (*Paullinia pinnata* L. Amoen. acad. l. c., non locor. alior., *W. pinnata*, non L. l. c., Smith in Rees Cyclop. XXVI sub *Paull. pinnata*, *W. hirta* Sw.) zu benennen sein.

---

\*) Mit Unrecht will der Autor des Artikels *Weinmannia* in Rees Cyclop., der den Namen W. glabra L. fil. bevorzugt, das Citat „P. Browne" unter L. Sp. ausgeschlossen wissen.

Was die *Paullinia curassavica* der Amoen. acad. betrifft, von welcher unter Bezugnahme auf das Herb. Linné ein Theil schon in dem Supplemente von *Serjania* (1886) unter *Serj. mexicana* (p. 124 u. 125, Zusatz A) seine Würdigung erfahren hat, und welche gleich im Anschlusse an das Vorige eingehendere Besprechung finden mag, obwohl sie erst wieder bei *P. fuscescens* und *P. Plumierii*, als Theilen der Linné'schen *P. curassavica*, in der auszuschliessenden Literatur (wie unter den Species exclusae am Ende) zu erwähnen sein wird, so ist vor allem hervorzuheben, dass sie von Linné (resp. Sandmark) nicht mit einer Stelle von P. Browne in Beziehung gebracht ist (während *Paullinia curassavica* Linn. gelegentlich allerdings mit einer Stelle von Browne, der weiter oben erwähnten Phrase „*P. sarmentosa, foliis ternato-ternatis*" etc., in Verbindung gebracht worden ist, schon 1757 nämlich von Burman und später von Anderen, worüber der Schluss des Zusatzes n. 3 zu *P. jamaicensis* zu vergleichen). Von ihr gilt demnach die oben unter „3)" angeführte Bemerkung, gemäss welcher in ihr zwar keine von Browne beschriebene, aber doch immerhin eine von Browne gesammelte, in Linné's Besitz übergegangene Pflanze aus Jamaica zu erblicken ist. In Linné's Herbar findet sich auch unter *P. curassavica*, und nach Linné's eigenhändiger Angabe von Patrik Browne herrührend, wenigstens ein Blatt, von welchem es nach Zusammensetzung und sonstiger Beschaffenheit nicht gerade als unbegreiflich erscheint, dass es von Linné und Sandmark auch noch als zu der schon dreierlei in sich schliessenden *P. curassavica* L. gehörig angesehen worden sei. Es ist dies aber ein (doppelt gedreites) Blatt der *Serjania mexicana* Willd. (s. die Gattungsgeschichte in der Monographie von *Serjania*, p. 21 u. 24, No. 5, a, ferner ebenda Zusatz n. 1 zu *Serj. mexic.*, p. 247 und das Suppl. zu Serj. unter *Serj. mexic.* p. 124 nebst Zus. A, p. 125—126), und zwar jener auf Jamaica verbreiteten Form mit fast unberandeten Blattstielchen, von welcher in Zusatz n. 3 zu *Serjania mexicana* schon Erwähnung geschehen ist (s. Monogr. v. Serj., p. 251).

In Verbindung mit diesem Blatte ist auf derselben Plagula des Herb. Linné ein Zweig einer Ampelidee aufgeklebt nebst einem weiteren, nur gedreiten Blatte, welches ich früher fragweise auf eine Schmidelia bezogen habe (s. die Monographie von *Serjania*, p. 21 u. 24), bezüglich dessen mir jedoch die bei meiner letzten Anwesenheit in London, im Herbste 1885, erneuerte und durch die inzwischen weiter ausgebildete anatomische Methode unterstützte Untersuchung (namentlich durch den Nachweis von Raphidenbündeln und zweiarmigen, spärlichen Haaren, wie am Zweige) zeigte, dass es der gleichen Ampelidee, wie der erwähnte Zweig, angehöre. Dieselbe wurde mir von dem gleichzeitig mit Theilen des Hb. Linné beschäftigt gewesenen Monographen der Ampelideen, J. E. Planchon, als *Cissus trifoliata* Jacq. bezeichnet. Ich werde auf dieselbe zurückkommen.

Lassen wir diese Ampelidee, als allzuweit von *Paull. curassavica* abliegende Pflanze, bei Seite und richten wir unser Augenmerk auf das hauptsächlich wohl bei der Aufzählung der *Paull. curassavica* durch Linné und Sandmark als Grundlage zu betrachtende Blatt der *Serj. mexicana*, so ergibt sich, dass die *Paull. curassavica* der Amoenit. acad. der Hauptsache nach als Synonym zu *Serj. mexicana* W. gehört. Es ist demnach das Synonym: „*Paullinia curassavica* Linn., non Spec. Pl., Amoen. acad. V, 1760, p. 378 (Sandmark Flora Jamaic. Dec. 1759) partim (partim Ampelidea, nempe *Cissus trifoliata* L. Sp. II.) fide Hb. Linn., coll. P. Browne!" in meiner Monographie von *Serjania* auf Seite 237 unter *Paull. mexicana* einzuschalten, gleichwie der Name „P. Browne" auf S. 242 im Standorts- und Materialienverzeichnisse den Sammlern der *S. mexicana* auf Jamaica vor Swartz beizufügen ist, und im allgemeinen Collectorenverzeichniss auf Seite 304 als Sammler der *S. mexicana* überhaupt, wie im Suppl. von *Serjania* geschehen, mit Rücksicht auf das eben besprochene Blatt des Hb. Linné, welches ich in der Monogr. v. Serj. nur in der Gattungsgeschichte bei Betrachtung des Hb. Linné erwähnt, ausserdem aber übergangen habe, da mir seine Beziehung zu der eben erörterten Literaturstelle (Amoen. acad. V, p. 378) entgangen war, der betreffende Herbariumbefund aber für die Aufnahme eines neuen Synonymes nicht als ausreichender Grund gelten konnte.

Man mag es bei Durchsicht des Linné'schen Herbares, in welchem unter „*Paull. curassavica*" auch ein Exemplar der *Paull. fuscescens Knuth* enthalten ist (s. die Darlegung über das Hb. Linné in der Monogr. v. *Serjania* p. 24), wohl auffallend finden, dass Linné (neben einem Exemplare der *P. fuscescens*) ein Blatt der *Serj. mexicana* als zu seiner *P. curassavica* gehörig betrachtet habe\*), während er dagegen zu *Serj. mexicana* (neben echten Exemplaren derselben) Pflanzen bringt, welche in gar keiner Beziehung zu dieser, aber in mehr oder weniger naher Beziehung zu *P. curassavica*, d. h. zu denjenigen Theilen derselben stehen, welche bei *Paullinia* (als *P. fuscescens* und *P. Plumierii*) zu verbleiben haben, nämlich: ein Exemplar der *P. jamaicensis*, welches wahrscheinlich, und ein Exemplar der *P. barbadensis*, welches sicher von P. Browne herrührt. Es erklärt sich das aber leicht, wenn man die damals in den Vordergrund gestellten Anhaltspunkte zur Unterscheidung der betreffenden Arten in Betracht zieht. Nach der ersten Ausgabe der Species Plantarum, welche zu jener Zeit allein vorlag, unterscheiden sich diejenigen beiden Arten von *Paullinia* (im Sinne Linné's), welche sich vor den übrigen dort aufgeführten Arten durch „folia biternata" auszeichnen (*P. mexicana* L. und *P. curassavica* L.), abgesehen von Geringfügigem, unter einander angeblich und hauptsächlich nur durch die Beschaffenheit der „Blattstiele", welche für „*P. mexicana*" allein als „berandet" bezeichnet werden. Darnach musste wohl die fast unberandete Form der *Serj. mexicana* für „*P. curassavica*" gelten, während die mit stärker berandeten (mittleren Partial-) Blattstielen versehenen Exemplare der *P. jamaicensis* und *P. barbadensis* mit *Serj. mexicana* zusammengeworfen wurden. Diese Verwechselung ist dann in der besprochenen Stelle der Amoenit. acad. zum offenen Ausdrucke gekommen, und dieser Umstand macht es zur Gewissheit, dass die betreffenden Deutungen in Linné's Herbar nicht etwa aus einer späteren Zeit erst herrühren.

Was nun die in diesem Zusatze berührte Ampelidee von P. Browne betrifft, welche im Herb. Linné unter *P. curassavica* mitinbegriffen ist und welche, wie erwähnt, von dem Monographen der Ampelideen, J. E. Planchon i. J. 1885 nach directer Einsichtnahme mündlich als *Cissus trifoliata* Jacq. bezeichnet wurde, so ist folgendes zu bemerken.

Aus der 2 Jahre später (1887) erschienenen Ampelideen-Monographie von Planchon ist zu ersehen, dass derselbe *Cissus trifoliata* Jacq. (1763), für welche man nach dem von Jacquin angeführten mit De Candolle (Prodr. I, p. 630) eine Zugehörigkeit zu *Cissus acida* Linn. Sp. Ed. II. 1762. d. i. der von Jacquin selbst als Ueberschrift angeführten *Cissus trifoliata* Linn. Syst. Veg. Ed. X, 1759, vermuthen möchte, als Synonym zu *Cissus rhombifolia* Vahl (1798), einer Pflanze mit behaarten Blättern, bringt, als welche er *Cissus microcarpa* Vahl (mit den Synonymen „*Cissus trifoliata* L. α. foliolis pellucido-punctatis ovatis acutis superne remote serratis Griseb., non *C. trifoliata* L." und „*C. trifoliata* Swartz Observat., 1791, p. 50, non L.") anreiht, unter Beifügung der Bemerkung, dass diese letztere Art vielleicht nur eine kahle Form von *C. rhombifolia* Vahl sei, und dass ihm der Name *C. trifoliata* wegen der Verwirrung, welche hinsichtlich desselben herrscht, gänzlich beseitigt werden zu müssen scheint.

Man mag hinsichtlich des letzteren Theiles dieser Bemerkung anderer Meinung sein und man kann vielleicht selbst zu der Annahme hinneigen, dass gerade das hier in Rede stehende Fragment des Herb. Linné, resp. aus der Sammlung P. Browne, auf dessen History of Jamaica (1756) sich Linné in den Sp. Pl. Ed. II bezieht, mit Hilfe der anatomischen Methode dazu dienen könnte, jene Verwirrung, die allerdings aus ältester Zeit her sich bis jetzt fortgeschleppt zu haben scheint, zu lösen. Sicherlich aber kann davon hier nicht die Rede sein, und es muss als genügend erachtet werden, aus dem Angeführten den Schluss zu ziehen, dass das in Rede stehende Fragment, mit kahlem Blatte (wie schon oben erwähnt), nach der Monographie von Planchon wohl als zu *Cissus microcarpa* Vahl gehörig zu betrachten sei. Dazu sei nur noch bemerkt, dass diese Art in dem Index Kewens. von Jackson auf die aus *Cissus*

---

\*) Ebenso, wie bei Linné hier ein Mangel der Unterscheidung von *Paull. fuscescens* und *Serj. mexicana* hervortritt, so findet sich Aehnliches auch in viel späterer Zeit noch; so bei W. Hooker & Arnott in Beech. Voy. und bei Seemann in Bot. Voy. Herald, woselbst Exemplare der *Paull. fuscescens* als *Serj. mexicana* gedeutet werden. Die fehlerhafte Auffassung Seemann's hat auch Grisebach sich angeeignet. (Vergl. dazu *Paull. fuscescens*, sowie *Serj. mexicana* W. in der Monogr. v. *Serjania* p. 240 nebst Zusatz 8 u. 9, p. 252, 253.)

*trifoliata* Linn. Sp. Ed. II, 1762 (welche verschieden von der oben erwähnten des Syst. Veg. Ed. X, 1759) hervorgegangenen *Vitis trifoliata* Baker bezogen wird, während eine *Cissus trifoliata* Jacq. überhaupt nicht aufgeführt wird.

Nach der anatomischen Untersuchung des in Rede stehenden Fragmentes von P. Browne ist hervorzuheben, dass dasselbe ausser den schon erwähnten, spärlichen, zweiarmigen Haaren an der Unterseite des Blattes, wie an dem Zweige, und ausser zahlreichen Rhaphidenzellen (namentlich längs der Gefässbündel im Blatte), welche Zellen durchscheinende Strichelchen bilden und dem Kundigen schon unter der Lupe sich verrathen, grosse, kugelige, als durchsichtige Punkte erscheinende Schleimzellen und Krystalldrusen im Blattfleische besitzt und Spaltöffnungen auch auf der Blattoberseite zeigt. Die Oberhautzellen beider Blattseiten sind ziemlich gross und ziemlich gleichmässig sechseckig.

Uebereinstimmendes Verhalten in all diesen Punkten zeigte eine Pflanze des Herb. Monacense aus der Sammlung Wullschlaegels vom Jahre 1849, n. 788, von Fairfield auf Jamaica, deren Etiquette im Einklange mit einer Angabe von Swartz unter *Cissus trifoliata* a. o. a. O. die Bemerkung trägt: „Blüthe roth." Es ist das dieselbe Pflanze, welche Bleuck in seinen Mittheilungen über die durchsichtigen Punkte der Blätter, Flora 1884, p. 364 (Sep. Abdr. p. 77) als *Cissus trifoliata* Jacquin aufgeführt hat.

Zusatz 3. Die *Paullinia tomentosa* Jussieu Herb. n. 11359 ist ein abweichendes Exemplar der *P. pinnata* mit nacktem gemeinschaftlichem Blattstiele und unterseits etwas mehr als gewöhnlich behaarten Blättchen. Jussieu hat dasselbe eigenhändig als *P. tomentosa* Jacq. Enum. 37, Obs. I tab. 10 & III t. 65, f. 13° bezeichnet, aber hinzugefügt: „foliola tamen ab icone diversa". Der Angabe über die Herkunft der Pflanze „Porto-Rico; Ledru 1798, n. 199" liess er die Bemerkung folgen: Mr. Ledru m'a donné cette plante mêlée avec le *Paullinia pinnata* L., mais elle en diffère par son pétiole principal qui n'est point ailé audessous de la première conjugaison des folioles. Doit elle pour cette raison être distinguée?" Jussieu hat diese Frage mit Unrecht bejaht, indem er das Exemplar für *P. tomentosa* bestimmte und offenbar nach ihm in seiner Abhandlung über die Gattung *Paullinia* die Jacquin'sche Beschreibung der *P. tomentosa* modificirte, obwohl er ausdrücklich bemerkt „Caracter ex Jacquin". So tritt bei ihm an die Stelle der „caules teretes tomentosi" von Jacq. Enum. ein „caulis angulatus subtomentosus" also ein Stengel, wie er auch für die ja gleichfalls zu *P. pinnata* gehörige *P. senegalensis* von Jussieu angegeben wird, während er bei der eigentlichen *P. pinnata* als „caulis angulosus sulcatus glaber" bezeichnet wird, und die „foliola subinciso-dentata utrinque tomentosa, dorso autem quam maxime, crassiuscula" derselben Stelle von Jacquin verwandeln sich in „foliola utrinque tomentosa aut vetustate subglabra" und werden rücksichtlich ihrer Randbeschaffenheit wie bei *P. senegalensis* und *P. pinnata* selbst als „remote crenata" bezeichnet. Auch das Vaterland, als welches Jacquin für *P. tomentosa*, freilich nach irriger Voraussetzung, Barbados angibt, wird mit Rücksicht auf den vermeintlich neu hinzukommenden Fundort (Porto-Rico) auf die Antillen im allgemeinen ausgedehnt. Dass alle diese für *P. tomentosa* unrichtigen Angaben auf dem in Rede stehenden Exemplare beruhen, darüber lässt uns das Zeugniss Poiret's keinen Zweifel, welcher a. d. o. a. O. ganz ähnliche Abänderungen in die Beschreibung der *P. tomentosa* einführt („cette plante a ses rameaux presque quadrangulaires" — „triangulaires" in Dict. Sc. nat. —, „anguleux, légèrement velus; folioles épaisses, coriaces, glabres et luisantes en dessus, pubescentes en dessous") und schliesslich ausdrücklich bemerkt: „Cette plante croit naturellement dans l'Amerique. Le citoyen Ledru l'a observée à Porto-Rico. Folia et flores, non fruct., v. s. in Herb. Jussieu". Diese ausdrückliche Beziehung auf das Herb. Jussieu, welche als eine Publication der betreffenden Bestimmung anzusehen ist, hat mich neben dem Umstande, dass letztere bei einer Richtigstellung der von Jussieu und Poiret unter *P. tomentosa* gemachten irrigen Angaben nicht wohl mit Stillschweigen übergangen werden konnte, zur Aufnahme derselben in die Synonymie veranlasst.

Ein ähnliches Exemplar aus Porto-Rico, wahrscheinlich von demselben Sammler herrührend, findet sich im Hb. Willd. n. 7719 plag. 3. von Willdenow richtig als *P. pinnata* bezeichnet, und ein weiteres, sicher von demselben Sammler, im Hb. Webb, durch schmal geflügelte ge-

gemeinschaftliche Blattstiele einen Uebergang zur gewöhnlichen Form darstellend. In etwas anderer Weise zeigen einen solchen Uebergang Exemplare von Deplanche aus Guiana im Hb. Lénormand, bei welchen die eine oder beide Seiten des gemeinschaftlichen Blattstieles bald fast ganz, bald nur im unteren Theile in ungleichem Masse des Flügels entbehren.

Zusatz 4. Die bei *P. pinnata* selbst im Hb. Jussieu untergebrachten Exemplare sind folgende: n. 11353 ohne Etiquette; n. 11353 + A „S. Domingue, dedit D. Poiteau 1802"; n. 11353 + B „S. Domingue, vide Surian herb. n. 227; n. 11353 + C „Guinea, misit D. Vahl 1804" (wahrscheinlich ein von Thonning gesammeltes Exemplar) und beigeklebt ein Exemplar aus Guiana „envoyé par M. Brocheton 1797"; n. 11353 + D „S. Domingue, donné par M^{elle} de Roquefeuil 1787". Daran schliesst sich dann als n. 11354 die *P. senegalensis* „Adanson n. 51 A". Mehrere dieser Exemplare sind von weiterem Interesse. So zeigt das von Vahl mitgetheilte Exemplar, welches ungeachtet seiner Herkunft aus Africa nicht bei *P. senegalensis* untergebracht ist, dass Jussieu nicht schlechthin um ihres Vorkommens in Africa willen seine *P. senegalensis* für eine besondere Art hielt, und eine handschriftliche Bemerkung Jussieu's bei der von Adanson gesammelten *P. senegalensis* „confer cum Paull. tomentosa Jacq. Obs. I p. 19, t. 10, cujus tamen petiolus infra foliola nudus", welche Bemerkung Jussieu dem Sinne nach in der Abhandlung über *Paullinia* wiederholt, indem er den Stengel dieser beiden dort unmittelbar nebeneinander gestellten Arten (*P. tomentosa* und *P. senegalensis*) als „subtomentosus" bezeichnet (vergl. dazu den vorigen Zusatz), zeigt, dass ihn wohl wesentlich der stärkere Behaarung der Pflanze (neben der etwas modificirten Fruchtgestalt) dazu veranlasst hat. — Das Exemplar mit der Verweisung auf Surians Herbar scheint wohl aus diesem selbst entnommen zu sein, wie für *P. Cururu* (s. d. Gattungsgesch. in d. Monogr. v. Serj. p. 34 u. Suppl. p. 48) durch die Bemerkung Jussieu's „Fructus ex Hb. Surian" und „Specimen ex Hb. Surian" direct dargethan ist. Wahrscheinlich ist weiter, dass es ebenfalls ein Exemplar von Surian gewesen sei, welches durch Bernard (?) de Jussieu an Houston und später an Miller und in das Herb. Banks gelangt ist. Es trägt dasselbe von Houston's Hand die Bemerkung „ex Hb. cl. de Jussien 1727" und die Bestimmung „*Cururu scandens pentaphylla* Plum. Nov. Gen. 34, *Cururu ape* Piso 250", ferner von Miller's Hand die Bezeichnung „*Paullinia foliis pinnatis, foliolis incisis, petiolis marginatis* Hort. Cliff. 52" (n. 3) und erscheint demnach als authentisches Exemplar für die Literaturstellen von Miller. — Ob das Exemplar von Roquefeuil nicht vielleicht in näher Beziehung stehe zu der seinerzeit von mir bei *Serj. polyphylla*, (in Zusatz n. 8, S. 198 d. Monogr. v. Serj.) mitgetheilten Notiz aus derselben Quelle über die von Poiret und Descourtilz (s. ebendort) angezweifelte Verwendung der letzteren Pflanze zum Vergiften der Pfeile, ist mit Rücksicht auf das unten in Zus. n. 6 zu Erörternde sicherlich eine erlaubte Frage, deren Beantwortung aber dahin gestellt bleiben muss.

Zusatz 5. Ueber das Synonym *Tondin*, welches aus einer irrthümlichen Erhebung dieses Vulgärnamens zu einem Gattungsnamen entstanden ist, habe ich schon in der Gattungsgeschichte (Monographie von *Serjania*, S. 14 u. 15) berichtet. Da jedoch auf Vitman und Dryander dortselbst noch nicht Rücksicht genommen worden ist, so mag eine vervollständigte Darlegung hier Raum finden, welche sich nicht nur auf die oben in der Synonymie und bei den Vulgärnamen, sondern auch auf die in der Gattungsliteratur unter *Tondin* (und *Coccoloba*) angeführten Stellen bezieht.

Unter der Ueberschrift *Tondin* gibt Schilling auf S. 198 seiner von Hahn (1778) herausgegebenen Schrift, eine nähere Beschreibung der auf S. 59 von ihm unter diesem Vulgärnamen als Heilmittel gegen Lepra erwähnten Pflanze und fügt auf einer die Pflanze darstellenden Tafel eben diesem Namen den näher bestimmenden Zusatz „Surinamensium" bei. Weder er, noch sein Herausgeber Hahn hatte dabei im Sinne, einen neuen Art- oder Gattungsnamen aufstellen zu wollen — so wenig wie König bei der in neuerer Zeit wiederholt (von F. v. Müller, wie selbst von Engler und Baillon) missverstandenen Hinzufügung des Vulgärnamens „*Illippe*" Malabarorum gelegentlich der Aufstellung seiner Gattung „*Bassia*" mit „*B. longifolia*" (s. Radlk. in Durand. Ind. p. 501). Beide waren so weit davon entfernt, dass sie sich vielmehr ausgesprochenermassen bemühten, die Pflanze unter den damals schon beschriebenen und benannten aufzufinden. Schilling mit weniger, Hahn dagegen mit bestem Erfolge. Schilling vermuthete, dass die Pflanze zur Gattung *Coccoloba* gehöre. Hahn dagegen bezeichnete sie (S. 199, Anmerkung a) mit aller Bestimmtheit als *Paullinia pinnata* Linn. und als identisch mit *Clematis pentaphylla* Plum. Deser. Pl. Amer. p. 76, t. 91 und *Cururu scand. pentaphylla* Plum. Nov. Gen. p. 34 & Plum. Icon. ed. Burm. Fasc. V.

Trotz dieser Bestimmtheit, gemäss welcher man den Namen *Tondin* fortan nur unter den Vulgärnamen der *P. pinnata* zu finden erwarten möchte, liessen sich doch spätere Autoren und Compilatoren, wie Vitman und Gmelin, wahrscheinlich durch eine flüchtigere Auffassung der Ueberschrift des betreffenden Absatzes („*Tondin*") und der Bezeichnung der betreffenden Abbildung („*Tondin* Surinamensium") dazu verführen, in dieser Bezeichnung den Namen einer neuen Pflanze und somit in jener Ueberschrift den Namen einer neuen Gattung zu sehen, deren Urheberschaft dann, wie auch bei Steudel und Pfeiffer (s. ob. p. 73) ganz mit Unrecht Schilling aufgebürdet wurde, während sie nur jenen Autoren und Compilatoren zur Last fällt. Vitman citirt sogar zu der so umgestalteten Art „*Clematis 5-phylla* Plum." und bemerkt dazu „simile *Paulliniae*". Bei Gmelin, in dessen Register der Name als „*Tondin surinamense*" erscheint, fehlen diese Zusätze. Der Umstand, dass diese vermeintliche Gattung „*Tondin*" bis in die neueste Zeit herein, obwohl Dryander schon 1794 in den Transactions der Linnean Soc. (a. ob. unter *P. pinn.* angeführten Orte) bei seiner Besprechung von Gmelin's Systema Naturae die irrige Auffassung berichtigt hatte, einen Stein des Anstosses gebildet hat (s. Steudel und Pfeiffer a. d. a. O., wie auch Ind. Kewens. IV, 1895, mit der Frage „Quid?"), mag es rechtfertigen, dass ich die Sache hier nochmal näher beleuchtet habe. Zugleich mag ein Druckfehler „Gmelin p. 615" statt „p. 635", welcher sich an der erwähnten Stelle meiner Monographie von *Serjania* (S. 15) eingeschlichen hat, hier berichtigt sein.

Zusatz 6. Rücksichtlich der Vulgärnamen und der durch dieselben zum Theile schon angedeuteten Verwendung der *P. pinnata* ist zunächst auf das zu verweisen, was schon bei *P. Cururu* (in Zus. u. 2 u. 3) bemerkt ist über die unsichere Beziehung vieler Angaben auf letztere oder erstere, und weiter auch auf gewisse andere Arten von *Paullinia* und *Serjania*, welchen als nahe verwandten Pflanzen zum Theile wohl auch dieselben Eigenschaften und darnach im Munde des Volkes auch dieselben Namen zukommen mögen. Die folgende Zusammenstellung der wesentlicheren dieser Angaben mag eine künftige Klärung derselben anbahnen helfen.

Ueber den ältesten Namen der *Paullinia pinnata*, „*Cururu-ape*", unter welchem Piso (1648) dieselbe zuerst erwähnt und abbildet, mit dem Beifügen, dass die zerstossenen Früchte dem Wasser giftige Eigenschaften verleihen, so dass die Fische betäubt werden und sterben, und dass der frische Saft der zerstossenen Blätter bei Verwundungen heilsam ist („Hi fructus ad abusus potius quam usus recepti sunt; quippe contusi aquas venenata qualitate inficiunt, ita ut pisces inebrientur et moriantur. Folia autem viridia contusa applicata, eorumque recens succus vulneratis tantum prodest, quantum fructus assumtus aliis animantibus solet obesse" etc.) sagt Martius bei Besprechung des Urari- oder Curaré-Giftes im Anhange zu den Loganiaceen in der Flora brasil. VI, 1 (Fasc. XLV, 1868) p. 300: „*Cururu* tupice significat bufonem*) et *Cururu-apé* i. e. bufonem arcens (apé = longe) *Paulliniam pinnatam* cujus fructus pisces inebriare et venenos esse uti omnem herbam expertum est. Unde conjecturare licet, hujus stirpis fructus alicubi in venenum sagittarum admistos mutando nomini [Urari in Curaré] locum dedisse. Accurate tamen Urari**) scribitur."

*) Unter diesem Namen auch bei Piso, 1658, p. 298 abgebildet.
**) Ueber die Ableitung dieses Wortes sagt Martius ebendaselbst, p. 297: „Tupicae linguae pertinet verbum Urari, quod ipsum venenum sagittarum indicat: ur venire, ar cadere, i pronomen relativum, quasi diceres: quo veniat is cadet. (Corruptum passim Wurara, Woorara, Wurali, Woobrali. Curaré auditur et ab auctoribus scribitur.)" Als verwandt mit Urari ist wohl auch noch Turari zu betrachten, welche Bezeichnung (ausser für die Myrtaceen-Gattung Couratari) für die giftige *Serjania erecta* Radlk. (*Paullinia grandiflora* Camb.) angegeben wird (s. Radlk. Serj. p. 161, 162).

Darnach kann es als einigermassen gerechtfertigt erachtet werden, wenn auch Link (Handbuch etc. II. 1831, p. 221), Duchesne (Répert. d. plantes utiles etc., 1846, p. 194) und Parlatore (Les collections bot. du Musée royale de Physique et d'Hist. nat. de Florence, 1874, p. 104) die Pflanze *Cururu* und das Gift Curaré (oder Cururu, wie Parlatore schreibt) in Verbindung mit einander bringen, nur dürfte dabei eigentlich wohl nicht, wie bei diesen Autoren geschieht, an diejenige Pflanze zu denken sein, mit welcher Linné den Namen Cururu zufällig verknüpfte, d. i. *Paullinia Cururu*, sondern eben an *Cururu-apé*, d. i. *Paullinia pinnata*, auf welch letztere auch die Bezeichnung von Barrère „*Liane à empoisonner les flèches*" bezogen werden zu müssen scheint, wie weiter unten darzulegen.

Uebrigens ist nicht ausser Acht zu lassen, dass der Name Cururu, oder Curare, oder Urari auch anderen, mit *Paullinia* in keiner näheren Beziehung stehenden, aber als Schlingpflanzen, oder wegen ihres Gehaltes an Milchsaft, oder wegen giftiger Eigenschaften damit vergleichbaren Gewächsen zukommt.

Dahin gehören namentlich gewisse *Strychnos*-Arten\*), und es ist bekannt, dass nach den jetzigen, aus den Berichten von Reisenden über die Bereitung des Curare\*\*) und aus den Untersuchungen über den wirksamen Bestandtheil desselben, des Curarin, gewonnenen Anschauungen das Curare von verschiedenen in America einheimischen *Strychnos*-Arten geliefert wird, für welche man (wie von Jobert in Journ. Pharm. et Chim., Sér. 5, I, 1880, p. 33, 34 und von Holmes in Journ. Pharm. Soc., Ser. 3, No. 1085, April 1891, p. 927 gelegentlich einer Mittheilung über die Pfeilgifte der africanischen Zwergvölker hervorgehoben wird) eine dem Curare ähnliche Wirkungsweise nachgewiesen hat, wie andererseits für die in Asien und Africa einheimischen *Strychnos*-Arten eine Strychnin-Wirkung. Als zur Bereitung des Curare dienend nennt G. Planchon\*\*\*) besonders folgende *Strychnos*-Arten: *S. Castelnaei* Wedd. in der Amazonasgegend, *S. Gubleri* G. Planch. (dessen Wichtigkeit übrigens von Le Janne, Des Curares, 1881 — s. Bull. Soc. bot. d. France XXVIII, 1881, Revue bibliogr. p. 225 — angezweifelt wird) im Orinocogebiete, *S. toxifera* Schomb., *S. Schomburgkiana* Kl. und *S. cogens* Benth. für Britisch-Guiana, *S. Crevauxiana* Baill. für Französisch-Guiana; Baillon (Bull. Soc. Linn. Paris 1880, p. 230, 256; Dict. d. Bot. II, 1886, p. 303; Hist. d. Pl. IX, 1888, p. 325)

---

\*) Sieh Martius, Ueber Pflanzennamen in der Tupi-Sprache, Münchener gelehrte Anzeigen 1858, p. 47: „Urari-úva (Alto Amazonas) *Rouhamon guyanensis* Aubl. *Strychnos toxifera* Schomb."; Martius Glossaria 1867 p. 449: „Urari-úva, Urary (Alto Amazonas) *Strychnos toxifera* Schomb., Menispermaceae et aliae"; Martius Fl. brasil. VI, 1 (Fasc. XLV, 1868) p. 278: „*Strychnos Urari-úva* Martius in scheda = *Strychnos Castelnaei* Wedd."; Baillon in Adansonia XII, 1876—1879, p. 373: „*Strychnos Curare*" mit den Synonymen *Rouhamon Curare* DC. und *Lasiostoma? Curare* Kunth, ferner p. 377 „*Strychnos Crevauxiana* Baill." mit dem Eingeborenennamen Urari.

\*\*) Sieh besonders Martius, Ueber d. Bereitung des Pfeilgiftes Urari etc., in Buchner's Repert. d. Pharm. XXXVI, 1830, p. 337 und Reise in Brasilien III (1831) p. 1155 und 1237, in welchen beiden Schriften ausser des in der vorausgehenden Anmerkung angeführten Urari-úva auch ein Urari-Sipó erwähnt wird, mit bandförmig, oder dreieckig zusammengedrücktem Stamme, glatter, grüner Rinde und abwechselnd stehenden Blattnarben (aus der Gegend von Tabatinga), der Annahme von Martius nach eine Menispermacee (deren auch in den Glossarin gedacht wird), vielleicht, wie Martius meint, *Cocculus Amazonum*; Rich. Schomburgk, Reisen in Britisch Guiana I, 1847, p. 438 etc. (welcher ausser auf Martius Bezug nimmt auf Humboldt, Voyage aux Regions Équinoxiales VIII, 1822, p. 153, Poeppig Reise in Peru u. Chili II, 1835—36, p. 456 und Rob. Herm. Schomburgk Reise in Guiana und am Orinoco, 1841, p. 94); ferner Appun, Unter den Tropen, II, 1871, p. 469 etc., Schwacke in Jahrb. d. k. bot. Gart. u. Mus. zu Berlin III, 1884, p. 220—223 und andere Berichte, wie sie von G. Planchon, Études sur les *Strychnos*, Journ. d. Pharm. et d. Chim., Sér. 5, I u. II, 1880, bes. I p. 193 ff. (berichtet im Bot. Centralbl. 1880, p. 1498) und von F. A. Flückiger, Gegenwärtiger Stand unserer Kenntniss des Curare, Arch. d. Pharm., Bd. 228, 1890, p. 78 ff. angeführt werden. (Vergl. auch Lewin, L., Die Pfeilgifte, in Virchow's Arch. f. path. Anat. etc., Bd. 138, 1894, p. 338 ff.)

\*\*\*) In seinen in der vorigen Anmerk. erwähnten Études s. 1. *Strychnos*, a. a. O. I, 1880, p. 198.

führt zum Theile dieselben, zum Theile noch andere an, und Flückiger\*) erweitert die Liste auf 17 Arten.

Dabei hebt G. Planchon (a. eb. a. O. I. p. 197) hervor, dass die *Paull. Cururu* (resp. *P. pinnata*?), deren Frucht Claude Bernard 1865 in einem Stücke Curare gefunden habe (— einen ähnlichen Fund von Preyer berichtet Husemann, Pflanzenstoffe 1871, p. 414) und deren Wirkung an jene des Curare erinnere, von keinem der Reisenden, welche der Bereitung des Giftes beigewohnt haben, als Bestandtheil erwähnt wird. Auch Baillon (in Dict. Scienc. médic. XXI, 1885, p. 652) und Labbée (ebenda p. 654, 655) sind der Meinung, dass *P. Cururu* und *P. pinnata* mit dem Curare nichts zu thun haben. Ebenso Villafranca (an dem in der Artliteratur angeführten Orte, 1879, p. 39), welcher übrigens immerhin bei der Angabe bleibt, dass auch *P. Cururu* (resp. *P. pinnata*?) ein wirksames Pfeilgift liefere. Auch Caminhoa gibt an dem in der Artliteratur angeführten Orte, 1880, p. 24 an, dass die *P. pinnata*, von der er übrigens die *P. Cururu* nicht genügend unterscheidet, sowohl als Fischgift wie als Pfeilgift diene.

Weiter sind als Pflanzen, denen der Name Cururu zukommt, 2 Apocyneen zu nennen. *Anisolobus Cururu* Müll. Arg. in Fl. bras. VI, 1 (Fasc. XXVI. 1860) p. 112, mit dem Synonyme *Echites Cururú* Mart., und *Odontadenia speciosa* Benth. (s. ebenda p. 117, mit d. Syn. *Echites grandiflora* Mey.), welche Martius (Reise III p. 1129) als „Sipó Cururú" bezeichnet und über welche er im Anhange zu den Apocyneen, Fl. bras. VI, 1 (Fasc. XL, 1865) p. 195 Folgendes bemerkt: „*Anisolobus Cururu* lacte scatet medicinali, cujus efficaciam Indi experti sunt et multiplici usu, ut ipse vidi, celebrant, idemque valet de *Odontadenia speciosa*. Utriusque fruticis scandentis, per Guyanas sat frequentis, Sipó Cururú i. e. bufonii dicti, quod veluti bufones magni succum album exsudant, lignum inter lapides contritum aqua infunditur, indeque praeparatur medicina resolvens, majore dosi drastica" etc. (Erinnert mag endlich noch sein an die als Urari-rana, d. h. Urari spurium, bezeichneten Pflanzen, welche oben unter *Paull. alata*, namentlich in Zusatz n. 3 Erwähnung gefunden haben.)

Ueber die in neuerer Zeit besonders von Baillon (a. d. ob. a. OO.) wieder hervorgehobenen giftigen Eigenschaften der *P. pinnata* gibt Martius in Syst. Materiae med. vegetab. Brasiliens., 1843, p. 73 (und darnach Oliveira in Systema de Materia medica vegetal Brasileira, 1854, p. 144) noch Folgendes an: „*Pauliniae* generatim venenosae; haec vero omnium maxime deleteria videtur. Cortex, folia et fructus scatent materiis narcotica et acri, quae tractui intestinorum ingestae tanquam praesens venenum agant, praesertim in renes et cerebrum. Ab Aethiopis inde venenum praeparatur, quod lenta attamen secura efficacia vitae insidias struit."

Bei dieser Wirksamkeit aller Theile erscheint es nicht mehr als wesentlich, wenn bezüglich der schon erwähnten fischbetäubenden Eigenschaften Piso (a. a. O.) und Andere nach ihm (Plumier in Descr. Pl. Amer., Duchesne a. a. O.) die zerstossenen Früchte und Samen, Martius dagegen, welcher dieselbe Eigenschaft auch für das aus den Samen seiner *P. sorbilis* dargestellte Guaranin annimmt (Reise III. 1831, p. 1098), die zerquetschten Zweige (Reise III, 1831, p. 1065) oder einen Absud der Wurzeln und Früchte (Reise II. 1828. p. 543) als wirksam bezeichnet, eine Verschiedenheit der Angaben, wie sie sich auch für *P. Cururu* findet (s. dort Zus. n. 3), für welche dieselben aber auch nur auf einer Verwechselung mit *P. pinnata* beruhen können, worüber im Folgenden Weiteres. —

Die vorhin erwähnte Angabe von Piso macht es höchst wahrscheinlich, dass der Name *Pois à enivrer*, der von Adanson (Familles des Plantes II, 1763, p. 543) zu seinem *Corindum* — einer Vereinigung der Gattungen *Cardiospermum*, *Paullinia* und *Serjania* — angeführt wird (nicht zu verwechseln mit *Bois à enivrer* bei Labat Nouv. Voyage etc. 1724. I. p. 140, bei Barrère, Essai etc. 1741 p. 24 u. A., worüber meine Abhandlung über fischvergiftende Pflanzen in Sitzungsb. d. k. bayer. Akad. 1886, p. 383 ff. u. p. 401 nachgesehen werden mag), eher auf die Gattung *Paullinia*, als nach dem Beispiele von Buchoz (a. a. O. V. 1777, p. 36) auf die Gattung *Cardiospermum*, von deren Arten meines Wissens nirgends eine derartige

---

\*) An dem in der vorletzten Anmerkung angeführten Orte.

Wirksamkeit berichtet wird, und dann wieder am ehesten auf *P. pinnata* zu beziehen sein dürfte, wie oben in der Literatur fragweise geschehen\*). Es weist Adanson selbst an einer anderen Stelle (p. 387), wo von der Fische betäubenden Frucht einer seiner *Corindum*-Arten die Rede ist, durch das Citat von Plum. tab. 91 deutlich auf *P. pinnata* hin. —

Die für andere *Paullinia*-Arten vorkommenden ähnlichen Angaben (s. die Zusammenstellung in Radlk., über fischvergiftende Pflanzen, Sitzungsber. d. k. bayer. Akad. 1886, p. 403 mit den Arten *P. Cururu, pinnata, macrophylla, costata, Cupana, jamaicensis* und *thalictrifolia*, welchen noch *P. meliaefolia* und *P. trigonia* hinzuzufügen ist, leiden mehrfach an Unsicherheit und sind theilweise, wie es scheint, nur durch unrichtige Uebertragungen in Folge von Vermengung anderer Arten mit *P. pinnata* entstanden.

Diess scheint namentlich für *P. Cururu* und *jamaicensis* zu gelten, obwohl es ja natürlich nicht ausgeschlossen ist, dass auch ihnen, wie thatsächlich auch anderen Arten von *Paullinia* die gleiche Eigenschaft, wie der *P. pinnata*, zukomme.

Was die Angaben über *P. Cururu* betrifft, so finde ich diese Art neben *P. pinnata*, für welche Piso (1648 p. 114 u. 1658 p. 250) als der Erste die betäubende Wirkung auf Fische (gleichwie für andere im Folgenden unter *Timbó* zu erwähnende Pflanzen) hervorgehoben hat, in gleicher Hinsicht zuerst angeführt bei St. Hilaire, Plantes remarquables du Brésil. 1824. p. 204 (od. Mém. Mus. XII, 1825, p. 308, übers. in Phil. Journ. XIV. 1826, p. 266 und berichtweise erwähnt in Beilschmied Jahresber. für 1826—27, p. 70), welcher sich hiebei auf Barrère, La Condamine und Adanson bezieht („— — — la propriété singulière d'endormir les poissons, propriété également signalée par Barrère, La Condamine et Adanson soit dans le *Paullinia Cururu*, soit dans le *Paullinia pinnata*\*), wie weiter rücksichtlich der unter dem Namen *Timbó* zu verstehenden giftigen Sapindaceen überhaupt ausser auf Piso auch auf den noch älteren, schon im Jahre 1554 in der Provinz S. Paul thätig gewesenen Anchieta (Epistola quam plurimarum rerum naturalium, quae S. Vincentii Provinciam incolunt, sistens descriptionem etc., Olisip. 1799; s. Martius Einleitung z. IIb. Fl. Bras. in Flora 1837, II. Beibl. p. 4.), ferner auf Vellozo und Casal. Aber weder bei Barrère, noch bei Condamine, noch bei Adanson ist eigentlich von *P. Cururu* die Rede. Adanson führt an der schon oben berührten Stelle (Fam. II. p. 387) unter Bezugnahme auf die Abbildung Plumier's (Descr. t. 91) die schon von diesem wiederholte Angabe Piso's über die fischbetäubende Eigenschaft der Früchte von *P. pinnata* an und gedenkt dann (p. 388) einer damit verwandten, auf Pluk. t. 168, f. 6 bezogenen Pflanze, „deren Früchte nach Barrère in Cayenne zum Vergiften der Pfeile dienen". Diese Pflanze scheint aber, wie sich bei Vergleichung der betreffenden Stellen von Barrère ergibt, selbst wieder nichts anderes zu sein als *P. pinnata*\*\*). Barrère führt nämlich in seinem Verzeichnisse der Pflanzen Guiana's (s. o. Essai etc., 1741, p. 45) zwei Arten von *Paullinia* in der Bezeichnungsweise Plumier's auf: *Cururu scand. enneaphylla* und *Cururu scand. pentaphylla*. Der ersteren fügt er das Synonym „*Cururu-ape* Piso" bei und die Bezeichnung „*Liane à empoisonner les flêches*", welche durch die Bemerkung erläutert wird: „Les Sauvages de la Guyane enduisent du suc venimeux de cette Plante le bout de leurs flêches, afin d'en rendre les playes mortelles." Es ist kaum zu zweifeln, dass diese letzteren Zusätze, gleichwie das Synonym von Piso, nicht hieher, sondern zu der mitangeführten *Cururu scand. pentaphylla*, d. i. *P. pinnata*, auf welche ja Plumier schon 1693 das Synonym von Piso richtig bezogen hatte, gehören, und dass sie mit diesem Synonyme wohl nur durch Versehen zu *Cururu scand. enneaphylla* gekommen sind. Es geht das auch aus einer anderen Stelle bei Barrère (Nouvelle relation de la France équinoxiale, 1743, p. 169) hervor, an der von den Wilden gelegentlich der Beschreibung ihrer Waffen gesagt wird: „Ils n'oublient pas non plus d'empoisonner les flêches avec les fruits de *Cururu* de Pison, ou avec le lait d'un arbre" etc.

---

\*) Dem gegenüber ist zweifellos der von Buchoz unter *Paullinia* (a. a. O. XIII, 1780, p. 180 etc.) aufgeführte Vulgärname „*Tête de Moine*" auf *Cardiospermum* zu beziehen.

\*\*) Ob nicht auch auf diese Pflanze auch die Angabe von Roquefeuil über Vergiftung der Pfeile durch *Serj. polyphylla* zu beziehen sein möchte, diese Frage ist schon am Ende des Zusatzes n. 4 berührt worden.

Diese letztere Stelle scheint Adanson mit im Auge gehabt zu haben, da auch er die Frucht als Mittel zum Vergiften der Pfeile nennt. Durch die „*Cururu scand. enneaphylla*" der anderen Stelle scheint er jedoch veranlasst worden zu sein, die Pflanze auf Pluk. t. 168. f. 6 (= *Serjania curassavica* Radlk.) zu beziehen. Welche Pflanze bei Barrère unter *Cururu scand. enneaphylla* verstanden ist, wird sich mit Sicherheit kaum mehr bestimmen lassen. Die Plumier'sche Pflanze, d. i. *Paullinia Plumierii* Tr. & Pl., kann es nicht wohl sein, denn diese scheint in Guiana nicht vorzukommen. Eben so wenig wissen wir von einem Vorkommen der bei Adanson dafür genommenen Pflanze von Plukenet, d. i. der *Serjania curassavica* Radlk., in Guiana. Nehmen wir an, dass Barrère wirklich eine Art von *Paullinia* und nicht etwa von *Serjania* (z. B. die mit *S. lethalis* und *ichthyoctona* sehr nahe verwandte *S. paucidentata*) gemeint habe, so wäre von den nicht eben zahlreichen Arten, welche doppelt gedreite Blätter, wie *P. Plumierii*, besitzen und zugleich in Guiana vorkommen, wohl *P. fuscescens* Kunth als eine der verbreitetsten zunächst in's Auge zu fassen, und um so mehr das, als sie auch von Anderen oft genug mit *P. Plumierii* und *Serj. curassavica* unter dem Linné'schen Namen *Paullinia curassavica* zusammengeworfen worden ist. La Condamine führt an den Stellen seiner Reisebeschreibung (Relation abrégée d'un voyage fait dans l'interieur de l'Amérique méridionale, 1745), an welchen er von dem Pfeilgifte (p. 68 & 208) und von der Berauschung der Fische durch verschiedene Pflanzen (p. 159) spricht, keine bestimmten Pflanzen, weder mit ihrem wissenschaftlichen, noch mit ihrem Eingeborenennamen an. Nach all dem scheint hier für *P. Cururu* der Fall vorzuliegen, der schon oben bei ihr (Zus. n. 2 u. 3) berührt worden ist, nämlich, dass die Uebertragung des von *P. pinnata* (resp. *Cururu-ape* Piso), hergenommenen Plumier'schen Gattungsnamens „*Cururu*" auf sie durch Linné als Species-Epitheton auch zu einer Uebertragung der auf *P. pinnata* bezüglichen Angaben der Schriftsteller Veranlassung gab. Sicherlich das Gleiche gilt bezüglich der Stelle bei Descourtilz (a. a. O. III. 1827, p. 141), welcher gleichfalls der auch in anderer Hinsicht mit *P. pinnata* vermengten *P. Cururu* die Verwendung zum Fischfange und als Pfeilgift zuschreibt, dabei wesentlich auf Barrère fussend, dessen Worte er buchstäblich wiederholt. Auch bei Martius (Reise III. 1831, p. 1065) wird *P. Cururu* nur beispielsweise neben *P. pinnata* unter der Bezeichnung „Timbó" an der Stelle angeführt, an welcher von der Anwendung „des Timbó" zum Betäuben der Fische die Rede ist, so dass auch diese Stelle nicht als ein sicherer Beleg für die Verwendung der *P. Cururu* in dieser Hinsicht anzusehen ist, und um so weniger diess, als an einer früheren Stelle (Reise II. 1828, p. 543) unter „Timbó" nur von *P. pinnata* die Rede ist. Uebrigens mag *P. Cururu* als nächste Verwandte der *P. pinnata* immerhin mehr oder weniger von deren giftigen Eigenschaften besitzen.

Was sodann die *Paullinia jamaicensis* betrifft und die vermuthlich irrige Uebertragung der Eigenschaften von *Paull. pinnata* auf sie, so hebt zwar ihr Autor Macfadyen hervor, dass ihre Samen die Eigenschaft besitzen, Fische zu betäuben. Aber diese Angabe scheint nur durch Vermittelung des Synonyms aus Sloane bei P. Browne dahin gekommen zu sein, und Sloane selbst scheint diese Angabe („The fruit bruised and put into water intoxicates fishes" Hist. Jam. I, p. 239) nur mit dem unrichtigen Synonyme „Cururu-ape" aus dem Werke Piso's entnommen und auf sein die *P. jamaicensis* einschliessendes „*Pisum cordatum, non vesicarium*" übertragen zu haben. Auf die gleiche Weise dürfte dieselbe Angabe nebst der über grosse Wundheilkraft des Saftes der Blätter zu *P. curassavica* bei Lunan gekommen sein, unter der ebenfalls die *P. jamaicensis* zu verstehen ist, sowie zu dem gleichfalls auf diese zu beziehenden „*Supple Jack*" bei Long (s. die Literatur von *P. jamaicensis*). —

Bezüglich des Namens *Timbó* ist zunächst eine Bemerkung von Guillemin (in dessen Auszug von Riedel, tableau synonymique des plantes les plus usitées ... du Brésil, in Ann. Scienc. nat., 2. Sér., XII. 1839, p. 221, annot. 1) hervorzuheben, des Inhaltes, dass derselbe ein genereller Name für verschiedene giftige Pflanzen sei, wie auch aus folgender Angabe von Leandro de Sacramento zu dessen *Martia physalodes*\*), d. i. *Clitoria glycinoides*

---

\*) Sieh Leandro de Sacramento Nova plantar. gen. e Brasilia, in Denkschriften der k. Akad. d. Wissensch. zu München VII, 1821, p. 234 (c. Tab. XII). — Ebenda findet sich eine weitere derartige An-

DC.*) zu entnehmen ist: „Incolis *Timbó* vocatur, id est, planta pecoribus lethalis." Es scheint dieser Name besonders Pflanzen mit giftigem Milchsafte und solchen von lianenartigem Wuchse zuzukommen, welch letztere Beschaffenheit durch Vor- oder Nachsetzung des Wortes *Sipó* oder *Cipó* (auch *Çipó* oder *Sepó, Çepó* und *Çepu* = radix, sarmentum, liana. *Bejuco* hisp., s. Martius über Pflanzennamen in der Tupi-Sprache. Münchener gelehrte Anzeigen. Bd. 46, 1858, p. 44 und Glossaria linguar. brasil., 1867, p. 391 u. 406) gelegentlich besonders hervorgehoben wird. Nach Piso (De Medic. bras., 1648, p. 115 und Hist. nat. etc., 1658, p. 249) bezeichnet der Name *Timbó* von den im allgemeinen *Cipó* genannten Schlinggewächsen die „blattlosen", d. h. wohl die bis zu beträchtlicher Höhe ihrer Blätter entkleideten, oft strickartigen Lianen: „Praeter eas quas generali nomine *Çipó* nuncupatas esse diximus; variae et mirabiles dantur Herbae ἄφυλλοι *Timbó* vulgo dictae et variis usibus et abusibus dicatae." Dieser Einleitung folgt die Schilderung des Verhaltens der bald „strickartigen", bald „schenkeldicken" Lianen überhaupt, sowie einzelner davon, unter Bezeichnung bestimmter als Fischgift. Nach den Angaben von Caminhoa weiter (an dem in der Art-Literatur angeführten Orte, 1880, p. 23) wäre die Bezeichnung *Timbó* in dem Guarancy-Dialecte gleichbedeutend mit *Tinguy*, womit man (wie p. 19 gesagt ist) in Brasilien all die Materien bezeichne, welche, in einen Bach geworfen, die Fische vergiften. Für diese Einwirkung schlägt derselbe geradezu das Wort „tinguijar" vor, welches somit dem spanischen Worte „embarbascar" (nach dem von *Verbascum* auf die entsprechenden Pflanzen übertragenen Namen „Barbasco") an Bedeutung gleichkäme. Auch Pfaff gibt in einer „Mittheilung über die giftigen Bestandtheile des *Timbós*, eines brasilianischen Fischgiftes" (in Arch. d. Pharm. Bd. 229, 1891, p. 32) an, dass mit dieser Bezeichnung von den Eingeborenen jetzt mehr oder weniger alle diejenigen Pflanzen belegt werden, mit denen man Fische betäuben kann. Uebrigens scheint das Wort *Timbó* doch in weiterem Umfange als die Bezeichnung *Tinguy*, und nicht in jedem Falle auch für die letztere angewendet zu werden. So ist es z. B. nirgends für die unter dem Namen *Tinguy* bekannten, als Fischgift dienenden Arten von *Jacquinia* angegeben.

Der in Rede stehende Name *Timbó* findet sich namentlich für verschiedene lianenartige Sapindaceen aus den Gattungen *Serjania* (unter Beifügung specialisirender Zusätze, worüber das Register zur Monographie von *Serjania* unter *Timbó* und *Cipo de Timbó* nachgesehen werden mag**)) und *Paullinia*. Für letztere habe ich ihn in der Literatur übrigens nur bei *Paullinia pinnata* und *P. Cururu* angetroffen (s. Martius Reise II, p. 543 und III, p. 1065, Riedel n. a. O., Bates n. a. O., sowie auch Villafranca und Caminhoa a. d. a. OO.), ferner in dem Speciesnamen *Paullinia Timbo* Vellozo, d. i. *Paullinia carpopodea* Camb., in Herbarien ferner für *P. elegans, spicata* und *trigonia* (s. das Namensregister). Bei Villafranca (a. a. O. p. 40) wird für die sonst als *Tinguy* bezeichnete, zum Fischfang dienende, baumartige *Magonia glabrata* St. Hil. auch der Name *Timbo-peha* angeführt; doch mag das, da dieselbe zugleich als eine Art der Gattung *Paullinia* hingestellt wird, auf irgend einer Verwechselung beruhen.

---

gabe unter den von Schrank mitgetheilten Bemerkungen des genannten Autors zu gewissen Gewächsen, nämlich p. 239 unter *Dolichos bocinus*: Nomen triviale Brasilum est, derivatum a *Boby*, quod venenum significat. Vulgo tamen dicuntur plantae venenatae *Timbó*.

*) DC. Prodr. II, 1825, p. 234. Vergl. Bentham in Flor. bras. XV, 1 (Fasc. XXIV, 1859) p. 119. Den daselbst angeführten Synonymen mag noch beigefügt sein: *Martiusia physalodes* Röm. & Schult. Mant. I, 1822, p. 69 & 226; DC. Prodr. II, 1825, p. 236; St. Hil. Pl. remarq., 1825, p. 205; *Martia physodes* Zuccarini in Denkschr. k. Akad. z. München, X, 1832, p. 341.

**) Es sind das die folgenden: Timbó: *Serj. caracasana* W., *ichthyoctona* Radlk., *lethalis* St. Hil., *serrata* Radlk.; T. amarello: *Serj. ovalifolia* Radlk.?; T. branco: *Serj. glutinosa* Radlk.?; T. bravo: *Serj. erecta* Radlk.; T. cabelludo: *Serj. cuspidata* Camb.; T. Cipó oder Cipó (Sipó) de Timbó: *Serj. erecta* Radlk., *grandiflora* Camb., *lethalis* St. Hil., *tristis* Radlk.; T. de peixe = T. legitimo: *Serj. acuminata* Radlk.?, *Serj. serrata* Radlk.; T. miudo: *Serj. communis*; T. Sipó s. T. Cipó.

Es ist darunter auch die von Caminhoa (a. a. O. p. 24) auf *Serjania cuspidata* Camb. bezogene Bezeichnung *Timbó de peixe*, liana piscium, bereits angeführt, jedoch für andere Arten, nämlich *Serjania serrata* und *acuminata*.

Von Pflanzen aus anderen Familien sind es namentlich gewisse Leguminosen, welche als *Timbó* bezeichnet werden. Dahin gehören allem Anscheine nach die von Piso (a. a. O., 1658, p. 249) genannten *Timbo de cono* und *Guaiana-Timbó*, unter welchen Arten von *Clitoria* und *Centrosema* (*Phaseoleae*) zu vermuthen sind (*Cl. Amazonum* Mart.?, *Centr. Plumieri* Benth.? — s. Radlk. üb. fischvergiftende Pflanzen, in Sitzungsb. k. bayer. Akad., 1886, p. 393 ff.), während bei Marcgrav (Lib. Princ. n. 431) der Name *Guaiana-Timbó* auf *Indigofera Anil* L. (*Galegeae*) angewendet ist (s. Radlk. a. a. O. p. 396). Die weiter bei Piso (a. a. O.) als *Timbeiguaçú* („a magnitudine") bezeichnete Pflanze dürfte zusammenfallen mit der von Azara (Voyages dans l'Amérique méridionale, 1781—1801, Vol. I, 1809, p. 110) folgendermassen geschilderten: „Le *timbo* est un arbre du premier ordre, assez solide, peu pesant, qui ne se fend ni n'éclate jamais; c'est pour cela qu'on le préfère pour les bois de fusil, pour les caisses de voiture et les canots", unter welcher wohl das ausser als *Timbó* schlechthin auch in der Zusammensetzung mit *iba*, d. i. Baum, als *Timbo-iba* und *Uritimpeva* (s. Mart. Glossar. 1867, p. 409) bezeichnete *Enterolobium Timbouva* Mart. (*Mimoseae. Ingeae*) zu verstehen sein dürfte, entsprechend den ganz ähnlichen Angaben von Bentham (*Mimoseae*, Flor. bras. XV, 2, Fasc. 70, 1876, p. 456): „Arbor procera, ligno spongioso (Martius), molli ad scaphas idoneo (Tweedie), levi rubescente ad tabulas v. sedes faciendas idoneo (Regnell)". Von einer nächst verwandten Pflanze, dem von Bentham (a. a. O. p. 457) nur als eine *Var. β. canescens* aufgeführten *Enterolobium Timboril* Mart. — *Timbo-arbre* bei Caminhoa a. a. O. p. 28 —, bezeichnet Caminhoa die Rinde als Fischgift (a. a. O. p. 23: „Le tamboril passe pour être toxique, dit M. Capanema. L'écorce est ichthyotoxique"). Daran schliesst sich *Gorana-Timbo* bei Vellozo (*Gogana-Timbó* Mart. Glossar. p. 394, s. Radlk. a. a. O. p. 395), d. i. *Camptosema? pinnatum* Benth. (*Phaseoleae*) in Fl. bras. XV, 1, 1862, p. 325 (*Piscidia Erythrina*, non Linn., Vell. Fl. Flumin. VII, 1827, t. 100), eine gegen Impetigo und Scabies angewendete Pflanze. Auch Schwacke erwähnt eine *Camptosema*-Art mit dem Vulgärnamen *Timbo* unter den fischvergiftenden Pflanzen (in Jahrb. bot. Gart. Berlin III, 1884, p. 232. s. Radlk. a. a. O. p. 395, 396).

Unter dem Namen *Timbó da botica* oder *Timbó boticario* („Timbo des pharmacies, Timbo des pharmaciens" führt Villafranca (a. a. O. p. 38) und Caminhoa (a. a. O. p. 23, 24, 28) *Lonchocarpus Peckolti* Wawra (*Dalbergieae*) als fischvergiftende Pflanze an, aus deren Wurzelrinde Peckolt ein flüchtiges Alkaloid, das *Timboin*, als wirksamen Bestandtheil gewonnen habe, wie aus der *Serjania cuspidata* das „Ichthyotonin" (resp. Ichthyoctonin), eine flüchtige narkotische Substanz (Peckolt, Th., Analyse de Materia medica Brasileira, Rio de Jan. 1868, p. 60. 85, nach Caminh.).

Wie Pfaff in der schon erwähnten Mittheilung berichtet (Arch. d. Pharm. Bd. 229, 1891, p. 33), wäre nach Angabe brasilianischer Botaniker das wirkliche *Timbó* die *Tephrosia toxicaria* Pers. (*Galegeae*), ein unter verschiedenen Bezeichnungen bekanntes Fischgift (s. Radlk. a. a. O. p. 405, woselbst noch die von Caminhoa a. a. O. p. 28 gebrauchte Bezeichnung *Tingui de Cayenne* hinzugefügt werden kann). Dabei scheint Pfaff jedoch nur die von ihm selbst am Rio Negro als „*Timbo*" in sterilem Zustande gesammelte Pflanze im Auge zu haben, in welcher er zwei giftige Substanzen, von ihm Timboin und Timbol genannt, fand, und welche Pflanze Taubert gelegentlich eines Berichtes im Botanischen Centralblatte (Beiheft II, 1892, p. 549) als *Deguelia* (*Derris*) *Negrensis* (Benth.) Taubert (*Dalbergieae*) bezeichnet hat, während Sobieranski in einer Dissertation über die physiologische Wirkung des von Pfaff gewonnenen Productes (Strassburg 1890) dem Irrthume sich hingibt, dass Pfaff's *Timbo* die *Paullinia pinnata* sei.\*) Ueber das anatomische Verhalten der Pflanze von Pfaff berichtet Schenck (Beiträge

---

\*) Das Timboin von Pfaff erscheint von dem vorhin erwähnten Peckolt's verschieden und wird von Sobieranski als stickstofffreie, demnach nicht zu den Alkaloiden gehörige, krystallisirbare Substanz bezeichnet, welche nach Letzterem zugleich verschieden ist von einem als Alkaloid angesehenen, Timboin genannten Körper, welchen Stanislas Martin i. J. 1877 (Bulletin général de Thérapeutique, XCII, 1877, p. 264) aus der Wurzelrinde „des Timbo" dargestellt hat, worunter von Martin selbst, wie von Sobieranski und wie auch von Labbée im Anschlusse an Baillon's in der Artliteratur angeführten

zur Anat. d. Lianen, 1893, p. 175) nach Untersuchung eines 5 cm starken Stammstückes, dass es in Uebereinstimmung steht mit dem gewisser anderer Dalbergieen, indem nach regelmässiger Verdickung bis auf 3 oder 4 cm wie bei Arten von *Dalbergia* und *Machaerium* secundäre Holzbaststränge in der Rinde auftreten.

Ausser den erwähnten Sapindaceen und Leguminosen sind es auch einzelne Solaneen, Asclepiadeen und Euphorbiaceen, welche als *Timbó* bezeichnet werden.\*)

So laut der Bearbeitung der Solaneen von Sendtner in Martius Flor. bras. X (Fasc. VI, 1846) p. 133 *Physalis heterophylla* Nees, wahrscheinlich gemäss einer Herbarnotiz von Schott, da dieser allein als Sammler brasilianischer Exemplare angeführt wird, in welchen später Dunal eine besondere *Var. β. Timbo* erblickte (DC. Prodr. XIII, 1, 1852, p. 440). So zu sagen auf's neue tritt diese Angabe auf gelegentlich der Frage, ob eine unter dem Namen *Timbo* von Holmes (Notes on Brazilian Drugs, Pharmac. Journ. III. Ser., V. p. 986 — June 1875) besprochene Drogue aus der Provinz Rio de Janeiro (an das Museum der Pharm. Soc. übersendet von den Herren Cyriax und Farries — s. a. a. O. p. 905) auf *Paullinia pinnata* oder auf *Physalis heterophylla Nees* zu beziehen sei, welch letzterer Deutung in einer der Drogue beigegebenen Notiz eines Dr. Barnsley der Vorzug gegeben wird\*\*). Erst bei Ca-

Artikel über *Paullinia* (im Dict. encycl. d. Scienc. méd., XXI, 1885, p. 654) wieder *Paullinia pinnata* verstanden wird — wohl sicher mit Unrecht, trotz des von Martin beigegebenen Habitusbildes der *P. pinnata*. Zweifel an der Deutung Martin's muss schon die Angabe erregen, dass die betreffende Wurzelrinde einen aromatischen, moschusartigen Geruch besass, noch weit mehr aber die anatomische Darstellung der Rinde, welche auf dem Querschnitte in den Basttheilen der schmalen Gefässbündel von aussen bis innen mit dem dünnwandigen Gewebe wechsellagernde, rundliche oder quergedehnte, annähernd in je 2 radiäre Reihen geordnete Gruppen von Bastfasern aufweist, wie sie etwa bei *Glycyrrhiza* (s. Berg, anat. Atlas, 1865, Taf. VI) und auch bei anderen Leguminosen sich finden, bei *Paullinia pinnata* aber, soviel nach dem Stamme zu urtheilen, wohl sicher nicht. Zu den Leguminosen mit solchem Baste gehören, wie die Untersuchung der Zweige zeigt, gerade auch die Gattungen *Lonchocarpus* und *Tephrosia*, von welchen in Vorausgehenden bestimmte Arten wegen ihrer Bezeichnung als „Timbó" Erwähnung gefunden haben. Dieser Structur gemäss scheint bisher auch ein „Timbó" zu gehören, welcher im Museum zu Kew i. J. 1885 unter der Bezeichnung „*Paull. pinnata?*" sich befand und schon äusserlich mit den Wurzeln von *Glycyrrhiza* grosse Aehnlichkeit hat. Die Anwesenheit von mit Harz erfüllten Secretzellen im Parenchyme der Rinde und des Holzes dieses Objectes (— es war ein 7 mm dickes Wurzelstück, welches zur Untersuchung vorlag] lässt ebenfalls wieder auf dessen Zugehörigkeit zu *Lonchocarpus* oder *Tephrosia* schliessen, für welche Gattungen durch die auf meine Anregung von den Herren Köpff und Weyland durchgeführten anatomischen Untersuchungen harzführende Secretorgane nachgewiesen worden sind. Bei *Lonchocarpus* sind diese Organe übrigens in der Regel eigenthümlich beschaffene Secretlücken, seltener, wie im Marke von *L. latifolius*, Secretzellen (s. Köpff über die anatomischen Charaktere der Dalbergieen etc., München 1892, p. 70); bei *Tephrosia* dagegen regelmässig Secretzellen (s. Weyland, Beiträge zur anatomischen Charakteristik der Galegeen, Bull. Herb. Boiss. I, 7, 1893, Sep.-Abdr. p. 50). Darnach ist, da für die Wurzeln im allgemeinen wohl eine Uebereinstimmung in dem Verhalten der Secretorgane mit dem Stamme anzunehmen ist, das in Rede stehende, als „Timbó" bezeichnete Object des Kew-Museum mit grösster Wahrscheinlichkeit als von einer *Tephrosia* herrührend zu bezeichnen.

\*) Von einer jüngst mir aus London als „Timbó" zugekommenen Pflanze, in welcher die anatomische Untersuchung eine Malpighiacee (anscheinend nahe stehend der *Tetrapterys nitida* Mart.) erkennen liess, sehe ich hier ab, da ihr die Bezeichnung „*Timbó*" wohl nur um desswillen gegeben worden war, weil man sie für eine *Paullinia* angesehen hatte.

\*\*) Es ist übrigens keine dieser beiden Deutungen richtig. Die Untersuchung der betreffenden von Holmes aus dem Museum der Pharmaceutical Society mir gütigst mitgetheilten Wurzelstücke liess — neben bestimmten Eigenthümlichkeiten — eine derartige Aehnlichkeit hinsichtlich der Structur im allgemeinen und dann weiter hinsichtlich des Vorkommens von harzführenden Secretzellen im Parenchyme der Rinde und des Holzes mit dem in der vorrigen Anmerkung besprochenen, als „Timbó" bezeichneten Objecte des Kew-Museums erkennen, dass auch für das gegenwärtig in Rede stehende, ebenfalls als „Timbó" beminhoa (a. a. O., 1880, p. 29. annot. 1) finde ich die Pflanze als Fischgift erwähnt (vielleicht nur auf die Bezeichnung *Timbo* hin?) und weiter dann bei Pfaff (a. a. O. 1891, p. 32, woselbst sie irriger Weise als Leguminose behandelt wird).

Nach Guillemin ferner (a. ob. a. O., 1839, p. 221, Anmerk. 1) eine nicht näher bezeichnete kleine Asclepiadee der Provinz S. Paulo, eine Prärieenpflanze, welche dem Vieh tödtlich ist.

Sodann nach Riedel (ebenda, p. 221) eine Art von *Phyllanthus*.

Endlich führt Caminhoa (a. a. O. p. 25), als von Baëna („Ensaio corografico sobre a provincia do Pará, 1839") erwähnt, folgende nicht näher gedeutete Bezeichnungen an, welche sich alle auf Schlingpflanzen und zwar „nach Beaurepaire-Rohan auf Paullinien" beziehen sollen, und welche alle „giftig und in ganz Brasilien zur Vergiftung der Gewässer in Gebrauch" sein sollen, nämlich: *Timbó-assú* (assú, grand), *Timbó-hi* (Timbo de l'eau?), *Timbó-titica* (Timbostercus); ferner *Timbó de capoeira* (T. des petits bois), „nach Baëna ein kleiner Strauch mit aschgrauen Blättern, dessen Wurzel giftig ist".

Die erste dieser Bezeichnungen ist wohl gleichbedeutend mit der oben erwähnten von Piso: *Timbó-guaçú*. *Timbó-titica* wird von Martius (Glossar. 1867, p. 407) fragweise auf *Cissus* (unter Hinweisung auf die Provinz Minas) bezogen. Für die übrigen beiden sind mir weitere Angaben nicht bekannt geworden.

Bemerkenswerth erscheint es, dass nach Rodschied der Arillus der sonst in allen Theilen als sehr giftig geschilderten *P. pinnata* essbar ist, womit wohl der von demselben Schriftsteller angegebene Name *Bread and Cheese* in Zusammenhang steht, über dessen fragliche Beziehung auch auf *P. Cururu* schon bei dieser (Zus. n. 3) die Rede war. Plukenet führt (Almagost. p. 291) denselben als einen auf Barbados für eine andere Pflanze gebrauchten Namen an, die er folgendermassen bezeichnet: „Phaseolus alatus Americanus Tiliae foliis, Orobi siliquis dispermis, seminibus parvis nigris, hilo coccineo distinctis".

Als essbar wird auch der Samenmantel von *P. subrotunda* bezeichnet (s. dort). —

Dass der nach Oersted auf S. Thomas gebrauchte Name *Basket-Wood*, womit nach West auf S. Croix die zum Korbflechten verwendete *Serjania polyphylla* (s. diese, Monogr. v. Serj. p. 185 u. 198, Zus. n. 8) bezeichnet wird, wirklich auch der *P. pinnata* zukomme, erscheint nicht unwahrscheinlich, wenn man berücksichtiget, was Aublet dem Namen *Liane quarrée* beifügt, der von ihm für *P. pinnata* und *P. tetragona* angegeben wird, während er sich bei Descourtilz für die eben genannte *Serj. polyphylla* (s. diese, Monogr. v. Serj. p. 185, 198) und im Herb. Desfontaines auch bei *Serj. paucidentata* (s. diese, a. eb. a. O. p. 230) findet. Aublet sagt, dass die macerirten Zweige sich in vier Theile trennen, aus welchen man Körbe fertigt und grosse Hüte zum Schutze der arbeitenden Neger gegen den Regen, wozu übrigens auch andere Schlingsträucher dienen sollen. Diese Bemerkung passt gut auf *P. pinnata*, deren Zweige einen entsprechend zusammengesetzten Holzkörper besitzen, besser als auf *P. tetragona*, zu welcher sie Aublet gestellt hat. —

Einen weiteren Namen, der sonst der *Serj. polyphylla* (s. diese a. a. O.) zugeschrieben wird, führt schon Labat, dann Plée und Duss für *P. pinnata* an, nämlich *Liane persil*. Treffend

---

zeichnete Object des Museums der Pharmac. Society mit grösster Wahrscheinlichkeit die Herkunft von einer *Tephrosia* — aber immerhin von einer anderen Art — anzunehmen ist. Mit diesem Untersuchungsresultate lässt sich auch die Angabe wohl in Einklang bringen, dass die betreffenden, mit vielen Zweigen versehenen Wurzelstücke 3—4 Zoll im Durchmesser besitzen (s. Holmes a. a. O.), denn bekanntlich kommen den *Tephrosia*-Arten zum Theile rübenformige Wurzeln zu, wie z. B. der *T. Appolinea* DC. in Egypten, nach Herbarexemplaren, und der *T. rufescens* Benth., nach der Beschreibung der Flor. Bras. XV, 1, 1839, p. 47 „Radix (vel rhizoma) crassa, napiformis". Die Blätter, von welchen die in Rede stehende Drogue begleitet war, und welche zur Bestimmung der Art hätten führen können, waren leider nicht mehr aufzufinden; doch geht aus der Angabe (a. a. O. p. 986), dass sie mehr denen einer Sapindacee als einer Solanacee glichen, mit Wahrscheinlichkeit hervor, dass es zusammengesetzte Blätter waren, wie es auch die von *Tephrosia* sind.

erscheint derselbe jedenfalls nur für die erstgenannte Pflanze, nicht aber für *P. pinnata*, wie schon Labat (a. a. O.) bemerkt hat, ebensowenig wie für *P. Cururu* und die bei dieser, in Zusatz 3 genannten weiteren Arten (*P. Vespertilio, microsepala* und *neuroptera*), auf welche er wohl nur missverständlicher Weise in zu weit gehender Verallgemeinerung übertragen worden ist, während er, wie dort schon erwähnt, auf *Cardiospermum Halicacabum* L. in passender Weise angewendet wird. —

Als zutreffend für *P. pinnata* erscheint dagegen wieder der von Plumier angegebene Name *Liane à dents de scie*, welcher verkürzt in *Liane à scie* von Descourtilz für die von ihm mit *P. pinnata* verquickte *P. Cururu* und darnach, wie es scheint, von Duchesne schlechthin für *P. Cururu* angeführt wird. —

Der bei Vaillant auftretende Name *Herbe au contusions* steht in Uebereinstimmung mit der Angabe von Piso (1648), dass die frisch zerstossenen Blätter eines der vorzüglichsten Wundmittel seien. —

Der von Glaziou angegebene Name *Mafome* ist wohl nur durch Verkürzung aus dem von Gardner für *Serjania lethalis* angegebenen *Matta fome* („Kill-hunger") entstanden. Ob derselbe nicht bloss durch Verwechselung zu *P. pinnata* gekommen ist, steht dahin. —

Dem Namen *Bejuco de costilla*, der sich auf einer von Grisebach geschriebenen Etiquette bei einem Exemplare aus Portorico von Stahl (nicht von Hahn, wie aus Versehen im Suppl. v. Serj. p. 156 angegeben ist) findet, sowie auch bei Grosourdy a. a. O., könnte nach der mannigfachen Bedeutung von „costilla" — Rippe, Fassdaube, Rücken — ein verschiedenartiger Sinn beigelegt werden. Doch wird derselbe wohl mit Rücksicht auf den noch weiter von Christy angeführten (auch für *Serjania goniocarpa* nach Kerber gebrauchten) ähnlichen Namen *Costilla de vaca*, vaccae costa, zu interpretiren sein. —

Der gleichfalls von Christy, wie auch von Revirosa angeführte Name *Barbasco* wird für so vielerlei fischbetäubende Pflanzen gebraucht (s. Radlk. in Sitzungsb. k. bayer. Akad. 1886, p. 400, woselbst nach Ernst's Mittheilung in den Sitzungsb. d. Gesellsch. naturf. Freunde in Berlin, 1888, p. 111 etc. auch *Canella alba* Murr. und *Cassia alata* L., letztere als „*Barbasco macayna*" beizufügen ist), dass seine Anwendung auf *Paull. pinnata* nichts auffallendes hat. Derselbe wird ja überhaupt von den Spaniern als genereller Name für solche Pflanzen gebraucht, wonach für die entsprechende Anwendung solcher Pflanzen, wie schon oben p. 160 erwähnt, das Wort *embarbascar* entstanden ist. —

Ob der nach Schilling bei den Negern in Guiana gebräuchliche Name *Toudin* in irgend einer Beziehung zu der von ihm berichteten Verwendung der Pflanze, resp. des Decoctes ihres Holzes und ihrer Wurzel gegen Lepra steht, ist unbekannt. —

Sollen die an die Vulgärnamen im Vorausgehenden angeknüpften Angaben über die Wirkung und Verwendung der Pflanze noch vervollständigt werden, so ist hinzuzufügen, dass sie nach mündlicher Mittheilung des Africa-Reisenden Angerer in Kamerun, woselbst sie *Bange leaf* genannt werde, als Gift besonders für die Schweine angesehen wird, dass sie nach Duchesne in Africa („*P. africana*") gegen Hämorrhagien und in America („*P. pinnata*") die Wurzel als Stupefaciens dient, ferner das Oel, in welchem die Früchte gekocht wurden, als Linimentum anodynum. Baillon führt ohne Angabe seiner Quelle an, dass sie in Brasilien gegen Ophthalmieen und Amaurosis angewendet werde (Hist. des Plant., V, No. 43, 1874, p. 389, Anmerk. 6).

Zusatz 7. Ueber die *Paullinia pinnata* der Gärten ist hier dem, was in der Geschichte der cultivirten Arten (Monographie von *Serjania*, S. 63 u. 64) angeführt wurde, einiges hinzuzufügen, was zugleich als Erläuterung der in der Literatur und am Schlusse des Materialienverzeichnisses gemachten Angaben dienen mag. Es betrifft das die in den Gärten von Paris, Neapel und Leiden cultivirten Pflanzen.

Die schon früher für richtig erachteten Angaben der aus den Jahren 1804, 1815 und 1829 herrührenden Cataloge des Pariser Gartens von Desfontaines erfahren eine Bestätigung durch ein im Herb. Delessert enthaltenes Exemplar aus diesem Garten, welches i. J. 1818 durch Perrottet an das genannte Herbar gelangt ist. Was die in den Jahren 1867 und

1868 im Pariser Garten vorgefundenen Pflanzen betrifft, so habe ich ein ohne Etiquette als Topfpflanze cultivirtes Exemplar gleichfalls schon früher (a. a. O. p. 63) als ächte *P. pinnata* und als muthmassliche Grundlage der in die Synonymie aufgenommenen „*P. alata*" (non Don) Naegeli etc." bezeichnet. Eine andere, irrthümlich als *P. pinnata* bezeichnet gewesene Pflanze desselben Gartens mag hier, da sie i. J. 1877 nicht mehr vorhanden war, übergangen sein, um einer Vermehrung der Synonymie auszuweichen. Auch i. J. 1877 war übrigens die echte *P. pinnata* im Pariser Garten in Cultur.

Im Garten zu Neapel, für welchen der Catalog von Tenore (1845) und von Pasquale (1867) *P. pinnata* aufführt, habe ich im Jahre 1875 unter diesem Namen eine Pflanze getroffen, welche sich nach all den Anhaltspunkten, die steriles Material für die Bestimmung darbietet, als *Serjania confertiflora* Radlk. darstellt (s. Serj. Suppl. p. 89). Auf diese werden somit die Angaben der bezeichneten Cataloge und sicher wenigstens jene von Pasquale zu beziehen sein.

Was endlich ein im Garten zu Leiden als *P. macrophylla* Kunth i. J. 1868 gehaltenes Exemplar betrifft (s. d. Geseb. d. cult. Arten in Radlk. Serj. p. 64), so bin ich, indem ich die Selbständigkeit der *P. macrophylla* K. aufrecht zu erhalten mich veranlasst sehe, immerhin eher zu der Annahme geneigt, dass es zu *P. pinnata* gehöre, als zu *P. macrophylla*. Eine Einstellung in die Synonymie erschien mir hier ungebar. Dass die Pflanze auch schon zur Zeit v. Royen's im Leidener Garten in Cultur stand, macht ein anscheinendes Culturexemplar im Herb. v. Royen's (dessen schon in der Literatur, wie im Materialienverzeichnisse gedacht ist) wahrscheinlich.

Zusatz 8. Nur flüchtig will ich hier nochmal an die unrichtige Auffassung der Frucht erinnern, welche sich in den Abbildungen bei Gaertner, Lamarck und Descourtilz findet: alles Nöthige darüber ist schon in der Gattungsgeschichte (Monogr. v. Serj. S. 37, 38) und bei Richtigstellung der Figurenerklärung zu der betreffenden Tafel von Lamarck (in Zusatz n. 3 zu *Serjania sinuata* a. a. O. S. 176, 177) gesagt, sowie im Anschlusse an die Gattungscharakteristik in dem dieser folgenden Zusatze 5. unter D (p. 104). Auf den Irrthum Gaertner's hat schon Smith in Rees Cyclop. XXVI unter *P. pinnata* aufmerksam gemacht.

Zusatz 9. Beim Bestimmen von Herbarium-Exemplaren, welche oft nur aus Bruchstücken eines Zweiges bestehen, ist wohl zu beachten, dass, wie bei *P. Curura*, der Holzkörper der Zweige nicht bloss nahe der Ursprungsstelle der Zweige, sondern gelegentlich viel höher hinauf einfach sein kann.

Eine in solchem Falle drohende Verwechselung der *P. pinnata* mit *P. clavigera* oder *P. imberbis* wird durch die eigenthümlich varicöse und fast zickzackförmig undulirte Beschaffenheit des an den getrockneten Blättern halb durchsichtig erscheinendes Netzwerke-Milchsaft führender Schläuche bei *P. clavigera* und durch die nicht bebärteten Nervenachseln bei *P. imberbis*, sowie durch das Fehlen durchsichtiger Punkte an der oberen Blattseite bei beiden eben genannten Arten vermeidbar gemacht. Für *P. clavigera* kann weiter noch angeführt werden die höher hinauf gerückte Gliederung der Blüthenstielchen, der deutliche Knorpelrand der Blättchen, eine deutlicher und oft stark wellige Beschaffenheit der oberseitigen Epidermiszellen, Auftreten von zahlreicheren Krystallen in der unteren Epidermis und von Einzelkrystallen im Palissadengewebe, endlich Vertiefung der Epidermis an den Ansatzstellen der kleinen Ausscondrüsen.

Ausserdem lässt sich in der Regel an irgend einer Kante eines höher gelegenen Internodiums durch Anschneiden ein peripherischer Holzkörper nachweisen. Dies war z. B. der Fall bei einem hierher zu zählenden Exemplare von Galeotti, n. 4314 im Hb. Delessert; nicht dagegen, trotz Anschneidens an mehreren Stellen, bei einem Exemplare gleicher Nummer im Hb. Bruxellense und ebensowenig bei einem ganz ähnlichen, durch einen robusteren Wuchs, dickere Blättchen, grössere und derbere, innen rippig-gestreifte Nebenblättchen und durch steifere Bracteen derart ausgezeichneten Exemplare von Jürgensen (n. 175) im Hb. Delessert, dass man es, da es überdiess von demselben Standorte ist (von Pinotepa in der mexicanischen Provinz Oaxaca), als von demselben Pflanzenstocke herrührend ansehen möchte; ebenso nicht bei einem ähnlichen Exemplare von Oersted aus Nicaragua und bei einem

Exemplare von O. Kuntze aus Mato-Grosso (Brasilien), welches zugleich durch Verarmung der oberen Blätter auf drei Blättchen und hier fast fehlende Flügelung des Blattstieles anomal war.

Uebrigens handelte es sich bei dem Exemplare von Jürgensen um ein ganz kurzes, kaum eine halbe Spanne langes Zweigstück.

Zusatz 10. Ueber die Merkmale, nach welchen Exemplare der *P. pinnata* mit verarmten, nur gedreiten Blättern, wie das im vorigen Zusatze erwähnte von O. Kuntze, von *P. Cururu* sich unterscheiden lassen, war schon bei dieser (in Zusatz 5) die Rede. Nach diesen Unterschieden beantwortet sich auch die Frage, die sich dem Beobachter eines reichen, mancherlei Wechsel der Gestaltung zeigenden Materiales von *P. Cururu* und *P. pinnata* gelegentlich aufdrängt, die Frage nämlich, ob nicht in diesen beiden Arten eigentlich nur Formen ein und derselben Pflanze mit bald mehr, bald weniger reich gegliedertem Blatte zu sehen seien, entschieden in negativem Sinne.

### 7. Paullinia macrophylla Kunth.

Paullinia macrophylla Kunth in Humb. Bonpl. K. Nov. Gen. et Sp. V (1821) p. 90 (Ed. in 4° p. 117) n. 5!; Vol. VII (1825) Distrib. geograph., Flora Novo-Granatens., p. 287 (Ed. in 4° p. 366).
— — Kunth Synops. Pl. Aequinoct. Orb. Nov. III (1824) p. 158, n. 5; IV (1825) Distrib. geogr. Fl. N.-Granat., p. 383.
— — De Cand. Prodr. I (1824) p. 604. n. 6.
— — Cambess. in Mém. Mus. d'Hist. nat. XVIII (1829) p. 23, lin. 5.
— — Don General Syst. I (1831) p. 660 n. 8.
— — Steudel Nomencl. Ed. II, II (1841) p. 278, excl. obs. „P. pinnata L. sec. Spr."
— — Triana & Planch. Prodr. Flor. Novo-Granat., Ann. Scienc. nat.. IV. Sér., XVIII (1862) p. 351 n. 3. „Coll. Schlim n. 944"!
— — Radlkofer in Monogr. Serj. (1874—75) p. 71 n. 41 etc. (v. indic.)
— — Radlkofer über fischvergiftende Pflanzen, Sitzungsber. d. k. bayer. Akad.. 1886, p. 403.
— — Greshoff de plant. ad pisc. capiend. adhib., Mededeelingen uit s'Lands Plantentuin X (1893) p. 40.
Non Paullinia macrophylla („H. B. K.") Sagot Catal. des Pl. de la Guyane franç., Ann. Scienc. nat., VI. Sér., XII (1882) p. 191; cfr. Paullinia imberbis Radlk.
Minime Paullinia macrophylla Cambess. l. c. p. 23, lin. 10, e. syn. Ornitrophe macrophylla Poir.; cfr. Paullinia Cambessedesii Triana & Planch.
Perperam citatur Paullinia macrophylla Kunth ad Paull. pinnatam L. em. in Spreng. Syst. Veg. II (1825) p. 249 n. 16, in Dietrich. Fr. G., Gartenlex. XXVI (Neuer Nachtrag VI, 1837) p. 435 et in Dietrich, Dav.. Synops. Pl. II (1840) p. 1314 n. 16; cfr. P. pinn.

Scandens, fruticosa, glabra; rami e triangulari 5—6-costati, glabriusculi; corpus lignosum compositum e centrali majore et periphericis 3—6 minoribus triangulariter dispositis; folia 5-foliolato-pinnata; foliola elliptica, apice acuta vel obtusa, interdum emarginata, basi terminale angustatum, lateralia subacuta, omnia grosse crenata vel repando-dentata, interdum subintegerrima, breviter petiolulata, membranacea, nitidula, subtus in axillis nervorum barbata, glandulis microscopicis curvatis adspersa, impunctata, reti utriculorum laticiferorum pellucido instructa, epidermide non mucigera; petiolus rhachisque alata, glabra; stipulae parvulae, lanceolatae; thyrsi solitarii, puberuli; cincinni breviter stipitati; flores minores; fructus sectionis.

Rami thyrsigeri diametro circ. 3 mm. Folia 15—30 cm longa, fere totidem lata; foliolum terminale 8—17 cm longum, 4—9 cm latum, lateralia paullo minora; petiolus 4—10 cm longus, rhachis plerumque dimidio brevior, alis utrinque circ. 5 mm latis basin versus angustatis; petioluli 1—3 mm longi. Thyrsi 5—30 cm longi, longius breviusve pedunculati, pedunculo glabro, rhachi puberula; cincinni (vel dichasia in cincinnos desinentia) 4—8 flori; bracteae subulatae, parvae, circ. 1 mm longae; pedicelli circ. 2 mm longi, prope basin articulati. Sepala duo exteriora reliquis dimidio breviora, ovata, puberula. Petala superiora oblonga. circ. 3 mm longa, 1,5 mm lata, inferiora obovato-oblonga, omnia unguiculata; squamae (cristis exclusis) petala dimidia vix aequantes, margine villosae, superiores crista suborbiculari squamam ipsam fere aequante profunde fissa appendiceque deflexa angusta barbata, inferiores crista obliqua aliformi instructae. Tori glandulae superiores suborbiculares, (uti torus ipse) pilosiusculae. Staminum filamenta filiformia, compressiuscula, albide pilosa; antherae glabrae. Capsula quam maxime juvenilis subgloboso-trigona, apice subtruncata, subsessilis, adpresse cano-puberula (matura decrat).

In Novo-Granata: Humboldt & Bonpland n. 1501! (ad ripam fluminis Magdalena, prope Mompox, m. April. 1801. rami c. fol.; Hb. Paris. generale et Humboldtian., Hb. Willd. n. 7719, plag. 2); Schlim n. 944! (Santa-Marta, m. Jul. 1852, flor. et fruct. immat.; Hb. Par., DC., Deless., Boiss., Webb, Turcz.).

Zusatz 1. Eine hinsichtlich ihrer Selbständigkeit immer noch etwas zweifelhafte Art. Die Exemplare von Humboldt sind durch stärker rothe Blattnerven und Zweige ausgezeichnet. Doch ist an der Zugehörigkeit der Pflanze von Schlim kaum zu zweifeln. Nur einzelne Exemplare des Letzteren (Hb. Webb.) zeigen ganz junge Früchte, resp. zur Fruchtbildung sich anschickende Fruchtknoten. Nach diesen zu urtheilen dürfte die Frucht ähnlicher der von *Paull. nitida* als der von *Paull. pinnata* werden. Von *Paull. pinnata* unterscheidet die Pflanze weiter das Fehlen der Secretzellen (und damit der durchsichtigen Punkte an der oberen Blattseite).

Eine Verwechselung mit der aus Guiana stammenden *Paull. macrophylla* Camb., welche dieser Autor auffallender Weise der *Paull. macrophylla* Kunth auf derselben Seite folgen lässt, ist jetzt, nachdem die erstere durch Triana und Planchon den Namen *Paull. Cambessedesii* erhalten hat, wohl nicht mehr zu besorgen.

Zusatz 2. Die Pflanze wird von Martius, über brasilianische Arzneipflanzen in Buchner's Repertorium d. Pharmacie, XXXV. 1830. p. 199 unter den zum Fischfange verwendeten Pflanzen angeführt, neben anderen Arten von *Paullinia*, nämlich *P. Curura*, *pinnata* und *thalictrifolia*. Ob diese Angabe vielleicht auf einer Mittheilung in den Reisewerken von Humboldt beruht, ist mir unbekannt. Bei Kunth findet sie sich nicht. Ob sie etwa durch die frühere Vereinigung der Pflanze mit *Paull. pinnata* durch Sprengel veranlasst sei, bleibt dahingestellt.

Noch weiter wird, wie schon unter *P. pinnata* (p. 158) erwähnt, solche Verwendung angegeben für *Paull. costata, jamaicensis, Cupana, meliaefolia* und *trigonia*, wie ich, abgesehen von den beiden letztgenannten Arten, schon in meiner Abhandlung über fischvergiftende Pflanzen in den Sitzungsb. d. k. bayer. Akad., 1886, p. 101 angeführt habe, und wie des näheren bei den betreffenden Arten erwähnt ist. Fraglich ist die Angabe für *P. jamaicensis* (s. diese) und nur auf einer Vermuthung beruhend für *P. Cupana* (s. dort).

### 8. Paullinia neglecta Radlk.

Semarillaria nitida Ruiz et Pavon Flor. Peruv. et Chil. IV (1802) tab. 339! Cf. Radlk. Serj. p. 42 etc. (v. indic.) et infra obs.
Paullinia neglecta Radlkofer in Monogr. Serj. (1874—75) p. 42. 71 n. 29 c. syn. anteced.
Paullinia acutangula (non „Pers.") Britton Enum. Pl. a Dr. Rusby collect., Bull. Torr. Bot. Cl. XVI (1889) p. 190. „coll. n. 530 et 531" partim, excl. nempe n. 530 Hb. Canby!, quae Serj. caracasana W., et excl. n. 531!, quae Paull. dasystachya Radlk., cf. infra n. 95.

Paullinia riparia (non „Kunth") Britton l. c., coll. Rusby n. 626!
Perperam citatur Semarillaria nitida R. & P. ad Paulliniam nitidam Kunth in Don General
  Syst. I (1831) p. 660 n. 3.

Scandens, fruticosa, glabra; rami triangulares vel lateribus in costam productis 5—6-costati, subglabri; corpus lignosum compositum e centrali majore et periphericis (3) minoribus; folia ternata vel in ramulis ultimis interdum 5-foliolato-pinnata (Rusby n. 626); foliola elliptica vel elliptico-lanceolata, apice terminale acuminatum, lateralia acuta, basi omnia subacuta, longius petiolulata, supra medium remote, apicem versus plerumque crebrius obtuse repando-dentata vel subintegerrima, subcoriacea, nitida, venis subtransversalibus subtus prominulis notata, in axillis nervorum barbata, glandulis microscopicis malleoliformibus immersis praesertim in pagina inferiore adspersa, punctis pellucidis subtusque reti utriculorum laticiferorum subpellucido instructa, epidermide non mucigera; thyrsi solitarii, glabriusculi, laxius cincinniferi; cincinni sessiles, breves, 4—5-flori; flores mediocres, longius pedicellati; fructus sectionis subglobosus, stipitatus, saepe apiculatus, glaber; semen ellipsoideum, arillo dorso profunde fisso ad duas tertias obtectum.

Rami diametro 3—4 mm. Folia (ternata) 12—15 cm longa (pinnata longiora), fere totidem lata; foliola terminalia 8—12 cm longa, 4 - 5 cm lata, lateralia paullo minora; petiolus communis 2—4 cm longus, petioluli 4—8 mm longi, omnes supra pilis brevibus laxe adspersi; stipulae parvae, lanceolatae. Thyrsi 8—15 cm longi, pedunculo 3—6 cm longo subglabro, rhachi 5—9 cm longa pilis brevibus laxe adspersa; bracteae subulatae, circ. 1 mm longae; pedicelli circ. 3 mm longi, basi articulati. Sepala duo exteriora interioribus paullo breviora, rotundato-ovata. Tori glandulae superiores subrotundae. Staminum filamenta filiformia, pilosa; antherae glabrae. Capsula quoad partem seminiferam circ. 1 cm longa et lata, in stipitem circ. 3 mm longum abrupte contracta. Semen circ. 8 mm longum, 4 mm latum, testa subnigra glabra.

In Peruvia et Bolivia: Pavon! („Peruvia, ad Vitoc et Panatahuas, a. 1794"; ex Hb. Pavon translat. in Hb. Boiss., Deless. „n. 646", Webb, Benth., Berol., sub nom. „Semarillaria nitida", nec non in Hb. Prodr. DC., ubi fragmentum ex Hb. Deless. communic. uni eidemque plagulae cum fructu Paull. acutangulae Pers. affixum inveni); Gay n. 991! (Peruvia; Hb. Paris.); Rusby n. 530! partim (partim Serj. caracas. W., specimen in Hb. Canby servat.!; Bolivia, Guanai, altit. 2000 ped., m. Maj. 1886, fruct., Hb. Barbey, Vratislav., „Paull. acutangula", non Pers., Britton, cf. Lit.), n. 626! (ibid., „Paull. riparia", non Kunth, Britton, cf. Lit.; specimen insigne foliis ex parte 5-foliolato-pinnatis).

Zusatz. Dass sich diese Pflanze — die vierte von den sechs auf Taf. 336—341 incl. in unmittelbarer Folge von Ruiz & Pavon abgebildeten Semarillaria-Arten der Flora Peruviana — der Aufmerksamkeit der Autoren bisher fast vollständig entzog, daran ist wohl die Seltenheit des betreffenden 4. Bandes der Fl. peruv. von Ruiz und Pavon Schuld. Nur Don, welcher die Semarillaria-Arten der genannten Autoren, soweit das nicht schon von Persoon geschehen war, zur Gattung Paullinia verbrachte, hat von ihr Notiz genommen, sie aber lediglich als ein Synonym von Paullinia nitida Kunth betrachtet, von der sie schon durch den zusammengesetzten Holzkörper deutlich verschieden ist. Seitdem ist sie wieder unbeachtet geblieben. Ihr das ursprüngliche Speciesepitheton zu erhalten, hinderte eben die Paull. nitida Kunth.

Bemerkenswerth ist das transversale Venennetz der Blättchen. Die Frucht ist anfangs fast ungestielt, wie bei der vorhergehenden Art; erst allmälig entwickelt sich der bald längere, bald kürzere Fruchtstiel.

Im Herb. Delessert ist dieser Art ebenso, wie der Paull. alata Don (s. dort, Zusatz 2) und der Paull. obovata Pers. aus der gleichen Quelle eine gedruckte Etiquette mit der in ihrem ersten Theile gänzlich unrichtigen Angabe „Mexique — Pavon" beigefügt. Ueber solche Verstösse, auch in anderen Herbarien, habe ich schon in der Monographie von *Serjania* berichtet (s. dort p. 42, 169, 193, 256, 273).

### 9. Paullinia elegans Cambessedes.

| | | |
|---|---|---|
| Paullinia elegans | Cambess. | in St. Hilaire Flor. Bras. I (1825) p. 370, n. 1! |
| — | — | Cambess. in Mém. Mus. d'Hist. nat. XVIII (1829) p. 23. |
| — | — | Don General Syst. I (1831) p. 661, n. 12. |
| — | — | Spach Hist. nat. des Végét., Phanérog. III (1834) p. 48. |
| — | — | Dietrich, Dav., Synops. Pl. II (1840) p. 1315, n. 31. |
| — | — | Steudel Nomencl. Ed. II. II (1841) p. 277. |
| — | — | Walpers Repert. I (1842) p. 413. |
| — | — | Radlkofer in Monogr. Serj. (1874—75) p. 73 n. 69 etc. (v. indic.) |
| — | — | Griseb. Symb. ad Fl. Argent. (1879) p. 80, n. 456, partim!, excl. nempe ex parte coll. Balansa n. 2490! e Paraguay, quae fide Hb. Griseb. Serjaniae caracasanae forma 1, nitidula Radlk., foliis depauperatis (cf. Radlk. Serj. Suppl. 1886, p. 52, 95); coll. Lorentz! (De Serj. hebecarpa Benth. in Hb. Griseb. sub nom. Paull. eleg. C. servata cf. Radlk. Serj. Suppl. 1886, p. 148, 152, ubi legendum „Lorentz n. 113ᵃ loco 115). |
| — | — | Radlkofer in Warming Symb. Partic. XXXVII (1890) p. 242 (993). |
| — | — | Morong & Britton Enum. Plant. a Morong in Paraguay 1888—90 collect., Ann. New-York Acad. VII (1893) p. 74; coll. n. 153, 387, 737, 764, 916, 1092 (specimina mihi non visa). |
| — | — | Schenck, Beiträge zur Anat. d. Lianen (1893) p. 108! |
| — | — | Moore, Spencer Le March., Phan. Bot. Matto Grosso Exped. 1891—92, Transact. Linn. Soc. II. Ser., IV, 3 (Dec. 1895) p. 310; coll. n. 521! 629! |

Paullinia dentata, non Vell., Salzmann in schedis, coll. n. 107!
Nomen vulgare: Cipó de Timbó, Warming in scheda; cf. supra p. 160 c. annot. 2.
Non Paullinia elegans Griseb. partim; cf. supra et Spec. excl.

Scandens, fruticosa, glabra; rami e subtriangulari 5—6-costati, glabri; corpus lignosum compositum e centrali majore et periphericis (3) minoribus; folia 5-foliolato-pinnata, interdum foliolis lateralibus superioribus cum terminali confluentibus ternata; foliola oblongo-lanceolata, apice subacuta, basi terminale cuneatum, lateralia acutiuscula vel rotundata, supra medium remote serrato-dentata, dentibus obtusiusculis, vel subintegerrima, breviter longiusve petiolulata, subcoriacea, nitida, subtus in axillis nervorum barbata, glandulis microscopicis malleoliformibus subimmersis adspersa, subimpunctata, reti utriculorum laticiferorum subpellucido interrupte subtus instructa, epidermide non mucigera; petiolus rhachisque nuda: thyrsi solitarii, laxius cincinniferi, glabriusculi; cincinni subsessiles, multiflori; flores minores, longius pedicellati, pedicellis tenuissimis curvatis: fructus sectionis subgloboso-pyriformis, glaber; semen trigono-ellipsoideum, arillo dorso profunde fisso ventre leviter emarginato paullum ultra medium obtectum.

In Brasiliae provinciis Rio Grande do Sul, S. Paulo, Mato Grosso, Minas Geraës, Bahia et Pernambuco, nec non in Paraguay et in Argentina: In Brasilia: In prov. Rio Gr. do Sul: St. Hilaire! Sello n. 3561! Fox n. 58! Jhering n. 283! Lindman n. A. 1155!; — in prov. Mato Grosso: Riedel n. 700! Spencer Moore n. 521! 629!; — in prov. S. Paulo: Martius! (obs. ined. n. 628); Raben n. 353! 753! (Hb. Martius), sine no! (Hb. Havn.); Prates! Commissão geogr. n. 35!; — in prov. Min. Ger.: St. Hilaire! Claussen! Netto! (anne haec „Paullinia" in Netto de structura caulis?, cf. Radlk. Serj. Suppl. p. 29); Warming!; — in prov. Bahia: Martius! Salzmann n. 107! Blanchet n. 8! 103! 255! 1838! Casaretto n. 2056! 2185! 2220! Glocker n. 33! Didrichsen n. 3971! collector ignotus n. 1006! (Hb. DC., Boiss.); — in prov. Pernambuco: Schenck n. 4094!; — in Paraguay: Balansa n. 2490! partim (partim Serj. caracasana W. foliis depauperatis), 2490 a! Morong n. 153, 387, 737, 761, 916, 1092 (ex Morong et Britton l. c.; specimina non vidi); — in Argentina: Lorentz n. 113! partim (partim Serj. hebecarpa Benth., f. 3? platycarpa Radlk., cf. Radlk. Serj. Suppl. p. 152. ubi legendum „Lorentz n. 113" loco 115), n. 635! Niederlein sine no.!, n. 125! Hagenbeck!

### 10. Paullinia spicata Benth.

Paullinia spicata Bentham in Hook. Journ. Bot. & Kew Gard. Misc. III (1851) p. 193; „coll. Spruce"!, „coll. Martin"!
— — Walpers Annal. IV (1857) p. 377.
— — Sagot Catal. des Pl. de la Guyane franç. in Ann. Scienc. nat., VI. Sér., XII (1882) p. 192; „coll. Mélinon". (Vidi adumbrationem a cl. Sagot delineatam).
— — Radlkofer in Monogr. Serj. (1874—75) p. 74 n. 108 etc. (v. indic.).
— — Radlkofer in Warming Symb. Partic. XXXVII (1890), p. 242 (993).
Nomen vulgare: „Timbó do mato" (i. e. Liana sylvarum) ex Lund in scheda.

Scandens, fruticosa, glabra; rami subtriangulares vel 4—6-costati, glabriusculi; corpus lignosum compositum e centrali majore et periphericis (3) minoribus; folia 5-foliolato-pinnata, rarius foliolis lateralibus superioribus cum terminali confluentibus ternata; foliola oblongo- vel elliptico-lanceolata, interdum ovato-elliptica, apice acuminata, vel acuta, terminale infra medium cuneatum, lateralia basi rotundata vel acutiuscula, repando-dentata vel remote serrato-dentata, breviter petiolulata, subcoriacea vel chartacea, nitida, subtus in axillis nervorum barbata, glandulis microscopicis malleoliformibus subimmersis parcis adspersa, punctis lineolisque pellucidis conspicuis supra notata, reti utriculorum laticiferorum pellucido subtus instructa, epidermide non mucigera (paginae inferioris — contra sectionis rationem — non crystallophora); petiolus rhachisque nuda, rarius marginata; thyrsi solitarii, dense cincinniferi, spiciformes, tomentelli; cincinni sessiles, contracti, multiflori; flores majores, pedicellati, pedicellis robustioribus strictis; fructus sectionis clavatus, rarius pyriformis, glaber; semen compresse ellipsoideum, fere totum arillo ventre dorsoque fere usque ad basin fisso obtectum.

In Ecuador, Novo-Granata, Guiana batava et gallica et in Brasiliae provinciis Pará, Minas Geraës, Rio de Janeiro et Mato Grosso: Eggers Flor. Amer. trop. n. 14247! (Ecuador, Baiao, m. Jan. 1892, flor.); Holton n. 813! (Flora Neogranadino-Caucana, La Paila, m. Mart. 1853, fruct.; Hb. Hook., Boiss.); Martin! (Cayenne; Hb. Hook.; Hb. Mus. Brit.); Mélinon (Guiana gallica, ad flumen Maroni, a. 1862; cf. Lit. sub Sagot); Leschenault! (Surinam a. 1823—24, Hb. Par.); Spruce n. 508! 524! (Brasil. prov. Pará); Claussen n. 504! n. 649! (Minas Geraës); Regnell III, 3531; Netto!; Warming!; Raben 359! (Rio de Jan.); Riedel n. 671! (prov. Mato Grosso); Glaziou n. 20237!

Zusatz. Die Pflanze steht sehr nahe der *Paull. elegans* Camb., unterscheidet sich aber deutlich durch die robusteren, gedrängteren Blüthen mit stärkeren, steifen Stielen und durch die durchsichtig punktirten Blätter.

Schon Cambessedes hat sie in einem Exemplare unbekannter Herkunft aus Brasilien im Pariser Herbare laut der betreffenden Etiquette von *Paull. elegans* unterschieden, war aber zweifelhaft darüber, ob er sie nur als eine Varietät derselben oder als besondere Art betrachten solle und liess sie desshalb unbenannt.

## 11. Paullinia nitida Kunth.

Paullinia nitida Kunth in Humb. Bonpl. K. Nov. Gen. et Sp. V (1821) p. 89 (Ed. in 4°
    p. 115) n. 21; Vol. VII (1825) Distrib. geograph., Flora Orinoci, p. 256
    (Ed. in 4° p. 327).
—   —   Kunth Synops. Pl. Aequinoct. Orb. Nov. III (1824) p. 157. n. 2; IV (1825)
    Distrib. geogr., Flora Orinoci, p. 331.
—   —   De Cand. Prodr. I (1824) p. 604. n. 3.
—   —   Spreng. Syst. Veg. II (1825) p. 248, n. 3.
—   —   Cambess. in Mém. Mus. d'Hist. nat. XVIII (1829) p. 23.
—   —   Don General Syst. I (1831) p. 660, n. 3. excl. syn. Semarillaria nitida R. & P.,
    cfr. Paull. neglecta Radlk.
—   —   Dietrich, Fr. G., Gartenlex. XXVI (Neuer Nachtrag VI. 1837) p. 432, n. 3.
—   —   Dietrich, Dav., Synops. Pl. II (1840) p. 1314, n. 3.
—   —   Steudel Nomencl. Ed. II. II (1841) p. 278.
—   —   Triana & Planch. Prodr. Flor. Novo-Granat., Ann. Scienc. nat., IV. Sér.,
    XVIII (1862) p. 354, n. 7; „coll. Triana"!
—   —   Radlkofer in Monogr. Serj. (1874—75) p. 71 n. 40 etc. (v. indic.).

Minime Paullinia nitida Steudel in Flora XXVI (1843) p. 756; cfr. Paull. pinnata L. cm
Minime „Paullinia nitida Camb." uti Triana & Planch. l. c. scripserunt loco: „Paullinia?
    spec." Cambess. l. c. (1829) p. 29 c. syn. „Cupania? nitida DC.";
    cfr. Paull. tricornis Radlk.

Obs. Ob Semarillariam nitidam Ruiz & Pav. cfr. Paull. neglecta Radlk.

Scandens, fruticosa, glabra; rami juniores teretes, cortice cinerascente; corpus lignosum simplex; folia ternata, raro simplicia; foliola elliptico-lanceolata, apice acuta vel subacuminata, basi subacuta vel terminale in petiolulum attenuatum, grosse et remote serrato-crenata, terminale longius lateralia breviter petiolulata, omnia e membranaceo subcoriacea, nitidissima, reticulato-venosa, subtus glandulis microscopicis malleoliformibus subimmersis obsita nec non in axillis nervorum obsolete barbata, vix punctata, reti utriculorum laticiferorum parum pellucido subtus instructa, epidermide non mucigera; petiolus nudus; thyrsi solitarii, abbreviati, hispiduli; cincinni subsessiles vel breviter stipitati, pauciflori; flores minores, sepalis pilosulis; fructus sectionis subclavatus, trigonus, apiculatus, glaber; semen obovatum, arillo dorso profunde fisso ad duas tertias obtectum.

Rami diametro 1,5—3 mm. Folia 5—10 mm longa, fere totidem lata, (sicca) supra fusca, subtus pallidiora; foliolum terminale 3—8 cm longum, 1,5—3 cm latum, lateralia paullo minora; petiolus communis 1—3 cm longus, puberulus, supra sulcis duobus exaratus, subtus convexus, petioluli laterales 1—2 mm, terminales 3—10 mm longi; stipulae — (deciduae, non visae). Thyrsi circ. 1 cm longi, bracteis subulatis parvis. Sepala (alabastra tantum suppetebant) duo exteriora reliquis dimidio breviora, subcoriacea, interiora late ovata, tenuiora. Petala ovalia, circ. 2 mm longa, 1 mm lata; squamae tertiam petalorum partem aequantes, margine villosae, superiores crista obcordata squamam fere aequante appendiceque deflexa barbata, inferiores crista oblique aliformi membranacea instructae. Tori glandulae superiores late ovatae, laterales obsoletae. Staminum filamenta filiformia, compressiuscula, pilosula; antherae glabrae. (Flores feminei deerant.) Capsula stipite circ. 5 mm longo incluso 2 cm longa, circ. 7 mm lata, fusca. Semen circ. 5 mm longum, 3—4 mm latum, fusco-nigrum.

In Venezuela, Novo-Granata et Nicaragua: Humboldt & Bonpland! (in ripa fluminis Orinoci, m. Maj., fruct.; Hb. Paris. generale et Humboldtian., Hb. Willd. n. 7718); Triana! (in provinciae Mariquitae valle fluminis Magdalena, ad El Espinal, altitud. 500 m; flor. et fruct.; Hb. Par.); Rothschuh n. 617! (Nicaragua, altitud. 800 m, m. Sept. 1894. fruct.; Hb. Berol.).

Zusatz. Triana und Planchon bezweifeln, dass die Pflanze wirklich am Orinoco zu Hause sei, ohne einen besonderen Grund dafür anzugeben. Ich muss diesen Zweifel auf sich beruhen lassen.

### 12. Paullinia anomophylla Radlk.

Scandens, fruticosa, glabra; rami triangulares, glabri; corpus lignosum simplex; folia imparipinnata vel superiora depauperata, ternata, immo simplicia; foliola elliptico-oblonga, apice acuminata, basi rotundata, ex remote serrato-dentato subintegerrima, brevius longiusve petiolulata, chartacea, reticulato-venosa, glaberrima, subtus glandulis microscopicis fere subscutatis subimmersis obsita, epidermide non mucigera; petiolus rhachisque nuda; thyrsi solitarii, glabriusculi; cincinni sessiles, multiflori; flores minores, sepalis pube adpressa indutis.

In Brasilia: Martius! (a. 1817—20; Hb. Monac.).

### 13. Paullinia obovata Pers.

Semarillaria obovata Ruiz et Pavon Flor. Peruv. et Chil. Prodr. (1794) p. 54; Ed. II (1797) p. 44! Cf. Radlk. Serj. p. 42 etc. (v. indic.).
— — Ruiz et Pavon Syst. Veg. Flor. Peruv. et Chil. I (1798) p. 92 (non 93, uti Persoon refert), n. 3.
— — Ruiz et Pavon Flor. Peruv. et Chil. IV (1802, non III, uti R. & P. in Syst. indicant) tab. 338.
— - Poiret in Dict. Scienc. nat. XLVIII (1827) p. 418.
Paullinia obovata Persoon Synops. I (1805) p. 443, n. 6.
— — Poiret in Lamarck Encycl., Suppl. IV (1816) p. 334.
— — Dietrich, Fr. G., Gartenlex., Nachtrag V (1819) p. 646, n. 3.
— — Steudel Nomencl. Ed. I (1821) p. 597.
— — De Cand. Prodr. I (1824) p. 605, n. 13.
— — Sprengel Syst. Veg. II (1825) p. 249, n. 20.
— — Cambessed. in Mém. Mus. d'Hist. nat. XVIII (1829) p. 23.
— — Don General Syst. I (1831) p. 661, n. 23.
— — Dietrich, Dav., Synops. Pl. II (1840) p. 1315, n. 20.
— — Steudel Nomencl. Ed. II, II (1841) p. 278.
— — Radlkofer in Monogr. Serj. (1874—75) p. 70 n. 25 etc. (v. indic.), c. syn. anteced.

Scandens, fruticosa, glabriuscula; rami e triangulari 5—6-costati, puberuli; corpus lignosum simplex; folia 5-foliolato-pinnata; foliola oblongo-lanceolata, terminale ex obovato cuneatum, lateralia basi subrotundata, omnia apice acuminata, remote grossiuscule serrato-dentata, petiolulata, subchartacea, clathrato-venosa, subtus in axillis nervorum barbata, pilis raris lateraliter affixis adspersa glandulisque microscopicis digitiformibus obliquis plerumque furcato-geminatis subimmersis insignia, reti utriculorum laticiferorum subpellucido instructa, epidermide non mucigera, vix crystallophora; petiolus rhachisque nuda; thyrsi solitarii, robusti, laxius cincinniferi, tomentelli; cincinni sessiles, contracti, 5—7-flori; flores mediocres, sepalis dense cano-tomentellis; fructus sectionis pyriformis, apiculatus, sublignosus, sufferrugineo-tomentellus, denique glabrescens; semen compresse ellipsoideum, fere totum arillo dorso ventreque profunde fisso obtectum.

In Peruvia et in Brasiliae prov. Alto-Amazonas: In Peruvia: Pavon! (ex Hb. Pavon translat. in Hb. Boiss., Deless „n. 644", Webb. sub nom. „Semarillaria obovata"); — in Brasilia: Glaziou n. 9700! (leg. Schwacke, cf. obs. n. 3 ad Paull. Cup.); Schwacke Hb. n. 431

Zusatz 1. Ueber eine unrichtige Vaterlandsangabe im Herb. Delessert („Mexique") vergleiche das bei *Paull. alata* in Zusatz 2 und *Paull. neglecta* in Zusatz 1 Gesagte und die dort schon citirte Stelle in der Monographie von *Serjania*. p. 273.

Zusatz 2. Die Art ist ausgezeichnet durch die meist (zu zweit) unmittelbar neben einander gerückten, in entgegengesetzter Richtung schief aufsteigenden, stumpf cylindrischen, in ihrer Vereinigung eine gespreizt gablige Doppeldrüse bildenden kleinen Drüsen der Blätter, welche sich ebenso bei der Pflanze von Glaziou, resp. Schwacke, wie bei den Exemplaren des Herb. Pavon finden.

Eine weitere Eigenthümlichkeit bilden die sackartig-einarmigen, d. h. etwas seitwärts von ihrer erweiterten Basis inserirten, angedrückten, kurzen und spärlichen Haare, welche in noch stärkerem Masse so ausgebildet und dabei länger und sehr zahlreich in dieser Section auch noch bei der nächst verwandten *P. subrotunda* vorkommen.

Das Speciesepitheton ist wohl auf die Gestalt der Frucht, nicht der Blättchen zu beziehen.

### 14. Paullinia fraxinifolia Triana & Planchon.

Paullinia fraxinifolia Triana & Planch. Prodr. Flor. Novo-Granat., Ann. Scienc. nat. IV. Sér. XVIII (1862) p. 365, n. 19; „coll. Triana"!
— — Walpers Annal. VII, Fasc. 4 (1869, ed. C. Müller). p. 620, n. 5.
— — Radlkofer in Monogr. Serj. (1874—75) p. 76, n. 140 etc. (v. indic.).

Scandens, fruticosa, glabra; rami angulati, 3—4 sulcati, glabri; corpus lignosum simplex; folia 5-foliolato-pinnata; foliola elliptica, terminale elliptico-lanceolatum, basi longiuscule attenuatum, lateralia abruptius coarctata, omnia apice acuminata, remote dentata, dentibus acutis, breviter petiolulata, subchartacea, clathrato-venosa, nitida, subtus in axillis nervorum barbata glandulisque microscopicis curvatis obsita, punctis pellucidis crebris subtusque reti utriculorum laticiferorum interrupto subpellucido notata, epidermide non mucigera, vix crystallophora; petiolus rhachisque nuda; thyrsi solitarii vel bini ternive in ramulo laterali congesti, elongati, sat graciles, laxius cincinniferi, tomentelli; cincinni sessiles, contracti, 5—7 flori; flores mediocres, sepalis e flavescenti cano-tomentellis.

Rami diametro 3—4 mm, cortice fusco. Folia circ. 20 cm longa, fere totidem lata; foliolum terminale circ. 12 cm longum, 5 cm latum, lateralia paullo minora; petiolus communis circ. 7 cm longus, rhachi fere dimidio breviore, subtus convexus, glaber, supra sulcis duobus exaratus, puberulus; petioluli 1—4 mm longi; stipulae — (deciduae, non visae). Thyrsi 15—20 cm longi, subsessiles, rhachi diametro 2 mm; bracteae lanceolato-subulatae, breves, pedicelli circ. 3 mm longi, tomentosi. Sepala duo exteriora interioribus dimidio breviora, interiora ovata, circ. 4 mm longa, 3 mm lata. Petala ex obovato oblonga; squamae petala dimidia aequantes, latae, margine villosae; superiores crista obcordata appendiceque deflexa barbata squamam dimidiam aequante, inferiores crista oblique aliformi instructae. Tori glandulae superiores anguste triangulares, villosae, uti torus. Staminum filamenta filiformia, compressiuscula, villosa; antherae glabrae. Germen subglobosum, tomentosum, stylo germen aequante.

In Novo-Granatae provincia Antioquia: Triana! (ad altitud. 1200 m; Hb. Par., DC.).

### 15. Paullinia subrotunda Pers.

Semarillaria subrotunda Ruiz et Pavon Flor. Peruv. et Chil. Prodr. (1794) p. 54; Ed. II (1797) p. 44! Cf. Radlk. Serj. p. 42 etc. (v. indic.).
— — Ruiz et Pavon Syst. Veg. Flor. Peruv. et Chil. I (1798) p. 92 (non 93, uti Persoon refert), n. 1.
— — Ruiz et Pavon Flor. Peruv. et Chil. IV (1802, non III, uti R. & P. in Syst. indicant) tab. 336.
— — Poiret in Dict. Scienc. nat. XLVIII (1827) p. 418.
Paullinia subrotunda Persoon Synops. I (1805) p. 443, n. 15.
— — Poiret in Lamarck Encycl., Suppl. IV (1816) p. 334.
— — Dietrich, Fr. G., Gartenlexicon, Nachtrag V (1819) p. 847, n. 7.
— — Steudel Nomencl. Ed. I (1821) p. 597.
— — De Cand. Prodr. I (1824) p. 605. n. 18.
— — Sprengel Syst. Veg. II (1825) p. 249, n. 25.
— — Cambessed. in Mém. Mus. d'Hist. nat. XVIII (1829) p. 23.
— — Don General Syst. I (1831) p. 661, n. 28.
— — Dietrich Synops. Pl. II (1840) p. 1315, n. 25.
— — Steudel Nomencl. Ed. II, II (1841) p. 278.
— — Poeppig et Endl. Nov. Gen. et Spec. Plant. III (Decemb. 1844) p. 37. in 'observ.!
— — Radlkofer in Monogr. Serj. (1874—75) p. 70 n. 26 etc. (v. indic.), c. syn. anteced.

Nomen vulgare: Lucumas de monte Ruiz et Pavon Syst. l. c.

Scandens, fruticosa, subtomentosa; rami 4—5-sulcati, breviter sufferrugineo-tomentosi; corpus lignosum simplex; folia 5-foliolato-pinnata; foliola superiora obovata, raro suboblonga, inferiora breviter ovata vel subrotunda, terminale basi cuneatum, lateralia rotundata, omnia apice breviter acuminata, apicem versus minutim serrato-dentata, acumine ipso denticulato, petiolulata, chartacea, clathrato-venosa, subtus in axillis nervorum nec non saepe venarum quoque barbata, ceterum pilis lateraliter affixis sufferrugineis breviter subtomentosa (interdum forsan, uti Poeppig refert, „tenuiter argenteo pubescentia") glandulisque microscopicis erectis vel inclinatis obsita, denique glabrata, punctis lineolisque pellucidis sparsis supra notata et reti utriculorum laticiferorum subpellucido subtus instructa, epidermide non mucigera (paginae inferioris — contra sectionis rationem — non crystallophora); petiolus rhachisque nuda; thyrsi solitarii, robusti, laxius cincinniferi, subtomentosi; cincinni sessiles, contracti, 5—8-flori; flores mediocres, sepalis dense subcanescenti-tomentellis; fructus sectionis pyriformis („nuce Juglandis major, subglobosus, viridis, glaber" teste Poeppig), glabrescens (maturus deerat).

Caulis „altissime scandens" (Poeppig).
Rami diametro 3—6 mm. Folia 15—25 cm longa, fere totidem lata; foliolum terminale 9—14 cm longum, 5—7 cm latum, lateralia paullo minora; petiolus communis 5—7 cm longus rhachisque plerumque dimidio brevior tomento brevi praesertim ad insertionem foliolorum induta; petioluli 3—8 mm longi, subtomentosi; stipulae — (non visae). Thyrsi 10—40 cm longi, subsessiles vel pedunculati, rhachi diametro 2—4 mm; bracteae bracteolaeque subulatae; pedicelli 2—3 mm longi, articulati. Sepala duo exteriora interioribus plus dimidio breviora, interiora subrotunda, 3—4 mm longa, 3 mm lata. Petala oblonga; squamae petala dimidia aequantes, margine villosae, superiores crista obcordata appendiceque deflexa margine villosa, inferiores crista oblique aliformi instructae. Tori glandulae superiores late triangulares, tomentosae, uti torus. Staminum filamenta filiformia, complanata, pilosa; antherae glabrae. Germen e trigono subglobosum, tomentosum.

In Peruvia: Pavon! („ad Vitoc. a. 1794"; ex Hb. Pavon translat. in Herb. Boiss., Webb, Berol.); Haencke! (Hb. Prag.); Poeppig n. 1327! (in Peruviae subandinae sylvis ad Pampayaco, m. Aug. 1829, flor., nec non in sylvarum marginibus ad Cuchero; Hb. Vindob., Lips., Martens Lovanii).

Zusatz 1. Von der Beschaffenheit ihrer Haare, worin sich diese Art der *P. obovata* nähert, war schon bei dieser die Rede. Auch die kleinen Aussendrüsen haben, indem eine köpfchenförmige Verbreiterung an ihrer Spitze kaum hervortritt, zunächst mit den dortigen Aehnlichkeit, kommen aber hier nicht zu gabligen Doppeldrüsen vereiniget vor.

Zusatz 2. Ruiz & Pavon bemerken zu dem Vulgärnamen der Pflanze a. a. O.: Incolae arillum carnosum dulcem edunt. Lindley erwähnt, offenbar hiernach, die Pflanze in Veget. Kingd., 1846, p. 383 neben anderen Sapindaceen mit essbarem Samenmantel (*Blighia sapida, Schleichera trijuga*). Poiret übertrug die Angabe schlechthin auf die Frucht (unter *Semarillum* a. a. O.: „Son fruit est bon à manger" und unter *Paullinia* a. a. O.: „Fructus edulis"). Von ähnlichen Angaben bezüglich des Samenmantels von *Paull. pinnata* und *Curara* war bei diesen die Rede.

### 16. Paullinia clavigera Schlecht.

Paullinia ? clavigera Schlechtend. in Linnaea X (1836) p. 239. n. 306; „coll. Schiede"!
— ? — Walpers Repert. I (1842) p. 414.
— — — Steudel Nomencl. Ed. II. II (1841) p. 277.
— — — Radlkofer in Monogr. Serj. (1874—75) p. 73 n. 84 etc. (v. indic.).
— ? — Hemsley in Biol. Centr.-Am., Bot. I (1879—81) p. 210. n. 2; „coll. Schiede".
— — — Radlkofer in J. Donnell Smith Enum. Pl. Guatemalens. etc. IV (1895) p. 22. n. 5182.

Scandens, fruticosa, glabra; rami 4—6-costati, glabriusculi; corpus lignosum simplex; folia 5-foliolato-pinnata; foliola elliptico-lanceolata, apice ex acuto acuminata (interdum subcuspidata), basi terminale cuneatum, lateralia acuta vel rotundata, margine ex subintegerrimo remote serrato-dentata lineaque pellucida subfusca cartilaginea circumvallata, breviter petiolulata, membranaceo-chartacea, subtus in axillis nervorum barbata, glandulis microscopicis malleoliformibus subimmersis obsita, reti utriculorum laticiferorum pellucido subtus instructa, epidermide non mucigera; petiolus rhachisque anguste alata; stipulae elongatae, lineari-lanceolatae, subfalcatae, striatae; thyrsi solitarii, tomentelli, laxius cincinniferi; cincinni sessiles, 6—8-flori; bracteae elongatae, anguste subulatae; flores minores vel mediocres, longius pedicellati, pedicellis supra medium articulatis, sepalis puberulis; fructus sectionis pyriformis, longiuscule stipitatus, apiculatus, glabratus; semen breviter ellipsoideum, arillo dorso ventreque usque ad basin fisso ultra duas tertias obtectum.

Rami diametro circ. 5 mm. Folia 10—25 cm longa, fere totidem lata; folium terminale 6—14 cm longum, 2—4,5 cm latum, lateralia paullo minora; petiolus communis 2—9 cm longus, rhachis plerumque dimidio brevior; alae utrinque 1—2 mm latae, basin versus angustatae; stipulae circ. 1,5 cm longae, 2—4 mm latae. Thyrsi 6—20 cm longi, sessiles vel pedunculo 0,5—10 cm longo stipitati; bracteae circ. 1 mm longae; pedicelli circ. 3 mm longi, ad medium vel supra medium partem articulati. Sepala duo exteriora interioribus plus dimidio breviora, suborbicularia. Petala ex ovali oblonga, circ. 3 mm longa, 1,5 mm lata; squamae petala dimidia paullo superantes, margine villosiusculae, superiores crista obcordata squamam dimidiam vix aequante appendiceque deflexa cristae aequilonga barbata, inferiores crista oblique aliformi instructae. Tori glandulae superiores ovatae, puberulae (uti torus), laterales obsoletae. Staminum filamenta pilosa; antherae glabrae. Germen obovoideum, trigonum, pube adpressa indutum;

stylus crassiusculus. Capsula rubra, stipite 1,5—2 cm longo incluso 3—4 cm longa, 1,5 cm lata, intus valde spongioso-incrassata. Semen circ. 6 mm longum, 5 mm latum.

In Mexico et in Honduras: Schiede! (n. 306, cf. Lit.; Hacienda de la Laguna, m. Aug. 1829, fruct.; Hb. Halense, Petrop., Martens Lovanii); Berlandier n. 519! (Real del monte; Herb. Lips.); Galeotti n. 1! (Tepinapa; Hb. Bruxell.); Liebmann n. 47! (Mirador, m. Maj. 1842, flor.), n. 48! (Sepillo?, m. Jun., 1841, flor.), n. 49! (Paso del Correo, m. Jun. 1841, fruct. semimat.), n. 50! (Papantla, m. Jun. 1841. alab.), 51! (Pital; Hb. Havn.); Wawra n. 31! (circa Medelin, a. 1864?; Hb. Vindob.); C. Thieme, n. 5182 Plant. Guatemalens. etc. a J. Donnell Smith edit.! („Honduras, Depart. Santa Barbara, San Pedro Sula, alt. 600—1500 ped.", m. Febr. 1887, flor.).

Zusatz. Bezüglich der Unterscheidung dieser Art, für welche die von Schlechtendal noch offen gelassene Frage hinsichtlich der Zugehörigkeit zu *Paullinia* als beseitigt zu betrachten ist, von *Paull. pinnata* L. cm. vergleiche das bei dieser in Zusatz 9 Gesagte.

### 17. Paullinia sessiliflora Radlk.

Paullinia sessiliflora Radlkofer in Rose Report etc., Contrib. from the U. S. National Herb., I, No. 9 (1895) p. 317; cf. ibid. p. 297, 299.

Scandens, fruticosa, pubescens vel subglabra; rami teretiusculi, leviter 4—5-sulcati, glabri; corpus lignosum simplex; folia 5-foliolato-pinnata; foliola ovali-oblonga, terminale basi cuneatum, lateralia apice basique acutiuscula vel subobtusa, remote subrepando-dentata vel subintegerrima, margine revoluta, breviter petiolulata, chartacea, glabriuscula vel subtus pube brevi densiore mollia nec non in axillis nervorum barbata, glandulis microscopicis malleoli- formibus obsita, subtus reti utriculorum laticiferorum pellucido interrupto instructa, epidermide non mucigera; petiolus rhachisque late alata; stipulae elongatae, lineari-lanceolatae, striatae, margine puberulae; thyrsi solitarii, pedunculati, elongati, interrupte cincinnigeri, molliter tomentelli; cincinni sessiles vel breviter stipitati; bracteae bracteolaeque lanceolato-subulatae, parvulae; flores sat magni, sessiles, ex albido flavescentes, sepalis molliuscule tomentellis; fructus sectionis ex ellipsoideo pyriformis, glabratus, stipite quam pars seminifera pluries breviore; semen ellipsoideum, compressiusculum, arillo dorso ventreque fisso ultra duas tertias obtectum.

Rami juniores (thyrsigeri) diametro 2—5 mm, adultiores lenticellis notati. Folia circ. 15 cm longa, fere totidem lata, inferiora majora; foliola circ. 7 cm longa, 2,5 cm lata; petiolus communis 2—6 cm longus, rhachis brevior vel aequilonga, alis basi vix angustatis utrinque 3—5 mm latis; stipulae 7—15 mm longae, 2 mm latae. Thyrsi 15—30 cm longi, pedunculo 2—12 cm longo glabro; bracteae circ. 2 mm longae, 0,8 mm latae. Sepala duo exteriora reliquis tertia parte breviora, interiora late ovata. Petala oblonga, circ. 5 mm longa, 2 mm lata; squamae duas petalorum tertias aequantes, margine villosae, superiores crista obcordata squamae dimidiam partem vix aequante appendiceque brevi barbata, inferiores crista aliformi fere recte adscendente instructae. Tori pilosi glandulae superiores orbiculares, conspicuae. Staminum filamenta filiformia, compressiuscula, pilosa; antherae glabrae. Germen e trigono globosum, tomentosum, stylo germen aequante. Capsula stipite pilosiusculo 5 mm longo adjecto circ. 3 cm longa, 1,6 cm lata, rubra. Semen 12 mm longum, 8 mm latum.

In Mexico: Palmer n. 1066! (Colima, m. Jan.—Febr. 1891, flor., foliis subglabris); idem n. 1087! (Manzanillo, m. Dec. 1890, fruct.).

Culta? in hortis urbis Honolulu insulae Sandwicensis Oahu: Wawra n. 2501! (Hb. Vindob. „Erdumsegelung S. M. Fregatte Donau 1868—71"); cf. obs.

Zusatz. Die Pflanze ist der *Paull. clavigera* Schlecht. nahestehend. Sie unterscheidet sich davon durch die grösseren, sitzenden Blüthen, die kürzer gestielte Frucht und die breiter geflügelten Blattstiele.

Die zuerst bekannt gewordenen Materialien derselben rühren von Wawra her, der sie in Gärten um die Stadt Honolulu gefunden hat — ob als Eindringling oder als Culturpflanze ist nicht gesagt. Die aus dem ähnlichen Funde Wawra's bezüglich der *Paull. tomentosa* Jacq. (s. dort, Zus. 3) von mir schon vor Jahren geschöpfte Vermuthung, dass das Vaterland der *Paull. sessiliflora* in Mexico zu suchen sein möchte, hat durch die von Palmer dort gesammelten Materialien ihre volle Bestätigung erhalten.

### 18. Paullinia imberbis Radlk.

Paullinia macrophylla (non „Kunth") Sagot Catal. des Pl. de la Guyane franç., Ann. Scienc. nat., VI. Sér., XII (1882) p. 191! (Vidi specimen a Mélinon lectum, a Sagot determinatum in IIb. Par.)

Scandens, fruticosa, glabra; rami 4—5-costati, glabriusculi; corpus lignosum simplex; folia 5-foliolato-pinnata, superiora interdum depauperata ternata; foliola elliptica vel ellipticolanceolata, apice acuminata, basi terminale cuneatum, lateralia ex acutiusculo subrotundata, omnia breviter petiolulata, supra medium remote serrato- vel subrepando-dentata, subcoriacea, subtus in axillis nervorum imberbia, glandulis microscopicis helicoideis accumbentibus adspersa, reti utriculorum laticiferorum subpellucido subtus instructa, epidermide non mucigera; petiolus rhachisque late alata; stipulae elongatae, lineari-lanceolatae, striatae; thyrsi solitarii, robusti tomentelli, densius cincinniferi; cincinni sessiles, 6—8-flori; bracteae subulatae; flores majores, pedicellati, sepalis extus intusque tomentellis; fructus sectionis ellipsoideus vel subpyriformis, stipite breviusculo; semen compressum, elongate ellipsoideum, totum arillo non nisi dorso fisso obtectum.

In Brasiliae provincia Pará et in Guiana gallica: Martius! (in sylvis ad Pará; in sylvis ad Barra do Rio Negro et Coari. m. Nov., Dec. 1819. fruct.); Mélinon n. 59! (Guiana, a. 1845).

### 19. Paullinia leiocarpa Griseb.

Paullinia bipinnata (non Poir.) Klotzsch ed. Rich. Schomburgk in Reisen in Brit. Guiana III (1848) p. 1180; coll. Rich. Schomb. n. 1296! Cf. Radlk. Serj. Suppl. (1886) p. 96. 100—102.
Paullinia leiocarpa Grisebach Flora Brit. West Ind. Isl. (1859—64) p. 124. n. 14: coll. Crüger!
— — Walpers Annal. VII Fasc. 4 (1869. ed. C. Müller) p. 620, n. 8.
— — Radlkofer in Monogr. Serj. (1874—75) p. 75 n. 129 etc. (v. indic.). e. syn. „P. capitata Benth. ed. Tr. & Pl.". et in Serj. Suppl. (1886) p. 28 etc. (v. indic.).
Paullinia capitata Bentham in Herb. Kew. ed. Triana & Planchon in Prodr. Flor. Novo-Granat.. Ann. Scienc. nat., IV. Sér., XVIII (1862) p. 352. n. 4: coll. Plée! Goudot! Triana. Cf. Radlk. Serj. l. c.
— — Walpers Annal. VII Fasc. 4 (1869, ed. C. Müller) p. 620. n. 2.
Paullinia tetragona (non Aubl.) Sagot Catal. des Pl. de la Guyane franc. in Ann. Scienc. nat., VI. Sér., XII (1882) p. 192, partim. nempe quoad specim. a Mélinon lect. fide adumbrationis a Sagot delineatae et mecum communicatae.

Scandens, fruticosa, pubescens; rami juniores sulcati, pilis flavis hirsuti, adultiores subtriangulares, glabrati, cortice atro-fusco lenticellarum seriebus notato; corpus lignosum compositum e centrali majore et periphericis 2—3 minoribus; folia 5-foliolato-pinnata; foliola elliptico-lanceolata vel inferiora ovata, apice acuta, basi terminale cuneatum, lateralia acuta, rarius subrotunda, remote serrato-dentata, subsessilia, membranacea, supra praeter nervum medianum glabrata, subtus pubescentia nec non in axillis nervorum barbata, glandulis microscopicis subclavatis cernuis obsita, reti utriculorum laticiferorum interrupto pellucido subtus instructa, epidermide non mucigera (paginae inferioris — contra sectionis rationem — non crystallophora); petiolus rhachisque late alata; stipulae oblongae vel lineari-lanceolatae, striatae, pilosae; thyrsi solitarii, rhachi perbrevi dense cincinnifera fere capituliformi, toti hirsuti; cincinni sessiles; bracteae subulatae; flores magni, sessiles, sepalis sericeo-tomentosis; fructus sectionis e subgloboso ovoideus, sessilis, flavo-pilosus, dein glabratus; semen obovoideum, glabrum, arillo dorso profunde fisso ultra medium obtectum.

Rami juniores (thyrsigeri) diametro 2—3 mm. Folia 10—25 cm longa, fere totidem lata; foliola 5—13 cm longa, 2—5 cm lata; petiolus communis 3—8 cm longus, rhachis brevior, quam petiolus latius alata, alis ex semi-obovato cuneatis utrinque 5—7 mm latis; stipulae 7—15 mm longae, 2—4 mm latae. Thyrsi 1,5—10 cm longi; bracteae bracteolaeque flores aequantes, 1—5 mm longae. Flores albi (Funk). Sepala duo exteriora interioribus fere dimidio minora, interiora 4—5 mm longa, 3—4 mm lata, omnia ovata, sericeo-tomentosa. Petala ex ovali oblonga, breviter unguiculata; squamae fere duas petalorum tertias aequantes, margine villosae, superiores petalis latiores, crista obcordata appendiceque deflexa brevi barbata, inferiores crista oblique aliformi instructae. Tori glandulae ovatae. Staminum filamenta filiformia, compressiuscula, pilosa; antherae glabrae. Germen globosum, setoso-tomentosum. Capsula circ. 1,5 cm longa, totidem lata, ad dissepimenta valde spongioso-incrassata, „sicciuscula rubescens" (Spruce), sicca subfusca. Semen circ. 8 mm longum, 5 mm latum, nigrum.

In Novo-Granata, Venezuela, Trinidad, Guiana anglica et gallica: In Novo-Granata: Goudot! (Santa Marta in regione alta, m. Aug. 1844, flor. et fruct. juven.; Hb. Par.); Triana (in valle fluminis Magdalena); — in Venezuela: Plée! (Maracaibo; Hb. Par.); Moritz n. 356! (Cumanacoa ad flumina in sylvis, m. Jul., flor.; Hb. Mus. Brit.); Funk n. 797 et 798! (Venezuela, prov. de Carabobo, Puerto Cabello, m. Dec. 1843, flor.; Hb. Boiss., Par., Deless.); Linden n. 1544! (ibid.; Hb. Par., Deless., Boiss., Webb, Vindob.); Spruce n. 3607! (Venezuela, Maipures, in campis, m. Jun. 1854, fruct.; „P. capitata Benth." in Hb. Benth., Hb. Franquev.); Fendler n. 160! 161! (Venezuela, Tovar, a. 1854—5; Hb. Hook.), n. 1939! (ibid. a. 1856—7; Hb. Hook.); Warming n. 279! 3621 (Venezuela, Las Trincheras, m. Dec. 1891, fruct.); — in Trinidad: Crüger! (Trinidad, La Ventille, m. Nov. 1848, fruct.; Hb. Hook., Griseb. „P. leiocarpa Griseb."); Fendler n. 279! (Trinidad, a. 1877—80; Hb. Kew.); Hb. Hort. Trinit. n. 903! 2147! (Hb. Krug & Urb.); — in Guiana: Schomburgk n. 758! (a. 1838); 813! (vix 213, uti olim legi et scripsi in Radlk. Serj. Suppl., p. 100—102), 866! (Roraima, Guiana angl., a. 1842—3; Hb. Boiss., Hb. Webb); Rich. Schomburgk n. 1296! (Guiana angl., a. 1844; Hb. Ber. sub nom. erroneo „Paull. bipinnata Poir.", cf. Lit.); Mélinon (Guiana gall., ad flumen Maroni, a. 1861; cfr. supra „Paull. tetragona Sagot").

Zusatz. Was den von Grisebach für die Pflanze gewählten Namen betrifft, so habe ich schon in der Gattungsgeschichte (Monogr. v. *Serjania*, 1875, p. 57) bemerkt, dass hier λεῖος in dem Sinne von „eben", „glatt", nicht in dem Sinne von „kahl" zu nehmen ist, da die Früchte erst unter einer rauhen Wollbedeckung „glatt" sind. Grisebach hatte in dem Materiale von Crüger nur Früchte vor sich, deren Haarbekleidung abgerieben war, so dass er den Namen wohl auch in dem anderen Sinne gemeint haben mag.

Grossblättrige Exemplare kommen der *Paull. macrophylla* Kunth sehr nahe, unterscheiden sich aber auch im sterilen Zustande genugsam durch die Behaarung.

Die früher für 213 gelesene und so im Suppl. v. Serj., 1886. p. 100, 101 und 102 angegebene, schlecht geschriebene Zahl in der Sammlung von Schomburgk glaube ich jetzt richtiger für 813 zu lesen, entsprechend dem Umstande, dass die betreffende Pflanze aus einem späteren Jahre herrührt als die zur gleichen Art gehörige Nummer 758 (s. oben im Materialienverzeichnisse). Zugleich ist an den eben bezeichneten Stellen des Supplementes die Nummer 866 nachzutragen. Ueber weitere Nachträge vergleiche den Zusatz zu *Paull. anisoptera* (n. 76).

### 20. Paullinia eriantha Benth.

Paullinia eriantha Bentham in schedis coll. Spruce n. 4115! (1855—56).
— — Radlkofer in Monogr. Serj. (1871—75) p. 75 n. 119 etc. (v. indic.).
c. synon.
Paullinia eriocarpa Triana & Planch. Prodr. Flor. Novo-Granat., Ann. Scienc. nat. IV. Sér..
XVIII (1862) p. 353 n. 5!, incl. var. β molli. Cf. Radlk. Serj.
— — Walpers Annal. VII Fasc. 1 (1869, ed. C. Müller) p. 620 n. 1.
Paullinia spec. Hemsley in Salvin & Godm. Biol. Contr.-Am., Bot. I (1879—81) p. 211
n. 21. Coll. Sutton Hayes n. 334!
— — Anales del Museo Nacional, República de Costa Rica, I (1888) Pars 2, p. 20
(secundum Biolog. Contr.-Am. enumerata e. indicat. „Panama").

Scandens, fruticosa, subglabra vel (forma 2) pilosa, „succo lacteo foeta" (S. Hayes); rami 4—5-angulares, sulcati; corpus lignosum compositum e centrali majore et periphericis 2—3 minoribus; folia 5-foliolato-pinnata (in forma 2 interdum depauperata, ternata); foliola elliptica vel elliptico-lanceolata, apice acuminata, basi superiora cuneata, inferiora acutiuscula, supra medium remote repando-dentata, breviter petiolulata vel subsessilia, subcoriacea, subglabra vel (in forma 2) subtus dense pilosa, glandulis microscopicis insignis capitatis curvatis obsita, reti utriculorum laticiferorum interrupto pellucido subtus instructa, epidermide non mucigera; petiolus rhachisque late alata; stipulae ellipticae vel lanceolatae, adpresse pilosae; thyrsi solitarii, subsessiles vel pedunculati, parte florigera perbrevi dense cincinnifera interdum capituliformi; cincinni sessiles; bracteae late ovatae, subtus sericeo-tomentosae; flores maximi, subsessiles, sepalis sericeo-tomentosis; fructus sectionis ovoideus, breviter acuminatus, pilis flavis setoso-tomentosus; semen ex obovato ellipsoideum, fere totum arillo dorso ventreque profunde fisso obtectum, testa lanoso-stuposa.

Rami juniores diametro 3—5 mm. laxe hirsuti, denique glabrescentes. Folia 10—35 cm longa, fere totidem lata; foliola 5—15 cm longa, 2,5—6 cm lata; petiolus communis 2—10 cm longus, rhachis brevior, alis basi vix angustatis utrinque 4—6 mm latis; stipulae circ. 8 mm longae, 3—5 mm latae. Thyrsi 2—12 cm longi, pedunculo glabrato vel (in forma 2) laxe hirsuto, parte florigera 2—4 cm longa; bracteae scariosae, circ. 7 mm longae, 5—6 mm latae. Sepala duo exteriora interioribus tertia parte breviora, interiora late ovata, 7—8 mm longa, 5—6 mm lata. Petala sepaloidea, subtus tomentella, obovato-oblonga, unguiculata, 8—9 mm longa, 3—5 mm lata; squamae fere duas petalorum tertias aequantes, margine villosae, superiores crista obcordata appendiceque brevi hispido-barbata, inferiores crista oblique aliformi instructae. Tori glandulae parvae, latiores quam altae, truncatae, superiores connatae. Staminum filamenta filiformia, pilosa; antherae glabrae. Germen hirsuto-tomentosum, stylo crasso. Capsula lignosa, circ. 2,5 cm longa, 1,7 cm lata. Semen circ. 12 mm longum, 7 mm latum.

Formas duas distinguere licet:

Forma 1. genuina: Rami glabrati; foliola margine hirsuta, ceterum subglabra.

Forma 2. mollis (Tr. & Pl. qua var.): Rami hispidi; foliola subtus dense subhirsuto-pubescentia.

In Novo-Granata et in Peruvia orientali: Forma 1: Triana n. 3452! („prov. de Bogotá, Villavicencio, Llanos de San Martin, bassin du Meta, alt. 450 m"; Hb. Par., DC.); Karsten! (ibid.; Hb. Vindob.); Sutton Hayes n. 334! („Frijoli-Station, Panama Rail-Road", m. Nov. 1861, flor.; Hb. Hook.). — Forma 2: Goudot n. 2! (Novo-Granata, inter Pandi et Fusagasuga, m. Jan. 1844 flor.; Hb. Par.); Spruce n. 4415! (in Peruvia orientali prope Tarapoto, a. 1855—56; Hb. Mart.).

## Sectio II. Diphtherotoechus.

### 21. Paullinia rubiginosa Camb.
(non St. Hil., uti Don, Dietrich et Walpers referunt.)

Paullinia rubiginosa Cambess. in St. Hilaire Flor. Bras. I (1825) p. 371, n. 2!
— — Cambess. in Mém. Mus. d'Hist. nat. XVIII (1829) p. 23.
— — Don General Syst. I (1831) p. 661, n. 13.
— — Dietrich, Dav., Synops. Pl. II (1840) p. 1315, n. 32.
— — Walpers Repert. I (1842) p. 413.
— — Gray, Bot. Wilkes Un. St. Expl. Exped. XV (1854) p. 248, n. 3!
— — Turczaninow in Bull. Mosc. XXXI (1858) Pars. I No. 2, p. 397; coll. Blanchet n. 1599!
— — Radlkofer in Monogr. Serj. (1874—75) p. 73 n. 70 etc. (v. indic.).

(NB. In Steudel Nomenclat. ommissa est ut et aliae Cambessedesii species; cf. Lit. gen.)

Scandens, fruticosa; rami thyrsigeri 4—5-costati, in costis et sulcis dense hirto-tomentosi vel setosi; corpus lignosum simplex; folia 5-foliolato-pinnata; foliola oblonga (inferiora plerumque ovata), apice acuminata acutave, basi terminale cuneatum, lateralia acutiuscula obtusave, omnia remote subrepando-dentata, dentibus subspinulosis, nervo in aristam setosam excurrente, sessilia vel (praesertim lateralia inferiora) breviter petiolulata, subclathrato-venosa, chartacea, pilis subsetosis subtomentosa), glandulis microscopicis geniculatis obsita, reti utriculorum laticiferorum interrupto plerumque sat conspicuo subtus instructa, epidermide non mucigera; petiolus communis nudus, rhachis nuda vel alata; stipulae scariosae, sat magnae, ovato-lanceolatae, nunc subintegerrimae, nunc dentatae, extus dense setulosae; thyrsi solitarii vel paniculatim congesti, subtomentosi; cincinni sessiles vel (in forma 2) substipitati; bracteae longiores brevioresve, lineari-subulatae; flores majores minoresve; capsula e lanceolato obovata, triquetra, vel semine maturo foeta subtrigona, subsessilis, extus laxius densiusve setoso-hirsuta; semen obovoideum, arillo dorso fisso usque ad mediam partem obtectum, testa glabra.

Formas 3 distinguere licet:
Forma 1. genuina: Rami tomentosi; rhachis foliorum alata vel nuda; stipulae ex ovato-elliptico lanceolatae, subintegerrimae; thyrsi robusti, tomentosi.

Forma 2. patenti-pilosa: Rami pilis longis flavis patentibus vestiti; rhachis foliorum nuda vel vix marginata; stipulae ellipticae, fimbriolato-dentatae; thyrsi laxius cincinnigeri, cincinnis substipitatis.

Forma 3. setosa: Rami dense setosi; rhachis foliorum nuda; foliola utrinque laxius setoso-pilosa; stipulae ovatae, dentatae; thyrsi dense cincinnigeri, cincinnis sessilibus.

In Brasiliae prov. S. Paulo, Rio de Janeiro, Minas Geraës. Espirito Santo et Bahia (nec non in Guiana, ut videtur): Forma 1: St. Hilaire! (Min. Ger.): Sello n. 1273! 1820!; Martius! (Min. Ger.. Rio de Jan., S. Paulo); Wilkes Exped.!; Glaziou n. 7551! 7552!; J. de Saldanha!; Neves-Armond n. 105! — Forma 2: Martius! (Rio de Jan.). — Forma 3: Princ. Neu-Wied! (Esp. Santo); Sello n. 207 & 275! partim (partim Serjania communis Camb. var. γ.) n. 357! 718!; Beyrich n. 1537! (Bahia); Blanchet n. 914! 1293! 1599! (Bahia); Göldi! (Rio de Jan.); Glaziou n. 12495! — Ad hanc quoque speciem pertinere videtur specimen a Martin in Guiana gallica prope Cayenne lectum, in Hb. Hook. servatum (fructu densius piloso. foliorum rhachi alata), quod scribenti mihi ad manus non est.

## 22. Paullinia stipularis Benth.

Paullinia stipularis Bentham in schedis coll. Spruce n. 1856! (m. Oct. 1851), distrib. 1851—52.
— — Radlkofer in Monogr. Serj. (1874—75) p. 75, n. 116 etc. (v. indic.)

Scandens, fruticosa; rami thyrsigeri 4—5-costati, in costis setis robustioribus criniti, sulcis conspicuis glabris interjectis; corpus lignosum simplex; folia 5-foliolato-pinnata; foliola suboblonga (inferiora ovata), apice breviter acuminata, basi terminale cuneatum, lateralia obtusata, omnia supra medium remotiuscule denticulata, dentibus nervo excurrente mucronulatis, sessilia vel inferiora breviter petiolulata, rigide chartacea, supra glabra, subtus in nervis pilis subsetosis adspersa, glandulis microscopicis breviter stipitatis geniculatis obsita, punctis pellucidis sparsis nec non subtus reti utriculorum laticiferorum interrupto denso instructa, epidermide non mucigera; rhachis alata vel (in forma nuda) vix vel ne vix marginata; stipulae scariosae, magnae, ovatae vel suborbiculares, fimbriato-dentatae, extus setulosae; thyrsi solitarii vel paniculatim congesti, pilosi; cincinni sessiles; bracteae mediocres, lineari-subulatae; flores parvuli; fructus ut in *P. rubiginosa*.

Formas 2 distinguere par est:
Forma 1. genuina: Rhachis foliorum alata; bracteae floresque minores.
Forma 2. nuda: Rhachis foliorum nuda vel anguste tantum marginata; bracteae floresque majores.

In Brasiliae prov. Alto Amazonas: Forma 1: Spruce n. 1856! Schwacke n. 37501 — Forma 2: Martius!

## 23. Paullinia seminuda Radlk.

Paullinia Cururu (non L.) Vellozo (Arrabida) Flor. Fluminens. I (1825) p. 160 n. 7 (reimpr. 1881, p. 152); Icon. IV (1827) tab. 35 (sphalmate „P. Cururu"); Index method. (1840?) p. 18 c. obs. „non P. Cururu L." Cf. Radlk. Serj. p. 47, 51.
Paullinia Caruru (sphalmate, cf. l. anteced.) Steudel Nomencl. Ed. II, II (1841) p. 277.
Paullinia seminuda Radlkofer in Monogr. Serj. (1874—75) p. 47, 51 c. syn.
— — „ in Wilh. Müller, über Nymphaliden-Raupen, in Spengel Zool. Jahrb. I (1886), Sep.-Abdr. p. 15.
— — Radlkofer in Serj. Supplem. (1886) p. 181 annot.
— — Schenck Beiträge zur Anat. d. Lian. (1893) p. 106.

Scandens, fruticosa; rami thyrsigeri multicostati, pube brevi deusa induti; corpus lignosum simplex; folia 5-foliolato-pinnata; foliola elliptico-oblonga vel terminalia ex obovato cuneata, apice acuminato-acuta, basi terminale attenuatum, lateralia acutiuscule subrotundave, omnia nunc remotiuscule, nunc densius argutiusque serrata, petiolulata vel sessilia, subclathrato-venosa, chartacea, glabriuscula vel laxe pubescentia, glandulis microscopicis geniculatis saepius pilis appositis obsita, reti utriculorum laticiferorum interrupto plus minus pellucido subtus instructa; rhachis late alata; stipulae conspicuae, elliptico-lanceolatae, tomentosae; thyrsi solitarii vel paniculatim congesti, laxius densiusve pubescentes; bracteae minores, subulatae; flores minores; capsula sanguinea (Lund), subglobosa, subsessilis, extus intusque tomento subvilloso adpresso flavo-rufidulo induta; semen obovoideo-globosum, arillo usque ad mediam partem obtectum, testa glabra.

In Brasiliae provinciis Rio de Janeiro, S. Paulo et Santa Catharina: Vellozo (a. 1780—90; „P. Cururu", in tab. sphalm. „P. Caruru" cf. lit.); Martius!; Burchell n. 3078! Lund!; Correa de Mello et Mosén!; Dr. Willh. Müller n. 5603! (Blumenau, prov. Santa Catharina, a. 1884?; cf. Dr. Wilh. Müller in Spengel Zool. Jahrbüch. I, 1886, p. 45, 48); Schwacke n. 5042!; Ule n. 5321; Schenck n. 128! 251! 299! 1166!

Zusatz. Nach der Angabe von W. Müller (a. a. O.) nährt sich von dieser Pflanze die Raupe von *Temenis agatha* Fabr. Das Gleiche wird von ihm für *Serjania meridionalis* Camb. angegeben, deren Blatt ein wesentlich zarteres ist und namentlich durch eine kaum merkliche Behaarung von dem der *Paull. seminuda* abweicht.

### 24. P. castaneifolia Radlk.

Scandens, fruticosa; rami thyrsigeri multicostati, pube brevi pulverulenta induti; corpus lignosum simplex; folia 5-foliolato-pinnata; foliola oblonga (terminale plerumque obovato-oblongum, lateralia inferiora ovato-oblonga), apice acuminato-acuta, basi terminale cuneatum, lateralia acuta, omnia remotiuscule argute serrata, petiolulata, subclathrato-venosa, chartacea, glabra, glandulis microscopicis malleoliformibus saepius binis vel ternis congregatis obsita, reti utriculorum laticiferorum interrupto subpellucido subtus instructa, epidermide non mucigera; rhachis nuda; stipulae perparvae, subulatae, tomentellae; thyrsi solitarii vel paniculatim congesti, flavidulo-pubescentes; bracteae parvae, subulatae; flores parvi; germen trigono-subglobosum, tomento flavo-rufidulo indutum.

In Brasiliae provincia Rio de Janeiro: Lund! (a. 1825; Hb. Havn., Warming, Mart.).

### 25. Paullinia stenopetala Sagot.

Paullinia stenopetala Sagot Catal. des Pl. de la Guiane franç. in Ann. Scienc. nat., VI. Sér., XII (1882) p. 194, excl. obs. „Enoureae affinis".

Scandens, fruticosa; rami thyrsigeri teretiusculi vel leviter 3—4-sulcati, e puberulo glabrati; corpus lignosum simplex; folia 5-foliolato-pinnata; foliola lanceolato-elliptica (inferiora ovata), apice in acumen obtusum protracta, basi terminale cuneatum, lateralia superiora acutiuscula, inferiora subrotundata, omnia remote serrato-dentata, dentibus obtusiusculis, raro subintegerrima, sessilia vel (inferiora) petiolulata, obscurius clathrato-venosa, coriacea, subglabra, glandulis microscopicis plus minus curvatis saepius binis prope pilorum basin obsita, fibris sclerenchymaticis crebrioribus percursa, reti utriculorum laticiferorum interrupto obscuriore subtus instructa, epidermide non mucigera; rhachis marginata vel nuda; stipulae minores, subulatae; thyrsi plerumque paniculatim congesti, puberuli; bracteae parvae; flores parvi; capsula e trigono-ellipsoideo lanceolata, sex-costata, vix stipitata, apiculata, extus pube brevi adpressa densa flavidula induta, nec non intus pubescens; semen obovoideum, arillo usque ad mediam partem obtectum, testa glabra spadicea.

Rami thyrsigeri diametro 2,5—4 mm, cortice fuscescente nitido, lenticellosi. Folia 15—35 cm longa, fere totidem lata; foliola 7—18 cm longa, sicca fuscescentia, supra subtusque nitida, nervis secundariis utrinque 5—7 instructa; petiolus communis 3—12 cm longus, glaber, supra sulcatus, subtus convexus; stipulae circ. 3—4 mm longae. Thyrsi quam folia plerumque aliquanto breviores, teneri, rhachi diametro circ. 1 mm, subsessiles, sat dense cincinnigeri, cincinnis sessilibus contractis; pedicelli circ. 1 mm longi. Sepala duo exteriora tertiam interiorum partem aequantia, interiora 1,5 mm longa, subpetaloidea, glabriuscula. Petala circ. 2 mm longa, anguste obovato-oblonga, unguiculata; squamae vix dimidium petalorum partem aequantes, superiores crista brevissima emarginata appendiceque deflexa glabriuscula dimidiam squamae partem superante instructae. Tori glandulae ovatae, sat magnae. Staminum filamenta subulata, complanata, glabra. Germen tomentosum, stylo glabro trifido. Capsula circ. 14 mm longa.

In Guiana gallica: Mélinon n. 281! (ad ripas fluminis Maroni, a. 1861—2; Hb. Par., Berol., Monac.); Audouy! (Cayenne; Hb. Par.).

### 26. Paullinia interrupta Benth.

Paullinia interrupta Bentham in Hook. Journ. & Kew. Gard. Misc. III (1851) p. 195; "coll. Spruce"!
— — Walpers Annal. IV (1857) p. 377.
— — Radlkofer in Monogr. Serj. (1874—75) p. 74 n. 109 etc. (v. indic.).

Scandens, fruticosa; rami thyrsigeri subteretes vel leviter sulcati, pube densa rufidula induti, denique glabrescentes; corpus lignosum simplex; folia 5-foliolato-pinnata; foliola elliptico-lanceolata, apice acuta, basi acuta vel (inferiora) rotundata, integerrima vel prope apicem obscure raridenticulata, superiora sessilia, inferiora petiolulata, reticulato-venosa, subcoriacea, nitidula, praeter nervos parce pilosos glabra, glandulis microscopicis malleoliformibus saepius binis approximatis obsita, fibris sclerenchymaticis crebrioribus percursa, reti utriculorum laticiferorum interrupto subpellucido subtus instructa, epidermide non mucigera; rhachis nuda; stipulae minores, anguste lanceolatae; thyrsi solitarii, tomentelli; bracteae parvae, lanceolatae; flores sat magni; capsula (immatura tantum suppetebat) trigono-globosa, breviter stipitata, apiculata, tomento rufidulo hirtello vestita.

In Brasiliae provincia Pará: Spruce n. 796! (in vicinitate urbis Santarem, m. Apr. 1850, flor. et fruct. juven.; Hb. Benth., Franquev. etc.).

## Sectio III. Pleurotoechus.

### 27. Paullinia tomentosa Jacq.

Cururu scandens pentaphylla et villosa, fructu racemoso rubro Houston Catal. mss. (ed. Jacq. in Enum. Pl. Carib. et Mill. in Gardn. Dict.); coll. Houston (Hb. Banks)! Cf. Hist. gen. in Radlk. Serj. p. 30 et infra obs. n. 1.

Paullinia foliis pinnatis tomentosis, foliolis ovatis incisis, petiolis marginatis Miller, Ph., Gardn. Dict. Ed. VII (1759) n. 7 (ex Carruthers in lit.). Idem specimen ac in anteced.! Cf. Hist. gen. l. c. p. 30 et 35.

Paullinia tomentosa (aut. excl. v. ad calc.) Jacquin Enumeratio Plant. Carib. (1760) p. 37, c. syn. Houst.; coll. Houston (Hb. Mygind, adjecta scheda infra syn. Houst. a Millero exscriptum nomine et diagnosi a Jacquin ipso insignita)! Cf. Hist. gen. l. c. p. 29, 30 et infra obs. n. 1.

— — Jacquin Obs. bot. I (1764) p. 19. tab. 10. Icon sec. specimen Herbarii Mygind exsculpta!

— — Jacquin Obs. bot. III (1768) p. 12 (non 13, uti Juss. refert) tab. 61, f. 13. Icon folii in Hb. Jacq., resp. Banks, servati! Cf. Hist. gen. l. c. p. 32, 33.

— — Miller, Ph., Gardn. Dict. Ed. VIII (1768) n. 6; Ed. germ. sec. Ed. VIII elab. III (1776) p. 446. n. 6, c. syn. Houst. et phrasi diagnostica eadem ac in Ed. VII (cf. supra), citatione vero Jacquinii nulla adjecta.

— — Linn. Mant. alt. (1771) p. 236.

— — Raeuschel Nomencl. Ed. I (1772) p. 100.

— — Linn. Syst. Veg. (non Spec., uti Juss. refert) Ed. XIII (cur. Murray, 1774) p. 314, excl. obs. „Petioli communes marginati, sed non inter foliola inferiora" ad aliam plantam in IIb. Linn. pro P. tomentosa habitam (Rhoem semialatam scil.) referenda; cf. Hist. gen. in Radlk. Serj. p. 21, 25 nec non infra Lit. ad calc. et obs. n. 1.

— — Houttuyn Natuurl. Historie II, 4 (1775) p. 563, n. 13; Ed. germ. III (1778) p. 493, n. 13.

— — Reichard Syst. Pl. II (1779) p. 219, n. 13, excl. obs. ex Linn. S. V. Ed. XIII repetita; cf. supra.

— — Buchoz Hist. univ. du Règne végét. XIII (1780) p. 184, n. 13.

— — Murray Syst. Veg. (Linn. S. V. Ed. XIV, 1784) p. 380, n. 14, excl. obs. ex Linn. S. V. Ed. XIII repetita; cf. supra.

— — Gmelin Syst. Nat. II (Linn. S. N. Ed. XIII, 1791) p. 642, n. 16.

— — Schumacher Skrivt. Nat. Selskab. III, 2 (1794, Dissert. lect. m. Oct. 1792) p. 121, n. 3. tab. 10, f. 3 (fructus). (Hb. Banks!)

— — Persoon Syst. Veg. (Linn. S. V. Ed. XV, 1797) p. 406, n. 14, excl. obs. ex Linn. S. V. Ed. XIII repetita; cf. supra.

— — Raeuschel Nomencl. Ed. III (1797) p. 114, excl. indicatione patriae: „Brasilia, Jamaica".

— — Willden, Sp. Pl. II, 1 (1799) p. 463, n. 11, excl. obs. ex Linn. S. V. Ed. XIII repetita; cf. supra.

— — Du Mont de Courset le Botaniste cultivateur II (1802) p. 768, n. 5; Ed. II. IV (1811) p. 549, n. 5. Cf. Hist. spec. cult. in Radlk. Serj. p. 67. nec non infra obs. n. 3.

Paullinia tomentosa Jussieu, A. L., in Ann. Mus. d'Hist. nat. IV (1804) p. 317, n. 7, excl. ex parte cit.: „Linn. Sp. ed. Murr. 311, ed. Willd. II, 463" ut supra, nec non excl. charact.: „Caulis angulatus; foliola vetustate glabra" et patriae indicat.: „Ins. Antillanae" ad specimen Paulliniae pinnatae a Ledru in Porto-Rico lectum et in Herb. Juss. sub nomine P. toment. et n. 11359 servatum referend.; cf. loc. sequent. et obs. n. 3 ad P. pinnat. p. 153.

— — Poiret in Lamarck Encycl. V (1804) p. 98, n. 7, excl. ex parte cit.: „Willd. Spec." ut supra, nec non excl. descript. caulis („cette plante a ses rameaux presque quadrangulaires, anguleux, légérement velus") et foliolorum („folioles épaisses, coriaces, glabres et luisantes en dessus, pubescentes en dessous") atque obs.: „Le citoyen Ledru l'a observée à Porto-Rico. Folia et flor. non fruct. v. s. in Herb. Jussieu." Cf. loc. anteced.

— — Persoon Synops. I (1805) p. 443, n. 12.
— — Dietrich, Fr. G., Gartenlexicon VI (1806) p. 712, n. 13.
— — Smith in Rees Cyclopaed. XXVI (ca. 1814, cf. lit. gen.) n. 11, excl. indic. patriae: „South-America" et ex parte cit.: „Willd. Sp. n. 11", ut supra, incl. vero specim. Houston. ad Vera Cruz lect.; quoad obs. de Linn. Herb. cf. Lit. ad calc. et obs. n. 1.
— — Steudel Nomencl. Ed. I (1821) p. 597, excl. ex parte cit.: „Willd. n. 11", ut supra.
— — De Cand. Prodr. I (1824) p. 605, n. 14, excl. patriae indicat.: „Ins. Antillan." et obs.: „Folia vetusta subglabrata" ex Juss. repetit.; cf. supra.
— — Sprengel Syst. Veg. II (1825) p. 249, n. 21, excl. patriae indic.; cf. anteced.
— — Poiret in Dict. Scienc. nat. XXXVIII (ed. Levrault, 1825) p. 150, excl. excludend.; cf. supra sub Poiret (1804).
— — Cambessed. in Mém. Mus. d'Hist. nat. XVIII (1829) p. 23.
— — Don General Syst. I (1831) p. 661, n. 24, excl. excludend. ut supra sub DC.
— — Dietrich, Dav., Synops Pl. II (1840) p. 1315, n. 21. (Sequitur Sprengelium.)
— — Steudel Nomencl. Ed. II, II (1841) p. 278, excl. patriae indic., ut supra sub DC. et Spr.
— — Grisebach Flor. Brit. West Ind. Isl. (1859—64) p. 125 in obs., excl. patriae indic., ut supra sub Poir., Juss., DC., Spr. etc.
— — Radlkofer in Monogr. Serj. (1874—75) p. 70 n. 15 etc. (v. indic.). c. synon., et in Serj. Suppl. (1886) p. 162.
— — Radlkofer in Rose Report etc., Contrib. from the U. S. National Herb. I. No. 9 (1895) p. 318; coll. Palmer n. 1248! Cf. ibid. p. 297, 299.

Paullinia pteropoda De Cand. Prodr. I (1824) p. 605, n. 19; species proposita sec. „icon. Fl. Mexic. ined." auct. Mociño & Sessé, cujus vidi copiam in Bibl. De Candolleana. Cf. Radlk. Serj. p. 44, 70 et infra obs. n. 1.

— — Sprengel Syst. Veg. II (1825) p. 249, n. 26.
— — Cambessed. in Mém. Mus. d'Hist. nat. XVIII (1829) p. 23.
— — „?" Schlechtend. et Chamisso in Linnaea V (1830) p. 215, n. 441; coll. Schiede et Deppe!
— — Don General Syst. I (1831) p. 661, n. 29.
— — Dietrich, Fr. G., Gartenlexic. XXVI (s. Neuer Nachtrag VI, 1837) p. 434, n. 8.
— — Dietrich, Dav., Synops. Pl. II (1840) p. 1315, n. 26.

Paullinia pteropoda („Linn. Moç. Sess." sphalmate, loco DC., Moç. Sess.) Steudel Nomencl. Ed. II (II 1841) p. 278.
— — Hemsley in Salvin & Godm. Biol. Centr.-Am., Bot. I (1879—81) p. 210 n. 8. Coll. Schiede et Deppe!, Bourgeau n. 1523! 1894!
Paullinia velutina, non „DC.", Hemsley l. c. p. 210 partim, nempe quoad Sallé (Orizaba)! et Bourgeau n. 2675 — potius 2655!
Paullinia spec. Hemsley l. c. p. 210. n. 13. coll. Linden 1023! Sumichrast 305!; p. 211, n. 14, coll. F. Müller 1282!. Bourgeau n. 2619! 2675 — potius 2655!, Jürgensen n. 521! (cf. et sub „Serj. sp." Hemsl.).
Serjania triquetra, non „Radlk.", Hemsley l. c. p. 208 n. 33 partim, nempe quoad stirpem Orizabensem „Botteri n. 427", potius 426, quam in Hb. Kewensi S. triquetrae adjectam inveni. Cf. Radlk. Serj. Suppl. p. 155.
Serjania spec. Hemsley l. c. p. 208 n. 37 „Jürgensen n. 521", ibid. p. 211 sub „Paull. spec. n. 14" quoque enumerat. Cf. Radlk. Serj. Suppl. p. 162.
Paullinia brevispica Fournier in sebedis Plantar. mexican. a Kerber a. 1882 collectar., n. 134.
Non Paullinia tomentosa Linn. Herb. ed. Smith c. obs. „Rhus sp.?" l. supra c., quae Rhus semialata Murr.; cf. obs. n. 1, nec non Hist. gen. in Radlk. Serj. p. 21 et 25, et Radlk. Serj. Suppl. p. 48.
Non — — („Linn.") Balbis in coll. Bertero ed. Turczanin. in Bull. Mosc. XXXI (1858) Pars I, No. 2, p. 398; cfr. P. fuscesc. Kunth.
Non — — („Jacq.") Juss. partim et Poir. partim, ut supra indicatum; cfr. P. pinnata L. em.

Scandens, fruticosa, tomentosa; rami thyrsigeri teretiusculi, striati, tomento flavo induti; corpus lignosum simplex; folia 5-foliolato-pinnata, interdum foliolo terminali rarius foliolis lateralibus inferioribus trilobis in folia magis composita transeuntia; foliola ovata, terminale subrhombeum, basi attenuatum, lateralia superiora basi acuta vel obtusiuscula sessilia, inferiora basi rotundata vel subcordata petiolulis brevibus insidentia, omnia apice plus minus acuta et saepius mucronulata, remote serrato- vel crenato-dentata, dentibus nunc acutis nunc obtusis, membranaceo-chartacea, reticulato-venosa, supra praesertim in nervis pubescentia, subtus tomentosa nec non saepius in axillis nervorum venarumque barbata, glandulis microscopicis nutantibus crebris obsita, utriculis laticiferis ramificatis subtus instructa, epidermide mucigera; rhachis alata; stipulae minores, filiformi-subulatae; thyrsi solitarii vel paniculatim congesti; bracteae bracteolaeque parvae, filiformi-subulatae; flores minores, sepalis cano-tomentellis, 3. et 5. omnino liberis; capsula (matura) trigono-subglobosa, trisulca, subsessilis vel breviter stipitata, extus tomentosa, intus pilis longis densis vestita; semen subglobosum, glabrum, arillo dorso fisso usque ad mediam partem obtectum; embryo oleosus, cotyledone interiore transversim plicata.

Rami thyrsigeri diametro 2—4 mm. Folia 10—12 cm longa; foliola 3—6 cm longa (terminalia majora), sicca subviridia, supra obscuriora; petiolus communis 1—2,5 cm longus, tomentosus; rhacheos alae 1—1,5 mm utrinque latae; stipulae circ. 4 mm longae. Thyrsi 5—20 cm longi, brevius longiusve pedunculati, tenuiores, laxius cincinnigeri, cincinnis sessilibus contractis; bracteae circ. 2 mm longae; pedicelli 2—3 mm longi, infra medium articulati. Flores „albi" (Galeotti etc.). Sepala duo exteriora duas interiorum tertias aequantia, interiora membranaceo-chartacea, circ. 2,5 mm longa. Petala ovalia vel obovata; squamae latae, cristis adjectis duas petalorum tertias aequantes, margine villosiusculae, superiores crista breviore emarginata appendiceque deflexa fere squamae basin attingente vel breviore barbata instructae. Tori glandulae ovatae, nunc glabrae nunc pubescentes. Staminum filamenta compressiuscula, pilis albis laxius vestita; antherae glabrae. Germen sessile, tomentosum, stylo brevi. Capsula 1—1,5 cm longa adjecto stipite interdum 3 mm longo, plerumque breviore. Semen spadiceo-nigrum.

In Mexico: Houston! (Vera Cruz, a. 1730; Hb. Banks, nunc Mus. Brit.; Hb. Mygind e. nom. „Paull. tomentosa" a Jacquin ipso adscripto, cf. supra Lit.); Mociño & Sesse (a. 1795—1804; icon!; „Paull. pteropoda" DC. 1824, cf. Lit.); Schiede et Deppe! (n. 441, cf. Lit. sub P. pterop.; in sylvis prope Jalapa, a. 1828—9, flor.; Hb. Schlechtend., nunc Halense; Hb. Monac.. Berol., Vindob., Petrop.); Ehrenberg n. 1032! (S. Pablo, m. Febr. 1828—31, fruct.; Hb. Berol.); Linden n. 897! (Hb. Martens), n. 1023! (Teapa, m. Dec. 1838, flor.; Hb. Webb, Hook.); Liebmann n. 39! (Tlatetla m. Jul. 1841, flor., Hb. Havn.), n. 40! (Pacheco, m. Jun., flor.), n. 41! ; Galeotti n. 4308! (prov. Vera Cruz. Cordillera. Mirador „alt. 3000 ped.", m. Oct. 1840, flor.; Hb. Bruxell., Par.), n. 4311! (prov. de Oaxaca, Villa alta, „alt. 3000—4000 ped.", m. Aug. 1840, flor.; Hb. Bruxell., Par., Deless.); Franco! (Oaxaca, a. 1842; Hb. Boiss., Franquev., Martens, Vindob.); Jürgensen n. 521! (Villa alta, Sierra S. Pedro Nolasca. Talea etc., a. 1843—4; Hb. Boiss., Webb, Meisn., Hook., Benth.); Fred. Müller n. 221! (Vera Cruz; Hb. Meisn.), 535! (Sierra de S. Cristobal. Hb. Meisn.). 1282! (inter Vera Cruz et Orizaba n. 1853; Hb. Meisn., Mart., Hook.), 1940! (Hb. Meisn.); Botteri n. 427 t. Hemsley sub Serj. triquetra R., potius n. 426! (Orizaba; Hb. Gotting., Hb. Kew., ubi Serj. triquetrae adjectam inveni); Sallé n. 305? vel sine no.! (Orizaba, m. Sept. 1854, flor. et fr.; Monte de la Parada; Hb. Boiss., DC., Mus. Brit., Kew.; „P. velutina", non DC., Hemsley l. c.); Sumichrast n. 305! (Vera Cruz, a. 1857; Hb. Boiss., DC., Hook.; circa Mexico; Hb. Franquev.); Sartorius! (a. 1854—74; Hb. Berol.); Bourgeau n. 1! (Hb. Par.). 1523! („Vallée de Cordova" m. Dec. 1865, flor. et fruct.; Hb. Par., Kew., Bruxell., DC., Boiss.), 1894! (ibid. m. Febr. 1866, fruct.; Hb. Par., Kew., Bruxell., Mart.), 2619! („Région d'Orizaba", m. Jul. 1866, flor.; Hb. Par., Bruxell. etc.). 2655! (ibid.; Hb. Par., Bruxell. etc.; sphalmate 2675 apud Hemsley sub Paull. velutina DC. et Paull. spec. n. 14. cf. Lit.); Kerber n. 134! (Atoyac, m. Nov. 1882 flor.; Hb. Kew., Gotting., DC., Boiss., distrib. sub nom. „Paullinia brevispica Fourn."). n. 100 (Fortin, m. Mart. 1883, fruct.; Hb. Gotting., Boiss. etc., distrib. sub nom. „Paull. pteropoda DC."); Palmer n. 1248! (Mexico; Colima, Jan.—Febr. 1891, flor. et fruct.).

Culta? in hortis urbis Honolulu insulae Sandwicensis Oahu: Wawra n. 2500! (Hb. Vindob. „Erdumsegelung S. M. Fregatte Donau 1868—71"); cf. obs. n. 3.

Zusatz 1. Die Geschichte der Art ist in der Gattungsgeschichte (s. die Monographie von *Serjania*) schon vollständig enthalten. Nur um der rascheren Orientirung des Lesers willen mögen hier in gedrängter Zusammenstellung die wesentlichsten Punkte nochmal hervorgehoben sein.

Die Pflanze war lange — an 100 Jahre lang — nur aus der Sammlung von Houston bekannt.

Ein Exemplar dieses Sammlers liegt im Herb. Banks (im britischen Museum), nach der dort beigefügten Notiz i. J. 1730 bei Vera Cruz gesammelt. Dabei befindet sich von der Hand Houston's die auch im handschriftlichen (gleichfalls im britischen Museum aufbewahrten) Cataloge Houston's eingetragene Phrase („*Cururu scandens pentaphylla et villosa*" etc., s. d. Literatur), durch welche der Finder selbst die Pflanze als besondere Art (gegenüber den Plumier'schen Arten namentlich) gekennzeichnet hatte; ferner von der Hand Ph. Miller's die diagnostische Phrase, unter welcher die Pflanze in der 7. Auflage von dessen Gartenlexicon (1759) veröffentlicht wurde (s. d. Lit.).

Ein anderes Exemplar aus der Houston'schen Sammlung scheint schon vor der eben erwähnten Veröffentlichung an Mygind gekommen zu sein, vielleicht durch Miller selbst (vergl. hiezu das in der Gattungsgeschichte, p. 29—31 der Monographie von *Serjania* Gesagte). Es liegt diesem Exemplare, welches jetzt dem Herbare der Universität Pesth einverleibt ist und welches mir, Dank der Güte des Herrn Professor Juranyi, zur Einsicht vorlag, eine Etiquette mit der Houston'schen Phrase, aber auch nur dieser, von Miller's Hand bei.

Dieses Exemplar ist es, auf welches Jacquin in der Enumeratio Plantar. Caribaear. 1760 unter Erwähnung der Houston'schen Phrase seine *Paullinia tomentosa* gründete und welches er unter Bezugnahme auf diese Publication 1764 in den Observat. botan. abbildete.

Es stimmt dieses Exemplar genau mit der Abbildung Jacquin's überein; nur fehlt an demselben das unterste Blatt, und liegt auch der von Jacquin erwähnte und gezeichnete, isolirte Fruchtzweig nicht mehr bei. Seine Diagnose trug Jacquin nebst dem Speciesnamen und der Bemerkung „Nova species" eigenhändig am Fusse derselben Etiquette ein, welche schon die Phrase Houston's von Miller's Hand trug. Eine andere Etiquette enthält von Mygind's Hand die Bezeichnung: „*Paulinia tomentosa* Linn. Mant. 2 p. 236."

Das fehlende Blatt ist allem Anscheine nach in das Herb. Jacquin übergegangen, wurde in den Observat. botan. 1768 nochmal abgebildet und gelangte schliesslich mit dem Herb. Jacquin in den Besitz von Banks, in dessen Herbar es sich neben dem erst erwähnten Exemplare der Pflanze von Houston noch gegenwärtig (im britischen Museum) befindet.

Ob Miller bei der Erwähnung der Pflanze in der 8. Auflage des Gartenlexicons, 1768, die Publication von Jacquin gekannt habe, oder ob er hier nur zufällig auf denselben Speciesnamen wie Jacquin „*Paullinia tomentosa*" verfallen ist, bleibt ungewiss. Die grössere Wahrscheinlichkeit hat das Letztere für sich, da Miller an dieser Stelle nur seine eigene frühere diagnostische Phrase und die von Houston, nicht aber die von Jacquin anführt.

Linné erwähnt die Pflanze in der 2. Ausgabe der Spec. Plant., 1762, noch nicht, obwohl er, wie aus anderen Stellen hervorgeht, um diese Zeit die Enumeratio von Jacquin bereits kannte. Erst in die Mantisse, 1771, nahm er dieselbe aus Jacquin's späterer Publication (Observ. III, 1768) herüber.

Wohl aus späterer Zeit noch stammt die Pflanze, welche Linné aus dem Garten zu Upsala (ohne dieselbe aber etwa in seinem Hortus Upsal., 1748, wie die *Gouania domingensis*, als *Paullinia* erwähnt zu haben) irrthümlicher Weise unter dem Namen *Paull. tomentosa* in sein Herbar übertrug, und nach welcher die von ihm selbst noch, wie ich in der Gattungsgeschichte, p. 25 der Monographie von *Serjania*, dargethan habe, herrührende Bemerkung im Syst. Veget. Ed. XIII, cur. Murray, 1774 (und Ed. XIV, 1784), eingefügt wurde: „Petioli communes marginati, sed non inter foliola inferiora". Smith hat mit Beziehung hierauf unter *Paull. tomentosa* in Rees Cyclopaedia XXVI, 1814, schon treffend bemerkt: „Linnaeus had for this a totally different plant in the Upsal Garden with a large leaf like a Rhus, to which his remark in both Editions of Syst. Veget. refers."

Die betreffende Pflanze ist *Rhus semialata* Murray, wie ich im Herbste 1885 bei wiederholter Anwesenheit in London durch den anatomischen Nachweis der den Anacardiaceae überhaupt eigenthümlichen Balsamgänge im Weichbaste der Gefässbündel und durch Vergleichung mit entsprechendem Materiale des Herbarium zu Kew feststellen konnte und im Supplemente von *Serjania*, 1886, p. 48 bereits kurz erwähnt habe.

Zur Sicherung dieser Bestimmung dient noch besonders der Umstand, dass bei *Rhus semialata*, was ich nirgends erwähnt finde, die Epidermis der unteren Blattseite in ganz ausgezeichneter Weise, ähnlich wie bei Arten von *Gnica* und *Cupania* etc. (sieh Radlkofer, über *Cupania*, in Sitzungsber. der Münchener Akad. IX, 1879, p. 482, 557 etc. mit *Cupania papillosa* Radlk. etc.) papillös ist, was ich bei keiner der übrigen von Engler in dieselbe Section (I. *Trichocarpae*) gestellten Arten von *Rhus*, soweit ich solche zu untersuchen Gelegenheit hatte,*) wieder fand. Es zeigte mir überhaupt bei einer auch auf die anderen Sectionen ausgedehnten Untersuchung nur noch 1 Art von allen zur Zeit im Münchener Herbare vorhandenen Arten**) ein ähnliches Verhalten, nämlich (wie ich schon gelegentlich einer Aufzählung

---

*) Es sind das von den 22 Arten der Section I, *Trichocarpae*, die folgenden 11: Rhus glabra L., typhina L., Coriaria L., potentillifolia Turcz., copallina L., aromatica Ait., trilobata Nutt., microphylla Engelm., Hindsiana Engl., Andrieuxii Engl. und semperivirens Scheele.

**) Es sind das von der Section II, *Venenatae*, mit den Arten 23—35: Rhus laurina Torr. & Gray, Toxicodendron L., sylvestris S. & Zucc., venenata DC., vernicifera DC., succedanea L., juglandifolia Kunth,

von Pflanzen mit ähnlichem Verhalten aus anderen Familien in d. Sitzungsb. d. k. bayer. Akad., 1890. p. 251 erwähnt habe) die in Hooker Flor. Brit. Ind. II (1879) p. 12 wie bei Engler (Monogr., 1883, p. 400) als Doppel-Varietät (*var. γ himalaica* Hook. f., *var. δ acuminata* Hook. f.) der in Japan und China einheimischen Art *Rhus succedanea* L. betrachtete *Rhus acuminata* DC. aus Nepal, Kashia und Sikkim (Wallich n. 992, Nepal; Hb. Ind. or. Hook. f. & Thoms., Kashia alt. 4—6000 ped.; T. Anderson n. 395, Sikkim; Griffith, Catal. Kew. n. 1088. non 1087, East Himalaya), welche eben darnach wohl als eine besondere Art aufzufassen ist.

Das in Rede stehende Blatt von *Rhus semialata* im Herb. Linné ist, da es für das Bogenformat des letzteren zu gross war, entzwei gebrochen, und der obere Theil auf der Rückseite desselben Halbbogens aufgeklebt, dessen Vorderseite den unteren Theil trägt. Bei diesem ist durch die von Linné geschriebene Bemerkung „a tergo" auf den anderen Theil hingewiesen, bei welchem von gleicher Hand durch das Wort „continuatio" auf die Vorderseite zurückverwiesen ist. Das untere Ende des mit sechs Paaren gegenständiger Fiederblättchen und dem Endblättchen versehenen, beiderseits ziemlich dicht behaarten und desshalb graugrün aussehenden Blattes ist nicht vollständig vorhanden. Die vier oberen Abschnitte der Blattspindel sind in von oben nach unten abnehmendem Masse geflügelt.

Erst nahezu ein Jahrhundert nach Houston kam durch De Candolle, 1821, neues Material der *Paullinia tomentosa*, resp. die Copie einer im Vaterlande der Pflanze gefertigten (in der Sammlung von Mociño und Sesse, 1795—1804, enthaltenen) Abbildung zu wissenschaftlicher Verwerthung, ohne aber auf die betreffende Pflanze bezogen zu werden. De Candolle gründete vielmehr darauf eine vermeintlich neue Art, seine *Paullinia pteropoda*. Dieser wurden auch die wenige Jahre später zur Untersuchung gelangten, von Schiede und Deppe 1828—29 gesammelten Exemplare durch Schlechtendal und Chamisso fragweise, aber mit Recht, beigeordnet.

Seit dieser Zeit ist die Pflanze ziemlich oft gesammelt, von Niemand aber, soweit mir bekannt wurde, auch nur vermuthungsweise mit der Jacquin'schen Art, deren Vaterland Jacquin irrthümlich nach Barbados verlegt hatte (s. Zus. 2), identificirt worden, und auch mit der De Candolle'schen *Paull. pteropoda* nur von Hemsley wieder in Exemplaren von Bourgeau, während derselbe Autor andere Exemplare eben dieses Sammlers und anderer Sammler, wie oben in der Literatur zu ersehen, zu *Paull. velutina* DC. und *Serj. triquetra* Radlk. rechnete oder als *Paull.* oder *Serj.* spec. (und zwar die Pflanze von Jürgensen, n. 521, als das eine und das andere) bezeichnete. Dass Hemsley dabei meine Identificirung von *Paull. pteropoda* DC. mit *Paull. tomentosa* Jacq. (in d. Monogr. von *Serjania* p. 44 und p. 70 n. 15) übersah oder ihr nicht Glauben schenken wollte, mag nur nebenbei erwähnt sein.

Zusatz 2. Die Pflanze ist, den bisher davon bekannt gewordenen Materialien gemäss, eine rein mexicanische Art. Es erscheint angemessen, das besonders hervorzuheben, da bis in die neueste Zeit herein, z. B. noch bei Grisebach Flor. Brit. W. Ind. Isl., 1859—64, p. 125 (in einer Bemerkung über die aus dem britischen Gebiete ihm nicht bekannt gewordenen, für Westindien angegebenen Arten „*P. Cururu* und *P. tomentosa*") ihr Vaterland anderwärts, nämlich in Westindien, gesucht wurde. Ihr Schöpfer, Jacquin, hatte, wie für die in der Enum. Pl. Carib. p. 35—38 veröffentlichten (8) Pflanzen des Herb. Mygind überhaupt, ihre Heimat mit Unrecht, wie ich schon anderwärts (für die darunter befindlichen vier Arten aus den Gattungen *Serjania* und *Paullinia*) dargethan (sich die Gattungsgeschichte in der Mono-

---

Griffithii Hook. f., Wallichii Hook. f., insignis Hook. f., macrophylla Hook. & Arn.; von der Section III, *Gerontogeae*, mit den Arten 36—111: Rhus rosmarinifolia Vahl, angustifolia L., obovata Sond., tomentosa L., incisa L., dissecta Thunb., undulata Jacq., excisa Thunb., glauca Desf., scytophylla Eckl. & Z., lucida L., horrida Eckl. & Z., longispina Eckl. & Z., ciliata Lichtenst., cuneifolia Thunb., parviflora Roxb., mysorensis Heyne, paniculata Wall., crenata Thunb., villosa L. fil., abyssinica Hochst., refracta Eckl. & Z., puberula Eckl. & Z., pyroides Burch, glutinosa Hochst., mucronata Thunb., dentata Thunb., oxyacantha Cav., pentaphylla Desf., erosa Thunb., glaucescens Rich., viminalis Vahl, laevigata L., retinorrhoea Steud., lancea L. fil. Eckloniana Sond., discolor E. Mey.; von der Section IV, *Melanocarpae*, mit den Arten 112—113: Rhus retusa Zoll.

graphie von *Serjania*, p. 29—31) auf der Insel Barbados vermuthet. Diese Angabe wurde, da sie nur in der Vorrede steht, von den späteren Autoren nicht wiederholt. Nichtsdestoweniger ist sie, oder vielmehr das Fehlen der richtigen Angabe (Mexico), unstreitig hauptsächlich mit Ursache, dass die Pflanze nie wieder erkannt worden ist. Die Nachfolger Jacquin's begnügten sich, wie Reichard, 1779, und Willdenow, 1799, mit der allgemeinen Angabe „America" oder riethen förmlich auf irgend einen Theil Americas, wie Raeuschel auf „Brasilien und Jamaica". Jussieu gab nach einem für *Paull. tomentosa* angesehenen Exemplare der *Paull. pinnata* von Ledru aus Portorico (s. ob.) die „Antillen" als Vaterland an. Smith wieder allgemeiner „Südamerica". Die Angabe von Jussieu erhielt sich am allgemeinsten; so bei De Candolle, Sprengel, Poiret (Dict.), Don, Steudel, Grisebach.

Zusatz 3. In europäische Gärten scheint die Pflanze noch niemals Eingang gefunden zu haben. Dass Du Mont de Courset sie als von Miller cultivirt aufgeführt hat, beruht wohl, wie ich schon bei Betrachtung der cultivirten Arten in der Monographie von *Serjania*, p. 67, hervorgehoben habe, nur auf der unhaltbaren Meinung, dass alle in Miller's Dictionary aufgeführten Arten als von ihm cultivirte zu betrachten seien. Wohl aber hat die Pflanze, wie die von Wawra mitgebrachten Materialien darthun, ihren Weg in die Gärten von Honolulu gefunden, ebenso, wie nach gleichfalls von Wawra mitgebrachten Materialien die in neuerer Zeit erst aus ihrem eigentlichen Vaterlande, Mexico (Colima, Manzanillo) durch Palmer bekannt gewordene *Paull. sessiliflora* Radlk.

Zusatz 4. Mit Unrecht ist seiner Zeit auf *Paull. tomentosa* Jacq. die *Paull. fuscescens* Kunth in einer Pflanze von Bertero aus S. Martha (der Grundlage von *Paull. velutina* DC.) bezogen worden, wie aus der in den Literaturangaben angeführten Bemerkung Turczaninow's bekannt ist. Dieser Missgriff fällt Balbis zur Last, welcher die Pflanzen von Bertero vor ihrer Vertheilung zu bestimmen versuchte und, wie im Herb. Taurinense, Monacens., DC. etc. zu sehen, dieser die Bezeichnung „*Paull. tomentosa* W." beisetzte. Es gibt mir das Veranlassung, zu bemerken, dass die *Paull. fuscescens* zwar in der Regel sehr leicht durch ihr doppelt gedreites Blatt (ganz abgesehen von der geflügelten Frucht) von *Paull. tomentosa* zu unterscheiden ist, dass sich das aber doch sehr ändert, wenn sie verarmte Blätter mit nur fünf und dann auch entsprechend vergrösserten Blättchen besitzt, wie das z. B. bei einem der von Linden unter n. 1024 vertheilten Exemplare der Fall ist. In solchem Falle wird übrigens immerhin die rauhere Behaarung der *Paull. tomentosa* auf den rechten Weg leiten können.

### 28. Paullinia lachnocarpa Benth.

*Paullinia lachnocarpa* Bentham in schedis, coll. Spruce n. 6011! (1857—59).
— — Radlkofer in Monogr. Serj. (1874—75) p. 75 n. 121 etc. (v. indic.).

Scandens, fruticosa, rami thyrsigeri striato-sulcati, glabri; corpus lignosum simplex; folia biternata; foliola ovalia vel subrotunda, apice obtusa vel breviter obtuseque acuminata, basi terminalia longius attenuata, lateralia in petiolulos breves contracta vel subsessilia, omnia integerrima vel raridenticulata, sessilia, chartaceo-coriacea, reticulato-venosa, supra subtusque glaberrima, glandulis microscopicis geniculatis obsita, punctis pellucidis sparsis praesertim margine notata, utriculis laticiferis ramificatis subpellucidis subtus instructa, epidermide mucigera; petiolus communis rhachisque (petiolus partialis intermedius) nuda; stipulae minutae, deltoideo-ovatae; thyrsi solitarii, dense flavo-puberuli; bracteae bracteolaeque parvae, filiformi-subulatae; flores magni, longe pedicellati, sepalis extus flavo-tomentosis, 3. et 5. fere omnino liberis; capsula (immatura) trigono-globosa, subsessilis, subapiculata, extus tomentosa.

Rami thyrsigeri diametro 2—3 mm. cortice e viridi (in costis) fuscidulo. Folia 15—20 cm longa, fere totidem lata; foliola 4—7 cm longa, nitidula, sicca viridia, subtus pallidiora; petiolus communis 4—8 cm longus, striatus, supra sulcatus, glaber. Thyrsi 10—20 cm longi, sat robusti, pedunculati, rhachi diametro 1.5—2 mm, laxe cincinnigeri, cincinnis breviter stipitatis sat contractis; bracteae 1.5—2 mm longae; pedicelli 4—6 mm, fructigeri 8 mm longi, supra basin articulati. „Flores pallide virides" (Spruce). Sepala duo exteriora duas interiorum tertias aequantia, interiora petaloidea, circ. 3 mm longa. Petala late ovalia; squamae duas petalorum tertias aequantes, petalis paullo angustiores, margine villosae, superiores crista brevi suborbiculari appendiceque longa angusta barbata instructae. Tori glandulae ovatae, glabrae. Staminum filamenta complanata, pilis albis longis laxe vestita; antherae glabrae. Germen sessile, tomentosum, stylo breviusculo.

In Andibus Ecuadorensibus: Spruce n. 6011! (a. 1857—9; llb. Benth., Griseb., Boiss., Deless., DC., Paris., Petrop.. Vindob.).

### 29. Paullinia urvilleoides Radlk.

Subscandens, suffruticosa, glabra (*Urvilleam glabram* in mentem revocans); rami subteretes, striato-sulcati; corpus lignosum simplex; folia ternata (infimum rami interdum simplex, trilobatum); foliola ovata, cuspidato-acuminata, basi terminale in petiolulum contractum, lateralia subsessilia, inaequilatera, latere inferiore (exteriore) latiore, omnia remote serratodentata, membranacea, subtus in nervorum axillis barbata, ceterum praeter glandulas microscopicas geniculatas glabra, utrinque opaca, impunctata, utriculis laticiferis fuscis reticulatis crebris subtus notata, epidermide (partim) mucigera; petiolus nudus; stipulae insignes, subfalcatae, ramum horizontaliter subamplectentes, ejus diametrum excedentes; thyrsi solitarii, axillares, graciles, glabri, laxe cincinniferi, cincinnis stipitatis; bracteae bracteolaeque parvae, lineares; flores mediocres, teneri, glabri, flavescentes, sepalis liberis petaloideis petalisque utriculis laticiferis fuscis percursis; discus barbatus; germen auctum trigono-obovoideum, stipitatum, praeter glandulas microscopicas glabrum; fructus —

Rami (caules?) thyrsigeri diametro 2,5—3,5 mm, cortice viridi, basi (subere evoluto) pallide subfusco. Folia majora petiolo 4,5 cm longo adjecto 13 cm longa, totidem lata; foliola terminalia 8,5 cm longa, 5 cm lata, lateralia 6 cm longa, 4,5 cm lata; stipulae 5—7 mm longae, basi 2—2,5 mm latae. Thyrsi folia fulcientia subduplo superantes, 6—16 cm longi, pedunculo communi rhachin aequante vel superante; cincinnorum stipites pedicellos circ. 5 mm longos subaequantes; alabastra globosa, diametro 2,5 mm. Sepala duo exteriora interioribus plus dimidio breviora, interiora ovata. 4 mm longa, fere 3 mm lata. Petala obovata, 6 mm longa, 3,5 mm lata, glabra, intus glandulígera; squamae non nisi tertiam petalorum partem aequantes, margine villosae, superiores crista brevi obcordata appendiceque deflexa brevi villosa, inferiores crista obliqua inaequaliter bifida instructae. Tori barbato-villosi glandulae suborbiculares. Stamina filiformia glabra; antherae glabrae, ad medium dorsum insertae, connectivo supra insertionem in glandulam fuscam intumescente. Germen ex obovoideo fusiforme, in stylum brevem apice trifidum attenuatum.

In Brasilia (loco accuratius non indicato): Glaziou n. 12308! (a. 1882; llb. Warming, Eichler, Delessert).

Zusatz. Die Pflanze kommt im Habitus mehr den *Urvillea*-Arten als irgend einer *Paullinia* nahe, doch lässt der vergrösserte Fruchtknoten über ihre Zugehörigkeit zu *Paullinia* kaum einen Zweifel, und selbst kaum auch über ihren Platz in dieser Gattung. Eigenthümlich ist die gelbliche Farbe der Blüthe und die dunkle Färbung der Milchsaftschläuche, wodurch die Pflanze an *Serjania atrolineata* Sauv. & Wr. (*Serj. scatens* Radlk.) erinnert. Die drüsige Anschwellung des Connectivs findet sich mehr oder minder auch bei anderen Arten, z. B. *Paull. ferruginea*.

Ich will den angegebenen Charakteren noch kurz hinzufügen, dass den Gefässbündeln des Blattes (Seitennerven etc.) Hartbast fehlt, dass Secretzellen im Palissadengewebe nicht vorhanden sind, und dass Krystalldrusen reichlich sowohl in diesem als im Schwammgewebe und in Begleitung der Gefässbündel sich finden. An der Blattstielbasis sind besondere, rinden- oder markständige Gefässbündel nicht zu bemerken.

### 30. Paullinia costata Schlecht. & Cham.

Paullinia costata Schlechtend. et Chamisso in Linnaea V (1830) p. 216, n. 442; „coll. Schiede & Deppe, fruct."!
— — — Schlechtend. in Linnaea X (1836) p. 238, n. 305; „coll. Schiede, flor."!
— — — Walpers Repert. I (1842) p. 413.
— — — Steudel Nomencl. Ed. II, II (1841) p. 277.
— — — „?" Turczaninow in Bull. Mosc. XXXI (1858) Pars I, No. 2, p. 398; „coll. Linden n. 900"!
— — — Radlkofer in Monogr. Serj. (1874—75) p. 73 n. 82 etc. (v. indic.).
— — — Hemsley in Biol. Centr.-Am., Bot. I (1879—81) p. 210, n. 3; „coll. Schiede & Deppe, Galeotti n. 4298, Linden n. 900, Bourgeau n. 1467"!
— — — Radlkofer über fischvergiftende Pflanzen, Sitzungsber. d. k. bayer. Akad., 1886, p. 404.
— — — Greshoff De plant. ad pisc. capiend. adhib., Mededeelingen uit s'Lands Plantentuin X (1893) p. 40.

Nomen vulgare: ?Bejuco de agua teste Ghiesbreght in scheda; cf. Radlk. l. c. 1886, p. 398, 404, nec non infra obs.

Scandens, fruticosa; rami teretiusculi, striati, juniores flavido-tomentelli; corpus lignosum simplex; folia 5-foliolato-pinnata, rarissime ternata; foliola superiora ovalia vel suboblonga, inferiora ovata, apice longius breviusve acuminata, basi terminale acutum, lateralia superiora acutiuscula, inferiora rotundata, petiolulata vel sessilia, omnia integerrima, chartacea, inter nervos laterales apice transversim basi oblique clathrato-venosa, nitida, supra glabra, subtus interdum in axillis nervorum barbata, ceterum glabra, glandulis microscopicis geniculatis obsita, utriculis laticiferis ramificatis pellucidis subtus nec non saepius supra quoque instructa, epidermide mucigera; rhachis nuda vel marginata; stipulae minimae, triangulares; thyrsi solitarii vel paniculatim congesti; bracteae bracteolaeque minimae, late subulatae; flores sat magni, sepalis adpresse puberulis, 3. et 5. fere omnino liberis; capsula depressiuscule globosa, longe stipitata, plus minus apiculata, longitudinaliter sexcostata, extus tomentella, intus pilis fuscidulis densis vestita; semen obovoideum vel subglobosum, glabrum, arillo dorso fisso et superne latius hiante ultra medium obtectum; cotyledones oleigerae, interior tenuior, transversim plicata.

Rami thyrsigeri diametro 3—5 mm, cortice glabrato subfusco lenticelloso. Folia 15—25 cm longa, fere totidem lata; foliola 6—15 cm longa, sicca fuscescentia, subtus pallidiora; petiolus communis 3—6 cm longus, puberulus, supra sulcatus; stipulae vix 1 mm longae. Thyrsi foliis nunc breviores, nunc longiores, longius breviusve pedunculati, sat robusti, rhachi diametro 1—2 mm, laxius cincinnigeri, cincinnis sessilibus contractis; pedicelli circ. 3 mm longi, media parte articulati. Flores albi (Linden etc.). Sepala duo exteriora certe duas interiorum tertias aequantia, interiora ovalia, chartacea, circ. 4 mm longa. Petala obovata; squamae latae, margine villosiusculae, cristis adjectis duas petalorum tertias aequantes, superiores crista suborbiculari emarginata appendiceque deflexa saepius fere squamae basin attingente barbata instructae. Tori glandulae suborbiculares, pubescentes. Staminum filamenta complanata, pilis albis vestita; antherae glabrae. Germen trigono-ellipsoideum, tomentellum. Capsula stipite 6—10 mm longo adjecto 2—2.5 cm longa. Semen circ. 1 cm longum, testa spadiceo-nigra laevi nitida.

In Mexico: Schiede et Deppe n. 305! 412! (cf. Lit.: Hacienda de la Laguna, m. Jul. 1829 flor., m. Sept. fruct.; Hb. Schlechtend., nunc Halense, Hb. Martens, Hb. Petrop., in quo specimen fructif. sub. n. 524! quoque, e. indicat. „Jalapa, m. Aug. 1828"); Linden n. 900! (prov. Vera Cruz, Mirador, m. Aug. 1838, flor.; Hb. Martens, Webb. Hook.), n. 1925! („bords du rio Tabasco", m. Oct. 1840. flor.; Hb. Webb, Deless.); Galeotti n. 1298! (Vera Cruz, Mirador, m. Jun.—Oct. 1840. flor.; Hb. Bruxell., Hook.; Jalapa, alt. 4000 ped., Hb. Par.); Liebmann n. 14! (Mirador, m. Febr. 1842, fruct., Hb. Havn.), n. 46! (inter Mirador et Jalapa, flor.); Franco! (Oaxaca a. 1842. fruct.; Hb. Boiss., Vindob.); Ghiesbreght n. 15! (prov. Oaxaca. Huatusco „au bord des rivières et dans les localités humides" m. Aug. 1843. flor.; Hb. Par.), ? n. 22! (ibid., specimen sterile foliis ternatis anomalum, c. nom. vulg. „Bejuco de agua"; Hb. Par.; cf. obs.); Sartorius! (a. 1854—74; Hb. Berol.); Bourgeau n. 1467! („vallée de Cordova" m. Dec. 1865, fruct.; Hb. Par., Mart., Boiss.).

Zusatz. Zu dem Exemplare von Ghiesbreght n. 22 und dem dabei bemerkten Vulgärnamen, den ich schon in der oben citirten Mittheilung über fischvergiftende Pflanzen[*]) angeführt habe, ist zu bemerken, dass die Zusammengehörigkeit beider zweifelhaft erscheint, wie auch, aber in geringerem Grade, die Zugehörigkeit dieses Exemplares zu *P. costata* überhaupt.

Bezüglich des letzteren Punktes will ich hervorheben, dass ich verarmte, gedreite Blätter, wie hier, bei keinem anderen Exemplare gefunden habe. Alle anderen Exemplare aber sind der Blüthenregion angehörige Zweige, während die in Rede stehenden sterilen Zweige mit mehr als gewöhnlich verlängerten Internodien und vergrösserten, sowie dünneren Blättchen Seitentriebe aus dem unteren Theile einer vielleicht verletzten Pflanze zu sein scheinen, für welche eine Reducirung der gewöhnlichen Blättchenzahl sich wohl annehmen lässt. Das äussere Ansehen und die anatomische Beschaffenheit widerspricht einer solchen Annahme nicht; nur sind Secretschläuche an der oberen Blattseite, die übrigens auch bei anderen Exemplaren gelegentlich sich sehr vereinzelt zeigten, hier nicht aufzufinden gewesen, und die kleinen Drüsen erschienen aus weniger Zellen gebildet als sonst.

Was den ersteren Punkt, die Zusammengehörigkeit dieser Zweige und der Etiquette von Ghiesbreght mit der Nummer 22 und dem erwähnten Vulgärnamen betrifft, so mag vielleicht eine Verwechselung mit irgend einem *Cissus* stattgefunden haben, da das, was Ghiesbreght zu diesem Namen bemerkt, an die Angaben Anderer für *Cissus*-Arten[**]) und für

---

*) Aus dieser Mittheilung mag auch die folgende auf *Paull. costata* bezügliche Angabe (aus mir nicht mehr gegenwärtig er Quelle) wiederholt sein: „Kill fish and pheasants eat it, so that dogs are poisened."

**) Bezüglich *Cissus* vergleiche Eichler in Flor. Bras. XIV, 2, 1871, p. 218: „Quaedam species lianaeformes in vasibus ligni aquam copiosam contineri dicuntur, quae resecto caule prodiit, itinerantibus grato subinde refrigerio." (So *Cissus hydrophora* Gaudich., d. i. *C. sicyoides* L.)

Ein safterfülltes, poröses, weiches Holz erwähnt weiter, wie im Anschlusse an das Vorhergehende bemerkt sein mag, Jacquin für eine auf Mauritius „Bois Mapou" genannte Pflanze, welche er unter dem Namen *Malacoxylum pinnatum* in seinen Fragmenta (1800—1809) p. 31 beschrieben und Taf. 35, Fig. A abgebildet hat. Jacquin's Bezeichnung, welche Poiret in Lam. Enc., Suppl. III. 1813, p. 587 lediglich mit den Angaben von Jacquin wiederholt, und welche in Steudel Nomencl., Ed. I u. II, und darnach in Pfeiffer Synops. Suppl. 1874 und Nomencl. II, 1874, p. 210 als die einer Planta dubia, ferner in Jackson Index Kewens., 1894, mit dem Beisatze „= *Zanthoxylum?* Linn. (Rutac.)" aufgeführt ist, scheint im übrigen unberücksichtigt geblieben zu sein und eine befriedigende Deutung bis jetzt nicht erfahren zu haben. Es liegt übrigens auf der Hand, dass darunter nichts anderes zu verstehen ist als *Cissus Mappia* Lam. (Ill. gen. I, 1791, p. 332, n. 1631; Poiret in Lam. Enc., Suppl. I, 1810, p. 109 — nicht p. 1037, wie Planchon in seiner Monogr. d. Ampelid., 1887, p. 583 angibt), für welche Pflanze schon bei Lamarck a. a. O. (1791) der entsprechende Vulgärname „le Mappou" angeführt ist, wie weiter bei Baker Fl. Maurit., 1877, p. 54 und Planchon a. a. O. 1887, p. 584 (in der Schreibweise „Mapou"). Wenn dieser Deutung gegenüber der Umstand als bedenklich erscheinen will, dass Jacquin die Blätter seiner Pflanze als doppelt gefiedert, Baker die von *Cissus Mappia* als einfach gefiedert be-

*Phytocrene*\*) erinnert, für eine *Paullinia*-Art aber befremdend erscheint. Es lautet diese Bemerkung wie folgt: „Liane nommée Bejuco de Agua, Liane d'eau, parceque lorsqu'on coupe un morceau de cette liane il en découle une grande quantité d'eau très buvable."

### 31. Paullinia scarlatina Radlk.

Paullinia scarlatina Radlkofer in J. Donnell Smith Enum. Pl. Guatemalens. II (1891) p. 11 A, n. 1662!

— — Radlkofer in J. Donnell Smith Undescribed Plants from Guatemala, IX, Botanical Gazette XVI (July 1891) p. 193. Coll. Donnell Smith n. 1662!

— — Clark Syst. and alph. Index of new spec. of N. Am., Contrib. from the U. S. Nat. Herb. I, No. 5 (1892) p. 157.

Scandens, fruticosa; rami juniores pentagoni, puberuli, adultiores subteretes, striati, lenticellarum seriebus notati; corpus lignosum simplex; folia 5-foliolato-pinnata; foliola superiora ex elliptico sublanceolata, inferiora ovata, apice in acumen obtusum producta, basi superiora longius breviusve attenuata, inferiora rotundata, omnia breviter petiolulata, integerrima vel dente uno alterove notata, chartacea, transversim venosa, praeter axillas nervorum subtus barbatas glabra, nitidula, glandulis microscopicis curvatis vel geniculatis obsita, utriculis laticiferis reticulatis pellucidis sat crebris supra subtusque instructa, epidermide mucigera; petiolus nudus, rhachis submarginata; stipulae parvae, triangulares; thyrsi solitarii, axillares; bracteae bracteolaeque parvae subulatae; flores sat magni, sepalis (calycis fructiferi) tomentellis, 3. et 5. fere omnino liberis; capsula ellipsoidea, stipitata, subapiculata, valvarum costa mediana evanida tricostata, extus glabriuscula, intus pilis longis fuscidulis dense villosa; semen late ovoideum, ventre subcarinatum, glabrum, arillo dorso fisso usque ad medium obtectum; cotyledones oleigerae, interior tenuior, transversim plicata.

Rami thyrsigeri diametro 3—5 mm, cortice subfusco. Folia circ. 16 cm longa, totidem lata; foliola 10—12 cm longa, 4,5—5 cm lata, sicca subfusca; petiolus communis 3—4 cm longus, supra sulcatus, rhachis paullo brevior; stipulae 2,5 mm longae. Thyrsi folia subaequantes, robusti, pedunculo quam rhachis tomentella longiore; rhachis (fructifera) diametro 2—2,5 mm, sat dense cincinnigera, cincinnis sessilibus contractis; pedicelli fructigeri 6—7 mm longi, paullo supra medium articulati. Sepala duo exteriora breviora, interiora circ. 4 mm longa. Tori glandulae ovatae, pubescentes. (Reliquae floris partes non suppetebant.) Capsula stipite 5—6 mm longo adjecto 2,5—3 cm longa. Semen 1,3—1,4 cm longum, testa atrofusca, pilorum endocarpii impressione leviter striolata, nitidula.

In Guatemalae prov. Yzabal: J. Donnell Smith n. 1662! (Boca del Cajabon, altitud. 350 ped., m. April. 1889, fruct.).

Zusatz. Die Pflanze steht sehr nahe der *Paullinia costata* Schlecht. et Cham. und unterscheidet sich von derselben namentlich durch die fast kahlen Früchte, an deren Klappen der Mittelnerv nicht wie dort als äusserlich hervortretende Längsrippe ausgebildet ist; ferner durch die durchaus quer zur Mittelrippe verlaufenden Venen zwischen den Seitennerven der Blättchen.

---

zeichnet, so ist dagegen hervorzuheben, dass diese Angaben durch die von Lamarck vermittelt werden, welcher der Pflanze „folia subbipinnata" zuschreibt, wie seinerseits Planchon (Ampelid. Monogr. 1887, p. 583) unter anderem auch „folia biternata" und in der Ueberschrift „folia pinnata vel bipinnata".

\*) Bezüglich *Phytocrene* s. Blume Mus. bot. Lugd.-Bat. I, 1849, p. 41: „Frutices volubiles Asiae tropicae, proceri, ligno mollissimo, pulcerrime poroso, liquore aqueo limpido potulento scatente."

Das Pericarp ist locker mit kurzen dickwandigen Haaren, mit kleinen Aussendrüsen (wie das Blatt) und mit etwas vorstehenden Spaltöffnungen besetzt, desshalb nicht glatt und glänzend, sondern wie bestäubt aussehend.

## 32. Paullinia laeta Radlk.

Scandens, fruticosa, glabra; rami teretes, lenticellis crebris notati; corpus lignosum simplex; folia 5-foliolato-pinnata; foliola elliptico-lanceolata, apice obtuse acuminata, basi plus minus acuta, breviter petiolulata vel subsessilia, subintegerrima, chartacea, laete viridia, nitida, reticulato-venosa, subtus glandulis microscopicis flabelliformibus subimmersis obsita nec non in axillis nervorum obsolete barbata, punctis pellucidis minutis nec non subtus reti utriculorum laticiferorum pellucido interrupto instructa, epidermide parum mucigera; petiolus rhachisque alata; stipulae minimae, thyrsi solitarii, laxe cincinniferi, pilosuli; cincinni stipitati, pauciflori; alabastra globosa; flores mediocres, sepalis liberis teneris petaloideis glabris.

Rami diametro circ. 3 mm. Folia circ. 12 cm longa, fere totidem lata; foliolum terminale circ. 7 cm longum, 3 cm latum, lateralia paullo minora; petiolus communis circ. 3 cm longus, rhachis paullo brevior quam petiolus latius alata, alis e semi-obovato cuneatis, circ. 3 mm utrinque latis; petioluli 1—2 mm longi; stipulae deltoideae gemmaeque axillares pilosae. Thyrsi circ. 10 cm longi, brevius longiusve pedunculati, rhachi diametro 1—1.5 mm; bracteae subulatae, breves; cincinnorum stipites 2—5 mm longi; pedicelli circ. 3 mm longi, pilosuli. Sepala duo exteriora interioribus plus dimidio breviora, interiora late ovata, 3—4 mm longa, 2—3 mm lata. Petala ovalia; squamae non nisi tertiam petalorum partem aequantes, margine villosae, superiores crista obovata profunde bifida crassiuscula appendiceque deflexa brevissima villosa, inferiores crista obliqua inaequaliter bifida superne crassiore instructae. Tori glandulae superiores ovatae. Staminum filamenta complanata pilosa; antherae glabrae. Germen ellipsoideum, puberulum, stylo germen aequante.

In Peruvia subandina prope Chachapoyas: Matthews! (a. 1816; Hb. Benth., Boiss., Deless.).

Zusatz. Die Pflanze, welche der Gestaltung des Fruchtknotens nach wohl mit genügender Sicherheit der Gattung *Paullinia* zugerechnet werden darf, zeichnet sich wie die in ihrer Nähe gestellten Arten (*P. bidentata* und *P. biauriculata*) durch die besondere fächerartige Gestalt der kleinen Aussendrüsen aus. Eigenthümlich erscheint für sie neben nicht gerade sehr erheblichen Unterschieden in der Gestaltung der Blättchen und des Blattstieles das Auftreten von Secretzellen im Palissadengewebe und damit von durchsichtigen Punkten. Sklerenchymfasern, wie bei den eben genannten beiden Arten, zeigten sich hier nicht. Krystalldrusen aber fanden sich im Palissadengewebe reichlich, wie bei *P. bidentata* (sieh diese).

## 33. Paullinia bidentata Radlk.

Scandens, fruticosa, glabra; rami teretes; corpus lignosum simplex; folia 5-foliolato-pinnata; foliola lanceolata, sensim acuminata, basi superiora acuta, sessilia, inferiora subtruncata, subauriculato-bidentata, breviter petiolulata, membranacea, pinnatinervia, nervis lateralibus arcuato-adscendentibus, reticulato-venosa, glandulis microscopicis flabelliformibus subimmersis obsita, nec non in axillis nervorum parce barbata, impunctata, utriculis laticiferis subtus notata, staurenchymate crystallorum agglomerationibus foeto et fibris sclerenchymaticis brevibus instructo, epidermide mucigera; petiolus marginatus, rhachis subalata; stipulae minutae; flores —; fructus —.

Rami (steriles) diametro 2,5 mm, cortice pallido. Folia circ. 18 cm longa, totidem lata; foliola superiora 11—12 cm longa, 3 cm lata, inferiora 8 cm longa, 2,5 cm lata; petiolus communis circ. 3 cm longus, rhachis paullo brevior; stipulae minimae, deltoideae gemmaeque axillares pilosae. Cirri generis axillares, folia dimidia subaequantes.

In Peruvia prope Tambillo: Const. de Jelski n. 412! (mense Julio 1878).

Zusatz. Obwohl nur dürftige, sterile Zweige vorliegen, erscheint die Pflanze doch, dem Habitus und den anatomischen Merkmalen nach, der vorausgehenden Art (*P. lacta*) und noch mehr der folgenden Art (*P. subauriculata*) deutlich verwandt, ohne aber mit einer derselben vollkommen übereinzustimmen. Abgesehen von der (mehr als bei den genannten Arten gestreckten) Gestalt der Blättchen unterscheidet sie von *P. lacta* der Mangel von Secretzellen im Palissadengewebe und damit von durchsichtigen Punkten, von *P. subauriculata* aber das Auftreten reichlicher Krystalldrusen im Palissadengewebe, während in der Nähe der Gefässbündel Zellen mit Einzelkrystallen sich finden; von beiden weiter der buchtige Rand der Epidermiszellen an der oberen Blattseite.

Die Gefässbündel sind, wie gewöhnlich bei *Paullinia*, bei den drei Arten mit Hartbast versehen. Gemeinschaftliche Züge dieser Arten zeigen sich in der eigenthümlichen, fächerartigen Gestaltung der kleinen Aussendrüsen und in dem Verhalten des den Inhalt der Milchsaftschläuche bildenden Secretes, welches beim Einwirken von Javelle'scher Lauge sich stark hervordrängt und ausbreitet.

In diesen Zügen nähert sich den in Rede stehenden drei Arten aus Peru auch die im südlichen Neu-Granada einheimische *P. connaracea*.

### 34. Paullinia subauriculata Radlk.

Scandens, fruticosa, glabrata; rami e trigono subteretes, apice flavide pilosuli; corpus lignosum simplex; folia 5-foliolato-pinnata; foliola elliptica, breviter obtuse acuminata, basi superiora acuta, subsessilia, inferiora ovata, subauriculato-bidentata, ceterum vix dente uno alterove instructa, petiolulata, rigide coriacea, olivaceo-viridia, subopaca, pinnatinervia, nervis lateralibus arcuato-adscendentibus, reticulato-venosa, reti venarum angusto supra et praesertim subtus prominulo, glandulis microscopicis flabelliformibus subimmersis obsita, insuper circa insertiones, margine et supra in nervis puberula, subtus in axillis nervorum parce barbata, impunctata, utriculis laticiferis subtus notata, staurenchymate crystallis nullis, fibris vero sclerenchymaticis brevibus instructo, epidermide mucigera; petiolus apice marginatus vel subalatus, rhachis alata; stipulae minutae; thyrsi solitarii, sat dense cincinniferi, pilosuli; cincinni vix stipitati; alabastra obovoidea; flores mediocres, sepalis liberis pilis adpressis laxe puberulis.

Rami thyrsigeri diametro 3—5 mm, cortice e viridi cinerascente. Folia circ. 16 cm longa, totidem lata; foliola superiora 9—10 cm longa, 4 cm lata, inferiora circ. 7 cm longa, 3,5 cm lata; petiolus communis 3—4 cm longus, rhachis paullo brevior, petioluli 2—4 mm longi; stipulae minimae, deltoideae gemmaeque axillares pilosae. Thyrsi quam folia breviores pedunculo communi interdum cirroso-convoluto rhachin longitudine superante glabro, rhachi pilosa, diametro 1 mm; bracteae subulatae breves; pedicelli circ. 3 mm longi, puberuli. Sepala (ex alabastro floris ♂) late ovata, puberula. Petala ovalia; squamae margine villosae, superiores crista brevi obcordata appendiceque deflexa perbrevi obtusa villosa, inferiores crista obliqua instructae. Tori glandulae superiores late ovatae, obtusae. Staminum filamenta complanata, pilosa; antherae glabrae. Germinis rudimentum glabriusculum stylo puberulo coronatum.

In Peruvia prope Tambillo: Const. de Jelski n. 413! (a. 1878).

Zusatz. Die Pflanze erinnert durch die Rigidität aller Theile einigermassen an *Serjania rigida* (aus Ecuador).

Ueber ihre nahen Beziehungen zu *P. laeta* und *P. bidentata* war schon bei letzterer die Rede. Unmöglich ist es nicht, dass ein reicheres Material sie als mit diesen zu einer Art gehörig erweist; nach dem vorliegenden Materiale schien deren Trennung angezeigt. Bemerkenswerth ist noch, dass im Palissadengewebe Krystalle bei *P. subauriculata* nicht zu finden waren.

### 35. Paullinia connaracea Triana & Planchon.

Paullinia connaracea Triana & Planch. Prodr. Flor. Novo-Granat., Ann. Scienc. nat., IV. Sér., XVIII (1862) p. 354, n. 9!

— — Walpers Annal. VII. Fasc. 4 (1869, ed. C. Müller), p. 620, n. 3.

— — Radlkofer in Monogr. Serj. (1874—75) p. 76 n. 136 etc. (v. indic.).

Scandens, fruticosa; rami teretiusculi, juniores pube brevissima induti, denique glabrescentes; corpus lignosum simplex; folia 5-foliolato-pinnata; foliola lanceolato-elliptica, apice acuminata, acumine obtuso, basi terminale attenuatum, lateralia superiora acutiuscula, inferiora rotundata, omnia sessilia vel lateralia inferiora petiolulata, integerrima, coriaceo-chartacea, nervis lateralibus numerosis patentissimis, supra glabra, subtus in axillis nervorum barbata, ceterum glabriuscula, glandulis microscopicis subscutatis plus minus immersis crebris obsita, punctis pellucidis obscuris supra notata nec non subtus reti utriculorum laticiferorum obscuro instructa, staurenchymate fibris sclerenchymaticis percurso, epidermide mucigera; petiolus communis rhachisque marginata; stipulae minutae; thyrsi solitarii, brevissime puberuli, cincinnis estipitatis; flores (e residuis sub fructu relictis) parvi, sepalis glabris, 3. et 5. infra medium coalitis; capsula ellipsoideo-globosa, basi in stipitem contracta, extus pilis brevissimis laxe obsita, intus densius pubescens; semen (fragmenta tantum aderant) arillo basi indutum, testa glabra, cotyledonibus crassis parum curvatis amyligeris.

Rami thyrsigeri diametro 3—4 mm. cortice rufidulo. Folia 8—13 cm longa, fere totidem lata; foliola 4—8 cm longa, sicca fuscescentia, nitidula; petiolus communis 2—3 cm longus. Thyrsi 6—8 cm longi, robustiores, breviter pedunculati, densius cincinnigeri, cincinnis sessilibus contractis; pedicelli (fructigeri) circ. 2 mm longi. Sepala duo exteriora vix dimidium interiorum partem aequantia, interiora circ. 2 mm longa. Capsula stipite circ. 4 mm longo adjecto 1.5 cm longa, fusco-nigra. Seminis testa spadicea.

In Novo-Granatae provincia de Choco: Triana (?)! („ad altitud. 700 m", m. Majo 1853, fruct.; Hb. Planchon).

Zusatz. Die Art erscheint an der ihr zugewiesenen Stelle etwas anomal, sowohl wegen der unter der Mitte verwachsenen Kelchblätter, als wegen der Beschaffenheit des Embryo. Sie schien sich aber doch mit Rücksicht auf die verschleimte Epidermis, die subscutaten, in ihrer Gestalt mancherlei Wechsel zeigenden Aussendrüschen und die Beschaffenheit des Milchsaftes, wovon schon unter *P. bidentata* die Rede war, besser an dieser Stelle als etwa bei den Arten der IV. Section einreihen zu lassen.

Krystalle fehlen in dem Palissadengewebe, finden sich aber als Einzelkrystalle in Begleitung der Nerven. Die Secretzellen sind an der Grenze von Palissaden- und Schwammgewebe gelegen und desshalb nur undeutlich als durchsichtige Punkte hervortretend. Die Gefässbündel sind mit Hartbast versehen und geben da und dort kurze, in das Nachbargewebe eintretende Sklerenchymzellen ab.

Die Pflanze wird, wie schon Triana und Planchon hervorgehoben haben, immerhin leicht wieder zu erkennen sein, namentlich durch die sparrig ausgebreiteten Seitennerven der

Blättchen. Vor einer durch den Namen nahegelegten Verwechselung mit der zu *Paull. capreolata* Radlk. gehörigen *Paull. connarifolia* Rich. braucht wohl nicht besonders gewarnt zu werden.

### 36. Paullinia jamaicensis Macfad.

Pisum cordatum non vesicarium Sloane Catalog. Plant. Jamaic. (1696) p. 111, partim (cf. l. sequ.) et excl. syn. Pis., Marcgr. et Plum. (ad P. pinn. referend.), nec non cit.: „Plukenet tab. 145, f. 1?"! Cf. l. sequ.

— — etc. (ut supra) Sloane Hist. Jamaic. I (1707) p. 239, cap. 15, n. 34, partim, nempe quoad descriptionem foliorum (stirpis in Mus. Brit., Herb. Sloane Vol. IV, Fol. 102 asservatae), excl. vero descript. fructus (ad P. barbad.) et seminis (ad Cardiosp. grandiflor. referend.), nec non syn. omnibus (syn. Raj., ut et obs. de viribus ex Pis. allat., ad P. pinn., syn. Herm. vero et Plukenet. tab. 168 — sphalmate „164" — f. 6 ad Serj. curassav. referend.): Cf. Hist. gen. in Radlk. Serj. p. 16, d etc. (v. indic.) et infra obs. n. 1, nec non obs. n. 6 ad P. pinn.

Planta fruticosa scandens ex cujus caule fiunt scipiones cinerei flexiles striati et tuberculati, nervis et tuberculis spiraliter dispositis, „Supple Jacks" Sloane Catalog. Plant. Jamaic. (1696) p. 214. Cf. infra nom. vulg. et obs. n. 2.

— — etc. (ut supra) Rajus Hist. Plant. III (1704) Lib. 24 (Dendrologia, Lib. 1). p. 133.

— — etc. (ut supra) Sloane Hist. Jamaic. II (1725) p. 185, cap. 8, n. 5, tab. 231, f. 6.

Paullinia foliis pennatis, foliolis saepius quinis incisis, petiolis communibus membranaceis Linn. Hort. Cliffort. (1737) p. 152, n. 3, partim, nempe solummodo quoad syn. Sloan. ex parte huc referend., ut supra, et quoad „Jamaicae" inter locos natales enumerationem, excl. vero reliquis, quae dicuntur, omnibus (ad P. pinnat. et Serj. curassav. referend.). Cf. Hist. gen. in Radlk. Serj. p. 20 et infra obs. n. 1.

Paullinia pinnata Linn. Spec. Pl. Ed. I (1753) p. 366, n. 7, partim, nempe solummodo quoad syn. Sloan. et locum natalem e Sloane allatum, ut in anteced.

— — Linn. oper. var., nec non aut. plur., partim, nempe quoad syn. Sloan. et loc. natal. „Jamaic." modo directo vel indirecto ad P. pinn. perperam allegat., ut in anteced.; cf. P. pinn., et quidem Linn. Spec. Ed. II (1762), Miller (1768), Houttuyn (1775), Aublet (1775), Reichard (1779), Willd. (1799) etc. et praesertim Lunan Hort. Jamaic. II (1814) p. 216, n. 2, qui fere omnino nititur in Sloan. Hist. Jam. l. c.; cf. obs. n. 4.

Paullinia sarmentosa, foliis ternato-ternatis, ad apices crenatis; infimis minoribus, quandoque tantum auritis Browne, Patr., Hist. Jamaic. (1756) p. 212, n. 1, c. nom. vulg. „Souple Jack" et cit. „Sloan. Cat. 214 & Hist. t. 231" (cf. supra), excl. vero syn. Pis. (ad P. pinn.), syn. Plukenet. (ad Serj. curassav. referend.), nec non cit.: „Linn. Hort. Cliff." et „Linn. Sp. Pl." (nimis incompletis et inexactis). Cf. obs. n. 3 et Radlk. Serj. p. 24, 51.

Paullinia mexicana, non Linn. Spec., nec alior., Linné Herb. n. 4, specimen 2. (in plagula 2. ad sinistram affixum), verosimiliter a P. Browne lectum, a Smith nom. Paull. curassav. insignit.; cf. Hist. gen. in Radlk. Serj. p. 21 et 24. Nr. 1b, nec non ibid. p. 246, 247 et infra obs. n. 3.

Paullinia curassavica (aut. excl. v. ad calc.) Swartz Observ. bot. (1791) p. 151. quoad
　　　　　　　syn. Brown., excl. cit.: „Syst. Veg. (Ed. XIV) 380. 8" (ad P.
　　　　　　　Plumierii referend.). Cf. Radlk. Serj. p. 314. Specimen sec.
　　　　　　　Griseb. Fl. Brit. W. Ind. Isl. in Hb. Banks. (an re-vera?) servat.
　　　　　　　non vidi; cf. infra obs. n. 7.
—　　　—　　Schumacher in Skrivt. Nat. Selsk. III, 2 (1794) p. 123, n. 7.
　　　　　　　partim, nempe solummodo quoad obs. (praesertim specimina a
　　　　　　　W. Wright collecta, in Hb. Banks servata spectantem): „Caulis
　　　　　　　sulcatus, angulis villosis ferrugineis, apicem versus sulci ferru-
　　　　　　　gineo-punctati", reliquis excl. (cfr. P. fuscesc. Kunth)! Cf. Radlk.
　　　　　　　Serj. p. 314 et infra obs. n. 5.
—　　　—　　Swartz Flor. Ind. occ. II (1800) p. 697 in obs. ad „Paull. divari-
　　　　　　　cat." quoad indicat. „fructu integro".
—　　　—　　Lunan Hort. Jamaic. II (1814) p. 216 n. 1. partim, nempe quoad
　　　　　　　syn. Brown. et quoad descript. et obs. de usu, sec. Browne et
　　　　　　　Long reddit, excl. vero phrasi diagnost. ex Linn. Mant., resp.
　　　　　　　Jacq. Obs., translata (ad P. Plumierii referend.) et verosimillime
　　　　　　　obs. quoque de viribus medicis atque toxicis (ad P. pinn. referend.?).
　　　　　　　Cf. infra obs. n. 4, nec non obs. n. 6 ad P. pinn. (p. 159).
—　　　—　　Smith in Rees Cyclopaed. XXVI (ca. 1814, cf. lit. gen.) n. 6, excl.
　　　　　　　cit.: „Linn. Sp." (cf. aut. excl. ad calc.) „Willd. n. 5" (cfr.
　　　　　　　„P. fuscesc."), „Jacq. t. 61, f. 8" et „Plum. t. 111, f. 1" (cfr. P.
　　　　　　　Plumierii), nec non patriae indicat. „Curaçao". Vidi specimen
　　　　　　　in Hb. Smith, verosimiliter a P. Browne lectum! Cf. Radlk.
　　　　　　　Serj. p. 42. 314 et infra obs. n. 6.
—　　　—　　De Cand. Prodr. I (1824) p. 605, n. 20. solummodo quoad specimen
　　　　　　　siccum a Dr. Wright (?) lect., ex Hb. Forsyth in Herb. Prodromi
　　　　　　　translat., observatione dubitanter adjecta „v. s.?" indicatum,
　　　　　　　reliquis excl. (ad P. fuscesc., P. Plumierii et Serj. curassav. re-
　　　　　　　ferend.) Cf. Radlk. Serj. p. 314, Paull. fuscesc. et infra obs.
　　　　　　　n. 5, annot.
—　　　—　　(„Jacq., non Griseb. Pl. Carib., nec L. Cliff.") Grisebach Flor. Brit.
　　　　　　　West Ind. Isl. (1859—64) p. 124 n. 10, c. syn. P. jamaic.
　　　　　　　Macf., excl. vero auct. „Jacq." et cit. „Jacq. Obs. t. 61 f. 8"
　　　　　　　(ad P. Plumierii referend.) nec non distributionis indicatione
　　　　　　　„New Granada" (ad P. fuscesc. referend.?). Collect. var.! Cf.
　　　　　　　Radlk. Serj. p. 314 et infra obs. n. 7, et quoad „Pl. Carib."
　　　　　　　P. Plumierii et Serj. polyphyllam Radlk., quoad „L. Cliff." Serj.
　　　　　　　curassavicam Radlk. in Serj. Monogr. p. 311 etc. (v. indic.) et
　　　　　　　P. fuscesc.
—　　　—　　(„Jacq., Sw.") Grisebach Plant. Wright. in Mem. Amer. Acad., N.
　　　　　　　Ser., VIII (Dec. 1860) p. 168; coll. n. 107 bis, 110, 1172!
　　　　　　　Cf. loc. anteced. et obs. n. 7.
—　　　—　　(„Jacq., non L.") Grisebach Cat. Pl. Cubens. (1866) p. 45, n. 8.
　　　　　　　c. syn. P. jamaic. Macf.; coll. Wright n. 107 bis, 110, 1172!
　　　　　　　Cf. loc. anteced. et obs. n. 7.
—　　　—　　(„L.") Sauvalle et Wright Flora Cubana (1873) p. 24, n. 126!
　　　　　　　excl. auct. „L.", i. e. L. Mant., resp. Jacq. Cf. loc. anteced.
　　　　　　　et obs. n. 7.
Paullinia jamaicensis Macfadyen Flor. Jamaic. I (1837) p. 158, n. 1!, c. syn. (ex parte
　　　　　　　tantum huc referendo, cf. supra) P. sarmentosa etc. Browne.
　　　　　　　Cf. obs. n. 8 et quoad exclud. forsan obs. de viribus toxicis
　　　　　　　P. pinn. obs. n. 6 (p. 159).

Paullinia jamaicensis Walpers Repert. I (1842) p. 414, n. 15.
— — Triana & Planch. Prodr. Flor. Novo-Granat., Ann. Scienc. nat., IV. Sér., XVIII (1862) p. 363 in obs. ad n. 17.
— — Radlkofer in Monogr. Serj. (1874—75) p. 68 n. 5 etc. (v. indic.), c. synon.
— — Radlkofer in Serj. Suppl. (1886) p. 157, 161.
— — Radlkofer über fischvergiftende Pflanzen, Sitzungsber. d. k. bayer. Akad., 1886, p. 404.
— — Greshoff de plant. ad pisc. capiend. adhib., Mededeelingen uit s'Lands Plantentuin X (1893) p. 40.

Nomen vulgare: Supple Jack Sloane II. cc. (1696, 1725); cf. obs. n. 2.
— — Souple Jack Browne l. c. (1756); cf. obs. n. 2.
— — Supple Jack Long History of Jamaica III (1774) p. 834, n. 228, c. syn. P. sarmentosa etc. Browne exclud. vero verosimillime obs. de viribus medicis atque toxicis (ad P. pinn. referend.?; cf. ibid. obs. n. 6, p. 159); cfr. Serj. polyphylla R. in Radlk. Serj. p. 185, 198, et infra obs. n. 2, nec non P. Cururu et P. barbadens.
— — " " R. C. Alexander (Prior) in schedis.
— — " " March in scheda.
— — Common Supple Jack t. Greshoff l. c.
— — Matanegro, Eggers in schedis; cf. obs. 2, annot.

Non Paullinia curassavica Linn. Spec. Pl. Ed. I (1753) etc., Crantz, Jacquin, Richard etc.. cf. literaturae initium et finem sub P. fuscesc. K. et P. Plumierii Tr. & Pl., nec non Serj. curass. R. in Serj. Monogr. p. 311.

Perperam citatur: Paullinia sarmentosa etc. Browne ad Cururu scand. enneaphyll. etc. Plum. (i. e. P. Plumierii Tr. & Pl.) in Burman Icon. Plumier. Fasc. V (1757) p. 102; ad P. pinnat. Sandmark (i. e. Weinmann. hirt.) in Linn. Amoen. acad. V (1760) p. 378. n. 1 (cfr. P. pinn., obs. n. 2); ad Paull. curassavic. (non Linn.) Schum. (i. e. P. fuscesc. K.) in Willd. Sp. Pl. II, 1 (1799) p. 461, n. 5; ad Paull. curassavic. (non Linn.) Jacq. (i. e. P. Plumierii) a Poiret in Lam. Encycl. V (1804) p. 96, n. 2. Cf. obs. n. 3.
— — Paullinia curassavica Swartz Obs. bot. (1791) p. 151 ad P. curass. Schum. (i. e. P. fuscesc. K.) in Willd. Sp. Pl. II, 1 (1799) p. 461, n. 5; ad P. curass. Jacq. (i. e. P. Plumierii) a Poiret in Lam. Encycl. V (1804) p. 96, n. 2 et a Jussieu in Ann. Mus. IV (1804), p. 348, n. 11.

Scandens, fruticosa; rami thysigeri teretiusculi, leviter sulcati, e puberulo glabrati, sulcis mox lenticellarum crebrarum seriebus ferrugineo-punctatis; corpus lignosum simplex; folia biternata, rarius depauperata, 5-foliolato-pinnata (foliolis inferioribus tum basi late ovatis plus minus lobatis); foliola superiora elliptico-lanceolata vel terminalia subrhombea, apice acuminato-acuta, basi longius cuneato-attenuata, lateralia inferiora ovalia, obtusa, basi breviter coarctata vel subacuta, omnia sessilia, remote serrato-dentata, dentibus grossiusculis plus minus acutis, membranaceo-chartacea, nervis lateralibus arcuatis oblique patentibus, utrinque nitidula, supra subtusque glabriuscula, glandulis microscopicis curvatis obsita et subtus in axillis nervorum barbata, punctis lineolisque pellucidis sat crebris notata nec non subtus reti utriculorum laticiferorum pellucido instructa, epidermide mucigera; rhachis (petiolus partialis intermedius) marginato-alata; stipulae minimae; thyrsi solitarii vel paniculatim congesti, puberuli; bracteae minimae; flores parvi, sepalis minutim adpresse puberulis, 3. et 5. basi usque ad tertiam inferiorem partem connatis; capsula ellipsoideo-globosa, basi in stipitem contracta, extus pulverulento-puberula, intus tomento brevi vestita; semen arillo usque ad duas tertias obtectum, testa glabra.

Rami thyrsigeri diametro 2—3 mm, cortice plus minus fusco. Folia 10—20 cm longa. 6—14 cm lata; foliola terminalia 4—8 cm longa, lateralia decrescentim minora, sicca subviridia vel fuscescentia, nitida; petiolus communis 2—6 cm longus, supra sulcatus; rhacheos alae utrinque 0,5—1,5 mm latae. Thyrsi 4—8 cm longi, pedunculati vel sessiles, tenuiores, rhachi diametro 1 mm vix superante, densius laxiusve cincinnigeri, cincinnis sessilibus contractis; bracteae subulatae, 1 mm vix aequantes; pedicelli 1—2,5 mm longi, media parte articulati. Sepala duo exteriora vix dimidiam interiorum partem aequantia, interiora circ. 2 mm longa, subpetaloidea. Petala obovata; squamae cristis adjectis duas petalorum tertias aequantes, latae, margine pilosiusculae, superiores crista brevi suborbiculari appendiceque deflexa barbata dimidiam squamae partem aequante instructae. Tori glandulae ovatae, puberulae. Staminum filamenta compressiuscula, glabra; antherae glabrae. Germen ellipsoideum, pube brevissima adpressa indutum. Capsula stipite 2 mm longo adjecto circ. 1 cm longa, sicca rubro-fusca. Seminis testa spadicea.

In Jamaica et in Cuba orientali: In Jamaica: Sloane! (a. 1696; Hb. Sloane in Mus. Brit., Vol. IV Fol. 102 part.; cf. Lit. et locos ibid. citat.); Robinson! (Hb. Banks, sub nom. P. curassavic.; steril.); Shakespeare! (ibid.; steril.); Dr. W. Wright! (ibid., flor. et fruct. junior. in specimin. divers.; ab eodem verosimillime lect. in Hb. Prodr. DC., a Forsyth communic., cf. supra Lit. sub P. curass. et infra obs. n. 5); Patrik Browne(?)! (Hb. Linné sub n. 4 „Paull. mexicana". a Smith nomine „Paull. curassav." insignit., cf. Lit.; flor. et fruct. primord. pubesc.; Hb. Smith sub nom. „P. curassav.", ab eodem lect. ?; alab.); Swartz(?) (Hb. Banks, teste Griseb.; specimen non vidi; cf. obs. n. 7); Tussac! („Jamaïque, 1807"; Hb. Juss. n. 11364, nom. „Paullinia" tantum insignit.); Murray n. 618! 619! (a. 1827; Hb. DC.); Macfadyen! (flor. et fruct.; Hb. Hook., Hb. Paris., ex Hb. Hook. comm.); Purdie! (Port Royal, m. Oct. 1843, flor.; Hb. Hook., Benth.; ab eodem? lect. a. 1845 a W. Hook. commun. c. Hb. Paris.); Wullschlaegel n. 784! (Fairfield, a. 1849; Hb. Monac., Mart.; „P. curassav. Jacq." Hb. Griseb.); R. C. Alexander (Prior)! (Moneague, m. Dec. 1849, Hb. Kew.; ibid. Jan. 1850, fruct., c. nom. vulg. „Supple Jack", Hb. Griseb. sub nom. „P. curassav. Sw." adjecto syn. „P. jamaic. Macf."); March n. 649! (a. 1857; Hb. Kew., Griseb.), n. 1786! (sine flor. et fruct., c. nom. vulg. „Supple Jack", a Griseb. perperam inscript.: „Paull. curassavica Jacq., non Linn.", sed recte „P. jamaicensis Macf."; Hb. Petrop., nec Hb. Hook., ubi errore scheda analoga adjecta est specimini fructigero Paulliniae barbadensis Jacq., una cum altero „March 660" inscripto eidem plagulae affixa, cfr. P. barbadens.; — in Cuba: Wright n. 107! (Cuba orientalis. a. 1856—7, fruct. semimat.; Hb. plur.), n. 107, a! (ibid., fruct. submat.; Hb. Boiss.); n. 110! 1172! (Cuba orientalis prope villam Monte Verde dictam, m. Jan.—Jul. 1859, flor. et fruct.; Herb. plur.; „P. curassav. Jacq." Herb. Griseb., cf. supra Lit. sub Griseb. Plant. Wright. et Cat. Pl. Cub. et infra obs. n. 7); Eggers n. 4699! (Baganusa [?], alt. 5 m, m. Febr. 1887, fruct.), n. 5154! (Loma del Jaquey [?], alt. 700 m, m. Apr. 1889, steril.; vulgo „Matanegro").

Zusatz 1. Sloane hat unter „*Pisum cordatum non vesicarium*", wie ich schon in der Gattungsgeschichte, Monographie von *Serjania* p. 16, d, angeführt habe, zwei *Paullinia*-Arten — *P. jamaicensis* Macf. und *P. barbadensis* Jacq. —, ja streng genommen sogar dreierlei Pflanzen, nämlich auch eine Art von *Cardiospermum*, vermengt, abgesehen von allen jenen Pflanzen, auf welche sich die sämmtlich mit Unrecht von ihm beigebrachten Stellen aus anderen Autoren beziehen.

Es ergibt sich das mit voller Sicherheit aus der Vergleichung seiner Beschreibung (in Hist. I) mit dem Inhalte seines Herbares, das glücklicher Weise auf's beste erhalten im Britischen Museum noch vorhanden ist.

In diesem finden sich auf Folium 102, 103 und 104 des IV. Baodes Pflanzen, welche hier zu berücksichtigen sind. Das Folium 102 trägt a) eine Pflanze mit gegenständigen Blättern, b) ein Exemplar von *Cardiospermum Halicacabum* (vielleicht var. *microcarpum*), c) ein Exemplar von *Cardiospermum grandiflorum* Sw., d) einen Samen von *Cardiospermum grandiflorum*, e) ein Exemplar von *Paull. jamaicensis* Macf.; dazu zwei Etiquetten, welche auf *Pisum decimum sive vesicarium* (Hist. Jamaic. p. 238. n. 33) und *Pisum cordatum non vesicarium* (Hist. Jamaic. p. 239. n. 34) hinweisen. Vergleicht man die unter diesen zwei Bezeichnungen in Sloane's Natural History of Jamaica sich findenden Beschreibungen mit den eben erwähnten Herbarmaterialien, so ergibt sich, dass die erstere Beschreibung auf b sich bezieht, die letztere, was die Angaben über die Blätter betrifft, ganz unverkennbar auf d. Wie weit a und e in diesen Beschreibungen rücksichtlich einzelner, und vielleicht gerade rücksichtlich der irrig aufgefassten Charaktere mit hereinspielen, kann hier als gänzlich gleichgiltig erscheinen, und mögen dieselben desshalb im Folgenden ausser Betracht bleiben, gleichwie des Weiteren auch die zu *Cardiospermum Halicacabum* gehörige Pflanze unter b und die darauf bezügliche Beschreibung (n. 33) bei Sloane, welche Dinge alle hier nur der vollständigen Uebersicht halber zu erwähnen waren. Gegenwärtig handelt es sich ja nur um den Inhalt der Beschreibung von *Pisum cordatum non vesicarium* (n. 34), welcher mit den auf *Paull. jamaicensis* und *Cardiosp. grandiflorum* sich beziehenden Abschnitten noch nicht erschöpft ist. Die Beschreibung der Frucht passt nämlich weder auf die eine, noch auf die andere dieser beiden Pflanzen, wohl aber lässt sich darin unschwer die Frucht der *Paull. barbadensis* Jacq. erkennen, der einzigen unter den flügelfrüchtigen *Paullinia*-Arten, welche überhaupt (nach bisherigem Wissen) auf Jamaica vorkommt (und zwar allem Anscheine nach, da die im Namen ausgedrückte Annahme Jacquin's wohl sicher irrig ist — s. d. Monogr. v. Serj. p. 29, Abs. 4 u. p. 30 — nur auf Jamaica). Dass diese Art Sloane nicht unbekannt war, dafür liefert Folium 103 den Beweis, welches ein Exemplar der *Paullinia barbadensis* trägt, zwar ohne Etiquette, aber zweifellos von Sloane auf Jamaica gesammelt. Es ist wohl nicht ohne Bedeutung, dass dieselbe an nächster Stelle hinter *Paull. jamaicensis* dem Herbar eingefügt ist.

Damit dürfte die obige Behauptung von der dreifachen Bedeutung des Sloane'schen Synonymes hinlänglich begründet sein.

Ob die auf Folium 104 befindliche Pflanze, welcher die Bemerkung beigefügt ist: „idem cum priori", wirklich auch zu *Paull. barbadensis* gehöre, wie Folium 103, erscheint als nebensächliche Frage, für deren Beantwortung ich in London keine Zeit übrig hatte.

Noch mag bemerkt sein, dass Sloane's *Pisum cordatum non vesicarium* in einer Randbemerkung (zu Fol. 102) von Solander auf *Paull. pinnata* bezogen wurde, wohl auf die Autorität Linné's hin, welcher seinerseits wieder in der Zusammenstellung dieses Synonymes mit dem wirklich zu *Paull. pinnata* gehörigen Synonymen von Piso (1648, 1658), Maregrav (1648), Rajus (1688) und Plumier (1693) lediglich Sloane gefolgt zu sein scheint. Dass Linné diesen Missgriff Sloane's nicht bemerkte, erscheint jedenfalls verzeihlicher, als dass Sloane ihn beging. Linné hatte nicht, wie Sloane, Gelegenheit, die von diesem gesammelten Pflanzen mit den für ihre Zeit guten Abbildungen von Piso (1648, 1658) und Plumier (1693) zu vergleichen. Dennoch hätte er auf Sloane's Irrthum aufmerksam werden können durch eine sorgfältige Berücksichtigung von Sloane's Beschreibung der Pflanze in dessen History of Jamaica, welches Werk Linné auffallender Weise neben Sloane's Catalogus nicht citirt, obwohl er selbst erzählt (s. die Mittheilung von Giseke nach der eigenen Erzählung Linné's in Stöver, Leben Linné's, II, 1792, p. 294), dass es in Cliffort's Besitz gewesen sei, gleichwie es auch in der Bibl. Cliff. Class. IV n. 40 aufgeführt hat.

Die an gleicher Stelle von Sloane gemachte Verwechselung seiner Pflanze mit *Serjania curassavica* nach der Abbildung von Plukenet, tab. 168 fig. 6, erscheint schon viel verzeihlicher, da letztere Pflanze wenigstens auch doppelt gedreite Blätter hat. Es ist ein eigenthümlicher Zufall, dass Linné an derselben Stelle, an welcher er den ersteren Fehler von Sloane reproducirte (im Hort. Cliff. p. 152 n. 3), ebenfalls die *Serj. curassavica* mit *Paull. pinnata* vermengte. Er wurde dazu aber wohl nicht durch das Citat bei Sloane verleitet, da er Plukenet t. 168 f. 6 vielmehr zu einer anderen Art (n. 5 des Hort. Cliff.) bringt. Er scheint dazu vielmehr durch den mangelhaften Zustand der im Garten von Clifford cultivirten *Serj. curassavica*, welche dort nur gedreite und 5-zählig gefiederte Blätter hervorbrachte, veranlasst worden zu sein.

Zusatz 2. Ob das zweite Synonym von Sloane, „*Planta fruticosa*" etc. mit dem Vulgärnamen „Supple Jacks", zu *P. jamaicensis* gehöre, oder zu dem gleichfalls von Sloane, wie in Zusatz 1 eben erörtert, gekannten *P. barbadensis*, oder zu beiden, lässt sich nach den vorliegenden Anhaltspunkten kaum mit voller Sicherheit bestimmen. Doch erscheint das erste als das wahrscheinlichste mit Rücksicht darauf, dass auch von neueren Sammlern, von R. C. Alexander und March, auf den Etiquetten der von ihnen herrührenden Exemplare der *P. jamaicensis* der Name „Supple Jack" erwähnt wird (von Wilson übrigens allerdings auch bei einem Exemplare von *P. barbadensis*, wenn hier nicht eine Etiquettenverwechselung vorliegt). Sicher ist weiter, dass nicht eine andere jener Arten von *Paullinia* oder *Serjania* in Betracht kommen kann, auf welche von verschiedenen Autoren der Vulgärname „Supple Jack" bezogen worden ist, und über welche Arten ich schon bei *Serjania polyphylla* (Monographie von *Serjania* p. 198, Zusatz 8), gleichwie bezüglich des analogen Namens „Cudjoes", in nähere Erörterung getreten bin, ohne aber damals die hier in Rede stehende älteste Stelle von Sloane und die ihr zunächst stehende von P. Browne (1756, s. das Literaturverzeichniss und den hier folgenden Zusatz 3) neben den Stellen von Long (1774), Aiton (1789), Lunan (1814), Maycock (1830) und Macfadyen (1837) mit in Betracht gezogen zu haben. Dass weder die dort behandelte *Serjania polyphylla*, welcher der Name „Supple Jack" nach Aiton und nach Maycock — nach diesem eigentlich nur ihr (s. die betreffende Literaturstelle unter *P. barbadensis*) — zukommen soll, noch die bei Maycock ebenso genannte *Paull. Cururu*, noch die *Serjania equestris*, welche Macfadyen, unter Generalisirung dieses Namens für die Gattung *Serjania*, „Mountain Supple-Jack", wie die *Serjania divaricata* Schum., resp. *Serj. mexicana* W., „Spreading Supple-Jack" nennt, an jener ältesten auf den Namen „Supple Jack" bezüglichen Stelle von Sloane gemeint sein kann, erhellt aus der Abbildung der so bezeichneten Stücke bei Sloane, in welcher keine Andeutung eines zusammengesetzten Holzkörpers, wie er den in Rede stehenden drei Pflanzen (*Serj. polyphylla*, *Paull. Cururu*, *Serj. equestris*) zukommt, gegeben ist. Dieser Abbildung ganz entsprechende Stücke mit einfachem Holzkörper finden sich im Museum zu Kew — unter welcher Bezeichnung, ist mir nicht mehr erinnerlich und ist auch sicherlich ohne Belang. Es bleibt von den bei jenen Autoren genannten Arten, welche auf Jamaica verbreitet und mit einfachem Holzkörper versehen sind, nur noch die von Macfadyen als „Spreading Supple-Jack" bezeichnete *Serj. divaricata* Schum., d. i. *Serj. mexicana* W. über. Aber bei *Serj. mexicana* erscheint der Holzkörper auch an ebenso dicken Zweigen, wie die bei Sloane abgebildeten, stark gefurcht. Noch andere Arten von *Serjania* oder *Paullinia* mit einfachem Holzkörper sind meines Wissens aus Jamaica überhaupt nicht bekannt (*Serj. diversifolia* R. ist im Supplement von *Serjania*, p. 93 für Jamaica gestrichen).

Es ist somit jedenfalls nur zwischen *P. jamaicensis* und *P. barbadensis* zu entscheiden, wenn man den Namen „Supple Jack" überhaupt nur auf eine Art ursprünglich bezogen wissen will.

Für diese Entscheidung sind die Angaben der älteren Autoren, welche auf Sloane und Browne folgen, der schon genannten Long, Aiton, Lunan und Maycock ohne Werth. Auch Macfadyen lässt zu wünschen übrig. Erst durch die gleichfalls schon erwähnten neueren Sammler wird ein Ausschlag für *P. jamaicensis* gegeben.

Um die Angaben jener Autoren hier etwas näher, als das schon in der Monogr. von *Serjania*, 1875, unter *Serj. polyphylla*, p. 198, geschehen ist, darzulegen, so fasst Long (1774), welcher auf Browne und damit wieder auf Sloane fusst, unter dem Namen Supple Jack (mit beigefügtem Synonyme von Browne) die Angaben beider über die mit dem Vulgärnamen in Beziehung stehende Verwendung der Pflanze zusammen und erweitert sie; Sloane spricht nur von ihrer Verwendung zu Spazierstöcken; Browne ausserdem von ihrem Gebrauche als Reitgerten; Long hebt nach Angabe dieser doppelten Benützung hervor, dass viele nach England ausgeführt werden, und dass sie, um ihr Brüchigwerden zu verhindern, hie und da mit Oel eingerieben werden müssen.\*) Diese Angaben werden von Lunan (1814), der den Namen „Supple Jack" auf die ganze Gattung *Paullinia* im Sinne von Linné, also mit Einbeziehung von *Serjania*, ausdehnt, unter „P. curassavica" mit dem Synonyme von Browne wiederholt. Maycock generalisirt in seiner Flora barbadensis (1830) den Namen „Supple Jack" ebenfalls, indem er ihn den beiden von ihm aufgeführten Arten von Paullinia, der *P. Cururu* und der natürlich nur auf die Autorität Jacquin's hin (s. die vorstehende Anmerkung) für Barbados namhaft gemachten *P. barbadensis* beifügt. Dazu bemerkt er dann in widerspruchsvoller Weise, dass weder die eine, noch die andere dieser Arten der wahre „Supple Jack" sei, sondern *P. polyphylla* W. s. *Serjania triternata* DC., d. i. *Serjania polyphylla* Radlk. Auf die letztgenannte Pflanze bezog (unter der Bezeichnung *Paullinia polyphylla*) auch Aiton im Hortus Kewensis, Ed. I, Vol. II, 1789, p. 35 diesen Vulgärnamen („Parsleyleav'd Paullinia or Supple Jack"). In anderer Weise wieder generalisirt ihn Macfadyen (1837), indem er denselben unter betreffenden Beisätzen auf die beiden von ihm aufgeführten *Serjania*-Arten anwendet, deren eine, *S. equestris* Macf., er „Mountain Supple Jack", deren andere, *S. divaricata* Schum. = *S. mexicana* W., er „Spreading Supple Jack" nennt. Der von ihm aufgestellten und allein aus der Gattung *Paullinia* aufgeführten *P. jamaicensis* aber, welche wohl den nächsten Anspruch darauf hat, fügt er diesen Namen nicht bei. Wohl aber gibt er auf andere Weise Zeugniss dafür, dass sie die von Sloane und Browne so genannte Pflanze sei, indem er hervorhebt, dass ihre Zweige wegen ihrer Zähigkeit und Biegsamkeit als Reitgerten gebraucht, in grosser Menge nach Europa gesendet und zur Hintanhaltung des Sprödwerdens mit Oel eingerieben werden (s. dessen Worte in Zus. 8). Zugleich bezieht er das Synonym von Browne auf seine Pflanze, die er als „gewöhnlich mit *Paullinia curassavica* vermengt" bezeichnet. Man darf wohl annehmen, dass Macfadyen, der auf Jamaica lebte, die mit den Angaben von Sloane und Browne in Einklang stehende Verwendung seiner Pflanze, die mir in Originalexemplaren aus seiner Hand im Hb. Hooker vorgelegen hat, aus unmittelbarer Wahrnehmung kannte und darüber nicht bloss aus Büchern schöpfte. So können auf seine Autorität hin die Stellen von Sloane und Browne sammt dem darin enthaltenen, von ihm übergangenen Namen „Supple Jack" füglich auf seine Pflanze, auf die von ihm zuerst deutlich von anderen Arten unterschiedene *Paullinia jamaicensis* bezogen werden.

Dass das mit Recht geschehe, dafür zeugen endlich die zweifellos zu *P. jamaicensis* gehörigen Exemplare späterer Sammler (s. ob.), bei welchen der Name „Supple Jack" wieder auftaucht.

Nicht verschweigen will ich übrigens, dass sich von Macfadyen auch ein Exemplar der *P. barbadensis* (ohne Benennung von seiner Seite) im Hb. Hooker vorfindet, ein ähnlicher Herbarbefund, wie er in Zusatz 1 auch für Sloane hervorzuheben war, und wie er in dem folgenden Zusatze auch für Browne zu erwähnen ist (s. darüber auch Zus. n. 8).

Zusatz 3. Was das Synonym von P. Browne betrifft, so erscheint es, wie im vorausgehenden Zusatze dargethan wurde, gerechtfertigt, dasselbe nach dem Vorgange von Macfadyen (s. Zusatz n. 8) auf *P. jamaicensis* zu beziehen, und der Befund der Sammlung von Browne im Hb. Linné widerspricht dem nicht, wenn er auch eine andere Deutung nicht aus-

---

\*) Long fügt noch die Bemerkung bei, dass in dem westlichen Theile von Jamaica eine andere Art vorkomme, deren Triebe, unter dem Namen „Cudjoes" bekannt, vollkommen gerade, glatt und knotenlos seien und sich desshalb besser zur Versendung eignen möchten.

Es ist nicht unwahrscheinlich, dass hierunter die andere der hier in Frage stehenden Arten, die bisher nur aus Jamaica bekannt geworden (aus Irrthum aber von ihrem Autor, Jacquin, nach Barbados versetzte) *P. barbadensis* zu verstehen sei, wie ich schon in der Monographie von *Serjania*, p. 198, gelegentlich der Betrachtung des mit „Supple Jack" (geschmeidiger Jack!) wohl sinnverwandten Namens „Cudjoes" (Prügel-Joseph) ausgesprochen habe. Ebenfalls sinnverwandt scheint damit der oben nach Eggers mitgetheilte Name „Matanegro" (d. h. wohl Negertod) zu sein und vielleicht auch der unter *Paull. fuscese.*, der mit *P. barbadens.* nächst verwandten Art, nach Karsten mitgetheilte Name „Bejuco de mulato" (s. *P. fuscesc.* Zusatz n. 6).

schliesst. Es finden sich hier nämlich auf demselben Blatte vereinigt (links) ein Blüthenexemplar der *P. jamaicensis* und (rechts) ein Fruchtexemplar der *P. barbadensis*, das letztere ausdrücklich von Linné selbst als von P. Browne herrührend bezeichnet (übrigens — sammt dem anderen — an unrichtiger Stelle, bei „*Paullinia mexicana*" = *Serjania mexicana* W. untergebracht und erst von Smith fragweise, aber richtig als *P. barbadensis* bezeichnet, wie ich schon in der Gattungsgeschichte bei Betrachtung des Linné'schen Herbares in der Monographie von *Serjania* p. 24 unter 4, c hervorgehoben habe). Diese Quellenbezeichnung („P. Browne") ist wohl auch auf das erstere Exemplar zu beziehen, und es zeigt sich somit, dass Browne, so gut wie Sloane (und wie Macfadyen nach der Schlussbemerkung des vorigen Zusatzes) beide Arten gekannt hat, zweifelhaft aber bleibt es, ob er sie als verschieden von einander erkannt habe und welche er in diesem Falle an der betreffenden Stelle gemeint habe. Betrachtet man diese Stelle für sich, so möchte man aus den Worten „foliis . . . ad apices crenatis" eher die *P. barbadensis* herauslesen; betrachtet man aber dann die von Browne dazu citirte (übrigens zu *Serjania curassavica* Radlk. gehörige) Figur von Plukenet (tab. 168, fig. 6), so muss man sich gestehen, dass die hier gegebene Blattgestalt mit deutlicher Zahnung der Blättchen von der Mitte ab doch wieder viel eher mit der von *P. jamaicensis* sich vergleichen lässt.

Nur nebenbei mag weiter noch erwähnt sein, dass sich aus der Sammlung von Browne im Hb. Linné auch noch ein Blatt von *Serjania mexicana* findet, von Linné bei „*Paullinia curassavica*" untergebracht (s. die Gattungsgeschichte in der Monogr. v. *Serjania* p. 24, unter 5, a u. *Serj. mexic.* ebenda p. 247 u. Suppl. v. *Serjania* p. 124, p. 125 Zus. A, sowie ob. Zus. 2 zu *Paull. pinn.*), auf welche Pflanze sich die Phrase von Browne auch beziehen liesse, nicht aber die von ihm citirte Abbildung der „Supple Jacks" von Sloane, wie schon im vorigen Zusatze erwähnt wurde, und ebensowenig die vorhin erwähnte Figur von Plukenet.

Sieht man sich nach dem Gebrauche um, der von dem hier erörterten Synonyme, der *Paullinia sarmentosa* etc. P. Browne (1756) im Laufe der Zeit überhaupt gemacht worden ist, so findet man dasselbe schon im nächsten Jahre (1757) bei Burman an unrichtiger Stelle unter *Cururu scandens enneaphylla* Plum., d. i. *Paull. Plumierii* Tr. & Pl., auf welche derselbe auch die allerdings sie mithaltende *P. curassavica* L. von 1753 bezog. Von Sandmark, resp. Linné, wird dasselbe (1760) zu *Paull. pinnata* citirt, unter welchem Namen aber an der betreffenden Stelle ein von Browne herrührendes Exemplar der *Weinmannia hirta* Sw. (*W. pinnata* L. var. *hirta* m., s. ob. p. 148—50) verstanden ist. Swartz bringt das in Rede stehende Synonym (1791) zu *P. curassavica* Linn. Mant., resp. Jacq. (das wäre *P. Plumierii* Tr. & Pl.), worunter aber bei ihm eine Pflanze aus Jamaica „fructu integro" (Fl. Ind. occ. II p. 697), d. i. *P. jamaicensis* Macf. zu verstehen ist, wie bei Browne selbst. Bei Willdenow wird dann (1799) die Pflanze von Swartz und Browne, sammt der von Jacquin und Plumier, mit der vereinigt, was Schumacher als *P. curassavica* vorzugsweise betrachtet hat, nämlich mit *P. fuscescens* Kunth (unter Einbeziehung zugleich der Pflanze von Plukenet, der *Serj. curassavica* Radlk.); ebenso bei Poiret, der alle möglichen Synonyme unter *P. curassavica* zusammenhäuft und daneben sogar „etwas dornige Hauptstämme" zuschreibt. Die frühere Verquickung mit der Pflanze von Plumier, resp. Jacquin (und Linn. Mant., woraus die Diagnose entnommen) findet sich wieder bei Lunan (1814). Erst bei Macfadyen endlich wird die Browne'sche Phrase auf eine selbständige, von *P. curassavica* der Autoren ausdrücklich unterschiedene Art bezogen, welcher der Name *P. jamaicensis* ertheilt wird. Das hinderte jedoch nicht die abermalige Vermengung dieser Pflanze (*P. jamaicensis*) mit der von Jacquin (*P. Plumierii*) bei Grisebach (1859—64 etc.) und den auf ihn sich stützenden Sauvalle und Wright (1873), worauf ich in Zusatz 7 zurückkommen werde.

Zusatz 4. Noch ärger als bei Linné und den in der Cumulirung unrichtiger Citate ihm folgenden Autoren nimmt sich bei Lunan, was zunächst die unter „*P. pinnata*" im Literaturverzeichnisse aufgeführte Stelle betrifft, die Confundirung von *P. pinnata*, *P. jamaicensis*, *P. barbadensis* und *Cardiospermum grandiflorum* aus, da derselbe nicht so fast Citate als den entsprechenden Text selbst unter einander mengt. So wird unter der Ueberschrift „*P. pinnata*" (mit dem Synonyme *Pisum cordatum* etc. Sloane) zunächst die diagnostische Phrase von *P. pinnata* aus Linn. Mant., resp. Jacq. Obs., in englischer Uebersetzung angeführt und in unmittelbarem Zusammenhange sodann (bloss durch einen Strichpunkt getrennt) die auf *P. jamaicensis*, *P. barbadensis* und *Cardiospermum grandiflorum* gehende Beschreibung aus Sloane Hist. I, nebst der von Sloane aus Piso entlehnten Bemerkung über die inneren Kräfte der *P. pinnata* angefügt, unter alleiniger Hinweisung auf Sloane am Schlusse des Ganzen.

Dazu kommt, wenn wir auch die unter „*P. curassavica*" im Literaturverzeichnisse angeführte Stelle in Betracht ziehen, dass hier bei Lunan die schon im Obigen enthaltene *P. jamaicensis* nochmal unter der Ueberschrift „*P. curassavica*" (mit dem Synonyme *P. sarmentosa* etc. Browne) auftritt, unter Verquickung der zu *P. Plumierii* Tr. & Pl. gehörigen diagnostischen Phrase von Linn. Mant., resp. Jacq. Obs., und der in der That auf *P. jamaicensis* zu beziehenden Gebrauchsangaben von Sloane, Browne und Long mit einer Schlussbemerkung über innere Kräfte, welche wohl wie im Obigen auch nur auf dem von Sloane und Browne mit Unrecht beigebrachten, zu *P. pinnata* gehörigen Synonyme von Piso beruht, so dass hier abermals *P. pinnata* und *P. jamaicensis* confundirt erscheinen.

Zusatz 5. Die oben in der Literatur angeführte Bemerkung von Schumacher („caulis sulcatus" etc.) passt noch besser als auf die im übrigen von ihm unter *P. curassavica* (nach einem Fruchtexemplare von Houston (?) aus Carthagena im Hb. Miller, resp. Banks, und einem wohl aus derselben Quelle stammenden Blüthenexemplare des Hb. Linné) verstandene *P. fuscescens* Kunth (sieh diese), auf Exemplare von *P. jamaicensis*, welche derselbe im Hb. Banks (wie die *P. fuscescens*) unter dem Namen *P. curassavica* vorgefunden und unter *P. curassavica* (seiner Auffassung) mitverstanden zu haben scheint. Es sind das die im Materialienverzeichnisse schon aufgezählten Exemplare von Dr. W. Wright*) aus Jamaica, theils mit Blüthen, theils mit Früchten (welch letztere Exemplare irgend Jemand vergeblich durch einen Bleistiftstrich auf dem sie alle tragenden Herbarbogen gesondert hat). Auch das schon in Zusatz 3 erwähnte, höchst wahrscheinlich von P. Browne auf Jamaica gesammelte Exemplar des Hb. Linné, welches Smith als *P. curassavica* bestimmt und welches Schumacher ohne Zweifel gesehen hat, mag hier anzureihen sein. Bei *P. jamaicensis* treten die Reihen von „Punkten", resp. Lenticellen, durch ihre rostbraune Farbe besonders deutlich hervor. Auch das, was Smith darüber beibringt (s. Zus. 6), spricht für die hier geäusserte Ansicht.

Zusatz 6. Smith hebt in der Beschreibung von *P. curassavica* (a. a. O.) die im vorigen Zusatze besprochene Bemerkung von Schumacher über die Lenticellenreihen besonders hervor und hat dabei, wie auch in anderen Stücken („leaves ... less coriaceous than usual" etc.) unverkennbar ein in seinem eigenen Herbare unter dem Namen *P. curassavica* befindliches, wahrscheinlich von P. Browne herrührendes Exemplar der *P. jamaicensis* im Auge gehabt, sowie wohl auch das von ihm eigenhändig als *P. curassavica* bezeichnete, ziemlich zweifellos von P. Browne herrührende Exemplar derselben Art (*P. jamaic.*), welches Linné in seinem Herbare unter „*Paull. mexicana*" gebracht hatte, und von welchem schon in Zusatz 3 die Rede war. Darnach ist „*Paull. curassavica*" der in Rede stehenden Stelle von Smith auf die gegenwärtig in Betracht stehende Art (*P. jamaic.*) zu beziehen, wozu auch noch zu bemerken ist,

---

*) Gelegentlich der Erwähnung der Exemplare von Dr. W. Wright aus Jamaica im Vorausgehenden mag hier noch die Bemerkung angefügt sein, dass es ein Blüthenexemplar eben dieses Sammlers und somit ebenfalls aus Jamaica zu sein scheint, welches, zu De Candolle gelangt, von diesem bei *P. curassavica* fragweise (durch den Beisatz „v. s.?") als Belegstück citirt wird. Bei dem betreffenden Exemplare des Herb. Prodromi ist nämlich „Forsyth" als Quelle desselben angegeben, und darnach ist wohl auch auf diese Pflanze die Annahme auszudehnen, welche sich — wie bei *Paull. barbadensis* in der Anmerkung zu Zusatz 1 dargelegt ist — für die *P. barbadensis* des Herb. Prodromi mit dem gleichen Beisatze „Forsyth" aus der Vergleichung der Angaben im Herb. Bentham unter *P. barbadensis* (nämlich: „Jamaica, Dr. Wright; Hb. Forsyth; purchased 1835") rücksichtlich ihrer Herkunft ergibt.

dass die von Schumacher im übrigen unter *P. curassavica* verstandene und abgebildete *Paull. fuscescens* Kunth im Herb. Smith nicht vertreten ist.

Smith hat offenbar wenig Vertrauen gehabt auf das, was Linné in seinem Herbare als *P. curassavica*, wie gleich auzuführen, bezeichnet hat. Bei dem in der Gattungsgeschichte (s. Radlk. Serj. p. 24, No. 5, a) bereits erwähnten Mixtum compositum von *Serj. mexicana* und einer *Cissus*-Art (s. Serj. Suppl. p. 125. Zusatz A zu *Serj. mexic.* und oben Zus. 2 zu *Paull. pinnata*, p. 151) hat Smith mit Recht die Bestimmung Linné's als *P. curassavica* durch Beisetzung eines Fragezeichens angezweifelt und über das damit durch eine Stecknadel in Verbindung gebrachte Exemplar der *P. fuscescens* K. hat Smith eine Meinung überhaupt nicht kund gegeben. Ob es von ihm mit den vorhin erwähnten, unter *P. curassavica* seines Sinnes zu verstehenden Exemplaren von *P. jamaicensis* als identisch angesehen, aber mit Rücksicht auf das, was Linné über die Anordnung seines Herbares niedergeschrieben hat, und was Smith wohl bekannt war — „da wo mehrere Exemplare erfordert wurden in Ansehung von Varietäten oder einiger Veränderungen in der Species, habe ich verschiedene Quartblätter zusammengelegt und alle die Quartblätter, welche zu derselben Species gehören, habe ich mit einer Stecknadel an dem Seitenrande zusammen befestiget" (s. Afzelius, Linné's eigenhändige Aufzeichnungen etc., 1823, übersetzt 1826, p. 231) — als ein abweichendes Exemplar ausser Betracht gelassen wurde, oder ob es durch die beigefügte Etiquette von Ph. Miller's Hand „Cararu scandens enneaphylla" (scil. Plum., d. i. *P. Plumierii*) die fehlerhafte Hinweisung auf Plum. Jc. t. 111, f. 1 bei Smith (der z. B. das Plukenet'sche, zu *Serj. curassavica* Radlk. gehörige Synonym „Cordis indi folio .... curassavica" mit Recht hier weggelassen hat trotz der daraus entnommenen Vaterlandsangabe „Curaçao") mit veranlasst hat, mag dahingestellt bleiben. Es nöthigt nichts, das Letztere anzunehmen. Das, was Smith nach seinem (wie er ausdrücklich angibt „nicht fructificirten") Materiale hervorhebt, ist jedenfalls auf *P. jamaicensis* zu beziehen.

Zusatz 7. Grisebach gibt in der Flora of Brit. West Ind. Isl. statt der einzelnen Sammler für Jamaica nur im allgemeinen an „All collections", und in der That findet sich die Pflanze wenigstens in den meisten Sammlungen aus Jamaica. Doch sind die im Hb. Hooker niedergelegten eigenhändigen Bestimmungen Grisebach's mit Vorsicht aufzunehmen, da gelegentlich eine Confundirung der Etiquetten stattgefunden zu haben scheint, wie ich im Materialienverzeichnisse unter March schon angeführt habe.

Dass an der betreffenden Literaturstelle, Fl. Brit. W. Ind. Isl., wie in Plant. Wright. und Cat. Pl. Cub. (und ebenso bei Sauvalle und Wright, bei denen die Ersetzung der Autorität „Jacq." durch „L.", worunter hier L. Maut. zu verstehen, im Wesentlichen nichts ändert), alles auf Jacquin und dessen *Paull. curassavica* (d. i. *Paull. Plumierii* Tr. & Pl.) Bezügliche zu streichen ist, wurde schon im Literaturverzeichnisse hervorgehoben. Doch erscheint es nicht überflüssig, eine ausdrückliche Bemerkung Grisebach's über seine Bezugnahme auf Jacquin mit Rücksicht zugleich auf das weiter darin Gesagte noch besonderer Betrachtung zu unterwerfen.

Diese Bemerkung Grisebach's (in Fl. Brit. West Ind. Isl.) lautet: „*P. curassavica*, Gr. (Pl. Carib., and probably *L. Cliff.* „ob fructum triquetrum"), of Guadeloupe (and Brazil!), is another species. with a winged capsule and opaque leaves; but I have reformed the names from the original specimens of *P. curassavica*, Jacq.! and Sw.!, in the Banksian collection."

Das ist nun, was zunächst die Pflanze von Jacquin, resp. das davon im IIb. Banks niedergelegte Blatt betrifft, ein Fehlgriff. Dieses Blatt gehört nicht zu *Paull. jamaicensis* Macf., sondern zu *Paull. Plumierii* Tr. & Pl. (s. diese) — und zu eben dieser Art gehört auch (s. eben dort) die von Grisebach in vollständiger Umkehrung der Verhältnisse als verschieden von der Jacquin'schen Pflanze erklärte Pflanze aus Guadeloupe (von Duchassaing), welche einen Theil der *P. curassavica* seiner Pl. Carib. (1857) bildet, während der andere Theil derselben, die „*P. curassavica*" von West aus St. Croix, zu *Serj. polyphylla* Radlk. gehört, wie mir die Autopsie dieser von Grisebach nicht gesehenen Pflanze gezeigt hat (s. *Serj. pol.* in Radlk. Serj. p. 182 und den dort angeführten Zus. 4).

Was weiter das von Grisebach mit dem Zeichen der Autopsie angeführte Original von Swartz (resp. *P. curassavica* Sw.) anlangt, so weisen meine Notizen über das Hb. Banks ein solches nicht auf, und scheint auch, da Swartz in seiner Fl. Ind. occ. die *P. curassavica* nur nebenbei erwähnt, ein solches nicht darin erwartet werden zu dürfen. Vielleicht aber ist es mir entgangen, oder ist darunter, da Swartz bekanntlich die Pflanzen des Hb. Banks zur Vervollständigung seiner Mittheilungen über die westindische Flora benützt hat, ein derartiges (nicht von Swartz selbst also herrührendes) Exemplar der *P. jamaicensis* gemeint, eines der Exemplare von W. Wright etwa mit jungen Früchten, das der schon im Literaturverzeichnisse angeführten Bemerkung „fructu integro" in Swartz Flor. Ind. occ. zu Grunde liegen mag und mit dem Synonyme von P. Browne in Swartz Observ. in Einklang steht.

Zu keiner der bisher erwähnten Pflanzen gehört nun ferner die unter „L. Cliff." hier zu verstehende von Linné im Hort. Cliff. eigentlich beschriebene und im Herb. Cliffort enthaltene Pflanze, nämlich die, wie angegeben, mit einer dreiflügeligen Frucht (wie *Paull. Plumierii*) versehene *Paull. fuscescens* Kunth (s. diese). Die beiden anderen, unter den von Linné trüger Weise seiner Beschreibung im Hort. Cliff. beigefügten Synonymen zu verstehenden, von Grisebach aber hier nicht gemeinten Pflanzen (*Paull. Plumierii* und *Serj. curassavica* — s. Radlk. Serj. p. 20 etc.) bleiben hier ausser Frage.

Und wieder zu keiner von all den schon in Betracht gezogenen gehört ohne Zweifel die Pflanze aus Brasilien, die Grisebach mit der aus Guadeloupe zusammengestellt hat; denn keine von all diesen ist aus Brasilien bekannt. Wahrscheinlich ist darunter die *Paull. trigonia* Vell. zu verstehen, die Grisebach sicherlich im Herb. Hooker und anderwärts gesehen hat, die aber sein Herbar, wenigstens der mir vorliegende Theil desselben, nicht enthält.

Ebenso lässt sein Herbar ein Belegstück vermissen zu der hinsichtlich der Verbreitung der *Paull. jamaicensis* gemachten Angabe „New Granada!" Es ist aber auch so kaum einem Zweifel unterworfen, dass hier eine andere Pflanze zu verstehen sei, und zwar wahrscheinlich die *Paull. fuscescens* Kunth, welche in ihren kahleren Formen beim Fehlen von Früchten in der That leicht mit *Paull. jamaicensis* verwechselt werden kann. So hat neben einem (Blüthen-)Exemplare der *Paull. jamaicensis* von C. Wright n. 110 (aus Cuba) mit der von Grisebach's Hand, wie in seinem Herbare, eingetragenen Bestimmung „*Paull. curassavica* Jacq." auf demselben Blatte des Herb. Hooker ein (Frucht-) Exemplar der *Paull. fuscescens* K. aus Bogotá von Triana mit derselben Bestimmung Platz gefunden. Vielleicht darf hierauf Grisebach's Angabe „New Granada" bezogen werden. Seine ebenfalls zu *Paull. fuscescens* K. gehörige *Paull. fusca* von Panama ist wohl ihrer mehr behaarten Blätter halber vor einer Vermengung mit *Paull. jamaicensis* gesichert gewesen.

Zusatz 8. Es erscheint bei der geringen Verbreitung, welche Macfadyen's Flora von Jamaica besitzt, und in Anbetracht dessen, dass in ihr zuerst (1837) die *Paull. jamaicensis* als gesonderte (und einzige) Art von *Paullinia* auftritt, angemessen, die Angaben Macfadyen's hier vollständig zu wiederholen, um dann einige Bemerkungen daran zu knüpfen oder durch Einschlüsse in eckigen Klammern anzudeuten.

Macfadyen's Darstellung lautet wie folgt:

„*Paullinia jamaicensis*. Capsule pear-shaped, valves subacute, leaves biternate, leaves [resp. leaflets] ovate crenato-serrated towards the apex wedge-shaped towards the base, subglabrous, intermediate petiole marginate. *Paullinia sarmentosa* [etc.] Browne 212. Hab.: Limestone districts. Fl.: Octob."

„A shrub, climbing, a few feet in height; branches long, unarmed, towards their extremities anguloso-sulcated and minutely puberulous or subglabrous. Leaves biternate; leaflets unequal, ovate or oblong, apiculated, coarsely and sparingly crenato-serrated towards the apex, entire and wedge-shaped towards the base, nerved, glabrous except the axils of the nerves beneath, membranaceous; common petiole terete; intermediate petiolule distinctly margined; lateral ones partially. Racemes terminal, compound; branches simple, but sending off, near the base, a simple tendril; flowers small, white, in clusters, pedicelled, polygamous. Calycine sepals subunequal. Capsule stipitate, pear-shaped, 3-celled, 3-lobed, when ripe of a read colour;

valves obovate, subacute. Seeds solitary, size of a pea, semiglobose, black, half covered with a white arillus of a meally texture; cotyledones curved and folded round the embryo; radicle turned towards the base of the seed."

"The branches of this species, from their roughness and flexibility are commonly employed as riding switches. Quantities of them are annually sent to Europe. The bark is usually removed, and to prevent their becoming brittle, it is recommended to rub them with oil. The seeds possess the property of intoxicating fish. It is said, that those of some species of Serjania have a similar property. This species has usually been confounded with P. curassavica, from which it differs in several particulars."

Aus der Beschreibung ist zunächst das über die Inflorescenzen Gesagte hervorzuheben, um dazu zu bemerken, dass nicht unter den „compound racemes", sondern erst unter deren Aesten („branches") die mit Wickeln („clusters") besetzten Thyrsen zu verstehen sind, an denen, wenn sie zu einer höheren Gesammtinflorescenz (einer rispenartigen Traube — s. Radlk. Serj. p. 6) vereiniget sind, die normal ihnen zukommenden zwei Rankenzweige oft gänzlich unterdrückt erscheinen, so dass es nicht befremden darf, wenn Macfadyen hier nur von einer solchen Ranke spricht.

Die Bezeichnung der Frucht ferner als „3-lobed" scheint in Widerspruch zu stehen mit dem (im Gegensatze zu *Serjania* hervorgehobenen) „fructus integer" von Swartz (s. Zus. 7); es löst sich dieser Widerspruch jedoch durch das Verhalten der reifen Frucht, welche zwischen den von je einem Samen aufgetriebenen Fächern etwas eingezogen ist.

Die Angabe über die Verwendung der Zweige hat schon in dem Zusatze 2 im Zusammenhange mit dem von Macfadyen übergangenen Vulgärnamen Supple Jack ihre Würdigung erfahren.

Ob die Bemerkung über die fischvergiftende Eigenschaft der Samen auf unmittelbarer Kenntnissnahme beruht oder auf die von Piso entnommene, also eigentlich auf *Paull. pinnata* zu beziehende Bemerkung bei Sloane: „The fruit bruised and put into water intoxicates fishes" (Hist. Jam. I. p. 239), wörtlich wiederholt bei Lunan, zurückzuführen ist, bleibt dahingestellt, und ist hiezu das bei *Paull. pinnata* in Zusatz 6 (p. 159) über *Paull. jamaicensis* Gesagte zu vergleichen. Macfadyen citirt zwar Sloane und Piso nicht ausdrücklich, schliesst aber auch die bei Browne aus den Werken dieser Autoren gegebenen Citate nicht aus.

Was endlich die Unterscheidung von „*P. curassavica*" betrifft, so lässt uns Macfadyen, da er die Unterschiede nicht angibt, im Unklaren darüber, was er als *P. curassavica* ansieht.

Ebenso ist, da er nur eine *Paullinia*-Art für Jamaica anführt, zweifelhaft, ob er die in einem Blüthenexemplare aus Jamaica von ihm (wie schon in Zus. 2 erwähnt) an Hooker mitgetheilte *Paull. barbadensis* Jacq. (welche Grisebach richtig als solche bestimmt und in der Flor. Brit. W. I. Isl. aufgeführt hat) von seiner *Paull. jamaicensis*, von welcher er Blüthen- und Fruchtexemplare im Herb. Hooker niedergelegt hat, genügend unterschieden habe. Den Exemplaren ist sämmtlich keine Bezeichnung von Macfadyen selbst beigefügt, sondern nur (sei es des Vaterlandes und des Sammlers oder auch der Art) von der Hand W. Hooker's und Späterer.

Zusatz 9. Ueber die Unterscheidung der *P. jamaicensis* im vollentwickelten, fructificirten Zustande von anderen Arten, namentlich von den hinsichtlich der Zusammensetzung des Blattes und hinsichtlich des Vorkommens auf den Inseln oder in den Gürtelländern der Antillensee ihr nahestehenden Arten (*P. costaricensis* aus Sect. III, *P. barbadensis* und *P. fuscescens* aus Sect. XII und *P. Plumierii* aus Sect. XIII), welche man von den übrigen (6) Arten mit biternaten Blättern im transäquatorialen Südamerika (der *P. lachnocarpa* aus Sect. III, *enneaphylla* und *selenoptera* aus Sect. XII, *revoluta*, *cristata* und *trigonia* aus Sect. XIII) als antillane oder cisäquatoriale Arten unterscheiden kann, ist dem in der Diagnose Enthaltenen nichts beizufügen. Aber auch für die Unterscheidung im bloss blühenden oder selbst ganz sterilen Zustande reicht das dort Gesagte aus und mag nur besonders noch betont werden, dass *P. jamaicensis* die einzige der betreffenden fünf Arten ist, welche durch grössere und wenn auch nicht sehr dicht stehende, so doch genügend zahlreiche durchsichtige Punkte und

Strichelchen ausgezeichnet ist. Dieselben rühren von grossen Secretzellen an der oberen Blattseite (im Palissadengewebe) her. Secretzellen im Palissadengewebe finden sich unter diesen fünf cisäquatorialen Arten mit biternatem Blatte nur noch bei *P. Plumierii*, aber von so geringer Grösse, dass sie sich unter der Lupe kaum als durchsichtige Punkte bemerkbar machen. Bei der mit *P. jamaicensis* zunächst verwandten *P. costaricensis* wurden kleine durchsichtige Punkte nur ausnahmsweise beobachtet (bei der Pflanze von Tate, s. dort). Bei *P. fuscescens*, deren kahlere Formen der *P. jamaicensis* sehr nahe kommen, und bei *P. barbadensis*, welcher die *P. jamaicensis* durch die braune Farbe und die mehr oder minder glänzende Oberfläche der trockenen Blätter ähnlich ist, sind Secretzellen an der oberen Blattfläche und davon herrührende durchsichtige Punkte nie beobachtet worden. An der Unterseite des Blattes aber findet sich hier, wie anderwärts, ein bald mehr bald minder ausgebildetes Netzwerk milchsaftführender Schlauchzellen. Die letztgenannten beiden Arten, *P. barbadensis* und *fuscescens*, sind in der Regel durch derbere (dickliche) Blättchen von *P. jamaicensis* und *costaricensis* verschieden, und ihrerseits in besonderer Weise ausgezeichnet ist die *P. Plumierii* durch die kaum berandete Blattspindel und durch eine eigenthümliche Vertheilung der gerbstoffreicheren, beim Trocknen braun werdenden Zellen längs der Nerven und Venen der im übrigen meist dauernd grün bleibenden Blättchen. All die (5) in Rede stehenden cisäquatorialen Arten besitzen eine verschleimte Epidermis.

Um mit denselben kurz auch die (6) transäquatorialen Arten zu vergleichen, so besitzen diese alle im Palissadengewebe Secretzellen, welche bald mehr bald weniger als durchsichtige Punkte hervortreten. Zwei davon, *P. enneaphylla* und *revoluta*, besitzen keine verschleimte Epidermis, und diese, wie noch zwei weitere, *P. lachnocarpa* und *cristata*, sind auch durch ein unberandetes oder kaum berandetes Blattstielgerüste ausgezeichnet, während bei *P. selenoptera* und *trigonia* Berandung vorhanden ist.

### 37. Paullinia costaricensis Radlk.

Serjania rhombea, non „Radlk.", Hemsley in Salvin & Godm. Biolog. Centr.-Am., Bot. I (1879—81) p. 207, n. 23, partim, nempe quoad Tate n. 53! Cf. Serj. Suppl. p. 157, n. 138.
Paullinia costaricensis Radlk. Serjaniae Suppl. (1886) p. 157, sub n. 138.
— — Radlk. in J. Donnell Smith Enum. Pl. Guatemalens. etc. IV (1895) p. 22, n. 4766!
— — J. Donnell Smith ibid. n. 6315 (specimen non vidi).

Scandens, fruticosa vel „arbuscula 6-pedalis" (Hoffmann); rami juniores teretiusculi, dense pubescentes, mox lenticellarum seriebus notati; corpus lignosum simplex; folia biternata; foliola elliptico-lanceolata vel terminalia subrhombea, apice plus minus obtusa, basi terminalia longe attenuata, lateralia brevius coarctata, omnia sessilia, subincise lobato-dentata, dentibus obtusis, membranaceo-chartacea, nervis lateralibus oblique adscendentibus, supra glabra, subtus densius laxiusve pubescentia nec non interdum in axillis nervorum barbata, glandulis microscopicis plus minus curvatis obsita, punctis lineolisque pellucidis nullis vel parvis tantum (in specimine a Tate lecto) reti utriculorum laticiferorum subpellucido subtus instructa, epidermide mucigera; rhachis (petiolus partialis intermedius) marginato-alata; stipulae minimae; thyrsi solitarii vel paniculatim congesti, dense puberuli; bracteae minimae; flores parvi, sepalis minutim puberulis, 3. et 5. basi (usque ad tertiam inferiorem partem) connatis; capsula subglobosa, basi in stipitem contracta, extus e puberulo glabrata, intus tomento brevissimo vestita; semen arillo dorso fisso usque ad mediam partem obtectum, testa glabra.

Rami thyrsigeri diametro 2—3 mm, glabrescentes, cortice e canescenti fuscidulo. Folia 7—15 cm longa, basi fere totidem lata; foliola terminalia 4—8 cm longa, lateralia decrescentim minora, sicca plus minus fuscescentia, supra nitidula; petiolus communis 1—5 cm longus, pubescens, subtus convexus, supra sulcatus; rhacheos alae utrinque 1 mm non superantes. Thyrsi 5—15 cm longi, teneri, pedunculati sessilesve, dense puberuli, laxius cincinnigeri, cincinnis sessilibus contractis; bracteae subulatae; pedicelli 1—2,5 mm longi, media parte articulati. Sepala duo exteriora duas interiorum tertias aequantia, subcoriacea, interiora tenuiora, 2 mm longa. Petala oblonga; squamae dimidiam petalorum partem aequantes, margine villosiusculae, superiores crista brevi suborbiculari laeviter emarginata appendiceque deflexa longius barbata instructae. Tori glandulae ovatae, puberulae, uti torus. Staminum filamenta complanata, pilis albis vestita; antherae glabrae. Capsula „ignea" (Hoffm.) stipite 4—5 mm longo adjecto circ. 1,5 cm longa, sicca fusca, interdum secus valvarum margines plus minus constricta. Seminis testa spadiceo-nigra.

In Costarica, Nicaragua, Guatemala et Mexico: Oersted! (Costarica, Cartago, m. Apr. 1847, flor.; Hb. Havn.); C. Hoffmann n. 489! (Costarica, S. José in sepibus, m. Maj. 1857, fruct.; Hb. Berol.); J. Donnell Smith n. 4766! („Costarica, prov. S. José, S. José, alt. 3400 ped.", m. Mart. 1894, flor. et fruct. submat.); Tate n. 53! (Nicaragua, a. 1867—68. Hb. Kew. sub nom. erroneo „Serj. rhombea", cf. Lit.; specimen punctis pellucidis, etsi parvis. anomalum, ulterius inquirendum. forsan ad P. jamaic. recensendum); Bernouilli et Cario n. 2939! (Guatemala. Retaluléu m. Jan. 1878. flor.; Hb. Gotting.; specimen minus pubescens); Heyde et Lux n. 6315 Plant. Guatemalens. etc. a J. Donell Smith edit. („Guatemala, Depart. Sololá, Chicacao, alt. 1500 ped., m. Febr. 1894"; specim. non vidi); Wawra n. 2741 (Mexico, Porto Lizardo prope Vera Cruz, a. 1864—5, fruct.; Hb. Vindob., Berol.).

Zusatz. Die Pflanze ist vielleicht nur als eine Varietät der *Paull. jamaicensis* Macf. zu betrachten. Doch schien sie mir vor der Hand schon ihres continentalen Vorkommens halber eine bestimmtere Hervorhebung zu verdienen. Die typischen Exemplare von Oersted, Hoffmann. Donnell Smith und Wawra zeichnen sich vor *P. jamaicensis* ebenso durch die tiefere Randtheilung und die Behaarung der Blättchen wie das Fehlen der durchsichtigen Punkte und Stricholchen an deren Oberseite aus. Die Pflanze von Bernouilli & Cario nähert sich durch geringere Behaarung, die von Tate ebenso und durch kleine durchsichtige Punkte der *Paull. jamaicensis*. Die Pflanze von Tate ist mir leider nicht zur Hand, so dass ich die Frage ihrer Zugehörigkeit zu *P. jamaicensis* nicht weiter prüfen kann.

### 38. Paullinia Sonorensis Watson.

Paullinia Sonorensis Watson, Contrib. to Amer. Bot. XVI. in Proceed. Am. Acad. XXIV (1889) p. 45; coll. Palmer n. 238!

Frutex compactus, 2—3-pedalis (Watson), subscandens; rami flexuosi, thyrsigeri striato-sulcati, costati, praesertim in costis cano-puberuli vel tomentelli; corpus liguosum simplex; folia 5-foliolato-pinnata, summa transeuntia in biternata vel plane biternata, inferiora depauperata, ternata vel trisecta tantum; foliola ovata vel suboblonga, obtusa, basi terminalia longius cuneata et in petiolulum marginatum attenuata, lateralia brevius cuneata subsessilia vel inferiora in petiolulos breves contracta, omnia 3—5-dentata vel -lobata, dentibus obtusiusculis, membranacea, pallide et subincane viridia, undique praeter nervos supra puberulos subtus pilis singulis adspersos glabra nec nisi glandulis microscopicis curvatis obsita, dense (in dentibus densissime) pellucide punctata, epidermide mucigera; rhacbis angustissime marginata; stipulae minimae; thyrsi solitarii, folia subaequantes, puberuli; flores parvi; capsula depresse globosa, in stipitem abruptius contracta, extus pulverulento-tomentella, intus dense adpresse pubescens; semen (immaturum tantum suppetebat) basi arillo brevissimo, potius macula arillosa tantum instructum.

Rami diametro 2—3 mm, cortice cinereo, thyrsigeri 1 mm vix crassiores. Folia petiolo 3 cm longo adjecto circ. 7 cm longa, 3 cm lata; foliola 1—1,8 cm longa, 8—13 mm lata, terminalia petiolulo 1 cm longo incluso 2—2,5 cm longa; rhachis 1,5 cm longa. Thyrsi 1—5 cm longi, rhachi brevi, 1 cm vix superante; cincinni sessiles, pauciflori; pedicelli (fructigeri) 3 mm longi, basi articulati. Sepala duo exteriora breviora, subglabra, interiora 3 mm longa, tomentella. Petala ex obovato in unguem attenuata, intus glandulis dense, extus laxius obsita; squamae petala dimidia aequantes, margine villosulae, superiores crista brevi subrhombea appendiceque deflexa brevi barbata instructae. Tori glandulae superiores ovatae, basi pilosiusculae, laterales minores, subannulares. Staminum filamenta basi puberula; antherae glabrae. Capsula (submatura) stipite 4 mm longo adjecto 1 cm longa, 6 mm lata. Semen spadiceum.

In Mexico prope Guaymas: Palmer n. 238! („on rocks in the mountains", a. 1887).

Zusatz. Die Pflanze ist von eigenthümlichem Gepräge und nähert sich in ihrem Wuchs und Habitus dem *Cardiospermum tortuosum* Benth., wie auch dem *Card. spinosum* Radlk. (in Contrib. U. S. Nat. Herb. I, 1895, p. 368) und *dissectum* Radlk. (in Serj. Suppl., 1886, p. 138, 162) und den kleineren in den benachbarten Gebieten des nördlichen Mexico und Californiens vorkommenden und selbst wieder *Cardiospermum*-artigen Serjanien, wie *Serj. cystocarpa* Radlk. (s. Serj. Suppl. p. 136), und namentlich den in Frucht noch unbekannten und desshalb nur fragweise der Gattung *Serjania* zugewiesenen *S. (?) californica* Radlk. (s. Serj. Suppl. p. 139; *Cardiospermum? sp.* Gray) und *S. (?) albida* Radlk. (in Contrib. U. S. Nat. Herb. I, 1895, p. 367; *Paullinia? sp.* Vasey & Rose). Von allen unterscheidet sie das von kolbenartig nach unten erweiterten Secretzellen des Palissadengewebes dicht durchsichtig punktirte Blatt, das fast concentrischen Bau und zerstreute Spaltöffnungen auch oberseits (wie *S.? californica* und *S.? albida*) besitzt. Am meisten nähert sich in diesen Stücken *S.? californica*, deren Secretzellen aber mehr der Blattfläche nach gestreckt und kurz ästig sind. Bei *S.? albida* mit an der Spitze und Basis fast gleichbreiten, auf dem Durchschnitte des Blattes oft fast quadratischen Secretzellen fehlt der annähernd concentrische Bau des Blattes. Was weiter die oben genannten *Cardiospermum*-Arten betrifft, so fehlen ihnen allen eigentliche Secretzellen im Palissadengewebe (nicht aber Secretschläuche, besonders unterseits, theilweise aber auch oberseits), und dem *Card. dissectum* auch die Spaltöffnungen auf der Oberseite, sowie überhaupt die Annäherung an concentrischen Blattbau, welche (nebst Spaltöffnungen auf der Oberseite) bei *Card. tortuosum* und *spinosum* vorhanden ist.

Man mag für *Serj.? californica* und *Serj.? albida* die Frage aufwerfen, ob sie nicht vielleicht ihrer Anklänge an *Paull. Sonorensis* halber in die Gattung *Paullinia* zu übertragen seien. Aber dem Gesagten gemäss erweist sich *P. Sonorensis* doch in solchem Masse als etwas Eigenthümliches, dass vor der Hand diese Frage als eine offene zu betrachten ist, für deren Beantwortung erst das Bekanntwerden der Früchte von *Serj.? californica* und *Serj.? albida* abzuwarten ist.

Es mag noch hinzugefügt sein, dass bei *Paull. Sonorensis*, wie auch bei den anderen hier genannten Pflanzen aus den Gattungen *Serjania* und *Cardiospermum* die Gefässbündel des Blattes hartbastlos und von Krystalldrusen begleitet sind.

Was die Stellung der *Paull. Sonorensis* betrifft, so weisen alle Verhältnisse (Bau der Frucht und Gestaltung des gelegentlich vollständig biternaten Blattes mit verschleimter Epidermis) auf einen Anschluss an *Paull. costaricensis* hin. Sie ist, so zu sagen, eine zum Zwergstrauch gewordene Verwandte dieser Art.

### 39. Paullinia Cupana Kunth.

Paullinia Cupana Kunth in Humb. Bonpl. K. Nov. Gen. et Sp. V (1821) p. 91 (Ed. in 4⁰ p. 117, n. 7!; VII (1825) Distrib. geograph., Flora Orinoci, p. 256 (Ed. in 4⁰ p. 327), sphalm. „P. Cupania".
— — Kunth Synops. Pl. Aequinoct. Orb. Nov. III (1824) p. 158 n. 7; IV (1825) Distrib. geograph., Flor. Orinoci, p. 331, sphalm. „P. Cupania".

Paullinia Cupana De Cand. Prodr. I (1824) p. 605, n. 16.
— — Sprengel Syst. Veg. II (1825) p. 249, n. 23.
— — Cambess. in Mém. Mus. d'Hist. nat. XVIII (1829) p. 23.
— — (sphalmate „Paull. Cupania") Loudon Hort. Britann. (1830) p. 159, excl. certe obs. „Cult. 1818" et patriae indicatione „Trinidad". Cf. Hist. spec. cult. in Radlk. Serj. p. 67 et infra obs. n. 2.
— — Don General Syst. I (1831) p. 661, n. 26, excl. obs. „Cupana's Paullinia; cult. 1818" et patriae indicat. „Trinidad".
— — Spach Hist. nat. d. Végét., Phanérog. III (1834) p. 49.
— — Dietrich, Fr. G., Gartenlexic. XXVI (s. Neuer Nachtrag VI. 1837) p. 133, n. 7.
— — Dietrich, Dav., Synops. Pl. II (1840) p. 1315, n. 23.
— — (sphalmate „Paull. Cupania") Heynhold Nomencl. bot. hortens. I (1840) p. 591. Cf. Hist. spec. cult. in Radlk. Serj. p. 67 et infra obs. n. 2.
— — Steudel Nomencl. Ed. II. II (1841) p. 277.
— — Endlicher Enchiridion bot. (1841) p. 563.
— — Donn Hort. Cantabrig. Ed. XIII (1845) p. 265, excl. patriae indicat. „Trinidad". Cf. supra sub Loudon.
— — Baillon Hist. d. Pl. V (1874) p. 389; cf. obs. n. 1.
— — Radlkofer in Monogr. Serj. (1874—75) p. 50, 71 n. 42 etc. (cf. indic.), c. synon.
— — Luerssen medicin.-pharmac. Botanik II (1882) p. 712 c. syn. P. sorbilis Mart.
— — Zohlenhofer, zur Kenntniss der Samen von Paullinia Cupana K. (c. syn. Paull. sorbilis Mart.), in Archiv d. Pharmac. CCXX (3. Reihe, Bd. XX, 1882) p. 641, fig. 1—5; refertur in Bot. Centralblatt XIV (1883) p. 82.
— — Baillon in Dict. encycl. d. Scienc. médic. XXI (1885) p. 652.
— — Radlkofer über fischvergiftende Pflanzen. Sitzungsber. d. k. bayer. Akad., 1886, p. 404.
— — Flückiger Pharmakogn. d. Pflanzenreich., 3. Aufl. (1891) p. 657.
— — Greshoff de plant. ad pisc. capiend. adhib., Mededeelingen uit s'Lands Plantentuin X (1893) p. 40 c. syn. P. sorbil. Mart.
— — Radlkofer in Engler & Pr. nat. Pflanzenfam. III. 5 (Lief. 117, 1895) p. 305, 306, Fig. 157.
Paullinia sorbilis Martius, C. Fr. Ph., ed. Th. Mart. in Dissert. „Das Guaranin", Kastner Archiv f. d. Naturlehre VII (1826) p. 266, annot. (c. diagnosi). Cf. Radlk. Serj. p. 50, 71, n. 42.
— — Martius, C. Fr. Ph., in Buchner Repert. d. Pharm. XXXI (1829) p. 370 (Mittheil. aus d. Akademiesitzung v. 28. Febr. 1829).
— — Martius, C. Fr. Ph., in Jahresb. d. k. bayer. Akad. d. Wissensch. f. d. Jahre 1827—29 (Sitzung v. März 1829) p. 45.
— — Martius, C. Fr. Ph., Reise in Brasil. III (1831) p. 1098 (non 1068, uti Walpers et Wiesner referunt), annot. 3 (ad p. 1061—62, c. diagnosi, c. nom. „Guaraná-Strauch"; translat. a Benth. in Hook. Journ. Bot. & Kew Gard. Misc. III (1851) p. 194.
— — Riedel, Tableau synonymique des plantes les plus usitées dans l'économie, et la médecine domestique du Brésil, e Taunay et Riedel Manual do agricoltor brasileiro (1839) comm. a Guillemin in Ann. Scienc. nat., II. Sér., XII (1839) p. 223, c. nom. vulg. „Guarana" (proprie pastam e seminibus paratam indicante).
— — Garrelle sur une nouvelle substance médicale, le Paullinia. Journ. de Chim. méd., 2. sér., VI (1840) p. 401.
— — Endlicher Enchiridion bot. (1841) p. 563.
— — Martius, C. Fr. Ph., Plant. med. et oec. Brasil. inedit. tab. 110, ex l. sequ. (Tabula, ut videtur, in Hb. Monac. servata. no. 1 insignita.)

Paullinia sorbilis Martius, C. Fr. Ph., Syst. Mat. med. bras. (1843) p. 59.
— — Schnizlein, Iconograph. IV (1843—70) tab. 230 fig. 1 (icon mediocris secundum Martii tab. inedit. ad minorem modum redacta).
— — Bentham in Hook. Journ. Bot. & Kew Gard. Misc. III (1851) p. 193—95 (translat. ex Mart. Reise. cf. supra).
— — Oliveira Syst. de Mat. med. veget. Bras. (1854) p. 122.
— — Walpers Annal. IV (1857) p. 377.
— — Guibert, Vict., Hist. nat. et méd. des nouveaux médicaments (1860) p. 15.
— — Rosenthal Synops. Plant. diaphoric. (1862) p. 777.
— — Archer, some account of Paullinia sorbilis and its products, Journ. of Botany, I (1863) p. 191.
— — Linden Catal. n. 19 (1865) p. 24; n. 21 (1867) p. 22. Cf. obs. n. 2.
— — Peckolt Guaraná oder Uaraná in Sitz.-Ber. d. kais. Akad. zu Wien, LIV, 2 (1866) p. 462.
— — J. M. da Silva Coutinho. Noticia sobre o Uaraná, Journal do commercio (Rio de Jan., 2 de Setembro 1866); refertur a Warming et Wiesner, cf. ll. seqq.
— — Warming in Flora LII (1869) p. 465, c. nom. vulg. Uaraná; cf. l. anteced.
— — Vogl, Aug., Nahrungs- und Genussmittel aus d. Pflanzenreiche (Wien 1872) p. 86.
— — Williams, John, in Chem. News No. 26 p. 97, refertur in Chem. Centralblatt 3. Folge, Jahrg. III (1872) p. 667 („Ueber das Guaranin").
— — Wiesner, Mikroskopische Untersuchungen (1872) p. 80.
— — Baillon Hist. d. Pl. V (1874) p. 387, fig. 382, 383 (semen forma nimis lata et depressa).
— — Bentley & Trimen Medicinal Plants (1875—80) tab. 67.
— — Atlas zu Meyer's Couvers. Lexic., 3. Aufl., 2. Hälfte (1879), Nahrungspfl. Taf. II (Sebothi in Fl. Bras. edenda icon ad minorem modum redacta).
— — Wigand, Alb., Lehrbuch d. Pharmacognosie, 3. Aufl. (1879) p. 333.
— — Schwacke in Berlin. bot. Jahrb. III (1884) p. 232, c. nom. vulg. „Guaraná".
— — Baillon Traité de Botanique médicale phanérog. (1884) p. 967, fig. 2738, 2739 (semen forma nimis lata et depressa).
— — Baillon in Dict. encycl. de Scienc. médic. XXI (1885) p. 651 (sequitur p. 652 obs. de usu et historia pastae Guaraná, autore E. Labbée); XI (1886) p. 408 sub artic. „Guarana" (sequitur p. 409 diss. de Guarana autore B. Féris).
— — Müller, C., Medicinalfl. 1890 p. 374 c. obs. „= Paull. Cupana Kunth".

NB. In Steudel Nomencl. omnissa est, ut et aliae spec.; cf. Lit. gen.

Nomen vulgare: Guarana-úva Martius Syst. Mat. med. bras. (1843) p. 59; Oliveira l. c. p. 122.
— — Guaraná-úva  } Martius, über Pflanzennamen in der Tupi-Sprache, Gelehrte
— — Guarana-Sipó } Anzeigen d. k. bayer. Akad. XLVI (1858) p. 32; id. Glossar. (1867) p. 395.
— — Guaraná-Strauch Martius Reise l. c.
— — Guaraná Schwacke l. c.; Trail in scheda.
— — Uaraná J. M. da Silva Coutinho l. c.; Warming l. c.
— — Cupana Humb. & Bonpl. l. c.

Scandens vel suberecta, fruticosa; rami profundius 4—5 sulcati, apice fuscescenti-pilosi, mox glabrati; corpus lignosum simplex; folia 5-foliolato-pinnata; foliola superiora oblonga, inferiora ovata, apice breviter acuminata, acumine plus minus obtuso, basi terminale acutum subcuneatumve, lateralia rotundata, omnia brevius longiusve petiolulata, supra medium remote subrepando-deutata, dentibus nunc subobsoletis, nunc grossis, plerumque obtusis, coriacea, obscurius-clathrato-venosa supra subtusque glabrata, glandulis microscopicis nutantibus obsita, inde tactu subscabra, punctis pellucidis obsoletis, utriculis laticiferis sparsis ramificatis subtus instructa, fibris sclerenchymaticis crebrioribus ad paginam superiorem obviis, epidermide non mucigera; petiolus rhachisque nuda, glabriuscula; stipulae parvae, e basi ovata subulatae; thyrsi solitarii laxe subvilloso-pilosi; cincinni sessiles, contracti; bracteae bracteolaeque parvae, subulatae; flores magni, sepalis extus setuloso-pilosis, 3. et 5. omnino liberis; capsula ellipsoidea, longe stipitata, apiculata, extus glabra, intus subfusco-tomentosa; semen ovoideum, glabrum, arillo non nisi ad basin latam obtectum (immaturum tantum suppetebat).

In Venezuela et in Brasiliae provinciis Alto Amazonas et Pará: Humboldt & Bonpland n. 910! (in ripa obumbrata fluminis Orinoco, prope S. Fernando de Atabapo, m. Maj., flor.; Hb. Paris., Willd. n. 7717); Martius! (in sylvis interioribus ad flum. Canomá, Mauhé etc., nec non culta prope civitatem Barra, m. Nov., flor. et fruct.; Hb. Monac.); Riedel n. 1364! (Borba. prov. Pará, m. Aug. 1828; flor.; Hb. Petrop.); Spruce n. 71! (Hb. Kew.). n. 2055! (culta in sylvae parte decisa prope Panuré ad Rio Uaupés, m. Oct. 1852—Jan. 1853, flor. et fruct.; Hb. Benth. etc.); Trail n. 121! (Rio Mauhé, m. Maj. 1871; Hb. Kew.); Glaziou n. 9707! („Amazonas"; a Schwacke lecta? cf. obs. n. 3; Hb. Warming) In scriptis cl. Martii (v. Buchner Report. l. c.) inter locos natales praeterea nominantur terrae provinciae Pará prope fluv. Abacaxis, lacum Canumá et Villa Topinambarana; a Coutinho (l. c.) nominantur terrae ad flumina Tapajóz, Mamurú, Andirá, et ad eandem Tapynambarana; teste Peckolt (l. c. p. 463) divulgata est planta ad flum. Magné, Mahué guaçú, Mahué mirim, Papajoz et Madeira.

Zusatz 1. Ueber die schon in meiner Monographie von *Serjania* (1875. p. 50. 71 n. 42) kurz zur Kenntniss gebrachte Zusammengehörigkeit von *P. Cupana* Kunth (1821) und *P. sorbilis* Mart. (1826) lassen die betreffenden Originalexemplare von Humboldt und Bonpland einerseits, von v. Martius andererseits keinen Zweifel. Die Uebereinstimmung derselben ist auch in anatomischer Hinsicht (Aussendrüschen, Sklerenchymfasern etc., s. ob. p. 95 etc. über die Blattstructur) eine vollständige.

Ob der von Kunth zur Benennung der Pflanze benützte Vulgärname „Cupana" mit dem sonst angegebenen „Guaraná" oder „Uaraná" in Zusammenhang steht und etwa nur aus einer verschiedenen Lautauffassung hervorgegangen sei, lasse ich dahingestellt und bemerke nur zu dem letzteren dieser Namen, dass darunter nach Warming, resp. Coutinho (a. a. O.), noch zwei als Varietäten der *P. Cupana* aufgefasste (nicht weiter bekannte) Pflanzen verstanden werden sollen (eine mit kleineren Blättern und bittereren Früchten und eine als „Uaranárana", d. i. falsche Uaraná, bezeichnete Pflanze mit behaarter Frucht); ferner, dass der gleiche Name (Uaraná) nach Hoffmannsegg, resp. Sieber, auch einer Cupaniee, der *Pseudima frutescens* Radlk. (*Cupania frutescens* Mart., *Sapindus f.* Aubl.) zukommt, und dass derselbe dem von Aublet für eine andere Cupaniee als Gattungsname benützten „Vouarana" (in *V. guianensis* Aubl.) sich sehr nähert. „Guaraná" soll nach Guibert (a. a. O.) und nach Kennedy (in einem Artikel des Pharmac. Journ., 3. ser., VI, 1875, p. 88) von dem Namen des Indianerstammes der „Guaranis" abzuleiten sein; nach Peckolt (a. a. O. p. 462) bedeutet es in der Tupi-Sprache Schlingstrauch, Cipó, und nach einer brieflichen Mittheilung von Consul Leop. Krug bezeichnet Guarana in Cuba die *Cupania macrophylla* A. Rich. und hängt zweifellos zusammen mit dem Namen Guara, welcher der *Cupania americana* L. zukommt und in verschiedenen Zusammensetzungen verschiedenen *Cupania*-Arten — so Guara macho (mas) und G. colorado abermals der *Cup. macrophylla*, G. de costa (litoralis) und G. blanco der *Cup. glabra* —, ferner nach Jacquin Amer. p. 127 einer Meliacee aus der darnach von Linné (resp. Allamand) so benannten Gattung *Guarea* (resp. *Guara, G. trichilioides* L.), deren Arten, wie die der Gattung *Trichilia*, den Arten von *Cupania* sehr ähnlich sehen und nicht selten damit verwechselt werden. Dass der Name „Cupana" nichts mit dem Gattungsnamen *Cupania*, den Plumier zu Ehren eines sicilianischen Mönches Cupani gewählt hat, zu thun hat, erwähne ich nur, weil bei Don (a. a. O.) eine derartige Missnahme sich bereits findet und leicht sich wiederholen könnte. Allerdings hat Kunth selbst einer solchen Thür und Thor geöffnet, indem er in seiner geographischen Uebersicht am Schlusse des Werkes den Namen der Pflanze *P. Cupania* schreibt. Ein noch schlimmerer Schreibfehler findet sich in diesem offenbar etwas flüchtig gearbeiteten Theile des Werkes für *P. fuscescens* (s. diese).

In Humboldt, Bonpland, Kunth Nov. Gen. (l. c.) wird bereits über die Verwendung der Pflanze als Genussmittel Folgendes angegeben: "Semina hujus plantae contrita, Cassavae mista foliisque palmeis aut musaceis involuta Indi aqua perfundunt. Dein putrefactione vix incepta aquam colore croceo tinctam saporisque amari defundunt eamque aqua mera dilutam bibunt." Spach hat diese Angabe (a. a. O., 1834, p. 50) in Erinnerung gebracht, und Baillon berichtet sie in der Hist. d. Pl. V, p. 389, dabei jedoch irrthümlicher Weise die Blätter, statt der Samen, als den zur Verwendung kommenden Theil bezeichnend. Das hat ihn wohl auch gehindert, die Aehnlichkeit der Verwendung mit der eine Seite vorher berichteten von *P. sorbilis* und der von ihr gewonnenen "Pasta Guarana" zu bemerken, welche Aehnlichkeit ihn auf die Zusammengehörigkeit der betreffenden Pflanzen hätte hinleiten können. Aus dem Berichte von Martius (in Buchner's Repert., Mart. Reise und Syst. Mat. med. ll. cc.) geht diese Aehnlichkeit, auf welche schon Endlicher (Enchirid. p. 563) aufmerksam gemacht hat, deutlich hervor. Einer im Münchener Herbare befindlichen Tafel mit der (von Schnizlein in verkleinertem Massstabe wiedergegebenen) Abbildung der Pflanze, als "Tab. 1" (in Steindruck) bezeichnet (und desshalb nur vermuthungsweise auf die von Martius in seiner Mat. med. bras. erwähnte unedirte Tafel 110 beziehbar, vielleicht vielmehr für das in Buchner's Repert. u. a. O. in Aussicht gestellte Werkchen über die Guarana von Th. Martius bestimmt gewesen), liegt als "Tab. 2" auch eine Darstellung des von Martius in seiner Reise a. a. O. erwähnten (und auch im Atlas Taf. 36, Fig. 42 angedeuteten) Zungenbeines des Pirarucú-Fisches (*Sudis Pirarucú* Spix, *S. Gigas* Cuv.) bei, welches dazu dient, von der aus den Samen der *P. Cupana* bereiteten Pasta Guaraná (oder Uaraná) das zur Bereitung des als Genussmittel dienenden Getränkes — der "agua branca", d. i. weissen Wassers (s. Warming, resp. Coutinho, l. c.) — Nöthige abzureiben. Nach Riedel (a. a. O.) werden die Samen auch direct gekaut.

Ausser zur Pasta Guaraná liefern die Früchte, und zwar in ihren Schalen, das Material zur Bereitung einer gelben Farbe (s. Warming a. a. O. p. 467). Nach Riedel (a. a. O. p. 223) dient der "rothe" Samenmantel zum Färben der Zähne.

Der Pasta Guaraná, welche bereits i. J. 1817 durch einen französischen Gesandtschaftsofficier von Rio de Janeiro aus an Cadet gelangt und von diesem untersucht worden war (s. Journ. de Pharmac. III, 1817, p. 259), und in welcher Virey (ebenda VI, 1820, p. 190, 191) ein Gummiharz der in Brasilien, wie er anführt, "Guaparaíba" genannten *Rhizophora Mangle* vermuthet hatte, wird ein Gehalt von 4—5% Coffeïn zugeschrieben, welches früher als eine besondere Substanz "Guaranin" (Th. Martius, Williams a. d. OO.) angesehen worden war. Dasselbe soll nach Martius (Reise III, p. 1098) die Eigenschaft besitzen, Fische zu betäuben, wie ihn die gleiche Eigenschaft der *Paull. pinnata* und *P. Cururu* vermuthen liess. Diese Angabe hat auch die Aufführung der *P. Cupana* unter den fischvergiftenden Pflanzen in meiner Mittheilung darüber (Sitzungsber. d. k. bayer. Akad. 1886, p. 404) veranlasst, wie ich dortselbst durch Erwähnung des "Guaranins" und Hinweisung auf die Stelle bei Martius schon angedeutet habe. Eine wirkliche Verwendung der Pflanze zum Fischfange, wie der *P. pinnata* und *P. Cururu*, wird übrigens von Martius nicht berichtet, und die Frage Greshoff's (a. a. O.) nach der Gebrauchsweise würde beim Zurückgehen auf die Stelle bei Martius sofort als gegenstandslos erschienen sein.

Die Identität von *P. Cupana* und *P. sorbilis* kommt nun (seit der Berücksichtigung meiner Eingangs dieses Zusatzes erwähnten Mittheilung darüber durch Luerssen a. a. O., 1882) allmählig auch in den pharmakognostischen und medicinischen Schriften zum Ausdrucke, von denen ich, wie von den die Untersuchung der "Pasta Guarana" und des "Guaranins" behandelnden, nur einige wenige aufgeführt habe (s. d. Lit.), besonders solche, in welchen weitere Literaturangaben nachgesehen werden können (wie namentlich in d. unter Baillon erwähnten Dict. encycl.).

Zusatz 2. Die Pflanze wird im Amazonas-Gebiete cultivirt, wie schon Martius und Spruce angeben, nach Peckolt versuchsweise auch in Rio (a. a. O. p. 463). Näheres über ihre Cultur enthält die Mittheilung von Warming, resp. Coutinho (a. a. O.). Die Angaben von Loudon, Don und Heynhold über ihre Cultur in europäischen Gärten entbehren wohl einer sicheren Grundlage. In neuerer Zeit scheint die Pflanze übrigens durch Linden eingeführt worden zu sein.

Zusatz 3. Bezüglich der Pflanze in der Sammlung von Glaziou, n. 9707, bemerke ich Folgendes.

Schon im Supplemente zur Monographie von *Serjania* (1886) habe ich in einem Zusatze zu *Serj. grandifolia* Sagot, p. 107, die Vermuthung ausgesprochen, dass gewisse in der nummerirten Sammlung von Glaziou enthaltene Materialien, welche nach directen Angaben im Hb. Warming oder nach anderen Anhaltspunkten als aus dem Amazonas-Gebiete stammend anzusehen sind, von Schwacke gesammelt und von diesem an Glaziou mitgetheilt seien.

Diese Vermuthung hat sich durch briefliche Mittheilung von Seite Schwacke's bestätigt.

Der Letztere bezeichnet mir folgende von ihm gesammelte und grossentheils auch an das Göttinger Herbar mitgetheilte Materialien von *Paullinia*-Arten als in der Sammlung von Glaziou enthalten, und ich setze diesen Materialien die betreffenden Artnamen und die Nummern der Sammlung von Glaziou hier bei, woraus sich ergibt, dass von n. 9698 ab derartige Materialien in die Sammlung von Glaziou Eingang gefunden haben:

Herb. Schwacke n. 38: Paullinia pinnata L. em.; Glaziou n. 9698;
     n. 42:    „       „   n. 9703;
     n. 43:    „  obovata Pers.;  „   n. 9700;
     n. 3750:   „  stipularis Benth.;  „   n. ? (mir unbekannt);
     n. 2036:   „  nobilis Radlk.;   „   n. 9699;
     n. 3760 (= III, 620): Paullinia caloptera Radlk.; Glaziou n. ? (mir unbekannt).

Vermuthungsweise dürften auch von folgenden Arten die Nummern Glaziou's von Schwacke herrühren, da von Letzterem, ausser für die zuerst zu nennende, gegenwärtig in Betracht stehende Art, entsprechende Materialien vorliegen, welche ich auch hier voranstelle:

Schwacke — ? : Paullinia Cupana Kunth; Glaziou n. 9707;
   III, 210 in Hb. Getting.: Paullinia latifolia Benth.; Glaziou n. 13619;
   III, 208   „    :  „  subcordata „   n. 13618;
   III, 375 (Hb. n. 4003) :  „  grandifolia „   n. 13633.

Die höheren Nummern der letztgenannten drei Arten entsprechen dem Umstande, dass dieselben von Schwacke (wie auch *P. stipularis* und *caloptera*) erst im Jahre 1882 gesammelt worden sind, während die übrigen aus den Jahren 1877 und 1878 herrühren.

Es ist sehr zu bedauern, dass Glaziou seinen Materialien keinerlei Bemerkung über deren Herkunft beigefügt hat, so dass leicht irrthümliche Annahmen entstehen können, wie bei Eichler, welcher in seinem Herbare den Pflanzen von Glaziou durchaus die Angabe „Rio de Janeiro" beigefügt hat.

## 40. Paullinia scabra Benth.

Paullinia scabra Bentham in schedis, coll. Spruce n. 1414! (1851); distrib. 1851—52.
 —   —  Radlkofer in Monogr. Serj. (1874—75) p. 75 n. 115 etc. (v. indic.).

Scandens, fruticosa; rami 3—4-sulcati, juniores pube brevi densa hirtella induti; corpus lignosum simplex; folia 5-foliolato-pinnata; foliola superiora oblonga, inferiora ovata, apice acuta, basi terminale acutum, lateralia acutiuscula rotundave, omnia breviter petiolulata, supra medium remote grossiusculeque serrato-dentata, interdum subrepando-dentata, subcoriacea, obscurius clathrato-venosa, supra non nisi in nervo mediano, subtus in venis quoque scabriuscule puberula, glandulis microscopicis cernuis crebris obsita, inde tactu scabra, punctis pellucidis nullis, reti pellucido obsoleto instructa, fibris sclerenchymaticis crebrioribus ad paginam superiorem obviis, epidermide non mucigera; petiolus rhachisque nuda, hirtella; stipulae conspicuae, lanceolato-ellipticae, integerrimae; thyrsi solitarii, dense puberuli; cincinni breviter stipitati, plus minus elongati; bracteae parvae, lanceolatae, interdum latiores, subellipticae; flores mediocres, sepalis extus adpresse tomentellis, 3. et 5. basi tantum connatis.

In Brasiliae provincia Alto Amazonas: Spruce n. 1414! (Barra, m. Jun. 1851, flor.; Hb. Benth., Franquev., Monac.).

Zusatz. Steht der *P. Cupana* sehr nahe, unterscheidet sich aber doch deutlich durch die grösseren Nebenblättchen und die kleineren, nur kurz gestielten Blüthen mit dichter und angedrückt behaarten Kelchblättern und stärker behaarten Staubgefässen, sowie behaartem Pistillrudimente.

### 41. Paullinia latifolia Benth.

Paullinia latifolia Bentham in schedis, coll. Spruce n. 1439! (1850—51); distrib. 1851—52.
— — Radlkofer in Monogr. Serj. (1874—75) p. 75 n. 114 etc. (v. indic.).

Scandens, fruticosa; rami e trigono 3—4-sulcati, juniores pilis fuscidulis dense hirtello-puberuli; corpus lignosum simplex; folia 5-foliolato-pinnata; foliola elliptica, inferiora ovata, apice plerumque breviter acuminata, basi terminale acutum, lateralia rotundata, omnia petiolulata, inferiora latiora subintegerrima, superiora apice obsolete remote dentata, coriacea, clathrato-venosa, supra glabra, subtus scabriuscule puberula, glandulis microscopicis cernuis crebris obsita, punctis pellucidis nullis, reti pellucido obsoleto instructa, fibris sclerenchymaticis crebrioribus ad paginam superiorem obviis, epidermide non mucigera; petiolus rhachisque nuda, hirtella; stipulae conspicuae, obovato-oblongae, subintegerrimae; thyrsi solitarii vel paniculatim congesti, pilis flavo-fuscidulis tomentelli; cincinni subsessiles, contracti; bracteae bracteolaeque parvae, subulatae; flores mediocres, sepalis dense adpresse pilosis.

In Brasiliae provinciis Alto Amazonas et Pará: Spruce n. 1439! (Barra, m. Apr. 1851, flor.; Hb. Benth., Franquev. etc.); Schwacke n. III. 240! (Manaós, prov. Pará, m. Apr. 1882, flor.; Hb. Gottingense); Glaziou n. 13619! (a Schwacke communicata? cf. obs. n. 3 ad Paull. Cup.; Hb. Eichler).

Zusatz. Vielleicht nur eine Form der *P. scabra* mit zurücktretender Zahnung der Blättchen. Früchte, welche darüber entscheiden würden, fehlen zur Zeit von beiden.

### 42. Paullinia parvibractea Radlk.

Scandens, fruticosa, pubescens; rami 3—4-lateri, leviter sulcati, juniores minutim pubescentes, denique glabrati; corpus lignosum simplex; folia 5-foliolato-pinnata; foliola elliptica, inferiora ovata, apice acuta, basi terminale acutum, lateralia rotundata, omnia breviter petiolulata, remote obscureque repando-dentata, dentibus apice tantum magis conspicuis, coriacea, ex anguste clathrato reticulato-venosa, supra non nisi in nervo mediano puberula, subtus hirtello-pubescentia, glandulis microscopicis nutantibus obsita, nec punctis pellucidis nec reti pellucido instructa, fibris sclerenchymaticis ad paginam superiorem obviis, epidermide non mucigera; petiolus rhachisque nuda; stipulae parvae, e basi lata breviter et oblique triangulares; thyrsi solitarii, puberuli; bracteae bracteolaeque minimae, e basi ovata subulatae; flores robusti, sepalis adpresse cinereo-tomentellis, 3. et 5. fere omnino liberis; capsula subglobosa, stipitata, stipite tenui, extus subvelutino-tomentella, intus pilis tubuloso-setosis tomentosa; semen depresse subglobosum, arillo ventre apicem attingente dorso valde depresso praeter dorsum latum obtectum; cotyledones amyligerae, crassae, parum curvatae.

In Brasiliae provincia Alto Amazonas ad fluvium Teffé: Martius! (m. Dec.—Jan., 1819—20, fruct.; Hb. Monac.).

Zusatz. Die Pflanze steht sehr nahe der *P. stellata* in Guiana, scheint aber doch nicht als identisch mit ihr betrachtet werden zu dürfen.

### 43. Paullinia stellata Radlk.

Paullinia fibulata (non „Rich." ed. Juss.) Sagot Catal. des Pl. de la Guyane franç. in Ann. Scienc. nat., VI. Sér., XII (1882) p. 193, quoad specim. a Mélinon collect.!

Scandens, fruticosa; rami 4—5-sulcati, juniores hirto-pubescentes, denique glabrescentes; corpus lignosum simplex; folia 5-foliolato-pinnata; foliola elliptico-oblonga, inferiora ovata, apice breviter acute acuminata, basi terminale acutum, lateralia rotundata, omnia breviter petiolulata, obscure remoteque denticulata, coriacea, anguste clathrato-venosa, venis subtus insignius prominentibus, supra non nisi in nervo mediano puberula, subtus pube hirtella densa asperula, glandulis microscopicis nutantibus rarioribus praesertim in nervis obsita, nec punctis pellucidis nec reti pellucido instructa, fibris sclerenchymaticis ad paginam superiorem obviis. epidermide non mucigera; petiolus rhachisque nuda; stipulae suborbiculares, stellato-incisae, conspicuae; thyrsi solitarii, dense puberuli; bracteae bracteolaeque sat parvae, lanceolato-subulatae; flores robusti, sepalis adpresse cinereo-tomentellis, 3. et 5. fere omnino liberis; capsula subglobosa, stipitata, extus hirto-tomentella, intus pilis tubuloso-setosis longis fusciculis dense vestita; semen (immaturum tantum suppetebat) arillo dorso depresso fere usque ad apicem obtectum.

Rami diametro circ. 5 mm, cortice fusco. Folia 20—30 cm longa, fere totidem lata; foliola 10—15 cm longa, 4—7 cm lata, supra fusca, subtus sufferruginea; petiolus communis 6—11 cm longus, striatus, hirtello-pubescens; stipulae 3—4 mm longae, fere totidem latae, extus hirto-tomentellae. Thyrsi 10—20 cm longi, sessiles vel pedunculati, sat robusti, rhachi diametro 2—3 mm, laxius cincinnigeri, cincinnis plerumque breviter stipitatis multifloris elongatis; bracteae circ. 2 mm longae, bracteolae minores; pedicelli supra medium partem articulati, circ. 3 mm longi. Sepala duo exteriora dimidiam interiorum partem aequantia, interiora 4 mm longa, coriacea, intus omnia laxe puberula. Petala obovato-oblonga, circ. 5 mm longa; squamae duas petalorum tertias aequantes, margine pilosiusculae, superiores crista brevi integra appendiceque deflexa brevi vix barbata instructae. Tori glandulae breviter ovatae, saepius plus minus transversim dilatatae. Torus dense pilosus. Staminum filamenta compressiuscula, pilis fuscidulis apicem versus accrescentim longioribus dense vestita. Capsula (junior tantum suppetebat) sulcis 3 suturalibus cum costis valvarum subevanidis alternantibus leviter tricocca, pube rufidula induta.

In Guiana gallica: Mélinon n. 47! (a. 1812; Hb. Par.).

### 44. Paullinia rugosa Benth.

Paullinia rugosa Bentham in schedis, coll. Spruce! (1850—51); distrib. 1851—52.
— — Radlkofer in Monogr. Serj. (1874—75) p. 75 n. 113 etc. (v. indic.).

Scandens, fruticosa, hirtello-pubescens; rami 4—5-sulcati; corpus lignosum simplex; folia 5-foliolato-pinnata; foliola ovalia, inferiora ovata, apice obtusa, basi terminale acutum, lateralia rotundata, interdum leviter cordata, omnia breviter petiolulata, obscure remoteque repando-dentata vel integerrima, coriacea, laxe obscureque clathrato-venosa, supra non nisi in nervo mediano puberula, subtus undique hirtello-pubescentia, glandulis microscopicis nutantibus crebris obsita, punctis lineolisque subpellucidis obscurius notata, fibris sclerenchymaticis rarioribus ad paginam superiorem obviis, epidermide non mucigera; petiolus rhachisque nuda; stipulae conspicuae, suborbiculares, stellato-incisae; thyrsi solitarii vel paniculatim congesti, hirtello-tomentelli: bracteae conspicuae, breviter ellipticae; flores robusti, sepalis cinereo-tomentellis, 3. et 5. fere omnino liberis; capsula (immatura tantum suppetebat) trigono-subglobosa, breviter stipitata, stylo plus minus incrassato apiculata, extus pilis rufis brevibus dense hirtella, intus pilis rufis longis dense obsita; semen (immaturum) arillo dorso valde depresso ventre ultra apicem obtectum.

In Brasiliae provincia Alto Amazonas, nec non in Venezuela: Spruce n. 1206! (in sylvis prope Barra, m. Jan. 1850, flor. et fruct. juvenil.; Hb. Benth., Franquev. etc.), 3186! (in ripis fluminis Orinoco et Cassiquiari, m. Dec. 1853; Hb. Franquev.); lector ignotus! (Brasilia; Hb. Paris.; specimen foliolis angustioribus a Cambessedesio nota non edenda inscriptum).

Zusatz. Die Pflanze steht der *P. subcordata* sehr nahe, namentlich in den Merkmalen der Blüthe, unterscheidet sich davon aber doch deutlich durch die Nebenblättchen, in deren Grösse und Gestalt sie mit der *P. stellata* übereinstimmt. Sie schiebt sich füglich zwischen die eben genannten beiden Arten ein. Der letzteren Art (*P. stellata*) kommt namentlich das oben erwähnte, schon durch die Hand von Cambessedes gegangene Exemplar mit schmäleren Blättchen nahe, lässt sich übrigens der Beschaffenheit der Bracteen halber nicht damit vereinigen.

### 45. Paullinia subcordata Benth.

Paullinia subcordata Bentham in schedis. coll. Spruce! (1851); distrib. 1851—52.
— — Radlkofer in Monogr. Serj. (1874—75) p. 75 n. 112 etc. (v. indic.).

Scandens, fruticosa; rami teretiusculi, striati vel leviter sulcati, pube brevissima flavidula dense induti; corpus lignosum simplex; folia 5-foliolato-pinnata; foliola elliptica, apice acuta nec non saepius mucronulata, basi terminale acutum, lateralia rotundata leviterque cordata, omnia breviter petiolulata, obscure remoteque dentata, coriacea, anguste clathrato-venosa, supra non nisi in nervo mediano puberula, subtus pube sordide flavidula densa brevi molliuscula, glandulis microscopicis nutantibus crebris obsita, punctis subpellucidis crebris in figuras varias saepe lineas ramificatas exhibentes conjectis notata, fibris sclerenchymaticis ad paginam superiorem obviis, epidermide non mucigera; petiolus rhachisque nuda; stipulae majores obovato-ellipticae, apicem versus lacerato-incisae; thyrsi solitarii vel paniculatim congesti, tomentelli; bracteae conspicuae, elliptico-oblongae; flores robusti, sepalis cinereo-tomentellis, 3. et 5. fere omnino liberis; capsula obovoideo-subglobosa, longius stipitata, sex-costata, stylo tenuiore coronata, extus pube brevi densa subvelutina vestita, intus tomentosa; semen subglobosum, arillo dorso valde depresso ventre fere ultra apicem obtectum; cotyledones amyligerae, crassae, parum curvatae.

In Brasiliae provinciis Alto Amazonas et Pará: Spruce n. 1184! (Barra, m. Mart. 1851, flor.; Hb. Benth., Franquev. etc.), 1442! (ibid. m. Apr., fruct.; Hb. Benth., Franquev. etc.); Schwacke III. 208! (Manaós, prov. Pará, m. Apr. 1882, flor.; Hb. Gotting.); Glaziou n. 13618! (a Schwacke lecta et communicata? cf. obs. n. 3 ad Paull. Cup.; Hb. Eichler).

### 46. Paullinia ferruginea Casaretto.

Paullinia ferruginea Casaretto Nov. Stirp. Bras. Decades. Decas III (m. Aug. 1842) p. 28. n. 24!
— — Walpers Repert. V (1845—46) p. 361.
— — Radlkofer in Monogr. Serj. (1874—75) p. 74 n. 90 etc. (v. indic.).

Scandens, fruticosa, vel subarborescens, pube densa e flavido sufferruginea vestita; rami teretiusculi, breviter tomentosi, denique glabrescentes; corpus lignosum simplex; folia 5-foliolato-pinnata; foliola ovata (rarissime angustata, ovato-lanceolata), apice acuminata acutave, basi terminale quodammodo acutatum, longius petiolulatum, lateralia ovato-rotundata, brevius petiolulata, inferiora interdum inaequilatera (latere inferiore [exteriore] breviore et paullo angustiore), omnia grossiuscule obsoletiusve remote serrato-dentata, dentibus plerumque acutis, subcoriacea, reticulato-venosa, supra in nervo mediano puberula, ceterum glabriuscula, nitidula, subtus hirsute sufferrugineo-tomentosa, glandulis microscopicis nutantibus vel geniculatis obsita, nec punctis pellucidis nec reti pellucido notata, fibris sclerenchymaticis prope paginam superiorem crebris instructa, epidermidis (superioris) cellulis margine sinuatis non mucigeris; petiolus rhachisque nuda; stipulae parvae, e basi latiore subulatae; thyrsi solitarii vel paniculatim congesti, tomentosi; bracteae bracteolaeque parvae, subulatae; flores minores, longiuscule pedicellati, sepalis 3. et 5. fere omnino liberis, (feminei) brevistyles; capsula ellipsoideo-globosa, longe stipitata, stipite partem seminiferam aequante, rarius breviore, extus tomentosa, intus dense pubescens; semen globosum, arillo quasi bivalvi dorso fisso adnato fere totum obtectum, testae parte nuda striam tantum medianam ab apice per dorsum et ventrem decurrentem glabram exhibente.

In Brasiliae provincia Rio de Janeiro: Schott n. 5570!; Beyrich!; Riedel „V"! n. 496!; Blanchet n. 142!; Miers n. 3763!; Vauthier n. 18! 171!; Guillemin n. 664!; Casaretto n. 1078! 1893!; Glaziou n. 1323! 4984! 6495! 8295! 11820!; Schwacke n. 5811!

Zusatz. Die Pflanze findet sich nicht selten in den Herbarien als *Enourea cupreolata* Aubl. bestimmt, wie bei der aus letzterer hervorgehenden *Paull. capreolata* Radlk. des näheren zu erwähnen sein wird. Ebenso ihre Behaarung wie ihre Beschränkung auf ein weit entferntes Gebiet hätte das leicht vermeiden lassen können.

Auch der Autor der Art selbst, Casaretto, war ursprünglich, wie er angibt, der in Rede stehenden Auffassung zugethan.

### 47. Paullinia fusiformis Radlk.

Scandens, fruticosa, pube densa sufferuginea vestita; rami pluricostati, pedunculique petiolique dense ferrugineo-tomentosi; corpus lignosum simplex; folia 5-foliolato-pinnata; foliola ovalia vel oblonga, obtusa vel breviter acuminata, basi terminale cuneatum, lateralia ovata, omnia breviter petiolulata, remote serrato-dentata, subcoriacea, utrinque reticulato-venosa, supra opaca et in nervis puberula, subtus undique sufferugineo-hirtella, glandulis microscopicis breviter stipitatis curvatis vel geniculatis obsita, nec punctis pellucidis nec reti pellucido notata, intus fibris raris instructa, epidermidis (superioris) cellulis margine rectiusculis non mucigeris, epidermide inferiore crystallophora; petiolus rhachisque nuda; stipulae parvae subulatae; thyrsi paniculatim congesti, tomentosi; bracteae parvae; flores minores, subsessiles, sepalis liberis tomentellis, (feminei) longistyles; capsula fusiformis, longe stipitata, extus breviter tomentosa, intus villosa; semen ellipsoideum, arillo dorso exciso usque ad medium obtectum.

In Brasilia (loco accuratius non indicato): Glaziou n. 6495! 8295! 11820! (a. 1873
ae.; Hb. Warming, Eichler, Delessert). — Huc quoque recensendum, ut videtur, specimen
calvitie anomalum, a Riedel ad Castelnovo m. Aug. 1822 lectum, fruct. juven., in Hb. Petropolitano servatum.

Zusatz. Eine der *P. ferruginea* sehr nahe stehende Art, welche aber, wie durch ihren Habitus im allgemeinen, so namentlich durch die Beschaffenheit des Samens, resp. Samenmantels deutlich davon verschieden ist. Im Habitus nähert sie sich etwas der *P. rugosa* und *subcordata*, von welchen sie aber die Beschaffenheit der Nebenblättchen trennt. Sie ist unter den Arten der Section mit nicht verschleimter Epidermis ausgezeichnet durch die Kürze und Spärlichkeit der Sklerenchymfasern, welche sich zwischen die Palissadenzellen eingeschoben finden, ferner unter allen Arten der Section durch das Auftreten von Krystallen in den Epidermiszellen der Blattunterseite, in welch beiden Stücken auch das anomale Exemplar von Riedel Uebereinstimmung mit den übrigen zeigt.

## Sectio IV. Pachytoechus.

### 48. Paullinia pterophylla Triana & Planchon.

Paullinia pterophylla Triana & Planch. Prodr. Flor. Novo-Granat., Ann. Scienc. nat., IV. Sér.,
  XVIII (1862) p. 354, n. 8!
— — Walpers Annal. VII, Fasc. 4 (1869, ed. C. Müller), p. 620, n. 12.
— — Radlkofer in Monogr. Serj. (1874—75) p. 76 n. 135 etc. (v. indic.).
Paullinia spec. Hemsley in Salvin & Godm. Biol. Centr.-Am., Bot. I (1879—81) p. 211,
  n. 15; coll. Tate n. 57!
— — Annales del Museo Nacional, Republica de Costa Rica, I (1888) Pars 2, p. 20
  (e Biol. Centr.-Am. enumerata).

„Suberecta", fruticosa; rami teretiusculi, juniores puberuli, denique glabrati; corpus lignosum simplex; folia impari-pinnata, 3—4-juga, interdum depauperata, bijuga (in stirpe Lechleriana); foliola lanceolato-oblonga, apice longius acuminata, basi terminale cuneatum, lateralia acuta, omnia sessilia, remote serrato-dentata, dentibus obtusiusculis acutisve, chartacea, reticulato-venosa, venis parum prominentibus, supra subtusque glabra, nitida, glandulis microscopicis malleoliformibus aequilateris subimmersis obsita, punctis lineolisque subpellucidis notata, utriculis laticiferis subtus instructa, epidermide non mucigera; petiolus rhachisque sat late alata; stipulae lineari-lanceolatae; thyrsi solitarii, puberuli; bracteae bracteolaeque parvae, subulatae; flores minores, sepalis 3. et 5. basi vel ultra medium connatis; capsula globosa, in stipitem longum tenuiorem abrupte contracta, extus subvelutino-tomentella, intus laxe pubescens; semen subglobosum, arillo fere totum obtectum.

Rami thyrsigeri diametro 3—6 mm, lenticellis notati, cortice fuscidulo. Folia circ. 20 cm longa, 12 cm lata; foliola 5—9 cm longa, 2—3 cm lata, sicca fuscescentia, subtus pallidiora; petiolus communis circ. 4 cm longus; rhacheos segmenta 2—2,5 cm longa, alae superne circ. 4 mm utrinque latae, deorsum angustatae; stipulae 4—5 mm longae. Thyrsi quam folia dimidio breviores, brevius pedunculati, tenuiores, rhachi diametro circ. 1 mm, laxius cincinnigeri, cincinnis sessilibus contractis; bracteae vix 1 mm aequantes; pedicelli 1,5—2 mm longi. Sepala duo exteriora dimidiam interiorum partem aequantia, subcoriacea, interiora 2,5—3 mm longa, subpetaloidea, extus adpresse puberula. Petala oblonga; squamae cristis adjectis duas petalorum partes aequantes, superiores crista brevi emarginata appendiceque squamae basin fere attingente parce barbata instructae. Tori glandulae suborbiculares, parvae. Staminum filamenta compressiuscula, apicem versus paulum angustata, pilis albis parcis superne obsita; antherae glabrae. Germen trigono-subglobosum, breviter stipitatum, plus minus ochraceotomentosum, styli brevissimi cruribus tomentellis. Capsula stipite 4—6 mm longo adjecto 1—1,5 cm longa, tomento brevi ochraceo induta. Seminis testa spadicea.

In Novo-Granata et in Nicaragua, nec non in Peruvia, si re vera huc pertinet stirps Lechleriana: Triana n. 3453! („prov. de Bogotá, Villavicencio, Llanos de San Martin, bassin du Meta, alt. 400 m", Hb. Par., DC.); Karsten! (ibid.; Hb. Vindob.); Tate n. 57! (Nicaragua, n. 1867—8; foliis 3-jugis; Hb. Kew.); ? Lechler pl. peruvian. ed. Hohenacker n. 2332, a! (Peruvia, St. Gavan in silvis, m. Jul. 1854, foliis bijugis, floribus delapsis vel ictu insectorum in gallas pisiformes transformatis; Hb. Griseb.: Hb. Kew., in eadem plagula affixa c. Serj. subrotundifolia Radlk.).

Zusatz. Schon die mit den Originalien von Triana und Karsten hier vereinigte Pflanze von Tate zeigt einige Abweichungen, nämlich nur dreijochige Blätter, höher hinauf verwachsene (vordere) Kelchblätter und einen spärlich behaarten Fruchtknoten; doch finden sich in dem ersten dieser Punkte durch Verwachsung eines der obersten Seitenblättchen mit dem Endblättchen Uebergänge bei den Originalien und auch die zweite und dritte Abweichung betrifft Verhältnisse, welche da und dort Schwankungen unterworfen sind. Die zweite ist hier, möchte man sagen, sogar erwünscht, weil sie die Einreihung der Art, die in der dritten Section keinen deutlichen Anknüpfungspunkt finden würde, bei den hier neben sie gestellten Arten erleichtert.

Noch weit mehr natürlich hebt sich von den Originalien durch ihre nur zweijochigen Blätter die Pflanze von Lechler ab, so dass bei dem Fehlen von Blüthen und Früchten ihre Hiehergehörigkeit in der That als etwas Problematisches bezeichnet werden muss. Doch zeigen Zweig, Inflorescenzen und Blätter in ihren äusseren, wie in ihren feineren inneren Verhältnissen (besonders auch hinsichtlich der kleinen Aussendrüsen) eine so grosse Uebereinstimmung mit den Materialien aus Neu-Granata und Nicaragua, dass ich neben diesen immerhin den rechten Platz für die Lechler'sche Pflanze vermuthen möchte, auch wenn sie sich später als etwas Selbständiges erweisen sollte. Auf die letztere Möglichkeit deutet ein eigenthümliches olivengrünes Colorit der Blätter und eine stärkere schmutzige Behaarung der Zweige hin.

### 49. Paullinia linearis Radlk.

Suffruticosa, glabra; rami teretes; corpus lignosum simplex; folia impari-pinnata, 5—6-juga, jugo infimo ternato; foliola auguste linearia, apice basique acuta, integerrima, sessilia, membranacea, reti venarum laxo instructa, supra subtusque glabra, glandulis microscopicis malleoliformibus obsita, reti utriculorum laticiferorum pellucido tenui subtus instructa; petiolus marginatus; rhachis anguste alata; stipulae parvae, subfalcatae. Flores et fructus ignoti.

Rami diametro 1,5—2 mm, cortice subviridi, dein subgriseo. Folia 15—20 cm longa; foliola 5—7 cm longa, 0,5—1 cm lata; petiolus communis 4—5 cm longus; rhacheos segmenta 1,2—1,5 cm longa, alae superne 0,5—1 mm utrinque latae, deorsum angustatae; stipulae circ. 2 mm longae.

In Peruviae provincia Maynas, prope Yurimaguas, in sylvis paludosis frequentissima: Poeppig! (a. 1831; fruticulus juvenilis, parvus, 0,5 m altus, sterilis; Hb. Vindob.).

Zusatz. Es ist nur steriles Material von dieser Pflanze vorhanden, an der Basis zum Theile mit Nebenwurzeln versehen und allem Anscheine nach von stärkeren unterirdischen Theilen abgeschlitzte Stämmchen eines kleinen, kaum einen halben Meter hohen und wohl noch im Jugendzustande gewesenen Strauches. Trotzdem lassen sich nach morphologischen und anatomischen Verhältnissen so nahe Beziehungen zu *Paullinia marginata* erkennen, dass man glauben möchte, einen Jugendzustand derselben, wie ihn z. B. die Nummer 2947 der Sammlung von Glaziou (aber nur mit dreijochigen Blättern) darstellt, vor sich zu haben, wenn nicht die reichere Gliederung des Blattes, das lockerere Venennetz der Blättchen, sowie der weit abgelegene Fundort dagegen sprächen.

### 50. Paullinia marginata Casaretto.

Paullinia marginata Casaretto Nov. Stirp. Bras. Decades, Decas III (m. Aug. 1842) p. 28, n. 23!
— — Walpers Repert. V (1845—46) p. 361.
— — Radlkofer in Monogr. Serj. (1874—75) p. 73 n. 89 etc. (v. indic.).

Scandens, fruticosa, glabra; rami teretes, juniores pulverulento-puberuli; corpus lignosum simplex: folia plerumque trijuga, raro foliolis superioribus cum terminali partim confluentibus sub-2-juga, vel foliolo terminali in ternatum transeunte sub-4-juga, jugo infimo simplice sessili vel petiolulis nunc unilateraliter tantum nunc utrinque strictura a lamina segregatis ternationis indicium praebente vel re vera ternato; foliola lanceolata, interdum e lanceolato linearia, apice longe acuminata, nervo mediano interdum ultra apicem producto mucronulata, basi acutiuscula, sessilia, integerrima, chartacea, nervis lateralibus numerosis venisque patentissimis tenuiter transverse striata, supra subtusque glabra, glandulis microscopicis malleoliformibus subimmersis obsita, lineolis ramificatis simplicibusve pellucidis permultis notata, epidermide non mucigera; rhacheos segmenta petiolusque communis late alata, interdum foliolis similia; stipulae majusculae, lanceolatae, subfalcatae; thyrsi solitarii vel paniculatim congesti, pulverulento-puberuli; flores minores (saepius monstrosi), sepalo 3. et 5. usque ad mediam partem vel altius, interdum fere usque ad apicem connatis; capsula globosa, basi abrupte in stipitem contracta, extus intusque glabra; semen subglobosum, arillo totum praeter dorsi aream suborbicularem obtectum.

In Brasiliae provincia Rio de Janeiro: Bowie & Cunningham n. 352!; Raddi!; Pohl (Schott) n. 696!; Beyrich!; Miers n. 4512!; Casaretto n. 1064!; Warming!; Glaziou n. 142! 2947! (stirps juvenilis, Paull. linearem in mentem revocans, attamen foliis 3-jugis, jugis simplicibus distincta), 6497! 7548!; Schwacke n. 7353!

Zusatz 1. Die Art ist durch die schmalen, mitunter sehr verlängerten Blättchen und die starke Flügelung der Blattspindel, deren obere Glieder den Blättchen an Breite oft kaum nachstehen, ausgezeichnet, sowie durch das quergerichtete engmaschige Venennetz, aus welchem die zahlreichen Seitennerven nur wenig hervortreten, ausser wenn sie gelegentlich (und oft nur an einzelnen Blättchen desselben Blattes) zu mehr aufsteigender Richtung sich erheben, dadurch eine Verähnlichung des Blattes mit dem der *P. carpopodea* subforma *multiflora*, bewirkend.

Zusatz 2. Ueber das Vorkommen monströser Blüthen hat schon Casaretto berichtet: „In hac specie, haud raro inter flores fertiles hac illuc occurunt alii flores steriles monstruosi, omnibus eorundem partibus morbose adauctis ac in innumera foliola flores plenos simulantia mutatis, morsu, ut opinor, alicujus insecti, ut fit in *Rosa, Salice* etc."

### 51. Paullinia carpopodea Cambessedes emend.
(non St. Hilaire, uti Don, Dietrich et Walpers referunt.)

Paullinia carpopodea Cambess. in St. Hilaire Flor. Bras. I (1825) p. 376. n. 9. tab. 78 B!
— — Cambess. in Mém. Mus. d'Hist. nat. XVIII (1829) p. 23.
— — Don General Syst. I (1831) p. 660, n. 10.

Paullinia carpopodea Dietrich, Dav., Synops. Pl. II (1840) p. 1315. n. 29.
— — Walpers Repert. I (1842) p. 413.
— — Radlkofer in Monogr. Serj. (1874—75) p. 73 n. 74 etc. (v. indic.).
 c. syn. „P. Timbo Vell."
— — Schenck, Beiträge zur Anat. d. Lianen (1893) p. 106!
 (NB. In Steudel Nomencl. ommissa est, ut et aliae spec.; cf. Lit. gen.)
Paullinia affinis Cambess. (non St. Hilaire, uti Don, Dietrich et Walpers referunt) in
 St. Hilaire Flor. Bras. I (1825) p. 377, n. 10, tab. 78 A!
— — Cambess. in Mém. Mus. d'Hist. nat. XVIII (1829) p. 23.
— — Don General Syst. I (1831) p. 660, n. 11.
— — Dietrich, Dav., Synops. Pl. II (1840) p. 1315, n. 30.
— — Walpers Repert. I (1842) p. 413.
— — Radlkofer in Monogr. Serj. (1874—75) p. 73 n. 75 etc. (v. indic.)
 (NB. In Steudel Nomencl. ommissa est. v. supra.)
Paullinia multiflora Cambess. (non St. Hilaire, uti Don, Dietrich et Walpers referunt) in
 St. Hilaire Flor. Bras. I (1825) p. 379, n. 11!
— — Cambess. in Mém. Mus. d'Hist. nat. XVIII (1829) p. 23.
— — Don General Syst. I (1831) p. 662, n. 37.
— — Martius Herb. Flor. Bras. in Flora (s. Regensb. bot. Zeit.) Jahrg. XX
 (1837) Band II. Beiblatt p. 121, n. 170!
— — Dietrich, Dav., Synops. Pl. II (1840) p. 1315, n. 37.
— — Steudel Nomencl. Ed. II. II (1841) p. 278. c. syn. „Paull. Timbo
 Arrabida?"
— — Walpers Repert. I (1842) p. 414.
— — Gray, Asa. Bot. Wilkes Un. St. Explor. Exped. XV (1854) p. 248, n. 1.
— — Radlkofer in Monogr. Serj. (1874—75) p. 73 n. 76 etc. (v. indic.).
Paullinia Timbó Vellozo (Arrabida) Flor. Fluminens. I (1825) p. 160, n. 6 (reimpr. 1881.
 p. 152); Icon. IV (1827) tab. 32. Cf. Radlk. Serj. p. 47, p. 73
 sub n. 74.

Scandens, fruticosa vel arborescens (Burchell, Schenck); rami teretiusculi, juniores pilis brevissimis vel longioribus tomentosi, adultiores plus minus glabrati, saepe lenticellis notati; corpus lignosum simplex; folia imparipinnata, 3-juga, raro 4-juga vel sub-4-juga (rarissime foliolis superioribus cum terminali partim confluentibus sub-2-juga) jugo infimo utrinque ternato, interdum in foliolum simplex transeunte vel re vera simplice; foliola elliptico-lanceolata vel lanceolata, apice nunc longius acuminata, nunc acutiuscula, saepius nervo mediano ultra apicem producto mucronulata, basi acuta, sessilia vel breviter petiolulata, integerrima, chartacea vel coriacea, nervis lateralibus curvatis paucis instructa, supra glabra, subtus pilis saepius lateraliter affixis subsaccatis plus minus flavescenti-pubescentia, saepius in axillis nervorum barbata, glandulis microscopicis malleoliformibus subimmersis crebris obsita, punctis lineolisque ramificatis pellucidis nec non saepius utriculis longioribus rete interruptum exhibentibus notata, epidermide non mucigera; petiolus rhachisque nuda vel alata; stipulae conspicuae, lanceolatae; thyrsi solitarii vel paniculatim congesti; bracteae bracteolaeque minimae; flores (saepius monstrosi) sat magni, sepalis 3. et 5. plerumque ultra medium, interdum fere usque ad apicem connatis; capsula globosa, basi abrupte in stipitem contracta (cf. Fig. IV), extus intusque glabra; semen subglobosum, fere totum arillo obtectum.

Formas 2. subformas 5 distinguere licet:

Forma 1. subcalva: Foliola subtus laxe pubescentia, raro pube brevi densiore adpressa induta, lanceolato-elliptica vel lanceolata, nunc chartacea, nunc coriacea.

Subforma 1. multiflora (*P. multiflora* Camb.): Foliola reti venarum arctiore subtransversali instructa; petiolus communis rhachisque plerumque late alata, raro petiolus communis nudus.

Subforma 2. pterygorhachis (*P. carpopodea* Camb. part.): Petiolus communis plerumque nudus; rhachis (certe in segmento superiore) alata.

Subforma 3. gymnorhachis (*P. carpopodea* Camb. part.): Petiolus communis rhachisque nuda.

Forma 2. vestita: Foliola subtus sericeo-tomentosa, lanceolata, gracilia, coriacea; petiolus nudus.

Subforma 1. affinis (*P. affinis* Camb.): Rhachis alata.

Subforma 5. chrysophylla: Rhachis nuda.

In Brasiliae provinciis S. Catharina, S. Paulo, Rio de Janeiro et Minas Geraës: Forma 1. subforma 1: In prov. S. Paulo: St. Hilaire! („P. multiflora Camb."); Burchell n. 4770! 5015! — in prov. Rio de Jan.: Graham!; Martius Hb. Flor. bras. n. 170! (leg. Ackermann; „P. multiflora C."); Wilkes Exped. („P. multiflora C." t. Gray; specim. non vidi); Houlet! Glaziou n. 12496! — in prov. Min. Ger.: Lhotsky! Regnell III, 352, a! — in prov. S. Cath.: Ule n. 203! 336! 337! Schenck n. 481! 550! Loco non indicato: Sello n. 317! 737! — Subforma 2: In prov. Rio de Jan.: Vellozo („P. Timbó"); Riedel Y! Casaretto n. 817! Miers n. 4509! 4611! Gardner n. 5686! (5086?); Glaziou n. 2513! 6499! 8601! Mosén n. 2430! J. de Saldanha n. 5578! Schwacke n. 5502! Schenck n. 2317! 2387! 3769! — in prov. Min. Ger.: St. Hilaire! Martius obs. ined. n. 1107! Casaretto n. 2980! Regnell III, 352! III, 352. c! III, 352, d! III, 352. e! Schwacke n. 7670! 7672! 8794! 9140! 10350! Magalhães-Gomes n. 255! 312! Loco non indicato: Sello n. 1272! 1819! Riedel et Langsdorff n. 390! collector ignotus n. 179! Hb. Richard). — Subforma 3: In prov. Min. Ger.: St. Hilaire! Weddell n. 1050! Pizarro n. 1! — Forma 2. subforma 4: In prov. Min. Ger.: St. Hilaire („P. affinis Camb.")! Schwacke n. 8131! Loco non indicato: Glaziou n. 18954! — Subforma 5: In prov. Min. Ger.: Martius obs. ined. n. 1103! Riedel n. 315! Vauthier n. 516! Claussen! Gardner n. 4480! Schwacke n. 8729! Magalhães-Gomes n. 1049! 2038! Loco non indicato: Sello n. 1106! Pohl (Schüch)!

Zusatz. Auf den zweifelhaften Artwerth von *Paull. affinis* Camb. habe ich schon früher (Monographie von *Serjania*, p. 46) hingewiesen. Dieselbe ist von *Paull. carpopodea* Camb., da sie lediglich durch die dichte Behaarung verschieden ist, und da in dieser alle möglichen Abstufungen sich finden, als Art nicht zu trennen, wie eigentlich auch Cambessedes selbst schon vermuthet hat (s. dessen Bemerkung a. a. O.).

Aehnlich verhält es sich aber auch noch, wie ein reicheres Material gezeigt hat, mit *Paull. multiflora* Camb., welche von *Paull. carpopodea* Camb. wesentlich nur wegen des geflügelten gemeinschaftlichen Blattstieles, des Trägers der gleichfalls geflügelten Blattspindel, unterschieden worden ist. Auch hier sind, wie für die Segmente der Blattspindel, unter Schmälerwerden der Flügel zahlreiche Uebergänge zum vollständig nackten Blattstiele und Blattstielgerüste überhaupt zu finden, und es ist nicht einzusehen, warum das, was Cambessedes selbst schon nach seinem Materiale für die Blattspindel als werthlos betrachtet hat, die Flügelung nämlich, wie er für *P. carpopodea* durch die Worte „rhachis nuda aut alata" darthut, an dem Blattstiele einen soviel höheren, einen specifischen Werth besitzen soll. Cambessedes hatte eben Uebergangsexemplare nicht vor sich, und so erschien ihm das individuelle Gepräge seines Materiales mit etwas kürzeren, dünneren und glänzenderen Blättchen als gewöhnlich und mit kürzeren und breiter als gewöhnlich geflügelten Blattstielen und Blattspindelsegmenten als eigenthümlich genug, um darauf eine besondere Art zu basiren. Es lassen sich seine Exemplare von den gleichfalls mit geflügeltem, aber längerem Blattstiele versehenen und gestreckter, glanzlose Blättchen besitzenden (wie Mart. Herb. Fl. bras. n. 170) und von daran sich anreihenden mit bald nahezu, bald ganz ungeflügelten Blattstielen (und gelegentlich an demselben Exemplare dieses, wie bei Regnell III. 352) so wenig trennen, wie die letzteren von den Originalen der *P. carpopodea*. Wollte man auf die Flügelung so grossen Werth legen, so müsste man auch die Materialien mit Flügelung an beiden, dann nur an dem oberen und weiter an keinem der Rhachissegmente als besondere Arten unterscheiden, wozu dann noch weitere kämen unter Berücksichtigung der verschiedenen Verhältnisse bei Exemplaren mit vierjochigen Blättern. Auch andere vorwiegend auf derartige Unterschiede basirte Arten werden vor einem reicheren Materiale mit der Zeit vielleicht hinfällig werden.

Es fallen somit *P. carpopodea*, *P. affinis* und *P. multiflora*, welche Cambessedes selbst schon unmittelbar aneinander gereiht hat, in eine Art zusammen und sind nur als Formen dieser einen Art anzusehen, unter Spaltung in entsprechende Unterformen, wobei mir das grössere Gewicht auf die zum Theile sehr auffällige Behaarung gelegt werden zu müssen scheint, da die Flügelung selbst an Blättern desselben Zweiges eine verschiedene Ausbildung zeigt. So ergeben sich die oben angeführten zwei Hauptformen mit fünf Unterformen, für deren erste (subf. *multiflora*) noch das engere und mehr transversal gerichtete Venennetz, welches einigermassen an das der *P. marginata* erinnert, als Merkmal hervorgehoben werden kann, obwohl dasselbe auch bei anderen Formen gelegentlich in ähnlicher Weise auftritt.

Zusatz 2. Bei Vellozo sind die Blätter mangelhaft dargestellt, nämlich nur mit fünf Blättchen (der Blattstiel nackt, die Rhachis geflügelt). Die Frucht lässt übrigens keinen Zweifel über die Hiehergehörigkeit der Pflanze.

Zusatz 3. Die Pflanze scheint in ihren Wuchsverhältnissen, wie auch andere Arten (s. z. B. *P. trigonia*), Schwankungen zu unterliegen und nicht immer als förmliche Liane aufzutreten. Ihre Blüthen zeigen nicht selten dieselbe Monstrosität, wie sie Casaretto bereits für die nahe verwandte *Paull. marginata* beschrieben hat (s. dort p. 224, Zus. n. 2).

### 52. Paullinia grandifolia Benth.

Paullinia grandifolia Bentham in schedis, coll. Spruce n. 1537! (1851).
— — Radlkofer in Monogr. Serj. (1874—75) p. 75 n. 111 etc. (v. indic.)

Scandens, fruticosa; rami juniores subteretes, tomento denso sufferrugineo (interdum pulverulento tantum) induti; corpus lignosum simplex; folia impari-pinnata, 3-juga, jugo infimo ternato; foliola elliptico- vel oblongo-lanceolata, in acumen obtusum protracta, basi plus minus acuta, sessilia, remote serrato-dentata, chartacea, sat dense subclathrato-venosa, glabra, supra nitida vel opaca, glandulis microscopicis subscutatis foveolis immersis crebris obsita, punctis pellucidis raris, reti utriculorum laticiferorum subtus instructa, staurenchymate fibris percurso, epidermide non mucigera; petiolus rhachisque nuda, supra sulcis duobus exarata; stipularum cicatrices latae, semiamplexicaules (ut in *P. ingaefolia*); thyrsi paniculatim congesti, robusti, cincinnis stipitatis elongatis contractisve; bracteae bracteolaeque conspicuae; flores sat magni, sepalis tomentellis, 3. et 5. apice tantum discretis; capsula subglobosa, in stipitem abrupte contracta, extus breviter tomentosa, intus adpresse puberula; semen totum praeter aream dorsalem parvam ellipticam arillo obtectum.

In Brasiliae provinciis Pará et Alto Amazonas: Martius!; Spruce n. 1537! Glaziou n. 13633! (Amazonas? a Schwacke communicata? cf. obs. n. 3 ad Paull. Cup.; Schwacke n. 4003! („III, 375"; Alto Amazonas).

### 53. Paullinia ingaefolia Rich. ed. Juss.

Paullinia ingaefolia „Richard" ed. Jussieu in Ann. Mus. d'Hist. nat. IV (1801) p. 349, n. 20!
(Hb. Richard, nunc Franqueville, sub eodem nomine a Juss., alio vero non edendo a Rich. adscripto; cf. obs. n. 1 ad *P. sphaerocarp.*).

Paullinia ingaefolia Persoon Synops. I (1805) p. 114. n. 26.
— — Poiret in Lamarck Encycl., Suppl. IV (1816) p. 333. n. 26 et p. 334 inter spec. dub.
— — Dietrich, Fr. G., Gartenlexic., Nachtrag V (1819) p. 649. n. 11.
— — Steudel Nomencl. Ed. I (1821) p. 597.
— — De Cand. Prodr. I (1824) p. 607, n. 39.
— — Sprengel Syst. Veg. II (1825) p. 250, n. 28.
— — Cambessed. in Mém. Mus. d'Hist. nat. XVIII (1829) p. 23.
— — Don General Syst. I (1831) p. 662. n. 36.
— — Dietrich. Dav., Synops. Pl. II (1840) p. 1315. n. 28.
— — Steudel Nomencl. Ed. II, II (1841) p. 278.
— — Radlkofer in Monogr. Serj. (1874—75) p. 71 n. 31 etc. (v. indic.).
Non Paullinia ingifolia Grisebach Flor. Brit. West Ind. Isl. (1859—64) p. 124, n. 11: cfr. Paull. tetragona Aubl.
Non Paullinia ingaefolia Sagot Catal. des Pl. de la Guyane franç. in Ann. Scienc. nat. VI. Sér., XII (1882) p. 191; cfr. Paull. dasygonia Radlk.

Scandens, fruticosa; rami subteretes, leviter multistriati, juniores tomento brevi sufferugineo induti, adultiores glabrati, lenticellosi; corpus lignosum simplex; folia impari-pinnata, 3-juga, jugo infimo ternato; foliola ovato-lanceolata vel oblonga, in acumen obtusum angustata, basi terminalia cuneata, lateralia acutiuscula, omnia sessilia, raridentata vel integerrima, coriacea, reti venarum transversali instructa, utrinque glabra, supra valde nitida, glandulis microscopicis orbiculari-subscutatis foveolis immersis crebris obsita, punctis pellucidis raris parvisque nec non subtus reti utriculorum laticiferorum obscuro instructa, staurenchymate libris percurso, epidermide non mucigera e cellulis margine valde sinuatis exstructa; petiolus communis nudus, rhachis certe superne latius angustiusve alata; stipulae magnae, latiores, concavae, semi-amplexicaules; thyrsi solitarii vel paniculatim congesti, robusti, cincinnis sessilibus contractis; bracteae bracteolaeque conspicuae; flores sat magni, sepalis tomentellis, 3. et 5. apice tantum discretis; capsula subglobosa, in stipitem abrupte contracta, extus velutino-tomentella, intus pubescens; semen (immaturum tantum suppetebat) totum praeter aream dorsalem parvam ovatam arillo obtectum.

In Guiana gallica nec non in Brasiliae provincia Pará: L. Cl. Richard! (in sylvis fluvii Pará; Hb. Franquev.); idem? (Pará; Hb. Paris.); Burchell n. 9622! (prope urbem Pará; Hb. Hook., Mart.); idem n. 9979?!, 9987—3?! (ibid. m. Dec. 1829; anne haec specimina ad Paull. pachycarpam Benth. recensenda, ulterius inquirendum, cum scribenti mihi ad manus non sint).

### 54. Paullinia pachycarpa Benth.

Paullinia pachycarpa Bentham in Hook. Journ. Bot. & Kew. Gard. Misc. III (1851) p. 196; „coll. Spruce"!
— — Walpers Annal. IV (1857) p. 377.
— — Radlkofer in Monogr. Serj. (1874 -75) p. 71 n. 110 etc. (v. indic.).

Scandens, fruticosa; rami subtrilateri vel subteretes, juniores sufferrugineo-tomentelli, mox glabrati, lenticellosi; corpus lignosum simplex; folia impari-pinnata, 3-juga, jugo infimo ternato; foliola nunc subelliptica, nunc oblonga, in acumen obtusum protracta, basi terminale longiuscule attenuatum, lateralia acutiuscula vel subrotundata, omnia sessilia, remote serrato-dentata, raro subintegerrima, coriaceo-chartacea, transversim venosa, utrinque glabra et subopaca, glandulis microscopicis subscutatis foveolis immersis crebris obsita, punctis lineolisque pellucidis sat crebris notata, reti utriculorum laticiferorum interrupto subpellucido obscurove subtus instructa, staurenchymate fibris percurso, epidermide non mucigera; petiolus rhachisque alata; stipularum cicatrices latae, semiamplexicaules; thyrsi solitarii vel paniculatim congesti, robustiores, cincinnis longius breviusve stipitatis plus minus contractis; bracteae bracteolaeque majores; flores magni, sepalis canescenti-tomentellis, 3. et 5. fere usque ad apicem connatis; capsula globosa, longius breviusve stipitata, extus velutino-tomentella, intus pubescens, pericarpio crasso; semen subtrigonum vel subhemisphaericum, totum praeter aream dorsalem parvam subrhombeam vel orbicularem spadiceam nitidam (perperam a Benth. l. c. „hilum" dictam, cf. supra p. 105) arillo obtectum.

In Brasiliae provinciis Pará, Goyaz et Alto Amazonas, nec non in Novo-Granata: In Brasilia: Martius!; Weddell n. 2180!; Spruce n. 411! 968!; — in Novo-Granata: Karsten! (Apiai. Llano de San Martin: Hb. Vindob.).

### 55. Paullinia platymisca Radlk.

Scandens, fruticosa; rami basi subteretes, apice subtrigoni, leviter multistriati, e pulverulento-puberulo glabrati; corpus lignosum simplex: folia 5-foliolato-pinnata, petiolo rhachique late (in foliis inferioribus latissime) alata; foliola elliptica vel sublanceolata, obtusa vel subfalcatim acuminata, basi subacuta petiolulis perbrevibus insidentia, integerrima nec nisi inferiora basi extus dente unico obsoleto instructa, membranaceo-chartacea, vix nitidula, reti venarum laxo obsoleto, glabra nec nisi subtus in axillis nervorum subfoveolatis pilosa, glandulis microscopicis orbiculari-subscutatis immersis supra subtusque obsita, punctis pellucidis parvis nec non subtus reti utriculorum laticiferorum obscuro instructa, staurenchymate fibris percurso, epidermide non mucigera e cellulis margine valde sinuatis exstructa; stipulae (e cicatricibus relictis) sat conspicuae; thyrsi — (non visi, nisi in cirros axillares apice biramosos conversi).

In Brasiliae provincia Goyaz: Burchell n. 8917!

Zusatz. Die Pflanze steht der *Paull. ingaefolia* Rich. zweifellos sehr nahe und man würde sie vielleicht als eine eigenthümliche Form dieser mit verarmten Blättern und im Gegensatze hiezu voller entwickelten, d. h. ausnahmsweise geflügelten und zwar auffallend breit geflügelten Blattstielen betrachten können, wenn Uebergangsexemplare vorhanden wären und wenn nicht doch in manchen Dingen, wie Textur des Blattes, Beschaffenheit des Venennetzes, grössere Zellenzahl der schildförmigen Drüsen u. s. w., Unterschiede hervorträten. Wie bei *P. ingaefolia*, ferner *P. pachycarpa* und *grandifolia* zweigen sich auch bei ihr Sklerenchymfasern von den Gefässbündeln ab, welche sich mit ihren Spitzen zwischen die Palissadenzellen von unten nach oben einschieben.

### 56. Paullinia xestophylla Radlk.

Alte scandens, fruticosa; rami teretes, striati, juniores flavescenti-tomentosi, adultiores glabrati, cinerascentes, lenticellosi; corpus lignosum simplex; folia 5-foliolato-pinnata; foliola elliptica, breviter acuminata, basi acuta, in petiolulos conspicuos attenuata, margine revoluto integerrima nec nisi in superiore (interiore) latere prope basin dente obsoleto glandulo-ocalloso vel callo intramarginali instructa, coriacea, reticulato-venosa, utrinque nitida, glabra, nec nisi glandulis microscopicis orbiculari-subscutatis immersis obsita, punctis pellucidis lineolisque ramificatis negrius perspiciendis notata, staurenchymate fibris perparcis percurso, epidermide non mucigera; petiolus rhachisque nuda; stipulae (quantum e residuis concludi potest) subulatae, crassiusculae; thyrsi solitarii, abbreviati, sat dense cincinnigeri, tomentelli; cincinni sessiles, bracteis mediocribus; flores majusculi, brevissime pedicellati, pedicellis fructigeris crassis, sepalis coriaceis tomentellis, 3. et 5. sub fructu (fissione?) sat discretis; capsula ellipsoidea, apiculata, in stipitem brevem contracta, dense birto-tomentosa, intus pilis raris adspersa, pericarpio crasso „rubro" (Schwacke); semina obovata, a dorso compressiuscula, praeter striam dorsalem angustam apicem non attingentem tota arillo obtecta.

In Brasiliae provincia Minas Geraës: Schwacke n. 10502! (leg. Filgueiras in sylvis ad Rio Novo. a. 1894).

Zusatz. Wie schon angedeutet, dürfte der Umstand, dass an dem nur in seinen unter der Frucht zurückgebliebenen Resten gesehenen Kelche das dritte und fünfte Blatt ziemlich frei von einander erschienen, von einer Zerreissung durch die anwachsende Frucht berrühren. Alle übrigen Merkmale, besonders die verwischten callösen Zähne der Blättchen und die Beschaffenheit ihrer kleinen Aussendrüsen sprechen für die nahe Verwandtschaft mit *Paullinia venosa* und damit, wie besonders noch die Dickwandigkeit der Frucht, für die Zugehörigkeit der Pflanze zur Sect. IV: *Pachytoechus*.

### 57. Paullinia venosa Radlk.

Schmidelia spec. Grisebach in schedis coll. Kappler Pl. Surinamens., ed. Hohenacker (1844?) n. 2131!

Scandens, fruticosa, glabra; rami subteretes, leviter striati, glabri, cinerascentes; folia impari-pinnata, foliolis bijugis, raro trijugis (in specimine culto); foliola lanceolata, apice in acumen obtusum angustata, basi acuta vel rotundata, praeter dentem obsoletum glanduloso-callosum prope basin utrinque vel in superiore (interiore) tantum latere plerumque obvium integerrima, subsessilia vel breviter petiolulata, subcoriacea, arcte reticulato-venosa, nitida. supra subtusque glabra, glandulis microscopicis orbiculari-subscutatis immersis obsita, pellucide punctata et lineolata, reti utriculorum laticiferorum interrupto venis juxtaposito instructa, staurenchymate fibris parce percurso, epidermide non mucigera; petiolus rhachisque nuda; stipulae minutae, deltoideae; thyrsi solitarii vel in paniculam congesti, laxe cincinniferi, glabriusculi; cincinni sessiles, bracteis minimis; flores pedicellati, mediocres, sepalis membranaceis minutim puberulis, 3. et 5. alte conuatis; capsula (immatura) trigono-pyriformis, in stipitem attenuata, pube brevi laxe adspersa, denique glabrata, intus glaberrima; semen subglobosum, praeter striam dorsalem latiuscule obovatam arillo obtectum.

In Guiana et Brasilia: Kappler n. 2131! (Surinam ad flum. Lava super., m. Sept. 1844. flor.; ed. Hohenacker c. indicat. „Schmidelia sp. — Griseb.", cf. Lit.; Hb. Griseb. Franquev., Vindob.); Newmann! (Brasilia; Hb. Deless.); Schwarz? sine no.! (Exped. Novara 1857—59. Brasil.; fruct.). — Cultam vidi in Hort. Paris. a. 1868, anne e Guiana gallica allatam?

## Sectio V. Enourea.

### 58. Paullinia sphaerocarpa Rich. ed. Juss.

Paullinia sphaerocarpa „Richard" ed. Jussieu in Ann. Mus. d'Hist. nat. IV (1804) p. 348.
n. 9! (Hb. Juss. n. 11361, a Rich. comm.; Hb. Richard, dein Franqueville, sub eodem nomine a Juss. et alio analogo, non edendo, a Rich. adscripto; cf. obs. n. 1.)

— — Persoon Synops I (1805) p. 443. n. 14.
— — Poiret in Lamarck Encycl.. Suppl. IV (1816) p. 333, n. 25.
— — Dietrich, Fr. G., Gartenlexic., Nachtrag V (1819) p. 647, n. 6.
— — Steudel Nomencl. Ed. I (1821) p. 597.
— — De Cand. Prodr. I (1824) p. 605, n. 17, ubi in patriae indicatione legendum est „Guiana" loco „Guinea", ut et apud Spreng., Don, D. Dietrich et Heynhold ll. infra cc. Idem error invenitur in Hook. Nig. Flor. (1849) p. 248. Cf. obs. n. 3.
— — Sprengel Syst. Veg. II (1825) p. 249, n. 24, emendat. emendand. ut in anteced.
— — Cambessed. in Mém. Mus. d'Hist. nat. XVIII (1829) p. 23.
— — Loudon Hort. Britann. (1830) p. 159. „Cult. 1824". Cf. Hist. spec. cult. in Radlk. Serj. p. 67.
— — Don General Syst. I (1831) p. 661, n. 27, emendat. emendand. ut supra sub De Cand. „Cult. 1824". Cf. Hist. spec. cult. l. c.
— — Dietrich, Dav., Synops. Pl. II (1840) p. 1315, n. 24.
— — Heynhold Nomencl. bot. hortens. I (1840) p. 591, emend. emendand. ut supra sub De Cand. Cf. Hist. spec. cult. l. c.
— — Steudel Nomencl. Ed. II, II (1841) p. 278.
— — Radlkofer in Monogr. Serj. (1874—75) p. 71 n. 31 etc. (cf. indic.), c. syn. „Paull. cupaniaefol. Rich. ed. Juss."
— — Sagot Catal. des Pl. de la Guyane franç. in Ann. Scienc. nat., VI. Sér., XII (1882) p. 191; coll. Richard! Perrottet! Mélinon!

Paullinia cupaniaefolia „Richard" ed. Jussieu in Ann. Mus. d'Hist. nat. IV (1804) p. 349. n. 14! (Hb. Richard, dein Franqueville, sub nominibus aliis quidem, sed analogis, non edendis, uno a Rich., altero a Juss. adscripto; cf. obs. n. 1). Cf. Radlk. Serj. p. 41 etc. (v. indic.).
— — Persoon Synops. I (1805) p. 443, n. 22.
— — Poiret in Lamarck Encycl., Suppl. IV (1816) p. 334.
— — Dietrich, Fr. G., Gartenlexic., Nachtrag V (1819) p. 648, n. 9.
— — Steudel Nomencl. Ed. I (1821) p. 597.
— — De Cand. Prodr. I (1824) p. 606, n. 35.
— — Sprengel Syst. Veg. II (1825) p. 249, n. 13.
— — Cambessed. in Mém. Mus. d'Hist. nat. XVIII (1829) p. 23.
— — Don General Syst. I (1831) p. 661, n. 32.
— — Dietrich, Dav., Synops. Pl. II (1840) p. 1314, n. 13.
— — Steudel Nomencl. Ed. II, II (1841) p. 277.

Paullinia tetragona (non „Aubl.") Grisebach in schedis coll. Kappler Plant. Surinamens., ed. Hohenacker (1844?), n. 2128!

Paullinia sphaerocephala A. De Cand. (sphalm.) in Prodr. XVII (1873) p. 317; cf. obs. n. 3.

Non Paullinia sphaerocarpa Grisebach Flor. Brit. West. Ind. Isl. (1859—64) p. 124, n. 15; cfr. Paull. microsepala Radlk.

Scandens, fruticosa, glabriuscula; rami juniores subteretes, e hirtello-puberulo glabrescentes; corpus lignosum simplex; folia 5-foliolato-pinnata; foliola ex ovali vel oblongo lanceolata, apice acuminata, basi terminalia attenuata cuneatave, lateralia acutiuscula vel rotundata, omnia remote crenato-dentata, sessilia vel petiolulata, e membranaceo chartacea, laxius subclathrato-venosa, supra subtusque glabra, glandulis microscopicis curvatis obsita, reti utriculorum laticiferorum subtus instructa, epidermide mucigera; petiolus nudus, rhachis marginato-alata; stipulae minimae, late triangulares; thyrsi solitarii vel paniculatim congesti, puberuli; bracteae bracteolaeque minimae; flores mediocres. sepalis 3. et 5. apice tantum discretis: capsula subglobosa, brevissime stipitata, extus tomento brevi adpresso induta, denique glabrata, intus lanosa.

Rami thyrsigeri diametro 2—3 mm. cortice plus minus canescente, lenticellosi. Folia 10—25 cm longa, fere totidem lata; foliola 4—12 cm longa, sicca fusco-viridia, rarius subfusca, subtus pallidiora, supra subtusque nitida; petiolus communis 2—10 cm longus, supra sulcatus, subtus convexus, glaber. Thyrsi tenuiores, rhachi diametro circ. 1 mm. 8—30 cm longi, brevius longiusve pedunculati, laxius cincinnigeri, cincinnis sessilibus breviterve stipitatis plus minus contractis; pedicelli circ. 2 mm longi. Sepala duo exteriora vix quartam interiorum partem aequantia, interiora circ. 2,5 mm longa, membranacea, omnia cano-tomentella. Petala obovata; squamae dimidiam petalorum partem aequantes, margine villosiusculae, superiores crista brevi bifida appendiceque deflexa barbata mediam squamae partem aequante instructae. Tori glandulae suborbiculares, glabrae. Staminum filamenta, complanata, subulata, hirsuto-pilosa; antherae glabrae. Capsula diametro circ. 2 cm.

In Guiana gallica et batava, nec non in Venezuela: In Guiana gallica: L. Cl. Richard! (frequenter in ripis fluvii Kourou, quandoque caulibus partim demersis. m. Sept. flor., m. Nov. 1781—9. flor. et fruct. immat.; Hb. Franquev., Juss. n. 11361, Vahl. nunc Havn.); Martin! (Cayenne, ca. 1790; Hb. Brit. Mus., Hook.); Poiteau! (La Mana, a. 1819—21; Hb. Par., Berol., Deless., Kew.); Perrottet! (a. 1820—21; Hb. Par., Deless.); Mélinon! (ad ripas fluminis La Mana. a. 1855; Hb. Par.); — in Guiana batava: Kappler n. 2128! (ad flum. Lava super., m. Nov. 1844. flor.; ed. Hohenacker e. nom. „Paull. tetragona Aubl.? —Griseb.". cf. Lit.); Wullschlaegel n. 20321 (e ripis Copenama, ca. 1849; Hb. Griseb.); — in Venezuela: Fendler n. 2309! (prope coloniam Tovar, a. 1856—7; Hb. Hook.).

Zusatz 1. Die authentischen Exemplare zu den von Ant. Laur. de Jussieu nach Materialien L. Cl. Richard's aufgestellten 6 Arten, welche sich durch die obige Vereinigung von *Paull. sphaerocarpa* und *Paull. cupaniaefolia* auf 5 reduciren (*Paull. sphaerocarpa, fibulata, rufescens, imaefolia* und die mit *Paull. capreolata — Enourea c.* Aubl. — zusammenfallende *Paull. cannarifolia*), sind, wie ich schon in der Gattungsgeschichte (Monographie von *Serjania* p. 40) angegeben habe, sämmtlich im Hb. Richard, später Franqueville, enthalten; ausserdem Doubletten dieser Materialien für *Paull. sphaerocarpa, fibulata* und *rufescens* auch im Herbarium Jussieu's, an welchen sie (gemäss eigenhändiger Bemerkung desselben auf den betreffenden Etiquetten) von Richard im Jahre ihrer Veröffentlichung mitgetheilt worden sind. Bei diesen letzteren hat Jussieu eigenhändig die von ihm gewählten und veröffentlichten Namen und bei den zwei zuletzt genannten auch die betreffende Seitenzahl der Ann. Mus. („p. 349") eingetragen. Im Hb. Richard finden sich nicht überall neben den älteren Etiquetten von Richard auch solche von Jussieu, und auch wo diese sich finden, tragen sie nicht immer den von Jussieu veröffentlichten Namen. Jussieu scheint häufig im letzten Augenblicke vor der Veröffentlichung, vielleicht erst auf den Correcturbogen, die früher von ihm gewählten und auf den Etiquetten bereits eingetragenen Namen, wie auch das Beispiel von *Paull. thalictrifolia* zeigt (s. dort. Zusatz n. 2), noch durch andere, meist aber analoge ersetzt zu haben. Ja auf manchen Etiquetten findet sich ausser einem solchen schliesslich verworfenen Namen auch die Angabe „Ann. Mus." nebst einer Nummer verzeichnet, welche aber nicht mit der der Publication übereinstimmt, vielmehr sich auf das Manuscript bezogen zu haben scheint, dessen Artenfolge bei der Publication wahrscheinlich eine Aenderung erfahren hat. Ferner ist zu bemerken, dass Jussieu, obwohl er diese Arten unter Beifügung der Autorität „Richard" veröffentlichte, doch die von Richard selbst auf seinen Etiquetten verzeichneten Namen nur in einem Falle — bei *Paull. rufescens* — beibehielt, sonst aber sie durch sinnverwandte oder auch nach ganz anderen Anhaltspunkten gewählte Namen ersetzte. (Bei *Paull. fibulata* ist nur der Vulgärname der Pflanze von Richard eingetragen.)

Bei allen hier in Rede stehenden Materialien lassen sich übrigens die Beziehungen zu den von Jussieu aufgestellten Arten unter Zusammenhaltung des Herb. Jussieu und des Herb. Richard sicher erkennen, indem der von Jussieu veröffentlichte Name entweder hier oder dort eingetragen ist, gleichviel ob allein oder neben anderen (verworfenen) Namen. Nur für *Paull. cupaniaefolia* ist das nicht der Fall. Dieselbe fehlt im Herb. Jussieu ganz, im Herb. Richard aber führt das Exemplar, welches ich für das Original dieser Art halte, zweierlei Namen, einen von Richard und einen von Jussieu, welche beide nicht von der Aehnlichkeit des ganzen Blattes, sondern der Blättchen mit den Blättern anderer Pflanzen (*Fagus* und *Castanea*) hergenommen sind. Immerhin aber verräth sich in der Bildungsweise dieser Namen genügende Analogie mit dem Namen „cupaniaefolia", um vor einem Fehlgriffe sicher zu sein, wenn man mit Rücksicht auf das eben über Jussieu's Namengebung Gesagte und gestützt auf die von ihm gegebene Diagnose (mit den direct aus Richard's Etiquette herübergenommenen Worten „germen ovatum villosum") eben dieses Exemplar, welches nur ein grossblättriges Exemplar der *Paull. sphaerocarpa* ist, für die *Paull. cupaniaefolia* Juss. ansieht.

Zusatz 2. Was die Angaben von Loudon, Don und Heynhold betrifft, dass die Pflanze früher in europäischen Gärten in Cultur gewesen sei, so verweise ich auf das, was ich über die geringe Zuverlässigkeit dieser Angaben schon in der Monographie von *Serjania*, p. 67, gesagt habe.

Zusatz 3. Die irrige Vaterlandsangabe „Guinea" statt Guiana in DC. Prodr. l. p. 603. ist, wie in dem Literaturverzeichnisse schon erwähnt wurde, auch in andere Schriften übergegangen. W. Hooker wurde dadurch veranlasst, die *P. sphaerocarpa* neben der *Paull. pinnata* (in Niger Flora, 1849, p. 248) für Westafrika anzuführen und sie geradezu als die einzige ausseramericanische Art der Gattung zu bezeichnen („The only other West African species of this large American genus, and the only one hitherto published as extra-American is the *P. sphaerocarpa* Rich., from Guinea"). Es mag noch bemerkt sein, dass DC.'s irrige Angabe auf meine mündliche Anregung hin von Alph. DC. im letzten Bande des Prodromus (XVII, p. 317) verbessert wurde, dass aber dabei der Name *P. sphaerocarpa* irriger Weise in *P. sphaerocephala* umgewandelt worden ist.

### 59. Paullinia conduplicata Radlk.

Schmidelia? conduplicata Klotzsch ed. Rich. Schomburgk in Reisen in Brit. Guiana III (1848) p. 1180; coll. Rich. Schomb. n. 1291! Cf. l. sequ.
Paullinia conduplicata Radlkofer in Serj. Suppl. (1886) p. 96, 100 annot. 1, 102, e. syn. anteced.

Scandens, fruticosa; rami thyrsigeri subteretes, tomento flavidulo hirtello induti, denique glabrescentes; corpus lignosum simplex; folia 5-foliolato-pinnata; foliola elliptica, apice acuminata, acumine obtuso, basi in petiolulum attenuata, supra medium remote serrato-dentata, conduplicata, falcato-recurva, coriacea, laxius subtransversim venosa, supra subtusque glabra, glandulis microscopicis curvatis vel malleoliformibus obsita, reti utriculorum laticiferorum interrupto obscure subtus instructa, epidermide mucigera; petiolus rhachisque nuda; stipulae minimae, triangulares; thyrsi solitarii vel paniculatim congesti, flavescenti-tomentosi; bracteae bracteolaeque minimae; flores (alabastra tantum suppetebant) minores, sepalis 3. et 5. usque ad mediam partem connatis.

Rami thyrsigeri diametro circ. 3 mm, adultiores canescentes, lenticellis notati. Folia 15—20 cm longa, fere totidem lata; foliola 5—10 cm longa, supra nitida, sicca fuscescentia; petiolus communis 2—8 cm longus, supra sulcatus, subtus convexus, striatus; rhachis ad foliolorum insertiones flavo-pubescens. Thyrsi robustiores, rhachi diametro fere 2 mm, cincinnis sessilibus contractis, plus minus remotis.

In Guiana anglica ad ripas fluminis Rupununi: Rich. Schomburgk n. 1291! (m. Maj. 1843, alabastra; Hb. Berol., cf. Lit.).

### 60. Paullinia firma Radlk.

Scandens, fruticosa; rami teretes, juniores tomento brevissimo ferrugineo induti, denique glabrescentes; corpus lignosum simplex; folia 5-foliolato-pinnata; foliola oblonga (superiora interdum subobovata, inferiora subovata), apice acuminata, acumine obtuso, basi superiora acuta, inferiora plus minus rotundata, omnia subintegerrima vel apicem versus obscure denticulata, margine quodammodo revoluta, breviter petiolulata vel subsessilia, crassiuscule coriacea, anguste transversim venosa, supra nitida sublividaque, subtus rubicunda, glaberrima, glandulis microscopicis curvatis obsita, reti utriculorum laticiferorum obscuro subtus instructa, epidermide mucigera; petiolus rhachisque nuda; thyrsi solitarii vel paniculatim congesti, pulverulento-puberuli; flores majores, sepalis 3. et 5. apice tantum discretis; capsula obovato-globosa, breviter stipitata, junior tomentella, dein subglabrata, intus lanosa.

In Brasiliae provincia do Alto Amazonas: Spruce n. 2414! (prope Panuré ad Rio Uaupés, m. Oct. 1852—Jan. 1853. flor.; Hb. plur.).

### 61. Paullinia capreolata Radlk.

Enourea capreolata Aublet Pl. Guian. I (1775) p. 387. tab. 235. Coll. Aublet! (Herb.
                Banks). Cf. Radlk. Serj. p. 14, 15 etc. (v. indic.) et infra obs. n. 1.
—    —    Buchoz Hist. univ. du Règne végét. VIII (1777) p. 73.
—    —    Lamarck Encycl. II (1790) p. 357.
—    —    Gmelin, Jo. Fr., Syst. Nat. II (Linn. S. N. Ed. XIII. 1791) p. 748, n. 1.
—    —    Raeuschel Nomencl. Ed. III (1797) p. 137.
—    —    Poiret in Dict. Scienc. nat. XIV (ed. Levrault, 1819) p. 514.
—    —    Steudel Nomencl. Ed. I (1821) p. 298.
—    —    Poiret in Lam. Illustr. Gen. III (1823) p. 32, n. 1063, 1, tab. 484.
—    —    De Cand. Prodr. I (1824) p. 618, n. 1, excl. obs.: „Vidi sicc." specimina Roureae frutesc. Aubl., coll. Perrottet n. 242, spectante. Cf. Radlk., über Connaraceen, in Sitzungsb. k. bayer. Akad., 1886, p. 371, nec non infra obs. n. 2.
—    —    Cambessed. in Mém. Mus. d'Hist. nat. XVIII (1829) p. 36.
—    —    Don General Syst. I (1831) p. 663, n. 1.
—    —    Steudel Nomencl. Ed. II, I (1840) p. 555.
Gecria (non Blume etc.) Necker Elem. bot. II (1790) p. 241. Cf. supra Lit. generis, p. 73.
Paullinia connarifolia „Richard" ed. Jussieu in Ann. Mus. d'Hist. nat. IV (1804) p. 349.
                n. 15! (Hb. Richard, dein Franqueville, sub eodem nomine a Juss., alio vero non edendo a Rich. adscripto; cf. obs. n. 1 ad P. sphaerocarp.). Cf. Radlk. Serj. et Serj. Suppl. (v. indic.).
—    —    Persoon Synops. I (1805) p. 443, n. 23.
—    —    Poiret in Lamarck Encycl., Suppl. IV (1816) p. 334.
—    —    Dietrich, Fr. G., Gartenlexic., Nachtrag V (1819) p. 648, n. 8; ibid. XXVI (s. Neuer Nachtrag VI. 1837) p. 435, excl. syn. „P. rufesc. Rich."

Paullinia connarifolia Steudel Nomencl. Ed. I (1821) p. 597.
— — De Cand. Prodr. I (1824) p. 607, n. 36.
— — Sprengel Syst. Veg. II (1825) p. 249, n. 14. excl. syn. „P. rufesc. Rich."
— — Cambessed. in Mém. Mus. d'Hist. nat. XVIII (1829) p. 23.
— — Don General Syst. I (1831) p. 661, n. 33.
— — Dietrich, Dav., Synops. Pl. II (1840) p. 1314, n. 11. (Sequitur Sprengelium.)
— — Steudel Nomencl. Ed. II, II (1841) p. 277, excl. obs.: Cfr. Paull. rufescens."
Enourea guianensis Richard, A., in Dict. class. d'Hist. nat. VI (1824, ed. Bory de St. Vinc.) p. 175.
Paullinia capreolata Radlk. in Monogr. Serj. (1874—75) p. 70 n. 17 etc. (v. indic.), c. synonymis anteced.
— — Sagot Catal. des Pl. de la Guyane franç. in Ann. Scienc. nat., VI. Sér., XII (1882) p. 193.
Nomen vulgare: Eymara Enourou Galibiensibus ex Aubl. l. c.
— — Enourou à vrilles Lamarck Encycl. II (1790) p. 357; Poiret in Dict. Scienc. nat. XIV (1819) p. 514 et in Lam. Illustr. Gén. III (1823) p. 32.

Scandens, fruticosa; rami teretes, juniores tomento brevissimo ferrugineo induti, denique glabrescentes; corpus lignosum simplex; folia 5-foliolato-pinnata; foliola superiora elliptica vel elliptico-lanceolata, inferiora ovata, omnia apice longius breviusve acuminata, acumine obtuso, basi terminale acutum, lateralia acutiuscula vel rotundata, omnia subintegerrima, rarius apice denticulata, margine vix revoluta, saepius undulata, breviter petiolulata subsessiliave, chartacea vel subcoriacea, paucinervia, laxius transversim venosa, sicca rufescenti-subfusca, supra subtusque nitida, glabra, glandulis microscopicis curvatis obsita, reti utriculorum laticiferorum interrupto obscuro subtus instructa, epidermide mucigera; petiolus rhachisque nuda; thyrsi solitarii vel paniculatim congesti, laxe brevissimeque puberuli vel tomentelli; bracteae bracteolaeque minimae; flores mediocres, sepalis 3. et 5. ad duas tertias connatis; capsula depresso-globosa, subsessilis (cf. Fig. V), extus glabrata, intus tomento lanoso induta, septis pubescentibus; semen totum arillo farinaceo-pulposo (Burchell) obtectum.

In Guiana gallica, in Brasiliae provinciis Pará et Alto Amazonas, nec non in Venezuela: In Guiana gallica: Aublet! (in insula fluvii Sinemari, m. Nov. flor.; Hb. Banks in Mus. Brit.); L. Cl. Richard! (in sylvis ripariis amnis La Comte, m. Nov. 1781—9. flor.; Hb. Franquev.); Martin! (ca. 1790; Hb. Webb); Leprieur n. 327! (a. 1833; Hb. Deless. Paris.); — in Brasilia: Hoffmannsegg, resp. Sieber! (Pará?, ca. 1812; Hb. Willd. n. 7745; Martius!; Burchell n. 9736!; — in Venezuela: Spruce n. 3186!

Zusatz 1. Ueber die Zugehörigkeit der Aublet'schen Pflanze, welche ich im britischen Museum gesehen habe, zur Gattung *Paullinia* habe ich schon in der Gattungsgeschichte (s. Monographie von *Serjania*, 1874—75, p. 14, 15, 34, 53, 37 und 70 n. 17) das Nöthige bemerkt, unter Hinweis auf die schon früher hervorgetretenen entsprechenden Anschauungen von Casaretto, sowie von Triana und Planchon. Es ist jetzt hinzuzufügen, dass zur gleichen Zeit auch Baillon (Hist. d. Pl. V, 1874, p. 416) die Vereinigung von *Enourea* mit *Paullinia* vorgenommen hat, wobei er, wie es scheint, geglaubt hat, die fehlerhaft hohe Angabe Aublet's über die Zahl der Staubgefässe (13) auf *Paullinia* überhaupt („stamina 8, v. rarius 9—15") übertragen zu müssen, wovon schon in Zusatz 5 zur Gattungscharakteristik (unter C, p. 102) die Rede war. Auch Sagot weiss (a. a. O.) über diese Angabe Aublet's nicht hinauszukommen.

Was die Beschreibung von Aublet betrifft, so ist nur der eben erwähnte Umstand auffallend, dass er der Pflanze 13 Staubgefässe zuschreibt und ebensoviele auch zeichnet. Es ist kaum anzunehmen, dass Aublet zufällig eine monströse Blüthe vor sich gehabt habe, da die Blüthen seines Exemplares nichts dergleichen zeigen, und da auch eine monströse Blüthe kaum mehr als 10 Staubgefässe aufzuweisen haben möchte. Eher könnte man annehmen, dass bei einer flüchtigen Analyse die gelben Kämme der 4 Blumenblattschuppen und der ungetheilte Griffel eines rudimentären Pistilles mit den 8 Staubgefässen zusammen geworfen wurden, woraus sich die Zahl 13 ergäbe. Es ist auch wirklich eine männliche Blüthe mit solchem Pistille, für welche Aublet 13 Staubgefässe, und zwar von dreierlei Länge darstellt. Vielleicht ist das übrigens nur ein Fehler des Zeichners, welchen Fehler Aublet dann in die Beschreibung hinüber genommen hat. Eine ähnliche Ungenauigkeit hat sich der Zeichner Lamarck's bei der Copirung der Aublet'schen Darstellung zu Schulden kommen lassen, indem er nur 9 Staubgefässe andeutete. Ein Blumenblatt, welches mit seiner Schuppe bei Aublet ziemlich getreu dargestellt ist, mag aus einer weiblichen Blüthe entnommen sein.

Zusatz 2. Das „Vidi siccam" bei De Candolle rührt nicht von De Candolle selbst her, sondern, wie das noch vorhandene Manuscript ausweist, von Seringe, welchem DC. bei der Bearbeitung des betreffenden Theiles seines Prodromus zu viel freie Hand gelassen zu haben scheint. Im Herb. Prodromi ist ein Belegstück zu dieser Pflanze nicht vorhanden. Wohl aber findet sich in dem nicht hiezu gehörigen Theile des Herb. DC. noch die Pflanze, welche Seringe im Auge gehabt hatte. Es ist das, wie ich in meiner Mittheilung über verschiedene Connaraceen in den Sitzungsberichten der k. bayer. Akademie XVI, 1886, p. 370—1 hervorgehoben habe, eine von Seringe mit der Bezeichnung *Enourea capreolata* versehene Connaracee von Perrottet, welche ich für die echte *Rourea frutescens* Aubl. halte, und welche, gleichwie verwandte Arten (*Rourea pubescens* m. & *R. spadicea* m. — s. a. a. O. p. 371, 372), auch in anderen Herbarien häufig unter der Bezeichnung *Enourea* zu finden ist.

Ja auch eine von Aublet selbst in Guiana gesammelte Connaracee ist im Herb. Banks, soviel ich aus meinen hier wesentlich nur die *Enourea capreolata* betreffenden Notizen über dasselbe ersehe, von Solander unter einem am besten unveröffentlicht zu lassenden Namen an *Enourea capreolata* Aubl., deren Aehnlichkeit mit gewissen Connaraceen Richard in dem von ihm ihr gegebenen Namen *Paull. connarifolia* hervorgehoben hat, angeschlossen, von Dryander aber richtig, wenn auch nur fragweise, als zu den Connaraceen gehörig bezeichnet worden.

Es ist das, da Aublet nur 1 von ihm gesammelte Connaracee — seine *Rourea frutescens*, tab. 187. aufführt, wohl zweifellos das bisher unbeachtet gebliebene und an seiner Stelle (unter *Rourea* nämlich) vergeblich gesuchte Original dieser Pflanze, was zu dem über *Rourea frutescens* in meiner vorhin erwähnten Mittheilung (Sitzungsb. 1886) Beigebrachten hier nachträglich bemerkt sein mag. Leider ist mir die Pflanze nicht mehr derart im Gedächtniss, dass ich mich bestimmter darüber aussprechen könnte.

Was noch alles, ausser den genannten *Rourea*-Arten, bei den Bemühungen, die Aublet'sche Gattung *Enourea* zu deuten, auf diese bezogen wurde, hat nur ein nebensächliches Interesse, und mag desshalb nur kurz angeführt sein. Es gehören dahin Arten von *Paullinia* und *Cupania*: *P. faginea* m. bei Triana & Planchon; *P. ferruginea* Casar. in verschiedenen Herbarien und namentlich in den Exemplaren von Guillemin n. 664, Vauthier 171 und Riedel n. 496; ferner *P. rugosa* Benth. im Hb. Paris nach einem Exemplare eines unbekannten Sammlers; sodann *Cupania scrobiculata* L. Cl. Rich. (*C. reticulata* Camb.), besonders in Exemplaren von Martin aus Cayenne.

Die Hereinziehung einer derartigen fremden Pflanze ist wohl Ursache, dass in Bentham & Hooker Gen., ungeachtet der Bemerkung „Descriptio ex Aubletio", der in Betrachtung stehenden Pflanze „foliola trijuga" zugeschrieben werden.

### 62. Paullinia faginea Radlk.

*Enourea faginea* Triana & Planchon Prodr. Flor. Novo-Granat.. Ann. Scienc. nat.. IV. Sér., XVIII (1862) p. 379! Cf. Radlk. Serj. p. 58 etc. (v. indic.).
— — Walpers Annal. VII. Fasc. 4 (1869, ed. C. Müller) p. 621 n. 1.
*Paullinia faginea* Radlkofer in Monogr. Serj. (1874—75) p. 76 n. 112 etc. (v. indic.), c. syn. anteced.

Scandens, fruticosa; rami thyrsigeri teretes, tomento brevissimo ferrugineo induti; corpus lignosum simplex; folia 5-foliolato-pinnata; foliola ovalia, apice acuminata, acumine obtuso, basi terminale acutum, lateralia acutiuscula subrotundave, omnia supra medium remote crenato-dentata, breviter (terminale longius) petiolulata, e chartaceo submembranacea, multinervia, angustius oblique clathrato-venosa, supra non nisi in nervo mediano puberula, subtus in nervorum axillis barbata nec non in nervis puberula, ceterum glabra, glandulis microscopicis plus minus curvatis obsita, reti utriculorum laticiferorum obscuro subtus instructa, epidermide mucigera; petiolus rhachisque nuda; thyrsi solitarii vel paniculatim congesti, longissimi. tomento brevi induti; flores minores, sepalis 3. et 5. apice tantum discretis; germen globosum, sessile, rufidulo-tomentosum.

Rami thyrsigeri diametro 3—4 mm. Folia 15—20 cm longa, fere totidem lata; foliola 7—10 cm longa, sicca fuscescentia, supra subtusque nitidula; petiolus communis 5—8 cm longus, teres, tomentellus; petioluli 2—4 mm longi. Thyrsi folia multo superantes, brevius pedunculati, robustiores (rhachi diametro circ. 2 mm), laxius cincinnigeri, cincinnis sessilibus contractis; pedicelli circ. 1 mm longi. Sepala duo exteriora quartam interiorum partem aequantia, interiora 3 mm longa, extus tomentella, subpetaloidea. Petala oblonga; squamae (cristis adjectis) petala fere aequantes, margine villosae, superiores crista longiore squamam dimidiam fere aequante bipartita glabra appendiceque deflexa squamae mediam partem attingente barbata instructae. Tori glandulae ovatae, setuloso-pilosae, apice tantum glabrae. Staminum filamenta complanata, pilis flavidulis vestita; antherae glabrae.

In Novo-Granatae provincia de Barbacoas: Triana n. 3463! (in sylvis humidis, alt. 60 m; Hb. Paris., DC., Mart., Florent.).

### 63. Paullinia curvicuspis Radlk.

Scandens, fruticosa; rami thyrsigeri teretes, substriati, sordide pulverulento-puberuli, denique subglabrati; corpus lignosum simplex; folia 5-foliolato-pinnata; foliola elliptico-lanceolata vel lanceolata, apice cuspidato-acuminata, acumine elongato angusto obtusiusculo curvato, basi terminale cuneatum, lateralia subacuta, omnia supra medium remote denticulata, petiolulata, paucinervia, anguste transversim venosa, subchartacea, supra subtusque glabra (in axillis nervorum saepius barbulata), glandulis microscopicis curvatis obsita, reti utriculorum laticiferorum obscuro subtus instructa, epidermide mucigera; petiolus rhachisque nuda; thyrsi solitarii; bracteae bracteolaeque parvae; flores (alabastra tantum suppetebant) mediocres. sepalis 3. et 5. apice tantum discretis.

Rami thyrsigeri diametro 3—4 mm. lenticellosi. Folia 10—20 cm longa. fere totidem lata; foliola 5—10 cm longa, sicca subfusca, supra subtusque nitidula; petiolus communis 3—6 cm longus, teres (supra sulco angusto exaratus), e puberulo glabrescens; petioluli 2—5 mm longi. Thyrsi longe breviusve pedunculati, folia aequantes vel breviores, tenues, laxius cincinnigeri, cincinnis breviter stipitatis vel subsessilibus contractis; pedicelli circ. 2 mm longi. ad medium articulati. Sepala duo exteriora tertiam interiorum partem aequantia, omnia extus adpresse cano-tomentella. Petalorum squamae margine villosae, superiores crista suborbiculari bipartita appendiceque deflexa barbata instructae. Tori glandulae magnae, elongatae, basi puberulae. Staminum filamenta pilis longis rufidulis vestita; antherae glabrae.

In Peruvia: Lechler n. 2358! 3277! (S. Gavan inter virgulta, m. Jul. 1854, flor.; Hb. Griseb., Hook.).

### 64. Paullinia clathrata Radlk.

Scandens, fruticosa; rami teretes, juniores pube brevi molli sordida dense induti, denique glabrescentes; corpus lignosum simplex; folia 5-foliolato-pinnata; foliola majora, elliptica, superiora plus minus obovata, omnia apice breviter acuminata, acumine obtuso, basi terminale lateraliaque superiora acuta, inferiora rotundata, omnia subintegerrima vel apicem versus obsolete dentata, brevius longiusve petiolulata, coriaceo-chartacea, clathrato-venosa, subtus pubescentia, denique utrinque glabra, glandulis microscopicis curvatis obsita, reti utriculorum laticiferorum obscuro subtus instructa, epidermide mucigera; petiolus rhachisque nuda; thyrsi solitarii, pube brevissima flavidula induti; bracteae bracteolaeque minimae; flores mediocres, sepalis 3. et 5. usque ad tertiam superiorem partem connatis; capsula depresse globosa, sessilis, extus tomento brevi sordide flavo, intus tomento sublanoso vestita, septis pubescentibus. (Semina non suppetebant.)

In Brasiliae provincia Alto Amazonas: Martius!; Spruce n. 2127!

### 65. Paullinia elongata Radlk.

Scandens, fruticosa; rami thyrsigeri teretes, striati, tomento e sufferugineo flavescenti hirtello induti; corpus lignosum simplex; folia 5-foliolato-pinnata; foliola lanceolata, apice acuminata, basi terminale cuneatum, lateralia subacuta, omnia conspicue remote serrato-dentata, breviter petiolulata, coriaceo-chartacea, clathrato-venosa, supra glabrata nec nisi in nervo mediano puberula, subtus flavide pubescentia, glandulis microscopicis plus minus curvatis obsita, reti utriculorum laticiferorum obscuro subtus instructa, epidermide mucigera; petiolus rhachisque nuda; stipulae conspicuae, e basi latiore elliptico-lanceolatae, coriaceae, pube densa vestitae; thyrsi solitarii, sat elongati; bracteae bracteolaeque conspicuae; flores majores, sepalis 3. et 5. apice tantum discretis.

Rami thyrsigeri diametro 3—4 mm. Folia circ. 15 cm longa, totidem lata; foliola 7—10 cm longa, sicca subfusca; petiolus communis 5—8 cm longus, teres, flavide tomentellus; petioluli 1—2 mm longi; stipulae circ. 5 mm longae, extus intusque tomentellae. Thyrsi brevius pedunculati, folia aequantes vel superantes, robustiores (rhachi diametro fere 2 mm), laxius cincinnigeri, cincinnis sessilibus contractis; bracteae circ. 2 mm longae; pedicelli 1 mm longi. Sepala duo exteriora tertiam interiorum partem aequantia, interiora fere 4 mm longa, extus tomentella. Petala oblonga; squamae (eristis adjectis) duas petalorum tertias aequantes, margine villosiusculae, superiores crista certe tertiam squamae partem aequante suborbiculari bipartita glabra appendiceque deflexa barbata mediam squamae partem attingente instructae. Tori glandulae breviter ovatae, glabrae. Staminum filamenta complanata, pilis albidis vestita; antherae glabrae.

In Peruvia: Pavon! („ad Vitoe, n. 1794"; ex Hb. Pavon translat. in Hb. Boiss., Deless. „n. 648").

## Sectio VI. Castanella.

### 66. Paullinia paullinioides Radlk.

Castanella paullinioides Spruce in schedis, coll. n. 2169! (a. 1852). Cf. Radlk. Serj. p. 54 etc. (v. indic.).
Paullinia paullinioides Radlk. in Monogr. Serj. (1871—75) p. 75 u. 117 etc. (v. indic.), c. syn. anteced.

Scandens, fruticosa, glabra, rami teretes; corpus lignosum simplex; folia ternata; foliola elliptica, basi subacuta, apice longius acuminata, lateralia basi plerumque latere interiore (rarius utrinque) dente calloso instructa, ceterum ut et terminalia integerrima, omnia longius petiolulata, coriacea, anguste reticulato-venosa, reti subtus prominente, supra subopaca, subtus nitidula, glandulis microscopicis flabelliformibus subimmersis obsita, reti utriculorum laticiferorum obscuro interrupto subtus instructa, fibris sclerenchymaticis prope paginam superiorem percursa, epidermide mucigera; petiolus nudus; stipulae minimae triangulares; thyrsi solitarii vel paniculatim congesti, laxe brevissimeque puberuli; bracteae bracteolaeque minimae; flores majores, sepalis tomentellis, 3. et 5. omnino connatis; capsula ellipsoideo-globosa, conspicue stipitata, apiculata, spinis flexilibus dense echinata (cf. Fig. VI), extus subglabrata, intus glabra; semen arillo usque ad medium obtectum, testa glabra subnigra.

In Brasiliae provincia Alto Amazonas: Spruce n. 2169! (ad Rio Negro, prope São Gabriel da Cachoeira, m. Mart. 1852. flor., m. Maj. fruct.; Hb. plur.).

Zusatz. Was die frühere Auffassung der in Rede stehenden Art als Grundlage einer besonderen Gattung *Castanella* Spruce betrifft, so ist, worauf ich schon in der Monographie von *Serjania* p. 14 hinwies, zu bemerken, dass diese Auffassung lediglich auf der eigenthümlichen äusseren Beschaffenheit der mit Dornfortsätzen versehenen Frucht beruht. Wollte man jedoch derartigen Anhangsgebilden einen solchen Werth einräumen, so müsste man das auch für die warzenförmigen Fortsätze der Frucht von *Paullinia verrucosa*, welche die IX. Section bildet, gelten lassen und noch mehr für die Flügelfortsätze der die VII. bis XIII. Section bildenden Arten, von welchen dann etwa selbst wieder jene Arten der XIII. Section als eine besondere Gattung hervorzuheben wären, bei welchen, wie bei *Paull. weinmanniaefolia*, neben dem Rückenflügel der Fruchtklappen, resp. Fruchtblätter, auch noch seitliche hornartige Flügelchen auftreten.

Auch Triana und Planchon haben seinerzeit (s. Prodr. Fl. Novo-Granat., 1862. p. 380) ihre Meinung schon dahin ausgesprochen, dass *Castanella* Spruce, so gut wie *Ewarea* Aubl., höchst wahrscheinlich einst mit *Paullinia* würden vereinigt werden, und Spruce selbst, der Autor der Gattung *Castanella*, hebt in einer handschriftlichen Bemerkung bei der Originalpflanze im Hb. Bentham hervor, dass seine neue Gattung der Gattung *Paullinia* sehr nahe stehe in Ansehung des Habitus und der Blüthe („Genus novum *Pauliniae* habitu floribusque admodum affine, fructu tamen echinato *Aesculi Hippocastani*").

Unsere Art schliesst sich ebenso nach der Beschaffenheit der Blätter mit den vereinzelten callösen Drüsenzähnen, dem engen Venennetze und den eigenthümlich gestalteten Aussendrüschen, wie nach der Beschaffenheit der Blüthe mit starker Verkürzung der äusseren Kelchblätter und weitest gehender Verwachsung der unteren Kelchblätter ausserordentlich nahe an gewisse Arten der IV. Section, *Pachytoechus*, und namentlich an *Paull. crnosa* an. Wenn sie derselben nicht unmittelbar folgt, so beruht das darauf, dass es als angemessen erschien, die Section *Castanella* um ihrer Fruchtbeschaffenheit willen an das Ende der Sectionen mit flügellosen Früchten zu stellen und ihr die hinsichtlich der scheinbaren Viergliedrigkeit des Kelches in allen Arten nahestehende Section *Euourea* als V. vorausgehen zu lassen, während die Section *Pachytoechus*, deren Arten theilweise eine geringere Verwachsung der unteren Kelchblätter zeigen, als Ganzes hiernach und nach der Beschaffenheit der Früchte an die Sectionen mit fünf freien Kelchblättern, I—III, als IV. anzuschliessen war.

### 67. Paullinia granatensis Radlk.

Castanella granatensis Planch. & Linden mss. ed. Triana & Planch. in Prodr. Flor. Novo-Granat., Ann. Scienc. nat., IV. Sér., XVIII (1862) p. 365; coll. Linden n. 1360! Cf. Radlk. Serj. p. 57 etc. (v. indic.).
— — Walpers Annal. VII. Fasc. 4 (1869, ed. C. Müller) p. 621, n. 1.
Paullinia granatensis Radlkofer in Monogr. Serj. (1874—75) p. 76 n. 141 etc. (v. indic.), c. syn. anteced.

Scandens, fruticosa, glabra; rami teretiusculi; corpus lignosum simplex; folia ternata; foliola obovato-elliptica, basi subacuta, apice breviter acuminata, integerrima, petiolulata, coriacea, subclathrato-venosa, utrinque nitidula, subtus in axillis nervorum barbulata, ceterum glabra, glandulis microscopicis flabelliformibus subimmersis obsita, reti utriculorum laticiferorum obscuro interrupto subtus instructa, fibris sclerenchymaticis rarioribus prope paginam superiorem percursa, epidermide mucigera; thyrsi solitarii, laxe brevissimeque puberuli; bracteae bracteolaeque minimae; (flores non visi;) capsula subglobosa, subsessilis, apiculata, spinis flexilibus dense echinata, extus intusque glabra; semen ultra medium arillo obtectum, testa glabra fusca.

Rami diametro circ. 3 mm. cortice pallide subfusco. Folia 20—25 cm longa, totidem lata; foliola 10—15 cm longa, margine revoluta, sicca e viridi fuscescentia; petiolus communis 8—10 cm longus, teres, supra leviter angusteque sulcatus; petioluli 3—8 mm longi. Thyrsi (fructiferi tantum suppetebant) 5—15 cm longi, breviter pedunculati, rhachi diametro 2 mm. laxe cincinnigeri, cincinnis sessilibus contractis; pedicelli 3 mm longi. Capsula circ. 2,5 cm longa, spinis circ. 1 cm longis, pericarpio 2—3 mm crasso.

In Novo-Granatae provincia de Pamplona: Linden n. 1360! (inter Chopo et Chinacota, alt. 850 m, m. April 1843, fruct.; Hb. Paris., Deless.).

### 68. Paullinia riparia Radlk.

Castanella riparia Spruce in schedis, coll. n. 3883! (a. 1855). Cf. Radlk. Serj. p. 54 etc. (v. indic.).
Paullinia riparia (non alior., v. ad calc.) Radlkofer in Monogr. Serj. (1874—75) p. 75 n. 118 etc. (v. indic.), c. syn. anteced.
Minime Paullinia riparia Kunth in Humb. Bonpl. K. Nov. Gen. et Sp. V (1821) p. 90 (Ed. in 4° p. 116), n. 4; cfr. Paull. Cururu L. cm.
— — — („Kunth") Britton in Bull. Torr. Bot. Cl. XVI (1889) p. 190, coll. Rusby n. 626!; cfr. Paull. neglecta Radlk.

Scandens, fruticosa, glabra; rami teretes; corpus lignosum simplex; folia ternata; foliola elliptica, basi subacuta, apice breviter acuminata, acumine obtuso, integerrima, petiolulata, coriacea, subclathrato-venosa, nitidula, glandulis microscopicis flabelliformibus subimmersis obsita, reti utriculorum laticiferorum interrupto obscuro subtus instructa, fibris sclerenchymaticis vix ullis prope paginam superiorem percursa, epidermide mucigera; thyrsi solitarii;

(flores non visi;) capsula globosa, breviter stipitata, spinis rigidis laxius echinata, extus intusque glabra; semen ultra duas tertias arillo dorso fisso obtectum, testa glabra spadiceo-rubra.

Rami diametro 3 mm, cortice pallide subfusco. Folia 16 cm longa, totidem lata; foliola 9—12 cm longa, margine revoluta, sicca parum fuscescentia; petiolus communis 1 cm longus, teres, supra leviter angusteque sulcatus; petioluli 2—4 mm longi. Thyrsi (fructiferi tantum suppetebant) 30 cm longi, breviter pedunculati, rhachi diametro 2—3 mm, laxius cincinnigeri, cincinnis sessilibus contractis; pedicelli (fructiferi) 3—4 mm longi. Capsula stipite circ. 3 mm longo adjecto 2—3 cm longa, spinis 4—7 mm longis, pericarpio 1—5 mm crasso. Semen circ. 12 mm longum, 8 mm latum.

In Peruvia orientali: Spruce n. 3883! (prope Yurimaguas, in ripis fluminum Huallagua et Marañon haud infrequens. m. Maj. 1855, fruct.; Hb. Mus. Brit., Mart.).

## Sectio VII. Xyloptilon.

### 69. Paullinia turbacensis Kunth.

Paullinia turbacensis Kunth in Humb. Bonpl. K. Nov. Gen. et Sp. V (1821) p. 89 (Ed. in 4° p. 114), n. 1!; Vol. VII (1825) Distrib. geograph., Flora Novo-Granatens. p. 287 (Ed. in 4° p. 366).
— — Kunth Synops. Pl. Aequinoct. Orb. Nov. III (1824) p. 157. n. 1; IV (1825) Distrib. geogr., Flor. N.-Granat. p. 383.
— — De Cand. Prodr. I (1824) p. 604, n. 1.
— — Spreng. Syst. Veg. II (1825) p. 248, n. 4.
— — Cambess. in Mém. Mus. d'Hist. nat. XVIII (1829) p. 23.
— — Don General Syst. I (1831) p. 660, n. 1.
— — Dietrich, Fr. G., Gartenlex. XXVI (s. Neuer Nachtrag VI. 1837) p. 431, n. 2.
— — Dietrich, Dav., Synops. Pl. II (1840) p. 1314, n. 4.
— — Steudel Nomencl. Ed. II. II (1841) p. 278.
— — Triana & Planch. Prodr. Flor. Novo-Granat., Ann. Scienc. nat., IV. Sér., XVIII (1862) p. 355, n. 11.
— — Radlkofer in Monogr. Serj. (1874—75) p. 71 n. 39 etc. (v. indic).
Paullinia spec. Hemsley in Biolog. Centr.-Am., Bot. I (1879—81) p. 211. n. 19; „coll. Sutton Hayes n. 499"!
— — Anales del Museo Nacional, República de Costa Rica, I (1888), Pars 2, p. 20 (secundum Biolog. Centr.-Am. enumerata e. indicat. „Panamá").

Scandens, fruticosa, glabra; rami subteretes, lenticellosi, glabri; folia ternata; foliola lateralia oblongo-lanceolata, terminale majus ovatum, omnia apice acuminata, basi subacuta vel terminale obtusum, supra medium remote et grosse serrato- vel repando-dentata, terminale longe, lateralia breviter petiolulata, membranacea, nitidula, sicca viridia, subtus in axillis nervorum barbata, glandulis microscopicis clavatis inclinatis obsita, punctis pellucidis minimis crebris notata, nec non reti utriculorum laticiferorum interrupto subtus instructa, epidermide non mucigera; stipulae parvae, subulatae; thyrsi solitarii, puberuli, laxius cincinniferi; cincinni subsessiles, paullum elongati; flores pedicellati majores; sepala omnia libera; capsula cuneata, apiculata, trivalvis, valvis a lateribus compressis dorso carina longitudinali subalatis; seminis testa pilosa (junioris abortivi glabra).

Rami diametro circ. 2 mm, cortice griseo. Folia 25—35 cm longa, fere totidem lata; foliola lateralia 10—15 cm longa, 4—6 cm lata; terminale 16—20 cm longum, 8—11 cm latum; petiolus communis gracilis, 8—12 cm longus; petioluli laterales sulcis duobus exarati, 2—3 mm longi, terminalis 4—6 cm longus. Thyrsi 3—4 cm longi; bracteae bracteolaeque circ. 0.5 mm longae, subulatae. Flores albi (Seemann). Sepala duo exteriora reliqua fere aequantia, interiora ovalia, omnia extus tomentella. Petala oblonga, circ. 5 mm longa, 2 mm lata; squamae (crista exclusa) petalis dimidio breviores, fere triplo latiores, late ovatae, margine villosae, superiores crista bifida brevi appendiceque deflexa barbata, inferiores crista oblique aliformi instructae. Tori glandulae superiores ovatae, tomentellae. Staminum filamenta filiformia, pilosa; antherae glabrae. Capsula extus laxius quam intus pube brevi induta, circ. 2 cm longa, 0,7 cm lata, alis s. cristis circ. 2 mm latis.

In Novo-Granata: Humboldt et Bonpland n. 1431! (ad Carthagenam in temperatis prope pagum Turbaco, alt. 380 m, m. April. 1801, fruct.; Hb. Paris., Willd. n. 7708); Seemann n. 584! (in sylvis umbrosis provinciae Dariensis; Hb. Hook.); Sutton Hayes n. 499! (Panama, in sylvis. „Maumee Station, Pacifique Rail-Road" m. Febr. 1862. fruct.; Hb. Hook.).

## 70. Paullinia veneznelana Radlk.

Scandens, fruticosa, glabra; rami teretiusculi, costis circ. 8 partim approximatis acutis totidemque sulcis profundioribus instructi, glabriusculi; folia 5-foliolato-pinnata; foliola ovata vel elliptico-lanceolata, apice acuta, basi subacuta vel rotundata (terminale in petiolulum attenuatum), supra medium remote serrato-denticulata, breviter petiolulata, subchartacea, luxius reticulato-venosa, nitida, supra glabra, subtus glabriuscula, glandulis microscopicis malleoliformibus obsita, punctis lineolisque ramificatis pellucidis crebris fuscis notata, epidermide non mucigera; stipularum cicatrices (in specimine Lindeniano certe) infra petioli basin contiguae (cf. obs.); thyrsi solitarii, sat dense cincinnigeri, tomentelli; cincinni stipitati, bracteis conspicuis; flores robusti, longe pedicellati, sepalis subcoriaceis, extus tomento brevi adpresso sordido indutis, intus adpresse puberulis, 3. et 5. basi vel fere usque ad medium connatis; capsula (in specimine Fendleriano tantum obvia) elliptica, trivalvis, valvis navicularibus carinatis, longitudinaliter reticulato-nervosis, extus pilis longioribus adpressis adspersa, intus praeter margines valvarum glabra; semen glabrum, usque ad medium arillo dorso fisso obtectum.

Rami diametro 2—3 mm. Folia circ. 13 cm longa, fere totidem lata; foliola circ. 6 cm longa, 2,5—3 cm lata; petiolus communis circ. 4 cm longus (ut et rhachis), puberulus; petioluli 1—2 mm longi, terminalis longior. Thyrsi circ. 8 cm longi, pedunculo rhachin aequante vel superante; bracteae 3—4 mm, bracteolae circ. 2 mm longae, subulatae. Flores albi (Linden). Sepala duo exteriora tertiam interiorum partem aequantes, interiora ovato-oblonga, extus tomentella. Petala oblonga, 5—6 mm longa, circ. 2 mm lata; squamae duae petalorum tertias aequantes, margine villosae, superiores crista breviore profunde bifida appendiceque deflexa barbata fere usque ad squamae basin producta instructae. Tori glandulae ovatae, apice acuminatae. Staminum filamenta pilosa; antherae glabrae. Capsula 2,5 cm longa. 1.5 cm lata. Semen 1 cm longum, 7 mm latum, dorso obtuse carinatum, testa fusca.

In Venezuela: Linden (sine no.)! (in provincia de Caraboba, Campanera, alt. 1000 ped., a. 1849; specimen unicum florig. in Hb. Planchon); Fendler n. 2310! (prope coloniam Tovar. a. 1856—7; specimen fructif. in Hb. Hook.).

Zusatz. Die hier vorgenommene, vielleicht etwas gewagte Vereinigung der fragmentarischen, einerseits nur mit Blüthen (Exemplar von Linden), andererseits nur mit Früchten (Exemplar von Fendler) versehenen Materialien von verschiedenen Standorten, für welche überdiess eine unmittelbare Vergleichung nicht möglich war, beruht vorzugsweise auf der

Uebereinstimmung der durch die zahlreicheren und theilweise scharf vorspringenden Rippen ausgezeichneten Zweige. Ueber die bei dem Exemplare von Linden wahrgenommene, eigenthümliche Insertionsweise der Nebenblättchen, welche übrigens alle abgefallen waren, fehlen mir für das Exemplar von Fendler entsprechende Notizen. Die Eigenthümlichkeit besteht darin, dass die Narben der Nebenblättchen nicht eine rein seitliche Stellung neben der Basis des Blattstieles, wie sonst bei den *Paullinia*-Arten, einnehmen, sondern mit ihren zugekehrten Enden, sich unter die Insertionsstelle des Blattes herabziehen und hier sich berühren. Wie weit dabei etwa eine Querfalte der Rinde unterhalb des Blattes durch Abschülferung und Hinterlassung einer verbindenden Narbe mit ins Spiel tritt, wird sich nur an Exemplaren mit erhaltenen Nebenblättchen ersehen lassen.

Die Frucht weist der Pflanze einen Platz neben *Paull. turbacensis* an. Die meist bis zur Mitte verwachsenen unteren Kelchblätter (3 und 5) würden ausserdem die Unterbringung der Pflanze bei einer der Sectionen mit scheinbar nur viergliedrigem Kelche nahegelegt haben.

### 71. Paullinia tricornis Radlk.

Cupania? nitida De Cand. Prodr. I (1824) p. 613, n. 8, c. obs. „an potius Paullinieae species?"! Cf. Radlk. Serj. p. 44 etc. (v. indic.).
— — Don General Syst. I (1831) p. 668, n. 17.
— — Dietrich. Dav., Synops. Pl. II (1840) p. 1279, n. 8.
— — Steudel Nomencl. Ed. II, I (1840) p. 454.
Paullinia spec. Cambessedes in Mém. Mus. d'Hist. nat. XVIII (1829) p. 29!, obs. („Affinis Paull. connarifoliae Rich.")
Paullinia nitida (non alior.) „Camb." apud Triana & Planch. Prodr. Flor. Novo-Granat., Ann. Scienc. nat., IV. Sér., XVIII (1862) p. 354, sub n. 7. Cf. Radlk. Serj. p. 44 et infra obs.
Paullinia tricornis Radlkofer in Monogr. Serj. (1874—75) p. 72 n. 51 etc. (v. indic.), c. syn. anteced.
— — Sagot Catal. des Pl. de la Guyane franç. in Ann. Scienc. nat., VI. Sér., XII (1882) p. 192.

Scandens, fruticosa, subglabra; rami subteretes, lenticellarum seriebus notati, praeter apices pube pulverulenta sufferruginea indutos glabri; folia 5-foliolato-pinnata, inferiora et superiora interdum depauperata, ternata; foliola elliptica vel elliptico-lanceolata, apice acuminata, basi acuta (terminale in petiolulum attenuatum), subintegerrima vel apicem versus obsolete dentata, breviter petiolulata, coriacea, tenuiter reticulata venisque transversalibus instructa, nitida, sicca rubro-fusca, supra subtusque glaberrima, juniora glandulis microscopicis parcis curvatis obsita, pellucide punctata, epidermide non mucigera; petiolus rhachisque nuda; stipulae parvae, deltoideae; thyrsi in paniculam squarrosam congesti, sufferrugineo-puberuli, sat dense cincinniferi; cincinni sessiles, abbreviati; (flores non visi;) sepala (sub fructu relicta) libera vel 3. et 5. ima basi tantum connata; capsula sufferrugineo-puberula, ex obverse pyramidato pyriformis, vel breviter clavata, breviter stipitata, apiculata, supra medium trialata, vel quasi tricornis, alis (saepius inaequalibus) lignosis divaricatis minus altis infra medium fructum in carinas angustatis (cf. Fig. VII); semen obovato-trigonum, dorso carinato apiceque adpresse ferrugineo-pubescens, arillo dorso fisso resinoso ultra medium obtectum.

Rami diametro 5—8 mm, cortice fufbusco. Folia 15—20 cm longa, fere totidem lata; foliola 6—12 cm longa, 2,5—6 cm lata, terminale plerumque lateralia superans; petiolus communis 2—8 cm longus, teres, glaber, rhachis 2—4 cm longa, supra sulcata; petioluli 1—2 mm longi. Thyrsi 2—10 cm longi, in paniculam 15—30 cm longam congesti, breviter stipitati;

bracteae bracteolaeque minimae, late subulatae. Sepala duo exteriora interiorum dimidiam partem aequantia, interiora ovalia, 3,5 mm longa, extus intusque tomentella. Tori glandulae ovatae, basi pube brevi indutae, uti torus. Capsula extus praeter alas pube brevi adpressa densa sufferruginea induta, intus glabra, circ. 1,5 cm longa, (alis exclusis) 1 cm lata, alis circ. 5 mm (in directione radiali) latis, apice 3 mm altis. Semen (submaturum) circ. 5 mm longum, 3 mm latum, nigrum.

In Guiana gallica: Martin! (n. 444! in Hb. Berol., comm. ex Hb. Par.; Cayenne, ca. 1790; Hb. Par., Lugd.-Bat., Berol., DC.).

Zusatz. Es ist auffallend, dass die Pflanze seit reichlich 100 Jahren nie wieder gesammelt worden ist.

Durch die öfters ungleiche Entwickelung der Fruchtflügel, welche mit der der Fächer selbst zusammenhängt, erinnert die Pflanze an die in Britisch-Guiana einheimische *Paull. anisoptera*, welche aber, wie durch die Beschaffenheit des Kelches, so auch durch die schmächtigere Gestalt und die Zahnung der Blättchen, ferner durch die reichlichere Behaarung deutlich unterschieden ist.

Zu der Literaturstelle bei Triana und Planchon, welche sich im Wesentlichen auf die Worte: „*Paullinia nitida* HBK., non Cambessèdes" beschränkt, ist zu bemerken, dass es, wie schon p. 171 in der Literatur von *P. nitida* K. hervorgehoben wurde, ein Irrthum war, wenn dieselben annahmen, dass es neben *Paull. nitida* Kunth auch eine *Paull. nitida* Camb. gebe. Cambessèdes hat (a. d. ob. a. O.) wohl hervorgehoben, dass die von DC. fragweise zu *Cupania* (als *C.? nitida*) gerechnete Pflanze zu *Paullinia* gehöre, hat aber zugleich verlangt, dass sie vor ihrer endgiltigen Aufnahme unter die *Paullinia*-Arten einer nochmaligen Untersuchung unterworfen werde, und hat es desshalb auch unterlassen, ihr einen bestimmten Namen zu geben, wobei er wohl darauf Rücksicht genommen haben würde, dass schon eine *Paullinia nitida* Kunth vorhanden war, obwohl er das bei seiner *Paull. macrophylla*, d. i. *Paull. Cambessedesii* Tr. & Pl., hinsichtlich *Paull. macrophylla* Kunth (s. diese) unterlassen hat. (Die spätere *Paullinia nitida* Steudel, 1843, kam als nicht giltige Art bei der Namengebung überhaupt nicht in Betracht.)

---

## Sectio VIII. Neuroptilon.

### 72. Paullinia neuroptera Radlk.

Nomen vulgare: Persil; Hahn in scheda; cfr. P. Cururu obs. n. 3.

Scandens, fruticosa, glabra, „gigantea" (Hahn); rami subteretes, lenticellosi, glabri, juniores petiolique puberuli; folia ternata; foliola elliptica, apice acuta vel subacuminata, basi acuta vel rotundata, supra medium remote et plus minus obsolete serrato-dentata, breviter petiolulata, margine plus minus revoluta, rigidiuscule coriacea, reticulato-venosa, glaberrima, nitida, reti utriculorum laticiferorum interrupto obscuro subtus instructa, glandulis microscopicis malleoliformibus adspersa, epidermide mucigera; stipulae subulatae; thyrsi solitarii, dense cincinnigeri, glabriusculi; cincinni sessiles; bracteae bracteolaeque lanceolato-subulatae, parvulae; flores sat robusti, sepalis subcoriaceis, 3. et 5. omnino connatis; capsula apice trialata, ellipsoidea, breviter stipitata, alis inaequalibus transversim oblongis divaricato-patentibus apice quodammodo sursum curvatis striato-nervosis cartilagineis (cf. Fig. VIII), glabrata, rubra, endocarpio glabriusculo; semen ovoideum, glabrum, subfuscum, arillo dorso profunde fisso fere usque ad medium obtectum.

Rami diametro 5—6 mm, cortice cinereo. Folia 10—12 cm longa, totidem lata; foliola 6—8 cm longa, 3—5 cm lata; petiolus communis 4—5 cm longus; petioluli 2—4 mm longi; stipulae 4 mm longae. Thyrsi 6—10 cm longi; pedicelli fructiferi circ. 4 mm longi, infra medium articulati. Sepala duo exteriora dimidiam interiorum partem vix aequantia, interiora ovata, circ. 4 mm longa, omnia extus puberula. (Petala et stamina non visa.) Tori glandulae suborbiculares, pubescentes, uti torus. Capsula stipite 2 mm vix excedente incluso 2—2,5 cm longa, alis exclusis circ. 1,5 cm lata; alae duae breviores sensu radiali 0,7—1 cm latae (tertia paullo longior), a margine inferiore ad superiorem 0,5 cm altae. Semen circ. 1,5 cm longum, 1 cm latum. Embryonis cotyledones crassae, oblique superpositae, oleo, aleuro, amylo parco nec non cellulis tannino repletis foetae; radicula perbrevis.

In insulis caribacis: Hahn n. 1355! (Martinica, m. Mart. 1870, fruct.; „vulgo Persil: Liane gigantesque"; Hb. Par., Boiss.); Eggers n. 1043! (Dominica; Hb. Kew.).

Zusatz. Es ist nicht unmöglich, dass die in Betrachtung stehende Art nur eine Form der *Paull. Vespertilio* mit verarmten Blättern und eben desshalb derberen Blättchen darstellt. Da jedoch Uebergänge in der Blattgestalt weder hier noch bei der *Paull. Vespertilio* sich finden liessen, so erschien es angemessen, wenigstens vor der Hand die betreffenden Materialien als besondere Art aufzufassen, um die Aufmerksamkeit auf sie hinzulenken. Die reife Frucht erschien zugleich kürzer gestielt und das Endocarp noch kahler als bei *Paull. Vespertilio*.

Bezüglich des für diese Art, wie in ähnlicher Weise auch für *P. Vespertilio* angegebenen, sicherlich unpassenden Vulgärnamens „Persil" ist das in Zusatz 3 zu *Paull. Cururu* Gesagte zu vergleichen.

### 73. Paullinia Vespertilio Swartz.

Paullinia Vespertilio Swartz Prodr. (1788) p. 64, n. „12—15" (i. e., ni fallor, inter spec. n. 12 et 15 Linn. Syst. Veg. Ed. XIV, 1784, inserend.). Coll. Masson, Herb. Banks (ex Sw. Fl. Ind. occid. l. infra cit.)!

— — Gmelin Syst. Nat. II (Linn. S. N. Ed. XIII, 1791) p. 642 (non 612, uti Juss. refert), n. 14.

— — Schumach. Skrivt. Naturhist. Selskab. III, 2 (1794, Dissert. lect. m. Oct. 1792) p. 122, n. 5, tab. 10, f. 5 (fructus), tab. XI, f. 1 (ramus). „Herb. Banks"!

— — Raeuschel Nomencl. Ed. III (1797) p. 114.

— — Willden. Sp. Pl. II, 1 (1799) p. 462, n. 9 (e. cit. l. sequ.!!).

— — Swartz Flor. Ind. Occid. II (1800) p. 695; „coll. Masson, Herb. Banks"!

— — Poiret in Lamarck Encycl. V (1804) p. 99, n. 10, e. obs.: „Folia non fruct. v. sicc. in Herb. Juss."! (cf. l. sequ.). Alterum specimen a Poir. huc relatum (in Hb. Lamarck servatum, florigerum) non vidi.

— — Jussieu in Ann. Mus. d'Hist. nat. IV (1801) p. 347, n. 3, e. obs.: „Car. fructus ex Sw. et Schum., caetera ex sicca". Hb. Juss. n. 11358! („Surian n. 864"). Cf. obs. n. 1.

— — Persoon Synops. I (1805) p. 443, n. 8.

— — Dietrich, Fr. G., Gartenlexicon VI (1806) p. 712, n. 14.

— — Smith in Rees Cyclopaed. XXVI (ca. 1814, cf. lit. gen.) n. 12.

— — Steudel Nomencl. Ed. I (1821) p. 597.

— — De Cand. Prodr. I (1824) p. 605, n. 8.

— — Sprengel Syst. Veg. II (1825) p. 249, n. 17.

— — Poiret in Dict. Scienc. nat. XXXVIII (ed. Levrault, 1825) p. 151.

— — Cambessed. in Mém. Mus. d'Hist. nat. XVIII (1829) p. 23.

— — Sweet Hort. Britann. (1830) p. 84. „Cult. 1823". Cf. Hist. spec. cult. in Radlk. Serj. p. 67.

— — Loudon Hort. Britann. (1830) p. 159. Cf. anteced.

Paullinia Vespertilio Don General Syst. I (1831) p. 661, n. 15. „Cult. 1823". Cf. Hist. spec. cult. in Radlk. Serj. p. 67.
— — Dietrich, Dav., Synops. Pl. II (1840) p. 1314, n. 17.
— — Heynhold Nomencl. bot. hortens. I (1840) p. 591. Cf. Hist. spec. cult. in Radlk. Serj. p. 67.
— — Steudel Nomencl. Ed. II, II (1841) p. 278.
— — Donn Hort. Cantabrig. Ed. XIII (1845) p. 265. „Cult. 1823". Cf. Hist. spec. cult. in Radlk. Serj. p. 67.
— — Grisebach, Ueber die Vegetat. d. Caraiben, in Abhandl. d. Götting. Gesellsch. d. Wissensch. Bd. VII (1857) p. 187, n. 255.
— — Grisebach Flor. Brit. West Ind. Isl. (1859—64) p. 124, n. 11; „coll. Masson"!, „Anderson"!
— — Radlkofer in Monogr. Serj. (1874—75) p. 70 n. 18 etc. (v. indic.).
Nomen vulgare: Liane persil blanc, Duss in scheda; cf. obs. n. 2.

Scandens, fruticosa, glabra; rami subteretes, lenticellis crebris albopunctati, glabri, juniores petiolique ferrugineo-pilosi; folia 5-foliolato-pinnata; foliola elliptico-lanceolata, inferiora ovata, apice acuminata, rarius acuta, basi acuta vel rotundata, supra medium remote inciso-serrata, breviter petiolulata, e membranaceo chartacea, reticulato-venosa, supra subtusque glabra, nec nisi circa articulationes pilis crispulis patulis hirtella, nitida, punctis pellucidis lineolisque ramificatis crebris notata, glandulis microscopicis malleoliformibus adspersa, epidermide mucigera; stipulae lineari-subulatae; thyrsi solitarii vel paniculatim congesti, densius cincinnigeri, tomentelli; cincinni sessiles, contracti, bracteis parvulis; flores sat robusti, pedicellati, sepalis subcoriaceis, 3. et 5. fere usque ad apicem connatis; capsula apice trialata, pyriformis, in stipitem longiorem attenuata, alis subaequalibus transversim oblongo-lanceolatis patentibus striato-nervosis cartilagineis, glabrata, rubra, endocarpio juxta suturas parce piloso; semen ovoideum, glabrum, subfuscum, infra medium arillo dorso fisso obtectum.

Rami diametro 2—4 mm. Folia 10—30 cm longa, totidem lata; foliola 7—16 cm longa, 3—7 cm lata, terminale paullo majus; petiolus communis puberulus, 2—9 cm longus, rhachis plerumque brevior; petioluli 2—4 mm longi; stipulae 4—6 mm longae. Thyrsi 2—10 cm longi, pedunculati vel sessiles; pedicelli circ. 2 mm longi. Sepala duo exteriora tertiam interiorum partem aequantia, interiora ovata, omnia extus puberula. Petala ovalia, circ. 4 mm longa, 2 mm lata; squamae petala dimidia aequantes, margine villosae, superiores crista brevi emarginata appendiceque deflexa barbata, inferiores crista oblique adscendente instructae. Tori glandulae lanceolatae, basi puberulae. Staminum filamenta pilosa; antherae glabrae. Capsula stipite circ. 5 mm longo incluso circ. 2,3 cm longa, alis exclusis 1,3 cm lata; alae (sensu radiali) vix 1 cm latae, (sensu verticali) 0,5 cm altae. Semen (submaturum) 1,2 cm longum, 1 cm latum.

In Antillis: Surian! (S. Domingo? a. 1690, sine flor. et fruct.; Hb. Vaillant in Mus. Paris. c. indicat. „Surian 115, 194, 864", non Hb. Surian, in quo sub his numeris aliae plantae aliarum familiarum servantur, ut in Serj. Suppl. p. 48 indicavi; Hb. Jussieu n. 11338 c. indicat. „Surian n. 864", ut in Hb. Vaillant); Masson! (in insula caribaea St. Kitts sive St. Christopher, a. 1776—81, flor. et fruct.; Hb. Banks, specimen a Swartz descript., a Schumacher delineat., cf. Lit.); Märter?! (Montserrat, si recte lego, a. 1784—5?; Hb. Schwägrichen, nunc Monac., specimen florigerum ex Hb. Schreber commun.?, confusum c. fragm. fructig. Paull. microsepalae et fragm. fructig. Roureae spec.); Alex. Anderson! (S. Lucia — S. Vincent quoque indicatur a Griseb. l. c. —, ca. 1786, flor. et fruct.; Hb. Banks; Hb. Delessert, sine fruct.); Ryan! (S. Croix? ca. 1794, flor. et fruct.; Hb. Schumacher, nunc Havn., a Schum. recte determ.); Bertero! (Guadeloupe a. 1817—19; folium tantum sub nom. erroneo; Hb. Spreng., nunc Berol.); Ramage! (Dominica, Castle Bruce, m. Febr. 1889, alab.; ex Hb. Kew. comm. c. Hb.

Krug & Urb.); Duss n. 3599! („Guadeloupe, bois des Bains-Jaunes, Rivière Roche et Rivière noire", m. Febr. 1895; fruct.).

Zusatz 1. Wie aus dem Materialienverzeichnisse sich darstellt, war die Pflanze schon 100 Jahre, ehe sie von Swartz (1788) nach dem Exemplare des Herb. Banks von Francis Masson, eines von Aiton zur Bereicherung des Gartens in Kew ausgesendeten Gärtners, aufgestellt worden ist, von Surian (auf S. Domingo?) gesammelt worden. Surian's Exemplare scheinen aber mit denen von *Paull. pinnata* vermengt gewesen zu sein, wie aus der Bemerkung von Jussieu bei dem erst von ihm als *Paull. Vespertilio* bestimmten, wohl von Surian herrührenden Exemplare seines Herbares, n. 11358, hervorgeht. Diese Bemerkung lautet: „Cet échantillon était attaché sur une feuille de papier dans mon herbier avec plusieurs feuilles du *Paullinia pinnata* avec une étiquette de Surian: „Cururu-ape altera sive 3° pentaphylla latifolia n. 864". Cette étiquette appartient-elle a celle-ci ou au *Paull. pinnata*? Voyer Vaill. herb. cat. mss. p. 960." Diese Bemerkung deutet wohl zweifellos auf die im Herb. Vaillant enthaltenen Exemplare hin, deren eines auch mit n. 864 bezeichnet ist. Diese und die anderen Nummern des Herb. Vaillant, 115 und 194, habe ich im Herb. Surian bei Pflanzen gefunden, welche sämmtlich nicht zur Familie der Sapindaceen gehören, und die Nummern 115 und 194 ausserdem auch noch bei n. 934, d. i. bei *Cupania americana* (vergl. hiezu das über d. Herb. Surian in Serj. Suppl. p. 48 und über d. Materialien d. Herb. Jussieu daraus in Zusatz 4 zu *P. pinn.* u. in d. Monogr. v. Serj. p. 34 Gesagte). Die Pflanzen scheinen also wiederholt und nach verschiedenen Beziehungen mit verschiedenen Nummern versehen worden zu sein, wie denn bei jeder Pflanze in dem leider arg mitgenommenen Herb. Surian eine andere Nummer oben als unten zu finden ist. Ob die *Paull. Vespertilio* darin noch enthalten ist und unter welcher Nummer etwa, muss ich dahingestellt sein lassen und muss es Anderen überlassen, über diese Verhältnisse überhaupt allenfallsige Aufschlüsse zu geben.

Ob die Pflanze durch Masson lebend nach Europa kam und eine Zeit lang in Cultur stand, wie aus der Angabe von Sweet „cult. 1823" (s. ob.) und Anderen entnommen werden möchte, ist in hohem Grade zweifelhaft, wie ich schon in der Geschichte der cultivirten Arten (Monographie von *Serjania* p. 67) hervorgehoben habe. Es spricht dagegen namentlich der Umstand, dass die Pflanze weder in der ersten (1789), noch in der zweiten Ausgabe (1811) der Arbeit von Aiton, in dessen Auftrag Masson reiste, aufgeführt ist.

Ueber die Aehnlichkeit der Pflanze mit *Paull. microsepala*, mit der sie im Herb. Schwägrichen auch wirklich vermengt war, sieh diese. Ueber ihr Verhältniss zu *Paull. neuroptera* war dort schon die Rede.

Zusatz 2. Ob bei der Benennung der Pflanze durch Swartz eine ähnliche Anschauung massgebend war, wie sie in dem Vulgärnamen der *Paull. fibulata* „Patte de chauvesouris" ausgedrückt ist (s. dort am Ende der Literaturangaben, p. 250), darüber gibt Swartz keine Andeutung, doch ist das jedenfalls wahrscheinlich.

Ueber den von Duss angegebenen Vulgärnamen vergleiche das über Liane persil in Zusatz n. 3 zu *Paull. Cururu* Gesagte.

## Sectio IX. Cryptoptilon.

### 74. Paullinia verrucosa Radlk.

Scandens, fruticosa, glabra; rami teretes, lenticellosi; folia ternata, breviter petiolata; foliola ovata, subacuminata, terminale in petiolulum attenuatum, lateralia basi rotundata petiolulis brevibus insidentia, omnia remote serrato-dentata, rigide coriacea, reti venarum subtransversali instructa, glabra, nec nisi in axillis nervorum subtus pilosa, glandulis microscopicis malleoliformibus adspersa, impunctata, utriculis laticiferis prope paginam inferiorem instructa, epidermide valde mucigera subtus stomatibus crebris majusculis suborbicularibus ornata; petiolus nudus; (stipulae non visae;) thyrsi solitarii, rhachi tomentosa; cincinni sessiles; flores pedicellati, robustiores; sepala breviter cano-tomentosa, 3. et 5. fere usque ad apicem connata; capsula (vix semimatura tantum suppetebat) subglobosa, velutino-tomentosa, sessilis, anguste trialata, alis quasi immersis inter plicas e pericarpio emergentes altas verrucoso-rugosas indeque suboccultis (cf. Fig. IX).

Rami thyrsigeri diametro 5 mm, glabrati. Folia petiolo 1,5—2 cm longo adjecto 10—12 cm longa, totidem lata; foliola 8—9 cm longa, 3 -4 cm lata. Thyrsi circ. 20 cm longi, rhachi pedunculum communem plus duplo superante; pedicelli 3 mm longi, basi articulati. Sepala duo exteriora perbrevia, interiora 3—4 mm longa. Petala obovata, 4,5—5 mm longa, 2,5 mm lata, intus glandulis adspersa; squamae margine villosiusculae, superiores crista late obovata appendiceque deflexa lata obtusa subfusco-barbata instructae. Tori pubescentis glandulae superiores ellipticae, subtruncatae, basi pilosae, laterales obsoletae. Stamina dense subfusco-villosa; antherae glabrae. Capsula junior tantum pisi magnitudine suppetebat (cf. supra).

In Guiana anglica: C. Appun n. 1295! (ni fallor, an 205? Savanna, n. 1863—4; Hb. Hook.).

## Sectio X. Anisoptilon.

### 75. Paullinia livescens Radlk.

Scandens, fruticosa, pubescens; rami subteretes, pube brevi ferruginea induti; folia 5-foliolato-pinnata; foliola oblongo-lanceolata, inferiora ovata, apice cuspidato-acuminata, basi acuta vel inferiora rotundata, supra medium remote serrato-dentata, breviter petiolulata, margine revoluta, subchartacea, discoloria, supra livida, subtus ferruginea, reti utriculorum laticiferorum subpellucido interrupto instructa, subtus pubescentia, glandulis microscopicis helicoideis accumbentibus obsita, epidermide mucigera; thyrsi solitarii, interdum paniculatim congesti, tomentelli; cincinni sessiles; flores longius pedicellati, pedicellis infra medium articulatis; sepala inferiora, 3. et 5., omnino connata; capsula (immatura) oblique obcordata vel apice subtruncata, stylo coronata, inaequaliter trialata, breviter stipitata, alis per totum valvarum dorsum decurrentibus, extus intusque tomentosa.

In Brasiliae ora orientali: Sello n. 92! (inter Victoria et Bahia; Hb. Berol.).

### 76. Paullinia anisoptera Turczan.

Koernickea guianensis Klotzsch ed. Rich. Schomburgk in Reisen in Brit. Guiana III (1848) p. 1181 (sine descript.); coll. Rob. Schomb. n. 781! (nec Rich. Schomb. n. 781, quae Cupania rubiginosa Radlk.). Cf. Radlk. Serj. Suppl. (1886) p. 100—102.
Paullinia anisoptera Turczaninow in Bull. Mosc. XXXI (1858) Pars I, No. 2, p. 397; coll. Schomb. n. 781!
— — Walpers Annal. VII, Fasc. 4 (1869, ed. C. Müller) p. 620, n. 1.
— — Radlkofer in Monogr. Serj. (1874—75) p. 75 n. 124 etc. (v. indie.).

Scandens, fruticosa, pubescens; rami teretes, sufferugineo-tomentosi, denique glabrescentes; folia 5-foliolato-pinnata; foliola ovata vel oblongo-lanceolata, apice acuta vel cuspidato-acuminata, basi acuta vel inferiora rotundata, supra medium remote subrepando-dentata, dentibus obtusis apice callosis, breviter petiolulata, margine plana, concoloria, rufo-fusca, membranacea, supra subtusque praesertim in nervis pube brevi induta nec non subtus glandulis microscopicis obsita, epidermide mucigera; thyrsi solitarii, vel paniculatim congesti, tomento brevi flavo-rufo induti; cincinni sessiles; flores longe pedicellati, pedicellis supra medium articulatis; sepalum 3. et 5. omnino connata; capsula inaequaliter trialata, oblique obcordata, stylo coronata, longius stipitata, alis sursum curvatis styli apicem multo superantibus per totum valvarum dorsum decurrentibus, una reliquis majore (cf. Fig. X), extus praeter alas laxe pilosiusculas adpresse tomentosa, intus puberula.

Rami diametro 3—5 mm. Folia 10—20 cm longa, fere totidem lata; foliola 6—10 cm longa, 2.5—4,5 cm lata, terminalia plerumque lateralibus majora; petiolus communis 3—4 cm longus, teres, tomentosus, rhachis petiolum fere aequans; petioluli 1—3 mm longi. Thyrsi 5—15 cm longi, densius cincinnigeri; bracteae subulatae, flores fere attingentes, bracteolae parvae; pedicelli circ. 4 mm longi. Sepala duo exteriora tertiam interiorum partem aequantia, interiora late ovalia, extus tomento brevi induta, circ. 3 mm longa, 2 mm lata. Petala obovata; squamae dimidiam petalorum partem aequantes, margine villosiusculae, superiores crista brevi emarginata vel leviter fissa appendiceque deflexa brevi barbata, inferiores crista oblique adscendente instructae. Tori glandulae ovatae. Staminum filamenta pilosa; antherae glabrae. Capsula — (immatura tantum suppetebat).

In Guiana anglica: Rob. Schomburgk n. 781! (a. 1837; Hb. plur.), n. 825! (Hb. Hook.).

Zusatz. Die letztere der hier angegebenen Nummern ist im Verzeichnisse der von Schomburgk gesammelten Sapindaceen, p. 100, 101 und 102 des Supplementes von *Serjania* (1886) nachzutragen.

Ebenso ist daselbst für *Paull. leiocarpa* Griseb., wie bei dieser schon erwähnt, die Nummer 866 der gleichen Sammlung nachzutragen und für eben diese Art die Nummer 213 allem Anscheine nach in 813 umzuwandeln.

Ich füge, um das erwähnte Verzeichniss den Besitzern der Schomburgk'schen Sammlung möglichst nützlich zu machen, noch hinzu, dass ich für *Cardiospermum Halicacabum* L. var. *microcarpum* Bl. in dem Herbare der schlesischen Gesellschaft für vaterländische Cultur die Nummer 655 (statt 685) angeführt gefunden habe.

Weiter sei erwähnt, dass mir in Folge einer hier nicht weiter zu berücksichtigenden unrichtigen Bestimmung von Klotzsch aus der Sammlung von Rich. Schomburgk auch die Nummer 1248 zugekommen ist, welche in der Monographie der Anacardiaceen von Engler (1883, p. 297) der Nummer 892 von Rob. Schomburgk unter „*Thyrsodium Schomburgkianum* Benth. (*Garuga Schomburgkiana* Engl. in Fl. bras. XII, 2, p. 287)" beizufügen ist. Die Pflanze ist im April 1843 blühend im Canuku-Gebirge, Britisch-Guiana, gesammelt.

### 77. Paullinia fibulata Rich. ed. Juss.

Paullinia fibulata „Richard" ed. Jussieu in Ann. Mus. d'Hist. nat. IV (1804) p. 319, n. 16! (Hb. Juss. n. 11362, a Rich. comm.; Hb. Richard, dein Franqueville, sub nomine vulgari a Juss. edito, v. infra). Cf. obs. n. 1 ad Paull. sphaerocarp.

—    —    Persoon Synops. I (1805) p. 444, n. 24.
—    —    Poiret in Lamarck Encycl., Suppl. IV (1816) p. 334.
—    —    Dietrich, Fr. G., Gartenlexicon, Nachtrag V (1819) p. 648, n. 10.

Paullinia fibulata Steudel Nomencl. Ed. I (1821) p. 597.
— — De Cand. Prodr. I (1824) p. 607, n. 37.
— — Sprengel Syst. Veg. II (1825) p. 249. n. 15.
— — Cambess. in Mém. Mus. d'Hist. nat. XVIII (1829) p. 23.
— — Don General Syst. I (1831) p. 662, n. 34.
— — Dietrich. Dav., Synops. Pl. II (1840) p. 1314, n. 15.
— — Steudel Nomencl. Ed. II. II (1841) p. 278.
— — Radlkofer in Monogr. Serj. (1874—75) p. 71 n. 32 etc. (v. indic.).
— — Sagot Catal. des Pl. de la Guyane franç. in Ann. Scienc. nat., VI. Sér., XII (1882) p. 192. excl. specim. a Mélinon coll., ad Pauli. stellatam Radlk. recensendo.

Nomen vulgare: Léré-amouçairi, i. e. „patte de chauvesouris" Galibiensibus ex Rich. in scheda et Juss. l. c. („quia cirrhis validis fibulantibus arbori viciniori adhaeret" Juss. l. c.).

Non Paullinia fibulata Sagot part.; cfr. l. supra c.

Scandens, fruticosa, ferrugineo-tomentella; rami subteretes, tomento brevi rufo-fusci; folia 5-foliolato-pinnata; foliola ex elliptico late ovata, apice obtuse subacuminata, basi terminale acutum, lateralia rotundata, subintegerrima, longius breviusve petiolulata, subcoriacea, supra fusca glabraque, subtus pilis partim lateraliter affixis subsaccatis breviter ferrugineo-tomentosa nec non glandulis microscopicis helicoideis accumbentibus obsita, epidermide parcius mucigera; thyrsi solitarii vel paniculatim congesti, tomento brevi rufo-fusci; cincinni sessiles; flores longius pedicellati, pedicellis prope basin articulatis; sepalum 3. et 5. omnino connata; germen auctum alarum primordiis tribus superne latioribus sub tomento lanoso rufo occultis instructum.

Rami diametro 3—5 mm. Folia 15—25 cm longa, totidem lata; foliola 7—14 cm longa. 4—8 cm lata; petiolus communis 2—7 cm longus, teres, tomentellus, rhachis brevior; petioluli 3—7 mm longi. Thyrsi longius breviusve pedunculati, 10—20 cm longi, densius cincinnigeri; pedicelli 2—3 mm longi. Sepala duo exteriora tertiam interiorum partem vix aequantia, interiora late ovalia, extus tomentella, 3—4 mm longa. 2—3 mm lata. Petala oblonga; squamae dimidiam petalorum partem aequantes, margine villosiusculae, superiores crista brevi apice fissa appendiceque deflexa barbata, inferiores crista oblique adscendente instructae. Tori glandulae ovatae. Staminum filamenta tota dense pilosa; antherae glabrae. Germen ellipsoideum, sessile, tomento lanoso rufo-fusco indutum.

In Guiana gallica: L. Cl. Richard! (in sylvis ad fluvium Kourou. a. 1781—9; Hb. Franquev., Juss. n. 11362).

## Sectio XI. Isoptilon.

### 78. Paullinia Cambessedesii Triana & Planchon.

Ornitrophe macrophylla Poiret in Lamarck Encycl. VIII (1808) p. 263, n. 1; „coll. Martin. Hb. Desfont."! Cf. Radlk. Serj. p. 42 etc. (v. indic.).
— — Steudel Nomencl. Ed. I (1821) p. 574.
Cupaniae spec.? Kunth in Humb. Bonpl. K. Nov. Gen. et Sp. V (1821) p. 94 (Ed. in 4° p. 121), annot. Cf. Radlk. Serj. p. 59 etc. (v. indic.).
— — Kunth Synops. Pl. Aequinoct. Orb. Nov. III (1824) p. 160. annot.

Schmidelia? macrophylla De Cand. Prodr. I (1824) p. 610. n. 1. excl. specimine Hb.
     Prodromi sub obs. „vidi sicc." intelligendo, Allophyli speciem
     (A. robustum m., v. obs.) exhibente. Cf. Radlk. Serj. p. 41 etc.
     (v. indic.).
  —        —    Don General Syst. I (1831) p. 663. n. 1.
  —        —    Steudel Nomencl. Ed. II, II (1841) p. 531. c. syn. „Ornitrophe
     macrophylla Poir."
Paullinia macrophylla (non alior.) Cambessedes in Mém. Mus. d'Hist. nat. XVIII (1829)
     p. 23, c. syn. „Ornitrophe macrophylla Poir."! Cf. Radlk. Serj.
     p. 42 etc. (v. indic.).
Paullinia Cambessedesii Triana & Planchon Prodr. Flor. Novo-Granat., Ann. Scienc. nat.,
     IV. Sér., XVIII (1862) p. 352 sub n. 3!
  —        —    Radlkofer in Monogr. Serj. (1874—75) p. 71 n. 36 etc. (v. indic.).
     c. syn. anteced.
  —        —    Sagot Catal. des Pl. de la Guayane franç., Ann. Scienc. nat.,
     VI. Sér., XII (1882) p. 193.
Perperam citatur Ornitrophe macrophylla Poir. ad Cupaniam Saponariam Pers. (i. e. Sa-
     pindum Saponariam) in Sprengel Syst. Veg. II (1825) p. 221 sub n. 5.

Scandens, fruticosa, subsericeo-tomentosa; rami teretes, petiolique thyrsique tomento brevi flavescenti induti; folia ternata; foliola magna, elliptica, apice acuminata, basi acuta vel rotundata (terminale in petiolulum attenuatum), supra medium remote et obsolete repando-denticulata, margine revoluta, longius petiolulata, coriacea, clathrato-venosa, supra nervo mediano excepto glabra, subtus pilis flavis lateraliter affixis subsaccatis subsericeo-tomentosa, glandulis microscopicis inclinatis adspersa, fibris sclerenchymaticis prope paginam superiorem instructa, epidermide non mucigera; stipulae ovatae, peruliformes, coriaceae; thyrsi bini ternive aggregati, foliis multo breviores, in ramis vetustioribus sessiles; cincinni sessiles; flores robusti, longius pedicellati, sepalis 5 liberis; capsula pyriformis, stipitata, apicem versus anguste trialata, laxe reticulato-nervosa, extus subsericeo-tomentosa, intus hirsuto-tomentosa; semen ovoideum, arillo usque ad medium obtectum.

Rami diametro 3—5 mm. Folia 30—40 cm longa, totidem lata; foliola circ. 20 cm longa, 10—12 cm lata; petiolus communis circ. 12 cm longus, tomentellus, supra sulcatus, subtus convexus; petioluli laterales 1—1,5 cm, terminales 2—3 cm longi; stipulae circ. 5 mm longae, 3 mm latae, subtus tomentellae. Thyrsi 8—11 cm longi, tomento brevi induti; bracteae bracteolaeque breviter triangulares, parvulae; pedicelli fructiferi circ. 4 mm longi, infra mediam partem articulati. Sepala duo exteriora duas interiorum tertias aequantia, interiora ovalia, circ. 4 mm longa, 2—3 mm lata, extus tomentosa. Petala oblonga. Torus hirsutus, glandulis suborbicularibus. Capsula submatura stipite 3—4 mm longo adjecto 1,5 cm longa, 1cm lata, alis vix 1 mm latis. Semen circ. 5 mm longum, fere totidem latum, nigrum.

In Guiana gallica: Martin! (n. 144! in Hb. Desfont.; Cayenne, ca. 1790; Hb. Par., Kunth, nunc Berol., Webb, nunc Florent., ex Hb. Desfontaines).

Zusatz. Die Pflanze aus Cayenne, welche De Candolle statt der *Paull. Cambessedesii* im Herb. Prodromi (wie in dem Literaturverzeichnisse erwähnt) vor sich hatte, mag hier kurz charakterisirt sein, wie folgt: *Allophylus robustus* Radlk.: Rami (petioli thyrsique) cinnamomeo-tomentosi, denique glabrati, cortice albicante; folia trifoliolata, foliola elliptico-lanceolata, longius petiolulata, subintegerrima, praeter nervos subglabra, magna (petiolulis inclusis 20—25 cm longa, 8—9,5 cm lata); thyrsi robusti, basi plerumque ramis 2 divaricatis instructi; flores majores, germine setoso-tomentoso; fructus maximi (sicci 12—15 mm longi, 8—10 mm lati), glabrati, putamine basin versus costato; semen glabrum.

### 79. Paullinia rufescens Rich. ed. Juss.

Paullinia rufescens „Richard" ed. Jussieu in Ann. Mus. d'Hist. nat. IV (1804) p. 349, n. 17!
(Hb. Juss. n. 11363, a Rich. comm.; Hb. Richard, dein Franqueville,
sub eodem nomine a Rich. adscripto; cf. obs. n. 1 ad P. sphaerocarp.).
— — Persoon Synops. I (1805) p. 444, n. 25.
— — Poiret in Lamarck Encycl., Suppl. IV (1816) p. 334.
— — Dietrich, Fr. G., Gartenlexic. Nachtrag V (1819) p. 649, n. 12.
— — Steudel Nomencl. Ed. I (1821) p. 597.
— — De Cand. Prodr. I (1824) p. 607, n. 38.
— — Cambessed. in Mém. Mus. d'Hist. nat. XVIII (1829) p. 23.
— — Don General Syst. I (1831) p. 661, n. 35.
— — Steudel Nomencl. Ed. II, II (1841) p. 278, excl. obs.: „Paull. connarifolia Rich. sec. Spr."
— — Radlkofer in Monogr. Serj. (1874—75) p. 71 n. 33 etc. (v. indic.).
— — Sagot Catal. des Pl. de la Guyane franç. in Ann. Scienc. nat., VI. Sér., XII (1882) p. 193.
Non Paullinia rufescens (sphalmate loco fuscescens) Kunth in Humb. Bonpl. K. Nov.
Gen. et Sp. VII (1825) Distrib. geograph., p. 320 (Ed. in 4° p. 406)
et in Synops. Pl. Aequinoct. Orb. Nov. IV (1825) Distrib. geograph.
p. 436; cfr. Paull. fuscescens Kunth.
Perperam citatur: Paullinia rufescens Rich. ad Paull. connarifoliam Rich., i. e. Paull.
capreolat. Radlk. in Sprengel Syst. Veg. II (1825) p. 249, sub n. 14,
in Dietrich, Fr. G., Gartenlexic. XXVI (s. Neuer Nachtrag VI, 1837)
p. 435 et in Dietrich, Dav., Synops. Pl. II (1840) p. 1314, sub n. 14.

Scandens, fruticosa, subsericeo-tomentosa; rami 4—5-costati, petiolique thyrsique tomento brevi rufo induti; folia 5-foliolato-pinnata; foliola oblongo- (inferiora ovato-) lanceolata, apice acuminata, basi acuta vel inferiora rotundata, supra medium remote serrato-dentata, breviter petiolulata, chartacea vel subcoriacea, reticulato-venosa, supra e fusco livescentia, praeter nervum medianum glabra, subtus pilis rufo-fuscis lateraliter affixis subsaccatis subsericeo-tomentosa, pellucide punctata, glandulis microscopicis inclinatis adspersa, epidermide non mucigera; (stipulae non visae;) thyrsi solitarii, folia fere aequantes, densiflori, spiciformes, sessiles vel pedunculati; cincinni sessiles; flores parvi, breviter pedicellati, sepalis 5 liberis; capsula pyriformis, breviter stipitata, trialata, alis deorsum angustatis per totum valvarum dorsum decurrentibus, laxe reticulato-nervosa (cf. Fig. XI), extus glabra, intus puberula; semen obtuse et breviter conicum, arillo basin tantum dilatatam obtegente.

Rami diametro 4—5 mm. Folia circ. 20 cm longa, totidem lata; foliola 7—12 cm longa, 3—5 cm lata; petiolus communis 6—10 cm longus; rhachis plerumque brevior; petioluli 2—3 mm longi. Thyrsi 10—25 cm longi, tomentosi, pedunculo 2—8 cm longo, vel subnullo; pedicelli circ. 1 mm longi. Sepala duo exteriora dimidiam interiorum partem aequantia, interiora ovalia, extus tomentella, circ. 2 mm longa, 1—1,5 mm lata. Petala oblonga; squamae dimidiam petalorum partem aequantes, margine villosiusculae, superiores crista brevissima obcordata appendiceque deflexa barbata, inferiores crista dentiformi instructae. Tori glandulae ovales. Staminum filamenta pilosiuscula; antherae glabrae. Capsula circ. 1,5 cm longa, 8 mm lata (alis circ. 4 mm latis exclusis), stipite circ. 1 mm longo. Semen circ. 8 mm longum, basi totidem latum, spadiceum, glabrum.

In Guiana: L. Cl. Richard! (Guiana gallica, in sylvis fluvii Kourou, m. Sept. 1781—89, flor.; Hb. Franquev., Deless., Juss. n. 11363); Parker! (Guiana anglica, Demerara, ca. 1824, flor.; Hb. Hook.); C. F. Appun! n. 709! (Guiana anglica, a. 1863—4, fruct.; Hb. Hook.); Jenman n. 683! (Guiana angl., ad flum. Mazaruni, m. Sept. 1880, fruct.; Hb. Kew.).

### 80. Paullinia microsepala Radlk.

Paullinia sphaerocarpa (non „Rich." ed. Juss.) Grisebach Flor. Brit. West Ind. Isl. (1859—64) p. 124, n. 15, excl. indicatione „Guiana" inter loc. natal. et fructus descriptione, e Juss. perperam huc allat. (ad P. sphaeroc. referend.); „Dominica, coll. Imray"!

Nomen vulgare: Liane persil incol. insulae Martinic. ex Duss in Hb. Krug & Urban, nomen rectius Serjaniae polyphyllae attribuendum (cf. Radlk. Serj. p. 185 et 198), nec nisi inexacte, ut videtur, ad hanc et alias Pauliniae species translatum (cfr. Paull. Cururu obs. n. 3).

Scandens, fruticosa, glabrata; rami e 5—6-angulari subteretes, lenticellosi, petiolique thyrsique pube pulverulenta adspersi, dein glabriusculi; folia 5-foliolato-pinnata; foliola elliptico- vel oblongo-lanceolata, inferiora ovata, apice acuminata, basi superiora acuta (terminale in petiolulum attenuatum), inferiora rotundata, supra medium remotiuscule serrato-dentata, subsessilia vel petiolulata, chartacea, reticulato-venosa, supra glabriuscula, subtus pilis lateraliter affixis subsaccatis adspersa, circa articulationes pilis adpressis dense sericeo-pubescentia, glandulis microscopicis inclinatis obsita, punctis pellucidis magnis lineolisque ramificatis notata, epidermide non mucigera; stipulae longissimae, lineares; thyrsi solitarii, folia fere aequantes, sessiles vel pedunculati; cincinni sessiles; flores parvi, breviter pedicellati, sepalis 5 liberis tenerioribus; capsula pyriformis, longius stipitata, apiculata, trialata, alis e medio valvarum dorso emergentibus nec apicem nec basin attingentibus patentibus e basi latiore angustatis (interdum parum evolutis), laxe reticulato-venosa, extus glabra, intus pubescens; semen ovoideum, arillo usque ad medium obtectum.

Rami diametro 5--7 mm. Folia 15—20 cm longa, fere totidem lata, sicca supra fuscescentia, subtus pallidiora; foliola 6--14 cm longa, 2,5—6 cm lata; petiolus communis 3—7 cm longus, teres, rhachis brevior, interdum submarginata; petioluli 1—3 mm longi; stipulae 1—2 cm longae. Thyrsi 6—20 cm longi, pubescentes, denique glabri; bracteae bracteolaeque subulatae, parvae; pedicelli circ. 1 mm longi. Sepala duo exteriora tertiam interiorum partem aequantia, interiora ovata, petaloidea, basi pube brevi adspersa, circ. 2 mm longa. 1 mm lata. Petala oblongo-ovalia; squamae duas petalorum tertias aequantes, basi petalis latiores, margine villosae, superiores crista brevissima emarginata appendiceque barbata, inferiores crista dentiformi instructae. Tori glandulae suborbiculares. Staminum filamenta pilosa; antherae glabrae. Capsula stipite 0,5—1,5 cm longo adjecto 2,5—3 cm longa, 1 cm lata; alae 0,5—1,5 cm latae. Semen circ. 14 mm longum, 9 mm latum, spadiceum, glabrum.

In insulis caribaeis: Märter! (t. Martio; Monserrat, si recte lego in Hb. Schwägrichen, a. 1784—5?; Hb. Martius „comm. a L. B. de Moll a. 1834", specimen c. fructib. semimat., ex Hb. Schreber comm.?; Hb. Schwägrichen, nunc Monac., fragmentum ejusdem speciminis, confusum c. specim. florig. Paull. Vespertilionis et fragm. fructig. Roureae spec.); L'Herminier! (Guadeloupe, a. 1798—1815, flor.; Hb. Boiss.); Imray n. 1786! (Dominica, ca. 1840?, flor.; Hb. Hook., Griseb. e. nom. „Paull. sphaerocarpa Rich.", cf. Lit.); „coll. Nyst"! (flor. et fruct.! Herb. Hort. Bruxell.); collector ignotus! (Herb. Deless., flor.); Duss n. 1483! 1483, b; („Martinique", haud frequens, vulgo „Liane persil", a. 1890; Sta. Lucia; flor. et fruct.; Hb. Krug & Urb.).

Zusatz. Die Pflanze, welche (abgesehen von der Gestalt ihrer Fruchtflügel und von ihrem längeren Fruchtstiele) sehr nahe mit *Paull. rufescens* übereinstimmt, hat im Habitus auch genügende Aehnlichkeit mit *Paull. Vespertilio*, um vor einer Verwechselung mit dieser, namentlich im Fruchtzustande, zu warnen. Es erscheint das um so mehr am Platze, als sich aus dem Inhalte des Hb. Schwägrichen ergibt, dass diese Verwechselung schon einmal stattgefunden hat (sieh das Materialienverzeichniss hier und bei *Paull. Vespertilio*). Sie ist leicht zu unterscheiden durch die kleinen, unverwachsenen Kelchblätter, von denen die inneren drei in der oberen Hälfte blumenblattartig sind; ferner ist bei ihr die Epidermis des Blattes nicht verschleimt. Dazu kommen noch die besonders langen Nebenblättchen, die dicht und anliegend kurzhaarigen Gliederungsstellen der Blätter und die anfänglich deutlich kantigen Zweige.

Dass für die Pflanze ein ganz ähnlicher Vulgärname angeführt wird, wie für die *Paull. Vespertilio*, ist bei ihrer Aehnlichkeit mit dieser nicht befremdend. Befremdend aber ist das Ungeeignete dieses Namens für beide Arten, wovon schon unter *Paull. Cururu* in Zusatz 3 die Rede war.

Ueber die Herkunft der oben angeführten Materialien ist leider mehrfach eine befriedigende Auskunft nicht zu erlangen gewesen. Zu „Nyst" bemerke ich, dass derselbe Director des früheren Gartens zu Brüssel war.

## Sectio XII. Caloptilon.

### 81. Paullinia trilatera Radlk.

Scandens, fruticosa, subhirsuta; rami trilateri, angulis acutis breviter jubato-setosis; corpus lignosum compositum e centrali majore et periphericis 3 minoribus angulos efficientibus; folia 5-foliolato-pinnata; foliola terminalia subrhombea, lateralia superiora oblongo-lanceolata, inferiora ovata, omnia apice longius acuminata, basi terminale cuneatum, in petiolulum attenuatum, lateralia acuta vel rotundata, omnia remote obsoleteque serrato-dentata, breviter petiolulata, membranacea, supra glabra, subtus subhirsuta nec non glandulis microscopicis fuscis curvatis obsita, impunctata, utriculis laticiferis subtus instructa, epidermide non mucigera; rhachis submarginata; stipulae insignes, lanceolatae; thyrsi perbreves, in ramis adultioribus ad axillas foliorum glomerulato-congesti; flores mediocres, longius pedicellati; capsula e late obovato vel obcordato in stipitem longum attenuata, insigniter trialata, alis superne parte seminifera paullo tantum angustioribus, basi angustatis, per totum valvarum dorsum decurrentibus, extus glabra, intus dense pilosa. Semen ellipsoideum, pilosiusculum, arillo dorso fisso ventre profunde sinuato usque ad medium obtectum.

In Brasilia: Martius! (verosimiliter in sylvis ad Ega, prov. Alto Amazonas, a. 1819, quia in Herbario Monac. servata fuit inter specimina alius speciei in loco indicato collecta).

### 82. Paullinia mallophylla Radlk.

Scandens, fruticosa, pubescens; rami 3—5-angulares, sulcati, praesertim ad angulos hirtelli; corpus lignosum (basi simplex, altius) compositum e centrali majore et peripherico 1 minore; folia impari-pinnata, 3-juga, jugo infimo ternato; foliola ex oblongo lanceolata (terminalia latiora, subrhombea), apice acuta, basi terminalia longe attenuata, lateralia acuta, omnia supra medium remote grosseque serrato-dentata, terminalia dente infimo majore subtrilobata, subsessilia, membranacea, subtus pube brevi mollia nec non glandulis microscopicis curvatis fuscis obsita, punctis lineolisque pellucidis crebris notata, reti utriculorum laticiferorum subtus instructa, epidermide non mucigera; rhachis nuda vel superne submarginata, hirtella; stipulae sat longae, lineari-subulatae; thyrsi in ramis adultioribus ad foliorum cicatrices nec non in axillis foliorum glomeratim congesti, puberuli; alabastra puberula.

Rami diametro 2—3 mm, cortice nigro-fusco. Folia circ. 20 cm longa, 15 cm lata, supra nitida; foliola margine plus minus revoluta ciliolataque, lateralia circ. 9 cm longa, 3,5—4 cm lata, terminalia majora; petiolus hirtellus; stipulae 4—6 mm longae, puberulae. Thyrsorum glomeruli 1,5 cm non superantes.

In Costa-Rica: Oersted! (ad Ujaras m. Febr. 1847, flor.; inter Tortuga et Sapoa, m. Maj. 1847, flor.; Hb. Havn.).

### 83. Paullinia ternata Radlk.

Scandens, fruticosa, glabra; caulis et rami teretes; corpus lignosum simplex; folia ternata, longius petiolata; foliola oblonga, obtuse acuminata, terminale in petiolulum longiuscule attenuatum, lateralia e basi ovata in petiolulos breviores abruptius contracta, omnia remote et obtuse dentata, tenuiter membranacea, glabra, nec nisi subtus in axillis nervorum barbata, glandulis microscopicis geniculatis adspersa, minutim pellucide punctata retique utriculorum laticiferorum pellucido subtus instructa, epidermide non mucigera; petiolus nudus; stipulae mediocres, lineari-subulatae; thyrsi in caulis parte inferiore ad nodos vetustos glomeratim vel (pauciores et longiores) fasciculatim congesti; flores inter minores, glabri; capsula anguste trialata, e late obovato suborbicularis, subestipitata, extus subglabra, intus pube brevi vestita; semen ellipsoideum, glabrum.

In Brasiliae provincia Rio de Janeiro(?): Glaziou n. 10432! (a. 1880). (Huc quoque, ut videtur, inflorescentiae solae a Cl. Martio et a principe Neu-Wied collectae, in Hb. Monac. et Bruxellensi servatae.)

### 84. Paullinia cauliflora Jacq.

| | | |
|---|---|---|
| Paullinia cauliflora | | Jacquin Collectan. IV (1790) p. 176, n. 476! (Vidi specimen ex Hort. Schoenbr. proven. in Hb. Jacq. fil., nunc Vindob.) Cf. Hist. spec. cult. in Radlk. Serj. p. 64, 65. |
| — | — | Jacquin Icon. Plant. rarior. III (1786—93) p. 3, tab. 438 (non 430, uti Persoon, De Cand., Endl. et Baillon referunt)! Cf. l. antec. |
| — | — | Willden. Sp. Pl. II, 1 (1799) p. 463, n. 12. excl. signo †. i. e. plant. dub. |
| — | — | Poiret in Lamarck Encycl. V (1804) p. 97, n. 5. |
| — | — | Jussieu in Ann. Mus. d'Hist. nat. IV (1804) p. 319, n. 19. |
| — | — | Persoon Synops. I (1805) p. 443, n. 19. excl. obs. sub n. 18 facta: „Sapindis minus affinis species est. alia ad genera forte amandanda." |
| — | — | Dietrich, Fr. G., Gartenlexicon VI (1806) p. 710, n. 4. |
| — | — | Smith in Rees Cyclopaed. XXVI (ca. 1814, cf. lit. gen.) n. 15. |
| — | — | Desfontaines Tableau de l'École de Botanique etc., Ed. II (Paris 1815) Suppl. p. 272! Cf. Hist. spec. cult. in Radlk. Serj. p. 65. |
| — | — | Steudel Nomencl. Ed. I (1821) p. 597. |
| — | — | De Cand. Prodr. I (1824) p. 606, n. 33. |
| — | — | Sprengel Syst. Veg. II (1825) p. 250, n. 30. |
| — | — | Poiret in Dict. Scienc. nat. XXXVIII (ed. Levrault, 1825) p. 150. |
| — | — | Cambessed. in Mém. Mus. d'Hist. nat. XVIII (1829) p. 23. |
| — | — | Schrank & Martius Hort. reg. Monacens. (1829) p. 161. Cf. Hist. spec. cult. in Radlk. Serj. p. 65. |
| — | — | Desfontaines Catal. Plant. Hort. reg. Paris., Ed. III (1829) p. 230. Cf. supra Ed. II (Tableau etc. 1815). |
| — | — | Sweet Hort. Britann. (1830) p. 81. „Cult. 1821." Cf. Hist. spec. cult. in Radlk. Serj. p. 65. |

Paullinia cauliflora Loudon Hort. Britann. (1830) p. 159. „Cult. 1822." Cf. Hist. spec. cult. l. c.
— — Don General Syst. I (1831) p. 661, n. 30. „Cult. 1822." Cf. anteced.
— — Loddigges Catalogue of Plants etc., Ed. XVI (London 1836) p. 18. Cf. Hist. spec. cult. l. c.
— — Dietrich Synops. Pl. II (1840) p. 1315, n. 39.
— — Heynhold Nomencl. bot. hortens. 1 (1840) p. 591. Cf. Hist. spec. cult. l. c.
— — Steudel Nomencl. Ed. II, II (1841) p. 277.
— — Donn Hort. Cantabrig. Ed. XIII (1845) p. 265. „Cult. 1821." Cf. Hist. spec. cult. l. c.
— — Radlkofer in Monogr. Serj. (1874—75) p. 70 n. 19 etc. (v. indic.).

Scandens, fruticosa, glabra; rami teretiusculi leviter sulcati, glabri; corpus lignosum simplex; folia impari-pinnata, 3—4-juga, jugo infimo ternato; foliola ex ovato lanceolata, apice subacuta, basi terminale plus minus cuneatum, lateralia superiora acutiuscula, inferiora obtusata et inaequilatera, latere interiore (superiore) majore, omnia sessilia, integerrima vel interdum rarodentata, membranacea, glabra, glandulis microscopicis geniculatis subtus obsita, obscure pellucide punctata et lineolata, nec non reti utriculorum laticiferorum subpellucido subtus instructa, epidermide non mucigera; rhachis superne marginata; stipulae conspicuae, oblongae vel lanceolatae; thyrsi in ramis adultioribus ad nodos defoliatos nec non in junioribus ad axillas foliorum glomeratim congesti, cirris interdum axillaribus apice biramosis juxtapositis, rarius singuli perbreves apicem cirri (pedunculi) biramosi efficientes, glabri; flores inter minores, glabri; capsula trialata, ellipsoidea, sessilis, extus glabrata, intus pubescens; semen ellipsoideum, pilis brevibus subretrorsus adspersum, infra medium arillo obtectum.

„Frutex 15-pedalis, trunco cinereo tereti pollicem crasso" (Jacquin). Rami juniores diametro circ. 2 mm, laeves, adultiores circ. 5-millimetrales, lenticellis crebris exasperati. Folia 12—15 cm longa, 8—12 cm lata; foliola vix nitidula, sicca pallide viridia, circ. 6 cm longa, 2,5 cm lata; petiolus communis 2—4 cm longus, supra sulcatus, rhacheos segmenta 1,5—2 cm longa; stipulae 5—7 mm longae, 1,5—3 mm latae, glabrae. Thyrsi 0,5—1 cm longi; bracteae bracteolaeque minimae; pedicelli 3—4 mm longi, teneri, glabri. Flores albi (Fendler), odorati (Gollmer; inodori in stirpe culta, t. Jacquin). Sepala duo exteriora dimidiam interiorum partem vix aequantia, glabra; interiora ovalia, circ. 3 mm longa. Petala alba (Gollmer), ex obovato ovali-oblonga, plus minus unguiculata; squamae crista apice acutiuscula adjecta dimidiam petalorum partem vix superantes, latiores, margine villosiusculae, superiores appendice brevi barbata instructae. Tori glandulae subrotundae, puberulae, ut et torus ipse. Staminum filamenta complanata, glabra. Germen pilis flavis tomentosum. Capsula rubra (Fendler), 1,4 cm longa, alis 2—3 mm latis adjectis totidem lata. Semen 1 cm longum, 8 mm latum, spadiceum.

In Venezuela: Jacquin!, resp. Märter et Bredemeyer („in sylvis ad Caracas"; culta in Hort. Schoenbrunnensi, m. Oct. — Jan. ca. 1790, flor.; Hb. Jacq. fil. in Hb. Vindob.!); Gollmer! (Caracas. La Guayra, Ponte Mulato. m. Jul. 1833, flor.; Hb. Berol.); Moritz n. 1934! (ca. 1837; Mus. Brit.); Otto n. 905! (Venezuela, Topade — si recte lego —, m. Jul. 1840, flor.; Hb. Berol.); Fendler n. 200! (inter Caracas et La Guayra, alt. 2000—3000 ped., m. Febr. 1854, Aug. 1855, flor. et fruct., Hb. Griseb.; prope colon. Tovar, 1854—55, flor. et fruct., Hb. Hook.).

Culta olim in Horto Schoenbrunnensi! (cf. supra sub Jacquin), nec non in H. Paris.!, ubi vivam vidi a. 1867 (nec non specim. sicc. in Hb. Decaisne, nunc Bruxell.).

### 85. Paullinia glomerulosa Radlk.

Paullinia spec. Hemsley in Salvin & Godm. Biol. Centr.-Am., Bot. I (1879—81) p. 211. n. 20.
  Coll. Sutton Hayes 391!
— — Anales del Museo Nacional, República de Costa Rica, I (1888) Pars 2. p. 20
  (secundum Biol. Centr.-Am. enumerata e. indicat. „Panama").

Scandens, fruticosa, hirtella; rami teretiusculi, striati, petiolique pilis adspersi vel glabrati; corpus lignosum simplex; folia impari-pinnata, 3—5-juga, jugo infimo ternato vel 5-foliolato-pinnato, secundo interdum ternato; foliola lanceolata, apice longius breviusve acuminata, basi terminale cuneato-attenuatum, lateralia superiora acutiuscula, sessilia, inferiora basi oblique ovata (latere interiore majore) in petiolulos contracta, omnia serrato-dentata, membranaceo-chartacea, pilis brevibus praesertim in nervis margineque adspersa, glandulis microscopicis geniculatis subimmersis obsita, reti utriculorum laticiferorum subpellucido subtus instructa nec non interdum punctis lineolisque ramificatis pellucidis notata, epidermide non mucigera; rhachis superne marginato-alata; stipulae minores, lanceolatae; thyrsi in axillis foliorum et ad nodos defoliatos glomeratim congesti, perbreves, glabri; capsula trialata, late obovata, sessilis, extus subglabrata, intus pubescens; semen trigono-ovoideum, retrorsus pilosiusculum, arillo fere usque ad mediam partem obtectum.

Rami diametro circ. 2 mm, cortice griseo. Folia 12—20 cm longa, 8—12 cm lata; foliola nitidula, sicca e viridi fusca, margine ciliolata et revoluta subplanave, 4—6 cm longa, 1,5—2,5 cm lata; petiolus communis 1—8 cm longus, supra sulcatus, rhacheosque segmenta 1—1,5 cm longa, pilis sparsis brevibus hirtello-puberula; stipulae circ. 5 mm longae, 1—2 mm latae, ciliolatae. Thyrsi circ. 5 mm longi; bracteae bracteolaeque minimae; pedicelli circ. 3 mm longi. (Flores non visi.) Capsula circ. 1 cm longa, alis 2—3 mm latis adjectis fere totidem lata. Semen circ. 8 mm longum, 5 mm latum, subspadiceum.

In Mexico, Panama et Venezuela: Haencke! (Mexico n. 1789—91; Hb. Prag.); Karsten n. 176! (Venezuela. Puerto Cabello, a. 1843—56; Hb. Berol.); Moritz Wagner n. 563! 561! (Panama, Maume et Gorgone m. Jan. 1858, fruct.; Hb. Monac.); Sutton Hayes n. 391! (Panama, m. Jul. 1861, flor.; Hb. Hook.); Warming n. 277! (Venezuela, Las Trincheras. m. Dec. 1891. fruct.).

### 86. Paullinia tenera Poeppig.

Paullinia tenera Poeppig et Endlich. Nov. Gen. et Spec. Plant. III (Decemb. 1844) p. 37.
  n. 3, tab. 243 fig. a—l (nec „b", uti Walpers refert)!
— — Walpers Repert. II (1843!!) p. 814, n. 3.
— — Radlkofer in Monogr. Serj. (1874—75) p. 71 n. 99 etc. (v. indic.).

Scandens, fruticosa, setosa; rami juniores 5—6-angulares, leviter sulcati, petiolique pilis setosis rufis hirsuti; corpus lignosum simplex; folia impari-pinnata, 4-juga, jugo infimo ternato; foliola ex anguste lanceolato sublinearia, apice acutissima, basi acuta, subsessilia, integerrima, subchartacea, glabra, viridia, glandulis microscopicis raris cernuis obsita, punctis pellucidis nullis, reti utriculorum laticiferorum interrupto subpellucido subtus instructa, epidermide non mucigera; rhachis superne marginata vel anguste alata; stipulae conspicuae, subulato-lanceolatae; thyrsi „in caule inferne nudo" (Poeppig) ad nodos defoliatos glomeratim congesti, glabri; flores parvi, glabri; capsula (ex Poeppig) obovata, alis angustis terminalibus ornata, glabra.

Caulis „scandens, radicans. inter muscos repens, inferne simplex, nudus" (Poeppig). Rami juniores diametro circ. 2 mm, cortice flavido-viridi, adultiores crassiores, sub epidermide grisea cortice fusco vestiti. Folia circ. 20 cm longa, totidem lata; foliola nitida, sicca saturate viridia, 7—11 cm longa, 1—2 cm lata; petiolus communis setoso-hirsutus, supra sulcatus, 2—4 cm longus, rhacheos segmenta circ. 2 cm longa; stipulae 0,5—1 cm longae, 1—2,5 mm latae, margine hirsutae. Thyrsi circ. 1 cm longi; bracteae bracteolaeque parvae, subulatae, apice setosae; pedicelli circ. 4 mm longi, teneri. Flores albidi (Poeppig). Sepala duo exteriora fere duas interiorum tertias aequantia, glabra, interiora oblongo-ovalia, circ. 3 mm longa. Petala oblonga, plus minus unguiculata; squamae duas petalorum tertias aequantes, latae, margine villosiusculae, superiores crista brevi apice emarginata appendiceque deflexa barbata instructae. Tori glandulae e basi latiore fere lanceolatae, pubescentes. Staminum filamenta compressiuscula, pilis albis pubescentia; antherae glabrae. Capsula (ex Poeppig) nuclei cerasi magnitudine, cinnabarina. Semina (ex eod.) „arillo bilobo fungoso albo sustenta, hinc convexa, illinc plana, extus viridia" (glabra?).

In Peruvia subandina ad Cuchero: Poeppig n. 1090! („in truncis vestutis"; „in sylva ad Pampayaco"; m. Jul. 1829, flor.).

Zusatz. Ueber die Verwendung der Pflanze berichtet Pöppig, dass sie als grobes Bindematerial benützt werde. Irrthümlich ist dessen Angabe: „calyx tetraphyllus". Die oberen Blumenblätter nennt derselbe die unteren und beschreibt Kamm und Anhängsel ihrer Schuppen als ein einheitliches Gebilde, auch in der Zeichnung davon keine klare Anschauung gebend.

### 87. Paullinia apoda Radlk.

Paullinia hispida (non Jacq.) Triana & Planch. Prodr. Flor. Novo-Granat., Ann. Scienc. nat., IV. Sér., XVIII (1862) p. 355, n. 10, quoad specim. a Triana ad ripas flum. Magdalena et a Goudot ad ripas flum. Seco collect.!

Scandens, fruticosa, pilosiuscula; rami striati, hirtello-puberuli; corpus lignosum simplex; folia imparipinnata, 3-juga, jugo infimo partim ternato; foliola oblonga vel elliptica, apice brevius acuminata, basi acuta vel (inferiora) rotundata, subsessilia vel petiolulata, terminale in petiolulum longiorem attenuatum, integerrima, chartacea, praeter nervos glabra, glandulis microscopicis geniculatis fuscis obsita, utriculis laticiferis ramificatis pellucidis subtus instructa, epidermide non mucigera; rhachis nuda; stipulae scariosae, flabellato-nervosae, magnae, latius ovatae, acutae, basi contractae, crenulato-dentatae, setoso-ciliatae; thyrsi in axillis foliorum glomeratim congesti, pilis flavis tomentelli; flores parvi, glabriusculi; capsula angustius trialata, ex angustius obovato cuneata, sessilis, apiculata, extus pubescens, intus tomentosa; semen ellipsoideum, glabrum, arillo dimidiam seminis partem obtegente.

Rami diametro 3—5 mm, cortice rufo-fusco. Folia circ. 20 cm longa, fere totidem lata; foliola nitidula, sicca flavo-viridia, margine revoluta ciliolataque, 8—12 cm longa, 3,5—5 cm lata, nervis subtus insignius prominentibus; petiolus communis 4—8 cm longus, teretiusculus, striatus, hirtello-puberulus; petioluli terminales 1—1,5 cm longi, laterales, si adsunt, 2—5 mm longi; stipulae 2—2,5 cm longae, circ. 1,5 cm latae. Thyrsi 0,5—1 cm longi; pedicelli 4—5 mm longi, tomentelli, robustiores. Sepala duo exteriora dimidiam interiorum partem aequantia, margine pilosula, ceterum glabriuscula; interiora circ. 3 mm longa, ovalia, subpetaloidea, glabra. Petala ex oblongo ovalia, plerumque breviter unguiculata; squamae dimidiam petalorum partem aequantes, latae, margine villosae, superiores crista brevi obtusa appendiceque deflexa barbata instructae. Staminum filamenta compressiuscula, glabra. Tori glandulae ovatae, pilosae, ut et torus ipse. Germen pilis flavis longioribus dense lanoso-tomentosum. Capsula circ. 2 cm longa, alis 2 mm latis adjectis circ. 12 mm lata. Semen nigrum.

In Novo-Granata: Goudot n. 2! (Rio Seco, m. Jun. 1844. fruct.; Quindiu, „region froide?" m. Jul. 1844. flor. et fruct.); Triana n. 5603! (prov. de Mariquita, ad flum. Magdalena, alt. 700 m. m. Aug. 1854).

## 88. Paullinia fistulosa Radlk.

Scandens, fruticosa, glabra; rami e pentagono subteretes, glabri, medulla vel cavitate medullari ampliore, inde subfistulosi; corpus lignosum simplex; folia impari-pinnata, 3—5-juga, jugo infimo ternato; foliola lanceolata, apice longe acuminata, basi terminale attenuatum, lateralia acutiuscula, sessilia, omnia integerrima vel prope basin dente majore utrinque instructa, membranacea, supra subtusque glabra, glandulis microscopicis curvatis subtus obsita, reti utriculorum laticiferorum interrupto subtus instructa, epidermide non mucigera; petiolus, communis partialesque nudi, rhachis superne marginato-alata; stipulae conspicuae, linearilanceolatae, falcatim recurvatae; thyrsi in ramis adultioribus ad nodos defoliatos glomeratim congesti, abbreviati, glabri; flores mediocres, glabri; capsula trialata, ex obovato in stipitem conspicuum attenuata, extus glabra, intus pubescens; semen pilosulum, arillo tertiam seminis partem obtegente.

Rami thyrsigeri diametro 4—5 mm, cortice pallide subfusco. Folia circ. 30 cm longa, 15—20 cm lata; foliola 8—12 cm longa, 2,5—3 cm lata, sicca subviridia; petiolus communis 7—10 cm longus, supra sulcatus, subtus convexus, costato-striatus, petioli partiales (laterales) 1,5—2 cm longi, rhacheos segmenta 2.5—6 cm longa; stipulae fere 1 cm longae, glabrae. Thyrsi 1—1,5 cm longi; pedicelli fructiferi circ. 3 mm longi. Sepala duo exteriora dimidiam interiorum partem aequantia, interiora 3,5 mm longa, 1,5—2 mm lata, glabra. Capsula (sicca nigro-fusca) stipite circ. 5 mm longo adjecto 2 cm longa, 1—1,5 cm lata, alis superne 2—3 mm latis supra partem seminiferam paullulum connexis basi angustatis.

In Peruvia: M. F. de Castelnau! („Mission de Sarayacu" m. Jun. 1847. fruct.; Hb. Paris.).

## 89. Paullinia tetragona Aubl.

| | | |
|---|---|---|
| Paullinia tetragona | Aublet | Pl. Guian. I (1775) p. 355 n. 3 (foliis secundum specimen mancum incomplete et male descriptis), excl. syn.: „Funis quadrifidus. Tali Bubur. Habiat. Rumph. Herb. Amboin. V (1747) lib. VII, cap. III. p. 4. 5, tab. 3" (non 2, uti Aubl. refert), nec non exclud. verosimillimae nomine vulgari „Liane quarrée" et obs. de usu, ad alteram speciem eandemque „Liane quarrée" ab Aubl. dictam, i. e. ad P. pinnat. probabilissime referend. Coll. Aublet! (Herb. Banks). Cf. Hist. gen. in Radlk. Serj. p. 34 et infra obs. n. 1. |
| — | — | Gmelin Syst. Nat. II (Linn. S. N. Ed. XIII, 1791) p. 642, n. 17, excl. cit.: „Rumpf amb. 5, p. 4, t. 2, f. 4", ut supra. |
| — | — | Schumach. Skrivt. Naturhist. Selskab. III, 2 (1794, Dissert. lect. m. Oct. 1792) p. 122 (non 120, uti Poir. refert), n. 4, tab. 10, f. 4 (fructus). Descriptio secundum specimen Aubletianum (cf. supra) accuratior, attamen ob specimen mancum incompleta. Cf. obs. n. 1. |
| — | — | Raeuschel Nomencl. Ed. III (1797) p. 114. |
| — | — | Willden. Sp. Pl. II, 1 (1799) p. 462. n. 8. |
| — | — | Poiret in Lamarck Encycl. V (1804) p. 98, n. 8, excl. nom. vulg. et obs. de usu (ad P. pinnat. probabilissime referend.), ut supra sub Aubl. |

Paullinia tetragona Jussieu in Ann. Mus. d'Hist. nat. IV (1804) p. 347, n. 4. exclud. verosim. nom. vulg., ut supra sub Aubl., nec non excl. obs.: „An species Aubletiana a P. pinnata satis distincta, monente D. Richard? An ejusdem capsula vere tricarinata, tricornis?"

— — Persoon Synops. I (1805) p. 443, n. 7, excl. obs.: „Antecedenti (i. e. P. obovat. Pers.) affinis".

— — Dietrich, Fr. G., Gartenlexicon VI (1806) p. 712, n. 12.

— — Smith in Rees Cyclopaed. XXVI (ca. 1814, cf. lit. gen.) n. 10, excl. specimine P. hispidae Jacq. (a Maerter collecto) et descriptionis partibus ad hoc referendis; cf. obs. n. 1. Coll. Aublet, Herb. Smith!

— — Steudel Nomencl. Ed. I (1821) p. 597.

— — De Cand. Prodr. I (1824) p. 605, n. 7. excl. obs.: „P. pinnatae affinis".

— — Sprengel Syst. Veg. II (1825) p. 249, n. 18.

— — Cambessed. in Mém. Mus. d'Hist. nat. XVIII (1829) p. 23.

— — Loudon Hort. Britann. (1830) p. 159. exclud. sine dubio obs.: „Cult. 1825". Cf. Hist. spec. cult. in Radlk. Serj. p. 67.

— — Don General Syst. I (1831) p. 661, n. 14, excl. obs.: „Cult. 1825" ut in anteced.

— — Dietrich Synops. Pl. II (1840) p. 1315, n. 18.

— — Heynhold Nomenclat. bot. hortens. I (1840) p. 591. Cf. Hist. spec. cult. in Radlk. Serj. p. 67.

— — Steudel Nomencl. Ed. II. II (1841) p. 278.

— — Radlkofer in Monogr. Serj. (1874–75) p. 70 n. 16 etc. (v. indic.).

— — Sagot Catal. des Pl. de la Guyane franç. in Ann. Scienc. nat., VI. Sér., XII (1882) p. 192, excl. specim. a Mélinon lecto, ad Paull. leiocarp. Griseb. recensendo.

Paullinia ingifolia (non „Rich." ed. Juss.) Grisebach Flora Brit. West Ind. Isl. (1859—64) p. 124, n. 11; „Trinidad, coll. Lockhart"!. „Crüger"!

Nomen vulgare: ? Liane quarrée. Cayennensibus ex Aublet; cf. supra sub Aubl. et infra obs. n. 3, nec non P. pinn. et Radlk. Serj. p. 198 etc. (v. indic.).

Non Paullinia tetragona („Aubl.?") Grisebach in schedis coll. Kappler Plant. Surinamens. n. 2128; cfr. Paull. sphaerocarpa Rich. ed. Juss.!

Non — — Sagot part.; cf. l. supra c.

Scandens, fruticosa, glabra; rami obtuse 4—5-costati, profundius anguste sulcati, glabri; corpus lignosum simplex; folia impari-pinnata, 3-juga, jugo infimo ternato; foliola elliptica vel elliptico-lanceolata, apice brevius acuminata, basi terminale attenuatum vel subcuneatum, lateralia acutiuscula rotundatave, omnia supra medium remote serrato-dentata, petiolulata vel subsessilia, chartacea, supra subtusque glabra, nec nisi glandulis microscopicis geniculatis obsita, impunctata, reti utriculorum laticiferorum subpellucido subtus instructa, epidermide non mucigera; rhachis superne marginato-alata vel tota subnuda; stipulae scariosae, magnae, elliptico-lanceolatae, acutae; thyrsi longiores, in axillis foliorum pauci fasciculatim congesti, puberuli, denique glabrescentes; flores sat parvi, pulverulento-puberuli; capsula trialata, obovata, apiculata, stipitata, extus glabrata, intus albido-tomentosa; semen breviter ellipsoideum, pilis brevibus subretrorsis adspersum, arillo dorso fisso tertiam seminis partem obtegente.

Rami thyrsigeri diametro 5—6 mm, cortice subfusco. Folia 20—30 cm longa, 15—25 cm lata; foliola sicca subfusca, 9—13 cm longa, 4,5—6 cm lata; petiolus communis supra sulcatus, 7—10 cm longus; stipulae circ. 1,5 cm longae, 5—6 mm latae, adpresse puberulae. Thyrsi 12—15 cm longi, subsessiles; cincinni stipitati, elongati, 1—1,5 cm longi; bracteae bracteolaeque minimae; pedicelli 2—3 (fructiferi 5) mm longi, prope basin articulati. Sepala duo exteriora duas interiorum tertias aequantia, extus puberula, interiora ovata, circ. 3 mm longa, 1,5 mm lata. Petala ovalia; squamae dimidiam petalorum partem aequantes, margine villosiusculae, superiores crista brevi emarginata appendiceque deflexa brevi barbata instructae. Staminum filamenta basi pilosiuscula; antherae glabrae. Tori glandulae ovatae, uti torus pubescentes. Germen pilis flavis tomentosum. Capsula stipite 3—4 mm longo adjecto circ. 1,8 cm longa, subfusca, alis 2—3 mm latis basi angustatis. Semen 1 cm longum, 8 mm latum, fuscum, juvenile (gemmula aucta, 2 mm longa in fructu 1,8 cm longo) dense, maturum laxe pilosum, arillo glabro.

In Guiana et in insula Trinitatis: In Guiana: Aublet! (Cayenne; Hb. Banks; Hb. Smith); — in ins. Trinitatis: Ryar et Rohr! (Hb. Vahl); Riedlé! (Hb. Juss. n. 11357); Crüger! (Hb. Griseb. sub nom. „Paull. ingifolia Rich."); Lockhart n. 236! (a Griseb. nom. „Paull. ingifol. Rich." insignit.; Hb. Hook.); Fendler, Plants of Trinidad n. 272! (a. 1877—80; Hb. Hook.); Hb. Hort. Trinit. sine no.! (Hb. Krug & Urb.).

Zusatz 1. Aublet hat bei der Aufstellung dieser Art, wie ich schon in der Gattungsgeschichte (Monographie von *Serjania* p. 34) angegeben habe, nicht nur ein unvollständiges Exemplar vor sich gehabt, sondern er hat auch das, was ihm vorlag, unrichtig beschrieben, so dass es kaum möglich wäre, über seine Aufstellung in's Reine zu kommen, wenn nicht glücklicher Weise sein Material im Herb. Banks noch erhalten wäre. Dasselbe scheint bisher, ausser bei Schumacher und Smith, unbeachtet geblieben zu sein. Wenigstens ist die Art seit 100 Jahren von Niemand in neuen Materialien wieder erkannt worden, was hier allerdings weniger auffallen mag als z. B. bei *Paull. tomentosa* Jacq., da *Paull. tetragona* nur selten vorzukommen scheint.

Aublet hatte, was das Blatt betrifft, nur den oberen Theil eines solchen vor sich; der gemeinschaftliche Blattstiel und die an seinem oberen Ende entspringenden, seitlichen Triaden fehlten; die Sägezähne der Blättchen vernachlässigte er in der Beschreibung („folia pinnata, foliolis integerrimis").

Schumacher verbesserte den letzteren Fehler („foliolis subserratis").

Aber er, wie Aublet, schwieg von der allerdings gelegentlich sehr geringen Flügelung der Blattspindel an ihrem obersten Abschnitte. Schumacher sagt lediglich „petiolis nudis".

Der genaue Smith war zwar auf diesen, wie auf den vorhin erwähnten Punkt besonders aufmerksam, vermengte aber mit Aublet's Art ein Exemplar der *Paull. hispida* Jacq. von Märter und konnte so natürlich nicht zur vollen Klarheit gelangen. In seiner Bezeichnung der Blattgestalt: „Leaves once or twice pinnate" ist der erstere Theil von Aublet entlehnt, der letztere von dem eben erwähnten Exemplare der *Paull. hispida* entnommen; auf dieses bezieht sich auch die Angabe: „Footstalks scarcely winged"; auf Aublet's Pflanze die Beschreibung der Früchte; auf beide seine Angabe über die Randbeschaffenheit der Blättchen: „distantly serrated", wie er in einer besonderen Bemerkung hervorhebt, welche hier wiedergegeben sein mag, da sie über sein Material und den bei ihm selbst wach gewordenen Zweifel an dessen Zusammengehörigkeit jeden wünschenswerthen Aufschluss gibt. Sie lautet: „We have a specimen gathered by Dr. Märter in the Caraeas, which accords as much as possible with our original one of Aublet, except that the former being in flower, the latter in fruit, with only one leaflet, an absolute decision can hardly be made. The leaves evidently appear by both specimens to be distantly toothed, though Aublet says they are entire." Weiter hat Smith mit Recht auf die Unzugehörigkeit des Citates von Rumphius hingewiesen, welches Aublet, und zwar ungenau, so dass es Schumacher nicht einmal zu finden vermochte, seiner Beschreibung beigefügt hatte.

Zusatz 2. Nach dem oben Bemerkten ist es kein Wunder, dass sowohl Jussieu in dem Exemplar von Riedlé, das er in seinem Herbare ohne Bestimmung niederlegte, als Grisebach in den Exemplaren von Lockhart und von Crüger, deren ersteres ich im Herb. Hooker mit der Bezeichnung „Paull. ingifolia Rich." von Grisebach's Hand und deren letzteres ich im Herb. Grisebach selbst gesehen habe, die Pflanze von Aublet nicht wieder erkennen konnten.

Grisebach wird hinsichtlich seiner Auffassung der genannten Materialien (als *P. ingifolia*) noch besonders durch den Umstand entschuldigt, dass die Zusammensetzung des Blattes in der That der bei *Paull. ingaefolia* Rich. ed. Juss., wie sie die Diagnose von Jussieu darstellt, entspricht, und dass eben diese Diagnose die Früchte nicht umschliesst, die Grisebach für seine *Paull. ingifolia* als dreiflügelig u. s. w. mit wünschenswerther Genauigkeit beschrieben hat.

Zusatz 3. Was den von Aublet angegebenen Vulgärnamen „Liane quarrée" betrifft, so gründet sich meine Vermuthung, dass er nicht hieher, sondern nur zu *Paull. pinnata*, zu welcher ihn Aublet ebenfalls angegeben hat, gehören möchte, darauf, dass die an denselben sich anschliessende Bemerkung von Aublet gemäss der darin angegebenen Beschaffenheit der Zweige wohl sicher nur auf *Paull. pinnata* sich bezieht (sieh diese, Zusatz n. 6, p. 163).

Zusatz 4. Von der geringen Verlässigkeit der Angaben über frühere Cultur der Pflanze in europäischen Gärten war schon in der Monographie von *Serjania* p. 67 die Rede und verweise ich desshalb dorthin.

### 90. Paullinia hispida Jacq.

Paullinia hispida Jacquin Hort. Schoenbrunnens. III (1798) p. 9, tab. 268! (Vidi specimen ex Hort. Schoenbr. proven. in Hb. Jacq. fil., nunc Vindob., nec non ibid. et in Hb. Willd. specimina originaria a Bredemeyer et Schüch collecta.) Cf. Hist. spec. cult. in Radlk. Serj. p. 64, 65.

—    —    Poiret in Lamarck Encycl., Suppl. IV (1816) p. 334, n. 27.
—    —    Steudel Nomencl. Ed. I (1821) p. 597.
—    —    De Cand. Prodr. I (1824) p. 606, n. 31.
—    —    Sprengel Syst. Veg. II (1825) p. 250, n. 32.
—    —    Poiret in Dict. Scienc. nat. XXXVIII (ed. Levrault, 1825) p. 152.
—    —    Cambessed. in Mém. Mus. d'Hist. nat. XVIII (1829) p. 23.
—    —    Sweet Hort. Britann. (1830) p. 84. „Cult. 1823". Cf. Hist. spec. cult. in Radlk. Serj. p. 65.
—    —    Loudon Hort. Britann. (1830) p. 159. Cf. anteced.
—    —    Don General Syst. I (1831) p. 662, n. 50. „Cult. 1825". Cf. Hist. spec. cult. l. c.
—    —    Dietrich, Fr. G., Gartenlexicon XXVI (s. Neuer Nachtrag VI, 1837) p. 434, n. 10.
—    —    Dietrich, Dav., Synops. Pl. II (1840) p. 1315, n. 41.
—    —    Heynhold Nomencl. bot. hortens. I (1840) p. 591. Cf. Hist. spec. cult. l. c.
—    —    Steudel Nomencl. Ed. II, II (1841) p. 278.
—    —    Donn Hort. Cantabrig. Ed. XIII (1845) p. 265. „Cult. 1823." Cf. Hist. spec. cult. l. c.
—    —    Triana & Planch. Prodr. Flor. Novo-Granat., Ann. Scienc. nat., IV. Sér., XVIII (1862) p. 355, n. 10, „coll. Triana, Villavicencio"!, excl. specim. a Triana ad ripas flum. Magdalena et a Goudot ad ripas flum. Seco collect., cfr. Paull. apoda!
—    —    Radlkofer in Monogr. Serj. (1874—75) p. 70 n. 23 etc. (v. indic.).

Paullinia tetragona Smith in Rees Cyclopaed. XXVI (ca. 1814, cf. lit. gen.) n. 10, partim, nempe quoad specimen a Märter collect. et quoad descriptionis partes ad hoc referendas; cfr. P. tetragona, praesertim obs. n. 1. „Coll. Maerter"! (Hb. Smith.)

? Non Paullinia hispida („DC.") Rossi Cat. Plant. Hort. reg. Modoetiens. (1826) p. 49; anne Serj. triquetra Radlk.? Cf Radlk. Serj. p. 51, 65, 305, nec non infra Spec. excl.

Non    —    —    Triana & Pl. partim; cf. loc. supra c.

Scandens, fruticosa; rami juniores 4—5-sulcati, adultiores subteretes, pilis longis rigidis flavescentibus hispidi, denique glabrescentes; corpus lignosum simplex; folia subbipinnata, 4—6-juga, jugo infimo 5-foliolato-pinnato, secundo ternato; foliola lanceolata vel (praesertim terminalia) lanceolato-elliptica, acuminata, rarius acuta, basi terminalia attenuata, lateralia acutiuscula vel rotundata, omnia subsessilia vel breviter petiolulata, remote serrato-dentata, membranacea, vel subchartacea, supra subtusque subglabra, glandulis microscopicis geniculatis obsita, pellucido punctata, utriculis laticiferis ramificatis subtus instructa, epidermide non mucigera; petioli petiolulique hispidi, rhachis non nisi in supremis segmentis alata vel marginata, rarius tota nuda; stipulae scariosae maximae, ex ovato lanceolatae, setoso-ciliatae; thyrsi ad nodos defoliatos et in axillis foliorum fasciculatim congesti, glabriusculi; flores mediocres; capsula angustius trialata, obovata, basi in stipitem attenuata, extus subglabra, intus pilis albis tomentosa; semen glabrum (?).

„Caulis 12-pedalis, pollicem crassus, fuscus" (Jacquin). Rami diametro 4—10 mm, cortice subfusco. Folia 20—45 cm longa, 12—35 cm lata; foliola 6—20 cm longa, 2—6 cm lata; petiolus communis 2—14 cm longus, plus minus sulcatus; rhacheos alae utrinque 0,5—1,5 mm latae; stipulae 2—3 cm longae, 0,5—1,5 cm latae, acutae vel subacuminatae. Thyrsi 5—12 cm longi, plerumque sessiles; cincinni longius breviusve stipitati, elongati vel contracti; bracteae bracteolaeque minimae; pedicelli 2—3 mm longi. „Flores sordide albentes" (Jacquin). Sepala duo exteriora tertiam interiorum partem aequantia, glabra, interiora ovalia, 4 mm longa, 2 mm lata. Petala ex ovali oblonga; squamae dimidiam petalorum partem aequantes, latissimae, margine villosiusculae, superiores crista brevi emarginata appendiceque deflexa barbata instructae. Staminum filamenta complanata, basi pilosiuscula; antherae glabrae. Tori glandulae elongatae, uti torus pilosae. Germen hispidulo-tomentellum. Capsula — (immatura tantum suppetebat). Semen juvenile (gemmula aucta 1,5 mm longa in fructu 1.6 cm longo) glabrum.

In Venezuela et Novo-Granata: In Venezuela: Jacquin, resp. Bredemeyer! (Caracas; Hb. Jacquin fil. in Hb. Vindob.; Hb. Willd. n. 7720); Märter! (Caracas; Hb. Smith); Karsten! (Puerto Cabello; Hb. Berol., Vindob., Boiss.); O. Kuntze n. 1426! (Puerto Cabello, m. Maj. 1874, flor.); Eggers n. 13483! (Venezuela m. Aug. 1891, flor.; Hb. Havn.); — in Novo-Granata: Triana! („Villavicencio, bassin du Meta, alt. 150 m"; Hb. Planchon).

Culta olim in Horto Schoenbrunnensi! (m. Nov. flor.; Hb. Jacq. fil.).

### 91. Paullinia meliaefolia Juss.

| | | |
|---|---|---|
| Paullinia meliaefolia | Jussieu. A. L., in Ann. Mus. d'Hist. nat. IV (1804) p. 347 (non 357, uti Persoon refert), n. 5, tab. 66, f. 2 (non 1, uti Spach et Camb. in St.-Hil. Fl. Bras. referunt); „Herb. Commerson"! (Hb. Juss. n. 11355.) | |
| — | — | Poiret in Lamarck Encycl. V (1804) p. 99, n. 12; „coll. Commerson. Herb. Juss."! (cf. anteced.) |
| — | — | Persoon Synops. I (1805) p. 442, n. 3. |
| — | — | Dietrich, Fr. G., Gartenlex., Nachtrag V (1819) p. 646, n. 2. |
| — | — | Smith in Rees Cyclopaed. XXVI (ca. 1814, cf. lit. gen.) n. 11. Non Herb. Cf. obs. n. 1. |
| — | — | Steudel Nomencl. Ed. I. (1821) p. 597. |
| — | — | De Cand. Prodr. I (1824) p. 605, n. 10. |
| — | — | Sprengel Syst. Veg. II (1825) p. 250, n. 27. |
| — | — | Hooker, W., Exotic Flor. II (1825) pag. et tab. 110, emendat. emendand.; cf. obs. n. 2. „Introduced from Brazil by Richardson Harrison Esq. of Aysburgh". Cf. obs. n. 3. |

Paullinia meliaefolia Cambessed. in St. Hilaire Flor. Bras. I (1825) p. 373, n. 51. c. var. β hirsuta!
— — Cambessed. in Mém. Mus. d'Hist. nat. XVIII (1829) p. 23.
— — Sweet Hort. Britann. (1830) p. 84. „Cult. 1818". Cf. Hist. spec. cult. in Radlk. Serj. p. 67 et infra obs. n. 3.
— — Loudon Hort. Britann. (1830) p. 159. „Cult. 1819". Cf. Hist. spec. cult. l. c. et infra obs. n. 3.
— — Don General Syst. I (1831) p. 661, n. 19. „Cult. 1819". Cf. Hist. spec. cult. l. c. et infra obs. n. 3.
— — Spach Hist. nat. des Végét., Phanérog. III (1834) p. 49. Cf. obs. n. 3.
— — Dietrich, Dav., Synops. Pl. II (1840) p. 1315, n. 27.
— — Heynhold Nomencl. bot. hortens. I (1840) p. 591. Cf. Hist. spec. cult. l. c.
— — Steudel Nomencl. Ed. II, II (1841) p. 278.
— — Donn Hort. Cantabrig. Ed. XIII (1845) p. 265. „Cult. 1818". Cf. Hist. spec. cult. l. c. et infra obs. n. 3.
— — Radlkofer in Monogr. Serj. (1874—75) p. 71 n. 30 etc. (v. indic.), c. synon.
— — Radlkofer in Warming Symb. Partic. XXXVII (1890) p. 242 (993).
Paullinia sericea Cambess. (non St. Hil., uti Don, Dietrich et Walpers referunt) in St. Hil. Flor. Bras. I (1825) p. 374, n. 6. t. 77, fig. A! Cf. obs. n. 5.
— — Cambess. in Mém. Mus. d'Hist. nat. XVIII (1829) p. 23.
— — Don General Syst. I (1831) p. 661, n. 22.
— — Dietrich, Dav., Synops. Pl. II (1840) p. 1315, n. 36.
— — Walpers Repert. I (1842) p. 414.
— — Liais Climat, Géologie etc. du Brésil (1872) p. 582 („floribus interdum hermaphroditis").
— — Radlkofer in Monogr. Serj. (1874—75) p. 73 n. 73 etc. (cf. indic.).
(NB. In Steudel Nomencl. omnissa est, ut et aliae spec.; cf. Lit. gen.)
Paullinia maritima Velloso (Arrabida) Flor. Flumineus. I (1825) p.161, n. 10 (reimpr. 1881. p. 153); Icon. IV (1827) tab. 36. In indice methodico (1840?) p. 18 ad P. meliaefoliam Juss. refertur. Cf. Radlk. Serj. p. 47 etc. (v. indic.).
— — Steudel Nomencl. Ed. II, II (1841) p. 278.
Paullinia falcata Gardner in Hook. Lond. Journ. Bot. I (1842) p. 530, n. 1631 Cf. Radlk. Serj. p. 53 etc. (v. indic.).
— — Walpers Repert. II (1843) p. 314, n. 5.
— — Gray, Asa, Bot. Wilkes Un. St. Expl. Exped. XV (1854) p. 248, n. 4. Cf. obs. n. 5. (Specimen non vidi.)
Paullinia spec. Martius in Herb. Flor. Bras. III (Catal. autograph., 1842) n. 1246!
Nomen vulgare: Oyuricashupé (si recte lego), in Argentina, teste Niederlein.
Tingui de folha grande, in Brasil., teste Peckolt in Hb. Mart. „Venenosa." Cf. obs. n. 4.

Scandens, fruticosa, glabra vel varie induta (cf. form. 1—4); rami latiuscule 4—5-sulcati, glabri vel pilosi; corpus lignosum simplex; folia subbipinnata, 3—4-juga, jugo infimo (in nonnullis etiam secundo) ternato, rarius 5-foliolato-pinnato; foliola lanceolata, apice acuminata vel fere cuspidata, basi terminale attenuatum, lateralia acutiuscula vel rotundata, omnia remote serrato-dentata, dentibus acutis, rarius subintegerrima, subsessilia vel petiolulata, tenuiter membranacea, laete viridia (Mart.), glabriuscula vel subtus densius laxiusve pilosa, immo velutina (in forma 3.), nec non glandulis microscopicis cernuis vel geniculatis utrinque obsita, reti utriculorum laticiferorum pellucido plus minus interrupto lineolas ramificatas efficiente instructa, epidermide non mucigera; rhachis alata; stipulae insignes, lanceolatae vel falcatae, interdum dilatatae, ellipticae vel suborbiculares, foliaceae; thyrsi solitarii (vel in caule vetustiore ad nodos terni quaterni, pedunculo vix ullo), teneri, glabri vel pilosi; flores mediocres, glabri; capsula rubra (Schenck), angustius trialata, obovoidea, in stipitem brevem contracta, alis per totum valvarum dorsum decurrentibus sensim angustatis, extus glabrata, intus pilis albis tomentosa; semen ellipsoideum, glabrum, arillo tertiam seminis partem obtegente.

Formas 4 distinguere licet, quarum una in alias transit:

Forma 1. subglabra (*P. meliaefolia* Juss. var. *a* Camb. in Hb. Par.): Rami glabri vel laxe pilosi; foliola subtus subglabra, supra vix nisi in nervis puberula.

Forma 2. genuina (*P. meliaefolia* Juss. l. c.): Rami glabriusculi vel pubescentes; foliola subtus crispato-pubescentia, supra non nisi in nervis puberula (saepius transitum praebens in formam 3. *sericeam*).

Forma 3. sericea (*P. sericea* Camb.): Rami densius pubescentes; foliola subtus velutino-tomentosa, supra in nervis puberula.

Forma 4. hirsuta (*P. meliaefolia* Juss. var. *β hirsuta* Camb. in St. Hil. Fl. Bras. l. c.): Rami, petioli petiolulique pilis flavis densius laxiusve hirsuti; foliola subtus subhirsuta, supra undique vel in nervis tantum pilis adspersa.

In Brasiliae prov. S. Catharina. S. Paulo, Rio de Janeiro. Minas Geraës et Bahia, nec non in Argentina: Forma 1: In prov. Rio de Jan.: Vellozo („Paull. maritima V."); St. Hilaire! Martius obs. ined. n. 145! Riedel W! partim (partim forma 2); Gaudichaud n. 846! partim (partim forma 3); Raben! Widgren n. 782! 1122! J. de Saidanha n. 6076! Schwacke n. 3339! 7143! — in prov. S. Paulo: Martius! — in Argentina: Niederlein sine no.! n. 129! 1754! (specimina insignia stipulis dilatatis foliaceis). — Forma 2: In prov. Rio de Jan.: Commerson! („P. meliaefolia Juss.", Hb. Juss. n. 11355); Raddi! Martius! Pohl (Mikan, Schott) n. 5247! 5585! Harrison! Riedel W! partim (partim f. 1), n. 6! 30! 2643! Vauthier n. 510! Martius Herb. Flor. bras. n. 1246! (leg. Ackermann); Luschnath n. 40! Gardner n. 163! („P. falcata G."), n. 5402! Guillemin n. 114! Regnell n. 18! Glaziou n. 796! 4983! Schwacke n. 2953! Mendonça n. 204! Schenck n. 1981! 3048! — Forma 3: In prov. Min. Ger.: St. Hilaire! — in prov. Rio de Jan. et Min. Ger.: Liais („floribus interdum hermaphroditis"). — Forma 4: In prov. Rio de Jan.: Banks et Solander! Riedel & Langsdorff n. 701! 800! Riedel X! Gaudichaud n. 846! partim (partim f. 1); Casaretto n. 968! Peckolt n. 68! („Tingui de folha grande, venenos."); Schwacke n. 4245! 7005! J. de Saldanha n. 5693! Neves-Armond n. 99! 101! — in prov. Min. Ger.: St. Hilaire! Warming! — in prov. Bahia: Sello! Princeps Neu-Wied n. 6! Herb. Kegel n. 12431! — in prov. S. Paulo: Sello n. 5594! Burchell n. 3080! — in prov. S. Cath.: Ule n. 912! — Quoad formas indeterminatas relinquo, quia ad manus non sunt: Viale! (Hb. Genovense); Tweedie! (Hb. Benth.); Wilkes Exped. („P. falcata Gardn. t. Gray); Schenck n. 555! 2146! — Specimina culta vidi ex Horto Liverpool! (a Hooker comm. c. Hb. Fischer. nunc Petrop.) et ex Horto Berol.! (a. 1855?; Hb. Berol.).

Zusatz 1. Smith bemerkt zu dieser Art: „Gathered by Commerson at Brasil, according to Poiret. We find no specimen that answers to his description entirely." Diese Bemerkung drückt, wie aus der Durchsicht seines Herbariums hervorgeht, sein gerechtes Misstrauen gegen eine von ihm selbst dort niedergelegte Bestimmung aus, der er denn auch in der Beschreibung der Pflanze kein Recht eingeräumt zu haben scheint. Er war offenbar bemüht, unter den Pflanzen von Commerson, die in sein Herbar gelangt waren, wie die *Paull. bipinnata*, resp. *thalictrifolia* (s. diese unter Smith) so auch die andere von Jussieu und Poiret nach Materialien Commerson's beschriebene Art, *Paull. meliaefolia*, zu erkennen, und da ihm dieselbe selbst nicht zugekommen zu sein scheint, so nahm er dafür, aber unter Hinzufügung von zwei Fragezeichen, was sich eben einigermassen dafür nehmen liess, nämlich ein Exemplar der *Serjania clematidifolia* Camb., die auch von Commerson schon gesammelt worden war, aber erst nach Materialien St. Hilaire's von Cambessedes (1825) aufgestellt wurde. Dem betreffenden Exemplare ist im Hb. Smith die Bezeichnung „Tb. n. 561" beigefügt, was wohl auf eine Mittheilung durch Thouin aus der Sammlung Commerson's hindeutet, wie ich schon in der Monographie von *Serjania* für diese und eine weitere Art angeführt habe (p. 365 Anmerk. u. p. 149). Es mag diese Bemerkung, von der für die Synonymie kein Gebrauch zu machen war, da Smith selbst jede Beziehung seines Herbares zu seiner Beschreibung ablehnt, nicht ganz überflüssig sein, da sie einerseits die Sorgfalt, mit der Smith zu Werke ging, documentirt, andererseits zur Richtigstellung der betreffenden Bestimmung in Smith's Herbar behilflich sein kann.

Zusatz 2. W. Hooker führt in der Beschreibung richtig an: „Germen globoso-triangular ... with 3 cells, each containing a single ovule." In einem Zusatze dagegen sagt er: „The capsules are decidedly 3-celled, and each cell has three ovules; two of which, in all the numerous capsules which I have examined, become by abortion 1-celled and 1-seeded."

Das ist mehr als ein Schreibfehler, und hat bezüglich des „1-fächerig Werdens zweier Fächer" keinen Sinn. Einen solchen erhält der Relativsatz, wenn man ihm durch Streichen der ersten vier Worte seinen Relativcharakter nimmt. Der Gedanke ist offenbar: Zwei von den ursprünglich vorhandenen Fächern schlagen fehl, so dass die Kapseln 1-fächerig und 1-samig werden — wobei dann in dem entwickelten Fache auch noch zwei Samenknospen fehlschlagen müssten, wenn die auf 3 Samenknospen für jedes Fach lautende Angabe überhaupt richtig wäre. Sie ist es jedoch nicht. Ob vielleicht diese Stelle dazu mitgewirkt hat, dass in Bentham & Hooker Genera I, p. 394 für die Gattung *Paullinia* angegeben wird: „ovula in loculis solitaria, vel rarissime 2" und „capsula ... 1—3-locularis, 1—3-sperma, septicide 3-valvis (loculis rarissime 2-spermis)" mag dahingestellt bleiben. Auch diese Angabe ist rücksichtlich der „Zweizahl" der Samenknospen und Samen unrichtig (s. ob. p. 102). Dass in derselben auch das rücksichtlich der Art der Dehiscenz Gesagte unzutreffend sei, wenigstens wenn man zwischen septicider und septifrager Dehiscenz in der üblichen Weise unterscheidet, habe ich schon in meiner Abhandlung über die Gliederung der Sapindaceen (Sitz.-Ber. d. k. b. Akad., 1890, p. 226) erörtert, wie auch in den Bemerkungen zu dem Gattungscharakter (s. ob. p. 104).

Zusatz 3. Ob die Angabe von Sweet, Loudon und Don, dass *Paull. meliaefolia* in den Jahren 1818, 1819 in Cultur stand, richtig seien, muss ich dahingestellt sein lassen, wie ich schon in der Gattungsgeschichte der cultivirten Arten in der Monographie von *Serjania* p. 67 angeführt habe. Die Angabe von Donn, Hort. Cantabrig., erscheint insofern begründeter, als er sich auf Hooker Exotic Flora (1825) bezieht, obwohl auch er das Jahr 1818 als Culturjahr angibt. Hooker gibt ein Datum für die Einführung, für welche er Herrn Richardson Harrison zu Aysburgh namhaft macht, nicht an. Von Harrison herrührende spontane Exemplare finden sich, von Lehmann um 1828 mitgetheilt, im Hb. Mart. (u. Hb. Hornemann). Auf Hooker bezieht sich auch Spach, welcher gleichfalls die Pflanze als in Cultur stehende bezeichnet. Von Hooker aus dem Garten zu Liverpool mitgetheilte Exemplare sind im Petersburger Herbare vorhanden. Weiter findet sich ein in Berlin cultivirtes Exemplar in dem dortigen Herbare.

Zusatz 4. Der von Peckolt für *Paull. meliaefolia* erwähnte Vulgärname „Tingui" kommt bekanntlich, und wie ich schon in meiner Monographie von *Serjania* unter *Serj. piscatoria*, Zus. 2, p. 341 hervorgehoben habe, verschiedenen zum Betäuben der Fische dienenden Pflanzen zu. Diesen ist denn wohl auch die *Paull. meliaefolia* beizuzählen, welche Peckolt überdiess zugleich als „giftig" bezeichnet. Der gleiche Name kehrt bei *Paull. trigonia* Vell. wieder, über deren fischbetäubende Wirkung zugleich directe Angaben vorliegen (s. dort, Zus. 2).

Zusatz 5. Ueber den zweifelhaften Artwerth der *Paull. sericea* Camb. habe ich mich schon früher bei Betrachtung der Gattungsgeschichte (in der Monographie von *Serjania*, 1875, p. 46) ausgesprochen. Dieselbe lässt sich, da sie lediglich durch ihre (dichtere und weichere)

Behaarung von der ursprünglichen *P. meliaefolia* sich unterscheidet, neben den für diese überhaupt in Betracht kommenden und lediglich durch ihre Behaarung verschiedenen Formen nicht als selbständige Art aufrecht erhalten, zumal die zweite Form, welche Jussieu ursprünglich vorgelegen hat, in manchen Exemplaren durch die Behaarung der Blätter so nahe an die aus *P. sericea* gebildete Form herantritt, dass nur durch eine geringere Behaarung der Zweige noch einiger Unterschied gegeben ist. Die Vereinigung von *P. falcata* Gardn. mit *P. meliaefolia* Juss. hat schon A. Gray in Bot. Wilkes Exped. l. c. angebahnt und die von *P. martiana* Vell. Flor. Flumin. ist schon in dem Index methodicus zu diesem Werke vollzogen worden.

Zusatz 6. Ueber die Stellung der Pflanze bemerke ich, dass als nächste Verwandte derselben sicherlich die *Paull. hispida* Jacq. zu betrachten ist, wenn auch die Inflorescenzen nicht, wie bei dieser, gebüschelt in den Achseln der Blätter auftreten. Es finden sich übrigens derartige Inflorescenzen, wie an einem von Martius gesammelten (unter n. 145 inbegriffenen) Exemplare der *P. meliaefolia* zu sehen, wenigstens an den älteren, etwa bleistiftdicken Stämmchen über den Blattnarben. Auch die Nebenblättchen treten mitunter, ähnlich wie bei *P. hispida*, stark vergrössert und verbreitert auf, übrigens nicht trockenhäutig, sondern laubig (besonders bei den Exemplaren aus Argentinien). Die Zusammensetzung des Blattes und die Zartheit der Blättchen ist bei beiden Arten dieselbe. Ferner kommt die Forma *hirsuta* auch in der Behaarung der *P. hispida* nahe. Die Pflanze bildet in ihrem Anschlusse an *P. hispida* gleichsam das Uebergangsglied von den Arten mit büschelig gehäuften Inflorescenzen zu denen mit vereinzelten Inflorescenzen innerhalb der Gruppe der mit schmalen Fruchtflügeln und einfachem Holzkörper versehenen Arten der Section.

### 92. Paullinia gigantea Poepp.

Paullinia gigantea Poeppig et Endlich. Nov. Gen. et Spec. Plant. III (Decemb. 1844) p. 37, n. 4!
— — Walpers Repert. II (1843!!) p. 814, n. 4.
— — Radlkofer in Monogr. Serj. (1874—75) p. 74 n. 100 etc. (v. indic.).

Scandens, fruticosa, hirsuta; rami (integri non visi) flavescenti-hirsuti; corpus lignosum simplex (?); folia 5-foliolato-pinnata, maxima; foliola elliptica, inferiora late ovata, apice breviter acuminata, basi terminale cuneatum, lateralia rotundata, omnia remote repando-dentata vel interdum subintegerrima, sessilia vel breviter petiolulata, chartacea, clathrato-venosa, supra non nisi in nervo mediano hirta, subtus undique praesertim in nervis hirsuta, glandulis microscopicis cernuis crebris obsita, punctis pellucidis nullis, utriculis laticiferis saepe ramificatis pellucidis subtus instructa, epidermide non mucigera; rhachis nuda; stipulae magnae, scariosae, e basi lata sensim subulato-acutatae, integerrimae; thyrsi solitarii, pilis flavis dense hirsuti; bracteae bracteolaeque conspicuae, subulato-lanceolatae; flores robusti, pube canescenti vestiti; capsula, si verbis Poeppigii uti licet, „in herbario desideratur, in schedis olim conscriptis vocatur subglobosa, alis brevibus cincta, hirta".

„Caules forsitan centum pedes longi ad summa arborum cacumina scandentes, quatuor pollices crassi, valde lignosi" (Poeppig). Folia 50—70 cm (teste Poeppig „3—5 pedes") longa, fere totidem lata; foliola 15—30 cm longa, 10—18 cm lata, sicca sat viridia; petiolus communis 15—25 cm longus, teretiusculus, dense hirsutus; stipulae circ. 3 cm longae, fere 1 cm latae. Thyrsi sessiles vel pedunculati, quam folia multo breviores, 20—25 cm longi, robusti, rhachi diametro 2—4 mm, sat dense cincinnigeri, cincinnis sessilibus vel breviter stipitatis contractis; bracteae 4—8 mm longae, bracteolae breviores; pedicelli 4—5 mm longi. Sepala (alabastra tantum suppetebant) duo exteriora duas interiorum partes aequantia, interiora circ. 4 mm longa, coriacea, extus tomentella. Petala oblongo-elliptica, squamae (cristis exclusis) dimidiam petalorum partem aequantes, margine villosiusculae, superiores cristis altis petalorum apicem attingentibus profunde bifidis instructae. Tori glandulae superiores suborbiculares. Staminum filamenta complanata, pilis albidis hirsuta; antherae glabrae. Germen (rudimentarium) hirsutum.

In Peruvia, in sylvis primaevis provinciae Maynas, prope Yurimaguas: Poeppig sine no.! et Addenda n. 91! (a. 1831; Hb. Vindob., Berol.).

Zusatz. Das vorliegende Material stellt nur von den Zweigen mit einem Theile des Holzes abgeschlitzte Inflorescenzen sammt den unter diesen befindlichen Blättern dar. Die Einreihung der Art an dieser Stelle beruht im wesentlichen auf der Angabe Poeppig's, dass die Frucht geflügelt sei. Die Pflanze schliesst sich zugleich im Habitus der folgenden Art, der *Paull. acutangula* Pers., welche ebenfalls in Peru einheimisch ist und dort auch von Poeppig gesammelt wurde (dessen *Paull. lactescens*), genügend an, unterscheidet sich aber besonders durch das Fehlen der bei *Paull. acutangula* zahlreiche durchsichtige Punkte bedingenden Secretzellen im Palissadengewebe.

### 93. Paullinia acutangula Pers.

Semarillaria acutangula Ruiz et Pavon Flor. Peruv. et Chil. Prodr. (1794) p. 54; Ed. II (1797) p. 44! Cf. Radlk. Serj. p. 42 etc. (v. indic.).
— — Ruiz et Pavon Syst. Veg. Flor. Peruv. et Chil. I (1798) p. 92 (non 93, uti Persoon refert), n. 2.
— — Ruiz et Pavon Flor. Peruv. et Chil. IV (1802, non III, uti R. & P. in Syst. indicant) tab. 337.
— — Poiret in Dict. Scienc. nat. XLVIII (1827) p. 418.
Paullinia acutangula Persoon Synops. I (1805) p. 413, n. 5.
— — Poiret in Lamarck Encycl., Suppl. IV (1816) p. 334.
— — Dietrich, Fr. G., Gartenlexic., Nachtrag V (1819) p. 645, n. 1.
— — Steudel Nomencl. Ed. I (1821) p. 597.
— — De Cand. Prodr. I (1824) p. 605, n. 9! (Herb. Prodr., fructus solus.)
— — Sprengel Syst. Veg. II (1825) p. 249, n. 19.
— — Cambess. in Mém. Mus. d'Hist. nat. XVIII (1829) p. 23.
— — Don General Syst. I (1831) p. 661, n. 17.
— — Dietrich. Dav., Synops. Pl. II (1840) p. 1315, n. 19.
— — Steudel Nomencl. Ed. II, II (1841) p. 277.
— — Radlkofer in Monogr. Serj. (1874—75) p. 70 n. 24 etc. (v. indic.), c. synon.
Paullinia lactescens Poeppig et Endl. Nov. Gen. et Spec. Plant. III (Decemb. 1844) p. 37, n. 2! Cf. Radlk. Serj. p. 54 etc. (v. indic.)
— — Walpers Report. II (1843!!) p. 814, n. 1.
Non Paullinia acutangula Britton Enum. Plant. a Dr. Rusby collect., Bull. Torr. Bot. Cl. XVI (1889) p. 190; coll. n. 530! (i. e. Paull. neglecta m. in Hb. Barbey! et Vratislav.!, Serj. caracas. W. vero in Hb. Canby!) et 531! (i. e. Paull. dasystachya m.) Cfr. Paull. neglecta Radlk. et Paull. dasystachya Radlk.

Scandens, fruticosa, hirsuta; rami 4—5-angulares, 1—5-sulcati, praesertim ad angulos e sordide flavo canescenti-hirsuti; corpus lignosum simplex; folia 5-foliolato pinnata; foliola oblonga, apice cuspidato-acuminata, basi terminale cuneatum, lateralia superiora acuta, inferiora rotundata, omnia subsessilia, supra medium remote serrato-dentata, dentibus plerumque mucronulatis, membranacea, supra glabra, subtus hirsuta nec non glandulis microscopicis fuscis geniculatis obsita, punctis pellucidis supra notata, reti utriculorum laticiferorum interrupto obsoleto, subtus instructa, epidermide non mucigera; rhachis nuda; stipulae insignes, lanceolato-subulatae; thyrsi solitarii, hirsuti; flores sat magni, hirtelli; capsula latiuscule trialata, e late obcordato subrhombea, breviter stipitata, extus intusque hirsuta, alis medio latissimis infra medium abruptius attenuatis; semen, ut (e maxime juvenili) videtur, glabrum.

Caulis „alte scandens, pollices duos crassus, angulosus, hirsute rigidus ex fusco cinnamomea densissime tectus" (Poeppig). Rami diametro 5—7 mm. Folia 20—30 cm longa, fere totidem lata; foliola 10—15 cm longa, 3—7 cm lata, terminalia paullo majora; petiolus communis 4—8 cm longus, plus minus 3—4-angularis, hirsutus; rhachis quam petiolus communis paullo brevior; stipulae circ. 1,5 cm longae, basi 3 mm latae, subtus hirsutae, supra glabrae. Thyrsi 15—25 cm longi, pedunculo 10—15 cm longo; cincinni stipitati, multiflori, 5—8 mm longi; bracteae cincinnorum apicem fere attingentes, lanceolato-subulatae; bracteolae 2—3 mm longae; pedicelli breviusculi. Flores albi (Pearce). Sepala duo exteriora fere dimidiam interiorum partem aequantia, puberula, interiora obovata, circ. 4 mm longa, 2—3 mm lata, glabra. Petala obovata; squamae crista exclusa dimidiam petalorum partem aequantes, superiores crista alta petali apicem attingente bipartita appendiceque deflexa barbata, inferiores crista oblique adscendente squamam aequante instructae. Torus hirsutus, glandulis superioribus ovatis. Staminum filamenta pilosa; antherae glabrae. Germen globoso-ellipsoideum, dense hirsutum. Capsula (seminatura viridis, t. Pearce) stipite 4—5 mm longo adjecto circ. 2,5 cm longa, 2 cm lata.

In Peruvia, nec non in Bolivia (?): Pavon! („Maña, a. 1804"; ex Hb. Pavon translat. in Hb. Boiss., Deless. „n. 647", Mus. Brit. sub nom. „Semarillaria acutangula", nec non in Hb. Prodr. DC., fructus solus ex Hb. Deless. comm. e. fragmento Paull. neglectae m. uni eidemque plagulae affixus); Poeppig n. 1758! (in sylvis Peruviae subandinae ad Pampayaco, m. Febr. 1830, flor. et fruct. immat.; Hb. Vindob. sub nomine manuscripto non edendo ab indumento desumpto); Pearce! (in sylvis circa Buturo, Bolivia?, m. Jan. 1865, flor. et fruct. semimat.; Hb. Kew.).

Zusatz. Es braucht kaum erwähnt zu werden, dass der Artbeiname hier auf die Frucht sich beziehe, wie Ruiz und Pavon in einer Bemerkung ihres Prodromus selbst zu verstehen geben.

Bei den Exemplaren von Poeppig ist von dessen Hand im Wiener Herbare ein von dem Indumente hergenommener Name eingetragen, der erst bei der Publication durch den Namen *P. lactescens* ersetzt worden zu sein scheint, ohne dass dieser mehr zum Eintrage gekommen ist. Die übereinstimmende Standortsangabe hilft neben der Beschreibung über dieses Versäumniss hinweg.

## 94. Paullinia Quitensis Radlk.

Scandens, fruticosa, hirto-tomentosa; rami subteretes, interdum leviter sulcati, tomento subhirsuto rufo-fusco induti; corpus lignosum simplex; folia 5-foliolato-pinnata; foliola ex ovato elliptica, terminale saepius obovatum, basi cuneatum, lateralia basi acuta vel rotundata, omnia apice acuminata, apicem versus obsoletius remote serrato-dentata, dentibus plerumque acutis, subsessilia vel petiolulata, chartacea, subtus dense pilosa et glandulis microscopicis fuscis curvatis obsita, impunctata, utriculis laticiferis prope paginam inferiorem instructa, epidermide non mucigera; rhachis nuda; stipulae insignes, e lanceolato subulatae; thyrsi solitarii, robusti, pedunculati, hirti; flores sat magni, hirtelli; capsula major, latius trialata, late obovata, truncata, alis apice latissimis per totum valvarum dorsum decurrentibus basi angustatis, longe stipitata, extus tomento brevi denso induta, intus pubescens; semen (juvenile) pilosiusculum.

Rami diametro 4—6 mm. Folia circ. 20 cm longa. totidem lata; foliola circ. 11 cm longa. 4—6 cm lata; petiolus communis 3—6 cm longus, teres, rhachis paullo brevior; petioluli, si adsunt, circ. 2 mm longi, terminales multo longiores; stipulae 1—1,5 cm longae. Thyrsi circ. 20 cm longi, pedunculo 10—15 cm longo; cincinni stipitati, multiflori, 6—10 mm longi; bracteae cincinnos fere aequantes, subulatae, bracteolae circ. 2 mm longae; pedicelli 3 (fructigeri 6) mm longi, prope basin articulati. Sepala duo exteriora fere duas interiorum tertias aequantia, subcoriacea, extus tomentella, interiora ovalia, subpetaloidea, extus basi puberula, circ. 4 mm longa, 2 mm lata. Petala ovalia; squamae dimidiam petalorum partem plerumque superantes, margine villosae, superiores crista brevi bipartita appendiceque deflexa barbata brevi, inferiores crista fere recte adscendente instructae. Staminum filamenta plus minus complanata, pilosa; antherae glabrae. Tori glandulae ex ovali oblongae, pilosae, uti torus ipse. Capsula stipite circ. 1 cm longo adjecto circ. 3 cm longa, alis inclusis 2 cm lata.

In Ecuador: Spruce n. 6156! (ad pedem montis Chimborazo in sylvis, alt. 3000 ped., m. Jul. 1860, flor. et fruct. juven.; Hb. Hook.); Sodiro! (Andes Quitenses, in sylvis secus torrentem Navegal. m. Aug. 1874, flor. et fruct. immat.; Hb. Haynald).

Zusatz. Die Pflanze erscheint vorzugsweise um ihrer grossen, lang gestielten, nicht verkehrt herzförmig ausgerandeten, sondern an der Spitze quer abgestutzten und gerade hier sehr breiten Früchte halber als etwas Eigenthümliches. Von *P. acutangula* ist sie weiter, wie die folgenden Arten, durch die kürzere, nicht wie dort fast zottig rauhe Behaarung unterschieden. Ferner durch das Fehlen von Secretzellen im Palissadengewebe und damit von durchsichtigen Punkten. Endlich ist der junge Same behaart.

### 95. Paullinia dasystachya Radlk.

Paullinia acutangula, non „Pers.", Britton in Bull. Torr. Bot. Cl. XVI (1889) p. 190, partim, nempe quoad coll. Rusby n. 531! (nec 530, quae Paull. neglecta Radlk. et Serj. caracasana W.; cfr. P. neglecta).

Scandens, fruticosa, hirto-tomentosa; rami subteretes, tomento flavo-ferrugineo induti; corpus lignosum simplex; folia 5-foliolato-pinnata; foliola ovato-oblonga, apice acuta vel obtusiuscula, basi terminale cuneatum, lateralia acutiuscula vel rotundata, breviter petiolulata, supra medium remote grosseque serrato dentata, dentibus plerumque obtusis, chartacea, supra pilis brevissimis sparsis induta, subtus hirto-tomentosa nec non glandulis microscopicis fuscis curvatis obsita, punctis lineolisque subpellucidis sparsis notata, epidermide non mucigera; rhachis nuda; stipulae conspicuae, sublanceolatae; thyrsi solitarii, robusti, rhachi pilis flavido-sufferrugineis tomentosa; flores mediocres, sepalis tomentosis; capsula obovata, trialata, minor, emarginata vel subtruncata, brevius stipitata, alis per totum valvarum dorsum decurrentibus basi angustatis, extus tomento brevi hirtello induta, intus pilosa; semen ellipsoideum, pilosiusculum, arillo tertiam tantum seminis partem obtegente.

Rami diametro circ. 4 mm. Folia 10—20 cm longa, fere totidem lata; foliola 5—8 cm longa, 2—3,5 cm lata, terminalia paullo majora; petiolus communis 2—6 cm longus, tomentosus, rhachis plerumque brevior; stipulae 1—1,5 cm longae. Thyrsi 5—15 cm longi, pedunculati vel sessiles, rhachi diametro fere 2 mm; cincinni stipitati, interdum valde elongati; bracteae lanceolatae, 2—4 mm longae, bracteolae circ. 1 mm longae, subtriangulares, extus tomentosae; pedicelli fructigeri circ. 4 mm longi, basi articulati. Sepala duo exteriora duas interiorum tertias aequantia. Petala ex obovato attenuata. Staminum filamenta pilosa; antherae glabrae. Torus pilosus. Capsula stipite circ. 3 mm longo adjecto circ. 1,8 cm longa, alis circ. 4 mm latis inclusis circ. 1,5 mm lata. Semen circ. 1 cm longum, 7 mm latum, fusco-nigrum.

Forma 1. genuina: Rami, folia subtus et praesertim thyrsorum rhachis pilis flavido-sufferugineis dense hirto-tomentosa.

Forma 2. hirta: In omni parte brevius et laxius tomentosa.

In Peruvia et Bolivia: Forma 1: Ruiz et Pavon! (ad flumen Huayaquil, a. 1799, Hor.; ex Hb. Pavon translat. in Hb. Boiss. et Hb. Webb sub nom. non probando): Haencke! (Bolivia, ut videtur, etsi in scheda „Mexico" indicata est; Hb. Prag.); Pearce! (Bolivia, Coroico alt. 5—6000 ped., m. Dec. 1865, flor. et fruct. semimat.; Hb. Kew.); Bang n. 2815! (Bolivia, a. 1894). — Forma 2: Rusby n. 531! (Bolivia, Guanai, alt. 2000 ped., m. Maj. 1886, fruct.; „Paull. acutangula Britton" cf. Lit.).

Zusatz. Die Zusammengehörigkeit der hier vereinigten Materialien ist zwar nicht über jedes Bedenken erhaben, doch scheint dieselbe kaum ernstlich in Frage gestellt zu sein. Die Pflanze von Haencke, welche die dichtest behaarte Inflorescenzspindel besitzt, stimmt im Blatte so sehr mit der Pflanze von Pavon überein, dass die Vaterlandsangabe, die bei den Pflanzen von Haencke im Herb. Pragense nicht immer correct zu sein scheint (wie für die Pflanzen von Née und Pavon im Herb. Delessert etc. sich die Monographie von *Serjania*, p. 273, Zusatz 2 zu *Serj. sordida* und oben p. 126 den Zusatz 2 zu *Paull. alata*), mit Rücksicht auf die bekannten Sammelgebiete Haencke's wohl anstandslos aus „Mexico" in Bolivia umgeändert werden darf, zumal das Exemplar von Pearce aus Bolivia und ebenso das erst jüngst von Bang dortselbst mit Früchten gesammelte gut dazu passt, nur dass des ersteren Inflorescenzspindel schwächer behaart ist. Das ist auch bei den beiden Exemplaren von Pavon der Fall, von welchen das im Herb. Webb allein noch (unter all den vorliegenden Materialien) die Nebenblättchen besitzt; das im Herb. Boissier ist durch auffallend verlängerte und reichblüthige Wickeln ausgezeichnet. An dem sehr fragmentarischen Materiale von Rusby endlich tritt die Behaarung (ausser an einem Seitenzweige) sehr zurück und man möchte für dasselbe fast lieber einen Anschluss bei anderen Arten mit rundlichen Zweigen, wie *P. Quitensis* oder *P. nobilis*, suchen, wenn gegen die Zugehörigkeit zu *P. Quitensis* nicht die geringere Grösse der Frucht und gegen die zu *P. nobilis* der kürzere Fruchtstiel (zugleich mit beträchtlichem Zurücktreten von durchsichtigen Punkten und Linien) spräche.

Die geringe Grösse der Frucht und der deutlich behaarte junge und ausgewachsene Same lassen, wie weiter die kaum gefurchten Zweige und die kürzere Behaarung, die Pflanze auch als von *P. acutangula* verschieden erscheinen.

### 96. Paullinia nobilis Radlk.

Scandens, fruticosa, minutim puberula; rami inaequaliter 4—5-costati, 4—5-sulcati, pulverulento-puberuli, rubro-fusci; corpus lignosum simplex; folia 5-foliolato-pinnata; foliola ex ovali oblonga, lateralia inferiora ovata, apice omnia breviter acuminata, basi acuta vel rotundata, breviter petiolulata, subintegerrima, chartacea, sicca e viridi fuscescentia, supra praeter nervum medianum subglabra, subtus pube brevissima adspersa nec non glandulis microscopicis curvatis fuscis crebris obsita, punctis lineolisque saepius ramificatis pellucidis crebris notata, epidermide non mucigera; rhachis nuda; stipulae conspicuae, subulatae; thyrsi solitarii, sessiles vel pedunculati, pulverulento-puberuli; flores mediocres, sepalis minutim puberulis; capsula sat magna, trialata, obovata, emarginata, longe stipitata, alis apice parum connexis per totum valvarum dorsum decurrentibus basi angustatis, extus pube brevi induta, intus pubescens; semen obovoideum, testa spadicea, pilis deorsum versis adspersa vel subglabra, arillo fere usque ad medium obtectum.

In Peruviae prov. Maynas et in Brasilia tropica: Poeppig sine no.! et Addenda n. 93! (Maynas, in sylvis ad Yurimaguas, a. 1830—31); Trail n. 122! („Upper Amazonas,

Tocantins" m. Nov. 1874, fruct.; Hb. Kew.); Schwacke Hb. n. 2036! = Glaziou n. 9699! (Alto Amazonas ad Larangal prope Tabatinga. a. 1877. cf. obs. n. 3 ad Paull. Cup.). Glaziou n. 9701! (Hb. Warming).

### 97. Paullinia boliviana Radlk.

Paullinia spec. Britton in Bull. Torr. Bot. Club XVI (1889) p. 191; coll. Rusby n. 529!
Serjania spec. Rusby Enum. Pl. Boliv. a M. Bang coll., Mem. Torr. Bot. Club III, 3 (1893) p. 17. coll. Bang n. 879! (1890), excl. obs. „aff. n. 413". quae Serj. reticulata Camb. f. 1.
Paullinia boliviana Radlk. in Rusby Enum. Pl. II, Mem. Torr. Bot. Club IV, 3 (1895) p. 206, coll. Bang n. 879!, coll. Rusby n. 529!

Scandens, fruticosa, pubescens vel glabrescens; rami juniores triangulares, leviter sulcati, adultiores 3—6-sulcati, pubescentes, viridescentes; corpus lignosum simplex; folia 5-foliolato-pinnata; foliola ex ovali lanceolata, apice acuta vel obtuse acuminata, basi terminale cuneatum, lateralia acutiuscula vel rotundata, omnia breviter petiolulata, supra medium remote serratodentata, dentibus obtusis, e membranaceo chartacea, sicca pallescentia, subtus plerumque molliter pubescentia nec non glandulis microscopicis fuscis curvatis crebris obsita, punctis lineolisque ramificatis pellucidis crebris notata, epidermide non mucigera; rhachis nuda; stipulae lineari-subulatae; thyrsi solitarii, graciles, puberuli; flores mediocres, puberuli (e calyce sub fructu relicto); capsula minor, trialata, obovata, brevius stipitata, alis angustioribus apice connexis, infra medium angustatis, extus plus minus glabrata, intus pilosa; semen ellipsoideoglobosum, glabrum, arillo dorso fisso tertiam seminis partem obtegente.

Rami diametro circ. 3 mm. Folia circ. 12 cm longa, totidem lata; foliola circ. 7 cm longa, 3 cm lata; petiolus communis 2—3 cm longus, rhachis paullo brevior. Thyrsi circ. 10 cm longi, longius breviusve pedunculati; cincinni subsessiles, 4—5 mm longi; bracteae bracteolaeque subulatae, vix 1 mm aequantes; pedicelli fructigeri 3—4 mm longi, basi articulati. Capsula stipite 5 mm longo adjecto circ. 2 cm longa, alis 2—3 mm latis inclusis circ. 1.2 cm lata. Semen circ. 8 mm longum, 6 mm latum.

Forma 1. genuina: Rami foliaque subtus molliter pubescentia.
Forma 2. glabrescens: Rami foliaque glabrescentia.

In Bolivia: Forma 1: D'Orbigny n. 563! (in montibus prov. S. Cruz, m. Mart. 1826—33. fruct.; Hb. Par.; rami junior triangularis, basi sulcatus); Bang n. 879! (Vicinia Cochabamba. a. 1890—91; „Serj. spec." Rusby in scheda impr. et in Enum. l. c.; Hb. Collegii Columbiae. Hb. Canby; rami adultiores 5—6-sulcati). — Forma 2: Rusby n. 529! (Guanai. alt. 2000 ped., m. Maj. 1886. fruct.; Hb. Canby; rami juniores subtriangulares, adultiores 3-sulcati; „Paullinia sp." Britton l. c.;

Zusatz. Die neueren Materialien dieser Art sind so unvollständige, dass sich ihre Zusammengehörigkeit mit der als die eigentliche Grundlage der Art anzusehenden Pflanze von D'Orbigny kaum in vollständig befriedigender Weise darthun lässt. Namentlich in der Beschaffenheit der Zweige, die hier (bei der Pflanze von D'Orbigny) nur jüngere, dort nur ältere sind, finden sich rücksichtlich der Deutlichkeit und der Zahl der Kanten und Furchen Verschiedenheiten, auf die aber doch kaum allzu grosses Gewicht zu legen ist. In der Beschaffenheit der Blätter zeichnet sich besonders die Pflanze von D'Orbigny durch eine weichere und dichtere Behaarung der Unterseite aus, während alle durch die Deutlichkeit und Häufigkeit der durchsichtigen Punkte und verästelten Linien übereinstimmen, worin sie, wie überhaupt, der *P. nobilis* nahe kommen, die übrigens durch eine dunklere Färbung aller Theile, eine spärliche, kürzere und desshalb etwas raube Behaarung und durch grössere länger gestielte und stärker behaarte Früchte verschieden ist. Weiter stimmen sie, soweit Samen vorhanden sind (Forma 1 von D'Orbigny, Forma 2 von Rusby) durch die nicht behaarte Samenschale überein, durch welche sich die Art auch wieder der mit nur schwach behaartem Samen versehenen *P. nobilis* nähert und von den übrigen mit ihr in Beziehung stehenden Arten unterscheidet. Diese Uebereinstimmung in der Beschaffenheit des Samens war es auch, welche für die Auffassung der fast kahlen Pflanze von Rusby als einer blossen Form der vorliegenden Art den Ausschlag gab.

### 98. Paullinia excisa Radlk.

Scandens, fruticosa, glabrescens; rami e trigono 4—5-costati, 4—5-sulcati, juniores in costis hirtelli, adultiores glabrati; corpus lignosum simplex; folia 5-foliolato-pinnata; foliola breviter ovalia vel subobovata, inferiora ovata, omnia in acumen brevem obtusum terminata, basi terminale attenuatum, lateralia superiora subacuta, inferiora obtusa, subsessilia, omnia supra medium remote obtuso-dentata, subchartacea, tenuiter reticulata, supra glabra, subtus in axillis nervorum barbata nec non juniora in nervis pilis adspersa, insuper glandulis microscopicis fuscis curvatis (vel geniculatis) utrinque obsita, punctis pellucidis nullis, utriculorum laticiferorum reti subtus instructa, epidermide non mucigera; rhachis sat alata; stipulae conspicuae, lineari-subulatae; thyrsi solitarii, laxe cincinniferi, parce puberuli; flores —; capsula latiuscule trialata, suborbicularis, apice excisa, inde subobcordata, in excisura styli residuis coronata, sat stipitata, alis apice vix vel ne vix contiguis per totum valvarum dorsum decurrentibus basi angustatis, extus glabra, intus adpresse pilosa; semen ellipsoideum, testa deorsum pilosiuscula, arillo infra medium obtectum.

Rami diametro 3—4 mm, cortice viridi. Folia circ. 20 cm longa, fere totidem lata; foliola 7—10 cm longa, 3,5—5 cm lata; petiolus communis 3—7 cm longus, puberulus, rhachis brevior, alis utrinque vix 2 mm latis instructa; stipulae 1 cm longae, 1,5 mm latae. Thyrsi 4—24 cm longi, breviores sessiles ecirrosi, longiores pedunculati, pedunculo apice bicirroso quam rhachis paullo breviore; cincinni stipite 2—4-millimetrali adjecto 0,5—1 cm longi; bracteae bracteolaeque parvae, subulatae; pedicelli (fructigeri) 3—4 mm longi, prope basin articulati. Flores — (non suppetebant). Capsula rubra (Eggers), stipite 5 mm longo adjecto 2 cm longa, alis 3—4 mm latis inclusis 1,5 cm lata. Semen 9 mm longum, 5,5 mm latum, nigrofuscum.

In insula caribaea Tobago: Eggers n. 5723! (in convalli flum. „Bacolet" ad „Cradley" versus. m. Nov. 1889, fruct.).

Zusatz. Die Pflanze steht der *P. subnuda* sehr nahe, liess sich aber doch in den Rahmen derselben nicht wohl einschliessen mit Rücksicht auf ihre an den jüngeren Theilen deutlich und in charakteristischer Weise hervortretende Behaarung, ihr gedrungeneres Blatt mit deutlich geflügelter Spindel, ihre lockerere Inflorescenz und namentlich ihre kürzere und breitere Frucht, deren ansehnliche Flügel sich über dem vom Samen erfüllten Theile nicht vereinigen, sondern durch einen tiefen herzförmigen Ausschnitt getrennt bleiben. Diess unterscheidet sie auch von *P. calophora*, wozu dann besonders noch das Fehlen der durchsichtigen Punkte kommt. Auf den ersten Blick sieht man sich durch die Pflanze an die ihrer Heimat nach nahe stehende *P. tetragona* Aubl. erinnert und möchte sie für eine Form derselben mit verarmten Blättern und vereinzelten Inflorescenzen nehmen; die nähere Betrachtung lässt aber unter anderem doch in dem feineren Venennetze der Blättchen, in der an der Spitze ausgerandeten Frucht und in der verschiedenen Behaarung des Endocarpes für *P. excisa* Unterschiede erkennen, welche einer solchen Auffassung entgegentreten.

### 99. Paullinia subnuda Radlk.

Scandens, fruticosa, glabra; rami e triangulari 4—5-costati, 4—5-sulcati, glabri; corpus lignosum simplex; folia 5-foliolato-pinnata; foliola ovalia vel elliptico-lanceolata, lateralia inferiora plerumque ovata, omnia apice brevius longiusve acuminata, basi acutiuscula vel rotundata, subsessilia vel breviter petiolulata, obsolete insigniusve remote serrato-dentata, membranacea vel chartacea, tenuiter reticulata, glabra, glandulis microscopicis geniculatis fuscis curvatis obsita, punctis pellucidis nullis, utriculis laticiferis ramificatis subtus instructa, epidermide non mucigera; rhachis anguste marginata vel subnuda; stipulae conspicuae, lineari-subulatae; thyrsi solitarii, graciles vel robustiores; flores mediocres, sepalis pulverulento-puberulis; capsula anguste trialata, ex elliptico obovata, alis apice connexis per totum valvarum dorsum decurrentibus basi angustatis, extus glabra, intus dense pilosa; semen ellipsoideum, testa deorsum pilosiuscula, arillo usque ad medium obtectum.

In Guiana, Brasilia septentrionali, Panama et Costarica: Collector ignotus n. 2161 (Guiana; ex Hb. Moricand comm. c. Hb. DC.); Martius! (Rio Negro, in sylvis ad Coari; Rio Japura, a. 1819—20); Haencke! (Panama, a. 1789—94; Hb. Prag.); Scherzer! (Costarica, Punta Arenas, m. Jan. 1859, fruct.).

Zusatz. Die hier zusammengefassten, rücksichtlich ihres Vorkommens nicht gerade enge an einander geschlossenen Materialien nehmen eine Mittelstellung zwischen den unmittelbar vorhergehenden Arten und der folgenden *Paull. caloptera* ein, an welch' letztere sie sich durch den Mangel ausgesprochener Behaarung besonders nahe anschliessen. Sie würden sich derselben haben beizählen lassen, wenn nicht doch in dem Zusammentreffen zweier Verhältnisse, der geringen oder auch fast ganz unterdrückten Flügelung der Blattspindel und dem Fehlen durchsichtiger Punkte eine immerhin bemerkenswerthe, wenn auch nicht allzu gewichtige Verschiedenheit sich aussprüche.

### 100. Paullinia caloptera Radlk.

„Paulliniae acutangulae affin." Benth. in sched. coll. Spruce n. 1188! (a. 1851?).

Scandens, fruticosa, plerumque glabra; rami inaequaliter 4—5-costati, glabri; corpus lignosum simplex; folia 5-foliolato-pinnata; foliola sublanceolata (interdum fere elliptica), apice longiuscule acutata vel acuminata, basi terminale in petiolum attenuatum, lateralia acutiuscula vel rotundata, breviter petiolulata vel sessilia, omnia remote serrato-dentata vel subintegerrima, membranaceo-chartacea, sicca fusca, glabra, rarius subtus puberula, glandulis microscopicis fuscis cernuis subtus obsita, punctis pellucidis crebris notata, (reti utriculorum laticiferorum obsoleto subtus instructa), epidermide non mucigera; rhachis alata; stipulae conspicuae, lanceolato-subulatae; thyrsi solitarii, teneri, subglabri; flores mediocres, glabriusculi; capsula angustius trialata, obovata, subtruncata, longius stipitata, alis apice altius connexis per totum valvarum dorsum decurrentibus basi angustatis (cf. Fig. XII, A), extus glabra, intus dense pilosa; semen ellipsoideum, testa pilosa, arillo fere usque ad medium obtectum.

In Brasiliae regione Amazonica et in Venezuela: Collector ignotus! (Brasilia; Hb. Paris.); Spruce n. 1488! 2556! 3010! 3205!; Schwacke III, 620! = Hb. 3760! — Huc forsan (nisi ad P. nobil. R.) Burchell n. 9136! 9149! (e Pará), quae ad manus non sunt.

### 101. Paullinia enneaphylla Don.

Semarillaria enneaphylla Ruiz et Pavon Flor. Peruv. et Chil. IV (1802) tab. 341 (non
t. 337, uti Don et Walp. referunt; cfr. P. acutang.), fig. a!
Cf. Radlk. Serj. p. 42 etc. (v. indic.) et infra obs.
Paullinia enneaphylla Don General Syst. I (1831) p. 662. n. 40.
— — Walpers Repert. I (1842) p. 414, n. 14.
— — Radlkofer in Monogr. Serj. (1874—75) p. 70 n. 28 etc. (v. indic.),
c. syn. anteced.
Non Paullinia enneaphylla („Don?") Turczanin. in Bull. Mosc. XXXI (1858) Pars I, No. 2.
p. 397, quae partim Cardiospermum Corindum L. (quoad
„Appun n. 140*!), partim Cardiospermum grandiflorum Sw.
(= Cardiosp. colutcoides Kunth forma glabrata, quoad „Funk
n. 818*! et „Funk & Schlim n. 155*!).

Scandens, fruticosa, glabriuscula; rami subteretes, striati, pube brevi induti, denique glabrescentes; corpus lignosum simplex; folia biternata; foliola elliptico-lanceolata, apice basique acuta, subsessilia, densius serrato-dentata, chartacea, supra glabra, subtus in axillis nervorum barbata nec non glandulis microscopicis capitatis rectis obsita, punctis pellucidis (aegrius perspiciendis) notata, reti utriculorum laticiferorum subtus instructa, epidermide non mucigera; rhachis (petiolus partialis intermedius) nuda vel vix marginata; stipulae parvae, deltoideae; thyrsi solitarii, puberuli; flores (e calyce sub fructu relicto) mediocres, glabriusculi; capsula latiuscule trialata, obcordata, apiculata, estipitata, alis basi angustatis per totum valvarum dorsum decurrentibus, extus glabra, intus (praesertim ad valvarum margines) puberula; semen globoso-obovoideum, glabrum, arillo dorso fisso fere usque ad medium obtectum.

Rami lenticellis obsolete notati, diametro circ. 4 mm. Folia 10—16 cm longa, fere totidem lata; foliola 5—9 cm longa, 2—4 cm lata; petiolus communis 3—4 cm longus, rhachis paullo brevior. Thyrsi 10—20 cm longi, longius breviusve pedunculati; cincinni stipitati, multiflori, stipite 3—4 cm longo incluso 5—7 mm longi; bracteae bracteolaeque subulatae, parvulae; pedicelli 1—2 mm longi, basi articulati. Capsula circ. 1.5 cm longa, 1.8 cm lata, alis circ. 5 mm latis inclusis. Semen circ. 8 mm longum, totidem latum.

In Peruvia: Pavon! („Chinchao a. 1796"; Hb. Boiss.).

Zusatz. Mit Rücksicht darauf, dass Don bei der Uebertragung der nur aus einer textlosen Abbildung bekannten *Semarillaria enneaphylla* R. & P. zur Gattung *Paullinia* eine Tafel citirt, welche die *Semarillaria acutangula* R. & P. darstellt (Taf. 337), erscheint es nicht als überflüssig, hervorzuheben, dass die von Don sicherlich nur nach der Abbildung (und nicht nach der Pflanze selbst, die sich meines Wissens nur im Herb. Boissier findet) gefertigte Diagnose nicht etwa die Pflanze der citirten Tafel 337, sondern wirklich die *Semarillaria enneaphylla* der Tafel 341 betrifft, da die Blätter der *Paullinia enneaphylla* darin als doppelt gedreit bezeichnet werden. Zu *Paullinia acutangula* Pers. ist von Don die Tafel 337 richtig citirt worden.

### 102. Paullinia fuscescens Kunth.

Paullinia foliis decompositis ternatis, caule inermi Linn. Hort. Cliffort. (1737) p. 152.
n. 5, partim, nempe quoad plantam descriptam Herbarii Cliffortiani!,
verosimiliter ab Houston ad Carthagenam lectam, a Miller communicatam,
excl. vero syn. Plum. (ad Paull. Plumierii Tr. & Pl. referend.) et syn.
Plukenet. (ad Serj. curassav. Radlk. referend.). Cf. Hist. gen. in Radlk.
Serj. p. 20, 22, 69 n. 13. Serj. curass. ibid. obs. 1 p. 317 et infra obs. 1.

? Caruru scandens cuneaphylla, fructu racemoso rubro (non „Plum. Gen.") Barrère Essai sur l'Hist. nat. de la France équinoxiale (1741, reimpr. 1749) p. 45, excl. syn. „Cururu-ape Piso" ad Cururu scand. pentaph. Plum., i. e. P. pinnat. referend.; cfr. P. pinn., praesert. obs. n. 6.

Paullinia curassavica (aut. excl. v. ad calc.) Linn. Spec. Pl. Ed. I (1753) p. 366, n. 5, partim. nempe quoad syn. Hort. Cliff. ex parte huc referendum, ut supra, reliquis vero, quae dicuntur, omnibus exclus. (cfr. Serj. curass. et P. Plumierii). Herb. Linn. „Paullinia n. 5", plagula secunda, specimen, si recte conjicio, Houstonianum, a Millero commun.! (plag. prima vero — ex Hb. P. Browne allata et P. curass. L. Amoen. ac. V, p. 378 exhib. — excl., ad Serj. mexic. W. et Cissum microcarpam Vahl? recensenda!); cf. Hist. gen. in Radlk. Serj p. 24, Serj. Suppl. p. 124 c. obs. A, obs. 2 ad Paull. pinnat. et infra aut. et Spec. excl. et obs. n. 2.

Paullinia foliis triternatis, foliolis ovato-sinuosis Burman, Jo., in Plumier. Icon. Fasc. V (1757) p. 101, partim, ex syn. Linn. Hort. Cliff. n. 5 et Linn. Sp. Pl. p. 366, n. 5. ut supra.

Paullinia curassavica (cf. supra) Linn. Syst. Nat. Ed. X, II (1759) p. 1007, n. 5, partim, exclusa praesertim icone Plumier. ed. Burm. tab. 111, f. 1, ad P. Plumierii referenda.

— — Linn. Sp. Pl. Ed. II (1762) p. 525, n. 5, partim, ut supra in Ed. I et in Syst. Nat. Ed. X.

— — Miller, Phil., Gardn. Dict. Ed. VIII (1768) n. 4; Ed. germ. sec. Ed. VIII elab. III (1776) p. 446, n. 4. partim, ex cit.: „Linn. Spec. Pl. 366" ex parte huc referenda ut supra. Specimina (Houstoniana) certe a Millero visa, sed non, vel vix ab ipso huc relata exstant in Hb. Linn. et in Hb. Banks! Cf. Hist. gen. in Radlk. Serj. p. 24 et 37 et infra sub „Schumacher" dicta.

— — Houttuyn Natuurl. Historie II, 4 (1775) p. 560, n. 8; Ed. germ. „Linné's Pflanzensystem" III (1778) p. 191, n. 8, partim, ex cit.: „Linn. Hort. Cliff." (n. 5), „Linn. Sp. Pl." (n. 5), „Mill. Dict. n. 4" ex parte huc referendis ut supra.

— — Reichard Syst. Pl. II (1779) p. 218, n. 8, partim. ex cit.: „Linn. Hort. Cliff." (n. 5) et „Linn. Sp. Pl. 525" (n. 5) ex parte huc referendis ut supra.

— — Schumacher in Skrivt. Nat. Selskabet III, 2 (1794, Dissert. lecta m. Oct. 1792) p. 123, n. 7. tab. X, f. 7 (fructus sec. specimen circa Carthagenam ab Houston (?) lectum, in Hb. Miller, resp. Banks servatum!) tab. XI, f. 2 (fragmentum ramuli folium floresque gerens c. inscriptione „P. curassavica L. Herb.", cf. obs. n. 2), excl. (?) obs.: „Caulis sulcatus, angulis villosis ferrugineis, apicem versus sulci ferrugineo-punctati" (ad P. jamaic. — v. supra — magis quam ad P. fusc. spectante, praesertim quoad ultimam partem). Cf. Radlk. Serj. p. 24, 39, 315 et infra obs. 1 et 2.

— — („Schum.") Willden. Sp. Pl. II, 1 (1799) p. 461, n. 5, diagnosi ex Schum. allata, excl. Schumacheri obs. (ut supra), excl. syn. Brown. et cit.: „Swartz Obs. 131" (ad P. jamaic.), syn. Plum. et cit.: „Jacq. t. 61, f. 8 (ad P. Plumierii), syn. Plukenet. (ad Serj. curassav. referend.), nec non excl. ex parte cit.: „Hort. Cliff. 152" (n. 5), „Linn. Sp. Pl. Ed. II, p. 525" (n. 5) et „Houttuyn Linn. Pfl. Syst. III. p. 191" (n. 8), ut supra.

Paullinia curassavica ("Linn.") Poiret in Lamarck Encycl. V (1804) p. 96, n. 2, partim, ex cit.: "Linn. Hort. Cliff.", "L. Sp. Pl.", "Schum. Act. Hist. nat. Havn. III, 2, p. 123, tab. 11, f. 2" et "Willd. Sp. Pl. II, p. 161" ex parte huc referendis ut supra (reliquis excl., ad P. Plumierii, P. jamaic. et Serj. curassav. referend., v. infra sub P. Plumierii).

— — ("Linn.") Juss. in Ann. Mus. d'Hist. nat. IV (1804) p. 348, n. 11, partim, ex cit.: "Linn. Sp. Ed. I, p. 366", "Schum. ASNH III, 2, p. 123, tab. 11, f. 2" et "Willd. Sp. II, 461" ex parte huc referendis ut supra (reliquis excl., ad P. Plumierii, P. jamaic. et Serj. curassav. referend., v. infra sub P. Plumierii).

— — ("Schum.") Persoon Synops. I (1805) p. 443, n. 9, diagnosi ex Schum. allata, excl. cit.: "Plum. Gen. 34, Ic. 111, f. 1" et "Jacq. t. 61, f. 8 (ad P. Plumierii referend.), nec non patriae indicat. "Curassao" (ad Serj. curassav. referend.).

— — ("Linn.") Dietrich, Fr. G., Gartenlexicon VI (1806) p. 710, n. 5, diagnosi ex Schum. allata, excl. syn. Plum. et cit.: "Jacq. t. 61, f. 8 (ad P. Plumierii), nec non syn. Pluk., nom. vulg. "Shining leav'd Paullinia" et patriae indicat. "Curassao" (ad Serj. curass. referend.).

— — ("Willd.") Aiton Hort. Kewens. Ed. II, II (1811) p. 422, n. 1, solummodo quoad diagnosin ex Willd., resp. Schum., huc allatam; cfr. Serj. curassav. in Radlk. Serj. p. 313, 315 et infra obs. n. 8.

— — ("Linn.") Steudel Nomencl. Ed. I (1821) p. 597, ex cit.: "Persoon n. 9" et "Willd. n. 5" ex parte huc referend., ut supra.

— — ("Linn.") Kunth in Humb. Bonpl. K. Nov. Gen. et Sp. V (1821) p. 92 (Ed. in 4° p. 119), n. 9!, excl. cit.: "Plum. Ic. 111, f. 1", "Jacq. Obs. III. t. 61, f. 8" (ad P. Plumierii referend.) et ex parte cit.: "Linn.", "Schum. Act. Hist. Nat. Havn. III, 2, p. 123" et "Willd. Sp. Pl. II, p. 161", ut supra; Vol. VII (1825) Distrib. geograph., Flora Venez., p. 238 (Ed. in 4° p. 305). Coll. Humb. n. 6371. Caracas. in Hb. Paris., Berol. Willd. n. 7716 ("P. barbad.") Fol. 2! Cf. obs. 1 et 1.

— — ("Linn.") Kunth Synops. Pl. Aequinoct. Orb. Nov. III (1824) p. 159, n. 9!, excl. excludend., cf. anteced.; Vol. IV (1825) Distrib. geogr., Flor. Venezuel., p. 304.

— — ("Linn.") De Cand. Prodr. I (1824) p. 605, n. 20, quoad diagnosin ex Schum. et quoad patriae indicationem "Caracas" e Kunthio allatam, excl. cit.: "Linn. Sp. Ed. I, p. 366" ex parte, ut supra, et cit.: "Plum. ed. Burm. t. 111, f. 2" (sphalm. loco f. 1) et "Jacq. Obs. t. 61, f. 8" (ad P. Plumierii referend.), excl. patriae indic. "Curassao" (ad Serj. curassav. referend.) nec non excl. specimine in Herb. Prodromi servato, ex Hb. Forsyth communicato et obs. "v. s.?" indicato (ad P. jamaic. recensend.). Cf. obs. n. 1.

Sprengel Syst. Veg. II (1825) p. 249, n. 9, excl. specimine Herbarii Spreng. a Bertero in Porto-Rico lecto (cfr. Serj. polyphylla in Radlk. Serj. p. 182 etc.). Sequitur praesertim Kunthium et DC.

— — ("Linn.") Cambessed. in Mém. Mus. d'Hist. nat. XVIII (1829) p. 23. Sequitur praesertim Kunthium et DC.

— — ("Linn.") Don General Syst. I (1831) p. 662, n. 39, quoad Schumacheri diagnosin et patriae indic. "Caracas" e DC. allatis, excl. cit.: "Linn. Sp. Ed. I, p. 366" ex parte, ut supra, et cit.: "Plum. ed. Burm. t. 111, f. 2" (sphalm. loco f. 1) et "Jacq. Obs. t. 61, f. 8" (ad P. Plumierii referend.), nec non patriae indic. "Curassao" et obs.: "Cult. 1739" (cfr. Serj. curass. in Radlk. Serj. p. 313 et Hist. spec. cult. ibid. p. 61). Sequitur Candolleum.

Paullinia curassavica („Linn.") Dietrich, Dav., Synops. Pl. II (1840) p. 1314, n. 9, excl. cit.: „Plum. ed. Burm. t. 111. f. 2" et „Jacq. Obs. t. 61, f. 8" (ad P. Plumierii referend.), nec non patriae indicat. „Curassao" (ad Serj. curassav. referend.). Sequitur Sprengelium.

— — („Linn.") Steudel Nomencl. Ed. II, II (1841) p. 277, ex cit. „Spreng. n. 9" et „DC. n. 20", ex parte huc referend., ut supra.

— — („Linn.") W. Hooker & W.-Arnott Bot. Beechey's Voy. (1841) Suppl., p. 413, n. 1; „coll. Sinclair (Realejo)"! Cf. obs. n. 3.

— — („Linn.") Bentham Bot. Voy. Sulphur IV (1844) p. 76, n. 113; coll. Barclay, Sinclair („Tepic & Realejo")! Cf. obs. n. 3.

— — („L. DC.") Seemann Flora of North-West. Mexico, Bot. Voy. Herald (1852—57) p. 274, n. 79; „coll. Sinclair", potius Barclay fide IIb. Hooker? („Tepic")! Cf. obs. n. 3.

? — — (non „Jacq.") Grisebach in Fl. Brit. West Ind. Isl. (1859—64) p. 124 n. 10 quoad specimina Novo-Granatensia in obs. indicata. Cf. obs. n. 7 ad P. jamaic.

Paullinia fuscescens Kunth in Humb. Bonpl. K. Nov. Gen. et Sp. V (1821) p. 93 (Ed. in 4° p. 120), n. 10! (Coll. Humb.); VII (1825) Distribut. geograph., Flora Quitensis, p. 320 (Ed. in 4° p. 406), sphalm. „P. rufescens". Cf. obs. n. 1 ad calc.

— — Kunth Synops. Pl. Aequinoct. Orb. Nov. III (1824) p. 159, n. 10; IV (1825) Distribut. geograph., Flora Quitensis, p. 436, sphalm. „P. rufescens".

— — (sphalm. „pubescens") De Cand. Prodr. I (1824) p. 606, n. 27. Cf. Radlk. Serj. p. 45 etc. (v. indic.) nec non supra p. 81 in obs. n. 3 (de Indice Kewensi) et infra obs. n. 1 ad calc.

— — (sphalm. „pubescens") Sprengel Syst. Veg. II (1825) p. 249, n. 12, excl. obs.: „P. mollis Kunth?" (cfr. Serj. amplifol. in Radlk. Serj. p. 223).

— — Cambessed. in Mém. Mus. d'Hist. nat. XVIII (1829) p. 23.

— — (sphalm. „pubescens") Loudon Hort. Britann. (1830) p. 159. „Cult. 1820"? Cf. Hist. spec. cult. in Radlk. Serj. p. 67.

— — (sphalm. „pubescens") Don General Syst. I (1831) p. 662, n. 44. „Cult. 1820"? Cf. Hist. spec. cult. in Radlk. Serj. p. 67.

— — (sphalm. „pubescens") Heynhold Nomencl. bot. hortens. I (1840) p. 591. Cf. Hist. spec. cult. in Radlk. Serj. p. 67.

— — (sphalm. „pubescens") Dietrich Synops. Pl. II (1840) p. 1314, n. 12, excl. syn. P. mollis Kunth (cfr. Serj. amplifol. in Radlk. Serj. p. 223).

— — (sphalm. „pubescens") Steudel Nomencl. Ed. II, II (1841) p. 278, excl. obs.: „Cfr. P. mollis Kunth" (cfr. Serj. amplifol. in Radlk. Serj. p. 223).

— — W. Hooker & W.-Arnott Bot. Beechey's Voy. (1841) p. 282, n. 1! (Coll. Lay & Collie; „Acapulco"), incl. syn. „P. pubesc. DC." (i. e. „P. pubesc. HBK." apud DC., sphalm. loco P. fuscesc.) et incl. obs. de affinit. c. P. velut. DC., excl. vero allegata hic P. molli Kunth (cfr. Serj. amplifol. in Radlk. Serj. p. 223).

— — Bentham Bot. Voy. Sulphur IV (1844) p. 76, n. 112! (Coll. Sinclair; „Isle of Taboga, Bay of Panama").

— — (sphalm. „pubescens") Miquel Symbol. ad Flor. Surinam., Linnaea XVIII (1844) p. 362 in obs., excl. obs. „nondum vidi" (cfr. infra P. micropteryg. Miq.).

— — Seemann Bot. Voy. Herald (1852—57) p. 274, n. 80!, e. cit.: „Hook. & Arn. Bot. Beech. p. 282; Acapulco; Lay and Collie".

**Paullinia fuscescens** (sphalm. „pubescens") Turczaninow in Bull. Mosc. XXXI (1858) Pars I, No. 2, p. 398; „coll. Bertero"!. c. observ. „sub nom. P. tomentosa L. a Balbis comm." Cf. obs. n. 1.
— — ? Sauvalle et Wright, Flora Cubana (1873) p. 24. n. 125. Coll. n. 3523! (anne specimina Nicaraguensia c. coll. Cubana confusa?) Cf. obs. n. 7.
— — Radlkofer in Monogr. Serj. (1874—75) p. 69 n. 13 etc. (v. indic.), c. synon.
— — Radlkofer in Serj. Suppl. (1886) p. 97 etc. (v. indic.).
— — Radlkofer in J. Donnell Smith Enum. Pl. Guatemalens. III (1893) p. 21. n. 2566!
— — Radlkofer in Rose Report etc., Contrib. from the U. S. National Herb. I. No. 9 (1895) p. 317; coll. Palmer n. 1400! Cf. ibid. p. 297. 300.
— — Radlkofer in Loesener Plant. Selerianae. Bull. Herb. Boiss. III. 12 (Dec. 1895) p. 616; coll. n. 287! 679! (forma 3. glabrese. Radlk.) c. nom. vernac. „Panoquera".
**Paullinia tomentosa** (non „Linn.", resp. Jacq.) Balbis in coll. Bertero (1821) ed. Turczanin. in Bull. Mosc. 1858, p. 398, ut supra sub P. fuscesc. indicat. Hb. Taurin., Prodromi DC., Webb etc.! Cf. obs. n. 1.
**Paullinia velutina** (aut. excl. v. ad calc.) De Cand. Prodr. I (1821) p. 605. n. 11; „coll. Bertero"!. specim. sub nom. P. tomentosa L. a Balbis comm., in Deless. Ic. sel. III. 1837. t. 37 depict. et a Guillemin p. 21 fusius descript. Cf. Radlk. Serj. p. 44 etc. (v. indic.) et infra obs. n. 1.
— — („Bertero") Sprengel Syst. Veg. II (1825) p. 248. n. 7. (!)
— — Cambessed. in Mém. Mus. d'Hist. nat. XVIII (1829) p. 23.
— — (sphalmate „vetulina") Don General Syst. I (1831) p. 662, n. 38.
— — Guillemin in Delessert Icon. select. III (1837) p. 21. tab. 37! (c. indicat. „Specimen exstat in Hb. Candollei, a Bertero lectum"). Cf. supra sub De Cand. et infra obs. n. 1, annot.
— — („Bertero") Dietrich, Fr. G., Gartenlexicon XXVI (Neuer Nachtrag VI. 1837) p. 432, n. 5. Sequitur Sprengelium.
— — („Bertero") Dietrich, Dav., Synops. Pl. II (1840) p. 1311, n. 7. Sequitur Sprengelium.
— — („Bertero") Steudel Nomencl. Ed. II, II (1841) p. 278. Sequitur Sprengelium.
— — W. Hook. & W.-Arnott Bot. Beechey's Voy. (1841) p. 282, sub n. 1 in obs., excl. allegata hic P. molli Kunth (cfr. Serj. amplifol. in Radlk. Serj. p. 223).
— — Miquel Symbol. ad Flor. Surinam., Linnaea XVIII (1844) p. 362. sub n. 1 in obs., incl. obs.: „P. micropterygiae proxime affinis".
— — Triana & Planch. Prodr. Flor. Novo-Granat., Ann. Scienc. nat., IV. Sér., XVIII (1862) p. 358, n. 16!, incl. cit.: „Linn. Herb.", sed ex parte tantum, et incl. ex parte cit. a Tr. & Pl. perperam omnino rejecta: „Linn. Sp. Ed. I, p. 366" (n. 5), nec non incl. citationibus synonymisque reliquis et speciminibus (coll. Bertero! Sinclair! Seemann! Triana!), exceptis panamensibus: coll. Fendler n. 43! et coll. Duchassaing! ad Serj. rhomb. R. recensendis. Cf. Radlk. Serj. Suppl. p. 53. 131. 132. 157 et infra obs. n. 5.
— — Hemsley in Biol. Centr.-Am., Bot. I (1879—81) p. 210. n. 9, excl. coll. „Sallé" et coll. „Bourgeau 2675" (potius 2655), quae ulterior ibid. iterum sub „Paull. sp." n. 14 citatur cum „Bourgeau 2619" aliisque ad Paull. tomentos. Jacq., ut et „Sallé", recensendis stirpibus. Coll. Coulter 883!. Beechey!, Friedrichsthal!, Sinclair (Realejo)!. Duchassaing? (cf. obs. 5 ad calc.). Sinclair (Taboga)!. Seemann 597!, Sutton Hayes 123!

Paullinia velutina Anales del Museo Nacional, Républica de Costa Rica. I (1888). Pars 2, p. 20 (secundum Biolog. Centr.-Americ. enumerata c. indicat. „Nicaragua y Panamá").

Paullinia pubescens („HBK.") De Cand. etc. (1824) n. 27, sphalm. loco „P. fuscescens K.", ut supra sub hoc nomine indicat.

Paullinia rufescens Kunth etc. (1825) sphalm. loco „P. fuscescens K.", ut supra sub hoc nomine indicat.

Paullinia velutina Don (1831), sphalmate loco „P. velutina", ut supra sub hoc nomine indicat.

Paullinia barbadensis (non „Jacq.") Schlechtendal et Chamisso in Linnaea VI (1831) p. 419. quoad specimen a Schiede et Deppe collect. n. 1291!, excl. vero „P. barbad. Herb. Willd. n. 7716, Fol. 3" (cfr. P. Plumierii c. obs. 1). Cf. infra obs. 1 et 4 et obs. 1 ad P. barbad. (ad calc.).

— — Willden. Herb. n. 7716, Fol. 2! a Schlecht. et Cham. l. anteced. perperam excl.; coll. Humboldt n. 637, Caracas. Cf. obs. 4.

— — Bentham Bot. Voy. Sulphur IV (1844) p. 76, n. 114; coll. Hinds „Atacames in Columbia"!

— — Hemsley in Biol. Centr.-Am., Bot. I 1879—81) p. 209, n. 1; coll. Schiede & Deppe!

— — (sphalm. „Juss.") O. Kuntze Revis. Gen. (1891) p. 144, quoad stirp. in ins. Trinit. lect.!, nec var. β (ad Serj. polyphyll. Radlk. recensend.); cf. obs. 1 sub P. barbad.

Paullinia mollis (non „Kunth" etc., cf. Spec. excl.) var.? fuscescens Dietrich, Fr. G., Gartenlexicon XXVI (Neuer Nachtrag VI, 1837) p. 433, sub n. 6 in obs. et p. 435, c. syn. „P. fuscesc. Kunth".

Serjania mexicana (non „Willd.") W. Hook. & W.-Arnott Bot. Beechey's Voy. (1841) p. 281, n. 1; coll. Lay & Collie „Acapulco and Tepic"! Cf. Radlk. Serj. p. 240 et 253, obs. n. 9 ad Serj. mexic. W.

— — Seemann Bot. Voy. Herald (1852—57) p. 274, n. 77, c. cit. l. anteced.; „coll. Lay and Collie, Tepic and Acapulco"! Cf. anteced.

Paullinia micropterygia Miquel Animadv. in Herb. Surinam. a Focke collect. in Tijdschr. voor Natuurl. Geschied. en Physiol. X (1843) p. 89, n. 26 (seorsum impr. p. 15, non 13, uti Walp. refert.), c. obs. „P. velutinae DC. proxima". Coll. Focke! Cf. Radlk. Serj. p. 53 etc. (v. indic.).

— — Walpers Repert. II (1843) p. 814. n. 9.

— — Miquel Symbol. ad Flor. Surin., Linnaea XVIII (1844) p. 362, n. 1, c. obs. „P. velutinae DC. proxime affinis"; coll. Focke!, cf. supra.

— — Miquel ibid. p. 751, „coll. Hostmann et Kappler n. 1601!

— — Schomburgk, Rich., Reisen in Brit. Guiana III (1848) p. 1004. Cf. Radlk. Serj. Suppl. p. 99.

Serjania lupulina (non „Schum.", quae Serj. diversifolia Radlk.) Bentham Bot. Voy. Sulph. IV (1844) p. 76, n. 111; coll. Sinclair („Columbia")! Cf. Radlk. Serj. p. 139.

Serjania pubescens (non Kunth) Seemann Bot. Voy. Herald, Flora Panamensis (1852—57) p. 92, n. 143; coll. Seemann n. 597!, nec non n. 1642! („a form .., which is less downy .., the leaves being sometimes quite glabrous" — „forma glabrescens Seem." apud Tr. & Pl. sub Paull. cartagen., v. infra). Cf. Radlk. Serj. Hist. gen. p. 55, 56 (Paull. fuscescens K., forma glabrescens Radlk.) et Serj. mexic. W. ibid. p. 240, 252—53, nec non Serj. Suppl. (1886) p. 125, n. 7 et infra obs. n. 5.

Serjania pubescens (non Kunth) Grisebach Novitiae Panamens.. Bonplandia VI (1858) p. 3, sub n. 32 in obs.. quoad „Seem. Fl. Panam." (cf. l. anteced.), non quoad „coll. Duchassaing" quae Serj. rhombea. cf. Radlk. Serj. Suppl. 1886, p. 125, n. 7 et infra obs. n. 5.

Paullinia fusca Grisebach Novit. Panam.. Bonplandia VI (1858) p. 3, n. 34; coll. Duchassaing! Cf. Radlk. Serj. p. 57 etc. (v. indic.) et Serj. Suppl. p. 131, n. 3, nec non infra obs. n. 5.

— — Walpers Annal. VII, Fasc. 4 (1869. ed. C. Müller) p. 620, n. 6.

Paullinia cartagenensis (non „Jacq." etc.; cf. Spec. exel.) Triana & Planch. Prodr. Flor. Novo-Granat., Ann. Scienc. nat., IV. Sér., XVIII (1862) p. 357. n. 15, partim, nempe quoad syn. „Serjania pubescens, forma glabrescens Seemann Bot. Herald p. 92 (sphalm. „91ª")", et quoad specimina Seemann n. 1642! (cf. supra sub syn. „Serj. pub. Seem."). Duchassaing! et Linden n. 115! (cf. Radlk. Serj. p. 253, obs. n. 8 ad Serj. mexic. nec non Serj. Suppl. p. 131 n. 3), reliquis omnibus excl. (cfr. Serj. curassav. in Radlk. Serj. p. 314). Cf. obs. n. 5, nec non Spec. excl.

Serjania curassavica (non Radlk.) Hemsley in Biolog. Centr.-Am., Bot. I (1879—81) p. 206. n. 8 quoad Seemann n. 1642, coll. Friedrichsthal et alia specimina!; cf. Serj. Suppl. p. 157 et infra obs. n. 7.

Paullinia spec. Hemsley in Biol. Centr.-Am., Bot. I (1879—81) p. 210, n. 10; coll. Linden 1024! (Mexico); coll. Barclay! (Tepic). cf. obs. n. 3.

Nomen vulgare: Bejuco de Mulato incolis Venezuelae ex Karsten in Hb. Vindob. Cf. obs. n. 6.

— — Panoquera incolis Mexici t. Seler in Hb. Berol.

Non Paullinia curassavica Linn. Spec. partim; cf. supra sub Linn. et infra Spec. excl.

| Non | — | — | Linn. Amoen. acad. V (1760) p. 378 (Sandmark Flor. Jamaic., Dec. 1759), praesertim ad Serj. mexic. W. referenda fide Hb. Linn. „Paullinia No. 5" plagula prima! Cf. supra sub P. curass. L. Sp. Ed. I. |
| Non | — | — | Linn. Herb., nempe quoad No. 5, plagula 1! Cf. anteced |
| Non | — | — | Crantz (1766), Giseke (1779). Aiton (1789). Du Mont de Courset (1802, 1811) etc. et Catal. Hortor. plur.; cfr. Serjania curassavica R. in Radlk. Serj. p. 312. 313 et Hist. spec. cult. ibid. p. 60, 61. |
| Non | — | — | Jacquin (1768), Linn. Mant. (1771), Persoon (1797), Presl (1845) etc. (v. Radlk. Serj. p. 314); cfr. P. Plumierii Tr. & Pl. |
| Non | — | — | Swartz (1791), Smith (1814). Griseb. (1859—64) etc. (v. Radlk. Serj. p. 314); cfr. P. jamaicensis Macfad. |
| Non | — | — | Richard (1792), West (1793), Schlecht. (1829), Griseb. (1857) part., Balbis Hb. et Spreng. Hb. (v. Radlk. Serj. p. 314, 315); cfr. Serjania polyphylla R. in Radlk. Serj. p. 182 et 193 obs. n. 4. |

Non Paullinia velutina („DC.?") Turczaninow in Bull. Mosc. XXXI (1858) Pars I. No. 2, p. 397. coll. Galeotti n. 4309!; cfr. Serjania polystachya Radlk. in Radlk. Serj. p. 276.

| Non | — | — | („DC.") Tr. & Planch. l. c. quoad coll. Fendler n. 43 et Duchassaing e Panama ad Serj. rhomb. Radlk. recensend.; cf. l. supra c. |
| Non | — | — | („DC.") Hemsley l. c. quoad coll. Sallé et Bourgeau ad Paull. tomentos. Jacq. recensend.; cf. l. supra c. |

Scandens, fruticosa, pubescens; rami juniores subteretes, pube vel tomento brevi induti, adultiores glabrati; corpus lignosum simplex; folia biternata, interdum depauperata, 5-foliolato-pinnata; foliola ovalia vel sublanceolata, apice basique obtusiuscula vel acuta, terminalia latiora, subrhombea, basi longius breviusve attenuata vel cuneata, lateralia inferiora minora ex ovato suborbicularia, omnia remotius serrato-dentata, dentibus acutis obtusisve conspicuis raro subobsoletis, sessilia, subchartacea, supra praeter nervos puberulos glabra, subtus velutino-tomentosa vel glabriuscula, glandulis microscopicis geniculatis supra subtusque obsita, impunctata, reti utriculorum laticiferorum interrupto pellucido subtus instructa, epidermide mucigera; rhachis (petiolus partialis intermedius) marginata vel subalata; stipulae parvae, subulatae; thyrsi solitarii, laxius densiusve pubescentes; flores mediocres, puberuli; capsula trialata, latius obovata, basi in stipitem brevem abruptius contracta, alis basi angustatis, extus pubescens vel glabrata, intus pube crispa induta; semen breviter obovoideum, glabrum, arillo fere ad medium obtectum.

Rami diametro 2—4 mm. Folia 7—15 cm longa, fere totidem lata; foliola lateralia superiora 3—5 cm longa, 1—2 cm lata, terminalia majora, lateralia inferiora saepius vix 1 cm longa et lata, sicca fusca vel fusco-viridia; petiolus communis 1—3 cm longus, supra sulcatus, pubescens, rhachis plerumque paullo brevior; stipulae vix 2 mm longae. Thyrsi 5—15 cm longi, brevius longiusve pedunculati, dense cincinnigeri; cincinni sessiles, contracti; bracteae bracteolaeque subulatae, parvulae; pedicelli 1 mm vix superantes. Flores albi (Galeotti; flavi, Linden). Sepala duo exteriora dimidiam interiorum partem vel duas tertias aequantia, extus densius laxiusve pubescentia, interiora ovalia, petaloidea vel rigidiora, 2—3 mm longa. Petala oblonga vel oblongo-ovalia, saepius obovata; squamae duas petalorum tertias vel petala fere tota aequantes, latae, margine villosae, superiores crista brevi longioreve emarginata vel integra glabra pilosave appendiceque deflexa barbata instructae. Tori glandulae suborbiculares, puberulae. Staminum filamenta densius laxiusve pilosa; antherae glabrae. Germen pube brevi vel tomento indutum. Capsula 1—1.5 cm longa, 1—1.2 cm lata, rubra (Splitgerber), sicca nigro-fusca. Semen circ. 6 mm longum, 4 mm latum, spadiceo-nigrum.

Formas 3 distinguere potueris, sed unam in alteram transientes, ideoque in sequente speciminum enumeratione plerumque quoad extremas tantum indicatas, ubi specimina scribenti mihi (vel notae) ad manus erant:

Forma 1. velutina (eademque genuina; *Paull. fuscescens* Kunth; *Paull. velutina* DC.; *Paull. fusca* Griseb.): Foliola subtus velutino-tomentosa; fructus densius laxiusve pubescens.

Forma 2. intermedia (*Paull. curassavica* L. apud Kunth): Folia subtus laxius pubescentia, inferiora saepius plus minus glabrescentia; fructus pubescens.

Forma 3. glabrescens (*Serjania pubescens*, non Kunth, Seemann, forma *glabrescens* Tr. & Pl.; *Paull. fuscescens* K., forma *glabrescens* Radlk. in Serj. Monogr. 1875, p. 56): Folia subtus glabrescentia; fructus pubescens vel glabratus.

In America tropica continentali a Novo-Granata et Ecuador ad Venezuelam et Guianam batavam, inclusis insulis Novo-Granatae et Venezuelae proximis Taboga et Trinidad, nec non in America centrali et in Mexico; praeterea, ut videtur, in Cuba: In Novo-Granata: Houston(?)! (Carthagena ea. 1730; IIb. Cliffort n. 5, verosimiliter a Miller commun., fruct., f. 3; IIb. Miller. resp. Banks. „P. curass." a Solander inser., fruct. a Schum. in tab. X f. 7 delin. et alterum ex IIb. Mill. specimen, altero nomine non edendo a Solander insignit.); idem?! (IIb. Linn. n. 5, „P. curass." f. 2 a Mill. ut videtur comm., a Schum. in tab. XI f. 2 inscriptione „P. curass. L. Herb." indicata, cf. obs. n. 2); Bertero! (S. Martha, a. 1821; „P. tomentosa L., Balbis in coll. Berter." ed. Turczan. sub P. fuscesc. — sphalm. „pubescens" — 1858, IIb. Taurin. etc.; cf. lit. et infra obs. n. 1; „P. velutina DC." etc., in Ic. Deless. t. 37 delin., IIb. Prodr. DC., specimen sub nom. „P. tomentosa L." a Balbis communicat.; cf. lit. et infra obs. n. 1, f. 1); Billberg n. 89! (Carthagena, ca. 1825;

flor., f. 2; Hb. Berol.); Cuming n. 1253! (Columbia, a. 1831; Hb. Benth., Hook.); Sinclair! (Columbia; „Serj. lupulina Schum.?" in Bot. Sulph. p. 76. n. 111; Hb. Benth., Hook.); idem! („Isle of Taboga, Bay of Panama" a. 1836—42; „P. fuscesc. K." in Bot. Sulph. p. 76. n. 112; Hb. Benth., Hook.); Seemann n. 597! (Panama, a. 1847—49; „Serj. pubesc. K." Seem. in Bot. Herald p. 92, n. 143 „very common all over the country and the islands in the Bay of Panama"; „Paull. velut. DC." Tr. & Pl. Prodr. Fl. N.-Granat.); idem n. 1642! („Veraguas, Volcano of Chiriqui, m. Febr. 1849, flor ; „Serj. pubesc. K." Seem. in Bot. Herald p. 92. n. 143 „less downy form"; „Paull. cartag. Jacq." Tr. & Pl. l. c. e. syn. „Serj. pubesc. form. glabresc. Seem.", cf. obs. n. 5; f. 3; Hb. Hook.); Duchassaing! (Panama a. 1851; „Paull. fusca Griseb." f. 1, fruct., Hb. Griseb.; „Paull. cartag. Jacq." Tr. & Pl. l. c., f. 2 et 3. Hb. Par.; cf. infra obs. n. 5 et Radlk. Serj. Suppl. obs. p. 131, n. 3); Sutton Hayes n. 123! (Panama. m. Apr. 1861, „Paull. velut. DC." Hemsley; f. 1. Hb. Gotting.); Triana n. 3140! („prov. de Bogotá, Gachala et Ubala, Cordillère orientale, alt. 1700 m". a. 1851—57. f. 1, fruct.; „Paull. velut. DC." Tr. & Pl. l. c.); Stübel n. 14. a! (S. Martha, m. Febr. 1868. fruct. jun.; f. 1; Hb. Hieron.); — in insula Taboga: Sinclair! (v. supra sub hoc nomine); — in Ecuador: Haenecke! (Guayaquil, a. 1789—94; Hb. Prag.; f. 3); Humboldt & Bonpland! („Ecuador, ad ripam fluminis Amazonum"; Hb. Kunth, resp. Humb., Mus. Paris; alabastr., f. 1); Gaudichaud n. 87! (Guayaquil, m. Aug. 1836. fruct., f. 3; Hb. Paris.); Hinds! (Atacames, a. 1841; „P. barbad. J." in Bot. Sulph.); Sodiro! (in collibus prope Guayaquil; Hb. Haynald); in Venezuela: Humboldt & Bonpland n. 637! („juxta la Quebrada de Catoche prope Caracas. alt. 420 hex., m. Januar. flor."; „P. curass. L." Kunth in Nov. Gen. et Sp.; f. 2; Hb. Paris. Berol., Willd. n. 7716 Fol. 2 „P. barbad.", cf. obs. 1 et 4); Vargas n. 75*! (Caracas a. 1829. f. 1; Hb. DC. etc.); idem! n. 177! (Hb. DC; f. 1); Moritz (Caracas ca. 1837; Mus. Brit., f. 1); Linden n. 115! (Caracas m. Jan.—Apr. 1842, flor. et fruct. semimat. f. 3; „P. cartag. J." Tr. & Pl. l. c. in obs.; Hb. Par., Deless., Hook.; cf. obs. n. 5); Karsten! (Hb. Vindob.. f. 3. steril.; e. nom. vulg.: „Bejuco de Mulato", cf. obs. n. 6); Gollmer! (Caracas, f. 1; Desaguados m. Jan. 1853, flor., f. 3; „kleine Quebrada von La Guayra" si recte lego, m. Apr. 1853. fruct., f. 3; Hb. Berol.); Fendler n. 199! (Venezuela, prope Coloniam Tovar. a. 1854—55; Hb. Hook.), n. 278! partim (partim P. pinn.; a. 1877—80); Dr. Kosas n. 6! (Caracas, m. Dec., flor., f. 2 et 3; Hb. Berol.); Warming n. 1051! (a. 1891—2. f. 2); — in Trinidad: L'Herminier n. 37! (f. 3; Hb. Boiss.); O. Kuntze! (in valle Santa Cruz, m. Apr. 1874. fruct., f. 2; „Paull. barbad." in Rev. Gen. I. c.); — in Surinam: Splitgerber n. 82! (prope Paramaribo, a. 1837; Hb. Lugd.-Bat., Par. etc.); Focke n. 524! 1039! (ad flum. Saramacea, m. Mart. 1842, flor. et fruct. mat.; „P. micropterygia Miq." l. c.); Kappler n. 1601! (ed. Hohenack. a. 1845 sub nom. „P. micropteryg. Miq."; ad urbem Paramaribo m. Mart.— Apr. 1844. flor. et fruct., f. 2 et 3); Wullschlaegel n. 60! (Plantatio Liliendal, Conewyma. a. 1849, f. 2 et 3; Hb. Mart., Griseb.); Weigelt! (f. 1, fruct.; Hb. Lips.); — in Costarica: Oersted! (inter Tortuga et Sapoa, a. 1847; f. 3, fruct.; Hb. Havn.); in Nicaragua: Sinclair! (Realejo; „P. curass. L." Bot. Beech. Voy. Suppl. p. 413, n. 1 et Bot. Sulph. p. 76, n. 113; Hb. Hook.); Friedrichsthal n. 979! (Mniogalpa, a. 1841), n. 1151! (Hazienda Pacaya. a. 1841; f. 1, fruct.; Hb. Vindob.); C. Wright! (Omotepec, m. Mart. 1856, flor. et fruct., f. 1 et 3; „P. fuscesc. HBK.?" in U. S. North Pacific Expl. Record. under Comm. Ringgold & Rogers 1853—56; Hb. Paris. etc.); — in Honduras: Scherzer! (Sta. Rosa, 5000 ped., m. Apr. 1859, fruct.); G. F. Gaumer! („Gozamel island, Bay of Honduras. Aug. 1886". flor, f. 3; comm. F. D. Godman, Hb. Berol.); — in Guatemala: J. Donnell Smith n. 2566! (prov. „Escuintla, San José, alt. 0 ped., m. Apr. 1892", fruct.; f. 1); — in Mexico: Haenecke! (Acapulco a. 1789—94; Hb. Prag.; f. 1 et 3); Née?! (Mociño et Sesse?; Hb. Pavon, nunc Boiss.; f. 3); Berlandier n. 11! (in sylvis prope Tampico de las Tamaulipas, m. Febr. 1827. fruct. immat.; f. 3; Hb. Vindob. etc.); Schiede et Deppe n. 1291! (Colipa, m. Mart. 1828—29, fruct.; f. 3; „Paull. barbad. Jacq." Schl. & Cham. in Linnaea VI p. 419, cf. obs. n. 4; Hb. Hal. etc.); Coulter n. 883! („S. Blas to Tepic", ca. 1832; Hb. Hook.); Lay et Collie! (Acapulco, f. 1, „P. fuscesc. K." in Bot. Beech. Voy. p. 282. n. 1 et in Seem. Bot. Herald p. 274. n. 80; Acapulco & Tepic, f. 3, „Serj. mexicana" ll. cc. p. 281, n. 1. p. 274. n. 77, cf. supra

Lit. et Serj. Monogr. p. 240, 253; Hb. Hook.); Barclay! (Tepic. a. 1836—42; „P. curass. L." in Bot. Sulph. p. 76. n. 113. et in Seem. Bot. Herald p. 274. n. 79. ubi ex errore(?) dicitur „Sinclaire, Tepic", cf. obs. n. 3; Hb. Hook., alab.); Galeotti n. 4315 B! (prov. Oaxaca, ad litora maris Pacifici, m. Mart., fruct.; f. 2; Hb. Bruxell., Paris); Linden n. 1024! (Frontera, m. Oct. 1840. flor., f. 3; Hb. Hook. et specim. fol. depaup. 5-foliol.-pinnat. in Hb. Webb.; cf. obs. n. 9); Liebmann n. 18! 19! (m. Mart. 1842, fruct., f. 3; Hb. Havn.); Jürgensen n. 128! („Oaxaca, from Chacalaca en la playa del mar Pacifico", m. Mart.—Apr. 1845; Hb. Deless.; f. 2); Schott n. 10! (Merida, Yucatan m. Nov. 1864. flor.; f. 3; Hb. U. S. Agric. Depart.); Caec. et Ed. Seler n. 287! (prov. S. Luis Potosi, distr. Tancanhuitz, prope Tanquian, m. Mart. 1888. fruct.; f. 3; „Panoquera"), 679! (prov. Vera Cruz, distr. Ozuluama, prope Chila, m. Apr. 1888, fruct.; f. 3; Hb. Berol.); Dr. Ed. Palmer n. 1400! (Manzanillo, m. Mart. 1891, flor. et fruct.; f. 2); — in Cuba(?): C. Wright n. 3523! (Hb. Hook., Hb. Bremense, f. 3; anne specimina collectionis Nicaraguensis?, cf. obs. n. 7).

Culta olim, ut videtur, in Horto insulae St. Vincent fide speciminis ab Alex. Anderson, Horti Vincent. Praefecto, (sine nomine et sine loci indicatione) communicati in Hb. Forsyth, nunc Benth., nec non alterius a Caley, Horti post ann. 1815 Praefecto, (sine nomine quidem, sed c. indicat.: „St. Vincent") communicati in Hb. Deless., f. 3. An haec „P. barbadensis" teste Aiton ab Alex. Anderson a. 1786 introd. in Hort. Kewens.? Cf. obs. 8, et obs. 1 ad P. barb. versus finem.

Zusatz 1. Die Geschichte der Art spiegelt sich in der angeführten Literatur und der ihr möglichst entsprechend geordneten Aufzählung der Materialien wieder und ist in der Gattungsgeschichte (s. d. Monogr. v. Serj.) und unter *Serj. curassavica* Radlk. in der Literatur und den Zusätzen, sowie bei anderen einschlägigen *Serjania*- und *Paullinia*-Arten schon derart beleuchtet, dass ich hier — besonders rücksichtlich ihrer fortwährenden Verquickung und Verwechselung mit *Serj. curassavica* R. (auch unter dem Namen *Paull. cartagenensis* Jacq.), *Paull. Plumierii* Tr. & Pl., *Paull. barbadensis* Jacq., *Paull. jamaicensis* Macf., *Paull. tomentosa* Jacq., *Serj. mexicana* W. (auch unter dem Namen *Serj. pubescens* Kunth), *Serj. lupulina* Schum., d. i. *Serj. diversifolia* R., *Serj. polyphylla* R. und *Serj. polystachya* R. — nicht mehr kritisch auf dieselbe einzugehen brauche, vielmehr mich darauf beschränken kann, die Hauptpunkte nochmal übersichtlich zusammenzufassen.

Linné glaubte in einem wahrscheinlich von Houston um Carthagena gesammelten Fruchtexemplare der *Paullinia fuscescens* K. im Hb. Clifford n. 5 die auf Curacao und dem benachbarten Festlande einheimische, zuerst (1689) von P. Hermann nach Exemplaren holländischer Gärten als „*Cordis Indi folio et facie frutescens Curassavica latifolia*" erwähnte und dann (1692) unter derselben Bezeichnung von Plukenet (ohne Frucht) abgebildete Pflanze, die nunmehrige *Serjania curassavica* Radlk. (s. diese). vor sich zu haben, wie auch die von Plumier zuerst nach Exemplaren aus Martinique erwähnte jetzige *Paullinia Plumierii* Tr. & Pl. (von welchen Pflanzen er die letztgenannte nie wirklich zu Gesicht bekommen zu haben scheint, während er die Hermann-Plukenet'sche sogar in lebenden Exemplaren im Garten von Clifford vor Augen hatte, aber verkannte und mit Literaturstellen von Piso und Sloane in Verbindung brachte, die sich auf *Paull. pinnata, jamaicensis* und *barbadensis* beziehen). Dieser Tripel-Species gab Linné dann bei Einführung der Binominal-Bezeichnungen (1753) den Namen *Paullinia curassavica*, das Speciesepitheton aus der Hermann-Plukenet'schen Phrase entnehmend, zu deren Pflanze es desshalb in *Serjania curassavica* Radlk. (s. diese) zurückzubringen war. Den so entstandenen Namen *Paull. curassavica* trug Linné unter No. 5 in seinem Herbare unter anderem auch bei einem wahrscheinlich von Houston herrührenden und von Ph. Miller mitgetheilten Blüthenexemplare der *Paull. fuscescens* (f. 2) ein, welches Miller, der beigefügten Etiquette von seiner Hand gemäss, irrthümlich auf „*Cururu scandens cuneaphylla*" von Plumier, d. i. *Paull. Plumierii* Tr. & Pl., bezogen hatte.

Unter diesen Umständen ist es nicht zu verwundern, dass bei den folgenden Autoren, wie aus der am Ende des Literaturverzeichnisses aufgeführten auszuschliessenden Literatur unter „*Paull. curassavica*" zu ersehen ist, bald die eine, bald die andere dieser drei Pflanzen und ausserdem noch die (in der Stelle von Sloane enthaltene) *Paull. jamaicensis* unter dem Namen *Paull. curassavica* L. verstanden worden ist, wozu sich dann noch weitere Verwechselungen und Vermengungen gesellten, die von minder einschneidender Bedeutung sind und desshalb hier vorerst nicht weiter berührt sein mögen, sowie wiederholte Auffassungen derselben Pflanze als etwas specifisch Neuen in neuen Materialien.

So entstand der Reihe nach

1) die Auffassung von Jacquin (1768, von einer Abbildung begleitet), der unter *P. curassavica* die nur auf den kleinen Antillen einheimische Pflanze Plumier's verstand. An ihn lehnten sich ausser Linné selbst in der Mantissa (1771) der Hauptsache nach Poiret (1804), Jussieu (1804) und Grisebach in der Veget. d. Caraib. an (1857, bezüglich einer Pflanze aus Guadeloupe von Duchassaing, während er später, 1859, seine Anschauung änderte — s. unter 2). Sieber dagegen und Andere wollten in Exemplaren dieser Pflanze die *P. barbadensis* Jacq. sehen (s. die Literat. von *P. Plumierii*). Erst Triana und Planchon haben endlich 1862 unter Zurückgreifen auf die handschriftlichen Aufzeichnungen Plumier's, dieser Pflanze unter dem Namen *P. Plumierii* die richtige Würdigung angedeihen lassen.

2) Die Auffassung von Swartz (1791), welcher unter *P. curassavica* die nur aus Jamaica und Cuba bekannte *P. jamaicensis* Macf. (1837) verstand, wie das auch bei Smith (1814) und in neuerer Zeit bei Grisebach (1859) in der Flor. Brit. West Ind. Isl., aber hier, trotz Macfadyen, unter irriger Hereinziehung von Jacquin der Fall war. Zugleich brachte hier Grisebach die Pflanze des Hb. Clifffort in unrichtige Verbindung mit der caribäischen *P. Plumierii*, wovon schon, wie von weiteren Missnahmen desselben, unter *P. jamaicensis* in Zus. 7 die Rede war.

3) Die Auffassung von Schumacher (1792, wie die Jacquin's von einer Abbildung unter Berufung auf das Herb. Linné begleitet), welcher, auch dem Hb. Linn. fussend (s. Zus. 2) und aus dem Hb. Banks besonders ein als *P. curassavica* bezeichnetes Fruchtexemplar mit gutem Takte hereinziehend (s. Zus. 2, am Ende), die *P. curassavica* L. auf Exemplare der *P. fuscescens* Kunth bezog, ohne aber, wie es nach einer besser auf die *P. jamaic.* passenden Bemerkung über die Lenticellenreihen scheint, eine Vermengung mit gleichzeitig ihm vor Augen gewesenen Exemplaren der *P. jamaic.* ganz vermieden zu haben. Ihm schloss sich die grösste Zahl der Autoren an, wie nicht zu verwundern, da diese Pflanze, wenn auch kaum von dem Continente auf die nächst liegenden westindischen Inseln hinübergreifend, doch eine sehr weite Verbreitung hat und desshalb oft wieder in Betrachtung zu nehmen war. Darum wohl ist sie auch früher als die beiden vorausgehend berührten als eine selbständige Art aufgefasst worden, 1821 von Kunth nach Exemplaren aus Ecuador, aber so zu sagen nur nebenbei, indem derselbe Exemplare der gleichen Art und der gleichen Sammlung (von Humboldt und Bonpland nämlich), nur von einer anderen Localität (aus Venezuela), selbst auch noch als *P. curassavica* L., entsprechend der Auffassung von Schumacher, bezeichnet und aufgeführt hat.

4) Die Auffassung von Richard (1792) und West (1793), welche für *P. curassavica* die jetzige *Serj. polyphylla* Radlk. nahmen, eine Pflanze, von welcher Plukenet unter der *P. Hermann*'schen Bezeichnung *Cordis Indi folio et facie frutescens Portoricensis* nach Culturexemplaren eine Abbildung neben die der jetzigen *Serj. curassavica* Radlk. gestellt, und welche Plumier nach den von ihm auf S. Domingo gesammelten Materialien als *Serjania scandens polyphylla et racemosa* bezeichnet hatte. Ihnen folgten, wenigstens theilweise, Schlechtendal in Linnaea IV, 1829, und Grisebach in Veget. d. Caraib. 1857 (bezüglich „West"), wie Balbis und Sprengel in ihren Herbarien (s. d. Monogr. v. Serj. unter *S. polyph.* p. 182 u. Zus. 4, p. 193—4).

5) Endlich die allein wohl als die richtige zu bezeichnende Auffassung, welche die von Plukenet abgebildete Pflanze aus Curaçao unter dem eben nach ihrem Vaterlande ihr von Linné gegebenen Namen *Paull. curassavica* verstand. Diese Auffassung tritt in reiner und zielbewusster Weise in der älteren Literatur eigentlich nirgends hervor, wohl aber findet sie sich in versteckter Weise in einigen Gartenschriften, in welchen die ursprünglich in holländischen Gärten (nach P. Hermann's Mittheilung) cultivirte Pflanze gemeint ist, wenn sie auch nicht wirklich in dem betreffenden Garten in Cultur gewesen sein mag. Erst Triana

und Planchon haben in richtiger Erwägung, dass nur der von Plukenet abgebildeten Pflanze aus Curacao die Bezeichnung „curassavica", wie Linné es intendirt hatte, zukommen könne, und indem sie mit gutem Tacte, wenn auch zweifelsvoll und ohne desshalb die Uebertragung des Namens zu wagen, diese Pflanze in der *Paull. cartagenensis* Jacq. wieder zu erkennen glaubten — freilich nicht ohne selbst wieder Exemplare der *P. fuscescens* von Duchassaing und Seemann damit zu vermengen — den Weg gezeigt zur Herausschälung der richtigen Pflanze aus all dem bis dahin damit Vermengten. Diese fand sich endlich in authentischen Exemplaren aus holländischen Gärten in dem Hb. Plukenet, Sloane und Clifford und liess sich mit Hilfe der anatomischen Methode schliesslich als eine Art von *Serjania* — als die nunmehrige *Serj. curassavica* Radlk. bestimmen (sieh diese in der Monogr. v. *Serjania* nebst den dabei citirten Stellen der Gattungsgeschichte).

Damit waren und sind natürlich alle Bestrebungen, welche darauf abgezielt hatten, eine *Paullinia curassavica* L. als Art der jetzigen, nicht nur der Linné'schen Gattung *Paullinia*, welche bekanntlich auch die Gattung *Serjania* in sich begriffen hatte, ausfindig zu machen und fortzuerhalten, als irrthümlich beseitigt, und wir nehmen desshalb die Geschichte unserer Art, der *Paull. fuscescens*, welche in diese Bestrebungen durch die Auffassung von Schumacher (nach 3 der vorausgehenden Darstellung) auf von Linné selbst geschaffener Grundlage hineingezogen war, an dem dort schon erwähnten Zeitpunkte wieder auf, in welchem sie in Exemplaren aus Ecuador von Humboldt und Bonpland als etwas Selbständiges unter dem Namen *Paull. fuscescens* Kunth hervorgetreten ist, wenn auch gleichsam, wie schon erwähnt, nur nebenbei und mit so geringer Bestimmtheit, dass von ihrem eigenen Schöpfer, Kunth, gleichzeitig Exemplare derselben aus den gleichen Händen, nur von einer anderen Localität (Venezuela), als *P. curassavica* L. (unter Beifügung der heterogenen Citate von Jacquin und Schumacher) bezeichnet worden sind.

Unsere Pflanze wurde alsbald abermal als etwas Neues und wiederholt so in ihren bald mehr, bald weniger behaarten Formen aus bald diesem, bald jenem Lande hervorgehoben.

So von De Candolle (1821) unter dem Namen *Paull. velutina* nach einem Exemplare der Forma 1 von Bertero aus Santa Martha,\*) von Balbis unter der Bezeichnung „*Paull. tomentosa* L." mitgetheilt (s. im nächst Folgenden); von Miquel (1843) unter dem Namen *Paull. micropteryyia* nach Exemplaren von Focke aus Surinam, wobei er die jetzt eigenthümlich erscheinende Bemerkung macht, dass er die *P. fuscescens* K. noch nicht gesehen habe; weiter von Grisebach (1858) unter dem Namen *Paull. fusca* nach Exemplaren von Duchassaing aus Panama.

Ebenso oft und noch öfter wurde sie aber auch mit anderen Arten von *Paullinia* und nicht minder mit Arten von *Serjania* vermengt und dafür angesehen.

So wurde sie von Schlechtendal und Chamisso (1831) in Exemplaren von Schiede und Deppe aus Mexico für *P. barbadensis* genommen (unter Einbeziehung zugleich eines Exemplares der *P. Plumierii* des Hb. Willd. n. 7716 Fol. 3, dagegen Ausschliessung der übrigen Folia, von denen Fol. 2 mit einem Exemplare aus Venezuela von Humboldt wirklich hieher gehört); ebenso von Bentham (1844) in Exemplaren von Hinds aus Ecuador; von Hooker und Arnott (1841) für *Serj. mexicana* in Exemplaren von Lay und Collie aus Mexico und ebenso von Seemann (1852—57) in von ihm selbst gesammelten Exemplaren aus Panama (unter dem Synonyme *Serj. pubescens*); von Bentham (1844) weiter für *Serj. lupulina*, resp. *diversifolia*, in Exemplaren von Sinclair aus Columbia; von Balbis (1821), wie schon Turczaninow (1858) vermuthungsweise erwähnt hat, für *P. tomentosa* in Exemplaren von Bertero aus Santa Martha, auf deren Etiquetten überdiess Balbis aus Versehen theilweise den Namen einer anderen nächstverwandten Gattung in Anwendung gebracht hat (so bei den Exemplaren des Hb. Berol. und Hb. Franquev.); von Triana und Planchon (1862) für *Serj. curassavica*

---

\*) Dasselbe wurde später in Delessert Ic. III, tab. 37 abgebildet unter Hinweglassung der Behaarung und Beifügung einer Beschreibung durch Guillemin. Die analytischen Darstellungen der Blüthentheile sind nicht gelungen; besser die der Fruchttheile.

(unter dem Synonyme *P. cartagensis*) in Exemplaren von Seemann und Duchassaing aus Panama und solchen von Linden aus Caracas, wie ebenso auch von Hemsley (1879—81) in denselben Exemplaren von Seemann und solchen von Friedrichsthal aus Nicaragua.

Umgekehrt wurden auch andere Pflanzen auf sie unrichtiger Weise bezogen und mit ihr in älterer oder neuerer Bezeichnung (*P. curassavica*, *P. velutina* etc.) zusammengeworfen (dabei natürlich abgesehen von „*P. curassavica*" jener Autoren, bei welchen dieser Name überhaupt nicht auf unsere Pflanze abzielt).

So bereits von Linné selbst (1760) ein im Zusatz 2 zu *Paull. pinnata* schon näher besprochenes und auch hier in Zusatz 2 nochmal zu erwähnendes Mixtum compositum von *Serjania mexicana* W. und *Cissus microcarpa* Vahl (?) aus dem Hb. P. Browne, welches in seinem Herbare mit dem als *P. curassavica* bezeichneten Exemplare der *P. fuscescens* indentificirt und in den Amoen. acad. V, p. 378 (Sandmark, Flor. Jamaic.) so aufgeführt ist; von Schumacher (1792) und Smith (1814) unter *P. curassavica* allem Anscheine nach Exemplare der *P. jamaicensis* (in der Bemerkung über die Lenticellenreihen, s. Zus. 5 zu *P. jamaic.*); von De Candolle (1824) unter *P. curassavica* (mit der Diagnose von Schumacher) Exemplare der *P. jamaicensis* aus dem Hb. Forsyth, wahrscheinlich von Dr. W. Wright gesammelt (s. d. Materialienverzeichniss von *P. jam.* u. d. Anm. zu Zus. n. 5 dortselbst); von Triana u. Planchon (1862) unter dem Namen *P. velutina* Exemplare der *Serj. rhombea* Radlk. aus Panama von Fendler und von Duchassaing (s. Serj. Suppl. p. 131 n. 2 u. 3 und unten Zus. n. 5), und ebensolche Exemplare des Letzteren von Grisebach (1858) unter dem Namen „*Serj. pubescens* Kunth" apud. Seem., d. h. also *Serj. pubescens* (non Kunth) Seem. (s. Serj. Suppl. p. 125 n. 7, p. 131 n. 2 und unten Zus. n. 5); von Turczaninow (1858) unter dem Namen *P. velutina* „?" Exemplare der *Serj. polystachya* Radlk. von Galeotti (s. d. Monogr. v. Serj. p. 276); endlich von Hemsley (1879—81) unter dem Namen *P. velutina* Exemplare der *Paull. tomentosa* Jacq. von Sallé und Bourgeau (unter *P. tomeut.*). Hier ist auch noch der Hereinziehung anderer Arten zu gedenken, welche bei Bentham (in Bot. Sulph. p. 76) unter dem Namen *P. barbadensis* (hier *P. fuscescens* in Exemplaren von Hinds aus Ecuador) stattgefunden haben muss, indem er anführt: „The specimens are quite similar to those from Jamaica, the West Indies, various parts of Brazil etc." Hier sind offenbar Exemplare anderer Arten gemeint, wahrscheinlich der echten *P. barbadensis* oder der *P. jamaicensis*, weiter der *P. Plumierii* und selbst wohl der *P. trigonia*, eine Vermengung, welche an die in Zusatz 7 zu *P. jamaic.* erwähnte von Grisebach erinnert, welcher auch eine Pflanze aus Brasilien, höchst wahrscheinlich *P. trigonia* mit der *P. Plumierii* aus Guadeloupe (einschliesslich der *Serj. polyphylla* aus St. Croix von West) und mit der *P. fuscescens* des Hb. Clifford zusammenwirft.

Unter zwei und mehr verschiedenen Bezeichnungen werden Exemplare unserer Pflanze (also abgesehen von blossen Citaten und Reproductionen) von den verschiedensten Autoren aufgeführt. So schon von Kunth selbst (als *P. curass.* u. *P. fuscesc.*); von Hooker u. Arnott (als *P. curass.*, *P. fuscesc.*, *Serj. mexic.*); von Bentham (als *P. curass.*, *P. fuscesc.*, *P. barbad.*, *Serj. lupulina*, d. i. *diversifolia*); von Seemann (als *P. curass.*, *P. fuscesc.*, *Serj. mexic.*, *Serj. pubesc.*, d. i. *Serj. mexic.*); von Triana u. Planchon (als *P. velutina* u. *P. cartag.*, d. i. *Serj. curass.*); von Hemsley (als *P. velutina*, *P. barbadensis*, *Serj. curassav.*, *Paull. sp.*); von Grisebach (als *Serj. pubesc.*, d. i. *Serj. mexic.*, *P. fusca*).

In unrichtige synonymische Beziehung wurde zu unserer Pflanze zuerst von Sprengel (unter *P. fuscescens*) die *Paull. mollis* Kunth, d. i. *Serjania amplifolia* Radlk., wenigstens fragweise gebracht, und bestimmter von D. Dietrich; Fr. G. Dietrich bringt umgekehrt die *P. fuscescens* als fragliche Varietät zu „*Paull. mollis*" und Hooker und Arnott fassen die Sache ähnlich auf, wenn sie sagen, dass *Paull. velutina* DC. wahrscheinlich nicht verschieden ist von *Paull. mollis* Kunth (Bot. Beech. Voy. p. 282).

Sehr missliche Entstellungen des Namens der Pflanze finden sich bei Kunth selbst („*P. rufescens*" in Nov. Gen. & Sp. VII und Synops. IV, s. d. Lit.) und bei De Candolle („*P. pubescens*" in Prodr. I, s. d. Lit.). Natürlich wiederholt sich die letztere in einer ganzen Reihe von Schriften, deren Autoren wesentlich nur aus De Candolle schöpften (so bei Sprengel, Don, D. Dietrich, Steudel etc., s. d. Lit.), und findet sich in veränderter Form, als „*P. pubescens* DC." nämlich, auch heute noch, worüber das p. 81 im Zusatze u. 3 zur Gattungsliteratur in Betreff von Jackson's Index Kewensis Gesagte nachzusehen ist.

Doch das alles und noch weiteres ist unschwer aus der angeführten Literatur und dem Materialienverzeichnisse zu ersehen und gewährt nur ein Bild unerquicklichster Verwirrung, das man gerne verlässt, freilich nicht ohne der Befürchtung Raum geben zu müssen, dass dieselbe bei der geringen Aufmerksamkeit vieler Autoren noch lange ihr Ende nicht wird erreicht haben, obwohl die anatomische Methode im Vereine mit der morphologischen Betrachtung in ausreichendem Masse die Mittel an die Hand giebt, die Pflanze von ähnlichen zu unterscheiden, wovon schon in Zusatz 9 zu *Paull. jamaicensis* die Rede war und worauf ich in Zusatz 9 hier zurückkommen werde.

Zusatz 2. Eine besondere Hervorhebung verdienen, weil ein Theil von ihnen — die unter b gleich näher in's Auge zu fassende Pflanze — die Grundlage zu der in Zusatz 1 unter 3) erwähnten Auffassung Schumacher's bildet und mit dem in Zusatz 1 gleich anfangs erwähnten Exemplare der *P. fuscescens* im Hb. Cliffort, gleichwie mit den von Schumacher weiterhin benützten Exemplaren des Hb. Banks in naher Beziehung rücksichtlich ihrer Herkunft zu stehen scheint, die Materialien, welche im Hb. Linné unter n. 5, *Paull. curassavica*, sich eingereiht finden, auf zwei mittelst einer Stecknadel aneinandergehefteten Halbbogen, die ich als a und b, wie schon früher in der Gattungsgeschichte (s. d. Monogr. v. Serj. p. 21 u. 24, nebst Suppl. unter *Serj. mexicana* p. 124 mit Zusatz A) bezeichnen will.

Der erste Halbbogen, a. trägt, wie an den eben citirten Stellen und in Zusatz 2 zu *Paull. pinnata* schon dargelegt ist, ein Mixtum compositum aus Bruchstücken zweier ganz verschiedenen Pflanzen, nach Linné's Angaben von Patrik Browne und somit aus Jamaica herrührend, nämlich ein Blatt von *Serj. mexicana* Willd. und ein Stengelstück nebst davon getrenntem Blatte einer Ampelidee, *Cissus microcarpa* Vahl (?), hinsichtlich welcher das bereits in Zusatz 1 und besonders das in Zusatz 2 zu *Paull. pinnata* Gesagte nachzusehen ist.

Der zweite Halbbogen, b, zeigt ein Blüthenexemplar der *P. fuscescens* mit einer Etiquette von der Hand Ph. Miller's („*Cururu scandens cuneaphylla*"), welche darthut, dass Miller die Pflanze für die nahestehende, von Plumier auf Martinique gesammelte *Paullinia*-Art, die jetzige *P. Plumierii*, gehalten habe. Dieses Exemplar dürfte wohl, gleichwie die aus dem Hb. Miller in das Hb. Banks übergegangenen Exemplare, deren eines, ein Fruchtexemplar, die Standortsangabe „Carthagena" trägt, von Houston gesammelt sein, und das gleiche dürfte auch von dem im Hb. Cliffort unter n. 5 eingereihten Fruchtexemplare der *P. fuscescens* gelten, das wohl auch von Miller mitgetheilt worden ist.

Die beiderlei Materialien, a und b, sind bekanntlich in Publicationen früherer Zeit berührt worden.

Das unter a Angeführte ist von Linné selbst erwähnt worden in der von Sandmark als Dissertation verwertheten, auf dem Hb. P. Browne beruhenden Mittheilung über die Flora von Jamaica in den Amoen. acad. V (1760), unter dem Namen *Paull. curassavica*, welche Stelle somit dem Herbarbefunde gemäss in der Literatur unserer Art auszuschliessen war, wie oben geschehen ist. Das Weitere über sie ist in dem schon citirten Zusatze 2 zu *P. pinnata* enthalten, wie im Suppl. von *Serjania* bei jener Art von *Serjania*, zu welcher wenigstens ein Theil von a gehört, bei *Serjania mexicana* nämlich, in der Synonymie und im Zusatze A, p. 124, 125.

Die Pflanze b ist von Schumacher a. a. O. unter *P. curassavica* erwähnt und in richtige Verbindung mit den entsprechenden, wahrscheinlich (wie schon angeführt) aus der gleichen Quelle herrührenden Materialien des Hb. Banks gebracht worden, besonders mit einem dort als *P. curassavica* bezeichneten Fruchtexemplare von Carthagena aus dem Hb. Miller, nach welchem er auf Taf. X, Fig. 7 die Frucht abbildete, während er auf Taf. XI, Fig. 2 ein Zweigstückchen mit Blatt und junger Inflorescenz darstellt mit dem Beisatze: „*P. curassavica* L. Herb." Dieser Beisatz ist hier dem Befunde des Herb. Linné gemäss jedenfalls berechtigter, als wenn es neben Taf. XII, Fig. 1 heisst: „*Serjania sinuata* L. Herb.", von welcher Pflanze Linné's Herbar (und auch das von Linné zusammengestellte Hb. Cliffort) weder ein Exemplar noch überhaupt den Namen enthält (s. Zus. 6 zu *Serj. sinuata*. Monogr. v. Serj. p. 177). Der in Rede stehende Beisatz soll aber wohl nicht, wie ich früher (Monogr. v. Serj. a. a. O. p. 177 und Gattungsgesch. p. 24) angenommen habe, darauf hindeuten, dass die Zeichnung nach der Pflanze des Hb. Linné gefertiget sei, sondern nur, wie Schumacher p. 123 im Texte sagt, darauf, dass er die von ihm beschriebene Pflanze (des Hb. Banks) übereinstimmend gefunden habe mit der in Linné's Herbar. Schumacher hebt nämlich im Eingange zur Figurenerklärung p. 128 ausdrücklich hervor, dass seine Zeichnungen, wie auch die Beschreibungen der neuen Arten den Materialien des Hb. Banks entnommen sind, mit Ausnahme seiner *Paull. polyphylla* (d. i. *P. thalictrifolia* Juss.). Zugleich weicht das Exemplar des Hb. Linné gegenüber der Zeichnung Schumacher's durch kleinere Ranken an den Inflorescenzen ab.

Zusatz 3. Was die *P. curassavica* bei W. Hooker (1841), Bentham (1844) und Seemann (1852—57) betrifft, so habe ich im Hb. Hooker ein als solche bestimmtes Exemplar der *P. fuscescens* gesehen, welches die Angabe „Sinclair, Realejo" trägt. Dasselbe ist gemäss den Vorbemerkungen zum Suppl. von Bot. Beech. Voy. p. 410 von Dr. Sinclair während der Reise des Schiffes Sulphur (1836—42) gesammelt worden, und scheint demnach auch (entweder selbst oder in einem Schwesterexemplare) der Angabe des gleichen Pflanzennamens und des gleichen Standortes in Benth. Bot. Sulph. zu Grunde zu liegen. Die von Bentham hier noch weiter gemachte Standortsangabe „Tepic" scheint sich auf ein Exemplar von Barclay, eines anderen Begleiters des Schiffes Sulphur, zu beziehen, welches mit der Bezeichnung *P. curassavica* gleichfalls im Hb. Hooker sich findet. Auf das letztere Exemplar, resp. auf die letztere Standortsangabe bei Bentham scheint sich auch die Aufführung der *P. curassavica* in Seemann Bot. Herald, und zwar in dem die Flora des nordwestlichen Mexico behandelnden Theile, unter Wiederholung von „Tepic" zu stützen, in welchem Falle aber die von Seemann gemachte Angabe über den Sammler („Sinclair") ungenau wäre.

Hemsley führt (1879—81) „Tepic, Barclay" nur als „*Paull. sp.*" (n. 10) ohne Bestimmung der Art auf.

Es mag das Gesagte die richtige Auffassung der auf diese Materialien sich beziehenden Stellen des Literatur- und des Materialienverzeichnisses sichern.

Dass die gleiche Pflanze in den genannten Schriften von W. Hooker, Bentham und Seemann auch unter anderen Namen sich findet — als *P. barbadensis*, *Serj. mexicana*, *Serj. pubescens*, *Serj. lupulina* und als *P. fuscescens* selbst — ist schon in Zus. 1 angeführt worden.

Ebenso ist dort auch schon der unrichtigen Hereinziehung anderer Arten aus anderen Gebieten in einer Bemerkung Bentham's zu dessen (hieher gehöriger) vermeintlicher *P. barbadensis* von Hinds aus Ecuador (Atacames) gedacht worden.

Zusatz 4. Es erklärt sich aus der vielfach überschätzten Verschiedenheit in der Stärke der Beharung, auf welcher die häufig in einander übergehenden Formen der *P. fuscescens* im wesentlichen beruhen, dass Schlechtendal und Chamisso bei der Vergleichung der als „*P. barbadensis?*" von ihnen bezeichneten, zu *P. fuscescens*, forma 3. *glabrescens* gehörenden Pflanze von Schiede und Deppe, n. 1291, mit den unter *P. barbadensis* n. 7716. Fol. 1—4 im Hb. Willdenow sich befindenden viererlei Pflanzen (s. *P. barbad.*, Zus. 1, am Ende) dieselbe, wie schon in Zus. 1 erwähnt, lieber auf die des Fol. 3, die kahle *P. Plumierii* (s. diese mit Zus. 1) bezogen haben, als, was richtig gewesen wäre, auf die von ihnen (nebst Fol. 1 u. 4) ausdrücklich ausgeschlossene des Fol. 2, eine zur Forma 2. *intermedia* der *P. fuscescens* gehörige Pflanze von Humboldt aus Caracas, von welch Letzterem auch eigentlich deren Bezeichnung als *P. barbadensis* herrührt.

Zusatz 5. Es ist zur Herstellung vollständiger Klarheit noch einiges zu bemerken über die theils hieher gehörigen, theils nicht hieher gehörigen Pflanzen, welche in den aus Triana und Planchon, Prodr. Fl. N.-Granat., aufgeführten Stellen von Seite dieser Autoren eine irrige Auffassung gefunden haben.

Es sind das einerseits die (ausser der Pflanze von Jacquin selbst) mit Unrecht auf *P. cartagenensis* Jacq. = *Serjania carassavica* Radlk. bezogenen, durch ziemlich kahle Blätter ausgezeichneten Exemplare der *P. fuscescens* von Seemann. n. 1642, aus Panama und von Duchassaing ebendaher, sowie ein nur nebenbei, weil aus Caracas herrührend, erwähntes Exemplar von Linden, n. 115; andererseits die nicht zu *P. fuscescens* gehörigen, unter *P. velutina* aufgeführten Pflanzen von Fendler. n. 43. und von Duchassaing, beide, wie die erstgenannten, aus Panama.

Um mit der zuletzt genannten Pflanze zu beginnen, so möchte man natürlich glauben, dass hier Triana und Planchon dieselbe Pflanze von Duchassaing im Auge haben, auf welcher die von ihnen in der Synonymie von *P. velutina* angeführte *P. fusca* von Grisebach beruht. Das ist aber nach Ausweis des Hb. Paris. nicht der Fall. Es befindet sich hier vielmehr als *P. velutina* von der Hand Triana's bezeichnet ein Exemplar der gleichfalls von Duchassaing in Panama gesammelten *Serjania rhombea* Radlk., und zu eben dieser *Serjania rhombea* gehört auch die neben der in Rede stehenden Pflanze von Duchassaing unter *Paull. velutina* von Triana und Planchon aufgeführte Pflanze von Fendler, n. 43. Von diesen beiden in der Monographie von *Serj.* p. 325 bereits unter *Serj. rhombea* aufgeführten Pflanzen, deren Deutung durch Triana und Planchon dabei unerwähnt blieb, ist das zur entsprechenden Ergänzung dienende bereits in dem Suppl. von Serj. unter *Serj. rhombea* p. 157 und dem dort citirten, eine Revue der sämmtlichen von Duchassaing in Panama gesammelten *Serjania-* und *Paullinia-*Arten enthaltenden Zusatze D zu *Serj. mexicana*, besonders unter n. 2 u. 3, p. 131. 132 angeführt, worauf hiemit verwiesen sein mag.

Dass auch Grisebach die von Duchassaing gesammelte *Serj. rhombea* nach Ausweis seines Herbares mit *P. fuscescens* in Verbindung gebracht hat, indem er sie in den Novitiae Panamenses mit der gleich weiter zu erwähnenden n. 1642 von Seemann, der „*Serj. pubescens,* non Kunth, Seem." identificirte, ist an den eben citirten Stellen des Suppl. v. Serj. ebenfalls schon dargelegt worden und hat auch oben in dem Literaturverzeichnisse im Anschlusse an „*Serj. pubescens,* non K., Seem." seine Erwähnung gefunden.

Was nun die wirklich hieher und zwar sämmtlich zu den minder behaarten Formen der *P. fuscescens* gehörigen, von Triana und Planchon also mit Recht zusammengefassten, aber mit Unrecht auf *P. cartagenensis* Jacq. bezogenen, schon angeführten Pflanzen von Seemann, Duchassaing und Linden betrifft, so mag zunächst hinsichtlich der Pflanze von Duchassaing bemerkt sein, dass sie ebenfalls, wie dessen vorausgehend erwähnte. im Herb. Paris. vorhanden ist, von der Hand Triana's als *P. cartagenensis* bezeichnet. Grisebach scheint derartige kahlere Exemplare von Duchassaing nicht vor sich gehabt zu haben, wie andererseits Triana und Planchon keine Exemplare der Forma 1. *velutina* aus Duchassaing's Sammlung, wie sie der *P. fusca* Grisebach's zu Grunde liegen.

Linden 115 findet sich im Hb. Hooker. Hb. Delessert und Hb. Paris., in letzterem wieder von Triana's Hand als *P. cartagenensis* bezeichnet. Diese Bezeichnung ist übrigens halb durchstrichen, was von Triana selbst, in meiner Gegenwart, und ehe ich ihn daran hindern konnte, geschah, als ich ihn von der Unrichtigkeit dieser Bestimmung überzeugt hatte.

Bezüglich der im Hb. Hooker befindlichen Pflanze von Seemann, n. 1642, welche in dem Literaturverzeichnisse ausser unter *P. cartag.* Tr. & Pl. auch unter „*Serj. pubesc.,* non K., Seem." erwähnt ist, verweise ich auf die in eben diesem Verzeichnisse schon angeführten Stellen der Monographie und des Suppl. von *Serjania*, zumal die Gattungsgeschichte (p. 56). Es ist dem dort Gesagten hinsichtlich der Pflanze selbst kaum etwas beizufügen. Nur hinsichtlich der Anführungen von Triana u. Planchon mag zweierlei bemerkt sein, unter Voranschickung des Wortlautes des betreffenden Synonymes und der ihm unmittelbar folgenden Standortsangaben (a. a. O. p. 357, wie im Folgenden, in je zwei Zeilen).

Dieser Wortlaut ist:

*Serjania pubescens,* forma *glabrescens* Seemann, Bot. of Herald,

I, p. 91 (exclus. syn., Duchassaing).

Carthagène (Jacquin); Panama (Duchassaing); Veraguas, volcan de

Chiriqui (Seemann, n. 1642).

Für's erste nun ist das, wofür Seemann als Autor angegeben wird, nicht wirklich von ihm so gefasst. Seemann spricht an der betreffenden Stelle (in deren Citat, genau genommen, die Bandbezeichnung wegzufallen hat und die Seitenzahl in 92 zu ändern ist) von einer „form . . . which is less downy . ", the leaves being sometimes quite glabrous", aber er stellt nicht eine „forma *glabrescens*" auf und Niemand weiss, ob er bei Hervorhebung seiner Pflanze als einer besonderen Form oder Varietät dieselbe nicht lieber *glabriuscula* oder *subglabra* oder *decalcata* oder *psilophylla* oder sonst wie genannt hätte. Die Formbezeichnung rührt von Triana und Planchon her und dieselben hätten desshalb eigentlich „*Serjania pubescens* (non „H. B. K.") Seem., forma *glabrescens* Tr. & Pl." schreiben müssen, woraus nun, indem bei Uebertragung der Pflanze zu *P. fuscescens* die Formbezeichnung beibehalten wird, eine *Paull. fuscescens* Kunth. forma *glabrescens* Radlk. wird.

Für's zweite ist unklar, was in dem eingeklammerten Beisatze der Name „Duchassaing" zu thun hat. Derselbe scheint fast nur durch ein Versehen aus der nächst unteren Zeile (mit den Standortsangaben) auch hieher sich verloren zu haben. Mit dem „auszuschliessenden Synonyme" hat Duchassaing sicher nichts zu thun, weder als Autor der Ausschliessung, noch als der Ausschliessung unterworfen, wie man bei Hinwegdenken des Kommas vor dem Namen etwa annehmen könnte. Einer solchen Annahme steht entgegen, dass sich bei Seemann kein Synonymum Duchassaing findet und überhaupt kein Synonymum, so dass unter dem auszuschliessenden Synonyme hier wohl nichts anderes verstanden werden kann als entweder die bei Seemann durch die Autorität „H. B. K." angedeutete, eigentliche *Serj. pubescens*, die als wirkliche, mit *Serj. mexicana* W. zusammenfallende *Serjania* natürlich nichts zu thun hat mit der bei Seemann an der betreffenden Stelle zu verstehenden *Paull. fuscescens* K., oder das stärker behaarte Seemann'sche Material der *P. fuscescens* (coll. n. 597), welches Triana u. Planchon unter *P. velutina* anführen, zugleich dort als Synonym „*Serjania pubescens* Seem., Bot. of Herald. 92. non HBK." einfügend. Soll man der letzteren Deutung entsprechend etwa dann unter „Duchassaing", indem man sich das abgekürzte Wort „exclus." davor wiederholt denkt, auch die stärker behaarte, von Triana u. Planchon nicht zu *P. cartagenensis*, sondern zu *P. velutina* gerechnete Pflanze von Duchassaing verstehen? Wie schon im Vorausgehenden mitgetheilt, gehört dieselbe zu *Serjania rhombea* Radlk. Bei Seemann ist von ihr, wie überhaupt von Duchassaing, nicht die Rede.

Ob Hemsley, indem er unter *P. velutina* „Duchassaing" namhaft macht, die letzt erwähnte Pflanze (*Serj. rhombea*) im Sinne hat, oder diejenige, welche unter dem von ihm angeführten Synonyme „*P. fusca* Griseb." zu verstehen ist, also die echte *P. fuscescens*, bleibt wohl fraglich, da er sich dabei nur auf die Literatur, nicht auf bestimmtes Materiale zu stützen scheint. Im Hb. Kew. ist meiner Erinnerung nach weder die eine, noch die andere dieser Pflanzen von Duchassaing vorhanden.

Zusatz 6. Der von Karsten bei einem sterilen Exemplare der *P. fuscescens* aus Venezuela im Hb. Vindob. angegebene Vulgärname „Bejuco de mulato", welchen Gollmer bei einem Exemplare der *P. Cururu* anführt (s. diese, „Vejuco mulato"), wird von Ernst, La Exposicion Nacional de Venezuela en 1883, T. I, 1886, p. 439 („Bejuco mulato"), für eine unbestimmt gelassene — vielleicht zu *P. fuscescens* gehörige? — Pflanze aus der Umgegend von Falcón und Bolívar erwähnt und dabei bemerkt, dass die Pflanze als Antisyphiliticum verwendet werde, was von Ernst auch für eine *Serjania*-Art angegeben wird, nämlich für die mit dem wohl gleichsinnigen Vulgärnamen „Bejuco moreno" (moreno — schwarzbraun) aufgeführte *Serjania diversifolia* (auch „Bejuco colorado" genannt, s. Monogr. v. Serj. p. 144 und Suppl. p. 93. 94. woselbst die von Ernst angeführten Standorte Cumaná, Barcelona und Maturin nachzutragen sind).

Ob der in Rede stehende Vulgärname in der von Karsten mitgetheilten Form etwa in Verbindung zu bringen ist mit der für *Paull. jamaicensis* (s. dort, Zusatz n. 2, Anmerk.) von Eggers angegebenen „Matanegro", d. h. wohl „Negertod", lasse ich dahingestellt.

Zusatz 7. Die Pflanze von C. Wright. n. 3523, „aus Cuba" bildet, wenn diese Angabe richtig, bis jetzt das einzige Belegstück für ein Hinübertreten der Pflanze von dem Festlande auf eine der grossen Antillen. Dieser Vereinzelung gegenüber mag die Frage gestattet sein, ob die betreffenden Exemplare nicht etwa zu den von demselben Sammler in Nicaragua gesammelten Materialien (s. d. Materialienverzeichniss) gehören und nur aus Versehen zu dessen Pflanzen aus Cuba gerechnet werden. In der Flora Cubana von Sauvalle und C. Wright findet sich übrigens neben „*Paull. curassavica* L.", worunter wohl, wie bei Grisebach im Cat. Pl. Cub. unter „*P. curass.* Jacq., non L.", trotz der veränderten, auch bei Grisebach unrichtigen Autorität, die *Paull. jamaicensis* Macf. zu verstehen ist (s. diese und den dortigen Zusatz 7), ausdrücklich auch *P. fuscescens* Kunth angeführt. Auffallender Weise aber tragen die unter n. 3523 vorliegenden Exemplare diese Bestimmung nicht (wie überhaupt keine Bestimmung), während die Exemplare aus Nicaragua (ohne Nummer) damit versehen sind.

Man mag der Einfachheit halber annehmen, dass Hemsley (in Biol. Centr.-Am.) unter der von ihm gänzlich falsch angewendeten Bezeichnung *Serj. curassavica* Radlk. (s. Suppl. v. Serj. p. 157) die in Rede stehenden Exemplare gemeint habe, wenn er von dem Vorkommen der Pflanze auf „Cuba" spricht, und weiter die Exemplare der *P. fuscescens* aus Neu-Granata von Triana im Hb. Hooker, was seine Angabe „North part of South America" betrifft. So vereinigen sich dann wenigstens diese Angaben mit den noch weiter von ihm nach bestimmten Collectionen gemachten (nämlich nach den Collectionen von Friedrichsthal aus Guatemala, resp. Nicaragua, und von Seemann, n. 1642, aus Panama) auf eine und dieselbe Pflanze, die *Paull. fuscescens* Kunth, wie ich im Suppl. v. Serj. p. 157 schon angegeben habe.

Zusatz 8. Die am Ende des Materialienverzeichnisses angeführten, von Al. Anderson und Caley, welche beide Vorstände des Botanischen Gartens auf St. Vincent waren, herrührenden Exemplare der *P. fuscescens* machen es sehr wahrscheinlich, dass die Pflanze dort einst in Cultur gestanden habe.

Zugleich wird durch diese Exemplare der Gedanke nahegelegt, es möchte sich auf *Paull. fuscescens* auch die Angabe von Aiton über die Einführung einer von ihm als *P. barbadensis* bezeichneten Pflanze (s. diese u. die Geschichte der cult. Arten in d. Monogr. v. Serj. p. 64) in den Garten von Kew durch Al. Anderson i. J. 1786 beziehen. Dann wäre die Stelle bei Aiton sammt den auf ihr fussenden weiteren Angaben in den verschiedenen unter *P. barbadensis* angeführten Gartenschriften zu *P. fuscescens* zu übertragen. Die Sache erschien mir aber doch nicht hinreichend sicher gestellt, und so ist diese Uebertragung unterblieben. Es ist ja immerhin nicht unmöglich, dass auch die echte *P. barbadensis*, die sich, von Aiton mitgetheilt, im Hb. Prodromi findet, einmal in Cultur gewesen sei, wenn auch fraglich, wie ich an den betreffenden Stellen bei *P. barbadensis* angedeutet habe (s. diese, nebst Zus. 1).

Zusatz 9. Hinsichtlich der Unterscheidung der *P. fuscescens* von all den *Paullinia*- und *Serjania*-Arten, mit welchen sie bisher vermengt oder verwechselt worden ist, könnte ich mich, abgesehen von der wirklich nahestehenden *P. barbadensis*, darauf beschränken, auf die betreffenden Sections- und Gattungsunterschiede hinzuweisen. Doch mag, um auch für steriles oder doch nur mit Blüthen versehenes Material diese Unterscheidung zu sichern, zunächst mit Rücksicht auf die betreffenden *Serjania*-Arten daran erinnert sein, dass dieselben grossentheils durch einen zusammengesetzten Holzkörper ihrer Zweige ausgezeichnet sind, nämlich *Serj. curassavica* R., *rhombea* R. und *polyphylla* R., sowie die aus *Paull. mollis* Kunth hervorgegangene *Serj. amplifolia* R.; *Serj. mexicana* W. weiter ist durch tief 5-furchige (meist mit Stacheln besetzte) Zweige ausgezeichnet, und diese Arten alle, wie auch die noch weiter zu nennenden *Serj. diversifolia* R. und *polystachya* R. (mit einfachem, rundlichem Holzkörper), besitzen Blättchen, welche bald mehr, bald weniger reichlich, und wenigstens neben den grösseren Nerven oder in den Zähnen mit durchsichtigen Strichelchen oder Punkten versehen sind. Was weiter die in Betracht kommenden *Paullinia*-Arten betrifft, so war vor der Unterscheidung der gleichfalls mit doppelt gedreiten Blättern versehenen und, wie *P. fuscescens*, im cisäquatorialen America vorkommenden Arten — der *P. jamaicensis* Macf., *costaricensis* R., *barbadensis* Jacq. und *Plumierii* Tr. & Pl. — schon in Zusatz 9 zu *P. jamaicensis* die Rede, und nur für die allein wirklich nahe verwandte *P. barbadensis* mag hier deren (auf Jamaica) beschränktes Vorkommen nochmal hervorgehoben sein und die eigenthümliche Beschaffenheit ihres Blattes: grössere Glätte und glänzend braune Färbung der (getrockneten) Blättchen, Haarlosigkeit derselben, ausser unterseits in den Nervenachseln, und geringe Kerbung des Randes, sowie gewöhnlich Verschiebung des grössten Breitendurchmesser nach dem oberen abgerundeten Drittheile der im Vergleich mit *P. fuscescens* in der Regel weniger der Fläche, dagegen etwas mehr der Dicke nach entwickelten Blättchen.

Was endlich die auch schon mit *P. fuscescens* in unrichtige Verbindung gebrachte *Paull. tomentosa* Jacq. (s. im Literaturverzeichnisse Balbis unter *P. tomentosa* und Hemsley unter *P. velutina*) anlangt, auf welche aber doch wohl nur mehr Exemplare mit verarmten (3-foliolatpinnaten) Blättern, wie sie unter Linden n. 1024 vorliegen, bezogen werden dürften, so ist dieselbe, wie schon unter *Paull. tomentosa* in Zusatz n. 4 hervorgehoben worden ist, augenfällig schon durch ihre rauhere Behaarung unterschieden.

### 103. Paullinia barbadensis Jacq.

Pisum cordatum nou vesicarium Sloane Catalog. Plant. Jamaic. (1696) p. 111, partim!, nec non exclus. syn. omnibus; cf. l. seq.

— etc. (ut supra) Sloane Hist. Jamaic. I (1707) p. 239, cap. 15. n. 34, partim, nempe quoad descriptionem fructus, excl. vero descript. folior. (ad P. jamaic.) et seminis (ad Cardiosp. grandiflor. referend.), nec non excl. syn. omnibus (ad P. pinn. et Serj. curassav. referend., ut supra p. 198 sub P. jamaic. indicat.)! (Vidi specimen a Sloane ipso collect., sed sine nomine relict., in Mus. Brit. Herb. Sloane Vol. IV, Fol. 103.) Cf. Hist. gen. in Radlk. Serj. p. 16, d etc. (v. indic.) et obs. n. 1 ad P. jamaic., p. 201, nec non infra obs. n. 1.

Paullinia foliis pennatis, foliolis saepius quinis incisis, petiolis communibus membranaceis Linn. Hort. Cliffort. (1737) p. 152, n. 3, partim, nempe solummodo quoad syn. Sloan. ex parte huc referend., ut supra, et quoad „Jamaica" in locorum natalium enumeratione, excl. vero reliquis, quae dicuntur, omnibus (ad P. pinnat. et Serj. curassav. referend.). Cf. Hist. gen. in Radlk. Serj. p. 20.

Paullinia pinnata Linn. Spec. Pl. Ed. I (1753) p. 366. n. 7, partim, nempe solummodo quoad syn. Sloan. et locum natalem e Sloane allatum, ut in anteced.

— — Linn. in operib. variis, nec non aut. plur., partim, nempe quoad syn. Sloan. et loc. natal. „Jamaic." modo directo vel indirecto ad P. pinn. perperam allegat., ut in anteced.; cfr. P. pinn., et quidem Linn. Spec. Ed. II (1762), Miller (1768; specimina a Millero visa, sed non vel vix ab ipso huc relata exstant in Hb. Banks!, cf. Hist. gen. in Radlk. Serj. p. 37), Houttuyn (1773), Aublet (1775), Reichard (1779), Willd. (1799) etc. et praesertim Lunan Hort. Jamaic. II (1814) p. 216, n. 2, qui fere omnino nititur in Sloan. Hist. Jam. l. c.

Paullinia mexicana, non Linn. Spec., nec alior., Linné Herb. n. 4, specimen 3. (in plagula 2. ad dextram affixum), a P. Browne lect., a Smith nom. „Paull. barbad." insignit.; cf. Hist. gen. in Radlk. Serj. p. 21 et 24, Nr. 4, c, nec non ibid. p. 246, 247 et infra obs. n. 1.

Paullinia barbadensis (aut excl. v. ad calc.) Jacquin Enum. Plant. Carib. (1760) p. 36! (Vidi specimen originarium Herbarii Mygindiani verosimiliter ab Houston in Jamaica, nec in Barbados, lectum, in Museo bot. Universitatis Pestinae servatum.) Cf. Hist. gen. in Radlk. Serj. p. 30 etc. (v. indic.), Serj. Suppl. (v. indic.), nec non infra obs. n. 1, praesertim quoad patriae, ut et apud autor. seqq., indicat. erroneam.

— — Jacquin Observ. III (1768 — non II, uti Don refert) p. 12 (non 491, uti Poiret refert ex confusione c. Houttuyn a Willd. citato), tab. 62 (non 61, uti Juss., DC. et Don referunt), f. 9! (Vidi specimen originarium ex Hb. Jacquin in Hb. Banks translatum.) Cf. Hist. gen. in Radlk. Serj. p. 33.

Paullinia barbadensis Linn. Mant. alt. (1771) p. 236.
— — Raeuschel Nomencl. Ed. I (1772) p. 100.
— — Linn. Syst. Veg. Ed. XIII (cur. Murray, 1774) p. 314.
— — Houttuyn Natuurl. Historie II, 4 (1775) p. 560, n. 9; Ed. germ. „Linné's Pflanzensystem" III (1778) p. 491, n. 9.
— — Reichard Syst. Pl. II (1779) p. 218, n. 9.
— — Buchoz Hist. univ. du Règne végét. XIII (1780) p. 183, n. 9.
— — Murray Syst. Veg. (Linn. S. V. Ed. XIV, 1784) p. 380, n. 9.
— — Gmelin Syst. Nat. II (Linn. S. N. Ed. XIII, 1791) p. 641, n. 9.
— — Schumacher in Skrivt. Nat. Selsk. III, 2 (1794) p. 123, tab. IX, f. 3 (ramulus florig. c. fol.) et tab. X, f. 6 (fructus)! (vidi specimen authentic. in Hb. Banks), incl. obs. de Gärtneri icone, cfr. syn. „P. Seriana Gärtn.", nec non Hist. gen. in Radlk. Serj. p. 37 et infra obs. n. 1.
— — Persoon Syst. Veg. (Linn. S. V. Ed. XV, 1797) p. 406, n. 9.
— — Raeuschel Nomencl. Ed. III (1797) p. 114.
— — Willden. Sp. Pl. II, 1 (1799) p. 461, n. 6. Non Herb.!, cf. infra loc. excl.
— — Du Mont de Courset le Botaniste cultivateur II (1802) p. 768, n. 6; Ed. II, IV (1811) p. 549, n. 6. Cf. Hist. spec. cult. in Radlk. Serj. p. 64.
— — Jussieu in Ann. Mus. d'Hist. nat. IV (1804) p. 348, n. 10.
— — Poiret in Lamarck Encycl. V (1804) p. 97, n. 3.
— — Persoon Synops. I (1805) p. 443, n. 10.
— — Dietrich, Fr. G., Gartenlexicon VI (1806) p. 709, n. 1.
— — Willden. Enum. Pl. Hort. Berolin. (1809) p. 432. Cf. Hist. spec. cult. in Radlk. Serj. p. 64.
— — ? Aiton Hort. Kew. Ed. II, II (1811) p. 423, n. 2. „Introduced 1786, by Alex. Anderson." Cf. Hist. spec. cult. in Radlk. Serj. p. 64, obs. n. 8 ad Paull. fuscesc. et infra obs. n. 1.
— — Smith in Rees Cyclopaed. XXVI (ca. 1814, cf. lit. gen.) n. 7!, e. syn. „P. Seriana Gaertn. I, p. 381, t. 79" excl. syn. a Gaertn. allatis, cfr. infra „Paull. Seriana Gaertn." nec non Hist. gen. in Radlk. Serj. p. 37 et infra obs. n. 1. (Vidi specim. a Smith recte determ. in Hb. Smith.)
— — ? Breiter, Chr. Aug., Hort. Breiterian. (Lips. 1817) p. 328. Cf. Hist. spec. cult. in Radlk. Serj. p. 64, infra obs. 1 et obs. 8 ad P. fuscesc.
— — ? Sweet Hort. suburb. Londin. (1818) p. 88. „Cult. 1786". Cf. Hist. spec. cult. in Radlk. Serj. p. 64, infra obs. 1 et obs. 8 ad P. fuscesc.
— — Steudel Nomencl. Ed. I (1821) p. 597.
— — ? Link Enum. Pl. Hort. Berolin. I (1821) p. 387, n. 3892, e. cit.: „Gärtn. fr. I, p. 381" ex parte; cfr. infra „P. Seriana", nec non Hist. spec. cult. in Radlk. Serj. p. 64, infra obs. 1 et obs. 8 ad P. fuscesc.
— — De Cand. Prodr. I (1824) p. 605, n. 21! (Vidi specimina recte defin. ab Aiton et ex Hb. Forsyth comm. in Hb. Prodromi; cf. obs. 1, annot.)
— — Sprengel Syst. Veg. II (1825) p. 248, n. 8.
— — Cambessed. in Mém. Mus. d'Hist. nat. XVIII (1829) p. 23.

Paullinia barbadensis Maycock Flor. barbad. (1830) p. 159 quoad nomen et diagnosin e Willd. Sp. huc relatam, duce epitheto specifico (erroneo) nulla vero stirpe barbadensi. Nom. vern.: „Barbados Paullinia, Miller; Supple Jack". Cf. infra nom. vulg.

— — ? Sweet Hort. Britann. (1830) p. 84. „Cult. 1786". Cf. Hist. spec. cult. in Radlk. Serj. p. 64, infra obs. 1 et obs. 8 ad P. fuscesc.

— — ? Loudon Hort. Britann. (1830) p. 159. „Cult. 1786". Cf. Hist. spec. cult. in Radlk. Serj. p. 64, infra obs. 1 et obs. 8 ad P. fuscesc.

— — ? Don General Syst. I (1831) p. 662. n. 41. „Cult. 1786". Cf. Hist. spec. cult. in Radlk. Serj. p. 64, infra obs. 1 et obs. 8 ad P. fuscesc.

— — ? Heynhold Nomencl. bot. hortens. I (1840) p. 591. Cf. Hist. spec. cult. in Radlk. Serj. p. 64, infra obs. 1 et obs. 8 ad P. fuscesc.

— — Dietrich, Dav., Synops. Pl. II (1840) p. 1314, n. 8.

— — Steudel Nomencl. Ed. II, II (1841) p. 277, excl. patriae indicatione „Ins. Caribaeae"; cf. obs. n. 1.

— — ? Donn Hort. Cantabrig. Ed. XIII (1845) p. 265. „Cult. 1786". Cf. Hist. spec. cult. in Radlk. Serj. p. 64, infra obs. 1 et obs. 8 ad P. fuscesc.

— — Schomburgk, Rich., Reisen in Britisch-Guiana III (1848) p. 847, ex Maycock (ipso errore capto, cf. l. supra c.) perperam huc relata, minime in Guiana observata; cf. Serj. Suppl. p. 97. „Barbados Supple Jack"; cf. infra nom. vulg.

— — Grisebach Flor. Brit. West Ind. Isl. (1859—64) p. 124, n. 9 (coll. Macfadyen!, March!, Wilson!), excl. syn. „P. caribaea Jacq. Obs. t. 62, f. 7"; cfr. Serj. mexic. W. in Radlk. Serj. p. 240 (ad calcem Literaturae) et p. 244, nec non infra obs. n. 1.

— — Radlkofer in Monogr. Serj. (1874—75) p. 69 n. 6 etc. (v. indic.), c. synon.

Paullinia Seriana (non Linn.) Gaertner de Fruct. et Sem. Pl. I (1788) p. 381, tab. 79. f. 3, a—h! (vidi specimen authentic. in Hb. Banks), excl. syn. Plum. et cit. „Linn. Syst. Veg. (Ed. XIV) 379"; cfr. Serj. sinuat. Schum. in Radlk. Serj. p. 171, 172, 173, 177 et Hist. gen. ibid. p. 37, nec non infra obs. n. 1.

Paullinia sinuata Lamarck Illustr. Gen. II (1793) p. 446. n. 807, 1, tab. 318, f. 4 (copia figurae Gaertnerianae), solummodo quoad hanc figuram, reliquis vero, quae dicuntur et delineantur, omnibus exclusis; cfr. Serj. sinuata Schum. in Radlk. Serj. p. 173 et p. 176, obs. n. 3, nec non infra obs. n. 1.

Nomen vulgare: ? Cudjoes Long Hist. of Jamaica III (1774) p. 834 sub n. 228 in obs., cf. Radlk. Serj. p. 198 et supra P. jamaic. obs. 2, annot.

— — ? Supple Jack apud Maycock l. c., c. obs.: „Neither this nor the preceding" (i. e. P. Cururu) „is the real Supple Jack, but Paull. polyphylla Willd., Serj. triternata DC." (i. e. Serj. polyph. Radlk.). Cfr. Serj. polyph. p. 185 et obs. n. 8, p. 198 in Radlk. Serj., nec non supra P. Cururu obs. n. 3, p. 134 et P. jamaic., obs. n. 2, p. 203. Idem nomen refert Halliday, The West Indies (1837) p. 403, et Wilson in scheda.

— — Barbados Supple Jack apud Schomb. l. c.

Non Paullinia barbadensis Sieber Herb. Martin. (1822) n. 302; cfr. P. Plumierii Tr. & Pl.
Non — — Herb. Willd. n. 7716, Fol. 3 ed. Schlechtend. & Cham. in Linnaea VI (1831) p. 419 (sub n. 1291); cfr. P. Plumierii Tr. & Pl. (c. obs. 1) et infra obs. 1 ad calc.

Non Paullinia barbadensis „?" Schlechtendal et Chamisso in Linnaea VI (1831) p. 419. n. 1291. coll. Schiede et Deppe; cfr. P. fuscescens Kunth (c. obs. 4).

Non — — Bentham Bot. Voy. Sulphur IV (1844) p. 76, n. 114, coll. Hinds; cfr. P. fuscescens Kunth.

Non — — „?" Gray, Asa, Wilkes U. S. Explor. Exped. XV. Bot. I (1854) p. 249, n. 5 („Brazil, near Rio Janeiro"), quae Serjania clematidifolia Camb.! (Folium vidi, a cl. Gray a. 1878 missum.) Cf. Radlk. üb. Sapindus in Sitzungsb. d. k. bayer. Akad., 1878, p. 224 annot.; Serj. Suppl. (1886) p. 52, 119.

Non — — O. Kuntze Revis. Gen (1891) p. 144!; cfr. P. fuscesc. K.. excl. var. $\beta$ barbata e Sabanilla in Columbia (sphalmate „Cochinchina"), quae Serj. polyphylla Radlk., cf. infra obs. n. 1.

Perperam citatur Paullinia Seriana „Gaertner tab. 79" ad Urvill. Serian. Griseb., i. e. Urvill. ulmac. Kunth, in Grisebach Flora Brit. West Ind. Isl. (1859—64) p. 123, n. 4; cf. Hist. gen. in Radlk. Serj. p. 37 et infra obs. n. 1.

Scandens, fruticosa, glabra; rami subteretes, glabriusculi; corpus lignosum simplex; folia biternata; foliola ovalia, obtusa, basi angustata, terminalia saepius obovata, basi attenuata, omnia sessilia, integerrima vel subrepando-crenata, coriaceo-chartacea, supra laevigata, nitidissima, subtus glabra, nec nisi in axillis nervorum interdum barbato-pilosa, glandulis microscopicis inclinatis saepius per paria approximatis obsita, impunctata, reti utriculorum laticiferorum obscuro subtus instructa, epidermide mucigera; rhachis (petiolus partialis intermedius) marginata vel subalata; stipulae minimae; thyrsi solitarii, puberuli; flores parvi, pulverulento-puberuli; capsula trialata, e late obovato elliptica vel suborbicularis, brevissime vel vix brevissime stipitata, extus puberula, intus tomentella; semen (immaturum tantum suppetebat) glabrum, arillo usque ad medium obtectum.

Rami diametro 1—2 mm, lenticellis notati, cortice grisco-fusco. Folia 6—8 cm longa, totidem lata; foliola superiora 3—5 cm longa, 1,3—2 cm lata, inferiora vix 1-centimetralia, sicca fusca vel plumbeo-nigra; petiolus communis circ. 1—2 cm longus, supra sulcatus, glaber, rhachis nunc paullo longior, nunc brevior. Thyrsi 3—15 cm longi, pedunculati vel sessiles. parum dense cincinnigeri; cincinni sessiles vel subsessiles, contracti; bracteae bracteolaeque minimae; pedicelli 1—2 mm longi. Sepala duo exteriora duas interiorum tertias aequantia, extus puberula, interiora late ovalia, circ. 2 mm longa. Petala ovalia; squamae duas petalorum tertias aequantes, margine villosae, crista breviore emarginata appendiceque deflexa barbata instructae. Tori glandulae suborbiculares, glabrae. Staminum filamenta pilosa; antherae glabrae. Germen densius laxiusve tomentellum. Capsula 1,4—1,7 cm longa, 1,2—1,5 cm lata, rubro-fusca.

In Jamaica (nec in Barbados, quam insulam Jacquin in prooemio ad Enum. Pl. Carib. patriam esse judicavit et in plantae nomine perperam pronunciavit): Sloane! (a. 1696; Hb. Sloane in Mus. Brit. servat. Vol. IV, Fol. 103, cf. Lit.; an et Fol. 104? cf. obs. 1 ad Paull. jamaic., p. 202); Houston! (a. 1730, Hb. Banks, nunc Mus. Brit., specim. fruct. juvenil.; „Hb. Miller" in Hb. Banks); idem(?)! (specim. a Jacquin descriptum originarium floribus delapsis in Hb. Mygind, nunc Pestino servatum, nec non alterum in Hb. Jacquin, nunc Banks translat; cf. Lit. sub Jacq.); Shakespeare! (Hb. Banks; fructus steriles a Gaertner sub nom. „Paull. Seriana" delin., cf. Lit.); Dr. W. Wright! (Hb. Banks, nunc Mus. Brit.; Hb. Forsyth, nunc Benth.; ab eodem verosimiliter lectum in Hb. Prodr. DC., ex Hb. Forsyth, communicat., cf. obs. 1. annot.; an et alterum specimen? ab Alton e. DC. commun.); Patrik Browne! (Hb. Linné sub n. 4 „Paull. mexicana", a Smith nomine „Paull. barbadensis?" insignit., fructib.

seminiferis, cf. Lit.); idem(?)! (Hb. Linné, ad calcem generis, specimen florigerum foliolis inferioribus partim coalitis. a Linnaeo ipso indeterminatum relictum, a Smith nomine „Paull. barbadensis?" insignit.); idem(?)! (Hb. Smith, specimen florigerum et alterum fructib. sterilib., a Smith recte definit.); Bertero! (a. 1821 „e Jamaica"; Hb. Taurin, a Balbis altero nomine non edendo insignit.); Macfadyen! (Hb. Hook., flor.; a Griseb. recte definit.); March n. 660! 1791! (a. 1857, 1858; flor. et fruct.; Hb. Griseb., Petrop. et Hb. Hook., adjecta hic ex errore scheda altera quoque cum n. 1786, cfr. P. jamaicens.); Wilson n. 669! (c. nom. vulg. „Supple Jack"; Hb. Griseb.).

? Culta in Horto Kewensi ab Alex. Anderson (ex Horto ins. S. Vincent) a. 1786 introducta teste Aiton l. c., nisi hoc loco Paull. fuscescens intelligenda, cf. ibid. obs. n. 8 et infra obs. n. 1. Specimen (an spontaneum?) ab Aiton c. DC. commun. supra sub Wright commemoravi.

Zusatz 1. Die Geschichte der Art, welche auf Jamaica in ihrem Vorkommen beschränkt zu sein scheint, ist in den Bemerkungen über die neben ihr auf Jamaica (und ausserdem auf Cuba) vorkommende und nach dem Befunde der ältesten wie der neueren Herbarien mit ihr stets vermengten *P. jamaicensis* unter Hinweis auf die Geschichte der Gattung *Paullinia* in der Monographie von *Serjania* schon in ausreichendem Masse beleuchtet worden; doch mögen hier die Hauptmomente nochmal zu leichterer Uebersicht zusammengestellt sein.

Sie tritt zuerst bei Sloane (1696, 1707), in der Beschreibung, wie in dessen Herbar. mit *P. jamaicensis* vermengt, auf, aus den Angaben über die geflügelte Frucht erkenntlich. Auch die unter *P. jamaicensis* erwähnten Angaben von P. Browne (1756) über die Randbeschaffenheit des Blattes und die Verschmelzung der Blättchen, die aber bei allen ähnlichen Arten sich gelegentlich findet, scheinen mit Rücksicht auf die in seinem Herbare, resp. dem Hb. Linné, neben dem von *P. jamaicensis* enthaltenen und mit diesem von Linné als „*Paull. mexicana*", d. i. *Serjania mexicana*.*) behandelten Exemplare auf sie hinzudeuten; doch ist die Frucht hier nicht ausdrücklich erwähnt, und so erschien es angemessen, Browne's Darstellung lediglich auf *P. jamaicensis* zu beziehen (s. diese, Zus. 3).

Gesondert und ohne Beziehung auf Sloane oder Browne hervorgehoben wurde die Pflanze von Jacquin (1760) nach wahrscheinlich von Houston (1730) auf Jamaica gesammelten Blüthenexemplaren des Hb. Mygind, für welche Jacquin einen Ursprung aus Barbados mit Unrecht vermuthete. Eines derselben ging mit dem Hb. Jacquin in das Hb. Banks über, in welchem auch weitere Exemplare von Houston aus Jamaica enthalten sind; ein anderes kam mit dem Herbare Mygind's durch testamentarische Verfügung nach Pest und war mir Dank der Güte Professor Jurányi's ebenfalls erreichbar (s. d. Monogr. v. Serj. p. 29, 30).

Die oben erwähnte unrichtige Vermuthung Jacquin's wurde die Ursache, dass Maycock bei der Abfassung einer Flora barbadensis natürlich glaubte, die Pflanze in derselben aufführen zu müssen, und dass nicht bloss die Caraïben wiederholt, wie bei Steudel, Grisebach u. a. als Vaterland der *P. barbadensis* angegeben wurden, sondern dass wiederholt eine ihr allerdings nicht fern stehende Art aus den kleinen Antillen (aus Martinique und Guadeloupe), die *P. Plumierii* Tr. & Pl. nämlich, mit ihr verwechselt worden ist (s. d. ausgeschlossene Literatur).

---

*) Von diesem Missgriffe Linné's war schon in der Gattungsgeschichte (s. Monogr. v. *Serjania*, p. 21 u. 24) und bei *Serjania mexicana* (ebenda p. 216, 247) die Rede, ferner im Vorausgehenden unter *Paull. jamaicensis* (bes. in Zusatz n. 3) und unter *Paull. pinnata* gelegentlich der Würdigung der in Linn. Amoenit. acad. V, p. 378 (unter dem Titel „Sandmark Flora Jamaicensis", 1759) neben einer vermeintlichen *Paull. pinnata* aufgeführten, ebenso nur vermeintlichen *Paull. curassavica* (in Zusatz n. 2, p. 151). Es sei hier nur hinzugefügt, dass in Linn. Amoenit. auf die in Rede stehende vermeintliche „*Paull. mexicana*" keine Beziehung genommen ist. Diese Bezeichnung der im Herb. Linné darunter vereinigten Exemplare von *Paull. jamaic.* und *Paull. barbad.* rührt also wohl aus einer späteren Zeit her. Von P. Browne selbst ist den Pflanzen keinerlei Bezeichnung beigefügt.

Eine dritte, neben *P. jamaicensis* und *P. Plumierii* mit ihr (von Schlechtendal und Bentham, s. d. Literatur) verwechselte Art ist die ihr zunächst verwandte, auf dem mittelamericanischen Festlande von Mexico bis nach Gujana verbreitete (ihrerseits vielfach mit *Paull. Plumierii* unter dem vieldeutigen Linné'schen Namen *P. curassavica* vermengte) *P. fuscescens* Kunth, welche der *P. barbadensis* in der That so nahe steht, dass man die letztere gleichsam als eine Inselform derselben betrachten könnte mit besonders glatten und glänzenden Blättern, auf deren Glätte schon Smith (der ein im Hb. Linné unter *Serj. mexicana* eingereihtes Exemplar von P. Browne richtig bezeichnet hat) aufmerksam machte, in den Worten: „The leaves are highly polished on their upper side".

Andere Missnahmen wurden dadurch hervorgerufen, dass die geflügelten Früchte der *P. barbadensis* nicht selten ohne ausgebildete Samen, auch bei normaler Grösse, auftreten, mit zusammengedrückten, von den Flügeln nicht deutlich abgesetzten Fächern, wie das ebenfalls schon Smith hervorhebt („the valves much compressed, equally winged"), und auch Grisebach (in den Worten: „capsule 3-winged nearly to the axis"). Solche Früchte nahm Gärtner (1788) für die von *Paull. Seriana* L., einer aus *Urvillea ulmacea* Kunth und *Serj. sinuata* Schum. bestehenden Doppelspecies, und seine Abbildung nach Exemplaren von Shakespeare im Hb. Banks wurde von Grisebach (1859) auf *Urvillea* bezogen, während sie Lamarck (1793—1811) mit dem anderen Theile von *Paull. Seriana* L., d. i. mit *Serj. sinuata* Schum. (*Paullinia sinuata* Lam.) in Verbindung gebracht hat (s. die Lit. und die dort cit. Stellen der Monogr. v. Serj.). Richtig dagegen haben Schumacher (1792) und Smith (1814) in Gärtner's Darstellung die *Paull. barbadensis* Jacq. erkannt, was wohl durch die Autopsie des betreffenden Shakespeare'schen und Jacquin'schen Originales im Hb. Banks bewirkt worden ist. Schumacher, welcher ein Zweigstück und die unreife Frucht selbst auch abbildet, glaubt den Missgriff Gärtner's darauf zurückführen zu sollen, „dass sich Gärtner vielleicht im Namen geirrt habe, da die Pflanze sicherlich in Banks' Pflanzensammlung unter dem angeführten Namen *barbadensis* vorliege". Es dürfte ihr übrigens dieser von Dryander geschriebene Name erst in der Zeit zwischen Gärtner (1788) und Schumacher (1792) beigefügt worden sein nach dem inzwischen wahrscheinlich nach London gelangten Materiale Jacquin's, dessen Pflanze, wie die meisten seiner übrigen auf Taf. 61 u. 62 seiner Observ. dargestellten Materialien im Herb. Banks, von Dryander, wenn ich mich nicht täusche, bezeichnet ist.

Ein weiterer Missgriff ist der von Asa Gray, welcher Exemplare der *Serj. clematidifolia* Camb. aus der Umgegend von Rio de Janeiro fragweise auf sie bezogen hat (s. d. Lit.), und endlich der von O. Kuntze, welcher ausser einem Exemplare der *Paull. fuscescens* aus Trinidad in seiner Revisio Generum (1891) p. 144 als eine „var. β *barbata* O. Kuntze" ein Blüthenexemplar der *Serjania polyphylla* Radlk. aus Sabanilla (gesammelt im Mai 1874) hieher bezogen hat, mit dem irrthümlichen Beisatze „Cochinchina" statt „Columbia", wie mir derselbe mittheilt. Dieser Fundort ist bemerkenswerth, da die *Serj. polyphylla* bisher nur aus den westindischen Inseln (San Domingo bis S. Jean) bekannt war (und aus der betreffenden Section vom Festlande überhaupt nur *Serj. paniculata* Kunth und *Serj. atrolineata* Sauv. & Wr.).

Dass sie nicht noch öfter mit den genannten und anderen Arten von *Paullinia* und *Serjania* verwechselt worden ist, das dankt sie offenbar ihrer geringen Verbreitung und dem Umstande, dass die Wenigen, welche auf Grund entsprechender Materialien über sie zu berichten hatten, alle, ausser De Candolle, in der glücklichen Lage waren, das Jacquin'sche Original des Hb. Banks in Vergleich ziehen zu können: so, wie schon erwähnt, Schumacher und Smith, weiter Grisebach, welch' letzterer übrigens unbegreiflicher Weise die zu *Serjania mexicana* W. gehörige *Paull. caribaea* Jacq. (die wahrscheinlich die gleiche, von Jacquin ebenso missdeutete Herkunft[*] besitzt, wie *P. barbadensis*) der *P. barbadensis* als eine Form

---

[*] Sie rührt wahrscheinlich von Houston her, wie ich schon in der Monogr. v. Serj. im Materialienverzeichnisse (p. 243) und im Zusatz 1 zu *Serj. mex.* (p. 244) ausgesprochen habe, und ist dann wohl auf Jamaica oder in Mexico gesammelt, nicht auf den Caraiben. Die letzteren sind wohl ganz aus den Vaterlandsangaben der *Serj. mex.* zu streichen. Mir ist bis heute von dieser Pflanze kein sicher dort gesammeltes Exemplar bekannt geworden.

mit unterseits weichstacheligen Blattstielen unterschieden wollte (gleichsam die irrthümliche Einreihung der *P. barbadensis* unter *Paull.*, resp. *Serj. mexicana* im Hb. Linné umkehrend), wozu ihm wohl neben oberflächlicher Aehnlichkeit der Blattgestalt in Jacquin's Zeichnungen nur die für beide in gleicher Weise angegebene vermeintliche Herkunft aus den Caraïben den Anstoss gegeben hat. Die ganze übrige Literatur beruht nur auf Hörensagen, und die Anführung unserer Art in den oben namhaft gemachten Gartencatalogen ist wohl sicherlich nur als ein Wunsch nach ihrem Besitze, nicht als ein Zeichen des wirklichen Besitzes aufzufassen (s. Monogr. v. Serj. p. 64), abgesehen vielleicht von Aiton Hort. Kew. Ed. II, woselbst die Pflanze als von Alex. Anderson, dem Vorstande des botanischen Gartens auf St. Vincent, im Jahre 1786 eingeführt angegeben ist. Uebrigens ist durch den Umstand, dass ein von Al. Anderson (aus dem Garten auf St. Vincent?) mitgetheiltes Exemplar der *Paull. fuscescens* Kunth im Hb. Forsyth (später Benth.) und von eben dieser Art ein anscheinend cultivirtes, mit Früchten versehenes Exemplar aus St. Vincent von Caley, dem Vorstande des dortigen Gartens nach 1815 (s. Lasègue Mus. Deless., p. 279) in Herb. Delessert (ohne Bestimmung, wie auch ersteres, wenn ich mich recht erinnere) vorhanden ist, sehr fraglich gemacht, ob nicht auf *Paull. fuscescens* (s. diese, Zus. 8) die Angabe Aiton's zu beziehen sei. Es mag jedoch diese Frage auf sich beruhen, da durch den erwähnten Herbarbefund die Möglichkeit noch nicht ausgeschlossen ist, dass auch die echte *Paull. barbadensis* auf St. Vincent und in Kew in Cultur gestanden habe. Im Hb. Prodromi findet sich auch neben einem Exemplare aus dem Herb. Forsyth[*]) ein von Aiton mitgetheiltes Exemplar der *P. barbadensis*. Ob dasselbe ein Culturexemplar sei, ist leider nicht angegeben.

Schliesslich mag noch, da hier der Ort dazu, in Kürze erwähnt sein, dass im Hb. Willdenow unter der Bezeichnung *P. barbadensis* ausser der von Schlechtendal und Chamisso a. a. O. (1831) erwähnten Pflanze auf Fol. 3 (d. i. *P. Plumierii*, s. diese) noch dreierlei andere Pflanzen enthalten sind, von denen die auf Fol. 1 und Fol. 4, da sie bisher nirgends erwähnt sind und gar nicht zur Gattung *Paullinia* gehören, unerwähnt bleiben mögen, während von der auf Fol. 2, einer Pflanze von Humboldt, hervorzuheben ist, dass sie der Art (wenn auch nicht der Form) nach zusammenfällt mit der von Schlechtendal und Chamisso an der betreffenden Stelle als fragliche *P. barbadensis* des näheren betrachteten, zu *Paull. fuscescens* Kunth f. 3 gehörigen Pflanze von Schiede und Deppe n. 1291, und dass sie somit vergeblich an dieser Stelle von Schlechtendal und Chamisso ausgeschlossen wird (s. *P. fuscescens* mit Zus. 1 u. 4). Dieselbe ist zugleich bemerkenswerth als eines der von Kunth als *Paull. curassavica* beschriebenen Originale aus der Sammlung von Humboldt aus Caracas, welche Kunth vergeblich als etwas von seiner *Paull. fuscescens* specifisch Verschiedenes betrachtete. —

Es zeigt sich also: was die Autoren *P. barbadensis* genannt haben, ist ausser dieser Art selbst *P. Plumierii* und *P. fuscescens*, sowie *Serjania clematidifolia* und *Serj. polyphylla*, wobei von Grisebach's Missdeutung der *Paull. caribaea* Jacq., d. i. *Serj. mexicana* W., abgesehen ist. Andererseits sind die Bezeichnungen, welche die Autoren auf die *P. barbadensis* ausser ihrem richtigen Namen noch angewendet haben: *Paull. Seriana* mit den darin enthaltenen *Urvillea ulmacea* und *Paull.*, resp. *Serj. sinuata*, ferner *P. jamaicensis* unter dem Vulgärnamen „Supple Jack", und *Paull. pinnata* bei Linné, sowie *Paull.*, resp. *Serj. mexicana* im Herb. Linné.

---

[*]) Aus der Angabe „Forsyth" im Herb. Prodromi scheint im Zusammenhalte mit einer Angabe bei der *P. barbadensis* des Herb. Bentham geschlossen werden zu dürfen, dass die Pflanze des Herb. Prodromi von Dr. W. Wright auf Jamaica gesammelt sei, wie im Materialienverzeichnisse schon als sehr wahrscheinlich angeführt wurde. Die betreffende Angabe bei der *P. barbadensis* des Herb. Benth. lautet nämlich: „Jamaica, Dr. Wright; Hb. Forsyth; purchased 1835." Damit ist noch in Zusammenhang zu bringen, dass nach mündlicher Mittheilung von Alph. De Candolle L'Heritier von seinem Aufenthalte in England (1786—87) Pflanzen aus dem Herb. Forsyth mitgebracht hat, welche später Delessert erwarb, während P. De Candolle die Manuscripte des i. J. 1800 erstorbenen L'Heritier kaufte (s. Pritzel Thes. unter L'Heritier) und Doubletten jener Pflanzen erhielt. Forsyth und Dr. W. Wright waren Zeitgenossen (der erstere von 1737—1804 am Leben, der letztere von 1710—1827).

Zusatz 2. Von *P. jamaicensis*, mit der sie das Vaterland theilt, ist die Pflanze durch die geflügelte Frucht deutlich verschieden. Im nicht fructificirten Zustande ist sie durch das Fehlen durchsichtiger Linien und Punkte davon zu unterscheiden und durch die grössere Derbheit, Glätte und den Glanz der häufig an der Spitze am breitesten Blättchen mit geringerer Unterbrechung (Kerbung) des Randes. Nach Wuchs und Vaterland stimmt sie vollkommen mit *P. jamaicensis* überein und es scheint, dass sie auch eine analoge Verwendung zu Spazierstöcken und Reitgerten, wie jene, findet. Darnach mag ihr auch dieselbe Vulgärbezeichnung wie jener, die Bezeichnung „Supple Jack" oder die sinnverwandte Bezeichnung „Cudjoes", wovon schon bei *P. jamaicensis* (Zusatz 2) die Rede war, wenigstens gelegentlich ertheilt werden. Ueber die Unterscheidung von der ihr unmittelbar nahe stehenden *P. fuscescens* war bei dieser (in Zusatz 9) die Rede.

### 104. Paullinia monogyna Radlk.

Serjania monogyna Hoffmannsegg ed. Schlechtend. in Linnaea XVIII (1844) p. 39 (sphalmate 55); coll. Sieber! Cf. Radlk. Serj. p. 50 etc. (v. indic.).
— — Walpers Repert. V (1845—46) p. 359.
Paullinia spec.? Schlechtend. l. c. p. 41 (sphalm. 57).
— — Bentham in Hook. Journ. Bot. & Kew Gard. Misc. III (1851) p. 192.
Paullinia monogyna Radlkofer in Monogr. Serj. (1874—75) p. 74 n. 97 etc. (v. indic.), c. syn. anteced.
Serjania glabrata (non „Kunth") Britton in Bull. Torr. Bot. Club XVI (1889) p. 190; coll. Rusby n. 539!

Scandens, fruticosa, pubescens; rami trigoni, juxta angulos linea impressa striati, ut et thyrsi petiolique pube velutina brevi molli rufa tomentelli vel (in forma 2) e puberulo glabrati; corpus lignosum compositum e centrali majore et periphericis 3 minoribus; folia ternata; foliola ovata, apice acuta vel obtusata, basi terminale abruptius attenuatum, lateralia fere dimidio minora, basi obtusata, subsessilia, omnia leviter sinuato-lobata, lobis dentatis, membranacea vel subcoriacea, nitidula, subtus pube brevi mollia vel (in forma 2) subglabra, glandulis microscopicis geniculatis crebris obsita, eleganter pellucide punctata et lineolata, epidermide mucigera; petiolus nudus; stipulae parvae, ovatae; thyrsi solitarii, cincinnis longe stipitatis, sat contractis; flores mediocres, flavi (Sieber), sepalis tomentellis; capsula (immatura tantum suppetebat) late trialata, ex obovato suborbicularis, sessilis, apice emarginata, alis partem seminiferam latitudine acquantibus basi vix angustatis, glabrata, intus dense subfusco-villosa.

Formae duae discernendae sunt:
Forma 1. major: In omni parte major et pube densiore velutino-tomentella.
Forma 2. minor: In omni parte minor et subglabrata.

In Brasiliae tropicae provinciis Pará et Alto Amazonas: Forma 1: Hoffmannsegg, resp. Friedr. Wilh. Sieber! (ad Toccantins pr. urbem Pará, flor. et fruct. juven.; Hb. Halens., Mart., Willd. n. 7722). — Forma 2: Idem! (ibid.; Hb. Willd. n. 7711); Rusby n. 539! („Falls of Madeira, Oct. 1886" flor.; „Serj. glabrata", non Kunth. Britton l. c.).

### 105. Paullinia hymenobractea Radlk.

Paullinia spec. Hemsley in Salvin & Godm. Biol. Centr.-Am., Bot. I (1879—81) p. 211 n. 17; coll. Tate n. 59!
— — Anales del Museo Nacional. Republica de Costa Rica, I (1888). Pars 2, p. 20 (e Biol. Centr.-Am. enumerata).

Paullinia hymenobractea Radlkofer in J. Donnell Smith Undescr. plants etc., Bot. Gaz. XX. No. 7 (Jul. 1895) p. 282 (sphalm. „hymenobracteata"); (coll. Heyde et Lux) n. 6093! ed. J. Donnell Smith.

— — Radlkofer in J. Donnell Smith Enum. Pl. Guatemalens. etc. IV (1895) p. 22. (coll. Heyde et Lux) n. 6093!

Scandens, fruticosa, hirsuta; rami trigoni vel subteretes, striato-sulcati, pilis patentibus e sufferrugineo pallescentibus vestiti; corpus lignosum compositum e centrali majore et periphericis 3 minoribus partim quodammodo complanatis in centrale plus minus immersis; folia 5-foliolato-pinnata; foliola terminalia rhombea, in acumen acutum angustata, supra medium grossiuscule inaequaliter dentata, lateralia superiora ovalia, basi acuta, inferiora ovata, basi inaequilatera rotundata, apice acuta vel obtusata, a basi remotiuscule dentata, breviter petiolulata, membranacea, supra pilis setulosis adpressis laxe adspersa vel praeter nervos glabra, subtus subhirsuta nec non glandulis microscopicis curvatis vel geniculatis obsita, minutim pellucide punctata retique utriculorum laticiferorum subtus instructa, epidermide parum mucigera; rhachis nuda; stipulae insignes, semicordato-deltoideae, subacuminatae, basi subbilobae, inter lobos oblique affixae, lobo interiore (i. e. folii medianam spectante) majore, scariosae, extus hirsutae; thyrsi axillares, inferiores folia subduplo superantes, superiores breviores paniculatim congesti, subhirsuti; bracteae bracteolaeque conspicuae, oblongae, tenuiter scarioso-membranaceae, concavae, apice marginique nec non dorso secus medianam pilis longioribus obsitae; flores mediocres pedicelloque supra articulationes tomentelli; fructus — (non suppetebat).

Rami diametro 2—4 mm. Folia superiora 16—18 cm longa, 10—12 cm lata, inferiora duplo majora; foliola lateralia 5—6 cm longa, 2,5—3 cm lata, terminalia subduplo majora, sicca subfusca; petiolus communis circ. 4 cm, rhachis 3 cm longa, subhirsuta, petioluli 2—3 mm longi; stipulae 7 mm longae, 5—6 latae. Cincinni stipitati, stipite 5—6 mm longo hirsuto; pedicelli 3 mm longi, infra medium articulati, infra articulationes hirsuti; bracteae 5 mm longae, 2 mm latae, bracteolae (prophylla α et β) vix tertia parte minores. Alabastra obovata, 3—4 mm longa. Sepala interiora 4—5 mm longa, exteriora breviora. Petala (flava, ut videtur) obovata, intus glandulis microscopicis adspersa; squamae margine villosiusculae, superiores crista obcordata appendiceque deflexa squamam dimidiam longitudine superante villosa instructae. Tori glandulae ovatae, basi villosiusculae. Stamina pilosa. Germinis rudimentum puberulum.

In America centrali: Tate n. 59! (Nicaragua, a. 1867—8; Hb. Kew.); Heyde et Lux, n. 6093! collectionis a D. J. Donnell Smith editae (Guatemala, „Depart. S. Rosa, Malpais, alt. 4000 ped.", m. Sept. 1893. flores).

Zusatz. Die Pflanze, von welcher eine Frucht nicht vorliegt, sieht auf den ersten Blick fast eher einer *Serjania* (mit Anklängen an *Serj. triquetra*) als einer *Paullinia* gleich; doch verweisen die eigenartigen Nebenblättchen sie ziemlich sicher zu *Paullinia*, wo sie dem zusammengesetzten Holzkörper und der anatomischen Beschaffenheit des Blattes nach (Fehlen von Krystallen in der Epidermis und theilweise Verschleimung der letzteren) wohl zunächst bei der analogen *P. monogyna* in der XII. Section ihren Platz zu finden hat. Es mag erwartet werden, dass diese Stellung durch die Beschaffenheit der Frucht seinerzeit ihre Bestätigung finde. Erwähnt mag noch sein, dass die im Pallisadengewebe auftretenden Secretzellen, welche die sehr kleinen durchsichtigen Punkte bilden, in ihrem oberen Theile kaum breiter als die Pallisadenzellen selbst sind, an ihrem unteren Ende aber fast scheibenförmig sich verbreitern. Das Secret, welches sie und die Schläuche an der unteren Blattseite führen, ist von heller Farbe.

### 106. Paullinia pterocarpa Triana & Planchon.

Paullinia pterocarpa Triana & Planch. Prodr. Flor. Novo-Granat., Ann Scienc. nat., IV. Sér., XVIII (1862) p. 356, n. 12!
— — Walpers Annal. VII. Fasc. 4 (1869, ed. C. Müller) p. 620, n. 11.
— — Radlkofer in Monogr. Serj. (1874—75) p. 76 n. 137 etc. (v. indic.).

Scandens, fruticosa, glabra; rami teretiusculi, plus minus striati, glabri; corpus lignosum simplex; folia 5-foliolato-pinnata, superiora ternata; foliola ovato-elliptica vel elliptico-lanceolata, apice acuminata, basi terminale in petiolulum longius attenuata, lateralia acuta rotundave, breviter petiolulata, omnia integerrima, chartacea, utrinque nitida, glabra, glandulis microscopicis cernuis, foveolis immersis, supra subtusque obsita, punctis pellucidis nullis, reti utriculorum laticiferorum interrupto obscuro subtus instructa, epidermide non mucigera; rhachis nuda; stipulae conspicuae, lanceolatae; thyrsi brevissimi, in axillis foliorum glomeratim congesti; flores (e calyce sub fructu relicto) mediocres, glabriusculi; capsula late trialata, orbicularis, sessilis, apice excisa, alis partem seminiferam latitudine subaequantibus apice basique subaequilatis, extus glabra, intus tomentello-pubescens; semen breviter ovoideum, deorsum pilosiusculum, basi arillo obtectum.

Rami diametro 2—3 mm. Folia 12—25 cm longa, totidem lata; foliola sicca e viridi pallide subfusca, 6—12 cm longa, 3—6,5 cm lata; petiolus communis 2—6 cm longus, supra sulcatus, glaber, rhachis paullo brevior; stipulae fere 1 cm longae, glabrae. Thyrsi pedicellis 5 mm longis vix longiores. Capsula alis undique 5—7 mm latis adjectis circ. 2 cm longa, totidem lata, (sicca) rubro-fusca. Semen circ. 9 mm longum, 7 mm latum, spadiceum.

In Novo-Granata: Triana n. 5599! partim (cfr. P. serjaniaefolia; Llano de San Martin, alt. 300 m, m. Jan. 1856, fruct.; Hb. Planchon); Karsten! (Villavicencio; Hb. Vindob.).

### 107. Paullinia triptera Triana & Planchon.

Paullinia triptera Triana & Planch. Prodr. Flor. Novo-Granat., Ann. Scienc. nat., IV. Sér., XVIII (1862) p. 356, n. 13; coll. Goudot!, Triana.
— — Walpers Annal. VII. Fasc. 4 (1869, ed. C. Müller) p. 620, n. 14.
— — Radlkofer in Monogr. Serj. (1874—75) p. 76 n. 138 etc. (v. indic.).

Scandens, fruticosa, glabra; rami juniores teretiusculi, pilis flavis puberuli, denique glabrescentes; corpus lignosum simplex; folia 5-foliolato-pinnata; foliola ex ovali lanceolata (terminalia majora latiora), inferiora ovata, apice omnia breviter acuminata vel acuta, basi terminale longius acuminatum, lateralia acutiuscula vel rotundata, sessilia vel (inferiora) petiolulata, omnia rarodentata, coriaceo-chartacea, nitida, glabra, glandulis microscopicis cernuis obsita, punctis lineolisque pellucidis rarioribus notata, reti utriculorum laticiferorum interrupto pellucido subtus instructa, epidermide mucigera; rhachis nuda; stipulae minutae, triangulari-subulatae; thyrsi solitarii, puberuli; flores (e calyce sub fructu relicto) mediocres, puberuli; capsula sat late trialata, suborbicularis, subsessilis, apice subemarginata, alis parte seminifera ovali angustioribus apice basique subaequilatis, extus subglabrata, intus praeter septa glabra nitidaque; semen ellipsoideum, pilosiusculum, infra medium arillo obtectum.

Rami thyrsigeri diametro 1,5—2 mm. Folia 7—12 cm longa, 5—9 cm lata; foliola sicca subviridia, terminalia 5—8 cm longa, 2—3,5 cm lata, lateralia 3,5—5 cm longa, 1,5—2 cm lata; petiolus communis 1—2 cm longus, supra leviter sulcatus, puberulus, rhachis paullo brevior.

Thyrsi 2—5 cm longi, densius cincinnigeri, pedunculati vel sessiles; cincinni sessiles, contracti; bracteae parvae, subulatae; pedicelli (fructigeri) 2 mm longi. Capsula circ. 2 cm longa, alis adjectis fere totidem lata, rubra. Semen (immaturum) nigrum.

In Novo-Granata: Goudot sine no.! (Magdalena, regione calida, a. 1844; Hb. Par.), n. 1! (S. Fé de Bogota, ad flumen Meta; Hb. Griseb.); Triana („Espinal, prov. de Mariquita, alt. 500 m"). 

### 108. Paullinia selenoptera Radlk.

Scandens, fruticosa, glabra; rami triangulares, levius 3—4-sulcati, glabri; corpus lignosum simplex; folia biternata; foliola ex ovali lanceolata, apice acuminata, basi terminalia longius attenuata, lateralia acuta, omnia sessilia, remotius dentato-serrata, submembranacea, vix nitidula, glabra, glandulis microscopicis geniculatis obsita, punctis lineolisque pellucidis rarioribus notata, reti utriculorum laticiferorum obscure subtus instructa, epidermide non mucigera; rhachis (petiolus partialis intermedius) subalata; stipulae minores, lineari subulatae; thyrsi solitarii, puberuli; flores (e calyce sub fructu relicto) parvi, puberuli; capsula latissime trialata, transversim elliptica, subsessilis, apice excisa, alis basi et apice aequilatis (cf. Fig. XII, B), extus glabra, intus pubescens; semen ellipsoideum, pilosulum, arillo tertiam seminis partem obtegente.

Rami diametro 1,5—2 mm, cortice viridi. Folia 6—12 cm longa, totidem lata; foliola sicca supra atroviridia, subtus subviridia, terminalia circ. 6 cm longa, 2—2,5 cm lata, lateralia decrescentim minora; petiolus communis 0,5—3 cm longus, supra sulcatus, puberulus; rhachis 1—2 cm longa, alis utrinque vix 1 mm latis; stipulae 5—8 mm longae. Thyrsi circ. 5 cm longi. Capsula alis semicircularibus undique circ. 1 cm latis adjectis circ. 2 cm longa, 3 cm lata, rufo-fusca. Semen circ. 8 mm longum, atro-spadiceum.

In Peruviae prov. Maynas: Poeppig sine no.! (Yurimaguas, in sylvis umbrosis, m. Apr. 1831, fruct.; Hb. Vindob.).

### 109. Paullinia serjaniaefolia Triana & Planchon.

Paullinia serjaniaefolia Triana & Planch. Prodr. Flor. Novo-Granat., Ann. Scienc. nat., IV. Sér., XVIII (1862) p. 356, n. 14!
— — Walpers Annal. VII. Fasc. 4 (1869. ed. C. Müller) p. 620, n. 13.
— — Radlkofer in Monogr. Serj. (1874—75) p. 76 n. 139 etc. (v. indic.).

Scandens, fruticosa, glabriuscula; rami triangulares, 3—4-sulcati, praesertim in angulis puberuli; corpus lignosum simplex; folia impari-pinnata, 3-juga, jugo intimo ternato; foliola oblongo-lanceolata, apice acuminata, basi terminalia subcuneata, lateralia acuta acutiusculave, omnia sessilia, remotius inciso-dentato-serrata, subchartacea, nitida, glabra, glandulis microscopicis subsessilibus geniculatis obsita, pellucide punctata lineolataque nec non reti utriculorum laticiferorum interrupto subpellucido subtus instructa, epidermide non mucigera; rhachis alata; stipulae minores, subulato-filiformes; thyrsi solitarii, puberuli; flores (e calyce sub fructu relicto) parvi, puberuli; capsula late trialata, depresse orbicularis sessilis, apice late excisa, alis parte seminifera elliptica paullulo latioribus apice basique aequilatis, extus glabra, intus pubescens; semen e trigono subglobosum, laxe subsericeum, arillo seminis basin obtegente.

Rami diametro 2—3 mm, cortice subfusco. Folia 10—15 cm longa, plerumque minus lata; foliola sicca subfusca, 3—8 cm longa, 1—3 cm lata; petiolus communis 0,5—4 cm longus, supra sulcatus, hirtello-puberulus, rhacheos segmenta 1—2 cm longa, alis utrinque 1—1,5 mm latis; stipulae 5—8 mm longae. Thyrsi 8—10 cm longi. Sepala duo exteriora puberula, interiora glabriuscula. Capsula alis undique 5—6 mm latis adjectis circ. 1,5 cm longa, 2 cm lata, rufa. Semen circ. 7 mm longum, fere totidem latum.

In Novo-Granata: Triana n. 5599! partim (cfr. P. pterocarpa; „Villavicencio, Llano de San Martin, alt. 500 mm", m. Jan. 1856. fruct.: Hb. Planchon); Karsten! (ibid.; Hb. Vindob.).

### 110. Paullinia australis St. Hilaire.

Paullinia australis St. Hil. in Bullet. Soc. Philomat. de Paris (Mai 1824) p. 76, 78, n. 17.
— — St. Hil., Relation d'un empoisonement causé par le miel de la Guêpe Lecheguana, Pl. remarq. du Brésil (1824) p. 209 et 236, n. 14. t. 24, fig. B (non t. 23, fig. 6, uti Endl. in Gen. Pl. et Baillon referunt)!
— — St. Hil., Relation d'un empoisonement etc., in Mém. Mus. d'Hist. nat. XII (1825) p. 313 et 334, n. 14, t. 13, fig. B (copia antecedentis; translationem v. in Edinb. Phil. Journ. XIV, 1826, p. 269, omnissa stirpis descriptione).
— — Cambess. in St. Hil. Flor. Bras. I (1825) p. 375, n. 7.
— — Sprengel Syst. Veg. IV, 2 (curae poster., 1827) p. 153, n. 21.
— — Cambess. in Mém. Mus. d'Hist. nat. XVIII (1829) p. 23.
— — Don General Syst. I (1831) p. 661, n. 18.
— — Spach Hist. nat. des Végét., Phanérog. III (1834) p. 50.
— — Dietrich, Fr. G., Gartenlexicon XXVI (s. Neuer Nachtrag VI, 1837) p. 434, n. 11.
— — Dietrich, Dav., Synops. Pl. II (1840) p. 1316, n. 12.
— — Steudel Nomencl. Ed. II. II (1841) p. 277.
— — Endlicher Enchiridion bot. (1841) p. 563.
— — Walpers Repert. I (1842) p. 413.
— — Radlkofer in Monogr. Serj. (1874—75) p. 72 n. 53 etc. (v. indic.).
— — Griseb. Symb. ad Fl. Argent. (1879) p. 80. n. 454 quoad. plant. Entrerian.!, excl. vero stirpe Paraguayensi e coll. Balansa n. 2480!, quae Serjania perulacea Radlk. (forma foliolis angustioribus profundius dentatis); cf. Radlk. Serj. Suppl. p. 53, 119.
— — Hieronymus Pl. diaphoricae Florae Argentinae (1882) p. 67.

Non Paullinia australis Griseb., partim; cf. l. supra c. et Spec. excl.

Scandens, fruticulosa, subglabra; rami leviter 6-sulcati, sulcis puberulis; corpus lignosum simplex; folia supradecomposita, subtripinnata, 1—5-juga, jugo infimo saepius decomposito 2—3-jugo basi utrinque ternato, sequentibus 1—2 compositis 5-foliolato-pinnatis vel ternatis, summo simplici, inferiora depauperata; foliola oblonga, apice obtusiuscula, mucronulata, basi terminalia in petiolulos attenuata vel cuneata, reliqua acuta vel rotundata, subsessilia, omnia inciso-serrato-dentata, membranacea, glabra, glandulis microscopicis geniculatis adspersa, eleganter pellucide lineata et punctata, epidermide non mucigera; rhachis superne plerumque submarginata; stipulae minutae, deltoideae; thyrsi solitarii, glabriusculi; flores mediocres; fructus trialatus? — (non nisi e germine aucto notus).

In Brasiliae prov. Rio Grande do Sul et in Uruguay: St. Hilaire! („in sylvulis non infrequens ad margines fluminis Uruguay, a stativis S. Josephi usque ad provinciam Missionum, m. Jan. flor."); Tweedie n. 5! („Missions of the Uruguay"); Lorentz Flor. Uruguensis n. 264! („Concepcion del Uruguay", m. Dec. 1875, flor.); Niederlein n. 56! („Concepcion del Uruguay", m. Apr. 1880, flor.; Herb. Hieron.).

Zusatz. Die entwickelte Frucht der Pflanze ist nicht bekannt. Nur der etwas vergrösserte Fruchtknoten einzelner Blüthen ist es, nach welchem sich die hier der Pflanze angewiesene Stelle als vermuthliche ergibt. Auch das, was St. Hilaire und Cambessedes über die „Frucht" angeben, bezieht sich, wie Ersterer hervorhebt, nur auf den vergrösserten Fruchtknoten.

Nach St. Hilaire kommen Exemplare mit rosenrothen und solche mit weissen Blüthen vor. Die letzteren bezeichnete er als var. *β alba*. Schon Cambessedes hat diese „Varietät" fallen lassen.

Zu erwähnen ist noch, dass nach St. Hilaire's Vermuthung die Pflanze giftigen Honig producirt (Pl. remarq. p. 209).

Kaum nöthig ist, zu bemerken, dass die durchsichtigen Linien der Blätter, welche St. Hilaire auf die Venen bezieht, von Milchsaftschläuchen herrühren, die allerdings theilweise auch mit den Venen verlaufen.

## Sectio XIII. Phygoptilon.

### 111. Paullinia Plumierii Triana & Planchon.

Cururu enneaphylla, fructu racemoso rubro aut e rubro lutescente Plumier Mss. in Biblioth. Mus. Paris. serv. Vol. II, tab. 137! (Vidi specimen Herbarii Surian n. 553 et fragmentum ex Hb. Surian translat. in Hb. Jussieu n. 11360.) Cf. Hist. gen. in Radlk. Serj. p. 16. e, 34 etc. (v. indic.) et in Serj. Suppl. p. 18, nec non infra obs. n. 1.

Cururu scandens enneaphylla, fructu racemoso rubro (aut. excl. v. ad calc.) Plumier Nov. Gen. (1703) p. 34! Cf. anteced.

— — — etc. (ut supra) Miller. Ph., Gardn. Dict. Ed. abbrev. (1741) Suppl.; Ed. germ. sec. Ed. V elab. I (1750) p. 255. n. 1; Ed. VI (1752) n. 1. Non Herb., cf. Hist. gen. in Radlk. Serj. p. 34, 35 (nec non ibid. p. 24, No. 5, b) nec non obs. n. 2 ad Paull. fuscesc.

Paullinia foliis decompositis ternatis, caule inermi Linn. Hort. Cliffort. (1737) p. 152. n. 5, partim, solummodo nempe quoad syn. Plumier. (cf. anteced.), excl. vero stirpis Herbarii Cliffort. descriptione (ad P. fuscesc. Kunth referend.), nec non excl. syn. Plukenet. (ad Serj. curassav. Radlk. referend.). Cf. Hist. gen. in Radlk. Serj. p. 16, 17, 20, nec non infra obs. n. 1.

Paullinia curassavica (aut. excl. v. ad calc.) Linn. Spec. Pl. Ed. I (1753) p. 366, n. 5, partim, solummodo nempe quoad syn. Plumier., excl. syn. Hort. Cliff. quoad reliquam partem, ut supra, nec non ceteris, quae dicuntur, omnibus; cfr. Serj. curass. et P. fuscesc. nec non Hist. gen. in Radlk. Serj. p. 21 etc. (v. indic.) et infra obs. n. 1 (Non Linn. Herb., quae Serj. mexic. W., Cissus microcarpa Vahl? et Paull. fuscesc. Kunth, cf. infra autor. et Spec. excl. et sub Paull. fuscesc. synon. „Paull. curassav. L. Sp. Pl. 1°.

Paullinia foliis triternatis, foliolis ovato-sinuosis Burman. Jo., Plumier. Icon. Fasc. V (1757) p. 101, tab. 111, f. 1 (non f. 2, uti DC., Don et D. Dietrich referunt), excl. analysi floris et fructus (ad P. Cururu vel P. pinnat. referend. et e Plum. Gen. tab. 35 a Burm. perperam huc allat.), nec non excl. syn. Plukenet. (ad Serj. curassav.), syn. Brown. (ad P. jamaic. referend.) et ex parte syn. Hort. Cliff. (n. 5) et cit.: „Linn. Sp. Pl. p. 366, n. 5" ut supra. Cf. Radlk. Serj. p. 315 et infra obs. n. 1.

Paullinia curassavica (cf. supra) Linn. Syst. Nat. Ed. X, II (1759) p. 1007, n. 5, partim, ut supra, praesertim quoad cit.: „Plum. Ic., tab. 111, f. 1".
— — Linn. Sp. Pl. Ed. II (1762) p. 525, n. 5, partim, ut supra in Ed. I et in Syst. Nat. Ed. X.
— — („L.") Miller, Ph. Gardn. Dict. Ed. VIII (1768) n. 4; Ed. germ. sec. Ed. VIII elab. III (1776) p. 446, n. 1, partim, nempe quoad syn. Plumier., excl. cit. „Linn. Sp. Pl. 366" (n. 5) quoad reliquam partem (cf. supra).
— — („L.") Jacquin Observ. III (1768) p. 12, tab. 61, f. 8! (Vidi folium ex Hb. Jacquin in Hb. Banks translatum.) Cf. Hist. gen. in Radlk. Serj. p. 32, 33 etc. (v. indic.), nec non infra obs. n. 1.
— — Linn. Mant. alt. (1771) p. 236, n. 5. (Sequitur hic ut in libris suis serioribus Jacquinium Linnaeus.)
— — Raeuschel Nomencl. Ed. I (1772) p. 100.
— — Linn. Syst. Veg. Ed. XIII (cur. Murray, 1774) p. 314, n. 5.
— — Houttuyn Natuurl. Historie II, 4 (1775) p. 560, n. 8; Ed. germ. „Linné's Pflanzensystem" III (1778) p. 491, n. 8, partim, quoad syn. Plumier. et cit.: „Jacq. Obs. III, t. 61, f. 8", nec non quoad cit.: „Linn. Hort. Cliff." (n. 5), „Linn. Sp. Pl." (n. 5), „Mill. Dict. n. 4" ex parte huc referendis ut supra.
— — Reichard Syst. Pl. II (1779) p. 218, n. 8, partim, nempe quoad syn. Plumier. et cit.: „Jacq. t. 61, f. 8", nec non ex cit.: „Linn. Hort. Cliff." (n. 5), et „Linn. Sp. Pl. 525" (n. 5) ex parte huc referendis ut supra.
— — Buchoz Hist. univ. du Règne végét. XIII (1780) p. 183, n. 8. (Sequitur Jacquinium.)
— — Murray Syst. Veg. (Linn. S. V. Ed. XIV, 1784) p. 380, n. 8. (Sequitur Jacquinium.)
— — Gmelin Syst. Nat. II (Linn. S. N. Ed. XIII, 1791) p. 641, n. 8. (Sequitur Jacquinium).
— — Persoon Syst. Veg. (Linn. S. V. Ed. XV, 1797) p. 406, n. 8. (Sequitur Jacquinium.)
— — Raeuschel Nomencl. Ed. III (1797) p. 114.
— — Willden. Sp. Pl. II, 1 (1799) p. 461, n. 5, partim, nempe quoad syn. Plumier. et cit.: „Jacq. t. 61, f. 8", nec non quoad cit.: „Linn. Hort. Cliff. 152" (n. 5), „Linn. Sp. Pl. Ed. II, p. 525" (n. 5), et „Houttuyn Linn. Pfl. Syst. III, p. 491" (n. 8) ex parte huc referendis ut supra, reliquis vero excl. (ad P. fuscesc., P. jamaic. et Serj. curassav. recensend., v. supra sub P. fuscesc. p. 276).
— — Poiret in Lamarck Encycl. V (1804) p. 96, n. 2, partim, nempe quoad descriptionem secundum Plumierii Mss. et Fig., ut videtur, et sec. Jacq. conflatam, exceptis characteribus pluribus erroneis (ex. gr. caule spinoso), quoad syn. Plumier. et cit.: „Jacq. Obs. III, t. 61, f. 8", nec non ex cit.: „Linn. Hort. Cliff." 152, „L. Sp. Pl. Ed. II, p. 525", Willd. Sp. Pl. II, p. 461" ex parte huc referendis ut supra, excl. vero syn. Plukenet. (ad Serj. curassav.), syn. Brown. et cit.: „Swartz Obs. 151" (ad P. jamaic.) et cit.: „Schum. Act. Hist. nat. Havn. III. 2. p. 123, t. 11, f. 2" (ad P. fuscesc. et P. jamaic. referend.), nec non indicatione patriae „Curaçao" (Serj. curassav. spect.).

Paullinia curassavica Jussieu in Ann. Mus. d'Hist. nat. IV (1804) p. 348, n. 11, quoad charact. („ex Jacq. et ex sicca-") et quoad syn. Plum. et cit.: „Jacq. Obs. III, p. 12, t. 61, f. 8⁴, excl. vero cit.: „Swartz Obs. 151" (ad P. jamaic.). „Schum. ASNH. III, 2, p. 123. t. 11, f. 2ᵇ (ad P. fuscesc. et P. jamaic. referend.) et patriae indic. „Curassao" (Serj. curassav. spect.), nec non ex parte cit.: „Linn. Sp. Ed. I, p. 366" (n. 5) et „Willd. Sp. II. 461", ut supra! (Vidi specimen — folii fragmentum — in Hb. Juss. n. 11360. ex Hb. Surian „n. 553" translat. adjecta cit. „Plum. ic." et obs. erronea „in icone fructus non alatus"). Cf. supra syn. Plumier. et Hist. gen. in Radlk. Serj. p. 41, nec non infra obs. 1.

— — Lunan Hort. Jamaic. II (1814) p. 216, n. 1, solummodo quoad phrasin diagnost. ex Linn. Mant., resp. Jacq. Obs. translatam, reliquis omnibus exclusis; v. supra sub P. jamaic., p. 199.

— — Poiret in Dict. Scienc. nat. XXXVIII (ed. Levrault, 1825) p. 150, excl. syn. Plukenet., nec non characterib. plurib. (ex. gr. caule spinoso) et patriae indicat. „Curaçao", ut supra.

— — Presl in Bot. Bemerk., Abhandl. d. böhm. Ges. d. Wissensch., Folge 5. Bd. III (1845) p. 454, obs. de „Paullinia barbadensi Sieb. Fl. Martinic. n. 302"!; v. infra.

— — Grisebach (non Flor. Brit. West Ind. Isl., nec Pl. Wright., nec Cat. Pl. Cub., cfr. P. jamaic.) Ueber die Vegetat. d. Caraiben, in Abhandl. d. Götting. Gesellsch. d. Wissensch. Bd. VII (1857) p. 187, n. 254 e. cit. „Ic. Plum. t. 111 f. 1 ed Jacq. obs. t. 61 f. 8ᵃ, excl. vero specimine „S. Croix. West" (cfr. Serj. polyphylla Radlk. in Radlk. Serj. p. 182); „coll. Duchassaing. Guadeloupe"! (Vidi specimen a Duch. lect. in Hb. Griseb.) Cf. Radlk. Serj. p. 314, 320 et supra obs. n. 7 ad P. jamaic.

Serjania caracasana (non Willd.) De Cand. Prodr. I (1824) p. 603, n. 6, solummodo quoad patriae indicationem: „et in Guadalupa" et quoad obs.: „vidi siccam" fide speciminis guadalupensis Berteriani in Hb. Prodromi servati! Cfr. Serj. carac. W. in Radlk. Serj. p. 116, e. obs. n. 7, p. 151 et Hist. gen. ibid. p. 43, 46, nec non infra obs. n. 1.

— — Don General Syst. I (1831) p. 658, n. 9, solummodo quoad locum natal. „Guadaloupe"; cf. l. anteced.

— — Balbis Herb., Spreng. Herb. (non Syst. Veg.), etc.; specimina guadalupensia a Bertero lecta! Cf. Radlk. Serj. p. 16, 151 obs. n. 7, et infra obs. n. 1.

Paullinia barbadensis (non Jacq.) Sieber Flor. Martinic. (1822) n. 302! (Cfr. supra P. curass. Presl, 1845.)

— — Herb. Willd. n. 7716, Fol. 3 ed. Schlechtend. & Cham. in Linnaea VI (1831) p. 419 (ubi perperam confunditur c. coll. Schiede et Deppe n. 1291, ad P. fuscesc. recensend.). Cf. obs. n. 1, obs. n. 1 ad P. barbad. (ad calc.) et obs. n. 4 ad P. fuscesc.

Paullinia Plumierii Triana & Planch. Prodr. Flor. Novo-Granat., Ann. Scienc. nat., IV. Sér. XVIII (1862) p. 360, n. 17. c. syn. omnib., optime expositis; „coll. L'Herminier, Guadaloupe"! Cf. obs. n. 1.

— — Walpers Annal. VII, Fasc. 4 (1869. ed. C. Müller) p. 620, n. 9.

— — Radlkofer in Monogr. Serj. (1874—75) p. 69 n. 8 etc. (v. indic.). c. synon.

— — Radlkofer in Serj. Suppl. (1886) p. 48 etc. (v. indic.).

Non Cururu scandens enneaphylla, fructu racemoso rubro Barrère Essai sur l'Hist. nat. de la France équinoxiale (1711, reimpr. 1749) p. 45; cfr. P. fuscescens.

Non Paullinia curassavica Linn. Spec. partim; cf. supra sub Linn. et infra Spec. excl.
Non — — Linn. Amoen. acad. V (1760) p. 378 (Sandmark Flor. Jamaic., Dec. 1759), praesertim ad Serj. mexic. W. referenda fide IIb. Linné „Paullinia No. 5" plagula prima! Cf. sub Paull. fuscesc. synon. „Paull. curassav. L. Sp. Ed. I."
Non — — Linn. Herb. n. 5, quoad plagulam 1. praesertim ad Serj. mexic. W. referenda, cf. l. anteced., quoad plagulam 2. vero ad Paull. fuscescent. recensenda, cf. sub P. fuscesc. synon. „Paull. curass. L. Sp. Ed. I."
Non — — Crantz (1766), Giseke (1779), Aiton (1789, 1811), Du Mont de Courset (1802, 1811) etc. et Catal. Hortor. plur.; cfr. Serj. curassavica in Radlk. Serj. p. 312, 313.
Non — — Swartz (1791) etc. (v. Radlk. Serj. p. 314); cfr. P. jamaicensis Macfad.
Non — — Richard (1792) etc. (v. Radlk. Serj. p. 314, 315); cfr. Serj. polyphylla in Radlk. Serj. p. 182 et 193 obs. n. 4.
Non — — Schumacher (1794) etc. (v. Radlk. Serj. p. 315); cfr. P. fuscescens Kunth, nec non P. jamaicensis Macf.
Perperam citatur: Cururu scandens enneaphylla etc. Plum. Gen. (1703) p. 34 et Icon. ed. Burm. Fasc. V (1757) t. 111, f. 1 ad Cururu no. 1, i. e. Serj. curassav. Radlk., in Rand Hort. Chelsean. (1739) p. 65, n. 1; — ad Paull. curassav. Linn. part., i. e. Serj. curassav. Radlk., in Aiton Hort. Kew. Ed. II, II (1811) p. 423, n. 1; — ad Paull. curass. (Linn. part.) Schum., i. e. Paull. fuscesc. Kunth, in Persoon Synops. I (1805) p. 443, n. 9, in Dietrich, Fr. G., Gartenlexic. VI (1806) p. 710, n. 5, a Kunth in Humb. Bonpl. K. Nov. Gen. et Sp. V (1821) p. 92 (Ed. in 4° p. 119), n. 9 et in Synops. Pl. Aequinoct. Orb. Nov. III (1824) p. 159, n. 9, in De Cand. Prodr. I (1824) p. 603, n. 20, in Don General Syst. I (1831) p. 662, n. 39, in Dietrich, Dav., Synops. Pl. II (1840) p. 1314, n. 9; — ad Paull. curass. (non L.) Swartz, i. e. Paull. jamaic. Macf., a Smith in Rees Cyclop. XXVI (1819) n. 6.
— — Paullinia curassavica Jacq. Obs. III (1768) p. 12, tab. 61, f. 8 ad Paull. curassav. (Linn. part.) Schum., i. e. Paull. fuscesc. Kunth, a Persoon, Fr. G. Dietrich, Kunth, De Cand., Don et Dietrich in locis antea indicatis; — ad Paull. curass. Swartz, i. e. Paull. jamaic. Macf., a Smith l. c., a Griseb. in Flor. Brit. W. I. Isl. (1859—64) p. 124, n. 10.
— — Paullinia curassavica Syst. Veg. 380, i. e. Murray S. V., s. Linn. S. V. Ed. XIV (1784) p. 380, n. 8 ad Paull. curassav. Linn. part., i. e. Serj. curassav. Radlk. in Aiton Hort. Kew. II (1789) p. 34, n. 1; — ad Paull. curassav. Swartz, i. e. P. jamaic. Macf., in Swartz Obs. bot. (1791) p. 151.

Scandens, fruticosa; rami juniores subteretes, pube brevi sordide flavescente induti, mox glabrescentes; corpus lignosum simplex; folia biternata; foliola oblongo- vel elliptico-lanceolata, apice acuminato-acuta, basi terminalia longius attenuata, lateralia acutiuscula, omnia sessilia, remote serrato-dentata, membranaceo-chartacea, supra subtusque praeter axillas nervorum barbatas glabra, glandulis microscopicis e geniculato malleoliformibus obsita, vix pellucide punctata etsi cellulis secretoriis instructa, reti utriculorum laticiferorum interrupto pellucido subtus instructa, epidermide mucigera; rhachis (petiolus partialis intermedius) subnuda (augustissime marginata); stipulae minimae, subulatae; thyrsi solitarii, robustiores, tomentelli; flores majusculi; capsula trialata, ex orbiculari subobovata, apice plus minus truncata, vix stipitata, extus pubescens, intus praeter valvarum partem dorsalem tomentella; semen ellipsoideum, glabrum, arillo usque ad mediam partem obtectum.

Rami diametro 2—5 mm, lenticellis notati, cortice sub epidermide canescente rubro-fusco. Folia 3—18 cm longa, 5—12 cm lata; foliola 3—7 cm longa, 1—3 cm lata, margine paullum revoluta, sicca e viridi parum et plerumque juxta nervos tantum fuscescentia, nitida vel subopaca; petiolus communis subteres, puberulus, 1—4 cm longus, rhachis plerumque paullo brevior. Stipulae circ. 1 mm longae. Thyrsi 3—20 cm longi, sessiles vel pedunculati, dense cincinnigeri, subspiciformes; cincinni sessiles, multiflori, contracti; bracteae bracteolaeque subulatae, minores; pedicelli 3—4 mm longi, infra medium articulati. Sepala duo exteriora duas interiorum tertias aequantia, extus pilis sordide flavidis tomentella, interiora late ovalia, circ. 3 mm longa, submembranacea. Petala oblonga, tenerrima; squamae fere duas petalorum tertias aequantes, margine villosiusculae, superiores crista brevi suborbiculari appendiceque deflexa barbata instructae. Tori glandulae suborbiculares, puberulae, uti torus ipse. Staminum filamenta complanata, pilosa; antherae glabrae. Germen tomento brevi indutum. Capsula circ. 1,8 cm longa, 1,5 cm lata, sicca rubro-fusca. Semen fere 1 cm longum, circ. 6 mm latum, spadiceo-nigrum.

In insulis caribaeis Martinica et Guadalupa (vix in S. Domingo quoque, v. ad calc.): In Martinica: Plumier et Surian! („Plantam reperi apud insulam Martinicanam versus illam regionem quae vulgo *le quartier du Prescheur* dicitur" Plum. Mss.; Hb. Surian n. 553, ramus foliat. florig.; Hb. Juss. n. 11360, fragmentum folii c. indicat. „Surian Hb. n. 553" sub nom. „Paull. curassavica L."; aliud folium sine dubio ex Hb. Surian translatum, adjecto folio Urvilleae ulmaceae c. indicat. ad hanc pertinent. „Surian n. 236", vidi in Hb. Richard, dein Franqueville); Jacquin! (vix dubie in Martinica lectum folium. sub nom. „Paull. curass. L." in Jacq. Obs. III, t. 61. f. 8 depictum, in Hb. Jacq., nunc Banks, servat.; cf. obs. n. 1 et 3); Sieber Flor. Martinic. n. 302! („Paull. barbadensis Jacq." a Kobaut lect. a. 1821—22, flor.; inflorese. interdum apice fasciat.; Hb. plur.); Duss. n. 14811 (a. 1890; Hb. Krug et Urban. resp. Hb. Berol.); — in Guadalupa: Bertero! (a. 1821?; sub nom. „Serj. caracasana W." a Balbis inscripto in Hb. Taurin., Berol. etc. et in Hb. Prodr. DC., cf. Synon.); L'Herminier! („Grands fonds du moine à l'eau", a. 1843, flor. et fruct.; „Paull. Plumierii Tr. & Pl.", Hb. Paris., Boiss.); Duchassaing! (ca. 1850; flor. et fruct.; Hb. Hook., Hb. Griseb., nom. „Paull. curass. L. ex ic. Jacq." a Griseb. inscript., cf. supra Lit.) — Loco accuratius non indicato: Schomburgk! (Antillae; Hb. Halens.). Lectore ignoto exstat in Hb. Vaillant, nunc Paris.; in Hb. Ventenat. nunc Deless., adjecta patriae indicat. „S. Domingo", vix recta, cf. obs. n. 3; in Hb. Willd. n. 7716 „Paull. barbadens."; Fol. n. 3, ed. Schlecht. & Cham. l. c.; in Hb. Prodr. DC. ad calcem generis a Lambert a. 1816 comm. c. fruct.

Culta in Hort. Paris. a. 1877!

Zusatz 1. Die Geschichte der Art ist für *P. Plumierii* einfacher gestaltet als für die übrigen von Linné unter dem Namen *P. curassavica* miteingeschlossenen Pflanzen, die *Serj. curassavica* Radlk. und die *Paull. fuscescens* Kunth, oder als für die von späteren Autoren darunter in reichlichem Masse noch verstandene *Paull. jamaicensis* Macfad.

Es rührt das davon her, dass an Linné Exemplare dieser wenig verbreiteten, nur auf ein paar kleinen Inseln vorkommenden Art nicht ebenso, wie von *Serj. curassavica*, *Paull. fuscescens*, *Paull. jamaicensis* und anderen in irrthümlicher Weise auf die Angaben älterer Schriftsteller bezogenen Arten gelangt sind, so dass dieselbe in seinen Schriften unter *Paull. curassavica* überall nur als ein unrichtig angebrachtes, aus den Mittheilungen Plumier's (Gen. 1703, Ic. ed. Burman 1759) entnommenes Synonym erscheint, bis auf die Zeit Jacquin's (1768), welcher als der Erste nach Plumier und dessen Begleiter Surian höchst wahrscheinlich auf derselben Insel Martinique, wie diese beiden Reisenden, die Pflanze wieder gefunden, auf die Angaben von Plumier (unbeirrt durch die falsche Fruchtanalyse in Burm. lc. Plumier.) richtig bezogen und in einem Blatte unter der freilich nicht haltbaren Bezeichnung *Paull. curassavica* L. (s. ob. *Paull. fuscescens*, Zusatz n. 1, unter 5)*) trefflich abgebildet hat.

Diese Abbildung bewirkte, dass nunmehr Linné selbst, und ihm folgend eine ganze Reihe von Autoren vorwiegend auf unsere Pflanze die Bezeichnung *P. curassavica* bezogen (s. d. Literaturverzeichniss), besonders diejenigen, welche auch Exemplare der Pflanze, sei es in den Originalexemplaren von Plumier, resp. Surian (in des Letzteren Herbar zu Paris, n. 553), wie Poiret und Jussieu (1804), sei es in Exemplaren aus späterer Zeit, wie Grisebach (1857, Veget. d. Caraïb.)**) in Exemplaren von Duchassaing aus Guadeloupe, zu sehen Gelegenheit hatten, während sie von vielen Anderen, bei denen eigentlich anderes unter *Paull. curassavica* zu verstehen ist (sei es *Serj. curassavica*, *Paull. fuscescens* oder *Paull. jamaicensis*) wieder nur als unrichtiges Synonym, sei es in der Form Plumier's oder Jacquin's, oder als Citat aus Linné's späteren Werken fortgeschleppt wurde (s. die Angaben am Ende des Literaturverzeichnisses unter „Perperam citatur").

Gelegentlich fanden auch Materialien von ihr aus verschiedenen Quellen eine anderweitige unrichtige Deutung: So als *Paull. barbadensis* Jacq, ein mit Blüthen und jungen Früchten versehenes, von Schlechtendal und Chamisso a. o. a. O. erwähntes Exemplar unbekannter Herkunft im Hb. Willdenow, Fol. 3 (s. Zus. 1 zu *P. barbad.* am Ende u. Zus. 4 zu *P. fuscesc.*), und die nur mit Blüthen versehenen Exemplare von Sieber (resp. Kohaut) aus Martinique; dann als *Serj. caracasana* W. blühende Exemplare aus Guadeloupe von Bertero, welch' letztere Missnahme Balbis, dem ersten Empfänger und Vertheiler der Pflanzen Bertero's, zur Last fällt, und welche sodann bei De Candolle in der Fundortsangabe „Guadalupa" für *Serj. caracasana* unter Beifügung des „vidi siccam" nach Ausweis des Hb. Prodromi Ausdruck gefunden hat, wie auch bei Don (s. Zus. n. 7 zu *Serj. caracasana* in Serj. Monogr. p. 151).

Eine vollkommen klare Auffassung und Herausschälung von dem Gewirre der unter *P. curassavica* ausser der in Rede stehenden *P. Plumierii* hauptsächlich noch verstanden gewesenen, schon Eingangs dieses Zusatzes namhaft gemachten Pflanzen (*Serj. curass.*, *Paull. fuscesc.*, *Paull. jamaic.*) fand die Pflanze endlich durch Triana und Planchon i. J. 1862).

Diese Forscher waren in der glücklichen Lage, einerseits auf Plumier's eigenhändige Beschreibung und Zeichnung der Pflanze (s. darüber Serj. Monogr. p. 16 u. 26, zugleich betreffs der Wiedergabe durch Burman, dann p. 34 u. Suppl. p. 48 betreffs des Hb. Surian) zurückgreifen zu können und andererseits ein treffliches Material in den mit Blüthen und Früchten versehenen Exemplaren von L'Herminier zur Hand zu haben.

Sie konnten vor allem den Irrthum aufklären, der sich in die Burman'sche (theilweise) Wiedergabe (1759, tab. 111) der Plumier'schen (colorirten) Handzeichnung durch Hinzufügung der zu *Paull. Cururu* oder *Paull. pinnata* gehörigen Blüthen- und Fruchtanalyse (welche

---

*) Da Jacquin mit dieser Bezeichnung natürlich nicht eine neue Art aufzustellen vermeinte, da er vielmehr die von ihm gesammelte Pflanze damit nur als *Paull. curassavica* L. bestimmen wollte und da diese Bestimmung nur hinsichtlich des von Linné unpassender Weise herangezogenen Synonymes von Plumier eine zutreffende, der Hauptsache nach aber eine unzutreffende war, so kann die aus „*Paull. curassavica* L. apud Jacquin determinatione inexacta" durch Abkürzung hervorgehende Bezeichnung „*Paull. curassavica* Jacq." als giltige Artbenennung nicht betrachtet werden und kann für sie somit auch ein Altersvorrecht vor der Bezeichnung „*Paull. Plumierii* Tr. & Pl." nicht als bestehend erachtet werden.

Es ist das ein ähnlicher Fall, wie der von *Paull. Seriana* Vell. (d. i. *Paull. Seriana* Linn. apud Vellozo determinatione erronea) gegenüber *Paull. coriacea* Casar., wie der von *Paull. polyphylla* Schum. (d. i. *Paull. polyphylla* Linn. apud Schum. determinatione erronea) gegenüber *Paull. thalictrifolia* Juss. (s. diese, Zusatz n. 1 und die dort citirte Stelle der Monogr. von *Serjania*, p. 39), wie der von *Capura* Blanco (d. i. *Capura* Linn. apud Blanco determinatione erronea) gegenüber *Otophora* Bl. (s. diese in Radlk. boll.-ind. Sapindae, 1877, Sep.-Abdr. p. 31) u. s. w.

**) Ueber eine spätere Deutung der *P. curassavica* durch Grisebach, nämlich als *Paull. jamaicensis*, unter richtiger Bezugnahme auf Swartz, aber unrichtiger auf Jacquin sich unter *P. jamaic.* Zus. n. 7.

übereinstimmt mit der für die Gattung *Curura* in Plumier Gen. t. 35) eingeschlichen hat.*) und konnten die (von ihnen wiedergegebene) Beschreibung Plumier's namentlich hinsichtlich der Flügelung der Frucht nach dessen Querschnittszeichnung von einer solchen ergänzen. Diese Fruchtflügelung, deren Deutlichkeit in der Zeichnung Plumier's ich nach eigener Anschauung bestätigen kann, ist übrigens auch an mehreren Früchten des von Burman wiedergegebenen Fruchtzweiges richtig angedeutet und nur wegen des Mangels einer Schattirung nicht sofort deutlich zu erkennen. Auch Jussieu, der dem gleich weiter zu erwähnenden authentischen Fragmente in seinem Herbare die Bemerkung beigefügt hat: „in icone Plum. fruct. non alatus", hat das offenbar nicht beachtet, und es geht aus dieser Bemerkung zugleich hervor, dass er die Handzeichnung Plumier's nicht zu Rathe gezogen hat.

Auffallend ist, dass Triana und Planchon ausser auf die Handschrift und Zeichnung Plumier's nicht auch auf das im Herbarium Surian's, des Begleiters von Plumier, befindliche, mit Blüthen versehene Exemplar der Pflanze und das zweifellos aus eben diesem Herbare entnommene Blattfragment (Blattstiel mit einer seitlichen Triade) im Hb. Jussieu n. 11360 unter „*Paull. curassavica* L." (mit der Bemerkung: „Surian Herb. n. 553", vergl. Serj. Monogr. p. 34 u. Suppl. p. 48) Beziehung genommen haben.

Und mehr als das, geradezu unrichtig ist es zweifellos, wenn sie dem Citate von Jacquin Obs. t. 61. f. 8 die Bemerkung beifügen, dass Jacquin's Blattzeichnung wohl von der Plumier's (in Burm. Plumier. Ic.) entnommen sei („verosimiliter a Plumerio ipso mutuata"), während Jacquin doch an der Spitze des Textes zu seinen Abbildungen (Obs. III, p. 11) ausdrücklich angibt, welche der dargestellten Pflanzen er lebend in America gesehen, welche nur in getrockneten Materialien und welche er endlich nur aus Burm. Icon. Plum. copirt habe. Darnach gehört aber seine *P. curassavica*, Taf. 61. Fig. 8. zu den lebend gesehenen, und seine vortreffliche Zeichnung nimmt sich auch gegenüber der äusserst unvollkommenen in Burm. Icon. Plum. aus, wie ein Naturselbstdruck, während die wirklich aus Burm. Icon. Plum. von Jacquin entnommenen, auf derselben Tafel 61 oberhalb der Fig. 8 angebrachten vier Darstellungen (Fig. 2 Serj. sinuata, Fig. 4 *P. Curura*, Fig. 5 Serj. angustifolia, Fig. 10 Serj. polyphylla) ganz die Unvollkommenheit von Burm. Icon. Plum. zur Schau tragen. Zugleich übt Jacquin eine Kritik an der betreffenden Zeichnung in Burm. Icon. Plum., welche zeigt, dass er diese Zeichnung mit einer ihm vor Augen gewesenen Pflanze unmittelbar verglichen habe. Seine Kritik betrifft das Blattstielgerüste, wovon in Zusatz 4 näher die Rede sein soll. Und was noch mehr als all das ist: das von Jacquin gezeichnete Blatt ist selbst noch vorhanden, wie ich an anderer Stelle (Serj. Monogr. p. 32, 33) schon hervorgehoben habe, mit dem Herb. Jacquin in das Herb. Banks übergegangen, übrigens hier mit unzugehörigen (sterilen) Materialien der *Paull. jamaicensis* von Robinson und Shakespeare als „*Paull. curassavica*" auf ein und demselben Bogen untergebracht.

Zusatz 2. Da ausser dem eben erwähnten Blatte aus dem Hb. Jacquin die Pflanze weder in dem Hb. Banks noch im Hb. Linné vorhanden ist, so ist es leicht erklärlich, dass weder Schumacher noch Smith auf dieselbe eingehen; der Letztere, Smith, citirt nur nach altem Brauche die Stelle von Plumier und von Jacquin unter *P. curassavica*, worunter bei ihm *P. jamaicensis* gemeint ist (s. diese). Schumacher äussert sich nur über die Stelle von Plumier, und wesentlich nur in negativem Sinne, indem er unter *P. curassavica* seiner

---

*) Auch bei Triana und Planchon hat sich an der Stelle, an welcher sie von dieser Analyse sprechen, ein Versehen eingeschlichen, indem sie die auf derselben Tafel von Burman ausser *Curura scandens enneaphylla*) abgebildete Pflanze, auf welche sie diese Analyse beziehen, als *Curura scandens pentaphylla* (d. i. *P. pinnata*) bezeichnen, während dieselbe vielmehr die *Curura scandens triphylla* (d. i. *P. Curura*) ist. In Plum. Mss. ist jede dieser Pflanzen auf einer gesonderten Tafel dargestellt, *C. sc. enneaphylla* auf Tafel 137, *C. sc. triphylla* auf Tafel 138, *C. sc. pentaphylla* auf Tafel 139. Bei welcher von den letzteren beiden sich die in Rede stehende Analyse findet, ist mir nicht mehr erinnerlich. Wahrscheinlich bei *C. sc. triphylla*. Wenigstens ist die bei *C. sc. pentaphylla* in Plum. Descript. tab. 91 etwas abweichend gehalten.

Auffassung, d. i. *P. fuscescens*, mit Recht hervorhebt, dass letztere ihm verschieden zu sein scheine von der durch Linné damit (im Hort. Cliff. u. s. w.) in Verbindung gebrachten Pflanze Plumier's. Wenn er dann schliesslich meint, dass Plumier's Figur (bei Burman) besser zu der vorausgehend von ihm behandelten *Paull. barbadensis* passe, so erscheint das ohne Belang, da er bei *Paull. barbadensis* doch ein betreffendes Citat nicht eingefügt hat.

Zusatz 3. Zu den Vaterlandsangaben bemerke ich, dass neben der zweifelhaften Angabe: „St. Domingue" im Hb. Ventenat bemerkt ist: „*Paullinia curassavica?* Certe ex Hb. Juss." Vielleicht nun ist das betreffende Exemplar, ein Zweig mit Blättern und Blüthen, aus dem Hb. Surian entnommen, und bezieht sich das „certe etc." vorzugweise auf die Anführung dieses Herbares im Hb. Jussieu. Dann dürfte die Angabe S. Domingue ohne Rücksicht auf die ganz bestimmte handschriftliche Angabe Plumier's wohl nur aus der oberflächlichen Kenntniss davon, dass das Reiseziel Plumier's und Surian's vorzugweise S. Domingo war, entstanden sein.

Kaum zweifelhaft erscheint mir dagegen die Herkunft der Jacquin'schen Pflanze aus Martinique, da die Pflanze ja sicher dort zu Hause ist und Jacquin sicher dort gesammelt hat, wie aus der Vorrede zu den Stirp. Amer. ersichtlich. Dass Jacquin auch auf Guadeloupe gesammelt habe, ist wenigstens aus der Aufzählung der von ihm besuchten Inseln in Lasègue, Musée Deless., p. 488. nicht ersichtlich.

Zusatz 4. Die Unterscheidung der *P. Plumierii* von den übrigen so oft mit ihr verwechselten cisäquatorialen Arten mit doppelt gedreiten Blättern ist für blüthen- oder fruchttragende Materialien schon durch die Beschaffenheit des Kelches (Verwachsung von Kelchblatt 3 u. 5) und die darauf beruhende Einreihung in die Sect. XIII gesichert.

Die Anhaltspunkte zu ihrer Unterscheidung im sterilen Zustande haben schon unter *Paull. jamaicensis* in Zusatz 9 ihre Erwähnung gefunden, und es mag in dieser Hinsicht hier nur nochmal auf das fast gar nicht berandete Blattstielgerüste hingewiesen sein.

Schon Jacquin bemerkt zu seiner Abbildung (Obs. III, p. 12), dass die Partialblattstiele nur äusserst schwach berandet sind: „In icone Plumieriana petioli videntur nudi; sunt tamen, excepto communi, omnes margine aucti, sed tam exiguo, qui in icone apte exprimi vix possit." Bei Jussieu heisst es: „petioli partiales vix marginati". In ähnlicher Weise nennen Triana und Planchon die Theilblattstiele „angustissime marginati (non vere alati)" und den gemeinschaftlichen Blattstiel „obsolete angulatus nudus". Oft lässt sich die letztere Bezeichnung nahezu auch auf die Theilblattstiele anwenden, nur dass dieselben oberseits zweifurchig, nicht wie der gemeinschaftliche Blattstiel nur einfurchig, und desshalb auch mit schärferem und so etwas hervortretendem Rande versehen sind.

## 112. Paullinia thalictrifolia Juss.

Paullinia polyphylla (aut. excl. v. ad calc.) Schumacher Skrivter af Naturhistorie Selskabet III, 2 (1794, Dissert. lect. m. Oct. 1792) p. 124 (non 462, uti Juss. in Ann. Mus. IV et DC. referunt, ex confusione cum Willd. Sp. Pl.), n. 8, tab. X. f. 8 (fructus), partim, nempe quoad descriptionem stirpis in Herb. Vahl (cf. Schum. p. 128), nunc Herb. Havn. servatae! (teste Vahlio a Thouin communicatae, inde vix dubie a Commerson n. 1767 lectae et verisimiliter sub nomine „Paull. polyphylla L." a Commerson in Herb. Paris. plantae imposito missae, quod nomen a Vahl adscriptum Schumacher servavit), excl. vero cit.: „Jacq. Hist. Stirp. Amer. p. 110, tab. 180 (sphalmate 150 legitur apud Schum.). fig. 32ª (ad Paull. triternat. Jacq., i. e. Serj. polyph. Radlk. referend.); cfr. Serj. polyph. R. in Radlk. Serj. p. 180 et 181, nec non Hist. gen. ibid. p. 39 et infra obs. n. 1, ut et Spec. excl.

Paullinia polyphylla („Schum.") Willden. Sp. Pl. II, 1 (1799) p. 461, n. 7, partim, nempe quoad diagnosin ex Schumach. (ad verbum) exscriptam, reliquis excl.; cfr. Serj. polyph. R. l. c. p. 180.

— — („Linn.") Poiret in Lamarck Encycl. V (1804) p. 97, n. 4, partim, ut in anteced.

— — („Schum.") Jussieu in Ann. Mus. d'Hist. nat. IV (1804) p. 384, n. 12, partim, ut supra sub Willd.; cfr. Serj. polyph. R. l. c. p. 180.

— — („Schum.") Persoon Synops. I (1805) p. 443, n. 11, partim, ut supra sub Willd., non Herb.; cfr. Serj. polyph. R. l. c. p. 180.

— — („Linn.", potius „Schum." ex Nachtrag V. 1819. p. 650) Dietrich, Fr. G., Gartenlex. VI (1806), p. 711, n. 11, partim, ut supra sub Willd.; cfr. Serj. polyph. R. l. c. p. 181.

— — („Willd.") Aiton Hort. Kewens. Ed. II. II (1811) p. 423, n. 3. partim, ut supra sub Willd.; cfr. Serj. polyph. R. l. c. p. 181.

— — („Linn.") Steudel Nomencl. Ed. I (1821) p. 597 (ubi delenda observatio: „non P. polyphylla Aublet", quae neque apud Aubl. neque alibi invenitur; cf. Spec. excl.) solummodo quoad cit. „Persoon n. 11" et „Willd. n. 7" ex parte huc referend., ut supra.

— — („Schum.") De Cand. Prodr. I (1824) p. 606. n. 22. partim, ut supra sub Willd.; cf. sub Serj. polyph. l. c. p. 181.

— — („Schum.") Sprengel Syst. Veg. II (1825) p. 250, n. 31, partim, ut supra sub Willd.; cfr. Serj. polyph. R. l. c. p. 181.

— — („Linn.") Poiret in Dict. Scienc. nat. XXXVIII (ed. Levrault, 1825) p. 150, partim, nempe quoad descriptionis partem posteriorem praesertim ex Schumacheri charactere diagnostico, ut videtur, desumtam, reliquis excl.; cfr. Serj. polyph. R. l. c. p. 181.

— — („Schum.") Cambessed. in Mém. Mus. d'Hist. nat. XVIII (1829) p. 23. (Sequitur praesertim De Candolleum.)

— — („Schum.") Don General Syst. I (1831) p. 662, n. 48. partim (sequitur De Candolleum); cfr. Serj. polyph. R. l. c. p. 181.

— — („Schum.") Dietrich, Dav., Synops. Pl. II (1840) p. 1316, n. 44, partim (sequit. Sprengelium et De Candolleum); cfr. Serj. polyph. R. l. c. p. 181.

— — („Schum.") Steudel Nomencl. Ed. II, II (1841) p. 278, partim (sequitur Sprengelium et De Candolleum); cfr. Serj. polyph. R. l. c. p. 181.

Paullinia thalictrifolia Jussieu, A. L.. in Ann. Mus. d'Hist. nat. IV (1804) p. 347, n. 6, tab. 66, f. 1; „Herb. Commerson"! (in Hb. Juss. n. 11356!). Cf. Hist. gen. in Radlk. Serj. p. 41 et infra obs. n. 2.

— — Persoon Synops. I (1805) p. 443, n. 4.

— — Poiret in Lamarck Encycl. Suppl. IV (1816) p. 333, n. 23; „coll. Commerson, Hb. Juss."! (Hb. Juss. n. 11356). Cf. obs. n. 2.

— — Dietrich, Fr. G., Gartenlexicon, Nachtrag V (1819) p. 646, n. 4.

— — Steudel Nomencl. Ed. I (1821) p. 597.

— — De Cand. Prodr. I (1824) p. 605, n. 12, exclusa patriae indicat. quoad „S. Domingo", nec non observatione: „vidi siccam" ad Serj. filicifol. Radlk. referendis fide speciminis Berteriani in Hb. Prodromi asservati; cfr. Serj. filicif. in Radlk. Serj. p. 287 c. obs. n. 2 & 3 et Hist. gen. ibid. p. 43 etc. (v. indic.). (In diagnosi apud DC. loco: „foliis subtripinnatis, summis simplicibus" legendum est, ut apud Jussieu: „foliis subtripinnatis, pinnis summis simplic.")

— — Sprengel Syst. Veg. II (1825) p. 250, n. 33, exclusa patriae indicat.: „Hispaniola" ad Serj. filicifol. Radlk. referenda fide speciminis Berteriani in Hb. Sprengel; cfr. Serj. filicif. l. ante c.

Paullinia thalietrifolia Poiret in Dict. Scienc. nat. XXXVIII (ed. Levrault, 1825) p. 151.
— — Cambessed. in St. Hil. Flor. Bras. I (1825) p. 376, n. 8, tab. 77 B, c. syn. P. bipinnata Poir.
— — Cambessed. in Mém. Mus. d'Hist. nat. XVIII (1829) p. 23.
— — Don General Syst. I (1831) p. 662, n. 47, excl. patriae indicat. „S. Domingo" ex DC. huc allata; v. supra.
— — Martius Herb. Flor. Bras. in Flora sive Regensburg. bot. Zeitung XX, 2 (1837) Beiblatt p. 91, n. 68 (seors. impr. eadem pag.) incl. syn. „P. bipinnata Poir." et „P. fluuinens. Vellozo".
— — Dietrich, Dav., Synops. Pl. II (1840) p. 1316, n. 43, excl. patriae indicat. „Domingo" ex DC. huc allata; v. supra.
— — Steudel Nomencl. Ed. II, II (1841) p. 278 c. syn. „P. fluminens. Arrabida" et „P. bipinnata Poir. sec. Mart.", excl. vero patriae indicat. „Domingo" ex DC. et Spreng. huc allata; v. supra.
— ... Hooker, J., in Curtis Botanical Magazine, XCVII s. Ser. III, XXVII (1871) No. et tab. 5879; citatur in L'Illustr. hortic. XIX (1872) p. 166.
— — Van Houtte in Flore des Serres et des Jardins de l'Europe XIX, Livr. 1, 2 & 3 (15. Jul. 1872) p. 10 c. icon. xylograph., excl. patriae indicat.: „Antillae, S. Domingo" ex DC. huc allata; cf. supra, nec non Hist. spec. cult. in Radlk. Serj. p. 66.
— — Linden Catal. No. 89 (1872) p. 5; No. 95 (1876) p. 57.
— — Garden. Chron., 18. Maj. 1872, p. 669, fig. 164, 165 patria recte indicata.
— — Gard. Mag., 1872, p. 391 (ex Morren l. infra c.).
— — Cott. Gard., 1872, p. 48 (ex Morren l. infra c.).
— — Wochenschr., 1872, p. 240 (ex Morren l. infra c.).
— — Regel Gartenflora (1873) p. 27 c. ic. xylogr.
— — The Garden III (1873) p. 84 c. ic. xylogr. p. 87.
— — The Florist and Pomologist, 1873, p. 124 c. ic. xylogr.
— — Radlkofer in Monogr. Serj. (1874—75) p. 70 n. 21 etc. (v. indic.), c. synon.
— — Radlkofer über fischvergiftende Pflanzen, Sitzungsber. d. k. bayer. Akad., 1886, p. 404.
— — Greshoff de plant. ad pisc. capiend. adhib., Mededeelingen uit s'Lands Plantentuin X (1893) p. 40.
— — („A. Juss.") var. argentea Hort. Makoy ed. E. Morren in Belgique horticole XXX, (1880, Oct.—Dec.) p. 343, tab. 19, patria recte indicata.
Paullinia bipinnata (aut. excl. v. ad calc.; „Juss.") Poiret in Lamarck Encycl. V (1804; non IV, uti DC. et Don referunt) p. 99, n. 11; „coll. Commerson, Hb. Jussieu"! Cf. Hist. gen. in Radlk. Serj. p. 42 etc. (v. indic.), nec non infra obs. n. 2.
— — („Poir.") Smith in Rees Cyclopaed. XXVI (ca. 1814, cf. lit. gen.) n. 9, incl. ex parte syn. dubitanter adjecto: „P. polyphylla Willd. n. 7?", nec non incl. obs. de Schumacheri descriptione! (Vidi specimen in Hb. Smith a Commerson lect. et sub nom. „P. polyph. L.?" communicatum, a Smith nomine „P. bipinnata Poir." insignitum.) Cf. obs. n. 1.
— — („Poir. Juss.") Steudel Nomencl. Ed. I (1821) p. 597.
— — („Poir.") De Cand. Prodr. I (1824) p. 606. n. 32. excl. obs.: „An Serjaniae species?"
— — („Poir.") Sprengel Syst. Veg. II (1825) p. 250, n. 31.

Paullinia bipinnata („Poir.") Loudon Hort. Britann. (1830) p. 159. „Cult. 1816". Cf.
   Hist. spec. cult. in Radlk. Serj. p. 66.
—         —         („Poir.") Don General Syst. I (1831) p. 662. n. 51. excl. obs.: „This
           is probably a species of Serjania". „Cult. 1816". Cf. Hist. spec.
           cult. in Radlk. Serj. p. 66.
—         —         („Poir.") Dietrich. Fr. G., Gartenlexicon XXVI (s. Neuer Nachtrag VI.
           1837) p. 434, n. 9.
—         —         („Poir.") Dietrich. Dav., Synops Pl. II (1840) p. 1315. n. 40.
—         —         („Poir.") Heynhold Nomencl. bot. hortens. I (1840) p. 591. Cf. Hist.
           spec. cult. in Radlk. Serj. p. 66.
—         —         („Poir.") Steudel Nomencl. Ed. II. II (1841) p. 277, c. obs.: „Cfr.
           Paull. thalictrifolia."
Paullinia fluminensis Vellozo (Arrabida) Flor. Fluminens. I (1825) p. 161, n. 11 (reimpr.
           1881, p. 153); Icon. IV (1827) tab. 37; Index methodic. (1810?)
           p. 18: „P. thalictrifolia Juss." Cf. Radlk. Serj. p. 70 n. 21 etc.
           (v. indic.).
Non Paullinia polyphylla Linn., Smith. Colla etc., cf. Spec. excl.
Non Paullinia thalictrifolia De Cand. partim; cf. supra sub De Cand. et infra Spec. excl.
Non Paullinia bipinnata Klotzsch ed. Schomburgk, Rich., in Reisen in Britisch Guiana,
   III (1848) p. 1180; cfr. P. leiocarpa.

Scandens, fruticosa, pubescens; rami juniores subteretes, pube flava molli tomentelli vel subtomentosi; corpus lignosum simplex; folia supradecomposita, subtripinnata, 5—8-juga, jugo infimo decomposito 4—6-jugo basi bipinnato, sequentibus 2—3 pinnatim vel ternatim compositis, reliquis superioribus simplicibus; foliola obovata, apice obtusa, basi terminalia in petiolulos longius attenuata, lateralia acuta vel brevius attenuata, subsessilia, omnia apice raridentata vel rarius integerrima, terminalia interdum subtriloba, chartaceo-membranacea, supra glabriuscula, subtus pilis brevibus pubescentia, glandulis microscopicis e geniculato malleoliformibus obsita, punctis pellucidis rarioribus minimis obscure notata, epidermide mucigera; rhacheos segmenta superiora nec non secundaria plerumque marginata; stipulae minimae; thyrsi foliis superioribus abortivis paniculatim congesti, tomentelli; flores majusculi; capsula trialata, ex obovato longius breviusve cuneata, sessilis vel breviter stipitata, apice plus minus emarginata, extus densius pubescens, denique glabrescens, intus pubescens; semen ellipsoideum, glabrum, arillo certe dimidiam seminis partem obtegente.

Var. argentea Hort. Makoy ed. E. Morren l. c.: Foliola juxta nervum medianum utrinque stria argentea lata cuneata ornata.

In Brasiliae prov. Rio de Janeiro, nec non in prov. S. Paulo et Mato Grosso: In Rio de Jan.: Commerson iter peripheric. n. 194! (Hb. Par. gen., ab ipso Comm. nomine „Paull. polyphylla L." inscript.; Hb. Vahl, a Thouin comm. sub eodem nom., specimen a Scham. sub hoc nom. descript.; Hb. Adr. de Juss. sub eod. nom.; Hb. Laur. de Juss. n. 11356, sub nom. „P. thalictrif. Juss."; Hb. Desfont., dein Webb. sub nom. „P. thalictrif. Juss." a Juss. adscripto; Hb. Ventenat, dein Delessert. sub nom. „P. thalictrif. J." a Jussieu ipso [loco prioris „P. bipinnata Juss." ejusdem manus] adscripto; Hb. Smith, sub nom. „P. bipinnata Poir." [loco alterius cum planta communicati „? P. polyphylla L."] a Smith adscripto); Vellozo ("P. fluminensis", cf. Lit.); Bowie et Cunningham n. 375! St. Hilaire! Pohl (Schott) n. 726! Raddi! Burchell n. 1077! Vauthier n. 9! n. 22! Lund n. 565! Riedel n. 1362! Martius Hb. Flor. bras. n. 68! (leg. Ackermann); Raben n. 95! Claussen n. 100! 1990! Glaziou n. 4770! 5769! 8602! Schenck n. 2405! Ule n. 3310!; — in prov. S. Paulo! Martius!; — in prov. Mato Grosso: Gaudichaud n. 147!

Culta in hortis variis (cf. Hist. spec. cult. in Radlk. Serj. p. 66).

Var. argentea: Culta in hortis, introducta a Makoy, hortulano belgico (Leodini), ex Morren l. c.

Zusatz 1. Bezüglich der Geschichte der Art und der nur als Synonym zu betrachtenden Bezeichnung von Schumacher als *Paull. polyphylla* verweise ich auf die Gattungsgeschichte (Monographie von *Serjania* p. 39, 41 u. 42).

Die unrichtige Bestimmung der Pflanze als „*Paull. polyphylla* L." rührt eigentlich, wie die Originalien des ersten Sammlers der Pflanze, Commerson's, im Herb. Paris. gen. und im Herb. Adr. de Jussieu ausweisen, von Commerson selbst her. Sie ist ohne Zweifel bei der Mittheilung der Pflanze durch Thouin an Vahl diesem ebenfalls mitgetheilt worden, wie daraus zu schliessen, dass Vahl auf der Rückseite der Plagula, auf welcher die Pflanze aufgeklebt wurde, vermerkt hat: „*Paullinia polyphylla*. Ded. Ds. Thouin." So fand Schumacher die Pflanze im Herb. Vahl und acceptirte und publicirte nun diesen falschen Namen, resp. diese falsche Pflanze unter jenem Namen, indem er dazu auch noch das schon oben in der Literatur ausgeschlossene, zu *Serj. polyphylla* Radlk. gehörige Citat „Jacquin Am. p. 110" etc. setzte. Smith, in dessen Herbar sich auch eines der Commerson'schen Exemplare mit der Bezeichnung „*Paull. polyphylla* L.?" und dem von Smith selbst beigefügten Namen „*Paull. bipinnata* Poir." findet, hat dieses Verhältniss schon richtig geahnt, indem er unter *Paull. bipinnata* Poir. bemerkt: „Gathered by Commerson in Brasil. One of his specimens is before us, marked, with a doubt, *P. polyphylla* Linn. and it appears to be what Schumacher, whom Willdenow copies, has actually described as such."

Dass aus dieser falschen Bestimmung kein Prioritätsrecht für die Bezeichnung bei Schumacher gegenüber der Jussieu'schen abgeleitet werden kann, habe ich schon in der Monographie von *Serjania*, p. 39 hervorgehoben.

Die durch Schumacher auf diese Weise angebahnte Verquickung der vorliegenden Art mit *Serjania polyphylla* wurde von fast allen späteren Autoren fortgeführt und zum Theile noch erhöht, indem verschiedene zu *Serj. polyphylla* gehörige Synonyme und Literaturstellen, wie auch das Vaterland dieser (von Sprengel und nach dessen Vorgang von D. Dietrich und Steudel, Edit. II) mit der Diagnose von Schumacher combinirt wurden. Ich habe diese Theile schon in der Literatur von *Serj. polyphylla* sorgfältig geschieden und konnte mich desshalb in der oben angeführten Literatur begnügen, für die bezüglichen Autoren auf *Serj. polyphylla* zurückzuverweisen.

Hatte bisher Niemand den Zusammenhang zwischen den Stellen von Schumacher und Poiret sowie Jussieu klar erkannt und dargelegt (die Vermuthung von Smith wurde nicht weiter verfolgt), so war dagegen die Zusammengehörigkeit von *Paull. thalictrifolia* und *bipinnata* zuerst von Cambessedes, 1825 (s. ob.), und die weitere von *Paull. fluminensis* damit zuerst von Martius im Jahre 1837 richtig erkannt und hervorgehoben worden (s. ob. u. die Gattungsgeschichte p. 50).

Eine wahrscheinlich durch Sprengel (kaum durch Balbis) im Herbar von Bertero inaugurirte und durch De Candolle in der Vaterlandsangabe „S. Domingo" (neben „Brasilia") sanctionirte Verwechselung mit *Serjania filicifolia* R., einer von Bertero auf S. Domingo gesammelten Pflanze mit ebenfalls sehr hoch und ziemlich zusammengesetztem Blatte, hat sich bis auf die neueste Zeit in der irrigen Ausdehnung des Verbreitungsbezirkes der Pflanze bis auf die Antillen (S. Domingo) bei Van Houtte erhalten (s. in der Monogr. v. *Serjania* d. Geschichte der cultivirten Arten p. 66 und *Serj. filicifolia*, p. 287, nebst den Zusätzen zu dieser).

Zusatz 2. Bei der Pflanze von Commerson im Herb. Laur. de Jussieu findet sich der Name *Paull. bipinnata* weder von Jussieu, welchem Poiret als dessen Autor bezeichnet, noch von Poiret eingetragen, vielmehr nur der Name *Paull. thalictrifolia*. Dagegen findet er sich mit der Autorbezeichnung „Juss." bei einer Pflanze desselben Ursprunges im Herb. Ventenat, jetzt Delessert, von Jussieu verzeichnet, aber wieder ausgestrichen und darunter von derselben Hand, aber offenbar später eingetragen, der Name *Paull. thalictrifolia* Juss. mit Hinweis auf dessen Publicationsstelle. Es scheint demnach, dass Jussieu den Namen *Paull. bipinnata* der Pflanze provisorisch ertheilt, bei der Publication aber durch den Namen *P. thalictrifolia* ersetzt habe, ohne zu wissen, dass er durch Poiret festgehalten würde. Demgemäss erscheint wohl der Name *Paull. bipinnata* älteren Ursprungs; ob er aber auch zuerst veröffentlicht wurde, bleibt dahingestellt, da Jussieu's Abhandlung im selben Jahre erschien, wie die Arbeit von Poiret. Diese Frage scheint um so weniger einer Lösung zu bedürfen, als sich die Beibehaltung des von einer Abbildung begleiteten und wohl desshalb allgemein in Aufnahme gekommenen Namens *Paull. thalictrifolia* in jeder Hinsicht empfiehlt. Ebenso gleichzeitig, aber unter einem und demselben Namen, ist auch *Paull. melinefolia* publicirt worden. Auffallend bleibt, dass Poiret die Identität der *Paull. bipinnata* und *P. thalictrifolia* nicht bemerkte, als er letztere im Supplemente IV (1816) nachtrug unter Berufung auf das Herb. Jussieu. Der erneute Anblick der Pflanze hätte ihn doch an seine *Paull. bipinnata* erinnern können.

Dass Smith die *Paull. thalictrifolia* neben oder unter *Paull. bipinnata* nicht erwähnt, hat seinen Grund offenbar darin, dass ihm die Abhandlung von Jussieu vom Jahre 1804 unbekannt geblieben war. Er führt von den durch Jussieu darin publicirten Arten nur die *Paull. melinefolia* auf, unzweifelhaft auch für sie nur auf der Mittheilung von Poiret in Lam. Encycl. vom gleichen Jahre fussend, wesshalb er sie auch als *P. melinefolia* Poir. bezeichnet, obwohl Poiret ausdrücklich Jussieu als Autor der Art anführt.

Zusatz 3. Die Pflanze wird von Martius, Ueber brasilianische Arzneipflanzen, in Buchner's Repertorium der Pharmacie XXXV. 1830. p. 199. unter den zum Fischfange verwendeten Pflanzen genannt, neben anderen Arten von *Paullinia*, nämlich *P. Curura*, *pinnata* und *macrophylla*. Eine Bestätigung dieser Angabe habe ich bisher nirgends gefunden und man möchte sich fragen, ob derselben nicht etwa eine durch die Schumacher'sche Bezeichnung *Paullinia polyphylla* herbeigeführte Vermengung mit *Paullinia polyphylla* Linn. (excl. stirpe Herbarii Cliffortiani), das ist *Serjania polyphylla* Radlk. zu Grunde liege, welche übrigens als *Serjania triternata* Willd. von Martius a. a. O. ebenfalls angeführt ist.

Zusatz 4. Die Pflanze wird, wie aus dem Literaturverzeichnisse zu ersehen, in neuerer Zeit mehrfach, und zwar ihres zierlichen Blattes halber, in europäischen Gärten cultivirt und scheint auch schon früher in Cultur gewesen zu sein (s. die Geschichte der cultivirten Arten in Radlk. Serj., 1875, p. 66). Die besonders zierliche Var. *argentea* verdankt wohl erst der Cultur ihre Entstehung.

### 113. Paullinia revoluta Radlk.

Paullinia spec. Martius in Herb. Flor. bras. (Catal. autograph. 1842) n. 1270.

Scandens, fruticosa, pubescens; rami juniores subteretes, striati, costati, puberuli, denique glabrescentes; corpus lignosum simplex; folia biternata; foliola oblongo-lanceolata (infima parva, ovalia), apice acuminata, rarius acuta, basi terminalia plerumque longius attenuata, lateralia acuta, omnia sessilia, integerrima, revoluta, subcoriacea, supra non nisi in nervo mediano puberula, subtus pube brevi mollia, glandulis microscopicis e geniculato malleoliformibus obsita, punctis pellucidis permultis obscure notata, epidermide non mucigera; rhachis (petiolus partialis intermedius) nuda vel submarginata; stipulae lineari-subulatae; thyrsi solitarii vel paniculatim congesti, puberuli; flores majusculi, tomentelli; capsula trialata, obverse deltoidea, vix stipitata, apiculo notata, extus pube cana densa denique laxa induta, intus tomentella; semen obovoideum, glabrum, arillo fere mediam seminis partem obtegente.

In Brasiliae prov. Bahia: Riedel n. 341! 808!; Blanchet n. 903! 1293! 2400! Martius Hb. Flor. bras. n. 1270! (leg. Luschnath); Casaretto n. 2226! collector ignotus! (Hb. Boiss.).

Zusatz. Durch die geringe Grösse der Seitenblättchen, namentlich der inneren, an den unteren Triaden nähert sich diese Art einigermassen der *Paull. racemosa*, bei der übrigens die äusseren Seitenblättchen, wenn sie überhaupt zur Ausbildung gelangen, die kleinsten sind.

### 114. Paullinia coriacea Casaretto.

Paullinia Seriana (non L., nec alior.) Vellozo (Arrabida) Flor. Fluminens. I (1825) p. 159, n. 1 (reimpr. 1881, p. 151); Icon. IV (1827) tab. 27; Index method. (1840?) p. 18 c. obs. „non P. Seriana L." Cf. Radlk. Serj. (1874—75) p. 171, 173 etc. (v. indic.), nec non supra Paull. barbad. et infra Spec. excl.

Paullinia coriacea Casaretto Nov. Stirp. Bras. Decades, Decas III (m. Aug. 1842) p. 27, n. 21!
— — Walpers Report. V (1845—46) p. 360.
— — Radlkofer in Monogr. Serj. (1874—75) p. 73 n. 78 etc. (v. indic.), c. synon.

Hayecka sp. Pohl. cf. Lit. generis.

Scandens, fruticosa, glabra; rami subteretes, glabri; corpus lignosum simplex; folia ternata; foliola lanceolato-elliptica, apice breviter acuminata vel obtusiuscula, basi terminale longius, lateralia brevius in petiolulos attenuata vel subsessilia, omnia integerrima subrevoluta, coriacea, nitida, supra subtusque glabra, glandulis microscopicis malleoliformibus subimmersis obsita, punctis lineolisque subpellucidis crebris notata, utriculis laticiferis ramificatis subtus instructa, epidermide mucigera; petiolus nudus; stipulae minutae, deltoideae; thyrsi solitarii vel paniculatim congesti, puberuli; alabastra subtrigona; flores parvuli, glabriusculi; capsula trialata, breviter obovata, basi in stipitem brevem attenuata, saepius apiculata, extus glabra, intus prope valvarum marginem tomentella; semen (immaturum tantum suppetebat) glabrum, arillo usque ad mediam partem obtectum.

In Brasiliae prov. Rio de Janeiro: Vellozo (a. 1780—90; „P. Seriana; habitat maritimis"); Pohl n. 727! („Hayecka" cf. Lit.); Lund n. 510!; Burchell n. 2841! 2862! 3549!; Gaudichaud n. 75! 810!; Casaretto n. 18241; Widgren!; Raben n. 356?! 724!; Glaziou n. 3900!; Schwacke n. 7116!

### 115. Paullinia racemosa Wawra.

Paullinia racemosa (non alior., v. ad calc.) Wawra in Oesterr. bot. Zeitschr. XXIX (1879) No. 7, p. 215; coll. Schwarz!
Paullinia pseudota Radlkofer in Warming Symb., Particula XXXVII (1890), p. 242 (993).
— — Schenck Beiträge zur Anat. d. Lianen (1893) p. 106, tab. V. f. 56!
Minime Paullinia racemosa Poir. in Lamarck Encyclop. V (1804) p. 101 n. 16, quae Serjania racemosa Schum.; cf. Radlk. Serj. p. 265 et infra Spec. excl.
Minime — — Vellozo (Arrabida) Flor. Fluminens. I (1825) p. 159 n. 3; Icon. IV (1827) tab. 29, quae Thinouia scandens Tr. & Planch., forma 2. racemosa Radlk. in Sitzungsb. d. k. bayer. Akad., 1878, p. 282; cf. et Radlk. Serj. Suppl. (1886) p. 49 et infra Spec. excl.

Scandens, fruticosa, glabra; rami teretiusculi, striati vel sublaeves, glabri; corpus lignosum simplex; folia impari-pinnata, bijuga, pinnis inferioribus ad basin laminae saepissime foliolis accessoriis, quasi auriculis, nunc minimis, nunc conspicuis auctis, inde subternatis, foliolis accessoriis exterioribus plerumque quam interiora minoribus vel interdum omnino nullis; foliola ex oblongo lanceolata, interdum subelliptica, apice acuminata, basi terminale longius, lateralia brevius attenuata acutiusculave, sessilia vel (praesertim illa jugi inferioris) petiolulata, omnia integerrima, coriacea, (saturate, attamen laete viridia, splendentia [Warming]), supra glabra, subtus saepius in axillis nervorum foveolata barbataque, ceterum glabra, glandulis microscopicis malleoliformibus subimmersis sparsis obsita, punctis lineolisque pellucidis crebris notata, epidermide mucigera; rhachis nuda; stipulae minutae, triangulares; thyrsi solitarii vel paniculatim congesti, pube brevi flava induti; alabastra subtrigona; flores parvuli; capsula trialata, breviter obovata, basi in stipitem brevem saepius obsoletum attenuata vel contracta, interdum apiculata, extus glabra, intus prope valvarum marginem tomentella, septis puberulis; semen breviter obovoideum, subtrigonum, testa glabra, arillo seminis duas tertias obtegente.

In Brasiliae prov. Rio de Janeiro, Minas Geraës, Bahia et Maranhão: In Rio de Jan.: Miers n. 3632!; Schenck n. 3056!, n. 3739!; Neves-Armond n. 98! 100! 103! 104! 310!; — in Min. Ger.: Warming!; — in Bahia: Sello!; Riedel n. 616!; Blanchet n. 793! 1125! 1318!; — in Maranhão: Schwarz n. 10! (Exped. Novara 1857–59). — Locis accuratius non indicatis: Schott n. 4417!; Capt. Middelton!; Gomez!; Glaziou n. 3901! 10411!

Zusatz 1. Wenn die kleinen, an Blattöhrchen erinnernden Blättchen regelmässig zur Entwicklung kämen, so könnte man das Blatt auch als doppelt gedreites mit sehr kleinen Seitenblättchen der unteren Triaden bezeichnen. Sehr häufig aber kommt es gar nicht, wie dann aus der ungleichseitigen Basis des Trinden-Hauptblättchens zu ersehen ist, zur Abtrennung wenigstens des äusseren dieser Seitenblättchen, und es stellt dann das Blatt eine Uebergangsform vom 2-jochig gefiederten zum doppeltgedreiten dar. Desshalb erschien es angemessen, bei der Bezeichnung der Blattform die einfachere Form zu Grunde zu legen. Ueberdiess fehlen die kleinen Seitenblättchen an manchen Blättern ganz; es ist dann gelegentlich nicht leicht, zu entscheiden, ob sie nur abgefallen seien, oder ob sie, wie aus dem Mangel deutlicher Narben sich zu ergeben scheint, überhaupt nicht zur Entwicklung gelangt seien und das Blatt also in der That nur als „folium 5-foliolato-pinnatum" ausgebildet wurde, wie es Wawra beschrieb, dessen Beschreibung sammt dem Originale von Schwarz mir erst nach meiner Publication der Pflanze in Warming's Symbolae bekannt geworden ist. Der Name von Wawra wird zwar zweifellos zu Verwechselungen mit *Paull. racemosa* Vell. (= *Thinouia scandens* Tr. & Pl., forma 2. *racemosa* Radlk. in Sitzungsb. k. bayer. Akad. 1878, p. 282) und *Paull. racemosa* Poir. (= *Serjania racemosa* Schum., s. Radlk. Serj. Monogr. p. 265) führen, ist aber nach bisherigem Brauche, und da man dem in neuerer Zeit aufgestellten Grundsatze: „once a synonym always a synonym" rückwirkende Kraft nicht einräumen kann, nichtsdestoweniger als giltiger Name anzunehmen.

Zusatz 2. Die älteren Stämme zeigen einen Zuwachs von secundären Holzkörpern in ähnlicher Weise wie die von *Thinouia*, doch sind die neuen Holzkörper mehr von bandartiger Gestalt und meist nur an ihrer äusseren Seite einem Dickenwachsthume unterworfen (s. Schenck a. a. O.).

### 116. Paullinia rhomboidea Radlk.

Paullinia spec. Radlkofer in Monogr. Serj. (1874—75) p. 287, 373, 391 (Addend. ad p. 169) quoad coll. Regnell III, 350! partim (partim Serj. glabrata et Serj. meridionalis); p. 292, 373 quoad coll. Regnell III, 351! partim (partim Serj. orbicularis).

Paullinia rhomboidea Radlkofer in Serj. Suppl. (1886) p. 23, annot.; coll. Correa de Méllo n. 1!

Scandens, fruticosa, glabriuscula; rami juniores teretiusculi, striati vel sublaeves, apice puberuli, mox glabrescentes; corpus lignosum simplex; folia decomposita, imparipinnata, 4—6-juga, jugo infimo ternato; foliola ex ovali rhomboidea, inaequilatera, latere superiore (interiore) majore, apice acuta vel obtusiuscula, basi terminalia longius attenuata vel cuneata, lateralia acuta, omnia subpetiolulata, supra medium serrato-dentata, subchartacea, supra glabra, subtus interdum in axillis nervorum inferiorum barbata, ceterum glabriuscula, glandulis microscopicis malleoliformibus sparsis obsita, punctis lineolisque pellucidis parvis crebris notata, subtus utriculis laticiferis ramificatis subpellucidis instructa, epidermide non mucigera; rhachis anguste alata; stipulae minutae, triangulares; thyrsi solitarii, tenuiores, puberuli; alabastra subtrigona; flores parvuli, subglabri; capsula trialata, ex obovato cuneata, breviter obsoleteque stipitata, saepius apiculata, extus glabra, intus prope valvarum marginem puberula, septis pubescentibus; semen breviter obovoideum, glabrum, arillo dimidiam seminis partem obtegente.

In Brasiliae provinciis S. Paulo et Minas Geraës: In Min. Ger.: Burchell n. 5856!; Widgren n. 1115!; Regnell III, 350! partim (partim Serj. glabrata Kunth et Serj. meridionalis Camb., cf. Lit.); III. 351! partim (partim Serj. orbicularis Radlk., cf. Lit.); Mosén n. 427!. n. 1959!; Schwacke n. 8129!; — in prov. S. Paulo: Burchell n. 4959!; Correa de Méllo. Sapindacea n. 1!; Mosén n. 3966!; Loefgren n. 618! Loco non indicato: Sello n. 5518!

Zusatz. Die Pflanze ist unter den ihr verwandten Arten durch das reicher gegliederte Blatt mit kleineren und dichter gezähnten Blättchen ausgezeichnet und tritt dadurch und durch die keilförmig gestaltete Frucht einigermassen, und mehr als irgend eine andere Art der Section, an *P. thalictrifolia* heran.

### 117. Paullinia weinmanniaefolia Martius.

Paullinia weinmanniaefolia Martius Herb. Flor. Bras. in Flora (s. Regensb. bot. Zeit.) Jahrg. XX (1837) Band II, Beiblatt p. 91, n. 69!
— — Walpers Repert. I (1842) p. 414.
— — Steudel Nomencl. Ed. II, II (1841) p. 278, excl. syn. „Paull. trigonia Arrab.", quae conferenda.
— — Radlkofer in Monogr. Serj. (1874—75) p. 73 n. 86 etc. (v. indic.). c. synon.
— — Schenck Beiträge zur Anat. d. Lianen (1893) p. 106!
Paullinia prismatocarpa Salzmann in sched. coll. n. 109! (1830).
Paullinia erythrocarpa Casaretto Nov. Stirp. Bras. Decades, Decas III (m. Aug. 1842) p. 27 n. 22! Cf. Radlk. Serj. p. 53 etc. (v. indic.).
— — Walpers Repert. V (1845—46) p. 361.
Hayecka sp. Pohl, cf. Lit. generis.
Non Paullinia weinmanniaefolia Gray, Asa, Bot. Wilkes U. S. Explor. Exped. XV (1854) p. 248 n. 2 c. syn. „P. discolor Gardn."; cfr. P. trigonia Vell.
Non — — Britton, Enum. Plant. a Dr. Rusby collect., in Bull. Torr. Bot. Club XVI (1889) p. 191, coll. Rusby n. 527!, quae Serj. deltoidea Radlk.

Scandens, fruticosa; rami juniores teretes; striati vel sublaeves, pube brevissima adspersi, mox glabrati; corpus lignosum simplex; folia 5-foliolato-pinnata, interdum foliolis superioribus cum terminali connatis ternata vel pinnis inferioribus compositis transeuntia in biternata, rarius 3-juga, jugo infimo (utrinque) ternato; foliola ovalia, terminale saepius obovatum vel subrhombeum, apice plus minus obtusa, basi terminale in petiolulum attenuatum, lateralia brevius attenuata vel cuneata, subsessilia, omnia remote crenato-dentata, dentibus interdum obsoletis, plerumque crassiuscule coriacea, nitida, supra subtusque glabra, nec in axillis nervorum barbata, glandulis microscopicis malleoliformibus subimmersis crebris obsita, punctis pellucidis (cellulis secretoriis sub staurenchymate sitis) sparsis saepe occultis, epidermide mucigera; rhachis marginato-alata; stipulae minutae; thyrsi solitarii vel paniculatim congesti, puberuli; alabastra subtrigona; flores parvuli, adpresse puberuli; germen glabrum vel in angulis laxius puberulum; capsula trialata, subsessilis e breviter elliptico suborbicularis, alis margine undulatis rarius planis, valvis plerumque utrinque alula corniformi obliqua prope medium marginem instructis, extus glabra, intus praeter loculorum dorsum puberula vel tomentella; semen ex obovoideo breviter ellipsoideum, glabrum, arillo dimidiam seminis partem obtegente, embryone oleoso-carnoso.

In Brasiliae prov. Rio de Janeiro, Espirito-Santo et Bahia (specimina foliis magis compositis biternatis vel trijugis anomala ad calcem enumerantur): In prov. R. d. Jan.: Pohl (Schüch, Schott) n. 7031 (Serra do Macaeú, flor.); „Hayeeka" cf. Lit.); Lund n. 137! Riedel n. 506! Gaudichaud n. 838! Vauthier n. 28! 42! Boog! Martius Hb. Flor. bras. n. 69! (leg. Luschnath, fruct. immat.; leg. Ackermann flor.); Raben n. 345! 346! 360! Casaretto n. 1188! („P. erythrocarpa Casar."); Weddell n. 149! Widgren! Warming! Glaziou n. 40! 8605! Schwacke n. 5531! Schenck n. 3815! 3951! Magalhães-Gomes n. 1114! Hb. Flumin. n. 251! (Hb. Lugd.-Bat.).

Specimina anomala: In Rio de Jan. (?): Sello n. 91! (fol. 3-jug.); Gaudichaud? n. 832! (fol. partim bitern.; Hb. Vindob.); Riedel n. 508! partim (partim P. micrantha C.: Rio de Jan. m. Jun. 1832. flor.; fol. bitern. et 3-jug.; Hb. Petrop.); — in prov. Esp.-Santo: Princ. Neu-Wied n. 3. a! 297! (Aldea-Velha, m. Mart. 1816. flor.; fol. bitern.; Hb. Mart.); — in prov. Bahia: Riedel! (Ilheos, m. Apr. 1821, flor.; fol. 3-jug.); Salzmann n. 109! (Bahia in sepibus, a. 1830; fol. bitern. vel 3-jug., fruct. minor, valvarum alulis accessoriis hic illic abortivis; Hb. plur.).

Zusatz. Die Pflanze ist durch ihre Frucht und meist auch durch ihr einfacher zusammengesetztes Blatt mit derberen, nur schwach gezähnten und kahlen Blättchen vor den verwandten Arten und namentlich vor der in der Farbe der Zweigrinde ihr ähnlichen und oft mit ihr verwechselten *P. trigonia* sattsam ausgezeichnet.

Die eigenthümlichen, hornartigen Seitenflügelchen der Fruchtklappen, welche an die hornartigen Fortsätze der Fruchtknöpfe bei *Serjania cornigera* (und den Arten der Section *Ceratococcus* überhaupt) erinnern, sind nicht blosse Parenchymwucherungen, sondern auch von Gefässbündeln durchzogen und erscheinen so als etwas den Dornfortsätzen in der Section *Castanella* und den Warzenfortsätzen in der Section *Cryptoptilon* Analoges. Einzelne derselben bleiben gelegentlich in der Entwicklung zurück.

Was die dann und wann auftretende reichere Gliederung des Blattes (bis zu 9 und 11. statt 5. Blättchen) betrifft, so zeigen sich an den betreffenden Exemplaren nicht immer alle Blätter in solcher Weise verändert, wodurch die Beurtheilung dieses Verhältnisses als eines minderwerthigen bedingt und die Bestimmung solcher Materialien erleichtert wird. Ist die Veränderung aber eine (für die vorliegenden Zweige eben) allgemeine, so geben bei fructificirtem Materiale die accessorischen Flügelchen der Fruchtklappen, bei nur mit Blüthen versehenem die dichter grau behaarten inneren Kelchblätter und in beiden Fällen, wie auch bei ganz sterilem Materiale, die beiderseits kahlen Blättchen, welchen (gegenüber *P. trigonia*) auch eine Bebärtung der Nervenachseln fehlt, entsprechende Anhaltspunkte zur richtigen Bestimmung, gleichwie die Farbe der Rinde, welche in der Regel etwas heller erscheint als namentlich bei *P. trigonia*, ohne desshalb der grauen Färbung der *P. micrantha* gleichzukommen.

### 118. Paullinia uloptera Radlk.

Nomen vulgare: Cipo raxa t. Peckolt.

Scandens, fruticosa, puberula; rami subteretes, sulcato-striati, pube brevi pulverulenta induti; corpus lignosum simplex; folia imparipinnata, 2—3-juga, jugo infimo ternato; foliola ex ovali lanceolata vel terminalia subrhombea, apice acuta, interdum cuspidato-acuminata, basi terminalia longius cuneato-attenuata, lateralia acutiuscula, omnia subsessilia, serrato-dentata, membranaceo-chartacea, supra glabra, subtus pube brevissima laxa induta, glandulis microscopicis malleoliformibus obsita, punctis pellucidis nullis, reti subpellucido instructa, epidermide non mucigera; rhachis superne alata vel subnuda; stipulae minutae; thyrsi solitarii, dense puberuli; alabastra subtrigona; flores parvuli, puberuli; germen tomento brevi indutum; capsula trialata, breviter elliptica, subsessilis, alarum marginibus crispis, prope valvarum margines medios emergentiis plus minus aluliformibus aucta (cf. Fig. XIII), extus e puberulo subglabrata, intus tomento brevissimo induta; semen (immaturum tantum suppetebat) glabrum, arillo tertiam seminis partem obtegente.

In Brasiliae provincia Rio de Janeiro: Claussen! Peckolt n. 275!

Zusatz. Die Pflanze zeichnet sich vor *P. weinmanniaefolia* zumeist durch die Gestaltung der Frucht mit grösseren, am Rande krausen Flügeln aus. Man könnte das als eine blosse Abnormität in der Ausbildung der Frucht ansehen; doch ist auch schon in der Behaarung des Fruchtknotens ein deutlicher Unterschied vorhanden. Das Gewicht dieser Verhältnisse wird weiter durch die (der *P. weinmanniaefolia* allerdings gelegentlich ebenfalls zukommende) reichere Gliederung des Blattes, die Pubescenz und geringere Derbheit der Blättchen und das damit verbundene eigenthümliche Gesammtgepräge der Pflanze, sowie durch die nicht verschleimte Epidermis der Blätter unterstützt, so dass es angemessen erschien, sie als besondere Art aufzufassen.

### 119. Paullinia cristata Radlk.

Scandens, fruticosa, pubescens; rami subteretes, obsolete striati, pube brevi molli laxa induti, denique glabrescentes; corpus lignosum simplex; folia biternata; foliola terminalia ex ovato subrhombea, lateralia suborbicularia, apice terminalia acuta, lateralia obtusa, basi terminalia in petiolulos contracta, lateralia acutiuscula, sessilia, omnia sat crebre serrato-dentata, e membranaceo chartacea, supra glabra, subtus molliter pubescentia, glandulis microscopicis malleoliformibus obsita, punctis pellucidis minimis notata, epidermide mucigera; rhachis (petiolus partialis intermedius) nuda; stipulae minimae, deltoideae; thyrsi solitarii, laxe puberuli; alabastra subtrigona; flores parvuli, minutim puberuli; capsula trialata, suborbicularis, subsessilis, alis plerumque revolutis margine undulatis, juxta margines valvarum crista humili longitudinali instructa, extus pilis flavis laxius vestita, intus tomentella; semen obovoideum, glabrum, arillo usque ad mediam partem obtectum.

In Brasiliae provincia Santa-Catharina: Gaudichaud n. 272! Tweedie (?)! (a. 1832—35; Hb. Hook); H. Schenck n. 345! 733! 804!

### 120. Paullinia micrantha Cambessedes
(non St. Hilaire, uti Don, Dietrich et Walpers referunt).

Paullinia micrantha   Cambess. in St. Hil. Flor. Bras. I (1825) p. 373, n. 4!
   —          —       Cambess. in Mém. Mus. d'Hist. nat. XVIII (1829) p. 23.
   —          —       Don General Syst. I (1831) p. 661, n. 21.
   —          —       Dietrich, Dav., Synops. Pl. II (1840) p. 1315, n. 35.
   —          —       Walpers Repert. I (1842) p. 414.
   —          —       Radlkofer in Monogr. Serj. (1874—75) p. 73 n. 72 etc. (v. indic.).
Hayecka sp. Pohl, cf. Lit. generis.

(NB. In Steudel Nomencl. P. micrantha C. ommissa est ut et aliae species; cf. Lit. gen.)

Scandens vel non scandens (Beyrich), fruticosa; rami subteretes, juniores pube brevi induti, denique glabrescentes, cortice pallido cinerascente; corpus lignosum simplex; folia imparipinnata, 3-juga, jugo infimo ternato, raro 2-juga, inde biternata, rarissime 5-foliolato-pinnata; foliola ex ovali sublanceolata (terminalia latiora, saepius subrhombea), apice acuta, basi terminalia longius attenuata, lateralia acuta vel breviter attenuata, omnia subsessilia, supra medium remote serrato-dentata, rarius subintegerrima, revoluta, chartaceo-coriacea, supra glabra, subtus saepius in axillis nervorum obsolete barbata, ceterum glabriuscula, glandulis microscopicis malleoliformibus subimmersis crebris obsita, punctis lineolisque subpellucidis (cellulis secretoriis infra staurenchyma sitis) saepe occultis notata, epidermide mucigera; rhachis alata marginatave; stipulae minutae; thyrsi solitarii; alabastra subtrigona; flores parvuli, adpresse puberuli; germen laxe puberulum; capsula trialata, denique subtrigona, breviter elliptica, brevius stipitata, extus glabra, intus tomentella; semen breviter obovoideum, glabrum, arillo dimidiam seminis partem obtegente, embryone oleoso-carnoso.

In Brasiliae prov. Rio de Janeiro et Minas Geraës: In Rio de Jan.: Banks et Solander! Lord Colchester! Sello! Pohl (Schott, Mikan) n. 700! („Heyecka" cf. Lit.), 741! (Hb. Prag.); Beyrich! Burchell n. 1376! 1674! Peters! Blanchet n. 156! Vauthier! Riedel n. 508! partim (partim P. weinmanniaefolia); Luschnath! Raben n. 740! Warming! Glaziou n. 3896! Neves-Armond n. 309! Schwacke n. 7178!; — in prov. Min. Ger.: St. Hilaire! Martius! Magalhães-Gomes n. 257! 2049!

Culta in Hort. Monac. a. 1876.

Zusatz. Die Pflanze zeichnet sich vor *Paull. trigonia*, mit der sie in der Gestaltung der Frucht übereinstimmt, besonders durch die hellere, weisslich- oder gelblich-graue Rinde der Zweige aus, und dazu kommt fast immer die reichere Gliederung des Blattes, welchem zwischen den basilären Blättchen-Triaden und der apicalen noch ein Blättchenpaar eingefügt zu sein pflegt; nur selten ist eine Verarmung zu doppelt gedreiten Blättern, wie sie der *Paull. trigonia* normal zukommen, zu beobachten. Zugleich sind die Blättchen unterseits blasser als bei *P. trigonia* und in den Nervenachseln nicht so deutlich oder gar nicht bebärtet. Das beständige Zusammentreffen dieser Verhältnisse lässt die Pflanze als etwas von *P. trigonia* specifisch Verschiedenes betrachten. Die blassere Farbe der Rinde und der Blättchen dient zugleich neben der fast vollständigen Kahlheit der Frucht und meist auch schon des Fruchtknotens zur Unterscheidung von *P. dasygonia*, und die Rinde weiter auch zur Unterscheidung von nicht fructificirten Materialien der *P. weinmanniaefolia* mit höher als im normalen Falle zusammengesetzten Blättern (s. dort).

Bemerkenswerth ist noch, dass bei *P. micrantha* Secretelemente niemals im Palissadengewebe zur Beobachtung kamen, vielmehr immer nur unter dem Palissadengewebe.

### 121. Paullinia dasygonia Radlk.

Paullinia ingaefolia (non „Rich." ed. Juss.) Sagot Catal. des Pl. de la Guyane franç. in Ann. Scienc. nat., VI. Sér., XII (1882) p. 191. excl. syn. P. weinmanniaefol. Mart.; coll. Sagot n. 881!

Scandens, fruticosa; rami subteretes, juniores obtusanguli, pube flava hirtella praesertim in angulis induti, cortice rubro-fusco; corpus lignosum simplex; folia imparipinnata, 3—4-juga, jugo infimo ternato; foliola lateralia elliptico-lanceolata, saepius plus minus obovata, terminalia subrhombea, omnia apice obtusa, raro acutiuscula, basi terminalia longius attenuata, lateralia acuta, omnia subsessilia, supra medium remote serrato-dentata, dentibus plerumque obtusis interdum obsoletis, revoluta, chartaceo-coriacea, supra glabra, subtus interdum in axillis nervorum obscurius barbata, ceterum glabra, glandulis microscopicis malleoliformibus submmersis obsita, punctis lineolisque subpellucidis (cellulis secretoriis infra staurenchyma sitis) saepe occultis notata, epidermide mucigera; rhachis marginato-alata; stipulae minutae; thyrsi solitarii, puberuli; alabastra subtrigona; flores parvuli, adpresse puberuli; germen pilis flavis praesertim in angulis hirsutum; capsula anguste trialata, denique subtrigona, breviter obovato-elliptica, breviter stipitata, pilis rigidioribus ciliata, ceterum subglabrata, intus puberula; semen breviter obovoideum, glabrum, arillo usque ad mediam partem obtectum, embryone carnoso oleo amyloque foeto.

Rami juniores diametro 2—3 mm, saepe lenticellis notati. Folia 6—15 cm longa, 4—10 cm lata; foliola lateralia 2—3 cm longa, 1—1,5 cm lata, terminalia paullo majora, omnia margine plus minus revoluta, sicca fusca; petiolus communis 1—3 cm longus, puberulus, supra sulcatus; rhacheos alae plus minus revolutae. 1 mm utrinque non superantes. Thyrsi folia aequantes vel paullo longiores brevioresve, sessiles vel pedunculati, laxius cincinnigeri, cincinnis sessilibus vel rarius stipitatis contractis; bracteae bracteolaeque minimae; pedicelli 1—1,5 mm longi, basi articulati. Sepala duo exteriora tertiam interiorum partem aequantia, extus puberula; interiora vix 2 mm longa. Petala obovata; squamae (cristis adjectis) duas petalorum tertias aequantes, margine villosae, superiores crista brevi appendiceque deflexa longe barbata instructae. Tori glandulae ovato-subrotundae, basi puberulae, uti torus. Staminum filamenta pilis albis induti; antherae glabrae. Germen trigonum. Capsula 9—12 mm longa, 7—8 mm lata. Semen 6—8 mm longum, 5—6 mm latum, spadiceo-nigrum.

In Guiana gallica et anglica, nec non in insula Trinidad: In G. gallica: Poiteau! (a. 1819—21; fruct.; Hb. Deless., Berol. etc.); Melinon n. 313! („Liane; bords de La Mana" m. Jan. 1842, fruct. submat.; Hb. Par., Lugd.-Bat.); Sagot n. 811! (ad ripas fluminis La Mana, a. 1858, fruct., sub nom. erron. „Paull. ingaefolia Rich."; cf. Lit.; Hb. Franquev., Griseb., Berol. etc.); — in G. angl.: Schomburgk n. 147! („Berbice, a. 1837"; Hb. Deless., DC., Vindob. etc.; „Banks of the upper Essequebo, a. 1838" Hb. Kew.); — in Trinidad: Fendler n. 277! (a. 1877—80).

Zusatz. Die Pflanze steht der *Paull. trigonia* Vell. sehr nahe und könnte vielleicht auch als eine blosse Form derselben aufgefasst werden. Sie unterscheidet sich davon ausser durch den an seinen Kanten rauhhaarigen Fruchtknoten, dessen Behaarung sich auch an der Frucht noch mehr oder minder erhält, durch die stets 3—4jochigen Blätter mit kleineren, meist stumpfen Blättchen, die kaum bebärteten Nervenachseln der Blättchen und den an Stärkemehl (in grösseren Körnchen) reicheren Samen. Dazu kommt, dass sie ausschliesslich aus Guiana und Trinidad bekannt ist. Mit Rücksicht auf diese Verhältnisse erschien es angemessen, sie als besondere Art hervorzuheben.

### 122. Paullinia trigonia Vellozo.

Paullinia trigonia Vellozo (Arrabida) Flor. Fluminens. I (1825) p. 159. n. 4 (reimpr. 1881, p. 152); Icon. IV (1827) tab. 30.
— — Radlkofer in Monogr. Serj. (1874—75) p. 73 n. 77 etc. (v. indic.), c. synon.
— — Schenck Beiträge zur Anat. d. Lianen (1893) p. 106, 108!
Paullinia discolor Gardner in Hook. Lond. Journ. of Bot. II (1843) p. 337, n. 340! Cf. Radlk. Serj. p. 53 etc. (v. indic.).
— — Walpers Report. II (1843) p. 814, n. 7.
Paullinia weinmanniaefolia (non Mart.) Gray, Asa. Bot. Wilkes U. S. Explor. Exped. XV (1854) p. 248, n. 2!, c. syn. „P. discolor Gardn." Cf. Radlk. üb. Sapindus, in Sitzungsber. d. k. bayer. Akad. 1878, p. 225 annot.

? **Paullinia curassavica** (non „Jacq.") Grisebach in Flor. Brit. West Ind. Isl. (1859—64) p. 124 n. 10. quoad specimina Brasiliensia in obs. indicata. Cf. obs. n. 7 ad P. jamaic.
Nomen vulgare: Timbó Martius in obs. ined. n. 669.
— — Tingui-Sipo Blanchet in sched.
Perperam citatur **Paullinia trigonia** Vell. (Arrab.) ad Paull. weinmanniaefoliam Mart. in Steudel Nomencl. Ed. II, II (1841) p. 278.

Scandens (Burchell) vel vix scandens (Sello), fruticosa; rami subteretes, juniores striati, saepius pube subflavida brevi hirtella vel molli induti, denique glabrescentes, cortice rubro-fusco; corpus lignosum simplex; folia biternata, raro pinnata, 3—4-juga, jugo infimo utrinque ternato; foliola lateralia elliptico-lanceolata, saepius obovata, terminalia plerumque subrhombea, omnia apice obtusa vel acuta, rarius breviter acuminata, basi terminalia longe attenuata, lateralia acutiuscula breviusve attenuata, omnia subsessilia, subintegerrima vel supra medium remote serrato-dentata, revoluta, chartaceo-coriacea, discoloria, (sicca) supra e saturate viridi fuscescentia, subtus rubro-fusca, supra non nisi in nervo mediano puberula, subtus plerumque in axillis nervorum conspicue barbata scrobiculataque, ceterum glabra vel pubescentia, glandulis microscopicis malleoliformibus subimmersis crebris notata, punctis pellucidis (cellulis secretoriis plerumque sub, rarius in staurenchymate sitis) parvis sparsis vel hic illic aggregatis saepe occultis notata, epidermide mucigera; rhachis (petiolus partialis intermedius) marginato-alata; stipulae minutae; thyrsi solitarii, puberuli; alabastra subtrigona; flores adpresse puberuli, parvuli; germen glabrum vel vix in angulis puberulum; capsula primum trialata, denique tricarinato-trigona, elliptico-lanceolata, breviter stipitata, extus glabra, intus praeter loculorum dorsum tomentella; semen obovoideum, glabrum, arillo certe dimidiam seminis partem obtegente, embryone oleoso-carnoso.

In Brasiliae prov. S. Catharina, Rio Grande do Sul, S. Paulo, Rio de Janeiro, Minas Geraës, Bahia et Pernambuco: In prov. Rio de Jan.: Banks et Solander!, Vellozo; Bowie & Cunningham n. 355! Raddi! Pohl n. 701! Burchell n. 1905! 2004! 2714! Riedel n. 507! Lhotsky n. 129! Luschnath n. 4! Gardner n. 310! („P. discolor"); Wilkes Exped.! („P. weinmanniaefolia Mart." apud Gray e. synon. „P. discolor Gardn."); Saldanha n. 5521! 6762! Mendonça n. 1127! Schenck n. 2067! 2144! 2298! 2322! 2373! 2537! 2593! 2778! J. T. de Moura n. 618! 622!; — in prov. S. Paulo: Burchell n. 3112! 4684! Gaudichaud n. 930! Lindberg n. 730! Houlet! Guillemin n. 509! J. C. de Mello! Mosén n. 3518! 3606! 3607! Schwacke n. 1906!; — in prov. Rio Grande do Sul: Fox n. 361; — in prov. S. Catharina: Ule n. 185! 204! 744! Schwacke n. 6976!; — in prov. Min. Ger.: Martius obs. ined. n. 669! Warming! Schwacke n. 1670!; — in prov. Bahia: Blanchet n. 722! 1096! 1502! 2180! Didrichsen n. 3964!; — in prov. Pernambuco: Schenck n. 4137! Loco accuratius non indicato: Sello n. 71! 119! 533! partim (partim P. weinmanniaefolia Mart.). 5381! 5796! Eques ab Seneloh n. 190! Swainson!

Zusatz 1. Die Pflanze ist im Fruchtzustande durch die starke Reducirung der Fruchtflügel, an deren Stelle nur mehr kielige Kanten sich finden, unter gleichzeitiger Rücksichtnahme auf die rothbraune Rinde und das gewöhnlich doppelt gedreite Blatt leicht von den verwandten Arten zu unterscheiden. Auch für nicht fructificirtes Material lassen doppelt gedreite Blätter zusammen mit rothbrauner Rinde zunächst immer sie vermuthen. Dazu kommt die meist auffällige Bebärtung der Nervenachseln an der gewöhnlich deutlich in's rothbraune ziehenden Unterseite der Blättchen, welche hier auch im übrigen, wie auch die Zweige, nicht selten mit gelblichen Haaren besetzt sind. Diese Merkmale pflegen auch da, wo Abweichungen in der Zusammensetzung der Blätter vorhanden sind, zur Erkennung der Art auszureichen. Im Vergleiche mit *P. weinmanniaefolia* ist noch hervorzuheben, dass die inneren Kelchblätter (an der Blüthenknospe) bei *P. trigonia* weniger behaart sind. Die Nerven der Blättchen sind zahlreicher als bei *P. weinmanniaefolia*. Die durchsichtigen Punkte verhalten sich ähnlich, wie dort; die von Secretzellen im Palissadengewebe herrührenden sind meist spärlich, und überhaupt nicht immer vorhanden.

Die Gestalt und Grösse der Frucht und die damit zusammenhängende Grösse des Samens ist mancherlei Schwankungen unterworfen. Bald ist die Frucht ellipsoidisch, an der Basis kaum in einen Stiel verschmälert, bald aus breiterer oberer Hälfte in einen Stiel verschmälert; bald ist der Same fast haselnussgross (Exemplare von Lhotsky), bald kaum erbsengross (Exemplare von Mosén), und dem entsprechend wechselt auch die Grösse der Frucht.

Auch in ihrem Wuchse scheint die Pflanze sich verschieden zu verhalten und bald mehr lianenartig, bald mehr strauchartig zu sein.

Zusatz 2. Nach Schenck besitzt die Pflanze eine Rinde mit rothem Safte. Diese Rinde ist gemäss der Etiquette eines von Moricand an Martius mitgetheilten Exemplares von Blanchet n. 2180 (mit 3- und 4-jochigen Blättern) fischvergiftend: „Tingui-Sipo. Brasil.; a les mêmes propriétés, que le *Phyllanthus Conami*; l'écorce pilée et jetée dans un étang fait mourir les poissons."

Damit steht im Einklange die Angabe von Martius, in dessen Observ. ined., n. 669: „Timbó quoque dicitur et inebriandi pisces virtute pollere uti alia jam descripta species in vulgo sermo est. Cipo ramis fuscis tortis sulcatis pubescentibus. Flores albi parvi nectariis intus barbatis apice flavis. In ripa fluminis Sapucahi."

Darnach ist die Pflanze, wie schon unter *P. macrophylla*, p. 167 und *P. pinnata*, p. 158 erwähnt wurde, den in meiner Abhandlung über fischvergiftende Pflanzen (Sitzungsber. d. k. bayer. Akad., 1886, p. 379 etc.) bereits aufgezählten *Paullinia*-Arten (*P. Cururu* L., *pinnata* L. em., *macrophylla* Kunth, *costata* Schlecht., *Cupana* Kunth?, *jamaicensis* Macf.?, *thalictrifolia* Juss.?) beizufügen, über deren mehr oder weniger sichere Verwendung zum Fischfange bei den einzelnen Arten das Entsprechende bemerkt ist. Ebenso ist die *P. meliaefolia* Juss. anzureihen, da aus dem von Peckolt angegebenen Namen „Tingui de folha grande", dem überdiess die Angabe „venenosa" beigefügt ist, auf Verwendung zum Fischfange geschlossen werden darf (s. *P. meliaef.* Zusatz n. 4). Der Name Tingui scheint mit grösserer Bestimmtheit, als das von dem Namen Timbó gesagt werden kann, Pflanzen zu bezeichnen, welche als Fischgift gelten. Er kömmt bekanntlich auch der gleichfalls zum Fischfang verwendeten *Serjania piscatoria*, den Arten von *Magonia* und der Myrsinee *Jacquinia armillaris* L. zu (s. d. a. Abh. 1886, p. 401 und die Monogr. v. *Serjania* p. 341, 347). Für andere solcher Pflanzen findet sich wieder nur der Name Timbó, wie für *Paull. pinnata*, bei welcher in Zusatz 6 von dessen allgemeinerer Anwendung auf giftige Pflanzen überhaupt schon des näheren die Rede war.

## Species addenda.

### 123 (13, a). Paullinia macrocarpa Radlk.

Scandens, fruticosa, glabra; rami 5-sulcati, 5-costati, adultiores teretiusculi: corpus lignosum simplex; folia 5-foliolato-pinnata; foliola oblonga, apice breviter obtuse acuminata, basi superiora subacuta, inferiora obtusa, subintegerrima, nec nisi apice denticulo uno alterove instructa, breviter petiolulata, chartacea, plurinervia, ad nervos oblique adscendentes plicato-sulcata, inter nervos laterales tenuiter clathrato-venosa, nitida, subtus in axillis nervorum parce barbata glandulisque microscopicis malleoliformibus adspersa, reti utriculorum laticiferorum interrupto subpellucido instructa, epidermide non mucigera, nec crystallophora; petiolus rhachisque nuda; thyrsi solitarii, sat robusti, laxe cincinniferi, fructiferi glabri; flores — (non suppetebant); fructus sectionis maximus, elongate clavatus vel fusiformis, in stipitem attenuatus, lignosus, extus et intus glaber; semen compresse ellipsoideum, praeter aream infra medium dorsum parvam totum arillo fusco obtectum.

Rami diametro 5—6 mm, cortice subfusco vel cinerascente. Folia circ. 27 cm longa, 18 cm lata; foliolum terminale circ. 14 cm longum, 4 cm latum, lateralia decrescentim minora; petiolus communis 9 cm longus, uti rhachis 4 cm longa gracilis, subtus convexus, striatus, supra sulcis duobus exaratus, glaber; petioluli 4—5 mm longi; stipulae — (deciduae, non visae, cicatrices relictae sat magnae). Thyrsi 10 cm longi, rhachi basi teretiuscula diametro 2 mm vix excedente. Capsula stipite 2,5 cm longo incluso circ. 7 cm longa, 1,5—2 cm lata, sicca fusca. Semen circ. 1.8 cm longum, 8 mm latum, testae parte libera fusco-spadicea, reliqua arillo deraso canescente.

In Costa-Rica: Oersted! (ad Turrialva, m. Maj. 1847, fruct.; nom. vulg.: „Vejuco espinoso", vix recte; IIb. Havn.).

Zusatz. Die Pflanze, welche mir während des Druckes der Monographie mit einem Reste der von Oersted in Central-America gesammelten Pflanzen aus dem Herbare zu Kopenhagen zukam, ist zwischen *Paull. obovata* Pers. aus Peru und *P. fraxinifolia* Tr. & Pl. aus Neu-Granada einzuschieben. Mit der ersteren kommt sie durch das Fehlen durchsichtiger Punkte überein, der letzteren nähert sie sich durch die Gestaltung der kleinen Aussendrüsen. Von beiden ist sie unter anderem verschieden durch das Fehlen von Krystallen in der unterseitigen Epidermis des Blattes, welche übrigens auch bei den genannten beiden Arten nur spärlich auftreten und bei der an *P. fraxinifolia* sich anreihenden *P. subrotunda* Pers. ebenfalls fehlen. Man könnte versucht sein, in der vorliegenden Pflanze abweichende Exemplare der aus Mexico und Central-America bekannten *P. clavigera* Schlecht. mit abnorm vergrösserter Frucht und ungeflügelt gebliebenem Blattstielgerüste zu vermuthen. Dieser Anschauung tritt aber ausser den in der Charakteristik hervorgehobenen Verhältnissen auch noch der Umstand entgegen, dass die Laubknospen hier von angedrückt behaarten Knospenschuppen bedeckt sind, deren äusserste bei breit eiförmiger Gestalt kaum die halbe Länge der Knospe selbst besitzen, während dieselben bei *P. clavigera* pfriemlich schmal sind und die Knospe überragen, an Gestalt und Länge den Nebenblättchen gleichend.

Oersted hat der Pflanze die Bezeichnung „Vejuco espinoso" beigefügt, welche aber doch nur uneigentlich von der wirklich stacheligen *Serjania mexicana* W. auf sie übertragen sein dürfte, und zwar, wie es scheint von Oersted selbst, von welchem dieselbe Bezeichnung bei einem gleichzeitig an demselben Standorte gesammelten Exemplare von *Serj. mexicana* sich eingetragen findet, wie ich seiner Zeit in der Monographie von *Serjania* angeführt habe, wobei aber in Folge der etwas undeutlichen Schrift die Jahreszahl für „1849" und der Beiname als „spinoso" gelesen worden war.

## Plantae generi Paulliniae adscriptae, innominatae, indescriptae, mihi ignotae.

Paullinia spec. Britton in Bull. Torr. Bot. Cl. XVI (1889) p. 191; coll. Rusby n. 2687 („Bolivia, junction of the Beni and Madre de Dios; a species collected only in fruit and without leaves").

Paullinia spec. ? N. E. Brown in Kerr, J. Graham, Bot. Pilcomayo Exped., Transact. and Proc. Bot. Soc. Edinb. XX, 1 (1894) p. 50 („A small specimen, too imperfect for description").

## Species exclusae.

In specierum literatura supra jam exclusae lectoris commodo iterum hic enumerantur, asterisco insignitae.

Paullinia (spec.) Bentham in schedis ad n. 2797 Spruce, coll. 1852—53 —
= Toulicia bullata Radlk. in Sitzungsb. d. k. bayer. Akad. 1878 p. 372.
  „     „     Bentham in schedis ad n. 2290 Spruce, coll. 1852 —
= Toulicia elliptica Radlk. in Sitzungsb. d. k. bayer. Akad. 1878 p. 371.
  „     „     Cuming coll. n. 539 n. 1237; cfr. infra „Paull. (spec.) Hohenacker" etc.
  *     „     Fabricius Hort. Helmst.; cfr. infra „Paull. foliis bipinnatis Fabric.*
            foliis etc.; cfr. infra „Paull. foliis" etc.
  „     „     Hemsley in Salvin & Godm. Biol. Centr.-Am., Bot. I (1879—81) p. 210
            n. 11 „Costa Rica. Endres n. 142" (secundum Biolog. enumerata in
            Anales del Museo Nacional. Républica de Costa Rica, I, 1888, Pars 2,
            p. 20, e. indicat. „Costa Rica, Endres n. 142") —
= Serjania caracasana W. Cf. Radlk. Serj. Suppl. p. 52, 95.
  *     „     Hemsley in Salvin & Godm. Biol. Centr.-Am., Bot. I (1879—81) p. 211
            n. 16 „Nicaragua, Tate n. 58" (secundum Biolog. enumerata in Anales
            del Museo Nacional, Républica de Costa Rica, I, 1888, Pars 2, p. 20
            e. indicat. „Nicaragua") —
= Urvillea ulmacea Kunth, forma 2. Berteriana Radlk. in Sitzungsb.
            d. k. bayer. Akad. 1878 p. 264.
  *     „     Hemsley in Salvin & Godm. Biol. Centr.-Am., Bot. I (1879—81) p. 211
            n. 18 „Guatemala. Friedrichsthal n. 5" —
= Serjania mexicana W. Cf. Radlk. Serj. Suppl. p. 52, 124.
  „     „     Herb. Cliff.; cfr. infra „Paull. foliis etc. Hort. Cliff. n. 1, 2, 3, 4, 6".
  „     „     Herb. Linn.; cfr. infra „P. curassavica L. Hb.", „P. pinnata L. Hb.", „P. poly-
            phylla L. Hb".
  „     „     Hohenacker in sched. coll. Cuming n. 539 —
= Sapindus Saponaria L. Cf. Radlk. über Sapindus etc., in
            Sitzungsb. d. k. bayer. Akad., 1878. p. 317.
        „     Hohenacker in sched. coll. Cuming n. 1237 —
= Elattostachys verrucosa Radlk. (Cupania v. Bl.) Cf. Radlk. üb.
            Cupania etc., in Sitzungsb. d. k. bayer. Akad., 1879, p. 538, 601.
  „     „     Hort. Cliff.; cfr. infra „Paull. foliis etc. Hort. Cliff. n. 1, 2, 3, 4, 6".
  „     „     Hort. Upsal.; cfr. infra „Paull. foliis simplicibus" etc.
  „     „     Linn. Herb.; cfr. infra „Paull. curassavica L. Hb.", „P. pinnata L. Hb.",
            „P. polyphylla L. Hb".
  „     „     Linn. Herb. Cliff.; cfr. infra „Paull. foliis etc. Hort. Cliff. n. 1, 2, 3, 4, 6".
  *     „     Linn. Hort. Cliff.; cfr. infra „Paull. foliis etc. Hort. Cliff. n. 1, 2, 3, 4, 6".
  „     „     Linn. Hort. Upsal.; cfr. infra „Paull. foliis simplicibus" etc.
  *     „     Linn. numero ...; cfr. infra „Paullinia numero ..."
  *     „     Linn. Viridar. Cliff.; cfr. infra „Paull. foliis pinnatis, foliolis saepius quinis" etc.
  „     „     Loefling Iter Hisp.; cfr. infra „Paull. foliis ternis, fructu inflato" etc.

Paullinia (spec.) Martius Hb. Flor. Bras.Pars III (Catalogus autographicus, 1842) n. 1247 —
= Serjania fuscifolia Radlk. Cf. Radlk. Serj. p. (50, 71) 221.
„ „ Naegeli Dickenwachsthum etc. bei den Sapindaceen (1864) p. 54, t. 4, 5, 6, f. 1—13. „Hort. Monac."  —
= Serjania grammatophora Radlk. Cf. Radlk. Serj. p. (78) 258, Suppl. p. 29.
„ „ numero ..., cfr. infra „Paull. numero ...."
„ „ Royen no. ..., cfr. infra „Paull. numero ...."
„ „ (?) Triana & Planch. Prodr. Novo-Granat.. Ann. Scienc. nat., IV. Sér., XVIII (1862) p. 363, n. 18, coll. Seemann —
= Serjania trachygona Radlk. Cf. Radlk. Serj. p. (56, 77) 328.
„ „ Turczanin. in Bull. Mosc. XXXI (1858) Pars 1, No. 2, p. 398. „collect. Jürgensen n. 926"
= Cardiospermum grandiflorum Sw. forma 3. hirsutum Radlk. in Sitzungsb. d. k. bayer. Akad. 1878, p. 260 (C. hispidum Kunth). Cf. Turcz. l. c. XXXVI (1863) Pars I, p. 585.
„ „ ? Vasey & Rose in Contrib. from the U. S. Nat. Herb. I. No. 3 (1890) p. 82 —
= Serjania (?) albida Radlk. in Contrib. etc. I, No. 9 (1895) p. 367 (coll. Palmer n. 263, Californ. infer. ad Santa Agueda). Cf. obs. ad Paull. Sonorens.
„ „ Viridar. Cliff.; cfr. infra „Paull. foliis pinnatis, foliolis saepius quinis" etc.
Paullinia acutangula * (non Pers.) Britton in Bull. Torr. Bot. Club. XVI (1889) p. 190, quoad coll. Rusby n. 530 part. (Hb. Canby) —
= Serjania caracasana Willd. (in aliis Herb. Paull, neglecta Radlk.). Cfr. supra Paull. acutang.
„ alata * (non Don) Miquel in schedis Plant. Lechler. chilens. n. 133 ed. Hohenacker —
= Ampelidea: Adenopetalum palmatum Turcz. in Bull. Mosc. XXXI (1858) Pars I, p. 398, 417, i. e. Cissus striata R. & P. ex Planch. in Monogr. Ampel. 1887 p. 555. Cfr. supra Paull. alat.
„ angustifolia Poiret in Lamarck Encycl. V (1804) p. 101, n. 19 —
= Serjania angustifolia Willd. Cf. Radlk. Serj. p. 349.
„ asiatica Linn. Spec. Pl. Ed. I (1753) p. 365 n. 1 —
= Toddalia asiatica Lam. Cf. Radlk. Serj. p. 13, 17. 18. 21, 23, 32, 59, nec non infra obs. n. 1.
„ aurea Hortor. Catal. —
= Koelreuteria paniculata Laxm. Cf. Radlk. Serj. p. 59.
„ australis * (non St. Hil.) Griseb. Symb. ad Flor. Argentin. (1879) p. 80 n. 454, quoad coll. Balansa n. 2480 —
= Serjania perulacea Radlk. Cf. Radlk. Serj. Suppl. p. 53, 119 et supra Paull. austr.
„ baetadensis Gray in Jackson Ind. Kewens., sphalm. loco Paull. barbadensis Gray, cf. sequent.
„ barbadensis * (non Jacq.) Gray. Wilkes U. S. Explor. Exped. XV, Bot. I (1854) p. 249 n. 5 —
= Serjania clematidifolia Camb. Cf. Radlk. Serj. Suppl. p. 52 et supra Paull. barbad.
„ barbadensis * (non Jacq.) var. β barbata O. Kuntze in Revis. Gen. (1891) p. 144 (c. indicat. „Cochinchina" sphalm. loco Sabanilla in Columbia) —
= Serjania polyphylla Radlk. Cfr. supra Paull. barbad.

Paullinia belangerioides Gardner in Hook. Lond. Journ. Bot. II (1843) p. 338, n. 341 —
= Serjania Laruotteana Camb. Cf. Radlk. Serj. p. (54, 72) 154.

„ Berteriana Balbis apud DC. Prodr. I (1824) p. 602, sub Urvillea Berteriana —
= Urvillea ulmacea Kunth, forma 2. Berteriana Radlk. in Sitzungsb.
d. k. bayer. Akad. 1878, p. 264. Cf. DC. l. c. et Radlk. Serj.
p. 69 n. 12.

„ biternata (sphalm. loco P. triternat. Kunth) Dietrich, Dav., Synops. Pl. II (1840)
p. 1314. sub n. 10 —
= Serjania diversifolia Radlk. Cf. Radlk. Serj. p. 138.

„ biternata Kunth mss. in Herb. Paris. - -
= Serjania diversifolia Radlk. Cf. Radlk. Serj. p. 138.

„ brachystachya Griseb. Pl. Lorentz. (1874) p. 61 n. 171 et Symb. ad Flor.
Argentin., 1879, p. 80 n. 455 —
= Serjania glabrata Kunth f. 2. mollior Radlk. fid. Hb. Griseb.
Cf. Radlk. Serj. Suppl. p. 52, 107, cum obs. (in qua loco Paull.
brachyphyllae semper „Paull. brachystachya" legendum est).

„ brasiliensis Loddiges Catal. of Plants etc. Edit. XVI (1836) p. 18 —
= Nomen nudum, delendum. Cf. Radlk. Serj. p. 51, 60, 67.

„ canibaea Jacq. sphalm. apud Steudel Nomencl. Ed. 1 (1821) p. 597, cfr. infra
Paull. caribaea.

„ caracasana Jacqu. Hort. Schoenbrunn. I (1797) p. 52, t. 99 —
= Serjania caracasana Willd. Cf. Radlk. Serj. p. (29, 40, 70)
146 (149).

„ caribaea Jacqu. (sphalmate „caricaea") Observ. III (1768) p. 11, t. 62, f. 7
(sphalm. canibaea ap. Steudel Nomencl. Ed. 1) —
= Serjania mexicana Willd. Cf. Radlk. Serj. p. (21, 32, 68) 237
(240, 242).

„ caricaea Jacq. sphalm., cfr. in anteced. Paull. caribaea.

„ cartagenensis (non Jacq.) Balbis Catal. Hort. Taurin. 1807. p. 43; 1810, p. 46;
1812, p. 56; 1813, p. 56 —
= Serjania polyphylla Radlk. Cf. Radlk. Serj. p. (61) 184 (188, 315).

„ cartagenensis (non Jacq.?) Capelli Catal. Hort. Taurin. (1821) p. 42 —
= ? Serjania triquetra Radlk. Cf. Radlk. Serj. p. 144.

„ cartagenensis (non Jacq.?) Catal. Hort. D. de Grimaldi prope Pegli (1812) p. 15 —
= ? Serjania triquetra Radlk. Cf. Radlk. Serj. p. 144.

„ cartagenensis (non Jacq.?) Colla Hort. Ripulens. (1824) p. 101 —
= ? Serjania triquetra Radlk. Cf. Radlk. Serj. p. 144.

„ cartagenensis (non „Jacq.") Du Mont de Courset le Botaniste cultivateur Ed. II,
IV (1811) p. 549, n. 7 —
= Serjania subdentata Juss. ed. Poir. Cf. Radlk. Serj. p. (65)
201 (204, 315).

„ cartagenensis Jacquin Observ. III (1768) p. 11, t. 62, f. 6 —
= Serjania curassavica Radlk. Cf. Radlk. Serj. p. (21, 32, 68) 313.

. cartagenensis (non Jacq.?) Rossi Hort. Modoetiens. (1826) p. 49 —
= ? Serjania triquetra Radlk. Cf. Radlk. Serj. p. 67, 144 etc.
(v. indic.).

„ cartagenensis (non Jacq.) Roxb. Hort. Bengalens. (1813—14) p. 29 —
= Serjania subdentata Juss. ed. Poir. Cf. Radlk. Serj. p. (65)
201 (204, 315).

Paullinia cartagenensis (non „Jacq.") Spreng. Syst. Veg. II (1825) p. 249. n. 10 —
= Serjania diversifolia Radlk. Cf. Radlk. Serj. p. (45. 46) 138 (141. 143. 315).

„ cartagenensis (non Jacq.) Visiani l'Orto botanico di Padova nell' anno 1842. p. 104 —
= Serjania triquetra Radlk. Cf. Radlk. Serj. p. (65) 305 (315).

„ caudata Vellozo (Arrabida) Flor. Fluminensis I (1825) p. 160. n. 5 (reimpr. 1881. p. 152); Icon. IV (1827). t. 31 —
= Thinouia scandens Tr. & Planch., forma 3. caudata Radlk. Cf. Radlk. Serj. p. 47. 60; üb. Sapindus, in Sitzungsber. d. k. bayer. Akad., 1878. p. 282; Serj. Suppl., 1886, p. 49.

„ ciliata (sphalmate loco Paull. sinuat. Lam.) Poiret in Lam. Encycl. Suppl. IV (1816) p. 333, t. 318. f. 2. 3 —
= Serjania sinuata Schum. Cf. Radlk. Serj. p. 173 (176) et infra Paull. sinuat. Lam.

„ cirrhiflora (sphalmate loco Serj. c.) Presl bot. Bemerk. (Dec. 1843) in Abhandl. d. böhm. Gesellsch. d. Wissensch., 5. Folge, III (Prag 1845) p. 454 (seors. impr. p. 24) —
= Urvillea ulmacea Kunth. Cf. Radlk. Serj. p. 50 et 69.

„ curassavica * (non „Linn.*) Balbis Herb. —
= Serjania polyphylla Radlk. Cf. Radlk. Serj. p. 182 (188. 315). nec non supra Paull. fuscese.

„ curassavica * Grisb. Veg. Caraib. in Abh. Götting. Gesellsch. VII (1857) p. 187 n. 254. partim, nempe quoad „S. Croix, West" —
= Serjania polyphylla Radlk. Cf. Radlk. Serj. p. 182 (315). nec non supra Paull. fusc.

„ curassavica ° Linn. (non Sp. Pl.) Amoenit. acad. V (1760) p. 378. coll. P. Browne (Sandmark Fl. Jamaic., Dec. 1759) —
= { Serjania mexicana Willd. Cf. Radlk. Serj. Suppl. p. 52. 124. 126. 156 et supra Paull. pinn. obs. n. 2. nec non supra Paull. fusc.
    Cissus microcarpa Vahl (?) }

„ curassavica * Linn. (non Sp. Pl.) Herb. n. 5. plagula 1 —
= { Serjania mexicana Willd. } Cf. anteced.
    { Cissus microcarpa Vahl (?) }

„ curassavica * Linn. Sp. Pl. Ed. I (1753) p. 366. partim, nempe quoad stirpem curassavicam (secundum Plukenetii figuram descriptam) —
= Serjania curassavica Radlk. Cf. Radlk. Serj. p. 312. nec non supra Paull. fusc.

„ curassavica * Linn. in Catal. Hort. plur., apud Crantz (1766), Giseke (1779). Aiton (1789), Du Mont de Courset (1802, 1811) —
= Serjania curassavica Radlk. Cf. Radlk. Serj. p. 312. 313 et Hist. spec. cult. ibid. p. 60, 61. nec non supra P. fuscese.

„ curassavica ° (non „Jacq.". resp. Linn.) Richard. L. Cl., Catal. Plant. a Dom. Le Blond e Cayenna missarum, in Actes Soc. d'Hist. nat. de Paris I (1792) p. 108 —
= Serjania polyphylla Radlk. Cf. Radlk. Serj. p. 182 (314). nec non supra Paull. fuscese.

„ curassavica * (non Linn.) Spreng. Herb. (non Syst. Veg.) —
= Serjania polyphylla Radlk. Cf. Radlk. Serj. p. 182 (188. 315). nec non supra Paull. fusc.

Paullinia curassavica * (non Linn.) West Bidrag til Beskrivelse over St. Croix (1793) p. 281; Ed. germ. (1794) p. 208 —
= Serjania polyphylla Radlk. Cf. Radlk. Serj. p. 182 (314), nec non supra Paull. fuscesc.

„ Cururu * Linn. Sp. Pl. Ed. I (1753) p. 365, partim, nempe quoad stirpem Herb. Cliffortiani —
= Serjania nodosa Radlk. Cf. Radlk. Serj. p. 341, nec non supra Paull. Cururu L. em.

„ dentata Vellozo (Arrabida) Flor. Fluminens. I (1825) p. 159, n. 2 (reimpr. 1881. p. 151); Icon. IV (1827) t. 28 —
= Serjania dentata Radlk. Cf. Radlk. Serj. p. (47, 73) 144.

„ divaricata Swartz Prodr. (1788) p. 64, n. 9, 10 —
= Serjania mexicana Willd. Cf. Radlk. Serj. p. (34. 68) 237 (242).

„ diversifolia Jacquin Enum. Pl. Carib. (1760) p. 36 —
= Serjania diversifolia Radlk. Cf. Radlk. Serj. p. (21, 29, 30, 32. 70) 137 (139).

„ elegans * (non Camb.) Griseb. Symbol. ad Flor. Argentin. (1879) p. 80 n. 456, partim, quoad Balansa n. 2490 ex parte —
= Serjania caracasana Willd., forma 1 nitidula Radlk. Cf. Radlk. Serj. Suppl. p. 52, 95 et supra Paull. eleg.

„ elegans * (non Camb.) Griseb. Hb., „coll. Lorentz, Entrerios", n. 113 partim —
= Serjania hebecarpa Benth. forma 3? platycephala Radlk. Cf. Radlk. Serj. Suppl. p. 148. 152 (ubi sphalm. Lorentz 115 legitur) et supra Paull. eleg.

„ enneaphylla * (non Don) Turczan. in Bull. Mosc. XXXI (1858) Pars I, No. 2, p. 397 —
= Cardiospermum Corindum L. quoad Appun n. 140;
= Cardiospermum grandiflorum Sw. quoad Funk n. 818 et Funk & Schlim n. 155. Cfr. supra Paull. enneaph.

„ foliis bipinnatis (non „Linn. Spec. 6*") Fabricius Hort. Helmst. (1763) p. 235 —
= (?) Ampelopsis bipinnata Mich. Cf. Radlk. Serj. p. 186.

„ foliis bipinnatis, foliolis triternatis ovatis Burman, Jo., Plumier. Icon. Fasc. V (1757) p. 103, tab. 112 —
= Serjania polyphylla Radlk. Cf. Radlk. Serj. p. 179;
= (ex parte) Serj. diversifolia Radlk. Cf. Radlk. Serj. p. 136.

„ foliis pennatis *, foliolis saepius quinis incisis, petiolis communibus membranaceis Linn. Hort. Cliff. (1737) p. 152 n. 3, partim, nempe quoad stirp. Hb. Cliffort. —
= Serjania curassavica Radlk. Cf. Radlk. Serj. p. (19, 20, 68) 311 et supra Paull. pinn.

„ foliis pennatis, foliolis saepius quinis incisis, petiolis communibus membranaceis Linn. Viridar. Cliff. (1737) p. 34 (excl. ex parte cit. Hort. Cliff. p. 152 n. 3) —
= Serjania curassavica Radlk. Cf. Radlk. Serj. p. 19, 311 et antecedent.

„ foliis simplicibus lanceolatis serratis Linn. Hort. Upsal. (1748) p. 97, n. 1 —
= Gouania domingensis Linn. Cf. infra obs. n. 2.

„ foliis supradecompositis Linn. Hort. Cliff. (1737) p. 152, n. 6 —
= Serjania diversifolia Radlk. Cf. Radlk. Serj. p. (20, 22, 70) 136;
= (ex parte) Serj. polyphylla Radlk. Cf. Radlk. Serj. p. (20) 179.

Paullinia foliis ternatis, caule aculeato, cirrhis nullis Linn. Flor. zeyl. (1747) p. 60, n. 143 —
: = Toddalia asiatica Lam. Cfr. Paull. asiatica Linn. in anteced.
„ foliis ternatis, foliolis crenatis, pedunculis cirriferis Linn. Hort. Cliff. (1737) p. 152, n. 2 —
: = Urvillea ulmacea Kunth. Cf. Radlk. Serj. p. 20, 22, 69;
: = (ex parte) Serj. sinuata Schum. Cf. Radlk. Serj. p. (20) 171.
„ foliis ternatis *, foliolis obtusis etc. Linn. Hort. Cliff. (1737) p. 151 n. 1 partim, nempe quoad stirp. Hb. Clifford. —
: = Serjania nodosa Radlk. Cf. Radlk. Serj. p. (20, 22, 69) 341 et supra Paull. Cururu.
„ foliis ternatis, foliolis sinuatis etc. Burman, Jo., Plumier. Icon. Fasc. V (1757) p. 104, t. 113. f. 2 —
: = Serjania sinuata Schum. Cf. Radlk. Serj. p. 171;
: = (ex parte) Urvillea ulmacea Kunth. Cf. Radlk. l. c.
„ foliis ternato-decompositis, caule aculeato Linn. Hort. Cliff. (1737) p. 152, n. 4 —
: = Serjania mexicana Willd. Cf. Radlk. Serj. p. (19, 20, 68) 235;
: = (ex parte) Serj. angustifolia Willd. Cf. Radlk. Serj. p. (20) 348.
„ foliis ternis, fructu inflato Cardiospermo aequali Loefling Iter Hisp. (1758) p. 234. Ed. germ. (1766) p. 303. n. 61 —
: = Urvillea ulmacea Kunth. Cf. Lit. gen. p. 71 et Radlk. Serj. p. 13, 59, 69 n. 12.
„ foliis triternatis, foliolis cuneiformibus obtusis, petiolis marginatis Burman, Jo., Plumier. Icon. Fasc. V (1757) p. 103. t. 113. f. 1 —
: = Serjania angustifolia Willd. Cf. Radlk. Serj. p. 348;
: = (ex parte) Serj. mexicana Willd. Cf. Radlk. Serj. p. 236.
„ glabra Bertoloni Florula Guatimalens. in Nov. Comment. Acad. Bonon. IV (1840) p. 413. t. 40 (seorsum edit. p. 13. t. 5 ex Walp. Rep. I. p. 413) --
: = Serjania caracasana Willd. Cf. Radlk. Serj. p. (54, 70) 147 (148, 149).
„ grandiflora Cambess. in St. Hil. Flor. Bras. I (1825) p. 372. n. 3 —
: = Serjania erecta Radlk. Cf. Radlk. Serj. p. (46, 73) 160.
„ Guarumima Vellozo (Arrabida) Flor. Fluminens. I (1825) p. 160. n. 9 (reimpr. 1881. p. 153); Icon. IV (1827) t. 35 —
: = Serjania cuspidata Cambess. Cf. Radlk. Serj. p. (17, 72) 106.
„ guatemalensis Turczanin. in Bull. Mosc. XXXII (1859) Pars I, p. 268, collect. „Kegel n. 12771"! (non coll. „Vogel", uti legitur apud Walpers in Annal. VII. Fasc. 4. 1869, ed. C. Müller, p. 620. n. 7 et apud Hemsley in Biol. Centr.-Am., Bot. I, 1879—81, p. 210, n. 5) --
: = Cupania guatemalensis Radlk. Cf. Radlk. üb. Cupania etc. in Sitzungsb. d. k. bayer. Akad. 1879, p. 538, 562, 579; Serj. Suppl. 1886, p. 49 et p. 160, nec non infra obs. n. 3.
„ hispida *? (non „DC.", resp. Jacq.) Rossi Cat. Plant. Hort. reg. Modoetiens. (1826) p. 49 —
: = ? Serjania triquetra Radlk. Cf. Radlk. Serj. p. (51, 65) 305, nec non supra Paull. hisp.
„ Hooibrenki Hort. (Linden?) —
: = Serjania confertiflora var. Hooibrenki Radlk. Cf. Radlk. Serj. Suppl. 1886, p. 162.

Paullinia japonica Thunb. Flor. Japon. (1784) p. 170 —
= Vitis pentaphylla Thunbg. ex Bl., cf. Radlk. Serj. p. 38, 39 (40, 44, 49, 52, 59. 245); Vitis pentaphylla Miq., non Thunb., i. e. Ampelopsis serjaniaefolia Regel ex Planch. Monogr. Ampel. 1887, p. 459.

„ laciniata „Hort. Cels" apud Gmelin Hort. Carlsruhan. (1811) p. 197, „Wendl." apud Zeyher Verzeichn. d. Gew. d. Gart. zu Schwezingen (1818) p. 132 et Steudel Nomencl. Ed. I & II, etc. —
= Serjania polyphylla Radlk. Cf. Radlk. Serj. p. (52, 61, 62, 68) 185 (189).

„ longipes apud St. Lager in Ann. Soc. Bot. Lyon. VII (1880) p. 131 —
= Nomen nudum, errore quodam ortum. Cfr. infra Paull. macropoda et obs. n. 4.

„ lucida Poiret in Lamarck Encyclop. V (1804) p. 102, n. 21 —
= Serjania polyphylla Radlk. Cf. Radlk. Serj. p. 184.

„ lucida Salisbury Prodr. Stirp. in Horto ad Chapel Allerton vigentium (1796) p. 280 t. Jacks. in Ind. Kewens. —
= ? Serjania polyphylla Radlk. Cf. infra obs. n. 5.

„ lupulina Poiret in Lamarck Encyclop. V (1804) p. 101, n. 20 —
= Serjania diversifolia Radlk. Cf. Radlk. Serj. p. 138.

„ macropoda St. Lager in Ann. Soc. Bot. Lyon. VII (1880) p. 131 —
= Nomen loco „Paullinia longipes" a St. Lager propositum, quae vero ipsi nomen nudum, errore quodam ortum. Cf. infra obs. n. 4.

„ macrostachya „Turcz.", sphalmate loco „Paull. polystachya Turcz." (cf. infra) apud Hemsley in Salv. & Godm. Biol. Centr.-Am., Bot. I (1879–81) p. 207 n. 21 in synonymia Serjaniae polystachyae Radlk. —
= Serjania polystachya Radlk. in Monogr. Serj. p. 276. Cf. Serj. Suppl. p. 53 n. 58, p. 91, 143.

„ meliaefolia (non Juss.) Smith Herb.
= Serjania clematidifolia Camb. Cf. supra P. meliaef. obs. n. 1.

„ mexicana Jacq. Observ. III (1768) quoad icon. Plumier. in tab. 61 fig. 5 reproduct. —
= Serjania angustifolia Willd. Cf. Radlk. Serj. p. 348.

„ mexicana Linn. Spec. Pl. Ed. I (1753) p. 366 n. 4 —
= Serjania mexicana Willd. Cf. Radlk. Serj. p. (21, 23, 68) 235, 236 (242);
= (ex parte) Serj. angustifolia Willd. Cf. Radlk. Serj. p. (69) 348.

„ Meyeniana Walpers in Nov. Act. Acad. Caes. Leop. Car. XIX, Suppl. I (sive XVI, Suppl. II) (1843) p. 312 —
= Serjania cuspidata Cambess. Cf. Radlk. Serj. p. (54, 72) 107.

„ mollis Kunth in Humb. Bonpl. K. Nov. Gen. et Sp. V (1821) p. 93 (Ed. in 4° p. 120) n. 11 —
= Serjania amplifolia Radlk. Cf. Radlk. Serj. p. (43, 71) 223.

„ mollis (non „Kunth") Triana & Planch. Prodr. Flor. Novo-Granat., Ann. Scienc. nat. IV. Sér. XVIII (1862) p. 364, n. 20 —
= Serjania dasyclados Radlk. Cf. Radlk. Serj. p. (58, 78, 223) 300.

„ nodosa Jacquin Enum. Pl. carib. (1760) p. 35 —
= Serjania nodosa Radlk. Cf. Radlk. Serj. p. (21, 29, 30, 32, 69) 342.

„ numero 1, 2, 3, 4, 6 Linn. Hort. Cliff.; cfr. supra Paullinia foliis etc.

„ numero 1 Linn. Hort. Upsal.; cfr. supra Paullinia foliis simplicibus etc.

Paullinia numero 2 Royen Florae Leydens. Prodr. (1740) p. 164 (excl. excludend.) —
: = Serjania mexicana Willd. Cf. Radlk. Serj. p. 235.
„ obliqua K. ed. Treviran. „Ueber anomalische Holzbildung bei Dicotyledonen" in Mohl et Schlecht. Bot. Zeit. V (1847) No. 23. p. 393 (Henfrey in Ann. Nat. Hist., II. Ser. I (1848) p. 127) —
: = (?) Thinouia obliqua Radlk. Cf. sequ.
„ obliqua Ruiz & Pavon in sched. —
: = Thinouia obliqua Radlk. Cf. Radlk. Serj. p. 54. 60; üb. Sapindus in Sitzungsber. d. k. bayer. Akad. 1878. p. 282; Serj. Suppl. (1886) p. 27. 49.
„ obtusa Vellozo (Arrabida) Flor. Fluminens. I (1825) p. 161. n. 12 (reimpr. 1881. p. 153); Icon. IV (1827). t. 38 —
: = Ampelidea. Cf. Radlk. Serj. p. 47, 52, 60.
„ oceanica Bull Cat. (1875) p. 8 ex Morren, La Belgique horticole XXVI. 1876. p. 157 —
: = Meliadelpha oceanica Radlk. (Meliacear. gen. nov. constit.) in Sitzungsb. k. bayer. Akad. 1890. p. 331, annot.
„ pinnata * (non Linn. em.) Griseb. Symb. ad Flor. Argentin. (1879) p. 80, n. 453, coll. Lorentz et Hieron. „Tucuman" —
: = Serjania marginata Casar. Cf. Radlk. Serj. Suppl. p. 105. nec non supra Paull. pinn. et sequent. exclus.
„ pinnata * (non Linn. em.) Hieronymus Pl. diaphor. Florae Argentin. (1882) p. 67. „Tucuman" —
: = Serjania marginata Casar. Cf. Radlk. Serj. Suppl. p. 105. nec non supra Paull. pinn. et anteced. exclus.
„ pinnata * (non Linn. em.) Linn. Amoenit. acad. V (1760) p. 378, n. 1 (Sandmark Fl. Jamaic., Dec. 1759) excl. cit. Brown. —
: = Weinmannia hirta Sw. Cf. sequent.. Radlk. Serj. Suppl. p. 126 et supra Paull. pinn. obs. n. 2.
„ pinnata * (non Linn. em.) Linn. Herb. —
: = Weinmannia hirta Sw. Cf. anteced. et Hist. gen. in Radlk. Serj. p. 21. 24.
„ pinnata * (non Linn. em.) Linn. Sp. Pl. Ed. I (1753) p. 366. partim, nempe quoad stirp. IIb. Clifford. —
: = Serjania curassavica Radlk. Cf. Radlk. Serj. p. 313 et supra Paull. pinn.
„ pinnata * (non Linn. em.) Lorentz et Hieronymus Flora Argentin. [exsicc.. 1873]. sine no. (n. 1002 in IIb. Griseb.). „ad Lules. prov. Tucuman. m. Jan. 1873 lect." —
: = Serjania marginata Casar. Cf. Radlk. Serj. Suppl. p. 53. 105. nec non supra Paull. pinn. et in exclus. P. pinn. Griseb., et Hieron.
„ pinnata * (non Linn. em.) Pasquale Catal. Hort. Neapol. (1867) p. 76 —
: = Serjania confertiflora Radlk. Cf. Radlk. Serj. Suppl. p. 53. 89. nec non supra Paull. pinn.
„ pinnata * (non Linn. em.) Tenore Catal. Pl. reg. Hort. Neapol. (1815) p. 53? — cf. anteced.
„ pinnata * (non Linn. em.) Sandmark — cf. P. pinn. Linn. Amoenit. acad. V etc.
„ polyphylla Aubl. apud Steudel Nomencl. Ed. I (1821) p. 597 et 767 et Ed. II. II (1841) p. 278 et 568 —
: = Nomen solum, confusione quadam ortum Cf. Radlk. Serj. p. 52, 53 (181).

Paullinia polyphylla * (non „Willd.", resp. Linn.) Colla Hort. Ripulens. (1824) p. 101 —
: = Serjania filicifolia Radlk. Cf. Radlk. Serj. p. (66, 77, 185) 287.

„ polyphylla (non „Linn. Spec. 6*) Fabricius Hort. Helmst. (1763) p. 235, nec non Herb. plur. —
: = (?) Ampelopsis bipinnata Mich. Cf. Radlk. Serj. p. 186 & 191.

„ polyphylla (non Linn. Spec.) Linn. Herb. —
: = Serjania trachygona Radlk. Cf. Radlk. Serj. p. (24, 185) 327 (329).

„ polyphylla * Linn. Spec. Pl. Ed. I (1753) p. 366, n. 6 —
: = Serjania polyphylla Radlk. Cf. Radlk. Serj. p. (21, 32, 68) 179 (188);
: = (ex parte) Serj. diversifolia Radlk. Cf. Radlk. Serj. p. (70) 136.

„ polyphylla (non Linn.) Persoon Herb. —
: = Serjania polyphylla Radlk. Cf Radlk. Serj. p. 180;
: = Serjania diversifolia Radlk. Cf. Radlk. Serj. p. 138.

„ polyphylla * (non „Linn.") Smith in Rees Cyclopaed. XXVI (1814) n. 8 —
: = Serjania trachygona Radlk. Cf. Radlk. Serj. p. (42, 77) 327;
: = (ex parte) Serj. polyphylla Radlk. Cf. Radlk. Serj. p. 181;
: = (ex parte) Serj. diversifolia Radlk. Cf. Radlk. Serj. p. 137.

„ polystachya Turczanin. in Bull. Mosc. XXXII (1859) Pars I, No. 1, p. 268 —
: = Serjania polystachya Radlk. Cf. Radlk. Serj. p. (56, 75) 276. Suppl. p. 143 et infra obs. n. 6.

„ protracta Steudel in Flora s. Regensb. bot. Zeitung XXVII, 2 (1844) p. 725 —
: = Serjania paucidentata De Cand. Cf. Radlk. Serj. p. (54, 72) 230 (231).

„ quatemalensis Turczanin.; cfr. P. guatemalensis.

„ racemosa * Poiret in Lamarck Encyclop. V (1804) p. 101, n. 16 —
: = Serjania racemosa Schum. Cf. Radlk. Serj. p. 265 et supra Paull. racem.

„ racemosa * Vellozo (Arrabida) Flor. Fluminens. I (1825) p. 159, n. 3 (reimpr. 1881. p. 152); Icon. IV (1827) t. 29 —
: = Thinouia scandens Tr. & Planch., forma 2, racemosa Radlk. Cf. Radlk. Serj., 1875, p. 47, 60; Ueb. Sapindus, in Sitzungsber. k. bayer. Akad., 1878. p. 282; Serj. Suppl., 1886, p. 49; supra Paull. racem.

„ Rossii Loddiges Catal. of Plants etc. Edit. XVI (1836) p. 18 —
: = Nomen nudum, delendum Cf. Radlk. Serj. p. 51, 60, 67.

„ rubicaulis Pav. Herb. ed. Benth. in schedis coll. Spruce —
: = Serjania rubicaulis Benth. Cf. Radlk. Serj. p. (54, 75) 254.

„ Seriana (non Linn.) Burman, N. L., Flora indica (1768) p. 90 —
: = Allophylus fulvinervis Bl. var. Burmannianus quoad plantam Javanicam in Hb. Burman servatam;
: = Cissus spec. quoad nomen malaic. „Galing Galing" a Doct. Pryon indicat.; cf. Blume Rumphia III, p. 135; Serj. Suppl., 1886, p. 110.

„ Seriana Linn. Spec. Pl. Ed. I (1753) p. 365, n. 2 —
: = Serjania sinuata Schum. Cf. Radlk. Serj. p. (21, 32, 34, 69) 171, 172;
: = (ex parte) Urvillea ulmacea Kunth. Cf. Radlk. Serj. p. 69, n. 12, 171.

Paullinia sinuata Lamarck Illustr. Gen. II (1793) p. 446. n. 807, t. 318. f. 2 & 3 —
= Serjania sinuata Schum. Cf. Radlk. Serj. p. (37) 173 (176).
„ spectabilis Poiret in Lamarck Encyclop. V (1804) p. 101, n. 17 —
= Serjania mexicana Willd. Cf. Radlk. Serj. p. 239.
„ subalata Gray in Hb. ex Watson, Bibliograph. Index to North Americ. Bot. I, 1878. p. 180 —
= Serjania incisa Torrey. teste Watson loco seq.
„ subalata Gray (mss.) sphalm. loco „P. subalata" (cf. antea.) apud Watson in Proceed. Amer. Acad. XVII (1882) p. 337 —
= Serjania incisa Torrey (teste Watson l. c.). Cf. Radlk. Serj. Suppl. (1886) p. 53. 136.
„ Tamáya Vellozo (Arrabida) Flor. Fluminens. I (1825) p. 169, n. 8 (reimpr. 1881, p. 152); Icon. IV (1827) t. 34 —
= Serjania glabrata Kunth. Cf. Radlk. Serj. p. (47, 71) 168.
„ thalictrifolia * (non Juss.) DC. Prodr. I (1824) p. 605. partim, nempe quoad indicat. „S. Domingo" et „vidi siccam" —
= Serjania filicifolia Radlk. Cf. Radlk. Serj. p. 287 et supra P. thalictrifol.
„ tomentosa * (non Jacq.) Linn. Herb. ed. Smith in Rees Cyclop. XXVI (ca. 1814) —
= Rhus semialata Murr. Cf. Radlk. Serj. p. 21 et Suppl. p. 48, nec non supra P. tom. obs. n. 1.
„ tortuosa Brandegee in Zoe II (1891) p. 74 ex Clark in Contrib. from the U. S. National Herb. I, No. 5 (1892) p. 157 —
= Cardiospermum tortuosum Benth.
„ triquetra Hort. Madrit. ed. Du Mont de Courset, le Botaniste cultivateur Ed. II, IV (1811) p. 549, n. 8 —
= Serjania triquetra Radlk. Cf. Radlk. Serj. p. (42, 71) 305.
„ triternata Jacquin Stirp. Americ. Hist. (1763) p. 110, t. 180, f. 32 —
= Serjania polyphylla Radlk. Cf. Radlk. Serj. p. (21, 32, 68) 181 (186, 188).
„ triternata (minime Jacq.) Kunth in Humb. Bonpl. K. Nov. Gen. et Sp. V (1821) p. 93 (Ed. in 4° p. 120) n. 12 --
= Serjania diversifolia Radlk. Cf. Radlk. Serj. p. (43, 70) 138 (185).
„ triternata (minime Jacq.) Steudel in Flora s. Regensb. bot. Zeitung XXVI, 2 (1843) p. 756 —
= Serjania paucidentata De Cand. Cf. Radlk. Serj. p. (72, 186) 230.
„ velutina * (non DC.) Triana & Pl. Prodr. Flor. Novo-Granat., Ann. Scienc. nat., IV. Sér., XVIII (1862) p. 358 partim, nempe quoad coll. Fendler n. 43 e Panama et quoad coll. Duchassaing e Panama —
= Serjania rhombea Radlk. Cf. Radlk. Serj. Suppl. p. 53. 131. 132. 157 et supra Paull. fuscese.
„ velutina * (non „DC.") Turczanin. in Bull. Mosc. XXXI (1858) Pars I, No. 2, p. 397 —
= Serjania polystachya Radlk. Cf. Radlk. Serj. p. (75) 276 et supra P. fuscese.
„ weinmanniaefolia * (non Mart.) Britton in Bull. Torr. Bot. Club XVI (1889) p. 191. coll. Rusby n. 527 —
= Serjania deltoidea Radlk. Cf. supra Paull. weinmanniaefol.

Zusatz 1. Zu *Paullinia asiatica* Linn. mag hier bemerkt sein, dass statt der darunter zu verstehenden *Toddalia asiatica* Lam. (*T. aculeata* Pers. e. syn. *Scopolia aculeata* Sm.) im Herb. Linné ein Fragment eines *Rubus* sich befindet, von der Hand Linne's selbst als *Paullinia asiatica* bezeichnet. Smith hat dieser Bezeichnung ein Fragezeichen und die Bemerkung „Vix Flor. zeyl." beigefügt, damit Bezug nehmend auf die frühere Publication der Pflanze in Linn. Fl. zeyl. (1747) p. 60, n. 143 als *Paullinia foliis ternatis, caule aculeato, cirrhis nullis* mit dem Synonyme *Kaka-toddaly* Rheede Hort. malab. V, p. 81, t. 41. Bei Zurückweisung des nach letzterem Synonyme von Jussieu (1789) gebildeten Namens Toddalia als eines ungeeigneten, barbarischen Namens und Ersetzung desselben durch Scopolia (*S. aculeata* mit dem Synonyme *Paullinia asiatica* L.) in seinen Ic. Herb. Linn. II (1790), in einem von einer Abbildung der Pflanze nicht begleiteten Zusatze zu dem Texte der Tafel 34, welche eine von Linné fil. *Scopolia (S. composita)* genannte, von Smith aber zu *Daphne* verbrachte Pflanze (*D. pendula*) darstellt, hat Smith die Pflanze des Herb. Linné unerwähnt gelassen, ebenso wie in Rees Cyclopaed. XXXI (ca. 1816) in dem von ihm herrührenden Artikel *Scopolia*.

Zusatz 2. Zu *Paullinia foliis simplicibus* etc. Linn. Hort. Upsal. (1748) p. 97, d. i. *Gouania domingensis* Linn. mag folgendes Nähere beigebracht sein.

Die Pflanze war im Garten von Upsala aus Samen erzogen worden, welche B. de Jussieu mitgetheilt hatte.

Schon fünf Jahre nach ihrer ersten Publication änderte Linné seine Meinung über diese Pflanze, deren Blüthen er nicht gesehen hatte, und führte nun seine erste Bezeichnung derselben (welcher entsprechend die Pflanze in die Octandria Trigynia gestellt worden war) im Einklange mit einer eigenhändig von ihm in seinem Exemplare des Hort. Upsal. eingetragenen Bemerkung: „*Banisteriae* speciem dixit B. Jussiaeus" in den Spec. Plant. Ed. I, 1753, p. 427 als Synonym einer nunmehr sie ersetzenden *Banisteria lupuloides* (in der Decandria Trigynia) auf, wobei das Art-Epitheton deutlich den schon im Hort. Upsal. citirten Stellen von Plukenet p. 229. t. 201 f. 4 („*Lupulus sylvestris* ....., Wild Hop-s ed Barbadensibus dicta") und t. 162 f. 3 (,... an Hopwood Barbadensibus dicta"), wie vielleicht auch die dortige Vaterlandsangabe „Barbados", entnommen erscheint.

So blieb die Sache auch in Syst. X. 1859, p. 1035.

Dagegen tritt in den Spec. Plant. Ed. II, Pars 2, 1763, Appendix p. 1663 auch diese zweite Bezeichnung in die Reihe der Synonyme zurück, indem nunmehr aus der früheren *Paullinia*, dann *Banisteria*, eine Art der von Jacquin im gleichen Jahre, 1763, in der Hist. Stirp. americ. p. 263 aufgestellten Gattung *Gouania* (oder, wie Linné schrieb, *Gouana*) in der Polygamia Monoecia wird, und zwar mit dem Species-Epitheton *domingensis*, welches Linné unverkennbar dem von Jacquin früher (in seiner von ihm selbst dabei, p. 263, erwähnten und von Linné citirten Enumeratio, 1760, p. 17) gebrauchten Namen *Rhamnus domingensis*\*) entnommen hat, während der den von Jacquin in der Hist. St. am. (gegenüber einer anderen Art. *G. tomentosa*) gewählten Namen *G. glabra* ignorirte. Die Gattung selbst ist als „*Gouania* Jacq." bei Linné zuerst in den Gen. Plant. Ed. VI, 1764, p. 547 characterisirt. Der von Linné der Pflanze zuerkannte Name ist der auch heute noch für sie gebrauchte.

Ich habe die Pflanze aus dem Hortus Upsaliensis, welche von Linné selbst in entsprechender Weise mit „H. U. 1" bezeichnet und unter *Gouania* eingereiht worden ist, im Herb. Linné gesehen, habe jedoch nicht Zeit gefunden, dieselbe mit der dabei von Smith handschriftlich angezogenen „*Gouania glabra* Jacq." Herb. in Herb. Banks" zu vergleichen. Die Richtigkeit der Anschauung von Smith über die Identität beider Pflanzen ist übrigens nicht zu bezweifeln. Von bekannten Materialien, welche ich mit der Pflanze des Hort. Ups. in Vergleich ziehen konnte, erschien mir als genügend ähnlich und nur durch etwas breitere Blätter abweichend die Pflanze in Sieber Herb. Martinic. Suppl. n. 86, welche ursprünglich als *Celastrus*

---

\*) Im Index Kewens. wird von Jackson *Rhamnus domingensis* Jacq. irrthümlich auf *Ceanothus reclinatus* Herit. bezogen, zu welchem nach Steudel Nomencl. (vergl. Ed. I u. II) vielmehr ein „*Rh. domingensis* Duham. Juss." gehört.

*martinicensis* bezeichnet war und in Presl bot. Bemerk., 1844. Sep.-Abdr. p. 34 auf *Gouania pubescens* Lam. β *martinicensis* Poir. in Lam. Enc. bot., Suppl. II. 1811. p. 820 (Presl schreibt schlechthin „*Gouania martinicensis* Poir.") bezogen worden ist. Diese stellt wohl sicher nur eine Form der *G. domingensis* L. dar und ist wohl selbst auch aus S. Domingo. Es soll ja das ganze Supplement von Sieber's Herb. martinic. nach Schultes und Lhotsky, wie F. C. Dietrich im Jahrb. des Berliner bot. Gart. I, 1881, p. 296 anführt, aus S. Domingo sein (und damit stimmt auch die Angabe von Bischoff im Lehrbuche der Botanik II. 2. 1839, p. 727 über das Erscheinen eines Herb. Florulae dominicensis im Anschlusse an das 1822 edirte Herb. Flor. martinic. von Sieber überein).

Was die Vaterlandsangaben für die Pflanze bei Linné betrifft, so ist im Hort. Ups. **Barbados** genannt, in den Spec. Pl. Ed. II auch **Jamaica**. Die erstere Angabe ist wohl, wie schon erwähnt, den im Hort. Ups. citirten, oben angeführten Stellen von Plukenet (statt deren zweiter in den Spec. Pl. Ed. I fehlerhafter Weise tab. 163 und in den Spec. Pl. Ed. II tab. 63 verzeichnet ist) entlehnt. Für die Angabe Jamaica kommt ohne Zweifel eine Pflanze des ein paar Jahre vorher in Linné's Besitz gelangten Herb. P. Browne in Betracht, welche in der darnach (unter dem Namen Sandmark) zusammengestellten Flora jamaicensis der Amoenit. acad. V, Dec. 1759, p. 379, als *Banisteria lupuloides* in der Weise aufgeführt ist, wie es der Einleitung nach für die im Herb. P. Browne gefundenen, aber nicht auf dessen Hist. Jamaic. bezogenen Pflanzen für angemessen erachtet worden ist.

Auffallend ist, dass Linné in den Spec. Pl. Ed. II nicht auch S. Domingo nach der Angabe von Jacquin „in sylvaticis Domingensibus" (unter *G. glabra* in Hist. St. am., 1763, p. 264), und dass er überhaupt diese Stelle (trotz der ihr beigegebenen Fig. 40. Taf. 179) nicht, vielmehr nur Jacq. Enum., 1760, p. 17 (s. oben) anführt, obwohl er eine Seite vorher Jacq. Hist. p. 283 und t. 183 f. 92 unter *Pterocarpus Draco* (welchen Namen er hier an die Stelle des von Jacquin gebrauchten „*Pterocarpus officinalis*" setzte) citirt hat. Es mag das auf einem Versehen beruhen, welches in dem von Linné selbst benützten Exemplare der Spec. Pl. Ed. II durch handschriftlichen Eintrag verbessert ist. Die Annahme, dass Linné die Beziehung zwischen dem von ihm citirten *Rhamnus domingensis* Jacq. Enum. und der nicht von ihm citirten *Gouania glabra* Jacq. Hist. nicht erkannt habe, ist wohl dadurch ausgeschlossen, dass auf diese Beziehung in Jacq. Hist. p. 263, wie schon erwähnt, ausdrücklich hingewiesen ist. Erst in dem Syst. XII. 1767, p. 675 und in Syst. XIII. 1774, p. 767 wird Jacq. Hist. p. 264 citirt, aber ohne des von Jacquin der Pflanze gegebenen Namens und ohne der von ihm beigefügten Figur Erwähnung zu thun. Dieser Name (und ein Citat der Figur — nach Jacq. am. pict.) tritt erst in dem nach Linné's Tod von Murray herausgegebenen Syst. XIV. 1784, p. 912, und auch hier nur als Synonym von *G. domingensis* L. auf. Als solches verblieb er auch bei den späteren Autoren, bei Lamarck Encycl. bot. III. 1789, p. 4, Willdenow Spec. IV, 1805, p. 999, Römer & Schult. Syst. V, 1819, p. 570, DC. Prodr. II, 1825, p. 39 u. s. w. Der Name von Linné ist, was aber allerdings durch in Hinüberziehen der vor dem ersten Theile der Spec. Pl. Ed. II stehenden Jahreszahl 1762 auch auf den mit der Didynamia im July 1863 (nach Richter Codex Linn. p. XXXI) begonnenen zweiten Theil verdeckt wird, (gemäss dem vorhin über die Citirung von Jacq. Hist. bei *Pterocarpus* durch Linné Angeführten) sicher der später veröffentlichte. Uebrigens enthält er das ältere Species-Epitheton aus *Rhamnus domingensis* Jacq. (1760), nicht aber das älteste aus *Banisteria lupuloides* Linn. (1753).

Gänzlich mit Stillschweigen übergangen ist in den Werken von Linné und ebenso auch noch in dem von Murray herausgegebenen Syst. XIV, 1784, trotz des wiederholten Hinweises auf Jacq. Hist., die andere daselbst von Jacquin aufgeführte Art „*Gouania tomentosa*", auf welche auch eine Pflanze aus Jacq. Enum., 1760, p. 17 zu beziehen ist, der bis vor Kurzem nirgends, auch nicht bei DC. oder Steudel, erwähnte, erst im Index Kewens. wieder (als selbständige Art) aufgeführte *Rhamnus polygamus* Jacq. nämlich. Es dürfte diese Uebergehung in Zusammenhang stehen mit dem in den Vorreden der Spec. Plant. ausgesprochenen Grundsatze Linné's, nur selbst gesehene Pflanzen aufzuführen. Doch ist Linné gelegentlich von diesem Grundsatze abgewichen, wie z. B. in der Aufführung der von Jacquin in den Observ. bot. III. 1768, p. 11 u. 12 als Arten von *Paullinia* verzeichneten Pflanzen in Mantissa II, 1771, p. 236

und Syst. XIII. 1774, p. 314 (s. die Monogr. v. Serj. p. 17). Erst Lamarck scheint in der Encycl. bot. III, 1789, p. 5 die *Gouania tomentosa* Jacq. wieder hervorgeholt zu haben, indem er die nahen Beziehungen derselben zu seiner *Gouania crenata* erörterte. Eine Wiederaufnahme des Species-Epithetons aus *Rhamnus polygamus* für die in Rede stehende Jacquin'sche Art, wie auch jenes aus *Banisteria lupuloides* für *Gouania domingensis* wird wohl trotz der De Candolle'schen Nomenclaturregeln besser unterbleiben, da eine Veränderung derart eingebürgerter Bezeichnungen sich in keiner Weise empfiehlt.

Einen offenbaren Missgriff hat Linné an den Stellen, an welchen er nach dem Gesagten zuerst Jacq. Hist. citirte, im Syst. XII, 1767, p. 675 und Syst. XIII, 1774, p. 767 (was sich dann auch bei Murray in Syst. XIV, nicht aber mehr bei Lamarck und Anderen erhielt) damit begangen, dass er auch die von Plukenet t. 263 f. 3 abgebildete Pflanze als wahrscheinlich zur Gattung *Gouania* gehörig bezeichnete ("Hujus generis videtur Pluk. Phytogr. 263 f. 3"). Die in dieser Abbildung, und zwar, wie gewöhnlich bei Plukenet, in verkleinertem Massstabe dargestellte Pflanze aus Malabar mit der Länge nach 4-flügeliger Frucht und entgegengesetzten Blättern, welche Plukenet mit denen der Sambac-Pflanze (*Jasminum Sambac* L.) vergleicht (Almagest. p. 42 am Ende: „Arbor Malabarica folio Sambac Arabum τετράπτερος s. quadripinnato fructu. quatuor foliaceis secundum longitudinem extantibus alis donato") dürfte meiner Meinung nach vielmehr in einer Art von *Combretum* zu suchen sein, vielleicht in *C. ovalifolium* Roxb. (s. Hook. Fl. Brit. Ind. II, p. 458), worüber durch Einsichtnahme von der wahrscheinlich im Britischen Museum noch vorhandenen Pflanze des Herb. Plukenet leicht Gewissheit wird zu erlangen sein.

Bei dieser Gelegenheit mag rücksichtlich der *Gouania domingensis* L. noch auf den Vulgärnamen aufmerksam gemacht sein, welchen Lamarck (Encycl. bot. III, 1789, p. 4), wie schon Aublet (Pl. Guian. II, 1775, p. 934) für diese Pflanze anführt, nämlich Liane brûlée. Derselbe klingt wie eine Uebersetzung der Bezeichnung Fire-Burn-Leaf bei Hughes (The natural History of Barbados, 1750, p. 149) für eine auf Barbados vorkommende Pflanze, welche ich in meiner Abhandlung über *Sapindus* (Sitzungsb. d. k. bayer. Akad. 1878, p. 374) statt als *Sapindus*, wie Hughes gethan, als *Gouania domingensis* zu deuten versucht habe. Die Angabe von Aublet scheint bei der Sinnesverwandtschaft der betreffenden Namen eine Bestätigung meiner Deutung zu enthalten. Ich bemerke noch, dass die bei jener Gelegenheit von mir in Vergleich gezogene *Gouania martinicensis* ein Exemplar der im Vorausgehenden erwähnten, wahrscheinlich aus S. Domingo stammenden und zu *Gouania domingensis* zu rechnenden No. 86 von Sieber Herb. martinic. Suppl. ist.

Zusatz 3. Zu *Cupania guatemalensis* Radlk., von welcher das im Herb. Turczaninow befindliche, von Turczaninow als *Paullinia guatemalensis* beschriebene Original von Kegel n. 12771 einzusehen Gelegenheit gehabt habe (s. üb. *Cupania* in Sitzungsb. d. k. bayer. Akad., 1879, p. 579) gehört auch, wie ich schon im Suppl. v. Serj., 1886, p. 160 erwähnt habe, die von Hemsley in der Biol. Centr.-Am., Bot. I, 1879—81, p. 212 unter *Cupania americana* L. angeführte Pflanze von „Friedrichsthal aus Guatemala", im Herb. Kew. ohne Nummer, übrigens vollkommen übereinstimmend mit der auch schon in meiner Abhandlung über *Cupania* a. a. O. p. 562 unter *Cup. guatemalensis* erwähnten Pflanze von Friedrichsthal, für welche im Herb. Vindob. die Nummer 1189 und die Standortsangabe „Guatemala, Jinotepe" — resp. Nicaragua, Jinotepec, wie ich in Serj. Suppl. a. a. O. dargelegt habe — angeführt ist. Dieselbe wurde auch von Oersted (in Costarica) und von Moritz Wagner (in Panama) gesammelt (s. üb. *Cupania*. a. a. O. p. 562).

Zusatz 4. Eine *Paullinia longipes*, für welchen Namen Saint Lager (in seiner „Réforme de la Nomenclature botanique", Extrait des Annales de la Société botanique de Lyon, 1880, p. 131) die Bezeichnung *Paull. macropoda* in Vorschlag gebracht hat, ist mir weder aus der älteren, noch aus der neueren Literatur bekannt geworden. Ich habe mich desshalb um Aufschluss über dieselbe direct an Herren Saint Lager gewendet. Derselbe theilte mir in entgegenkommendster Weise mit, dass er eine Quelle für den Namen, trotz eifrigen Nachsuchens, zur Zeit selbst nicht aufzufinden vermöge und dass er es, da auch mir eine solche nicht bekannt sei, für angemessen erachte, den Namen als nicht existirend zu betrachten. Derselbe ist wohl nur durch irgend einen Irrthum entstanden, vielleicht, wie ich annehmen möchte, durch eine Verwechselung der Gattungsbezeichnung aus *Serjania longipes*, die ich in der Monographie von *Serjania* (1874—75, p. 92, 236) der *Serjania brevipes* Benth. an die Seite gestellt habe.

Zusatz 5. *Paullinia lucida* Salisbury (1796) bezieht Jackson im Index Kewens. auf *Paull. curassavica* Jacq., das wäre *Paull. Plumierii* Triana & Planch. Aus welchem Grunde, ist nicht ersichtlich gemacht. Diese Deutung ist aber desshalb eine unwahrscheinliche, weil *Paull. Plumierii*, abgesehen von der neuesten Zeit, kaum je in europäischen Gärten in Cultur gestanden hat, und weil ihre Blätter nicht durch besonderen Glanz ausgezeichnet zu sein pflegen. In Cultur standen um die betreffende Zeit (1796) von der damals noch, wenigstens in den Gärten, mit *Serjania* verbunden gewesenen Gattung *Paullinia*, und zwar von solchen Arten, welche sich durch glänzende Blätter auszeichnen, namentlich *Serjania polyphylla* Radlk. und *Serjania curassavica* Radlk., ferner nach der Angabe von Aiton *Paullinia barbadensis* Jacq. Da Aiton's Angabe nicht über allen Zweifel erhaben ist (s. Zusatz 1 zu *Paull. barbad.*, p. 299), so ist wohl, wenn man nach Wahrscheinlichkeitsgründen eine Deutung versuchen will, nur auf die anderen beiden Arten Rücksicht zu nehmen. Von ihnen zeichnet sich in höherem Masse wieder die *Serj. polyphylla* durch den Glanz ihrer Blätter aus, wesshalb sie auch in Exemplaren mit weniger hoch zusammengesetzten, das heisst (wie bei *Paullinia Plumierii*) doppelt gedreiten Blättern von Schumacher die Bezeichnung *Serjania lucida* erhalten hat. Mit Rücksicht auf all das habe ich sie als die wahrscheinlich hier in Betracht kommende Pflanze bezeichnen zu dürfen geglaubt.

Zusatz 6. Die Bezeichnung „*Paullinia macrostachya* Turcz.", welche Hemsley als Synonymum der aus *Paullinia polystachya* Turcz. hervorgegangenen *Serjania polystachya* Radlk. in der Biol. Centr.-Am., Bot. I. p. 207 aufführt, ist offenbar nur durch ein Versehen entstanden und an die Stelle von *Paull. polystachya* Turcz. getreten. Das scheint übrigens ein weiteres Versehen nach sich gezogen zu haben. Wahrscheinlich dadurch wurde nämlich Hemsley verhindert, zu bemerken, dass die von ihm unter den giltigen Arten von *Paullinia*, a. a. O. p. 210, aufgeführte *Paullinia polystachya* Turcz. eben die Pflanze ist, welche zu *Serjania polystachya* Radlk. geworden ist. Es schien mir angemessen, das ausdrücklich hervorzuheben, obwohl der Leser, aber allerdings erst bei entsprechender Vergleichung, auf den Sachverhalt schon durch den Umstand aufmerksam werden kann, dass für *Serjania polystachya* Radlk. (p. 207) dieselbe, zur Zeit allein vorhandene Grundlage, nämlich Galeotti n. 4309, namhaft gemacht wird, welche auch für die daneben aufrecht erhaltene *Paullinia polystachya* Turcz. (p. 210) angegeben ist. Doch tritt dabei, eben des fehlerhaften Synonymes wegen, noch nicht unmittelbar hervor, welcher Gattung Hemsley die Pflanze eigentlich zugewiesen wissen will.

**Anhang I.** Tabellarische Uebersicht über die

(Sieh die Bemerkungen

| Section. | Laufende Nummer. | Name der Art. | Argentinische Republik. | Uruguay. | Paraguay. | Rio Grande do Sul. | S. Paulo. | Rio de Janeiro. | Minas Geraës. | Goyáz. | Mato Grosso. | Bahia. | Alagoas. | Pernambuco. | Ceará. | Piauhi. | Pará. | Alto Amazonas. |
|---|---|---|---|---|---|---|---|---|---|---|---|---|---|---|---|---|---|---|
| I. | 1 | Paullinia nitida Smith | | | | | | | | | | | | | | | | |
| | 2 | „ fasciculata Radlk. | | | | | | | | | | | | | | | | |
| | 3 | „ alata Don | | | | | | | | | | | | | | | | |
| | 4 | „ rhizantha Poepp. | | | | | | | | | | | | | | | | o? |
| | 5 | „ Cururu L. em. | | | | | | | | | | | | | | | | o |
| | 6 | „ pinnata L. em. | o? | o | | | | | o | o | | o | | (o) | | | | |
| | 7 | „ macrophylla Kunth | | | | | | | | | | | | | | | | |
| | 8 | „ neglecta Radlk. | | | | | | | | | | | | | | | | |
| | 9 | „ elegans Camb. | o | | o | o | o | | o | | o | o | | o | | | | |
| | 10 | „ spicata Benth. | | | | | | o | o | | o | | | | | o | | |
| | 11 | „ nitida Kunth | | | | | | | | | | | | | | | | |
| | 12 | „ anomophylla Radlk. | | | | | | o? | | | | | | | | | | |
| | 13 | „ obovata Pers. | | | | | | | | | | | | | | | | o |
| | 13.a | „ macrocarpa Radlk. | | | | | | | | | | | | | | | | |
| | 14 | „ fraxinifolia Tr. & Pl. | | | | | | | | | | | | | | | | |
| | 15 | „ subrotunda Pers. | | | | | | | | | | | | | | | | |
| | 16 | „ clavigera Schlechtend. | | | | | | | | | | | | | | | | |
| | 17 | „ sessiliflora Radlk. | | | | | | | | | | | | | | | | |
| | 18 | „ imberbis Radlk. | | | | | | | | | | | | | | | o | |
| | 19 | „ leiocarpa Griseb. | | | | | | | | | | | | | | | | |
| | 20 | „ eriantha Benth. | | | | | | | | | | | | | | | | |
| II. | 21 | „ rubiginosa Camb. | | | | | o | o | o | | o | | | | | | | |
| | 22 | „ stipularis Benth. | | | | | | | | | | | | | | | | o |
| | 23 | „ seminuda Radlk. | | | | | o | o | | | | | | | | | | |
| | 24 | „ castaneifolia Radlk. | | | | | o | | | | | | | | | | | |
| | 25 | „ stenopetala Sagot | | | | | | | | | | | | | | | | |
| | 26 | „ interrupta Benth. | | | | | | | | | | | | | | | o | |
| III. | 27 | „ tomentosa Jacq. | | | | | | | | | | | | | | | | |
| | 28 | „ lachnocarpa Benth. | | | | | | | | | | | | | | | | |
| | 29 | „ urvilleoides Radlk. | | | | | | o? | | | | | | | | | | |
| | 30 | „ costata Schlecht. & Cham. | | | | | | | | | | | | | | | | |
| | 31 | „ scarlatina Radlk. | | | | | | | | | | | | | | | | |
| | 32 | „ laeta Radlk. | | | | | | | | | | | | | | | | |
| | 33 | „ bidentata Radlk. | | | | | | | | | | | | | | | | |
| | 34 | „ subauriculata Radlk. | | | | | | | | | | | | | | | | |
| | 35 | „ connaracea Tr. & Pl. | | | | | | | | | | | | | | | | |
| | 36 | „ jamaicensis Macf. | | | | | | | | | | | | | | o | | |
| | 37 | „ costaricensis Radlk. | | | | | | | | | | | | | | | | |
| | 38 | „ Sonorensis Wats. | | | | | | | | | | | | | | | | |
| | 39 | „ Cupana Kunth | | | | | | | | | | | | | | | o | o |

## geographische Verbreitung der Gattung Paullinia.

(am Ende der Tabelle.)

| Guiana. | | | | | Neu-Granada. | | | Peru. | | | Boliv. | Central-America. | | | Mexico. | | | | Grosse Antillen. | | | | | Kleine Antillen. | | | | |
|---|---|---|---|---|---|---|---|---|---|---|---|---|---|---|---|---|---|---|---|---|---|---|---|---|---|---|---|---|
| Franz. Guiana. | Holländ. Guiana. | Engl. Guiana. | Trinidad. | Venezuela. | Aelteres Neugranada. | Panama. | Taboga. | Ecuador. | Andines Peru. | Subandines Peru, Oestl. Peru; Maynas. | Andines Bolivia. | Oestl.Boliv.; Chiquitos. | Costa-Rica. | Nicaragua. | Guatemala. | Yucatan. | Mexico. | Nord-Mexico. | Texas. | Bahamas. | Cuba. | Jamaica. | S. Domingo. | Porto-Rico. | S. Croix. | S. Thomas. | S. Jean. | Antigua. | Curaçao. | Uebrige Caraiben |

| | | | | | | | | | | | | | | | | | | | | | | | | | | | | | | |
|---|---|---|---|---|---|---|---|---|---|---|---|---|---|---|---|---|---|---|---|---|---|---|---|---|---|---|---|---|---|---|
| o | . | . | . | . | o | . | . | . | . | . | . | . | . | . | . | . | . | . | . | . | . | . | . | . | . | . | . | . | . | . |
| . | . | . | . | . | . | . | . | o | o | . | . | . | . | . | . | . | . | . | . | . | . | . | . | . | . | . | . | . | . | . |
| . | . | . | . | . | . | . | . | . | . | o | . | . | . | . | . | . | . | . | . | . | . | . | . | . | . | . | . | . | . | . |
| . | o | . | . | . | o | o | o | . | . | . | . | . | . | o | o | . | o | . | . | . | o | . | o? | . | . | . | . | . | . | o |
| o! | o | o | o | . | . | o | . | o | . | o | . | o? | o | o | . | o | . | . | . | o | . | o | o | o | . | . | . | o! |
| . | . | . | . | . | o | . | . | o | . | o | . | . | . | . | . | . | . | . | . | . | . | . | . | . | . | . | . | . | . | . |
| o | o | . | . | . | o | . | . | o | . | . | . | . | . | . | . | . | . | . | . | . | . | . | . | . | . | . | . | . | . | . |
| . | . | . | . | o | o | . | . | . | . | . | . | . | . | . | o | . | . | . | . | . | . | . | . | . | . | . | . | . | . | . |
| . | . | . | . | . | . | . | . | . | o | . | . | . | . | . | . | . | . | . | . | . | . | . | . | . | . | . | . | . | . | . |
| . | . | . | . | . | o | . | . | . | . | . | . | . | . | o | . | . | . | . | . | . | . | . | . | . | . | . | . | . | . | . |
| . | . | . | . | . | . | . | . | . | o | . | . | . | . | . | . | . | . | . | . | . | . | . | . | . | . | . | . | . | . | . |
| . | . | . | . | . | . | . | . | . | . | . | . | . | . | . | o | . | o | . | . | . | . | . | . | . | . | . | . | . | . | . |
| o | . | . | . | . | . | . | . | . | . | . | . | . | . | . | . | . | . | . | . | . | . | . | . | . | . | . | . | . | . | . |
| o | . | o | o | o | o | . | . | . | . | . | . | . | . | . | . | . | . | . | . | . | . | . | . | . | . | . | . | . | . | . |
| . | . | . | . | o | . | . | . | o | . | . | . | . | . | . | . | . | . | . | . | . | . | . | . | . | . | . | . | . | . | . |
| o | . | . | . | . | . | . | . | . | . | . | . | . | . | . | . | . | . | . | . | . | . | . | . | . | . | . | . | . | . | . |
| o | . | . | . | . | . | . | . | . | . | . | . | . | . | . | . | . | . | . | . | . | . | . | . | . | . | . | . | . | . | . |
| . | . | . | . | . | . | . | . | . | . | . | . | . | . | . | . | . | o | . | . | . | . | . | . | . | . | . | . | . | . | . |
| . | . | . | . | . | . | . | . | o | . | . | . | . | . | . | . | . | o | . | . | . | . | . | . | . | . | . | . | . | . | . |
| . | . | . | . | . | . | . | . | . | . | . | . | . | . | . | o | . | . | . | . | . | . | . | . | . | . | . | . | . | . | . |
| . | . | . | . | . | . | . | . | . | o | . | . | . | . | . | . | . | . | . | . | . | . | . | . | . | . | . | . | . | . | . |
| . | . | . | . | . | . | . | . | . | o | . | . | . | . | . | . | . | . | . | . | . | . | . | . | . | . | . | . | . | . | . |
| . | . | . | . | . | o | . | . | . | . | . | . | . | . | . | . | . | . | . | . | . | . | . | . | . | . | . | . | . | . | . |
| . | . | . | . | . | . | . | . | . | . | . | . | . | o | o | o | . | o | . | . | . | . | o | o | . | . | . | . | . | . | . |
| . | . | . | . | o | . | . | . | . | . | . | . | . | . | . | . | . | . | . | . | . | . | . | . | . | . | . | . | . | . | . |

| Section | Laufende Nummer | Name der Art | Argentinische Republik | Uruguay | Paraguay | Rio Grande do Sul | S. Paulo | Rio de Janeiro | Minas Geraes | Goyaz | Mato Grosso | Bahia | Alagoas | Pernambuco | Ceará | Piauhi | Pará | Alto Amazonas |
|---|---|---|---|---|---|---|---|---|---|---|---|---|---|---|---|---|---|---|
| III. (1 orts.) | 40 | Paullinia scabra Benth. | | | | | | | | | | | | | | | | 0 |
| | 41 | „ latifolia Benth. | | | | | | | | | | | | | | | | 0 |
| | 42 | „ parvibractea Radlk. | | | | | | | | | | | | | | | | 0 |
| | 43 | „ stellata Radlk. | | | | | | | | | | | | | | | | |
| | 44 | „ rugosa Benth. | | | | | | | | | | | | | | | | 0 |
| | 45 | „ subcordata Benth. | | | | | | | | | | | | | | | 0 | 0 |
| | 46 | „ ferruginea Casar. | | | | | | | 0 | | | | | | | | | |
| | 47 | „ fusiformis Radlk. | | | | | | 0? | | | | | | | | | | |
| IV. | 48 | „ pterophylla Tr. & Pl. | | | | | | | | | | | | | | | | |
| | 49 | „ linearis Radlk. | | | | | | | | | | | | | | | | |
| | 50 | „ marginata Casar. | | | | | 0 | | | | | | | | | | | |
| | 51 | „ carpopodea Camb. | | | | 0 | 0 | 0 | | | | | | | | | | |
| | 52 | „ grandifolia Benth. | | | | | | | | | | | | | | 0 | 0 | |
| | 53 | „ ingaefolia Rich. ed. Juss. | | | | | | | | | | | | | | 0 | | |
| | 54 | „ pachycarpa Benth. | | | | | | | 0 | | | | | | | 0 | 0 | |
| | 55 | „ platymisca Radlk. | | | | | | | 0 | | | | | | | | | |
| | 56 | „ xestophylla Radlk. | | | | | | | 0 | | | | | | | | | |
| | 57 | „ venosa Radlk. | | | | | | | | | 0? | | | | | | | |
| V. | 58 | „ sphaerocarpa Rich. ed. Juss. | | | | | | | | | | | | | | | | |
| | 59 | „ conduplicata Radlk. | | | | | | | | | | | | | | | | |
| | 60 | „ firma Radlk. | | | | | | | | | | | | | | | | 0 |
| | 61 | „ capreolata Radlk. | | | | | | | | | | | | | | | 0 | 0 |
| | 62 | „ faginea Radlk. | | | | | | | | | | | | | | | | |
| | 63 | „ curvicuspis Radlk. | | | | | | | | | | | | | | | | |
| | 64 | „ elathrata Radlk. | | | | | | | | | | | | | | | 0 | |
| | 65 | „ elongata Radlk. | | | | | | | | | | | | | | | | |
| VI. | 66 | „ paullinioides Radlk. | | | | | | | | | | | | | | | | 0 |
| | 67 | „ granatensis Radlk. | | | | | | | | | | | | | | | | |
| | 68 | „ riparia Radlk. | | | | | | | | | | | | | | | | |
| VII. | 69 | „ turbacensis Kunth | | | | | | | | | | | | | | | | |
| | 70 | „ venezuelana Radlk. | | | | | | | | | | | | | | | | |
| | 71 | „ tricornis Radlk. | | | | | | | | | | | | | | | | |
| VIII. | 72 | „ neuroptera Radlk. | | | | | | | | | | | | | | | | |
| | 73 | „ Vespertilio Sw. | | | | | | | | | | | | | | | | |
| IX. | 74 | „ verrucosa Radlk. | | | | | | | | | | | | | | | | |
| X. | 75 | „ livescens Radlk. | | | | | | | 0 | | | | | | | | | |
| | 76 | „ anisoptera Turcz. | | | | | | | | | | | | | | | | |
| | 77 | „ fibulata Rich. ed. Juss. | | | | | | | | | | | | | | | | |
| XI. | 78 | „ Cambessedesii Tr. & Pl. | | | | | | | | | | | | | | | | |
| | 79 | „ rufescens Rich. ed. Juss. | | | | | | | | | | | | | | | | |
| | 80 | „ microsepala Radlk. | | | | | | | | | | | | | | | | |

| Guiana. | | | | Neu-Granada. | | | | Peru. | | | Boliv. | Central-America. | | | Mexico. | | | | Grosse Antillen. | | | | | Kleine Antillen. | | | | |
|---|---|---|---|---|---|---|---|---|---|---|---|---|---|---|---|---|---|---|---|---|---|---|---|---|---|---|---|---|
| Franz. Guiana. | Holland. Guiana. | Engl. Guiana. | Trinidad. | Venezuela. | Aelteres Neugranada. | Panama. | Taboga. | Ecuador. | Andines Peru. | Subandines Peru. | Oestl. Peru; Maynas. | Andines Bolivia. | Oestl. Boliv.; Chiquitos. | Costa-Rica. | Nicaragua. | Guatemala. | Yucatan. | Mexico. | Nord-Mexico. | Texas. | Bahamas. | Cuba. | Jamaica. | S. Domingo. | Porto-Rico. | S. Croix. | S. Thomas. | S. Jean. | Antigua. | Curaçao. | Uebrige Caraiben. |
| o | . | . | . | . | o? | . | . | . | . | . | . | . | . | . | . | . | . | . | . | . | . | . | . | . | . | . | . | . | . | . | . |
| . | . | . | . | . | . | o | . | . | . | o | . | . | . | . | . | o | . | . | . | . | . | . | . | . | . | . | . | . | . | . | . |
| . | . | . | . | . | . | . | . | . | . | . | o | . | . | . | . | . | . | . | . | . | . | . | . | . | . | . | . | . | . | . | . |
| o | . | . | . | . | o | . | . | . | . | . | . | . | . | . | . | . | . | . | . | . | . | . | . | . | . | . | . | . | . | . | . |
| . | o | . | . | . | . | . | . | . | . | . | . | . | . | . | . | . | . | . | . | . | . | . | . | . | . | . | . | . | . | . | . |
| o | o | . | . | o | . | . | . | . | . | . | . | . | . | . | . | . | . | . | . | . | . | . | . | . | . | . | . | . | . | . | . |
| . | . | . | o | . | . | . | . | . | . | . | . | . | . | . | . | . | . | . | . | . | . | . | . | . | . | . | . | . | . | . | . |
| o | . | . | . | o | . | . | . | . | . | . | . | . | . | . | . | . | . | . | . | . | . | . | . | . | . | . | . | . | . | . | . |
| . | . | . | . | . | . | . | . | . | o | . | . | . | . | . | . | . | . | . | . | . | . | . | . | . | . | . | . | . | . | . | . |
| . | . | . | . | . | . | . | . | . | o | . | . | . | . | . | . | . | . | . | . | . | . | . | . | . | . | . | . | . | . | . | . |
| . | . | . | . | . | o | . | . | . | . | . | . | . | . | . | . | . | . | . | . | . | . | . | . | . | . | . | . | . | . | . | . |
| . | . | . | . | . | . | . | . | . | . | . | . | o | . | . | . | . | . | . | . | . | . | . | . | . | . | . | . | . | . | . | . |
| . | . | . | . | o | o | . | . | . | . | . | . | . | . | . | . | . | . | . | . | . | . | . | . | . | . | . | . | . | . | . | . |
| o | . | . | . | . | . | . | . | . | . | . | . | . | . | . | . | . | . | . | . | . | . | . | . | . | . | . | . | . | . | . | . |
| . | . | . | . | . | . | . | . | . | . | . | . | . | . | . | . | . | . | . | . | . | . | . | . | o | o | . | . | . | . | o | . |
| . | . | . | . | . | . | . | . | . | . | . | . | . | . | . | . | . | . | . | . | . | . | . | . | . | . | . | . | . | . | . | o |
| . | o | . | . | . | . | . | . | . | . | . | . | . | . | . | . | . | . | . | . | . | . | . | . | . | . | . | . | . | . | . | . |
| o | . | o | . | . | . | . | . | . | . | . | . | . | . | . | . | . | . | . | . | . | . | . | . | . | . | . | . | . | . | . | . |
| o | o | . | . | . | . | . | . | . | . | . | . | . | . | . | . | . | . | . | . | . | . | . | . | . | . | . | . | . | . | . | o |

| Section. | Laufende Nummer. | Name der Art. | Argentinische Republik. | Uruguay. | Paraguay. | Rio Grande do Sul. | S. Paulo. | Rio de Janeiro. | Minas Geraës. | Goyáz. | Mato Grosso. | Bahia. | Alagoas. | Pernambuco. | Ceará. | Piauhi. | Pará. | Alto Amazonas. |
|---|---|---|---|---|---|---|---|---|---|---|---|---|---|---|---|---|---|---|
| XII. | 81 | Paullinia trilatera Radlk. | | | | | | | | | | | | | | | | o |
| | 82 | „ mallophylla Radlk. | | | | | | | | | | | | | | | | |
| | 83 | „ ternata Radlk. | | | | | | o | | | | | | | | | | |
| | 84 | „ cauliflora Jacq. | | | | | | | | | | | | | | | | |
| | 85 | „ glomerulosa Radlk. | | | | | | | | | | | | | | | | |
| | 86 | „ tenera Poepp. | | | | | | | | | | | | | | | | |
| | 87 | „ apoda Radlk. | | | | | | | | | | | | | | | | |
| | 88 | „ fistulosa Radlk. | | | | | | | | | | | | | | | | |
| | 89 | „ tetragona Aubl. | | | | | | | | | | | | | | | | |
| | 90 | „ hispida Jacq. | | | | | | | | | | | | | | | | |
| | 91 | „ meliaefolia Juss. | | | | o | | o | o | o | | o | | | | | | |
| | 92 | „ gigantea Poepp. | | | | | | | | | | | | | | | | |
| | 93 | „ acutangula Pers. | | | | | | | | | | | | | | | | |
| | 94 | „ Quitensis Radlk. | | | | | | | | | | | | | | | | |
| | 95 | „ dasystachya Radlk. | | | | | | | | | | | | | | | | |
| | 96 | „ nobilis Radlk. | | | | | | | | | | | | | | | | o |
| | 97 | „ boliviana Radlk. | | | | | | | | | | | | | | | | |
| | 98 | „ excisa Radlk. | | | | | | | | | | | | | | | | |
| | 99 | „ subnuda Radlk. | | | | | | | | | | | | | | | | o |
| | 100 | „ caloptera Radlk. | | | | | | | | | | | | | | | o | o |
| | 101 | „ enneaphylla Don | | | | | | | | | | | | | | | | |
| | 102 | „ fuscescens Kunth | | | | | | | | | | | | | | | | |
| | 103 | „ barbadensis Jacq. | | | | | | | | | | | | | | | | |
| | 104 | „ monogyna Radlk. | | | | | | | | | | | | | | | o | o |
| | 105 | „ hymenobractea Radlk. | | | | | | | | | | | | | | | | |
| | 106 | „ pterocarpa Tr. & Pl. | | | | | | | | | | | | | | | | |
| | 107 | „ triptera Tr. & Pl. | | | | | | | | | | | | | | | | |
| | 108 | „ selenoptera Radlk. | | | | | | | | | | | | | | | | |
| | 109 | „ serjaniaefolia Tr. & Pl. | | | | | | | | | | | | | | | | |
| | 110 | „ australis St. Hil. | | o | o | | | | | | | | | | | | | |
| XIII. | 111 | „ Plumierii Tr. & Pl. | | | | | | | | | | | | | | | | |
| | 112 | „ thalictrifolia Juss. | | | | | | o | o | | o | | | | | | | |
| | 113 | „ revoluta Radlk. | | | | | | | o | | | | | | | | | |
| | 114 | „ coriacea Casar. | | | | | | o | | | | | | | | | | |
| | 115 | „ racemosa Wawra | | | | | | o | o | | o | | | | | | | |
| | 116 | „ rhomboidea Radlk. | | | | | | o | o | | | | | | | | | |
| | 117 | „ weinmanniaefolia Mart. | | | | | | o | | | o | | | | | | | |
| | 118 | „ uloptera Radlk. | | | | | | o | | | | | | | | | | |
| | 119 | „ cristata Radlk. | | | | | o | | | | | | | | | | | |
| | 120 | „ micrantha Camb. | | | | | | o | o | | | | | | | | | |
| | 121 | „ dasygonia Radlk. | | | | | | | | | | | | | | | | |
| | 122 | „ trigonia Vell. | | | | | o | o | o | | | o | | o | | | | |
| | 123 | sieh oben 13, a | | | | | | | | | | | | | | | | |

| Guiana. | | | | | Neu-Granada. | | | | Peru. | | | | Boliv. | | Central-America. | | | Mexico. | | | | Grosse Antillen. | | | | | Kleine Antillen. | | | | |
|---|---|---|---|---|---|---|---|---|---|---|---|---|---|---|---|---|---|---|---|---|---|---|---|---|---|---|---|---|---|---|---|
| Franz. Guiana. | Holländ. Guiana. | Engl. Guiana. | Trinidad. | Venezuela. | Aelteres Neugranada. | Panama. | Taboga. | Ecuador. | Andines Peru. | Sabandines Peru. | Oestl. Peru, Maynas. | Andines Bolivia. | Oestl. Boliv.; Chiquitos. | Costa-Rica. | Nicaragua. | Guatemala. | Yucatan. | Mexico. | Nord-Mexico. | Texas. | Bahamas. | Cuba. | Jamaika. | S. Domingo. | Porto-Rico. | S. Croix. | S. Thomas. | S. Jean. | Antigua. | Curaçao. | Uebrige Caraiben. |
| | | | | | | | | | | | | | | o | | | | | | | | | | | | | | | | | |
| | | | | o | | | | | | | | | | | | | | o | | | | | | | | | | | | | |
| | | | o | | | o | | | | | o | | | | | | | | | | | | | | | | | | | | |
| | | | | | | o | | | | | o | | | | | | | | | | | | | | | | | | | | |
| o | | | o | | | | | | | | | | | | | | | | | | | | | | | | | | | | |
| | | | | o | o | | | | | | | | | | | | | | | | | | | | | | | | | | |
| | | | | | | | | | | o | | | | | | | | | | | | | | | | | | | | | |
| | | | | | | | | o | | o | o | | | | | | | | | | | | | | | | | | | | |
| | | | | | | | | | | o | o | | | | | | | | | | | | | | | | | | | | |
| o | | | | | o | | | | | | o | | | o | | | | | | | | | | | | | | | | | |
| | | | | o | | | | | | | | | | | | | | | | | | | | | | | | | | | |
| | o | | o | (o) | o | o | o | | o | | | | | o | o | o | | o! | | | o | | o | | | | | | | | o |
| | | | | | | | | | | | | | | | o | o | | | | | | | | | | | | | | | |
| | | | | | o | | | | | | | | | | | | | | | | | | | | | | | | | | |
| | | | | | o | | | | | o | | | | | | | | | | | | | | | | | | | | | |
| | | | | | o | | | | | | | | | | | | | | | | | | | | | | | | | | |
| | | | | | | | | | | | | | | | | | | | | | | | | | | | | | | | o |
| o | | o | o | | | | | | | | | | | | | | | | | | | | | | | | | | | | |

Ueber die Einrichtung der Tabelle ist Folgendes zu bemerken.

Die Gliederung der Tabelle nach Gebieten ist der leichteren Vergleichung halber ebenso gewählt wie früher für die Gattung *Serjania* (s. Monogr. u. Suppl. v. *Serjania*). Es wird so unmittelbar ersichtlich, dass aus einigen der betreffenden Gebiete Materialien von *Paullinia* bisher nicht bekannt geworden sind, nämlich aus Yucatan, Texas, den Bahamas und den kleinen Antillen St. Jean, Antigua und Curaçao. Die für 3 Arten bekannte Verbreitung über America hinaus ist in der Tabelle nicht zum Ausdrucke gebracht. Es sind diese 3 Arten: *P. pinnata* (n. 6), in Africa weit verbreitet; *P. sessiliflora* (n. 17) und *P. tomentosa* (n. 27), beide von Mexico nach den Sandwich-Inseln hinübergelangt.

Für jede Art sind die Gebiete, in welchen sie bisher beobachtet worden ist, durch Einsetzung des Zeichens „o" in die betreffenden Verticalrubriken zur Rechten des Namens der Art und auf gleicher Höhe mit diesem angegeben.

Das „o" ist fett gedruckt, wenn die Art nur in dem betreffenden Gebiete oder dort verhältnissmässig an den zahlreichsten Fundorten beobachtet worden ist, so dass es auf das muthmassliche Verbreitungscentrum der Art hinweist.

Das fett gedruckte „o" ist in Klammern gesetzt, wenn seine Einstellung in diese oder jene Rubrik bei gleicher Anzahl der bisher bekannt gewordenen Fundorte in mehreren Gebieten durch die Rücksichtnahme auf minder bestimmte, aber doch auf dasselbe Gebiet beziehbare Angaben oder durch die Rücksichtnahme auf die verwandtschaftlichen Verhältnisse der Art bestimmt werden musste. Die in solchem Falle in Concurrenz tretenden Gebiete wurden, wenn die Art überhaupt in mehr als zwei Gebieten beobachtet ist, durch Beisetzung eines Rufzeichens zu dem einfachen „o" der betreffenden Rubrik gekennzeichnet (s. n. 6 *P. pinnata*, n. 102 *P. fuscescens*).

Dem „o" ist ein Fragezeichen beigesetzt, wenn seine Einstellung in eine bezügliche Rubrik (gegenüber einer nahe liegenden) mehr oder minder unsicher war.

Die Hauptgebiete sind durch Doppellinien von einander geschieden, die Special-gebiete durch einfache Linien. Die Sectionen sind durch grössere Zwischenräume getrennt.

Die Nummerirung der Arten entspricht der systematischen Reihenfolge derselben. Zu beachten ist dabei die Einschiebung von 123 als 13, a. —

Aus dieser Tabelle ist hinsichtlich der Verbreitung der einander verwandtschaftlich nahe stehenden, zu je einer Section gehörigen Arten Folgendes zu ersehen.

Die I. Section ist über das ganze Gebiet ausgedehnt, doch so, dass der grösste Theil der Arten, 15 von 21 (mit Einschluss von 13, a), dem nördlichen Drittheile des südamericanischen Festlandes, zwischen dem 10° südlicher und dem gleichen Grade nördlicher Breite gelegen, angehört, nämlich die Arten 1, 2, 3, 4, 7, 8, 10, 11, 12, 13, 14, 15, 18, 19 und 20. Nur 1 dieser Arten geht nördlich weiter bis Centralamerica (Nicaragua), nämlich 11, *P. nitida* und nur 1 geht südlich weiter bis nach Minas Geraës, nämlich 10, *P. spicata*. An diese letztere schliesst sich dann, so zu sagen, die einzige Art dieser Section an, welche nur dem südlich vom 10° S. gelegenen Theile von Brasilien und den südlich an dieses sich anreihenden Ländern bis einschliesslich Argentinien angehört, 9, *P. elegans*. An die erstere, *P. nitida*, dagegen erscheinen angeschlossen 1 nur in Centralamerica — 13, a, *P. macrocarpa* in Costarica —, 1 in Centralamerica (Guatemala) und Mexico — 16, *P. clavigera* — und 1 weiter nur in Mexico einheimische Art — 17, *P. sessiliflora*, welche auch auf die Sandwichinseln hinüber-getreten ist, in Gesellschaft einer mexicanischen Art der III. Section (27, *P. tomentosa*). 2 Arten endlich der I. Section gehören den das caraibische Meer umgürtenden Festlandtheilen und dessen Inseln an — 5, *P. Cururu* und 6, *P. pinnata* —, von denen übrigens die eine, die auch den Weg nach Africa gefunden hat. — 6. *P. pinnata* — auch tiefer hinab, auf östlicher und westlicher Bahn, bis nach Argentinien hin sich ausgebreitet hat. Auf eine der Caraibeninseln tritt auch eine Art der Hauptgruppe — 19, *P. leiocarpa* — hinüber.

Die II. Section, mit 6 Arten, ist auf Brasilien und Guiana beschränkt.

Die III. Section, mit 21 Arten, ist wesentlich über Brasilien und das übrige Südamerica verbreitet. Nur 3 einander nächst verwandte Arten bilden eine Ausnahme. Von diesen ist die eine — 36, *P. jamaicensis* — auf Jamaica und Cuba beschränkt; die zweite, gleichsam ihr festländischer Repräsentant — 37, *P. costaricensis* — zieht sich von Costarica nach Nicaragua, Guatemala und dem südlichen Mexico hin; die dritte — 38, *P. Sonorensis* — gehört dem nördlichen Mexico an und stellt sich überhaupt als die am weitesten nach Norden vorgeschobene Art dar. Von dem Hinübertritte der *P. tomentosa*, 27, auf die Sandwichinseln war im Anschlusse an die ebendahin gelangte *P. sessiliflora*, 17, schon bei der I. Section die Rede.

Die IV. Section, mit 10 Arten, gehört wieder ganz dem festländischen Südamerica an, nur 1 Art — 48, *P. pterophylla* — reicht auch nach Centralamerica (Nicaragua) hinüber.

Die V. und VI. Section, mit 8 und 3 Arten, gehören dem südamericanischen Festlande innerhalb der äquatorialen Zone (also bis zum 15° S) an.

Die VII. Section, mit 3 Arten, gehört dem cisäquatorialen südamericanischen Festlande und dem südlichsten Theile von Mittelamerica an.

Die VIII. Section, mit 2 Arten, ist auf die Caraiben beschränkt.

Die IX. Section, mit nur 1 Art, gehört Guiana an.

Die X. und XI. Section, mit je 3 Arten, treten mit der Mehrzahl, nämlich mit 4 Arten in Guiana auf; mit 1 südlich davon in Bahia — 75, *P. lievsecus*, aus der X. Section —, mit 1 letzten nordwärts auf den Caraiben — 80, *P. microsepala*, aus der XI. Section.

Die XII. Section, mit 30 Arten, gehört wieder hauptsächlich dem äquatorialen südamericanischen Festlande an. Südlich von dem 15° S treten 3 Arten auf — 83 *P. ternata*, 90 *P. meliaefolia*, 110 *P. australis* —, von welchen zwei — die letzteren beiden nämlich — mit den der I. Section angehörigen beiden Arten *P. pinnata* und *P. elegans* überhaupt die am weitesten nach Süden, bis nach Argentinien hinein oder an dessen Grenze reichenden Arten sind. Nordwärts, aber noch innerhalb der äquatorialen Zone finden sich auf dem Festlande, in Centralamerica, 2 Arten — 82 *P. mallophylla* und 105 *P. hymenobractea* — und nach derselben Richtung theilweise vorgeschoben erscheinen 3 Arten — 85 *P. glomerulosa* nach Mexico, 99 *P. submuda* nach Centralamerica und 102 *P. fuscescens* nach diesen beiderlei Gebieten. Nordwärts auf den Antillen treten 2 Arten auf — 98 *P. excisa* und 103. *P. barbadensis* — und 2 greifen theilweise nach denselben hinüber — 89 *P. tetragona* nach Trinidad und 102 *P. fuscescens* ebenso, sowie angeblich nach Cuba.

Die XIII. Section, mit 12 Arten, gehört ganz Brasilien und (mit 1 Art — 121 *P. dasygonia* —) Gujana an bis auf 1 caraibische Art — 111 *P. Plumierii*. Die in Guiana einheimische *P. dasygonia* geht auch nach Trinidad hinüber. —

Bemerkenswerth ist gegenüber der Gattung *Serjania* die geringere Zahl der wesentlich antillanischen Arten, 8 gegenüber 12, welche zugleich nicht zu mehreren die eine oder andere verwandtschaftliche Gruppe bilden, sondern auf 6 verschiedene Sectionen sich vertheilen, von denen übrigens die eine, die VIII. (mit nur 2 Arten), doch lediglich von solchen Arten gebildet wird. Zugleich gehören diese Arten bis auf 2 — 36 *P. jamaicensis* und 103 *P. barbadensis*, beide in Jamaica einheimisch — ausschliesslich oder doch vorzugsweise — 5 *P. Cururu* — den kleinen Antillen an. In den Verbreitungsbezirk anderer Arten einbezogen erscheinen die Antillen weiter im wesentlichen nur mehr für 6 *P. pinnata*; lediglich durch Trinidad für 19 *P. leiocarpa*, 89 *P. tetragona*, 102 *P. fuscescens* und 121 *P. dasygonia*.

Auch ein andines Gebiet ist hier gegenüber einem cisandinen weniger deutlich als bei *Serjania* in verwandtschaftlichen Gruppen hervortretend.

Wie bei *Serjania* wird auch von *Paullinia* die Grenze des subtropischen Gebietes (34°) von dem Verbreitungsbezirke der Gattung nur im Süden (annähernd) erreicht; nordwärts erstreckt sich derselbe nicht über den 30° hinaus.

## Anhang II. Materialienverzeichniss.

### Zusammenstellung der Paullinia-Arten nach Sammlern und nummerirten Sammlungen unter Berücksichtigung des Sammelgebietes.

Diese Zusammenstellung entspricht jener für die Gattung *Serjania* in der Monographie von *Serjania* und deren Supplement. Hervorzuheben ist, dass, wenn nummerirte und nicht nummerirte Materialien eines Sammlers für bestimmte Arten vorlagen, diese nur unter den betreffenden Nummern namhaft gemacht sind. Es ist das bei der Bestimmung nicht nummerirter Materialien in Berücksichtigung zu ziehen. —

Ackermann, Brasilien (1833—36), sieh Martius Herb. Flor. Bras.
Adanson; West-Africa (1749—54):
— n. 51. A. P. pinnata Linn. em.[1]
Afzelius; West-Africa Sierra Leone (um 1792):
— P. pinnata Linn. em.
Alexander, R. C. Prior; Jamaica (1849—50):
— P. jamaicensis Macfad.
Anderson, Alex.; S. Lucia, S. Vincent, Barbados (um 1786):
— P. Cururu Linn. em.
— „ pinnata Linn. em.
— „ Vespertilio Swartz.
Angerer; West-Africa, Kamerun (1886):
— P. pinnata Linn. em.
Appun, C. F.; Guiana (1863—64):
— n. 709. P. rufescens Rich. ed. Juss.
— n. 1295 (295?) P. verrucosa Radlk.
Armond, sieh Neves-Armond.
Audouy; Guiana:
— P. stenopetala Sagot.
Aublet; Guiana (1762—64):
— P. capreolata Radlk.
— „ pinnata Linn. em.
— „ tetragona Aubl.[2]
Balansa; Paraguay (1874—77):
— n. 2479. P. pinnata Linn. em.
— n. 2479\*. „ pinnata Linn. em.
— n. 2490 partim. P. elegans Camb.
    (partim Serj. caracasana W.)
— n. 2490 a. P. elegans Camb.

Bang; Bolivia (1890—94):
— n. 879. P. boliviana Radlk., forma 1.
— n. 2815. „ dasystachya Radlk., forma 1.
Banks & Solander; Brasilien (1768):
— P. melinefolia Juss., forma 4.
— „ micrantha Camb.
— „ trigonia Vellozo.
Barclay; Mexico (1836—42):
— P. fuscescens Kunth.
Barlee; Honduras (1878):
— P. pinnata Linn. em.
Barter; West-Africa, Guinea:
— P. pinnata Linn. em.
Beauvois; West-Africa (1786—88):
— P. pinnata Linn. em.
Belanger; Martinique (1853—57):
— n. 38. P. Cururu Linn. em.
— n. 1007. „ pinnata Linn. em.
Berlandier; Mexico (1827):
— n. 11. P. fuscescens Kunth.
— n. 519. „ clavigera Schlecht.
Bernier; Madagascar (1835):
— II, n. 136. P. pinnata Linn. em.
Bernouilli et Cario; Guatemala (1878):
— n. 2939. P. costaricensis Radlk.
Bertero; Guadeloupe (1817—21):
— P. Plumierii Tr. & Planch.
— P. Vespertilio Swartz.
Bertero; Jamaica (1821):
— P. barbadensis Jacq.
Bertero; Neu-Granada (1821):
— P. fuscescens Kunth.
Bertero; Porto-Rico (1819):
— P. pinnata Linn. em.

---
[1] Hb. Juss. n. 11354.
[2] Hb. Smith.

Beyrich; Brasilien (1822—23):
— n. 1537. P. rubiginosa Camb., forma 3.
— P. ferruginea Casar.
— „ marginata Casar.
— „ micrantha Camb.
Billberg; Neu-Granada (um 1825):
— n. 89. P. fuscescens Kunth.
Blanchet; Brasilien (1832—45):
— n.   8. P. elegans Camb.
— n. 103. „ elegans Camb.
— n. 142. „ ferruginea Casar.
— n. 156. „ micrantha Camb.
— n. 255. „ elegans Camb.
— n. 722. „ trigonia Vellozo.
— n. 793. „ racemosa Wawra.
— n. 903. „ revoluta Radlk.
— n. 914. „ rubiginosa Camb., forma 3.
— n. 1096. „ trigonia Vellozo.
— n. 1125. „ racemosa Wawra.
— n. 1293 partim. P. revoluta Radlk.
— n. 1293 partim. „ rubiginosa Camb., forma 3.
— n. 1318. P. racemosa Wawra.
— n. 1502. „ trigonia Vellozo.
— n. 1599. „ rubiginosa Camb., forma 3.
— n. 1838. „ elegans Camb.
— n. 2180. „ trigonia Vellozo.
— n. 2400. „ revoluta Radlk.
Blauner; Porto-Rico (1853):
— n. 64. P. pinnata Linn. em.
Blond, sieh Leblond.
Boivin; Zanzibar (1846—52):
— n. 3355. P. pinnata Linn. em.
Bonpland, sieh Humboldt & Bonpl.
Boog; Brasilien (vor 1835):
— P. weinmanniaefolia Mart.
Botteri; Mexico (1854):
— n. 426. P. tomentosa Jacq.
Bourgeau; Mexico (1865—66):
— n.   1. P. tomentosa Jacq.
— n. 1467. „ costata Schlecht. & Cham.
— n. 1523. „ tomentosa Jacq.
— n. 1894. „ tomentosa Jacq.
— n. 2619. „ tomentosa Jacq.
— n. 2655. „ tomentosa Jacq.
Bowie & Cunningham; Brasilien (1817):
— n. 352. P. marginata Casar.
— n. 355. „ trigonia Vellozo.
— n. 375. „ thalictrifolia Juss.
Brass; West-Africa, Cape Coast:
— P. pinnata Linn. em.
Bredemeyer, sieh Jacquin.

Brocheton; Guiana (1797):
— P. pinnata Linn. em.[1]
Browne, Patrik; Jamaica (vor 1756):
— P. barbadensis Jacq. (fruct.)[2]
? — „ barbadensis Jacq. (flor.)[3]
— „ jamaicensis Macfad.[4]
Brummel, sieh Wright. C.
Burchell; Brasilien (1825—29):
— n. 1077. P. thalictrifolia Juss.
— n. 1376. „ micrantha Camb.
— n. 1674. „ micrantha Camb.
— n. 1905. „ trigonia Vellozo.
— n. 2004. „ trigonia Vellozo.
— n. 2714. „ trigonia Vellozo.
— n. 2841. „ coriacea Casar.
— n. 2862. „ coriacea Casar.
— n. 3078. „ seminula Radlk.
— n. 3080. „ meliaefolia Juss., forma 4.
— n. 3112. „ trigonia Vellozo.
— n. 3549. „ coriacea Casar.
— n. 4684. „ trigonia Vellozo.
— n. 4770. „ carpopodea Camb., forma 1, subf. 1.
— n. 4959. „ rhomboidea Radlk.
— n. 5015. „ carpopodea Camb., forma 1, subf. 1.
— n. 5856. „ rhomboidea Radlk.
— n. 6717. „ pinnata Linn. em.
— n. 8917. „ platymisea Radlk.
— n. 9136. „ caloptera Radlk. (? P. nobil. R.)
— n. 9149. „ caloptera Radlk. (? P. nobil. R.)
— n. 9622. „ ingaefolia Rich. ed. Juss.
— n. 9736. „ capreolata Radlk.
— n. 9916. „ pinnata Linn. em.
— n. 9979? „ ingaefolia Rich. ed. Juss.
— n. 9987—3? P. ingaefolia Rich. ed. Juss.

Cario sieh Bernouilli & Cario.
Casaretto; Brasilien (1839—40):
— n. 817. P. carpopodea Camb., forma 1, subf. 2.
— n. 968. „ meliaefolia Juss., forma 4.
— n. 1064. „ marginata Casar.
— n. 1078. „ ferruginea Casar.
— n. 1188. „ weinmanniaefolia Mart.
— n. 1824. „ coriacea Casar.
— n. 1893. „ ferruginea Casar.
— n. 2056. „ elegans Camb.

---

[1] Hb. Juss. n. 11353 C.
[2] Hb. Linné n. 4.
[3] Hb. Linné, ad calcem generis; Hb. Smith.
[4] Hb. Linné n. 4; Hb. Smith.

Casaretto (Fortsetzung):
— n. 2185. P. elegans Camb.
— n. 2220. „ elegans Camb.
— n. 2226. „ revoluta Radlk.
— n. 2980. „ carpopodea Camb., forma 1, subf. 2.
Castelnau, M. F. de; Peru (1847):
— P. fistulosa Radlk.
Cienkowsky; Ost-Africa (1848):
— n. 115. P. pinnata Linn. em.
Claussen; Brasilien (1838—42);
— n. 100. P. thalictrifolia Juss.
— n. 504. „ spicata Benth.
— n. 649. „ spicata Benth.
— n. 1990. „ thalictrifolia Juss.
— P. carpopodea Camb., forma 2, subf. 5.
— „ elegans Camb.
— „ uloptera Radlk.
Colchester, Lord; Brasilien (1811):
— P. micrantha Camb.
Collector ignotus, sieh Unbekannter Sammler.
Collie, sieh Lay & Collie.
Commerson; Brasilien (1767):
— n. 194. P. thalictrifolia Juss.[1]
— P. meliaefolia Juss., forma 2.[2]
Commissão geogr.; Brasilien (1889):
— n. 35. P. elegans Camb.
Correa de Méllo, sieh Méllo, J. Correa de, und Méllo & Mosén.
Coulter; Mexico (um 1832):
— n. 883. P. fuscescens Kunth.
Crudy; S. Lucia:
— P. Cururu Linn. em.
Crüger; Trinidad (1848):
— P. leiocarpa Griseb.
— „ pinnata Linn. em.
— „ tetragona Aubl.
Cuming; Neu-Granada (1831):
— n. 1253. P. fuscescens Kunth.
Cunningham, sieh Bowie & Cunningham.

Deplanche; Guiana:
— n. 12. P. pinnata Linn. em.
Deppe, sieh Schiede & Deppe.
Didrichsen; Brasilien (1845—47):
— n. 3964. P. trigonia Velloso.
— n. 3971. P. elegans Camb.
Don; West-Africa, Sierra Leone (um 1822—23):
— P. pinnata Linn. em.

[1] Hb. Juss. n. 11356; Hb. Smith.
[2] Hb. Juss. 11355.

Donnell-Smith, J.; Guatemala (1889—92):
— n. 1662. P. scarlatina Radlk.
— n. 2566. P. fuscescens Kunth.
    Cf. Heyde & Lux und Thieme.
Donnell-Smith, J.; Costarica (1894):
— n. 4766. P. costaricensis Radlk.
D'Orbigny, sieh Orbigny.
Duchassaing; Guadeloupe (um 1850):
— P. Plumierii Tr. & Planch.
Duchassaing; Panama (1851):
— P. fuscescens Kunth.
Duchassaing; Taboga (1850):
— P. Cururu Linn. em.
Duss; Martinique (1890):
— n. 1481. P. Plumierii Tr. & Planch.
— n. 1483. „ microsepala Radlk.
— n. 1483ᵇ. „ „ „
— n. 1484. „ pinnata Linn. em.
— n. 1485. „ Cururu Linn. em.
Duss; Guadeloupe (1895):
— n. 3599. P. Vespertilio Swartz.
Eggers; West-Indien (1881—89):
— n. 466. P. pinnata Linn. em. (Porto-Rico.)
— n. 1043. „ neuroptera Radlk. (Dominica.)
— n. 2465. „ pinnata Linn. em. (S. Domingo.)
— n. 4699. „ jamaicensis Macfad. (Cuba.)
— n. 4967. „ pinnata Linn. em.
— n. 5154. „ jamaicensis Macfad. „
— n. 5723. „ excisa Radlk. (Tobago.)
— n. 5805. „ fasciculata Radlk. (Tobago.)
— n. 6377. „ pinnata Linn. em. (Grenada.)
Eggers; Ecuador (1892):
— n. 14247. P. spicata Benth.
— n. 14384. „ alata Don.
Eggers; Venezuela (1891):
— n. 13483. P. hispida Jacq.
— n. 13520. „ Cururu Linn. em.
Ehrenberg; Mexico (1828—31?):
— n. 1032. P. tomentosa Jacq.
Fendler; Panama (1850):
— n. 455. P. pinnata Linn. em.
Fendler; Trinidad (1877—80):
— n. 272. P. tetragona Aubl.
— n. 277. „ dasygonia Radlk.
— n. 278 partim. P. fuscescens Kunth.
— n. 278 partim. P. pinnata Linn. em.
— n. 279. P. leiocarpa Griseb.
Fendler; Venezuela (1854—55, 1856—57):
— n. 160. P. leiocarpa Griseb.
— n. 161. „ leiocarpa Griseb.
— n. 162. „ Cururu Linn. em.
— n. 199. „ fuscescens Kunth.

Fendler (Fortsetzung):
— n. 200. „ cauliflora Jacq.
— n. 1937. „ Cururu Linn. em.
— n. 1939. „ leiocarpa Griseb.
— n. 2309. „ sphaerocarpa Rich. ed. Juss.
— n. 2310. „ venezuelana Radlk.
Filgueiras, sieh Schwacke.
Finlay; S. Thomas (1841):
— n. 114. P. pinnata Linn. em.
Finlay; Dominica (1841):
— P. pinnata Linn. em.
Fleischer; Paraguay:
— P. pinnata Linn. em.
Focke; Surinam (um 1841—42):
— n. 524. P. fuscescens Kunth.
— n. 1039. „ fuscescens Kunth.
— P. pinnata Linn. em.
Fox; Brasilien:
— n. 56. P. trigonia Velloz.
— n. 58. „ elegans Camb.
Franco; Mexico (1842):
— P. costata Schlecht. & Cham.
— „ tomentosa Jacq.
Friedrichsthal; Guatemala (1841):
— n. 401. P. pinnata Linn. em.
— n. 1632. „ Cururu Linn. em.
Friedrichsthal; Nicaragua (1841):
— n. 979. P. fuscescens Kunth.
— n. 1151. „ fuscescens Kunth.
Funk; Venezuela (1843):
— n. 251. P. Cururu Linn. em.
— n. 251 bis. P. Cururu Linn. em.
— n. 797. P. leiocarpa Griseb.
— n. 798. „ leiocarpa Griseb.
Gabriel; Guiana (1802):
— P. pinnata Linn. em. (Hb. Deless.)
Galeotti; Mexico (1840):
— n. 1. P. clavigera Schlecht.
— n. 4298. „ costata Schlecht. & Cham.
— n. 4308. „ tomentosa Jacq.
— n. 4311. „ tomentosa Jacq.
— n. 4314. „ pinnata Linn. em.
— n. 4315b. „ fuscescens Kunth.
Gardner; Brasilien (1836—41):
— n. 163. P. meliaefolia Juss., forma 2.
— n. 340. „ trigonia Velloz.
— n. 4480. „ carpopodea Camb., forma 2, subf. 5.
— n. 5402. „ meliaefolia Juss., forma 2.
— n. 5686 (5086?). P. carpopodea Camb., forma 1, subf. 2.

Gaudichaud; Brasilien (1831—33):
— n. 75. P. coriacea Casar.
— n. 145. „ pinnata Linn. em.
— n. 147. „ thalictrifolia Juss.
— n. 272. „ cristata Radlk.
— n. 832. „ weinmanniaefolia Mart. (Specim. anomal.)
— n. 838. „ weinmanniaefolia Mart.
— n. 840. „ coriacea Casar.
— n. 846 partim. P. meliaefolia Juss., forma 1.
— n. 846 partim. P. meliaefol. Juss., forma 4.[1])
— n. 930. P. trigonia Velloz.
Gaudichaud; Ecuador (1836):
— n. 87. P. fuscescens Kunth.
Gaumer, G. F.; Honduras (1886):
— P. fuscescens Kunth.
Gay; Peru (1839—40):
— n. 991. P. neglecta Radlk.
Ghisbreght; Mexico (1843):
— n. 15. P. costata Schlecht. & Cham.
— n. 22. „ costata Schlecht. & Cham.?
Gibert, E.; Paraguay (1858):
— Arbres n. 68. P. pinnata Linn. em.
Glaziou; Brasilien (1867—1884):[2])
— n. 40. P. weinmanniaefolia Mart.
— n. 142. „ marginata Casar.
— n. 796. „ meliaefolia Juss., forma 2.
— n. 1323. „ ferruginea Casar.
— n. 2513. „ carpopodea Camb., forma 1. subf. 2.
— n. 2947. „ marginata Casar.
— n. 3896. „ micrantha Camb.
— n. 3900. „ coriacea Casar.
— n. 3901. „ racemosa Wawra.
— n. 4770. „ thalictrifolia Juss.
— n. 4983. „ meliaefolia Juss., forma 2.
— n. 4984. „ ferruginea Casar.
— n. 5769. „ thalictrifolia Juss.
— n. 6495[3]) „ fusiformis Radlk.
— n. 6497. „ marginata Casar.
— n. 6499. „ carpopodea Camb., forma 1. subf. 2.
— n. 7548. „ marginata Casar.
— n. 7551. „ rubiginosa Camb., forma 1.
— n. 7552. „ rubiginosa Camb., forma 1.
— n. 8295[3]) „ fusiformis Radlk.
— n. 8601. „ carpopodea Camb., forma 1, subf. 2.

---
[1]) So hat es auch Seite 265 Zeile 4 des Materialienverzeichnisses, statt f. 3, zu heissen.
[2]) Sieh Zusatz n. 3 zu *Paullinia Cupana* Seite 217.
[3]) Auf Seite 221 (unter Paullinia ferruginea) zu streichen.

Glaziou (Fortsetzung):
- n. 8602. P. thalictrifolia Juss.
- n. 8605. „ weinmanniaefolia Mart.
- n. 9698. „ pinnata L. em. (= Schwacke IIb. n. 38)
- n. 9699. „ nobilis Radlk. (= Schwacke n. 2036.)
- n. 9700. „ obovata Pers. (= Schwacke IIb. n. 43.)
- n. 9701. „ nobilis Radlk.
- n. 9703. „ pinnata L. em. (= Schwacke IIb. n. 42.)
- n. 9707. „ Cupana K. (Leg. Schwacke?)
- n. 10411. „ racemosa Wawra.
- n. 10413. „ pinnata Linn. em.
- n. 10415. „ pinnata Linn. em.
- n. 10432. „ ternata Radlk.
- n. 11820[1]). „ fusiformis Radlk.
- n. 12495. „ rubiginosa Camb., forma 3.
- n. 12496. „ carpopodea Camb., forma 1, subf. 1.
- n. 12508. „ urvilleoides Radlk.
- n. 13618. „ subcordata Benth. (= Schwacke III. 208.)
- n. 13619. „ latifolia Benth. (= Schwacke III, 240.)
- n. 13633. „ grandifolia Benth.) (= Schwacke III. 375 = n. 4003.)
- n. 18954. „ carpopodea Camb., forma 2, subf. 4.
- n. 20237. „ spicata Benth.

Glocker; Brasilien (1842):
- n. 33. P. elegans Camb.

Göldi; Brasilien (1886):
- P. rubiginosa Camb., forma 3.

Gollmer; Venezuela (1853—55):
- P. cauliflora Jacq.
- „ Cururu Linn. em.
- „ fuscescens Kunth.

Gomez; Brasilien (1812):
- P. racemosa Wawra.

Goudot; Neu-Granada (1844):
- n. 1. P. triptera Tr. & Planch.
- n. 2. „ apoda Radlk.
- P. Cururu Linn. em.
- „ eriantha Benth., forma 2.
- „ leiocarpa Griseb.

Graham; Brasilien (1821—23):
- P. carpopodea Camb., forma 1, subf. 1.

[1]) Auf Seite 221 (unter Paullinia ferruginea) zu streichen.

Guillemin: Brasilien (1839):
- n. 114. P. meliaefolia Juss., forma 2.
- n. 509. „ trigonia Vellozo.
- n. 664. „ ferruginea Casar.

Haencke; Bolivia (1789—1817):
- P. dasystachya Radlk., forma 1.

Haencke; Ecuador (1789—94):
- P. fuscescens Kunth.

Haencke; Mexico (1789—94):
- P. Cururu Linn. em.
- „ fuscescens Kunth.
- „ glomerulosa Radlk.

Haencke; Panama (1789—94):
- P. subnuda Radlk.

Haencke; Peru:
- P. subrotunda Pers.

Hagenbeck; Argentinien:
- P. elegans Camb.

Hahn; Mexico (1865—66):
- P. pinnata Linn. em.

Hahn; Martinique (1868—70):
- n. 137 partim. P. Cururu Linn. em.
- n. 137 partim. P. pinnata Linn. em.
- n. 137ᵃ. P. Cururu Linn. em.
- n. 1118. „ Cururu Linn. em.
- n. 1355. „ neuroptera Radlk.

Harrison; Brasilien (1825):
- P. meliaefolia Juss., forma 2.

Hayes, siehe Sutton Hayes.
Herbarium Cliffort, siehe die Anmerkungen.
Herbarium Flor. Bras., siehe Martius, Herb. Flor. Bras.
Herbarium Fluminense (in IIb. Lugd.-Bat.):
- P. weinmanniaefolia Mart. (Legit Riedel?)

Herbarium Hort. Trinitat.:
- n. 903. P. leiocarpa Griseb.
- n. 2142. „ Cururu Linn. em.
- n. 2142ᵇ. „ pinnata Linn. em.
- n. 2147. „ leiocarpa Griseb.
- P. tetragona Aubl.

Herbarium Jussieu, siehe die Anmerkungen.
Herbarium Linné, siehe die Anmerkungen.
Herbarium Pavon, siehe Mociño & Sesse;
„ „ „ Née;
„ „ „ Pavon;
„ „ „ Ruiz & Pavon.
Herbarium of the U. S. North Pacific Expl. Exped. under Commanders Ringgold & Rogers, siehe Wright, C., Nicaragua.
Herbarium Smith, siehe die Anmerkungen.
Herbarium Willdenow, siehe die Anmerkungen.

Herminier, L'; Guadeloupe (1798—1815, nach Lasègue; 1843):
— P. microsepala Radlk.
— „ Plumierii Tr. & Planch.
Herminier, L'; Trinidad:
— n. 37. P. fuscescens Kunth.
Heudelot; West-Africa, Senegambien (1835):
— n. 18. P. pinnata Linn. em.
Heyde et Lux; Guatemala (1894):
— n. 6315. P. costaricensis Radlk. (Ed. J. Donnell-Smith.)
Heyde et Lux; Nicaragua (1893):
— n. 6093 P. hymenobractea Radlk. (Ed. J. Donnell-Smith.)
Hilaire, sieh Saint-Hilaire.
Hildebrandt, J. M.; Zanzibar (1873):
— P. pinnata Linn. em.
Hildebrandt, J. M.; Madagascar (1879):
— n. 3300. P. pinnata Linn. em.
— n. 3300ª. „ pinnata Linn. em.
— n. 3302ᶜ. „ pinnata Linn. em.
Hinds; Ecuador (1841):
— P. fuscescens Kunth.
Hoffmann, C.; Costarica (1857):
— n. 489. P. costaricensis Radlk.
Hoffmannsegg, resp. Friedr. W. Sieber; Brasilien (vor 1812):
— P. capreolata Radlk.[1]
— „ monogyna Radlk., forma 1.[2]
— „ monogyna Radlk., forma 2.[3]
Hohenacker, sieh Hostmann & Kappler;
„ „ Kappler;
„ „ Lechler.
Holton; Flora Neogranad.-Magdal.(1852—53):
— n. 813. P. spicata Benth.
— n. 814. „ densiflora Smith.
Holst; Ost-Africa, Amboni (1893):
— n. 2832. P. pinnata Linn. em.
Hostmann & Kappler; Surinam (1842):
— n.1211. P. pinnata L. em. (Ed. Hohenacker.)
Houlet; Brasilien (1839—42):
— P. carpopodea Camb., forma 1, subf. 1.
— „ trigonia Vellozo.
Houston; Jamaica (1730):
— P. barbadensis Jacq.
Houston(?); Neu-Granada (1730):
— P. fuscescens Kunth, forma 2.[4]
— „ fuscescens Kunth, forma 3.[5]

Houston; Mexico (1730):
— P. tomentosa Jacq.
Houston?:
— P. Cururu Linn. em.
Humboldt & Bonpland; Ecuador (1799—1804):
— P. fuscescens Kunth, forma 1.
Humboldt & Bonpland; Mexico (1799—1804):
— n. 3893. P. pinnata Linn. em.
Humboldt & Bonpland; Neu-Granada (1799—1804):
— n. 1431. P. turbacensis Kunth.[1]
— n. 1475. „ Cururu Linn. em.[2]
— n. 1501. „ macrophylla Kunth.[3]
Humboldt & Bonpland; Venezuela (1799—1804):
— n. 637. P. fuscescens Kunth, forma 2.[4]
— n. 910. „ Cupana Kunth.[5]
— n. 1183. „ Cururu Linn. em.[6]
— P. nitida Kunth.[7]
Imray; Dominica (um 1840):
— n. 1786. P. microsepala Radlk.
Isert; West-Africa (um 1783):
— P. pinnata Linn. em.[8]
Jacquin; Martinique? (1754—59):
— P. Plumierii Tr. & Planch.
Jacquin; Venezuela (resp. Märter & Bredemeyer, 1784—85):
— P. cauliflora Jacq.
— „ hispida Jacq.[9]
Jacquin (1754—59):
— P. pinnata Linn. em.
Jelski, Coast. de; Peru (1878):
— n. 412. P. bidentata Radlk.
— n. 413. „ subauriculata Radlk.
Jenman, G. S.; Guiana (1880—89):
— n. 683. P. rufescens Rich. ed. Juss.
— n. 5150. „ pinnata Linn. em.
— n. 5349. „ pinnata Linn. em.
Jhering; Brasilien (1892):
— n. 283. P. elegans Camb.
Joblonsky; Zanzibar (1876):
— P. pinnata Linn. em.

[1] Hb. Willdenow n. 7708.
[2] Hb. Willdenow n. 7707.
[3] Hb. Willdenow n. 7719, plag. 2.
[4] Hb. Willdenow n. 7716, plag. 2.
[5] Hb. Willdenow n. 7717.
[6] Hb. Willdenow n. 7712, plag. 1, 2, 3.
[7] Hb. Willdenow n. 7718.
[8] Hb. Willdenow n. 7719, plag. 1.
[9] Hb. Willdenow n. 7720.

---

[1] Hb. Willd. n. 7745.
[2] Hb. Willd. n. 7722.
[3] Hb. Willd. n. 7711.
[4] Hb. Linné n. 5.
[5] Hb. Clifford n. 5.

Jürgensen; Mexico (1843—45):
— n. 128. P. fuscescens Kunth.
— n. 175. „ pinnata Linn. em.
— n. 521. „ tomentosa Jacq.

Kappler; Guiana (1844):
— n. 1601. P. fuscescens Kunth. (Ed. Hohenacker.)
— n. 2128. „ sphaerocarpa Rich. ed. Juss. (Ed. Hohenacker.)
— n. 2131. „ venosa Radlk. (Ed. Hohenacker.)
    Cf. Hostmann & Kappler.

Karsten; Neu-Granada (1843—56):
— P. eriantha Benth., forma 1.
— „ pachycarpa Benth.
— „ pterocarpa Tr. & Planch.
— „ pterophylla Tr. & Planch.
— „ serjaniaefolia Tr. & Planch.

Karsten; Venezuela (1843—56):
— n. 176. P. glomerulosa Radlk.
— P. Cururu Linn. em.
— „ fuscescens Kunth.
— „ hispida Jacq.

Kegel? („Herb. Kegel"); Brasilien:
— n. 12431. P. meliaefolia Juss., forma 4. (Hb. Reichenbach in Hb. Vindob.)

Kerber, E.; Mexico (1882—83):
— n. 134. P. tomentosa Jacq.
— n. 400. „ tomentosa Jacq.

Kerr, J. Graham; Paraguay - Argentinien (1890—91):
— P. pinnata Linn. em.

Kirk; West-Africa, Sierra Leone:
— P. pinnata Linn. em.

Kirk; Ost-Africa, Zambesi (1861);
— P. pinnata Linn. em.

Kohaut, sieh Sieber, Franz W.

Kosas, Dr.; Venezuela:
— n. 6. P. fuscescens Kunth:

Krebs, H.; S. Thomas (1845):
— P. pinnata Linn. em.

Krug, L.; Porto-Rico (1874):
— n. 158. P. pinnata Linn. em.

Kuntze, O.; Brasilien (1892):
— P. pinnata Linn. em.

Kuntze, O.; Trinidad (1874):
— P. fuscescens Kunth.

Kuntze, O.; Venezuela (1874):
— n. 1426. P. hispida Jacq.

Langsdorff, sieh Riedel & Langsdorff.

Lay & Collie; Mexico (1827):
— P. fuscescens Kunth.

Leblond; Guiana (1786—91):
— n. 56. P. pinnata Linn. em.
— n. 346. „ pinnata Linn. em.

Lécard; West-Africa (1882):
— n. 61. P. pinnata Linn. em.

Lechler; Peru (1854):
— n. 2332ª. P. pterophylla Tr. & Planch.? (Ed. Hohenacker.)
— n. 2358. „ curvicuspis Radlk.
— n. 3277. „ curvicuspis Radlk.

Ledru; Porto-Rico (1797—98):
— n. 199. P. pinnata Linn. em.[1]

Leprieur; West-Africa, Senegambien (1829—30):
— P. pinnata Linn. em.

Leprieur; Guiana (1833, 1838—39):
— n. 327. P. capreolata Radlk.
— P. pinnata Linn. em.

Leschenault; Guiana (1823—24):
— P. pinnata Linn. em.
— „ spicata Benth.

Levy; Nicaragua (1869):
— n. 125. P. pinnata Linn. em.

L'Herminier, sieh Herminier.

Lhotsky; Brasilien (1832):
— n. 129. P. trigonia Vellozo.
— P. carpopodea Camb., forma 1, subf. 1.

Liais; Brasilien:
— P. meliaefolia Juss., forma 3.

Liebmann; Mexico (1841—42):
— n. 14. P. costata Schlecht. & Cham.
— n. 18. „ fuscescens Kunth.
— n. 19. „ fuscescens Kunth.
— n. 39. „ tomentosa Jacq.
— n. 40. „ tomentosa Jacq.
— n. 41. „ tomentosa Jacq.
— n. 46. „ costata Schlecht. & Cham.
— n. 47. „ clavigera Schlecht.
— n. 48. „ clavigera Schlecht.
— n. 49. „ clavigera Schlecht.
— n. 50. „ clavigera Schlecht.
— n. 51. „ clavigera Schlecht.

Lindberg; Brasilien (1854):
— n. 730. P. trigonia Vellozo.

Linden; Mexico (1838—40):
— n. 897. P. tomentosa Jacq.
— n. 900. „ costata Schlecht. & Cham.
— n. 1023. „ tomentosa Jacq.
— n. 1024. „ fuscescens Kunth.
— n. 1025. „ costata Schlecht & Cham.

---

[1] Hb. Jussieu n. 11359; Hb. Willdenow n. 7719, plag. 3.

Linden; Neu-Granada (1843):
— n. 1360. P. granatensis Radlk.
Linden; Venezuela (1842—49):
— n. 115. P. fuscescens Kunth.
— n. 1544. „ leiocarpa Griseb.
— P. venezuelana Radlk.
Lindman; Brasilien (1893—94):
— n. A, 1155. P. elegans Camb.
— n. A, 3513. „ pinnata Linn. em.
Lockhart; Trinidad (vor 1851):
— n. 236. P. tetragona Aubl.
Loefgren; Brasilien (1889):
— n. 618. P. rhomboidea Radlk.
Lorentz; Argentinien, Paraguay (1872, 1875 —76):
— n. 31. P. pinnata Linn. em.
— n. 113 partim. P. elegans Camb. (partim Serj. hebecarpa Benth. forma 3. platycephala Radlk.)
— n. 120. P. pinnata Linn. em.
— n. 635. „ elegans Camb.
Lorentz; Uruguay (1875):
— n. 264. P. australis St. Hil.
Lund; Brasilien (1825):
— n. 137. P. weinmanniaefolia Mart.
— n. 510. „ coriacea Casar.
— n. 565. „ thalictrifolia Juss.
— P. castaneifolia Radlk.
— „ seminuda Radlk.
Luschnath; Brasilien (1834):
— n. 4. P. trigonia Vellozo.
— n. 40. „ meliaefolia Juss., forma 2.
— P. micrantha Camb.
  Cf. Martius Herb. Fl. bras.
Lux. sieh Heyde & Lux.

Macfadyen; Jamaica (vor 1837):
— P. barbadensis Jacq.
— „ jamaicensis Macfad.
Märter; Montserrat (1784—85):
— P. microsepala Radlk.
? — „ Vespertilio Swartz.
Märter; Venezuela (1784—85):
— P. hispida Jacq.[1]
Märter & Bredemeyer, sieh Jacquin.
Magalhães-Gomes; Brasilien (1892—94):
— n. 255. P. carpopodea Camb., forma 1, subf. 2.
— n. 257. „ micrantha Camb.
— n. 312. „ carpopodea Camb., forma 1, subf. 2.

---
[1]) Hb. Smith.

Magalhães-Gomes (Fortsetzung):
— n. 1049. P. carpopodea Camb., forma 2, subf. 5.
— n. 1114. „ weinmanniaefolia Mart.
— n. 2038. „ carpopodea Camb., forma 2, subf. 5.
— n. 2049. „ micrantha Camb.
Mann; West-Africa (1859—63):
— n. 214. P. pinnata Linn. em.
Manso, Patricio da Silva, Brasilien (1832).
  sieh Martius Herb. Fl. bras.
Marcgrav & Piso; Brasilien (1636—1641):
— P. pinnata Linn. em.
March; Jamaica (1857—58):
— n. 649. P. jamaicensis Macfad.
— n. 660. „ barbadensis Jacq.
— n. 1786. „ jamaicensis Macfad.
— n. 1791. „ barbadensis Jacq.
Martfeldt; Barbados (vor 1791):
— P. Cururu Linn. em.
Martin; Guiana (um 1790):
— n. 144. P. Cambessedesii Tr. & Planch.
— n. 444. „ tricornis Radlk.
— P. capreolata Radlk.
— „ pinnata Linn. em.
— „ rubiginosa Camb. (?)
— „ sphaerocarpa Rich. ed. Juss.
— „ spicata Benth.
Martius; Brasilien (1817—20):
— (Observ. ined. n. 145.) P. meliaefolia Juss., forma 1.
— (Observ. ined. n. 628.) P. elegans Camb.
— (Observ. ined. n. 669.) P. trigonia Vellozo.
— (Observ. ined. n. 1103.) P. carpopodea Camb., forma 2, subf. 5.
— (Observ. ined. n. 1107.) P. carpopodea Camb., forma 1, subf. 2.
— P. alata Don.
— „ anomophylla Radlk.
— „ capreolata Radlk.
— „ clathrata Radlk.
— „ Cupana Kunth.
— „ grandifolia Benth.
— „ imberbis Radlk.
— „ meliaefolia Juss., forma 2.
— „ micrantha Camb.
— „ pachycarpa Benth.
— „ parvibractea Radlk.
— „ pinnata Linn. em.
— „ rubiginosa Camb., forma 1.
— „ rubiginosa Camb., forma 2.
— „ seminuda Radlk.
— „ stipularis Benth., forma 2.

Martius (Fortsetzung):
— P. subnuda Radlk.
— „ thalictrifolia Juss.
— „ trilatera Radlk.
Martius, Herbarium Flor. Bras. (1837—42):
— n.   68. P. thalictrifolia Juss. (Leg. Ackermann.)
— n.   69. „ weinmanniaefolia Mart. (Leg. Ackermann. Luschnath.)
— n. 170. „ carpopodea Camb., forma 1, subf. 1. (Leg. Ackermann.)
— n. 1244. „ pinnata Linn. em. (Leg. Manso, n. 35.)
— n. 1246. „ meliaefolia Juss., forma 2.(Leg. Ackermann.)
— n. 1270. „ revoluta Radlk. (Leg. Luschn.)
Masson; Kleine Antillen (1776—81):
— P. Vespertilio Swartz.
Matthews; Peru (1846):
— P. laeta Radlk.
Mayerhoff; S. Domingo (1859):
— P. pinnata Linn. em.
Mechow; West-Africa, Angola (1879—80):
— P. pinnata Linn. em.
Mélinon; Guiana (1842—62):
— n.   47. P. stellata Radlk.
— n.   59. „ imberbis Radlk.
— n. 281. „ stenopetala Sagot.
— n. 313. „ dasygyna Radlk.
— P. leiocarpa Griseb.
— „ pinnata Linn. em.
— „ sphaerocarpa Rich. ed. Juss.
— „ spicata Benth.
Meller; Ost-Africa, Zambesi:
— P. pinnata Linn. em.
Méllo, J. Correa de; Brasilien (1868—72):
— Sapindacea n. 1. P. rhomboidea Radlk.
— „ trigonia Vellozo.
Méllo et Mosén; Brasilien:
— P. seminuda Radlk.
Mendonça; Brasilien (1884):
— n. 204. P. meliaefolia Juss., forma 2.
— n. 1127. „ trigonia Vellozo.
Middelton; Brasilien:
— P. racemosa Wawra.
Miers; Brasilien (1831—38):
— n. 3632. P. racemosa Wawra.
— n. 3763. „ ferruginea Casar.
— n. 4509. „ carpopodea Camb., forma 1, subf. 2.
— n. 4512. „ marginata Casar.
— n. 4611. „ carpopodea Camb., forma 1, subf. 2.

Mikan, sieh Pohl.
Mociño & Sesse; Mexico (1795—1804):
— P. tomentosa Jacq. (fide Fl. Mex. ic. ined.)
— „ fuscescens Kunth (Hb.Pavon, nunc Boiss.; leg. Née?)
Molmey; West-Africa, Lagos, Guinea (um 1883):
— P. pinnata Linn. em.
Moore, Spencer Le Marchant, Brasilien, Paraguay? (1891—92):
— n. 521. P. elegans Camb.
— n. 629. „ elegans Camb.
— n. 1063. „ pinnata Linn. em.
Moritz; Venezuela (1837):
— n. 356. P. leiocarpa Griseb.
— n. 1934. „ cauliflora Jacq.
— P. fuscescens Kunth.
Morong; Paraguay (1888—90):
— n. 153. P. elegans Camb.
— n. 373. „ pinnata Linn. em.
— n. 387. „ elegans Camb.
— n. 737. „ elegans Camb.
— n. 764. „ elegans Camb.
— n. 892. „ pinnata Linn. em.
— n. 916. „ elegans Camb.
— n. 1092. „ elegans Camb.
Mosén; Brasilien (1873—75):
— n. 427. P. rhomboidea Radlk.
— n. 1959. „ rhomboidea Radlk.
— n. 2430. „ carpopodea Camb., forma 1, subf. 2.
— n. 3518. „ trigonia Vellozo.
— n. 3606. „ trigonia Vellozo.
— n. 3607. „ trigonia Vellozo.
— n. 3966. „ rhomboidea Radlk.
Cf. Méllo & Mosén.
Moura, J. T. de; Brasilien (1888):
— n. 618. P. trigonia Vellozo.
— n. 622. „ trigonia Vellozo.
Müller, Fred.; Mexico (1853):
— n. 221. P. tomentosa Jacq.
— n. 535. „ tomentosa Jacq.
— n. 1282. „ tomentosa Jacq.
— n. 1940. „ tomentosa Jacq.
Müller, Dr. Wilh.; Brasilien (1884):
— n. 5603. P. seminuda Radlk.
Murray; Jamaica (1827):
— n. 618. P. jamaicensis Macfad.
— n. 619. „ jamaicensis Macfad.
Mutis; Neu-Granada (1760—78):
— P. densiflora Smith.[1]

---

[1] Hb. Linné.

Née?; Mexico (1789—94):
— P. Cururu Linn. em. (Hb. Pavon, nunc Boiss.)
— „ fuscescens Kunth. (Hb. Pavon, nunc Boiss.; leg. Mociño & Sesse?)
Netto; Brasilien (1862):
— P. elegans Camb.
— „ spicata Benth.
Neu-Wied, Fürst von; Brasilien (1815—17):
— n. 3*. P. weinmanniaefolia Mart. (Specimen anomal.)
— n. 6. „ meliaefolia Juss., forma 4.
— n. 297. „ weinmanniaefolia Mart. (Specimen anomal.)
— P. rubiginosa Camb., forma 3.
Neves-Armond, Dr. Amaro F. das; Brasilien (1889):
— n. 98. P. racemosa Wawra.
— n. 99. „ meliaefolia Juss., forma 4.
— n. 100. „ racemosa Wawra.
— n. 101. „ meliaefolia Juss., forma 4.
— n. 103. „ racemosa Wawra.
— n. 104. „ racemosa Wawra.
— n. 105. „ rubiginosa Camb., forma 1.
— n. 309. „ micrantha Camb.
— n. 310. „ racemosa Wawra.
Newmann; Brasilien:
— P. venosa Radlk.
Niederlein; Argentinien (1883—84):
— n. 125. P. elegans Camb.
— n. 129. „ meliaefolia Juss., forma 4.
— n. 1754. „ meliaefolia Juss., forma 1.
Niederlein; Uruguay (1880):
— n. 56. P. australis St. Hil.
Nyst (Coll.), sieh Unbekannter Sammler.
Oersted; Costa-Rica (1845—47):
— P. costaricensis Radlk.
— „ fuscescens Kunth.
— „ macrocarpa Radlk.
— „ mallophylla Radlk.
Oersted; Nicaragua (1846):
— P. pinnata Linn. em.
Oersted; S. Thomas (1847—49):
— P. pinnata Linn. em.
Orbigny, A. d'; Bolivia (1826—33):
— n. 563. P. boliviana Radlk., forma 1.
Otto; Venezuela (1835—40):
— n. 442. P. Cururu Linn. em.
— n. 849. „ Cururu Linn. em.
— n. 905. „ cauliflora Jacq.
Palmer, Dr Ed.; Mexico (1887—91):
— n. 238. P. Sonorensis Watson.

Palmer (Fortsetzung):
— n. 1066. P. sessiliflora Radlk.
— n. 1087. „ sessiliflora Radlk.
— n. 1248. „ tomentosa Jacq.
— n. 1400. „ fuscescens Kunth.
Park; West-Africa:
— P. pinnata Linn. em.
Parker; Guiana (um 1824):
— P. pinnata Linn. em.
— „ rufescens Rich. ed. Juss.
Parry, sieh Wright.
Pavon; Peru (1778—88):[1])
— n. 644. P. obovata Pers.
— n. 645. „ alata Don.
— n. 646. „ neglecta Radlk.
— n. 647. „ acutangula Pers.
— n. 648. „ elongata Radlk.
— P. enneaphylla Don.
— „ pinnata Linn. em.
— „ subrotunda Pers.
Cf. Mociño & Sesse, Née, Ruiz & Pavon.
Pearce; Bolivia (1865):
— P. acutangula Pers.
— „ dasystachya Radlk., forma 1.
Peckolt; Brasilien (1859—61):
— n. 68. P. meliaefolia Juss., forma 4.
— n. 275. „ uloptera Radlk.
Perrottet; Guiana (1819—21):
— n. 239. P. pinnata Linn. em.
— P. sphaerocarpa Rich. ed. Juss.
Perrottet; West-Africa, Senegal (1825):
— P. pinnata Linn. em.
Pervillé; Madagascar (1841):
— n. 786*. P. pinnata Linn. em.
Peters; Brasilien (um 1828—30):
— P. micrantha Camb.
Piso, sieh Maregrav & Piso.
Pizarro; Brasilien (1887):
— n. 1. P. carpopodea Camb., forma 1, subf. 3.
Plée; S. Lucia (1821):
— P. pinnata Linn. em.

---

[1]) Die bei mehreren der hier verzeichneten Arten nach den betreffenden Originaletiquetten angegebenen, zwischen 1794 (*Paull. neglecta* und *subrotunda*) und 1804 (*Paull. acutangula*) sich bewegenden Jahreszahlen sind vielleicht, statt auf die Zeit der Einsammlung, auf die der Etiquettirung zu beziehen. Sie finden sich nur bei den Materialien des Herb. Boissier, während die Collectionsnummern (644—648), wie schon unter *Paull. alata* (Zusatz n. 2, Seite 126) bemerkt worden ist, nur bei den Materialien des Herb. Delessert vorhanden sind.

Plée; Martinique (1820):
- P. Cururu Linn. em.
- " pinnata Linn. em.

Plée; Guiana (1825):
- n. 79. P. Cururu Linn. em.

Plée; Venezuela (1820—27):
- P. leiocarpa Griseb.

Plumier (und Surian); S. Domingo (1690—95):
- P. Cururu Linn. em. (Secund. Icon. et Mss.)
- " pinnata Linn. em. (Secund. Icon. et Mss.)

Plumier (und Surian); Martinique (1690—95):
- P. pinnata Linn. em. (Secund. Icon. et Mss.)
- " Plumierii Tr. & Planch. (Sec. Icon. et Mss.)
    Cf. Surian.

Poeppig; Peru (1827—31):
- n. 1090. P. tenera Poepp.
- n. 1327. " subrotunda Pers.
- n. 1758. " acutangula Pers.
- n. 2239. " rhizantha Poepp.
- P. gigantea Poepp.
- " linearis Radlk.
- " nobilis Radlk.
- " selenoptera Radlk.
- Addenda n. 50. P. rhizantha Poepp.
- Addenda n. 91. " gigantea Poepp.
- Addenda n. 93. " nobilis Radlk.

Pohl (Schott, Schüch & Mikan); Brasilien (1817—21):
- n. 25. P. pinnata Linn. em.
- n. 696. " marginata Casar. (Leg. Schott.)
- n. 700. " micrantha Camb. (Leg. Schott, Mikan.)
- n. 701. " trigonia Vellozo.
- n. 703. " weinmanniaefolia Mart. (Leg. Schüch. Schott.)
- n. 726. " thalictrifolia Juss. (Leg. Schott.)
- n. 727. " coriacea Casar.
- n. 741. " micrantha Camb.
- n. 5247. " meliaefolia Juss., forma 2. (Leg. Mikan. Schott.)
- n. 5585. " meliaefolia Juss., forma 2. (Leg. Mikan. Schott.)
- P. carpopodea Camb., forma 2, subf. 5. (Leg. Schüch.)
    Cf. Schott, H. W.

Poiteau; Guiana (1817—22):
- P. dasygonia Radlk.
- " fasciculata Radlk.
- " sphaerocarpa Rich. ed. Juss.

Poiteau; S. Domingo (1802):
- P. pinnata Linn. em.[1])

[1]) Hb. Jussieu n. 11353 A.

Prates; Brasilien (1844):
- P. elegans Camb.

Prenleloup. L. A.; S. Domingo (1862):
- n. 90. P. pinnata Linn. em.

Prieur, sieh Leprieur.

Prior, sieh Alexander.

Purdie; Jamaica (1843):
- P. jamaicensis Macfad.

Purdie; Neu-Granada (1844):
- P. Cururu Linn. em.

Raben; Brasilien (1834—38):
- n. 95. P. thalictrifolia Juss.
- n. 345. " weinmanniaefolia Mart.
- n. 346. " weinmanniaefolia Mart.
- n. 353. " elegans Camb.
- n. 356. " coriacea Casar.
- n. 359. " spicata Benth.
- n. 360. " weinmanniaefolia Mart.
- n. 724. " coriacea Casar.
- n. 740. " micrantha Camb.
- n. 753. " elegans Camb.
- P. meliaefolia Juss., forma 1.

Raddi; Brasilien (1817—18):
- P. marginata Casar.
- " meliaefolia Juss., forma 2.
- " thalictrifolia Juss.
- " trigonia Vellozo.

Ramage; Dominica (1889):
- P. Vespertilio Swartz.

Regnell; Brasilien (1844—74):
- n. 18. P. meliaefolia Juss., forma 2.
- III. 350. partim. P. rhomboidea Radlk. (partim Serj. glabrata Kunth.; partim Serj. meridionalis Camb.)
- III. 351. partim. P. rhomboidea Radlk. (partim Serj. orbicularis Radlk.)
- III. 352. P. carpopodea Camb., forma 1, subf. 2.
- III. 352ᵃ. " carpopodea Camb., forma 1, subf. 1.
- III. 352ᶜ. " carpopodea Camb., forma 1, subf. 2.
- III. 352ᵈ. " carpopodea Camb., forma 1, subf. 2.
- III. 352ᵉ. " carpopodea Camb., forma 1, subf. 2.
- III. 353. " spicata Benth.

Rengger; Paraguay:
- P. pinnata Linn. em.

Richard, L. Cl.; Antillen (1786—87):
- P. Cururu Linn. em.

Richard, L. Cl.; S. Domingo (1786—87):
— P. pinnata Linn. em.
Richard, L. Cl.; Guiana (1781—89):
— P. capreolata Radlk.
— „ fibulata Rich. ed. Juss.[1])
— „ ingaefolia Rich. ed. Juss.
— „ pinnata Linn. em.
— „ rufescens Rich. ed. Juss.[2])
— „ sphaerocarpa Rich. ed. Juss.[3])
Richard; Madagascar:
— n. 180. P. pinnata Linn. em.
— n. 231. „ pinnata Linn. em.
Riedel; Brasilien (1821—32; 1841—42):
— n.   6. P. meliaefolia Juss., forma 2.
— n.  30. „ meliaefolia Juss., forma 2.
— n. 341. „ revoluta Radlk.
— n. 345. „ carpopodea Camb., forma 2, subf. 5.
— n. 496. „ ferruginea Casar.
— n. 506. „ weinmanniaefolia Mart.
— n. 507. „ trigonia Vellozo.
— n. 508, partim. P. micrantha Camb.
— n. 508, partim. P. weinmanniaefolia Mart. (Specimen anomal.)
— n. 616. P. racemosa Wawra.
— n. 671. „ spicata Benth.
— n. 700. „ elegans Camb.
— n. 808. „ revoluta Radlk.
— n. 1362. „ thalictrifolia Juss.
— n. 1364. „ Cupana Kunth.
— n. 2643. „ meliaefolia Juss., forma 2.
— V. P. ferruginea Casar.
— W. partim. P. meliaefolia Juss., forma 1.
— W. partim. „ meliaefolia Juss., forma 2.
— X. P. meliaefolia Juss., forma 4.
— Y. „ carpopodea Camb., forma 1, subf. 2.
— P. fusiformis Radlk. (Specimen anomal.)
Riedel & Langsdorff; Brasilien:
— n. 390. P. carpopodea Camb., forma 1, subf. 2.
— n. 701. „ meliaefolia Juss., forma 4.
— n. 800. „ meliaefolia Juss., forma 4.
Riedlé; S. Thomas u. Porto-Rico (1797—98):
— P. pinnata Linn. em.
Riedlé: Trinidad (1797—98):
— P. tetragona Aubl.[4])
Robinson; Jamaica (vor 1814):
— P. jamaicensis Macfad.

---

[1]) Hb. Juss. n. 11362.
[2]) Hb. Juss. n. 11368.
[3]) Hb. Juss. n. 11361.
[4]) Hb. Juss. n. 11357.

Rodschied; Guiana (1793):
— P. pinnata Linn. em.
?— n. 19. P. pinnata Linn. em.
Rohr, sieh Ryan & Rohr.
Roquefeuil, M^{lle} de; S. Domingo (1787):
— P. pinnata Linn. em.[1])
Rothschuh; Nicaragua (1891):
— n. 617. P. nitida Kunth.
Rovirosa, J. N.; Mexico (1888):
— n. 190. P. pinnata Linn. em.
Ruiz & Pavon; Peru (1778—88):
— P. dasystachya Radlk., forma 1.
Rusby; Bolivien (1886):
— n. 519. P. pinnata Linn. em.
— n. 520. „ pinnata Linn. em.
— n. 522. „ pinnata Linn. em.
— n. 529. „ boliviana Radlk., forma 2.
— n. 530, partim. P. neglecta Radlk. (partim Serj. caracasana W.)
— n. 531. P. dasystachya Radlk., forma 2.
— n. 539. „ monogyna Radlk., forma 2.
— n. 626. „ neglecta Radlk.
Ryan; S. Croix? (um 1791):
— P. Vespertilio Swartz.
Ryan & Rohr; Trinidad (1784—85?):
— P. tetragona Aubl.
Sagot; Guiana (1855—58):
— n. 78. P. pinnata Linn. em.
— n. 811. „ dasygonia Radlk.
Saint-Hilaire; Brasilien (1816—22):
— P. australis St. Hil.
— „ carpopodea Camb., forma 1, subf. 1.
— „ carpopodea Camb., forma 1, subf. 2.
— „ carpopodea Camb., forma 1, subf. 3.
— „ carpopodea Camb., forma 2, subf. 4.
— „ elegans Camb.
— „ meliaefolia Juss., forma 1.
— „ meliaefolia Juss., forma 3.
— „ meliaefolia Juss., forma 4.
— „ micrantha Camb.
— „ rubiginosa Camb., forma 1.
— „ thalictrifolia Juss.
Saldanha, J. de, Brasilien (1876—84):
— n. 5521. P. trigonia Vellozo.
— n. 5578. „ carpopodea Camb., forma 1, subf. 2.
— n. 5693. „ meliaefolia Juss., forma 4.
— n. 6076. „ meliaefolia Juss., forma 1.
— n. 6762. „ trigonia Vellozo.
— rubiginosa Camb., forma 1.

---

[1]) Hb. Juss. n. 11358 D.

Sallé; Mexico (1854):
— n. 305? P. tomentosa Jacq.
Salzmann; Brasilien (1830—34):
— n. 107. P. elegans Camb.
— n. 109. „ weinmanniaefolia Mart. (Specim. anomal.)
Sartorius; Mexico (1854—71):
— P. costata Schlecht. & Cham.
— „ tomentosa Jacq.
Schenck, H.; Brasilien (1887):
— n. 128. P. seminuda Radlk.
— n. 251. „ seminuda Radlk.
— n. 299. „ seminuda Radlk.
— n. 345. „ cristata Radlk.
— n. 481. „ carpopodea Camb., forma 1, subf. 1.
— n. 550. „ carpopodea Camb., forma 1, subf. 1.
— n. 555. „ meliaefolia Juss.
— n. 733. „ cristata Radlk.
— n. 804. „ cristata Radlk.
— n. 1166. „ seminuda Radlk.
— n. 1981. „ meliaefolia Juss., forma 2.
— n. 2067. „ trigonia Vellozo.
— n. 2144. „ trigonia Vellozo.
— n. 2146. „ meliaefolia Juss.
— n. 2298. „ trigonia Vellozo.
— n. 2317. „ carpopodea Camb., forma 1, subf. 2.
— n. 2322. „ trigonia Vellozo.
— n. 2373. „ trigonia Vellozo.
— n. 2387. „ carpopodea Camb., forma 1, subf. 2.
— n. 2405. „ thalictrifolia Juss.
— n. 2537. „ trigonia Vellozo.
— n. 2593. „ trigonia Vellozo.
— n. 2778. „ trigonia Vellozo.
— n. 3048. „ meliaefolia Juss., forma 2.
— n. 3056. „ racemosa Wawra.
— n. 3739. „ racemosa Wawra.
— n. 3769. „ carpopodea Camb., forma 1, subf. 2.
— n. 3815. „ weinmanniaefolia Mart.
— n. 3951. „ weinmanniaefolia Mart.
— n. 4057. „ pinnata Linn. em.
— n. 4094. „ elegans Camb.
— n. 4128. „ pinnata Linn. em.
— n. 4137. „ trigonia Vellozo.
Scherzer; Costa-Rica (1859):
— P. subnuda Radlk.
Scherzer; Honduras (1859):
— P. fuscescens Kunth.
Schiede, sieh Schiede & Deppe.

Schiede & Deppe; Mexico (1828—29):
— n. 305.[1]) P. costata Schlecht. & Cham.
— n. 306.[1]) „ clavigera Schlecht.
— n. 441.[1]) „ tomentosa Jacq.
— n. 442.[1]) „ costata Schlecht. & Cham.
— n. 524. „ costata Schlecht. & Cham.
— n. 1291.[1]) „ fuscescens Kunth.
Schilling; Surinam (vor 1776):
— P. pinnata Linn. em.
Schlim; Neu-Granada (1852):
— n. 944. P. macrophylla Kunth.
Schomburgk, R.; Antillen (1835?):
— P. Plumierii Tr. & Planch.
Schomburgk, Rob. & Rich.; Guiana (1835—41):
— n. 30. P. pinnata Linn. em. (Rich. Sch.)
— n. 94. „ pinnata Linn. em.
— n. 147. „ dasygonia Radlk.
— n. 758. „ leiocarpa Griseb.
— n. 781. „ anisoptera Turcz.
— n. 813. „ leiocarpa Griseb.
— n. 825. „ anisoptera Turcz.
— n. 866. „ leiocarpa Griseb.
— n. 1291. „ conduplicata Radlk. (Rich. Sch.)
— n. 1296. „ leiocarpa Griseb. (Rich. Sch.)
Schott, Heinr. Wilh.; Brasilien (1817—18):
— n. 4117. P. racemosa Wawra.
— n. 5570. „ ferruginea Casar.
Cf. Pohl.
Schott, A.?; Mexico, Yucatan (1864):
— n. 10. P. fuscescens Kunth.
Schüch, sieh Pohl.
Schwacke, Dr. W.; Brasilien (1877—94):[2])
— n. 38. P. pinnata Linn. em. (= Glaziou n. 9698).
— n. 42. „ pinnata Linn. em. (= Glaziou n. 9703).
— n. 43. „ obovata Pers. (= Glaziou n. 9700).
— n. III,208. „ subcordata Benth. (= Glaziou n. 13618).
— n. III,240. „ latifolia Benth (= Glaziou n. 13619).
— n. III,375. „ grandifolia Benth. (= Glaziou n. 13633).
— n. III,620. „ caloptera Radlk.
— n. 1670. „ trigonia Vellozo.
— n. 1906. „ trigonia Vellozo.
— n. 2036. „ nobilis Radlk. (= Glaziou n. 9699).
— n. 2953. „ meliaefolia Juss., forma 2.

---

[1]) In Linnaea a. d. a. OO.
[2]) Sieh Zusatz n. 3 zu *Paullinia Cupana*, Seite 217.

Schwacke (Fortsetzung):
- n. 3339. P. meliaefolia Juss., forma 1.
- n. 3760. „ caloptera Radlk.
- n. 4003. „ grandifolia Benth. (= III.375.)
- n. 4245. „ meliaefolia Juss., forma 4.
- n. 5042. „ seminuda Radlk.
- n. 5502. „ carpopodea Camb., forma 1, subf. 2.
- n. 5534. „ weinmanniaefolia Mart.
- n. 5811. „ ferruginea Casar.
- n. 6976. „ trigonia Vellozo.
- n. 7005. „ meliaefolia Juss., forma 4.
- n. 7116. „ coriacea Casar.
- n. 7143. „ meliaefolia Juss., forma 1.
- n. 7178. „ micrantha Camb.
- n. 7353. „ marginata Casar.
- n. 7670. „ carpopodea Camb., forma 1, subf. 2.
- n. 7672. „ carpopodea Camb., forma 1, subf. 2.
- n. 8129. „ rhomboidea Radlk.
- n. 8131. „ carpopodea Camb., forma 2, subf. 4.
- n. 8729. „ carpopodea Camb., forma 2, subf. 5.
- n. 8794. „ carpopodea Camb., forma 1, subf. 2.
- n. 9140. „ carpopodea Camb., forma 1, subf. 2.
- n. 10350. „ carpopodea Camb., forma 1, subf. 2.
- n. 10502. „ xestophylla Radlk. (Leg. Filgueiras, a. 1894.)

Schwarz; Brasilien (Novara-Exped. 1857—59):
- n. 10. P. racemosa Wawra.
? — P. venosa Radlk.

Schweinfurth; Central-Africa (1869):
- n. 1429. P. pinnata Linn. em.
- n. 2806. „ pinnata Linn. em.

Seemann; Neu-Granada (1847—49):
- n. 584. P. turbacensis Kunth.
- n. 597. „ fuscescens Kunth, forma 1.
- n. 1642. „ fuscescens Kunth, forma 3.

Seler, Cace. et Ed.; Mexico (1888):
- n. 287. P. fuscescens Kunth, forma 3.
- n. 679. „ fuscescens Kunth, forma 3.

Sello: Brasilien (1814—30):
- n. 71. P. trigonia Vellozo.
- n. 91. „ weinmanniaefolia Mart. (Specimen anomal.)
- n. 92. „ livescens Radlk.
- n. 119. „ trigonia Vellozo.
- n. 207. „ rubiginosa Camb., forma 3.

Sello (Fortsetzung):
- n. 275. partim. P. rubiginosa Camb., forma 3.
  (partim. Serj. communis Camb., var. γ.)
- n. 347. P. carpopodea Camb., forma 1, subf. 1.
- n. 357. „ rubiginosa Camb., forma 3.
- n. 533. partim. P. trigonia Vellozo.
- n. 533. partim. „ weinmanniaefolia Mart.
- n. 718. P. rubiginosa Camb., forma 3.
- n. 737. „ carpopodea Camb., forma 1, subf. 1.
- n. 1106. „ carpopodea Camb., forma 2, subf. 5.
- n. 1272. „ carpopodea Camb., forma 1, subf. 2.
- n. 1273. „ rubiginosa Camb., forma 1.
- n. 1819. „ carpopodea Camb., forma 1, subf. 2.
- n. 1820. „ rubiginosa Camb., forma 1.
- n. 3561. „ elegans Camb.
- n. 5381. „ trigonia Vellozo.
- n. 5518. „ rhomboidea Radlk.
- n. 5594. „ meliaefolia Juss., forma 4.
- n. 5706. „ trigonia Vellozo.
- P. micrantha Camb.
- „ racemosa Wawra.

Seneloh, Ritter von; Brasilien (1834):
- n. 190. P. trigonia Vellozo.

Shakespeare; Jamaica:
- P. barbadensis Jacq.
- „ jamaicensis Macfad.

Sieber, Franz W.; Flor. Martinicensis (1821; leg. Kohaut):
- n. 126. P. Cururu Linn. em.
- n. 302. „ Plumierii Tr. & Planch.

Sieber, Franz W.; Pl. senegalens. (1823; leg. Kohaut):
- n. 26. P. pinnata Linn. em.

Sieber, Franz W.; Flora mixta:
- n. 125. P. pinnata Linn. em.

Sieber, Friedr. W., sieh Hoffmannsegg.

Sinclair, Dr.; Neu-Granada (1836—42):
- P. fuscescens Kunth.

Sinclair, Dr.; Nicaragua (1836—42):
- P. fuscescens Kunth.

Sinclair, Dr.; Taboga (1836—42):
- P. fuscescens Kunth.

Sintenis; Porto-Rico (1884—87):
- n. 188. P. pinnata Linn. em.
- n. 188[b]. „ pinnata Linn. em.
- n. 188[c]. „ pinnata Linn. em.

Sintenis (Fortsetzung):
— n. 1532. „ pinnata Linn. em.
— n. 1927. „ pinnata Linn. em.
— n. 3385ᵇ. „ pinnata Linn. em.
— n. 4788ʰ. „ pinnata Linn. em.
— n. 5973. „ pinnata Linn. em.

Skues; West-Africa, Senegambien:
— P. pinnata Linn. em.

Sloane; Jamaica (1696):
— P. barbadensis Jacq.
— „ jamaicensis Macfad.

Smith. Christ.; West-Africa, Congo:
— P. pinnata Linn. em.

Sodiro; Ecuador (1874):
— P. fuscescens Kunth.
— „ Quitensis Radlk.

Solander, sieh Banks & Solander.

Soyaux; West-Africa, Loango (1876):
— n. 212. P. pinnata Linn. em.

Spencer, Le M. Moore, sieh Moore.

Splitgerber; Surinam (1837):
— n. 82. P. fuscescens Kunth.
— P. pinnata Linn. em.

Spruce; Brasilien (1849—55):
— n.   71. P. Cupana Kunth.
— n.  411. „ pachycarpa Benth.
— n.  508. „ spicata Benth.
— n.  524. „ spicata Benth.
— n.  578*. „ Cururu Linn. em.
— n.  796. „ interrupta Benth.
— n.  968. „ pachycarpa Benth.
— n. 1184. „ subcordata Benth.
— n. 1206. „ rugosa Benth.
— n. 1414. „ scabra Benth.
— n. 1439. „ latifolia Benth.
— n. 1442. „ subcordata Benth.
— n. 1488. „ caloptera Radlk.
— n. 1537. „ grandifolia Benth.
— n. 1856. „ stipularis Benth., forma 1.
— n. 2055. „ Cupana Kunth.
— n. 2127. „ clathrata Radlk.
— n. 2169. „ paullinioides Radlk.
— n. 2444. „ firma Radlk.
— n. 2556. „ caloptera Radlk.
— n. 3010. „ caloptera Radlk.
— n. 3205. „ caloptera Radlk.
— n. 3851. „ rhizantha Poepp.
— P. pinnata Linn. em.

Spruce, Ecuador (1857—60):
— n. 6011. P. lachnocarpa Benth.
— n. 6156. „ Quitensis Radlk.
— n. 6261. „ pinnata Linn. em.

Spruce; Peru (1855—56):
— n. 3883. P. riparia Radlk.
— n. 4415. „ eriantha Benth., forma 2.

Spruce; Venezuela (1853—54):
— n. 3186. P. capreolata Radlk.
— n. 3186.[1]) „ rugosa Benth.
— n. 3607. „ leiocarpa Griseb.

Stahl; Porto-Rico (1873—86):
— n. 507. P. pinnata Linn. em.

Stewart; Paraguay:
— P. pinnata Linn. em.

Stübel; Neu-Granada (1868):
— n. 14ᵃ. P. fuscescens Kunth, forma 1.

Sumichrast; Mexico (1857—60?):
— n. 305. P. tomentosa Jacq.

Surian (u. Plumier); S. Domingo, Martinique (1690):
— n. 227. P. pinnata Linn. em.[2])
— n. 234. „ Cururu Linn. em.[3])
— n. 553. „ Plumierii Tr. & Planch.[4])
— n. 556. „ Cururu Linn. em.[5])
— (n. 864?) P. Vespertilio Swartz.[6])
Cf. Plumier.

Sutton-Hayes; Neu-Granada (1861—62):
— n. 334. P. eriantha Benth., forma 1.
— n. 499. „ turbacensis Kunth.

Sutton-Hayes; Panama (1861):
— n.  95. P. Cururu Linn. em.
— n. 123. „ fuscescens Kunth, forma 1.
— n. 391. „ glomerulosa Radlk.

Sutton-Hayes; Taboga (1862):
— n. 653. P. Cururu Linn. em.

Swainson; Brasilien:
— P. trigonia Vellozo.

Swartz(?); Jamaica (1783—87):
— P. jamaicensis Macfad.

Tate; Nicaragua (1867—68):
— n. 53. P. costaricensis Radlk.
— n. 57. „ pterophylla Tr. & Planch.
— n. 59. „ hymenobractea Radlk.

Thieme, C.; Honduras (1887):
— n. 5182. P. clavigera Schlecht. (Ed. J. Donnell-Smith.)

Thonning; West-Africa, Guinea:
— n. 156. P. pinnata Linn. em.

---

1) Etiquette ohne Artnamen im Hb. Franqueville, vielleicht eigentlich zur vorigen Pflanze gehörig.
2) Hb. Jussieu n. 11353 B.
3) Hb. Jussieu n. 11352.
4) Hb. Jussieu n. 11360.
5) Hb. Jussieu n. 11352.
6) Hb. Jussieu n. 11358.

Trail; Brasilien (1874):
— n. 121. P. Cupana Kunth.
— n. 122. „ nobilis Radlk.
Triana; Neu-Granada (1851—57):
— n. 3440. P. fuscescens Kunth.
— n. 3450. „ densiflora Smith.
— n. 3452. „ eriantha Benth., forma 1.
— n. 3453. „ pterophylla Tr. & Planch.
— n. 3463. „ faginea Radlk.
— n. 5599, partim. P. pterocarpa Tr. & Planch.
— n. 5599, partim. „ serjaniaefolia Tr. & Pl.
— n. 5603. P. apoda Radlk.
— P. fraxinifolia Tr. & Planch.
— „ hispida Jacq.
— „ leiocarpa Griseb.
— „ nitida Kunth.
— „ triptera Tr. & Planch.
— „ connaracea Tr. & Planch.
Tussac; Jamaica (1807):
— P. jamaicensis Macfad.[1]
Tweedie; Brasilien (1832—39):
— P. meliaefolia Juss.
? — „ cristata Radlk.
Tweedie; Uruguay (1835—37):
— n. 5. P. australis St. Hil.
Ule; Brasilien (1883—88):
— n. 185. P. trigonia Vellozo.
— n. 203. „ carpopodea Camb., forma 1, subf. 1.
— n. 204. „ trigonia Vellozo.
— n. 336. „ carpopodea Camb., forma 1, subf. 1.
— n. 337. „ carpopodea Camb., forma 1, subf. 1.
— n. 532. „ seminuda Radlk.
— n. 744. „ trigonia Vellozo.
— n. 912. „ meliaefolia Juss., forma 4.
— n. 3310. „ thalictrifolia Juss.
Unbekannte Sammler; Brasilien:
— n. 179. P. carpopodea Camb., forma 1, subf. 2. (Hb. Rich., dein Franquev.)
— n. 1006. „ elegans Camb. (Hb. Boiss., DC.)
— P. caloptera Radlk. (Hb. Paris.)
— „ revoluta Radlk. (Hb. Boiss.)[2]
— „ rugosa Benth. (Hb. Paris.)
Unbekannter Sammler; Crabbeneiland:
— P. pinnata L. em. (Hb. Ledeb., nunc Petrop.)

Unbekannter Sammler; Guiana:
— n. 216. P. subnuda Radlk. (Hb. DC.)
Unbekannter Sammler; Kleine Antillen:
— P. microsepala Radlk. („Herb. Hort. Bruxell. — Coll. Nyst.")
Unbekannte Sammler; Martinique?, Guadeloupe?:
— P. Plumierii Tr. & Planch. (Hb. Vaillant, Ventenat, Willd.,[1]) DC.)
Vargas; Venezuela (1829):
— n. 75* P. fuscescens Kunth. forma 1.[2]
— n. 177. „ fuscescens Kunth, forma 1.
Vauthier; Brasilien (1833):
— n. 9. P. thalictrifolia Juss.
— n. 18. „ ferruginea Casar.
— n. 22. „ thalictrifolia Juss.
— n. 28. „ weinmanniaefolia Mart.
— n. 42. „ weinmanniaefolia Mart.
— n. 171. „ ferruginea Casar.
— n. 310. „ meliaefolia Juss., forma 2.
— n. 316. „ carpopodea C. forma 2, subf. 3.
— P. micrantha Camb.
Vellozo; Brasilien (1780—90):
— Ic. IV, tab. 32. P. carpopodea Camb., forma 1, subf. 2.
— Ic. IV, tab. 27. „ coriacea Casar.
— Ic. IV, tab. 36. „ meliaefolia J., forma 1.
— Ic. IV, tab. 33. „ seminuda Radlk.
— Ic. IV, tab. 37. „ thalictrifolia Juss.
— Ic. IV, tab. 30. „ trigonia Vellozo.
Viale; Brasilien:
— P. meliaefolia Juss.
Vogel; Fernando Po (um 1841):
— P. pinnata Linn. em.
Wagner, Dr. Moritz; Panama (1858):
— n. 561. P. glomerulosa Radlk.
— n. 563. „ glomerulosa Radlk.
Wallis; Brasilien (1861—64):
— P. pinnata Linn. em.
Warming; Brasilien (1863—67):
— P. elegans Camb.
— „ marginata Casar.
— „ meliaefolia Juss., forma 4.
— „ micrantha Camb.
— „ racemosa Wawra.
— „ spicata Benth.
— „ trigonia Vellozo.
— „ weinmanniaefolia Mart.

---

[1] Hb Jussieu n. 11364.
[2] Wie n. 1006 aus Feira-de-Santa-Anna, Bahia, Mai 1850, mit Etiquette in deutscher Sprache (vielleicht von Luschnath).

[1] Hb. Willdenow n. 7716, plag. n. 3.
[2] Die gleiche Nummer sieh bei *Serjania mexicana* W. in Monogr. Serj. p. 242.

Warming; Venezuela (1891—92):
— n. 277. P. glomerulosa Radlk.
— n. 279. „ leiocarpa Griseb.
— n. 362. „ leiocarpa Griseb.
— n. 1051. „ fuscescens Kunth, forma 2.
Wawra; Mexico (1864—65):
— n. 31. P. clavigera Schlecht.
— n. 274. „ costaricensis Radlk.
Wawra; Sandwichinseln (1868—71):
— n. 2500. P. tomentosa Jacq. (Specim. cult.)
— n. 2501. „ sessiliflora Radlk. (Specim. cult.)
Weddell; Brasilien (1843—47):
— n. 149. P. weinmanniaefolia Mart.
— n. 1050. „ carpopodea Camb., f. 1, subf. 3.
— n. 2480. „ pachycarpa Benth.
Weddell; Paraguay (1845):
— n. 3199. P. pinnata Linn. em.
Weigelt; Surinam:
— P. fuscescens Kunth, forma 1.
— P. pinnata Linn. em.
Welwitsch; West-Africa. Angola (1854—60):
— n. 1700. P. pinnata Linn. em.
— n. 1701. „ pinnata Linn. em.
West; Antillen (um 1793):
— P. Cururu Linn. em.
Widgren; Brasilien (1845):
— n. 782. P. meliaefolia Juss., forma 1.
— n. 1115. „ rhomboidea Radlk.
— n. 1122. „ meliaefolia Juss., forma 1.
— P. coriacea Casar.
— „ weinmanniaefolia Mart.
Wilkes Expedition; Brasilien (1838—42):
— P. carpopodea Camb., forma 1. subf. 1.
— „ meliaefolia Juss.

Wilkes Expedition (Fortsetzung):
— „ rubiginosa Camb., forma 1.
— „ trigonia Vellozo.
Wilson; Jamaica (um 1850?):
— n. 669. P. barbadensis Jacq.
Wright, C.; Cuba (1856—57; 1859—60):
— n. 104. P. pinnata Linn. em.
— n. 107. „ jamaicensis Macfad.
— n. 107ᵃ. „ jamaicensis Macfad.
— n. 110. „ jamaicensis Macfad.
— n. 1171. „ pinnata Linn. em.
— n. 1172. „ jamaicensis Macfad.
— n. 3523. „ fuscescens Kunth. (Nicaragua?)
Wright. C.; Nicaragua (1856):
— P. fuscescens Kunth, forma 1 & 3.[1]
Wright. C.; S. Domingo (1871):
— n. 154. P. pinnata Linn. em. (Leg. Wright, Parry & Brummel.)
Wright. Dr. W.; Barbados (vor 1760?):
— P. Cururu Linn. em.
Wright, Dr. W.; Jamaica (vor 1760?):
— P. barbadensis Jacq.
— „ jamaicensis Macfad.
Wullschlaegel; Guiana (1849):
— n. 59. P. pinnata Linn. em.
— n. 60. „ fuscescens Kunth, forma 2 & 3.
— n. 2032. „ sphaerocarpa Rich. ed. Juss.
Wullschlaegel; Jamaica (1849):
— n. 784. P. jamaicensis Macfad.
Wydler; Porto-Rico (1827):
— n. 145. P. pinnata Linn. em.

[1] Hb. of the U. S. North Pacific Exploring Expedition under Commanders Ringgold & Rogers.

# Register der Pflanzennamen.

Die giltigen Namen sind in stehender Schrift, die synonymischen, resp. ungiltigen, in liegender Schrift gedruckt. Beiden ist, wie auch den Vulgärnamen, soweit sie sich auf *Paullinia* beziehen, eine stehende Linie vorgedruckt; den Sectionsnamen das Zeichen §.

Um die Seitenzahlen nicht zu sehr zu häufen, ist für die öfter sich wiederholenden Namen nur auf die wesentlicheren Stellen Rücksicht genommen, und sind namentlich die Zusammenstellungen der Arten nach den anatomischen Verhältnissen, der Conspectus specierum (abgesehen von den Sectionen) und der Anhang I und II ausser Betracht gelassen.

Ein den Seitenzahlen vorgesetztes „T" weist auf die chronologischen Tabellen Seite 83—88 hin, ein „Z" auf einen Zusatz, ein beigefügter Stern „*" auf die unter „Non", „Minime" oder „Perperam" am Schlusse eines Literatur- und Synonymenverzeichnisses folgenden Namen.

Für die giltigen Arten von *Paullinia* ist der hauptsächlichen Seitenzahl auch die Nummer der systematischen Reihenfolge beigesetzt, welche zugleich die leichte Auffindung derselben im Conspectus specierum vermittelt.

## A. Wissenschaftliche Namen.

*Adenopetalum palmatum* Turcz. 329.
Allophylus fulvinervis Bl. 336.
— robustus Radlk. Z 251.
Ampelideae 125; Z 151; 329; 335.
Ampelopsis bipinnata Mich. 332. 336.
— *serjaniaefolia* Regel 334.
Anacardiaceae Z 249.
Anisolobus Cururu Müll. Arg. Z 157.
§ Anisoptilon Radlk. 108 n. X, 117, 248.
Apocyneae Z 157.
Arbor Malabarica folio Sambac etc. Pluk. Z 340.
Asclepiadeae Z 162, 163.
*Banisteria lupuloides* Linn. Z 338, Z 339.
Bassia König Z 154. [117, 254.
§ Caloptilon Radlk. 108 n. XII.
Camptosema (spec.) Z 161.

Canella alba Murr. Z 164. [332.
Cardiospermum Corindum Linn.
— dissectum Radlk. Z 212.
— grandiflorum Sw. 329, 332; Z 202.
— Halicacabum Linn. Z 131; Z 164; Z 202; Z 249.
— spinosum Radlk. Z 212.
— tortuosum Benth. Z 212; 337.
*Carura* (sphalm.) Don 74.
Cassia alata Linn. Z 164.
§ Castanella Radlk. 107 n. VI, 115, 239; Z 128.
| Castanella Spruce 76.
| *spec.* Spruce etc. 76.
| *granatensis* Pl. et Lind. T 86 n. 69; 240. [239.
| *paullinioides* Spruce T 86 n. 57;
| *riparia* Spruce T 86 n. 58; 240.
Ceanothus reclinatus Herit. Z 338.
*Celastrus martinicensis* Sieb. 338.
Centrosema (spec.) Z 161.

Centrosema Plumieri Benth. Z 161.
Cissus Linn. Z 163; Z 193.
— spec. 336.
— acida Linn. Z 152.
— *hydrophora* Gaud. Z 193.
— Mappia Lam. Z 193.
— microcarpa Vahl Z 152; 331.
— rhombifolia Vahl Z 152.
— sicyoides Linn. Z 193.
— striata R. et P. 329.
— trifoliata Jacq. Z 151, 152.
— trifoliata Linn. Z 152.
| *Clematis pentaphylla* etc. Plum. T 83 n. 1; 135, 141*.
| *quinquephylla* (sphalm.) Steud. 140.
Clitoria (spec.) Z 161.
— Amazonum Mart. Z 161.
— glycinoides DC. Z 159, Z 161.
| Coccoloba (spec.) Schill. 73; 140; Z 154, Z 155.

Cocculus Amazonum Mart. Z 156.
Combretum ovalifolium Roxb. Z 340.
| *Corindum* Adans., part. 73.
   *(spec.)* Adans. 140.
Couratari Aubl. Z 155.
§ Cryptoptilon Radlk. 108 n. IX, 116. 247.
Cupania Linn. Z 215.
  | ? *(spec.)* DC. 75. [250.
  ? *(spec.)* Kunth 75; T 84 n. 25;
  americana L. Z 340.
  *frutescens* Mart. Z 126.
  |? *nitida* DC.; T 85 n. 31; 243.
  guatemalensis Radlk. 333, Z 340.
  *Saponaria* Pers. 251.
  scrobiculata L. Cl. Rich. Z 236.
| *Cururu* Plum. 71.
  *(spec.)* Rand 72.
  *(spec.)* Rand 76\*. [305.
  *enneaphylla* etc. Plum. Mss. no. 2 Rand 128.
  *scandens enneaphylla* apud Barrère Z 159; 276.
  *scandens enneaphylla* Plum. T. 84 n. 5; 305; 308\*.
  *scandens pentaphylla et villosa* etc. Houst. 184.
  *scandens pentaphylla* Plum. T 83 n. 1; 135.
  *scandens triphylla* Plum. T 84 n. 4; 128.
*Cururu-ape* Piso & Marcgr. sieh die Vulgärnamen.
Dalbergieae Z 161, 162.
Daphne pendula Sm. Z 338.
Derris Negrensis Benth. Z 161.
§ Diphtherotoechus Radlk. 107 n. II, 110, 180. [Z 160.
Dolichos bovinus Leandr. d. Sacr.
*Echites Cururú* Mart. Z 157.
  *grandiflora* Mey. Z 157.
Elattostachys verrucosa Radlk. 326.
*Enourea* (sphalm.) Walp. 73.
*Enourea* Aubl. 73. [231.
§ Enourea Radlk. 107 n. V, 115,
*Enourea (spec.)* Tr. et Pl. 76.]
  *capreolata* Aubl. T 84 n. 9; 234. [237.
  *faginea* Tr. et Pl. T 86 n. 70;
  *guianensis* Rich. 235.
*Enurea* Gmel. 73.
Enterolobium Tamboril Mart. Z 161.

Enterolobium Timbouva Mart. Z 161.
Euphorbiaceae Z 162.
Galegeae Z 161, Z 162. [Z 249.
Garuga Schomburgkiana Engl.
| *Geeria* Neck. 73; 234.
Glyzyrrhiza Z 162.
Gouania Linn. Z 338.
Gouania Jacq. Z 338.
  crenata Lam. Z 340.
  domingensis Linn. 332; Z 338, Z 340.
  *glabra* Jacq. Z 338, Z 339.
  *martinicensis* Poir. ap. Presl. Z 339, Z 340.
  pubescens Lam. Z 339.
  tomentosa Jacq. Z 338, Z 339.
*Guara* Linn. Z 215.
Guarea Linn. Z 215. [320; 322.
  *Hayecka (spec.)* Pohl. 76; 318;
Jacquinia Z 160.
Jasminum Sambac Linn. Z. 340.
*Illipe*, sieh die Vulgärnamen.
§ Isoptilon Radlk. 108 n. XI, 117, 250.
Koelreuteria paniculata Laxm. 329.
| *Koernickea* Klotzsch 76.
  *guianensis* Klotzsch T 86 n. 61; 248.
*Lasiostoma Curare* Kunth Z 156.
Leguminosae Z 161.
  *Leguminosa brasil.* etc. Rajus T 83 n. 1; 135; 144\*.
Lonchocarpus Peckolti Wawra Z 161.
  spicillorus Mart. Z 126.
*Lupulus sylvestris* etc. Pluk. Z 338.
Magonia glabrata St. Hil. Z 160.
*Malacoxylum pinnatum* Jacq. Z 193.
Malpighiacea Z 162 [Z 159.
*Martia physalodes* Leandr. d. Sacr.
  *physodes* Zucc. Z 160.
*Martiusia physalodes* Röm. & Sch. Z 160.
Meliadelpha oceanica Radlk. 335.
Menispermacea Z 156.
Myrtacea Z 155.
§ Neuroptilon Radlk. 107 n. VIII, 116, 244.
§ Neurotoechus Radlk. 107 n. I, 108, 122.
Odontadenia speciosa Benth. Z 157.

| *Ornitrophe (spec.)* Poir. 75.
| *macrophylla* Poir. T 84 n. 25; 250; 251\*.
§ Pachytoechus Radlk. 107 n. IV, 113, 222.
| Paullinia Linn. em. 73.
| *Paullinia* Linn. etc. part. 71.
*Paullinia* R. et P. 76\*.
| *(spec.)* autor. 75.
  „  autor. 76\*.
  „  Benth. 328.
  „  Britton T 88 n. 91; 272.
? „  Britton 327.
  „  Brown, N. E. 327.
? „  Brown, Rob. 141.
  „  Camb. 243.
  „  Cuming coll. 328.
  „  Fabricius 328.
  „  Hemsley (n. 10) 281.
  „  Hemsley (n. 11, n. 16, n. 18) 328.
  „  Hemsley (n. 12) 141.
  „  Hemsley (n. 13, n. 14) 186.
  „  Hemsley (n. 15) 222.
  „  Hemsley (n. 17) T 88 n. 85; 300.
  „  Hemsley (n. 19) 241.
  „  Hemsley (n. 20) T 88 n. 86; 257.
  „  Hemsley (n. 21) 179.
  „  Hb. Cliff. (n. 1, 2, 3, 4, 6) 328.
  „  Hb. Linn. 328.
  „  Hohenack. 326.
  „  Hort. Cliff. (n. 1, 2, 3, 4, 6) 328.
  „  Hort. Upsal. 328.
  „  Linn. Hb. 328.
  „  Linn. Hb. Cliff. (n. 1, 2, 3, 4, 6) 328.
  „  Linn. Hort. Cliff. (n. 1, 2, 3, 4, 6) 328.
  „  Linn. Hort. Upsal. 328.
  „  Linn. no. ... 328.
  „  Linn. Virid. Cliff. 328.
  „  Loefl. 328.
  „  Mart. (n. 1246) 264.
  „  Mart. (n. 1247) 329.
  „  Mart. (n. 1270) T 87 n. 80; 317.
  „  Naegeli 329.
  „  no. ... 329.

Paullinia
  (spec.) Radlk. T 86 n. 74; 319.
  "      Royen no... 329.
  "      ? Schlecht 300.
  "      Tr. et Pl. 329.
  "      Turcz. 329.
  "      Vasey et Rose 329.
  "      Virid. Cliff. 329.
| acutangula Britt. part. 167
  (268*).                    [270.
| acutangula Britt. part. (268*)
  acutangula Britt.part.(268*)329.
| acutangula Pers. T 84 n. 14;
  268 n. 93.
| acutangulae affin. Benth. T 87
  n. 82; 274.
  affinis Camb. T 85 n. 36; 225.
| africana Don T 83 n. 1; 141.
  alata Don T 84 n. 17; 125 n. 3.
  alata Miq. (125*) 329.
  alata Naegeli(125*) 142; Z 165.
| altera species etc. Burm. 136.
; angusta Brown. N. E. 142.
  angustifolia Poir. 329.
| anisoptera Turcz. T 86 n. 61;
  248 n. 76.
  anomophylla Radlk. T 88 n.95;
  172 n. 12.              [n. 87.
| apoda Radlk. T 87 n. 84; 258
  asiatica L. 329; Z 338.
  aurea Hort. 329.
  australis Griseb. Z 80; 304*; 329.
  australis St.Hil.Z 80; T85 n.32;
  304 n. 110.       [Jacks. 329.
  baetadensis ("Gray", sphalm.)
| barbadensis Benth. 280; 296*.
  barbadensis Gray 296*; 329.
| barbadensis Hemsl. 280.
: barbadensis Jacq. T 83 n.3; 293
  n. 103; Z 341.
| barbadensis O.Kuntze, part.280.
  barbadensis O.Kuntze,part. 296*;
  329.                     [296*.
| barbadensis Schl. & Cham. 280;
| barbadensis Sieb. 295*; 307.
| barbadensis Willd. Herb. n. 2.
  280.             [295*; 307.
| barbadensis Willd. Herb. n. 3.
  belangerioides Gardn. 330.
  Berteriana Balbis 330.
| bidentata Radlk. T 88 n. 117;
  195 n. 33.
  bipinnata Klotzsch 177; 315*.

Paullinia
| bipinnata Poir. T 84 n. 12; 314.
  biternata (sphalm.) Dietr. 330.
  biternata Kunth mss. 330.
  boliviana Radlk. T 88 n. 91; 272
  n. 97.
  " forma 1. genuina 272.
|  "    "  2. glabrescens 272.
  brachystachya Griseb. 330.
  brasiliensis Loddig. 330.
  brevispica Fourn.T 84 n.7; 186.
  caloptera Radlk. T 87 n. 82; 274
  n. 100.
  Cambessedesii Tr. et Pl. T 84
  n. 25; 250 n. 76.        [330.
  canibaea (sphalm.) Steud. 71;
| carpopodea Camb. T 85 n. 36;
  224 n. 51.
| "   forma 1. subcalva 225.
     subf. 1. multiflora 226.
|    subf. 2. pterygorhachis
     226.                 [226.
     subf. 3. gymnorhachis
  "   forma 2. vestita 226.
     subf. 4. affinis 226.
|    subf. 5. chrysophylla 226.
  capitata Benth. T 86 n. 62; 177.
  capreolata Radlk. T 84 n. 9;
  234 n. 61.
  caribaea Jacq. 330.
  caricaea (sphalm.) Jacq. 330.
  cartagenensis Balbis 330.
  "      Capelli 330.
  "      Colla 330.    [330.
  "      Cat. Hort. Grim.
  "      Du Mont 330.
  "      Jacq. 330.
  "      Rossi 330.
  "      Roxb. 330.
  "      Spreng. 331.
|  "     Tr.& Pl. part.281.
  "      Visiani 331.
| Cararu (sphalm.) Vell. T 86
  n 71; 132*; 181.
| castaneifolia Radlk.T 88 n. 100
  182 n. 24.
| cauliflora Jacq. T 84 n. 11; 255
  n. 84.
  caudata Vell. 331.
  ciliata (sphalm.) Poir. 331.
  cirrhiflora (sphalm.) Presl 331.
| clathrata Radlk. T 88 n. 97; 238
  n. 64.

Paullinia
  clavigera Schlecht. T 85 n. 40;
  175 n. 16.
  conduplicata Radlk. T 87 n.75;
  233 n. 59.          [197 n. 35.
: connaracea Tr. et Pl. T 86 n. 64;
  connarifolia Rich. ed. Juss. T 84
  n. 9; 231.            [n. 114.
| coriacea Casar. T 85 n.38; 318
  costaricensis Radlk. T 87 n. 76;
  210 n. 37.          [192 n. 30.
  costata Schl. et Ch. T 85 n.39;
  cristata Radlk. T 88 n. 105; 322
  n. 119.                  [n. 39.
| Cupana Kunth T 85 n.30; 212
  Cupania (sphalm.) Kunth 212,
  213.      [T 84 n. 21; 231.
| cupaniaefolia Rich. ed. Juss.
  curassavica Balbis Hb.281*; 331.
  curassavica Catal. Hort. plur.
  Crantz etc. 200*; 281*; 331.
  curassavica Griseb. Veg. Caraib.
  part. 281*; 331.
  ,  curassavica Jacq. T 84 n. 5;
  200*; 281*; Z 285/1; 306; 308*.
  curassavica Linn. Amoen. Z 151;
  281*; 331.
  curassavica Linn. Hb. n.5, plag.1;
  Z 151; Z 207; 281*; Z 288; 331.
  curassavica Linn. Sp., part.
  (quoad syn. Plum.) T 84 n. 5;
  200*; 281*; Z 285/1; 305.
  curassavica Linn. Sp., part.
  (quoad stirp. Hb. Cliff.) T 84
  n. 6; 200*; 276; Z 285/3.
  curassavica Linn. Sp., part.
  (quoad Pluk. stirp. curas-av.)
  281*; Z 285/5; 331.
  curassavica Rich. 200*; 281*;
  Z 285/1; 331.
  curassavica Sandmark Z 151*;
  281*; 331.
  curassavica Spr. Hb. 281*; 331.
| curassavica Swartz etc. 199;
  200*; 281*; Z 285/2.
  curassavica West 281*; Z 285/1;
  332.
: curata (sphalm.) Du Mont de
  C. 129.
  Cururu Linn. cm. Z 80; T 84
  n. 4; 128 n. 5.
  Cururu Linn. Sp., part. (quoad
  stirp. Hb. Cliff.) 132*; 332.

Paullinia
- *Cururu* Vell. T 86 n. 71, 132*; 181.
- curvicuspis Radl. T 88 n. 112; 237 n. 63. [323 n. 121.
- dasygonia Radlk. T 88 n. 89;
- dasystachya Radlk. T 88 n. 90; 270 n. 95.
  - ,, forma 1. genuina 271.
  - ,, forma 2. hirta 271.
- densiflora Smith T 84 n. 26; 122 n. 1.
- *dentata* Salzm. 169.
- dentata Vell. 332.
- *discolor* Gardn. T 85 n. 37; 324.
- divaricata Sw. 332.
- diversifolia Jacq. Z 81, 332.
- *diversiflora* Miq. T 83 n. 1; 141.
- *diversifolia* (sphalm.) Griseb., Jacks., Tr. et Pl. Z 80; 139.
- elegans Camb. T 85 n. 33; 169 n. 9. [169*; 332.
- *elegans* Griseb. Hb., coll. Lorentz
- *elegans* Griseb. Symb., part.169*; 332. [238 n. 65.
- elongata Radlk. T 88 n. 93;
- enneaphylla Don T 84 n. 18; 275 n. 101.
- *enneaphylla* Turcz. 275*; 332.
- eriantha Benth. T 86 n. 59; 179 n. 20.
  - ,, forma 1. genuina 179.
  - ,, forma 2. mollis 180.
- eriocarpa Tr. et Pl. T 86 n. 59; 179. [320.
- erythrocarpa Casar. T 85 n. 41;
- excisa Radlk. T 88 n. 121; 273 n. 98. [n. 62.
- faginea Radlk. T 86 n. 70; 237
- *falcata* Gardn. T 84 n. 20; 264.
- fasciculata Radlk. T 88 n. 99; 124 n. 2. [221 n. 46.
- ferruginea Casar. T 85 n. 43;
- fibulata Rich. ed. Juss. T 84 n. 22; 249 n. 77. [219; 250*.
- *fibulata* Sagot, part. T 88 n.88;
- firma Radlk. T 88 n. 111; 234 n. 60. [259 n. 88.
- fistulosa Radlk. T 88 n. 109;
- *fluminensis* Vell. T 84 n. 12; 315.
- *foliis bipinnatis* etc. Burm. 332.
- *foliis bipinnatis* Fabric. 332.

Paullinia
- *foliis decompositis* etc. Linn. Hort. Cliff. n. 5, part. (quoad Pluk. stirp. curassav.) 275; Z 284.
- *foliis decompositis* etc. Linn. Hort. Cliff. n. 5, part. (quoad stirp. Hb. Cliff.) T84 n. 6; 275.
- *foliis decompositis* etc. Linn. Hort. Cliff. n. 5, part. (quoad syn. Plum.) T 84 n. 5; 305.
- *foliis pennatis* etc. Linn. Hort. Cliff. n. 3, part. (quoad stirp. Hort. et Hb. Cliff.) 332.
- *foliis pennatis* etc. Linn. Hort. Cliff. n. 3, part. (quoad syn. Pis.) 135.
- *foliis pennatis* etc. Linn. Hort. Cliff. n. 3, part. (quoad syn. Sloan. p. p.) 198.
- *foliis pennatis* etc. Linn. Hort. Cliff. n. 3, part. (quoad syn. Sloan. p. p.) 293.
- *foliis pennatis* etc. Linn. Virid. Cliff. 332.
- *foliis pinnatis tomentosis* etc. Miller 184.
- *foliis simplicibus* etc. Linn. Hort. Upsal. 332; Z 338.
- *foliis supradecompositis* Linn. Hort. Cliff. n. 6; 332.
- *foliis ternatis, caule aculeato* etc. Linn. Fl. zeyl. 333; Z338.
- *foliis ternatis, foliolis crenatis* etc. Linn. Hort. Cliff. n. 2; 333.
- *foliis ternatis, foliolis obtusis* etc. Linn. Hort. Cliff. n. 1, part. (quoad stirp. Hb. Cliff.) 333.
- *foliis ternatis, foliolis obtusis* etc. Linn. Hort. Cliff. n. 1, part. (quoad syn. Plum.) 128.
- *foliis ternatis, foliolis sinuatis* etc. Burm. 333.
- *foliis ternato-decompositis* etc. Linn. Hort. Cliff. n. 4; 333.
- *foliis ternis, foliolis ovatis* etc. Burmann 128.
- *foliis ternis, fructu inflato* etc. Loefl. 333. [276.
- *foliis triternatis* etc. Burm. part.
- *foliis triternatis* etc. Burm. part. 305.

Paullinia
- *foliis triternatis, foliolis cuneiformibus* etc. Burm. 333.
- fraxinifolia Tr. et Pl. T 86 n. 68; 173 n. 14.
- *fusca* Griseb. T 84 n. 6; 281.
- fuscescens Kunth T 84 n. 6; 275 n. 102.
  - ,, forma 1. velutina 282.
  - ,, ,, 2. intermedia 282.
  - ,, ,, 3. glabrescens 282.
- fusiformis Radlk. T 88 n. 116 221 n. 47. [267 n. 92.
- giganten Poepp. T. 85 n. 47;
- *glabra* Bertol. 333.
- glomerulosa Radlk. T 88 n. 86; 257 n. 85. [240 n. 67.
- granatensis Radlk. T 86 n. 69;
- grandifolia Benth. T 85 n. 51; 227 n. 52.
- *grandiflora* Camb. 333.
- *Guaramima* Vell. 333.
- *guatemalensis* Turcz. 333; Z 340.
- hispida Jacq. T 84 n. 13; Z 261; 262 n. 90.
- *hispida* Rossi 262*; 333.
- *hispida* Tr. et Pl., part. T 87 n. 84; 258; 262*.
- *Hooibrenki* Hort. 333. [141.
- *Hostmanni* Steudel T 83 n. 1;
- hymenobractea Rdlk.T88n.85; 300 n. 105. [177 n. 18.
- imberbis Radlk. T 88 n. 87;
- ingaefolia Rich. ed. Juss. T 84 n. 24; 227 n. 53.
- *ingaefolia* Sagot T 88 n. 89; 228*; 323.
- *ingifolia* Griseb. 228*; 260.
- interrupta Benth. T 85 n. 49; 183 n. 26. [198 n. 36.
- jamaicensis Macfad. T 83 n. 2;
- *japonica* Thunb. 334.
- lachnocarpa Benth. T 86 n. 60; 190 n. 28. [334.
- laciniata Hort. Cels. (Wendl.)
- *lactescens* Poepp. T 84 n. 14; 268. [n. 32.
- laeta Radlk. T 88 n. 107; 195
- latifolia Benth. T 85 n. 54; 218 n. 41. [177 n. 19.
- leiocarpa Griseb. T 86 n. 62;
- linearis Radlk. T 88 n. 103; 223 n. 49.

Paullinia
|livescens Radlk. T 88 n. 94; 248 n. 75.
longipes apud St. Lager 334; Z 340.
lucida Poir. 334.
lucida Salisb. 334; Z 341.
lupulina Poir. 334.
|macrocarpa Radlk. 326 n. 123 (= n. 13, a).
|macrophylla Camb. T 84 n. 25; 160\*; 251.
|macrophylla Hort. Leid. Z 165.
|macrophylla Kunth T 85 n. 29; 166 n. 7. [166\*; 177.
|macrophylla Sagot T 88 n. 87;
macropoda St. Lager 334; Z 340.
macrostachya (sphalm.) Hemsl. 334; Z 341.
|mallophylla Radlk. T 88 n. 108; 254 n. 82.
|marginata Casar. T 85 n. 42; 224 n. 50.
|maritima Vell. T 84 n. 20; 264.
|meliaefolia Juss. T 84 n. 20; 263 n. 91.
|. forma 1. subglabra 265.
|. „ 2. genuina 265.
|. „ 3. sericea 265.
|. „ 4. hirsuta 265.
meliaefolia Smith Herb. 334.
|mexicana Linn. Herb., part. (specim. 2.) 198.
|mexicana Linn. Herb., part. (specim. 3.) 293.
mexicana Jacq. 334.
mexicana Linn. Sp. 334.
Meyeniana Walp. 334.
|micrantha Camb. T 85 n. 35; 322 n. 120. [280.
|micropterygia Miq. T 84 n. 6;
|microsepala Radlk. T 87 n. 83; 253 n. 80.
mollis Kunth 334.
mollis Tr. et Pl. 334.
|mollis var. fuscescens Dietr. 280.
|monogyna Radlk. T 85 n. 44; 300 n. 104.
|multiflora Camb. T 85 n. 36; 225.
|neglecta Radlk. T 84 n. 19; 167 n. 8.
|neuroptera Radlk. T 88 n. 115; 244 n. 72.

Paullinia
|nitida Camb. ap. Tr. et Pl. T 85 n. 31; 171\*; 243.
|nitida Kunth T 85 n. 28: 171 n. 11. [171\*.
|nitida Steudel T 83 n. 1; 141;
|nobilis Radlk. T 88 n. 102; 271 n. 96.
nodosa Jacq. 334.
nra. 1, 2, 3, 4, 6, Linn. Hort. Cliff. 334.
nro. 1. Linn. Hort. Upsal. 334.
|nro. 1. Royen 136.
nra. 2. Royen 335.
obliqua K. ed. Trevir. 335.
obliqua R. et P. 335.
|obovata Pers. T 84 n. 16; 173 n. 13.
obtusa Vell. 335.
oceanica Hull Cat. 335.
|ocata (sphalm.) Tr. et Pl. 139.
|pachycarpa Benth. T. 85 n. 50; 228 n. 54.
|parvibractea Radlk. T 88 n. 96; 218 n. 42.
|paullinioides Radlk. T 86 n. 57; 239 n. 66.
pinnata Griseb. Symb. 143\*; 335.
„ Hieron. 143\*; 335.
„ Linn. Amoen. 143\*; Z 148; 335. [335.
„ Linn. Hb. 143\*; Z 148;
|pinnata Linn. Sp. em. Z 80; T 83 n. 1; 135 n. 6; 144\*.
pinnata Linn. Sp., part. (quoad stirp. Hort. et Hb. Cliff.) Z 80; 143\*; Z 147; 335.
|pinnata Linn. Sp., part. (quoad syn. Sloan. p. p.) 198.
|pinnata Linn. Sp., part. (quoad syn. Sloan. p. p.) 293.
pinnata Lor. et Hieron. 143\*; 335.
pinnata Pasquale 148\*; Z 165; 335.
pinnata Sandmark 143\*; Z 148; 335.
pinnata Tenore Z 165; 335.
|platymisca Radlk. T 88 n. 101; 229 n. 55.
Plumierii Tr. et Pl. T 84 n. 5; 305 n. 111. [142.
|podocarpa Klotzsch T 83 n. 1;
polyphylla Aubl. ap. Steud. 335.

Paullinia
polyphylla Colla 315\*; 336.
. Fabric. 336.
. Linn. Hb. 336.
. Linn. Sp. 315\*; 336.
. Persoon Hb. 336.
| . Schum. T 84 n. 12; 246.
. Smith 315\*; 336.
polystachya Turcz. 336; Z 341.
|prismatocarpa Salzm. 320.
protracta Steudel 336.
|pseudota Radlk. T 86 n. 72; 318.
|pterocarpa Tr. et Pl. T 86 n. 65; 302 n. 106.
|pterophylla Tr. et Pl. T 86 n. 63; 222 n. 48.
|pteropoda DC. T 84 n. 7; 185.
|pubescens (sphalm.) DC. etc. 278, 279, 280.
|? quassiaefolia Lind. T 84 n. 4; 131, Z 133.
quatemalensis Turcz. 336.
|quitensis Radlk. T 88 n. 113; 269 n. 94.
racemosa Poir. 318\*; 336.
racemosa Vell. 318\*; 336.
|racemosa Wawra T. 86 n. 72; 318 n. 115.
|revoluta Radlk. T 87 n. 80; 317 n. 113.
|rhizantha Poepp. T 85 n. 45; 127 n. 4.
|rhomboidea Radlk. T 86 n. 74; 319 n. 116.
|riparia Britton 132\*; 168; 240\*.
|riparia Kunth T 84 n. 4; 131; 240\*.
|riparia Radlk. T 86 n. 58; 240 n. 68.
Rossii Loddig. 336. [336.
rubicaulis Pav. Hb. ed. Benth.
|rubiginosa Camb. T 85 n. 34; 180 n. 21.
|. forma 1. genuina 180.
|. „ 2. patenti-pilosa 180.
|. „ 3. setosa 180.
|rufescens (sphalm.) Kunth 252\*; 278, 280.
|rufescens Rich. ed. Juss. T. 84 n. 23; 252 n. 79.
|rugosa Benth. T 85 n. 53; 219 n. 44.

Paullinia
| *sarmentosa* etc. P. Browne 198; 200\*; Z 204, Z 205.
| *scabra* Benth. T 85 n. 55; 217 n. 40.
| *scarlatina* Radlk. T 87 n. 78; 194 n. 31.
| *selenoptera* Radlk. T 88 n. 104; 303 n. 108.
| *seminuda* Radlk. T 86 n. 71; 181 n. 23.
| *senegalensis* Juss. T 83 n. 1; 140.
*Seriana* Burm. 336.
| *Seriana* Gaertn. 295; 296\*; Z 298.
| *Seriana* Linn. Z 298; 336.
| *Seriana* Vell. T 85 n. 38; 318.
| *sericea* Camb. T 84 n. 20; 264.
| *serjaniaefolia* Tr. et Pl. T 86 n. 67; 303 n. 109.
| *sessiliflora* Radlk. T 87 n. 79; 176 n. 17.
| *sinuata* Lamarck (quoad fig. Gaertn.) 295.
*sinuata* Lam. 337.
| *Sonorensis* Watson T 87 n. 77; 211 n. 38.
| *sorbilis* Mart. T 85 n. 30; 213.
*spectabilis* Poir. 337.
| *sphaerocarpa* Griseb. T 87 n. 83; 231\*; 253.
| *sphaerocarpa* Rich. ed. Juss. T 84 n. 21; 231 n. 58.
| *sphaerocephala* (sphalm.) A. DC. 231; Z 233.
| *spicata* Benth. T 85 n. 48; 170 n. 10.
| *stellata* Radlk. T 88 n. 88; 219 n. 13.
| *stenopetala* Sagot T 86 n. 73; 182 n. 25.
| *stipularis* Benth. T 85 n. 56; 181 n. 22.
| , forma 1. genuina 181.
| , , 2. nuda 181.
| *subauriculata* Radlk. T 88 n.118; 196 n. 34.
| *subcordata* Benth. T 85 n. 52; 220 n. 45.
| *subnuda* Radlk. T 88 n. 92; 274 n. 99.
| *subrotunda* Pers. T 84 n. 16; 174 n. 15.

Paullinia
*subalata* Gray 337.
*subulata* („Gray" sphalm.) ap. Watson 337.
*Tamaya* Vell. 337.
| *tenera* Poepp. T 85 n. 46; 257 n. 86.
| *ternata* Radlk. T 88 n. 119; 255 n. 83.
| *tetragona* Aubl. T 84 n. 8; 259 n. 89.
| *tetragona* Griseb. 231; 260\*.
| *tetragona* Sagot 177; 260\*.
| *tetragona* Smith, part. 262.
*thalictrifolia* DC., part. 313; 315\*; 337.
| *thalictrifolia* Juss. T 84 n. 12; 312 n. 112.
| *Timbo* Vell. T 85 n. 36; 225.
| *tomentosa* Balbis. 186\*; 279.
| *tomentosa* Jacq. T 84 n. 7; 184 n. 27.
| *tomentosa* Juss. Hb. 140; 186\*.
*tomentosa* Linn. Hb. ed. Smith 184; 186\*: Z 188; 337.
| *tomentosa* Miller 184; Z 188.
| *tomentosa* Poir., part.140; 186\*.
*tortuosa* Brandegee 337.
| *tricornis* Radlk. T 85 n.31; 243 n. 71.
| *trigonia* Vell. T 85 n. 37; 324 n. 122; 325\*.
| *trilatera* Radlk. T 88 n. 98; 254 n. 81.
| *triptera* Tr. et Pl. T 86 n. 66; 302 n. 107.
*triquetra* Hort. Matrit. ed. Du Mont de Cours. 337.
*triternata* Jacq. 337.
*triternata* Kunth 337.
*triternata* Steudel 337.
| *turbacensis* Kunth T 85 n. 27; 241 n. 69.
| *uloptera* Radlk. T 88 n. 106; 321 n. 118.
| *urvilleoides* Radlk. T 88 n.120; 191 n. 29. [141.
| *ucata* Schum. et Th. T 83 n. 1;
| *velutina* DC. T 84 n. 6; 279.
| *velutina* Hemsl., part. 186; 281\*. [337.
*velutina* Tr. et Pl., part. 281\*;
*velutina* Turcz. 281\*; 337.

Paullinia
| *venezuelana* Radlk. T 88 n. 110; 242 n. 70.
| *venosa* Radlk. T 87 n. 81; 230 n. 57.
| *verrucosa* Radlk. T 88 n. 114; 217 n. 74.
| *Vespertilio* Sw. T 84 n. 10; 245 n. 73.
| *vetulina* (sphalm.) Don. 280.
*weinmanniaefolia* Britton 320\*; 337. [324.
| *weinmanniaefolia* Gray 320\*;
| *weinmanniaefolia* Mart. T 85 n. 41; 320 n. 117.
| *xestophylla* Radlk. T 88 n. 122; 229 n. 56.
Phaseoleae Z 161.
*Phaseolus alatus americanus* etc. Pluk. Z 163.
§ *Phygoptilon* Radlk. 108 n. XIII, 120, 305.
Phyllanthus (spec.) Z 163.
*Physalis heterophylla* Nees Z 162.
Phytocrene Wall. 194.
Picrolemma Sprucei Hook. f. Z 126.
| *Pisum cordatum, non vesicarium* Sloane, part. T 83 n. 2; 198.
| *Pisum cordatum, non vesicarium* Sloane, part. T 83 n. 3; 293.
| *Planta fruticosa scandens* etc. Sloane 198.
§ *Pleurotoechus* Radlk. 107 n. III, 111, 184.
*Pseudima frutescens* Radlk. Z 215.
*Pterocarpus Draco* Linn. Z 339.
*Pterocarpus officinalis* Jacq. Z 339.
*Rhamnus domingensis* Duham. Juss. Z 338. [Z 339.
*Rhamnus domingensis* Jacq. Z 338,
*Rhamnus polygamus* Jacq. Z 339.
*Rhizophora* Mangle Z 215.
*Rhus* Linn. 186; Z 188, 189.
*Rhus semialata* Murr. 184, 186; Z 188; 337.
*Ronhamon Curare* DC. Z 156.
*Ronhamon guyanensis* Aubl. Z 156.
*Rourea frutescens* Aubl. Z 236.
*Rourea pubescens* Radlk. Z 236.
*Rourea spadicea* Radlk. Z 236.
*Rubus* (spec.) Z 338.
*Sapindus* ap. Hughes Z 340.
*Sapindus frutescens* Aubl. Z 126.

Sapindus Saponaria Linn. 251; 328.
|*Schmidelia* ? *(spec.)* DC. 75.
|*Schmidelia*(*spec.*)Griseb. 76; T 87 n. 81; 230.
|*Schmidelia* (*spec.*) Klotzsch 76.
|*Schmidelia?conduplicata*Klotzsch T 87 n. 75; 233.      |251.
|*Schmidelia* (?) *macrophylla* DC.75,
Scopolia aculeata Sm. Z 338.
Scopolia composita Linn. fil. Z 338.
|*Semarillaria* R. et P. 75.
  |(*spec.*) R. et P. 75.     [268.
  |*acutangula* R. et P. T 84 n. 14;
  |*alata* R. et P. T 84 n. 17; 125.
  |*Cururu* R. et P. ap. Steud. 129, 130, 131, Z 134.    [275.
  |*enneaphylla* R. et P. T 84 n.18;
  |*nitida* R. et P. T 84 n. 19; 167; 168\*; 171.    [172.
  |*obovata* R. et P. T. 84 n. 15;
  |*subrotunda* R. et P. T 84 n. 16; 174.
|*Semarillacia* (sphalm.) Meisn. 74.
|*Semillaria* (sphalm.) Poir. 72, 74.
|*Serjania* Linn., part. 71.
'Serjania Plum. (sphalm.) ap. L. 72.
  |(*spec.*) autor. (Mart. etc.) 76.
  |  „   Hemsl. 186.
  |  „   Mart. 141.
  |  „   Rusby T 88 n. 91; 272.
Serjania acuminata Radlk. Z 160.
  ? albida Radlk. Z 212; 329.
  amplifolia Radlk. 334.
  angustifolia W. 329, 333, 334.
  atrolineata Sauv. & Wr. Z 298.
  brevipes Benth. Z 340.
  ? californica Radlk. Z 212.
  |*caracasana* ap. DC., part. 307.
  caracasana W. 169; 268; 270; 328; 329; 330; 332; 333.
  clematidifolia Camb. Z 266; 296; 329; 334.
  communis Camb. Z 160.
  confertiflora Radlk. 143; Z 165; 333; 335.
  |*curassavica* Hemsl. 281.
  curassavica Radlk. Z 80; 135; 275, 276, 281; Z 285/5; 330, 331, 332, 335; Z 341.
  cuspidata Camb. Z 160; 333, 334.
  cystocarpa Radlk. Z 212.
  dasyclados Radlk. 334.
  deltoidea Radlk. 320; 337.

Serjania
  dentata Radlk. 332.
  diversifolia Radlk. 330, 331, 332, 334, 336, 337.
  erecta Radlk. Z 155; Z 160; 333.
  filicifolia Radlk. 313, 336, 337.
  fuscifolia Radlk. 329.
  |*glabrata* Britt. 300
  glabrata Kunth 330, 337.
  glutinosa Radlk. Z 160.
  grammatophora Radlk. 329.
  grandifolia Camb. Z 160.
  hebecarpa Benth. (f. 3 ? platycephala Radlk.) 169; 332.
  ichthyoctona Z 160.
  incisa Torr. 337.
  Laruotteana Camb. 330.
  lethalis St. Hil. Z 160.
  longipes Radlk. Z 340.
  lucida Schum. Z 341.
  |*lupulina* Benth. 280.
  marginata Casar. 113; 335.
  |*mexicana* Hook. & Arn. 280.
  mexicana Willd. Z 151; Z 205; 328, 330, 331, 332, 333, 334, 335, 337.    [300.
  |*monogyna* Hoffmsgg. T85 n.44;
  nodosa Radlk. Z 80; 128; 132, 332, 333, 334.
  ovalifolia Radlk. Z 160.
  paniculata Kunth Z 298.
  paucidentata DC. 336, 337.
  perulacea Radlk. Z 80; 304; 329.
  polyphylla Radlk. Z 134, Z 203; 281; 296; 329, 330, 331, 332, 331, 336, 337; Z 341.
  polystachya Radlk. 334, 336, 337; Z 341.
  |*pubescens* Griseb., part. 281.
  |*pubescens* Seem. 280.
  racemosa Schum. 318; 336.
  reticulata Camb. 272.    [210.
  |*rhombea* Hemsley T 87 n. 76;
  rhombea Radlk. 281; 337.
  rubicaulis Benth. 336.
  serrata Radlk. Z 160.
  sinuata Schum. Z 298; 331, 333, 336, 337.
  subdentata Juss. ed. Poir. 330.
  trachygona Radlk. 329, 336.
  |*triquetra* Hemsl. 186.
  triquetra Radlk. 262; 330. 331, 333, 337.

Serjania tristis Radlk. Z 160.
Solaneae Z 162.
Strychnos Castelnaei Wedd. Z 156.
  cogens Benth. Z 156.
  Crevauxiana Baill. Z 156.
  Curare Baill. Z 156.
  Gubleri G. Planch. Z 156.
  rondeletioides Spruce Z 127.
  Schomburgkiana Kl. Z 156.
  toxifera Schomb. Z 156.
  *Urari-uva* Mart. Z 156.
Tachia guianensis Aubl. Z 126.
Tephrosia Apollinea De'. Z 163.
  rufescens Benth. Z 163.
  toxicaria Pers. Z 164.
Tetrapterys (spec.)? Z 162.
Thinouia obliqua Radlk. 335.
  scandens Tr. et Pl. 318; 331, 336.
Thyrsodium Schomburgkianum Benth. Z 249.
*Toddalia aculeata* Pers. Z 338.
Toddalia asiatica Lam. 329, 333; Z 338.
|*Tondin* Vitm. 78: sieh die Vulgärnamen.
  |*surinamense* Gmel. 140, Z 155.
  |*surinamensium* Vitm.140, Z 155.
Toulicia bullata Radlk. 328.
  elliptica Radlk. 328.
Trichilia Linn. Z 215.
| *Ururu* (sphalm.) ap. Linn. 71, 80.
Urcillea Seriana Griseb. 296.
Urvillea ulmacea Kunth 296; Z 298; 328, 330, 331, 333, 336.
Verbascum Linn. Z 160.
*Vitis pentaphylla* Thunb. 334.
  *pentaphylla* Miq. 334.
  *trifoliata* Baker Z 153.
Weinmannia Linn. Z 248, Z 249.
  hirta Sw. 136; 143\*; Z 149, Z 150; 200\*; 335.
  glabra Linn. fil. Z 150.
  pinnata Linn. 137; 143\*; Z 149, Z 150.
  „   var. glabra Radlk. Z 150.
  „   var. hirta Radlk. Z 150.
  tomentosa Linn. fil. Z 150.
  *alpestris* Macfad. Z 150.
*Windmannia* P. Browne 149.
§ Xyloptilon Radlk. 107 a. VII, 116, 241.

## B. Vulgärnamen.

|Azucarito 131.
|Bange leaf 143; Z 164.
|Barbasco 143; Z 160, Z 164.
  macagua (Cassia alata L.) Z 164.
|Barbados Supple Jack 295.
|Basket-Wood 143; Z 163.
Bastard-Brasiletto Z 150.
Bejuco (Vejuco) Z 160.
  colorado Z 291.
  |de agua 192; Z 194.
  |de costilla 143; Z 164.
  |de mulato Z 204; 281.
  espinoso, (Vejuco —) Z 327.
  moreno Z 291.
  |mulato 132, Z 134.
  |de tres esquinas (Paullinia alata Don) 125.
Bois à enivrer Z 157.
  Mapou Z 193.   [Z 163.
|Bread and Cheese 131, Z 134, 142,
Cipó (Sipó) Z 160.
Cipó Cururu Z 157.
  |de Timbó (Paullinia elegans Camb.) 169 (sieh Timbó).
  |de Timbó (Paullinia pinnata L. em.) Z 160.   [Z 160.
  de Timbó (Serj. erecta Radlk.)
  de Timbó (Serj. grandiflora Camb.) Z 160.
  de Timbó (Serj. lethalis St. Hil.) Z 160.   [Z 160.
  de Timbó (Serj. tristis Radlk.)
  |raxa 321.
|Timbó 143 (sieh Cipó de Timbó).
|Cofferana (Paull. alata Don?) 125, Z 126.
.(Picrolemma Sprucei Hk.f.) Z 126.
.(Tachia guianensis Aubl.) Z 126.
|Common Supple Jack 200.
|Costilla de vaca (negra) 143, Z 164.
|Cudjoes Z 203, Z 204; 295.
|Cupana 214.
|Cururu 132, Z 134, Z 155.
  .(Apocyneae) Z 157.
  .(Strychnos sp.) Z 156.
|Cururu-apé (Piso et Marcgr.) T 83 n. 1: Z 133; 135, 142, 143*, Z 155.

|Enourou à vrilles 235.
Espino do Ladrao 130.
|Eymara Enourou 235.
Fire-Burn-Leaf Z 340.
Galing Galing 336 (sub Paull. Seriana Burm.)
Gorana-Timbó (Camptosema ? pinnatum Benth.) Z 161.
Guaiana-Timbó (Clitoria, Centrosema, Indigofera sp.) Z 161.
Guara Z 215.
  blanco Z 215.
  colorado Z 215.
  macho Z 215.
|Guaraná 214.
|Guaraná-Sipó 214.
|Guaraná-Strauch 214.
|Guaraná-üva 214.
Illipe Z 154.
|Herbe aux contusions 142; Z 164.
Hopwood Z 338.
Jacaré-arú, sieh Raiz de —.
|Jacuaruarú (Paull. alata Don?) Z 126.
. sieh Raiz —.
Kaka-Toddaly 130; Z 338.
Kill hunger Z 164.
|Loró-amouçairi 250.
|Liana de sierra 132.
|Liane à dents de scie 142; Z 164.
  |à empoisonner les flêches 130, 131; Z 134; 142; Z 156, Z 158.
  |à scie 131; Z 134; 142; Z 164.
  brûlée Z 340.
  |de persil 142 (sieh Persil).
  |persil 132; Z 134; 142; Z 163; 253.
  |persil blanc 246.
  |quarrée 142; Z 163; 260; Z 262.
|Lucumas de monte 174.
|Mafome 143; Z 164.
Mapou Z 193.
Mappou Z 193.
|Matanegro 200; Z 204; Z 291.
Matta fóme Z 164.
|Mona 76.
|Monilla 76.
|M-sepéle 143.

,Oyurienshupó 264.
|Panoquera 281.
|Patte de chauvesouris 250.
|Paullinie ailée 142.
  |ternée 131.
|Persil 244 (sieh Liane de —). bâtard Z 134.
|Pois à enivrer 142, Z 157.
Raiz de Anvery (Tachia guianensis Aubl.) Z 126.
Raiz de Jacaré-arú (Tachia guianensis Aubl.) Z 126.
Raiz Jacuaruarú (Tachia guianensis Aubl.) Z 126.
Sipó, sieh Cipó.
|Souple Jack 200.
|Sucking-Bottle 131; Z 134.
|Supple Jack 131; Z 134; 200; Z 203, Z 204; 295.
Tête de Moine Z 158.
|Timbó 131; Z 134; 142, 143; Z 159; 325.
.(Camptosema sp.) Z 161. [160.
.(Clitoria glycinoïdes DC.) Z 159,
.(Enterolobium Timbouva Mart.) Z 161.
.(Derris Negrensis Benth.) Z 161.
.|(Paull. carpopodea Camb.) Z 160.
.|( „ Cururu L. em.) Z 160.
.|( „ elegans Camb.) Z 160.
.|( „ pinnata L. em.) Z 160, 161, 162.
.|( „ spicata Benth.) Z 160.
.|( „ trigonia Vell.) Z 160.
.(Phyllanthus sp.) Z 163.
.(Physalis heterophylla Nees) Z 162.
.(Serj. caracasana W.) Z 160.
.( „ ichthyoctona Rdlk.) Z 160.
.( „ lethalis St. Hil.) Z 160.
.( „ serrata Radlk.) Z 160.
.(Tephrosia toxicaria Pers.) Z 161.
.? (Tetrapterys sp.?) Z 162.
Timbó amarello (Serj. ovalifolia Radlk.?) Z 160.
-arbre (Enterolobium Tamboril Mart.) Z 161.
-assú, sieh Timbó-guaçu.

Timbó
  boticario, sieh T. da botica.
  branco (Serj. glutinosa Radlk. ?) Z 160.
  bravo (Serj. erecta Radlk.) Z 160.
  cabelludo (Serj. cuspidata Camb.) Z 160.
  Cipó, sieh Cipó de Timbó.
  da botica (Lonchocarpus Peckolti Wawra) Z 161.
  de capoeira (T. des petits bois) Z 163.
  de cono (Clitoria v. Centrosema sp.) Z 161.
  de peixe (Serj. cuspidata Camb.) Z 160.
  de peixe, sieh Timbó legitimo.
  des pharmacies, sieh T. da botica.
  des pharmaciens, sieh „   „
  ]do mato 170.
  -guaçú (Enterolobium Timbouva Mart.?) Z 161; Z 163.

Timbó
  -hi (Timbó de l'eau?) Z 163.
  legitimo (Serjania acuminata Radlk.?) Z 160.    [Z 160.
  legitimo (Serj. serrata Radlk.)
  legitimo, sieh Timbó de peixe.
  miudo (Serj. communis Camb.) Z 160.
  -peba Z 160.
  ]-Sipó (-Cipó) sieh Cipó-Timbó, Cipo de Timbo.
  -titica (Timbo-stercus, Cissus?) Z 163.
  -úba (Enterolobium Timbouva Mart.) Z 161.
Tingui de Cayenne (Tephrosia toxicaria Pers.) Z 161.
|Tingui de folha grande 264.
|Tingui-Sipo 325.
Tinguy Z 160.
;Tondin 142; Z 154; Z 164.
Turari Z 155.

Uarana (Pseudima frutescens Radlk.) Z 126.
|Uaraná 214.
|Uaraná-rana Z 215.
Uvari Z 156
  |-rana (Paull. alata Don?) 125, Z 126, Z 157.
  -rana (Picrolemma Sprucei Hk. f.) Z 126.
  -rana (Strychnos rondeletioides Spruce) Z 127.
  -Sipó Z 156.
  -úva Z 156.
Urary Z 156.
Uritimpeva (Enterolobium Timbouva Mart.) Z 161.
Vejuco, sieh Bejuco.
Vouarana Z 215.
Wilder Peterlein Z 134.
Wild Hop-seed Z 338.
Wild parsley Z 134.
Wing'd-leaved Paullinia 142.

## Nachträge und Verbesserungen.

Seite  76 Zeile 11 von oben ist die Nummer „1270" und
  „    „    „  12  „   „   ist der Name „P. revoluta Radlk." zu streichen.
  „   87  „   9 von unten lies: „Paullinia spec. Mart." statt: Serjania ...
  „  146  -  25  „  „   lies: „Rovirosa" statt: Revirosa.
  „  147  „   8 von oben lies: „Joblonsky" statt: Joblousky.
  „  163  „   7 von unten lies: „Apollinea" statt: Appolinea.
  „  170  „   7 von oben lies: „platycephala" statt: platycarpa.
  „  170  „  10 von unten ist für P. spicata unter Spruce die Nummer 508 zu streichen.*)

---

*) Es hat sich bei einer Vergleichung der auf die Sammlung von Spruce bezüglichen Nummern im Münchener und in anderen Herbarien unter gleichzeitiger Rücksichtnahme auf ein betreffendes Specialverzeichniss im Münchener Herbare herausgestellt, dass die Pflanzen der ersteren Sendungen von Spruce, deren Etiquetten nicht mit Nummern versehen waren, auf die Anordnung von v. Martius hin (und zwar nach vorläufiger verwandtschaftlicher Gruppirung für einzelne dieser Sendungen) unter fortlaufenden Nummern in ein Verzeichniss eingetragen worden sind, dessen Nummern auch auf den Etiquetten vermerkt wurden. Dieser Vermerk geschah in der Ecke links oben, also an derselben Stelle, an welcher sich bei den späteren, mit nummerirten Etiquetten ausgegebenen Pflanzen von Spruce die betreffenden Originalnummern befinden.

Es ist demgemäss leicht zu begreifen, dass mehrfach diese nur auf das Specialverzeichniss der Spruce'schen Pflanzen im Münchener Herbare sich beziehenden Nummern für Nummern von Spruce schlechthin genommen und von jenen Autoren, welche das Münchener Material zu ihren Arbeiten — sei es für die Flora brasiliensis, sei es für De Candolle's Prodromus, sei es für besondere Monographieen — benützten, als Nummern von Spruce citirt wurden. Beispiele in dieser Hinsicht zu nennen ist überflüssig, und es genügt, anzuführen, dass die betreffenden Schein-Nummern, wie ich sie nennen will, von 1—1232 incl. reichen. Für jede Nummer innerhalb dieser Grenzen, mag sie unter ausdrücklicher Bezugnahme auf das Herb. Monacense angeführt sein oder nicht, wird also, wenn sie mit dem betreffenden Inhalte in anderen Herbarien nicht in Einklang steht, zunächst die Frage in Betracht zu ziehen sein, ob dieselbe nicht zu den erwähnten Scheinnummern gehöre.

Das ist nun für die obige Nummer 508 der Fall. Das ist ebenso, wie ich hier Gelegenheit nehme, berichtigend anzuführen, in der Monographie von *Serjania* und in der Flora brasil. bei dieser Gattung

Seite 177 Zeile 23 von oben füge vor dem Strichpunkte bei: (cf. Fig. I).
„ 180 „ 8 von unten füge vor dem Strichpunkte bei: (cf. Fig. II).
„ 181 „ 9 von oben füge nach 12931 bei: (in Hb. Webb., cfr. P. revoluta Radlk.).
„ 192 „ 16 von unten füge vor dem Strichpunkte bei: (cf. Fig. III).
„ 220 „ 15 von oben füge nach 31861 bei: (anne scheda commutata?, cfr. P. capreolata Radlk.).
„ 221 „ 20 von unten sind die Nummern 6495, 8295 und 11820 zu streichen.
„ 243 „ 20 von oben setze: „excl." vor: obs.
„ 249 ist im Zusatze den zur Ergänzung des Nummernverzeichnisses von Rob. und Rich. Schomburgk im Supplemente von *Serjania* p. 101 u. 102 nachträglich angeführten Nummern noch beizufügen: n. 631 Rich. Schomb. in Herb. Berol. = n. 1118 Rich. Schomb., Urvillea pubescens Klotzsch in Herb. Berol., i. e. Urvillea ulmacea Kunth, forma 1 genuina Radlk.;
ferner von den in der gegenwärtigen Monographie von *Paullinia* aufgeführten Nummern:
n. 147 Rob. Schomb., a. 1837: Paullinia dasygonia Radlk.;
n. 866 „ (?) „ , a. 1842—3: Paullinia leiocarpa Griseb.
(Aus den Antillen, welche im Supplemente von *Serjania* nicht zu berücksichtigen waren, mag ausser der in der Monographie von *Serjania* aufgeführten *Serjania polyphylla* Radlk., Hb. Schlechtend., resp. Halense, und der unter *Paullinia Plumierii* Tr. & Pl. im Vorausgehenden, p. 309, angeführtenPflanze des gleichen Herbares erwähnt sein: n. 110, Cupania americana L., S. Domingo; Herb. Berol.)
„ 317 Zeile 6 von unten füge nach 1293! bei: (in Hb. Vindob., cfr. P. rubiginosa Camb., f. 3).
„ 362—3 sind den Materialien von Schwacke nach einer eben vor Vollendung des Druckes noch eingelaufenen Sendung folgende in Minas Geraës gesammelte Pflanzen aus der Gattung *Paullinia* beizufügen, für welche ich hier zugleich die näheren Standortsangaben beisetze, sowie für die nunmehr mit Früchten vorliegende *Paull. castaneifolia* Radlk. entsprechende Angaben über die Fruchtbeschaffenheit:

Schwacke n. 10867. P. rubiginosa Camb., forma 1, genuina Radlk.; in virgultis inter Rio Novo et Ribeirão, frequens.
— n. 11275. P. rubiginosa Camb., forma 1, genuina Radlk.; in sylvis ad Juiz de Fóra, m. Oct. 1894, flor. et fruct.
— n. 11276. P. meliaefolia Juss., forma 4. hirsuta Radlk.; in sylvis ad Juiz de Fóra, m. Oct. 1894, fruct. seminat.
— n. 11339. P. meliaefolia Juss., forma 4. hirsuta Radlk.; Rio Novo, leg. Araujo, m. Jan. 1895, alabastra.
— n. 11454. P. spicata Benth.; in paludibus prope Santa Luzia do Rio das Velhas, a. 1895, fruct.
— n. 11467. P. meliaefolia Juss., forma 4. hirsuta Radlk.; Rio Novo, leg. Araujo.
— n. 11469. P. castaneifolia Radlk.; Rio Novo, leg. Araujo. Capsula primum breviter fusiformis, dein subglobosa (diametro 1 cm), rufescenti-tomentella, pericarpio papyraceo-crustaceo, endocarpio lanoso-piloso; semina transverse ellipsoidea, spadicea, arillo dorso fisso usque ad medium obtecta.
— n. 11622. P. carpopodea Camb., subf. 1. multiflora Radlk.; in sylvis ad radices mont. Serra de Ouro Preto, alt. 1050 m, m. Aug. 1895, sterilis.
— n. 11930. P. micrantha Camb.; ad radices mont. Serra de Ouro Preto, m. Jan. 1894, alabastra.

Seite 364 ist unter Spruce die Nummer 508 zu streichen (sieh die vorausgehende Anmerkung).

---

der Fall für die Nummern 440 unter *Serj. caracasana* W., f. 1. *nitidula* Radlk. und 442 unter *Serj. paucidentata* DC., ferner für einige Nummern, welche in meinen Abhandlungen über *Sapindus* etc. und über *Cupania* etc. (Sitzungsber. d. k. bayer. Akad. 1878 und 1879) Erwähnung gefunden haben, und auf welche zurückzukommen sich anderwärts Gelegenheit bieten wird.

# Figurenerklärung.

Die Figurentafel gibt eine Uebersicht der Fruchtformen (und Samen) in den XIII Sectionen der Gattung *Paullinia* (vergl. dazu die Gattungscharakteristik und den betreffenden Zusatz 5 D, Seite 102).[*]

Fig. I. Section I. *Neurotoechus: Paull. imberbis* Radlk. a Frucht von aussen gesehen, mit zahlreichen in der Mittellinie der Klappen bogig sich vereinigenden Nerven und dazwischen liegenden Furchen, $^2/_1$[**]); b im Querschnitte. $^1/_1$; c jüngere Frucht im Längsschnitte. $^1/_1$, links mit leerem, rechts mit samentragendem Fache; d Same von der Rückenseite mit einer länglichen, vom Samenmantel nicht bedeckten Stelle in der Mitte, e von der Bauchseite, ganz vom Samenmantel bedeckt. f im Längsschnitte, mit über einander liegenden Keimblättern und von einer taschenförmigen Falte der Samenschale aufgenommenem Würzelchen. $^2/_1$.

Fig. II. Section II. *Diphtherotoechus: Paull. rubiginosa* Camb. a Frucht von aussen gesehen, mit netzartig anastomosirenden Nerven, b nach Wegnahme der (dem Samenrücken entsprechenden) Klappe des fertilen Faches, c im Querschnitte, welcher 2 unentwickelte, samenlose, zusammengedrückte Fächer erkennen lässt. $^2/_1$.

Fig. III. Section III, *Pleurotoechus: Paull. costata* Schlecht. & Cham. a Frucht mit 3 entwickelten Fächern von aussen gesehen, an der Basis des Fruchtstieles die 5 freien Kelchblätter (ohne Verwachsung von Kelchblatt 3 und 5), b von oben, c nach Wegnahme einer Klappe, d im Querschnitte; e Querschnitt einer Frucht mit nur 2 entwickelten Fächern, f ebenso mit nur 1 entwickelten Fache (d—f halb schematisch). $^1/_1$.

Fig. IV. Section IV, *Pachytoechus: Paull. carpopodea* Camb. a Frucht von aussen gesehen; an der Basis des Fruchtstieles links die bis zur Mitte verwachsenen Kelchblätter 3 und 5; b Frucht nach Hinwegnahme der (dem Samenrücken entsprechenden) Klappe des fertilen Faches, der Same von der Rückenseite gesehen mit den in der Mikropylegegend zusammenneigenden Rändern des die Samenschale sonst ganz überziehenden und ihr angewachsenen Arillus (vergl. e); c Same im Längsschnitte, rechts die arillusfreie Mikropylegegend zeigend mit dem von einer Falte der Samenschale aufgenommenen Keimwürzelchen. $^1/_1$.

Fig. V. Section V, *Enourea: Paull. capreolata* Radlk. a Frucht von aussen, ungestielt, die Kelchblätter durch Verwachsung von 3 und 5 auf 4 reducirt; b Frucht im Längsschnitte, c reifer Same, bis auf die nahe der Basis gelegene Mikropylegegend ganz mit dem Arillus verwachsen. $^1/_1$.

Fig. VI. Section VI. *Castanella: Paull. paullinioides* Radlk. (*Castanella p.* Spruce). a Frucht von aussen, mit Dornfortsätzen, die Kelchblätter durch Verwachsung auf 4 reducirt;

---

[*] Fig. III und IV Original, die übrigen nach Zeichnungen für die Flor. bras.

[**] Das neben der Figuren-, resp. Sectionszahl oder neben einer Einzelfigur stehende Zeichen + deutet doppelte Vergrösserung der betreffenden sämmtlichen oder einzelnen Figuren an. Die übrigen sind in natürlicher Grösse gegeben.

b Frucht nach Hinwegnahme der (dem Samenrücken entsprechenden) Klappe des fertilen Fruchtfaches, $^1/_1$; c Same im Längsschnitte mit nur bis zur Mitte reichendem, angewachsenem Samenmantel, von welchem nur der obere Rand etwas frei ist, $^2/_1$.

Fig. VII. Section VII, *Xyloptilon*: Paull. *tricornis* Radlk. Frucht mit holzigen, von stärkeren Gefässbündeln dicht durchzogenen Flügeln; die 5 Kelchblätter alle frei, $^2/_1$.

Fig. VIII. Section VIII, *Neuroptilon*: Paull. *neuroptera* Radlk. a Frucht mit biegsamen, von schwächeren Gefässbündeln ziemlich dicht durchzogenen Flügeln, die Kelchblätter durch Verwachsung von 3 und 5 auf 4 reducirt; b Frucht nach Hinwegnahme der (dem Samenrücken entsprechenden) Klappe des fertilen Faches; in letzterem der Same, zur Hälfte von dem auf der Rückenseite der Länge nach gespaltenen, angewachsenen Samenmantel bedeckt, $^1/_1$.

Fig. IX. Section IX, *Cryptoptilon*: Paull. *verrucosa* Radlk. a Unreife Frucht, von aussen gesehen, b im Querschnitte mit den zwischen buchtig-warzigen Erhebungen verborgenen Flügeln. $^2/_1$; Kelchblätter abgefallen (durch Verwachsung auf 4 reducirt).

Fig. X. Section X, *Anisoptilon*: Paull. *anisoptera* Turcz. Unreife Frucht von aussen gesehen, die Kelchblätter durch Verwachsung auf 4 reducirt, $^2/_1$.

Fig. XI. Section XI, *Isoptilon*: Paull. *rufescens* Rich. ed. Juss. a Frucht von aussen gesehen (die 5 Kelchblätter abgefallen); b nach Hinwegnahme der (dem Samenrücken entsprechenden) Klappe des fertilen Faches; c Same von der Rückenseite mit sehr kurzem Arillus, d von unten gesehen mit breitem Nabel und ziemlich centraler Nabelgrube (Eintrittsstelle der Gefässbündel), e im Längsschnitte, $^2/_1$.

Fig. XII. Section XII, *Caloptilon*: A, Paull. *caloptera* Radlk. a Frucht von aussen gesehen mit einer abgelösten, an der Basis noch anhängenden Klappe und 5 Kelchblättern, $^1/_1$; b Frucht im Querschnitte, von den 3 Fächern 2 steril, das Sclerenchym des Endocarpes in die Flügel sich fortsetzend, $^2/_1$; B. Paull. *selenoptera* Radlk. a Frucht nach Hinwegnahme der (dem Samenrücken entsprechenden) Klappe des fertilen Faches, darin der Same, zur Hälfte von dem auf der Rückenseite der Länge nach gespaltenen, angewachsenen Samenmantel bedeckt; Kelchblätter 5; b abgelöste Fruchtklappe, halb von innen und von der Seite gesehen; c die Frucht im Querschnitte mit nur 1 fertilen Fache; d Same von der Rückenseite nach Hinwegnahme des Arillus und Blosslegung der das untere Drittel des Samens einnehmenden Verwachsungsstelle von Samen und Samenmantel; e Same im Längsschnitte ohne Samenmantel, $^2/_1$.

Fig. XIII. Section XIII, *Phygoptilon*: Paull. *uloptera* Radlk. a Unreife Frucht nach Hinwegnahme einer Klappe, neben den Klappenrändern in der Mitte mit flügelartigen Wülstchen besetzt; Kelchblätter durch Verwachsung auf 4 reducirt; b Querschnitt, mit in die Flügel sich fortsetzendem, später sich spaltendem Sclerenchyme des Endocarpes, $^2/_1$.

# Inhaltsverzeichniss.

|  | Seite |
|---|---|
| Literatur und Synonymie der Gattung | 71 |
| Gattungscharakteristik | 77 |
|     Zusatz über den Namen | 79 |
|         „ über die Autoritätsfrage | 79 |
|         „ zur Literatur der Gattung | 80 |
|     Zusatz über die Geschichte der Gattung | 81 |
|     Chronologische Tabelle I.: Verzeichniss der bisherigen Arten von *Paullinia* | |
|         A. bis 1875 | 83 |
|         B. von 1875—1895 | 86 |
|     Chronologische Tabelle II: Verzeichniss der neuen Arten von *Paullinia* | |
|         A. In der Literatur bereits berührte neue Arten | 87 |
|         B. In der Literatur noch nicht berührte neue Arten | 88 |
|     Geschichte der cultivirten Arten | 88 |
|     Zusatz zur Charakteristik der Gattung | 89 |
|         A. Ueber die Zweig- und Stammstructur | 89 |
|         B. Ueber die Blattstructur | 90 |
|             a. Ueber die Gefässbündelanordnung im Blattstiele | 90 |
|             b. Ueber die Structur der Blattspreite | 91 |
|             (Ueber irrige Auffassungen hinsichtlich der Verschleimung der Epidermiszellen) | 93 |
|             Zusammenstellung der *Paullinia*-Arten nach den verschiedenen Verhältnissen der Blattstructur | 95 |
|                 I. Nach den Epidermiszellen | 95 |
|                 II.  „   „   Spaltöffnungen | 96 |
|                 III. „   „   Aussendrüsen | 96 |
|                 IV. „   „   Haaren | 97 |
|                 V.  „   „   Secretelementen | 98 |
|                 VI. „   „   Krystallen | 99 |
|                 VII. „   „   Gefässbündeln | 101 |
|         C. Ueber den Bau der Blüthe | 102 |
|         D. Ueber die Beschaffenheit der Früchte | 102 |
|     Zusatz über die Unterscheidung nicht fructificirter *Paullinien* von den Arten der nächst verwandten Gattungen | 105 |
| Conspectus sectionum | 107 |
| Conspectus specierum | 108 |

|  | Seite |
|---|---|
| Sectio I. Neurotoechus (Species n. 1—20) | 122 |
| Zusatz über unrichtige Vaterlandsangaben für die Pflanzen von Pavon | 126 |
| " über die Bezeichnungen Urari-rana und Cofferana, nebst Bemerkung über zwei neue sogenannte Ameisenpflanzen | 126 |
| " über den Vulgärnamen Liane persil und andere solche Namen | 134 |
| " über die Einmengung von *Weinmannia* und *Cissus* unter *Paullinia* im Herb. Linné | 148 |
| " über die Bezeichnungen Cururu (Curaré, Urari), Turari, Timbó, Tondin und andere solche Namen | 155 |
| " über die angeblich zum Fischfange dienenden *Paullinia*-Arten | 167 |
| " über das Auftreten gabelförmig vereinigter Aussendrüsen | 173 |
| " über Geniessbarkeit des Samenmantels | 175 |
| " über das Vorkommen zweier *Paullinia*-Arten auf einer der Sandwich-Inseln | 177 |
| Sectio II. Diphtherotoechus (Species n. 21—26) | 180 |
| Zusatz über verschiedenartige Nahrung einer Raupe | 182 |
| Sectio III. Pleurotoechus (Species n. 27—47) | 184 |
| Zusatz über Einmengung einer *Rhus*-Art unter *Paullinia* im Herb. Linné und das Vorkommen von papillösen Epidermiszellen bei *Rhus* | 188 |
| " über Lianenstämme mit trinkbarem Wasser; über *Malacarylum* Jacq. | 193 |
| " über die Bezeichnung Supple Jack | 203 |
| " über die Unterscheidung der (11) *Paullinia*-Arten mit doppelt gedreiten Blättern in sterilem Zustande | 209 |
| " über die Aehnlichkeit gewisser *Paullinia*-, *Serjania*- und *Cardiospermum*-Arten | 212 |
| " über Cupana, Guaraná, Uaraná und Vouarana | 215 |
| " über Pflanzen aus dem Amazonas-Gebiete in der Sammlung von Glaziou | 217 |
| Sectio IV. Pachytoechus (Species n. 48—57) | 221 |
| Zusatz über monströse Blüthen | 224 |
| Sectio V. Enourea (Species n. 58—65) | 231 |
| Zusatz über die von A. L. Jussieu veröffentlichten Arten L. Cl. Richard's | 232 |
| " über die Vaterlandsangabe Guinea, statt Guiana | 233 |
| " über irrthümliche Angaben der Staubgefässzahl | 235 |
| " über Vermengung von Connaraceen mit *Paullinia* und über das Original von *Itaurea frutescens* Aubl. | 236 |
| Sectio VI. Castanella (Species n. 66—68) | 239 |
| Zusatz über die Vereinigung von *Castanella* Spruce mit *Paullinia* | 239 |
| Sectio VII. Xyloptilon (Species n. 69—71) | 241 |
| Zusatz über annähernd infrapetiolare Nebenblättchen | 243 |
| Sectio VIII. Neuroptilon (Species n. 72—73) | 247 |
| Zusatz über Vergleichung von Rankenzweigen mit Fledermauskrallen | 247 |
| Sectio IX. Cryptoptilon (Species n. 74) | 247 |
| Sectio X. Anisoptilon (Species n. 75—77) | 248 |
| Zusatz über Nachträge zu dem Verzeichnisse Schomburgk'scher Pflanzen im Supplemente der Monographie von *Serjania* | 249 |
| Sectio XI. Isoptilon (Species n. 78—80) | 249 |
| Zusatz über eine neue *Allophylus*-Art aus Guiana | 251 |

|  | Seite |
|---|---|
| Sectio XII. Caloptilon (Species n. 81—110) | 254 |
| Zusatz über angebliche Mehrzahl der Samenknospen in den einzelnen Fruchtknotenfächern | 266 |
| „ über anscheinend unrichtige Vaterlandsangaben bei Pflanzen von Haencke, Née und Pavon | 271 |
| „ über die verschiedenen Auffassungen der schon anfänglich aus 3 Arten gebildeten *Paullinia curassavica* L. | 284 |
| „ über samenlose *Paullinia*-Früchte und die Missdeutung von Gärtner's Abbildung einer solchen | 298 |
| „ über verschiedene Blüthenfarbe bei derselben Art | 305 |
| Sectio XIII. Phygoptilon (Species n. 111—122) | 305 |
| Zusatz über die entstellte Wiedergabe einer Plumier'schen Handzeichnung | 310 |
| „ über die Frage, welche der Jacquin'schen Darstellungen von *Paullinia*-Blättern Originale, welche Copieen sind | 311 |
| „ über Bildung secundärer Holzkörper | 319 |
| „ über Eintreten von Gefässbündeln in die Emergenzen der *Paullinia*-Früchte | 321 |
| „ über die Bezeichnung Tingui für fischvergiftende Pflanzen | 326 |
| Species addenda (n. 123 = 13, a) | 326 |
| Plantae generi Paulliniae adscriptae, innominatae, indescriptae | 327 |
| Species exclusae | 328 |
| Zusatz über *Toddalia asiatica* Lam. | 338 |
| „ über *Gouania domingensis* Linn. | 338 |
| „ über *Cupania guatemalensis* Radlk. | 340 |
| „ über zwei gegenstandslose *Paullinia*-Namen | 340 |
| „ über *Paullinia lucida* Salisb. | 341 |
| „ über einen aus *Paullinia polystachya* Turcz. irrthümlich entstandenen Namen | 341 |
| Anhang I. Tabellarische Uebersicht über die geographische Verbreitung der *Paullinia*-Arten | 342 |
| Anhang II. Materialienverzeichniss | 350 |
| Register der Pflanzennamen | |
| A. Wissenschaftliche Namen | 367 |
| B. Vulgärnamen | 374 |
| Nachträge und Verbesserungen | 375 |
| Figurenerklärung | 377 |

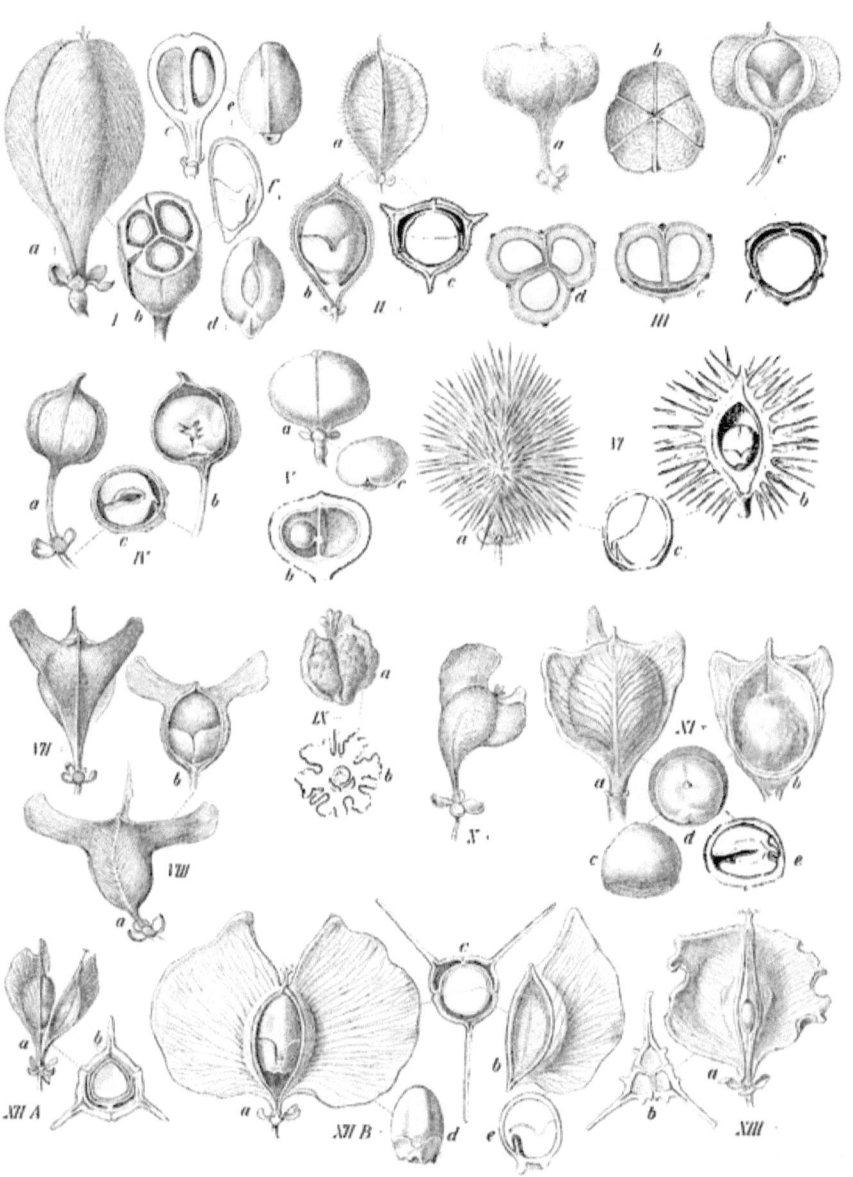

www.ingramcontent.com/pod-product-compliance
Lightning Source LLC
Chambersburg PA
CBHW022022240426
43667CB00042B/1050